普通高校中文学科基础教材

古代文化经典选读

刘勇强 主编

图书在版编目(CIP)数据

古代文化经典选读/刘勇强主编. —北京:北京大学出版社,2008.7
(普通高校中文学科基础教材)
ISBN 978-7-301-12979-1

Ⅰ. 古… Ⅱ. 刘… Ⅲ. 文化史-中国-古代-高等学校-教材
Ⅳ. K203

中国版本图书馆 CIP 数据核字(2007)第 192302 号

书　　　　名:古代文化经典选读
著作责任者:刘勇强　主编
责 任 编 辑:艾　英
标 准 书 号:ISBN 978-7-301-12979-1/I·1992
出 版 发 行:北京大学出版社
地　　　　址:北京市海淀区成府路 205 号　100871
网　　　　址:http://www.pup.cn　电子邮箱:pkuwsz@yahoo.com.cn
电　　　　话:邮购部 62752015　发行部 62750672　出版部 62754962
　　　　　　　编辑部 62752022
印　刷　者:三河市北燕印装有限公司
经　销　者:新华书店
　　　　　　　650mm×980mm　16 开本　33.25 印张　552 千字
　　　　　　　2008 年 7 月第 1 版　2018 年 1 月第 4 次印刷
定　　　　价:69.00 元

未经许可,不得以任何方式复制或抄袭本书之部分或全部内容。
版权所有,侵权必究
举报电话:010-62752024　电子邮箱:fd@pup.pku.edu.cn

《普通高校中文学科基础教材》总序

温儒敏

中文学科本科的教材很多,其中有些使用面还比较大。但是,这些年高校扩招,本科的培养目标在调整,大多数高校都在压缩课时课量,逐步往通识教育和素质教育方向靠拢,教材也就不能不作调整。现有的多种本科基础课教材质量不错,在综合性大学较受欢迎,但对普通高校特别是地区性高校的学生来说,相对就显得比较深,课时与课量也过大,不太适应教学的需求。许多普通高校中文系老师都希望能够组织编写一套新的中文学科基础教材。教育部中文学科教学指导委员会很支持这一想法。近几年每年全国大学中文系本科招生六、七万人(属于前五名的学科),其中综合大学大概还不到一万人,其他大都属于一般教学型、应用型的大学,包括许多师范学院、地区学院和大专,他们都必选中文系的七门基础课。此外,相当多的专科中文系,以及有些相关学科(如外语、新闻、艺术等等)也要求学生选修中文系的某些基础课程,中文学科每门基础课的教材需求量很大,特别是普及型、应用型的中文基础教材,仍然有相当大的发展空间。因此,出版这套教材,无论对学科建设还是人才培育来说,都很有必要。

这套教材的设计意图主要是:

(1)第一批主要以本科基础课为主,包括中国古代文学、现代文学、当代文学、文学理论、语言学、古代汉语、现代汉语、古典文献学、外国文学、中国文化史10种,以后再逐步扩充,继续编写出版选修课教材(总计划大约30种),形成完整的中文系本科教材系列。

(2)这套教材主要由北大、南开、吉林大学等重点院校的著名学者牵头，同时充分整合全国各大学包括一般教学型和应用型大学的教学资源，每一本教材的主编都是所属领域的权威专家，有的还邀请一些地方院校的一线教员参与。

（3）新教材和已经有影响的同类教材相比，特色是充分考虑扩招之后一般教学型和应用型大学、地区学院以及师范学院中文系教学调整的需要，减少课时课量，突出基础性、应用性，适合教学，同时又能体现各个研究领域新的研究水平，有前沿性、开放性。如文学史教材，就减少了"史"的叙述，重点放在作家作品的分析鉴赏；文学理论则注意从文学生活及基本文学现象中提出问题。

（4）为帮助普通大学的教师备课，将为各基础课教材设计配套教参，必要时也可以配套光盘。

（5）这套教材的总编委会由刘中树（原吉林大学校长）、陈洪（教育部中文学科教学指导委员会主任，南开大学副校长）、温儒敏（北大中文系系主任）三位教授组成，负责物色各教材的主编与编者队伍，设计教材体例、框架，审读教材，从整体上监督和保证全套教材的编写质量。

（6）这套教材大部分正式出版并投入使用后，由编委会和出版社负责组织全国相关教学人员短期培训，北大中文系（或其他主编所在单位）可以协办。

我们诚挚希望广大师生和学者对这套教材提出改进意见，通过教学实践使之不断完善，最终成为高质量而又适合教学需求的教材。

2008 年 6 月 23 日

目录

前　言 /1

第一单元　思想编（上）/1

一　《周易》/1
　　林尹：《周易》的思想 /8
　　唐明邦：《周易评注》绪论 /12

二　《孙子》/14
　　李泽厚：兵家辩证法特色 /20

三　《老子》/24
　　柳诒徵：老子之学 /30

四　《论语》/33
　　李泽厚："仁"的结构 /39

五　《孟子》/47
　　李泽厚：论孟子 /53

六　《庄子》/58
　　林尹：庄子的思想 /66

第二单元　思想编（下）/71

一　《抱朴子·内篇》/71
　　王明：《内篇》的思想 /76

二　《坛经》/86
　　葛兆光：惠能禅思想的成立及其意味 /91

三　《正蒙》/102
　　张岱年：关于张载的思想和著作 /108

四　《传习录》/119

目录

    周月亮：天泉证道/124

第三单元 历史编/130

 一 《左传》/130

    钱穆：关于左传/133

 二 《史记》/144

    白寿彝：《史记》新论/149

 三 《汉书》/160

    金毓黼：司马迁与班固之史学（节选）/164

 四 《资治通鉴》/172

    柴德赓：通鉴的编纂方法（节选）/176

 五 《文献通考》/185

    钱穆：马端临《文献通考》/189

第四单元 政治编/201

 一 《韩非子》/201

    冯友兰：韩非和法家（节选）/208

 二 《唐律疏议》/213

    何勤华：唐代律学的创新/223

 三 《贞观政要》/231

    瞿林东：以历史经验和历史智慧再现"贞观之治"的风貌/243

 四 《明夷待访录》/247

    梁启超：论《明夷待访录》/254

    侯外庐：黄宗羲的近代启蒙思想/256

第五单元 学术编/260

 一 《说文解字》/260

    周祖谟：许慎及其《说文解字》/264

 二 《五经正义》/274

    葛兆光：经典是知识与思想的渊薮/278

目录

  三　《史通》/284
    翦伯赞：刘知幾论历史学方法/288
  四　《日知录》/296
    梁启超：顾亭林（节选）/299
  五　《文史通义》/309
    仓修良：《文史通义》编著的过程和著作目的/312

第六单元　文学编/317

  一　《文心雕龙》/317
    王运熙：《文心雕龙》的宗旨、结构和基本思想/323
  二　《文选》/333
    穆克宏：萧统《文选》三题/340
  三　《沧浪诗话》/346
    吴调公："别才"和"别趣"
    ——《沧浪诗话》的创作论和鉴赏论/354
  四　《焚书》/360
    鲍和平：《焚书》的价值、影响和现实意义/364
  五　《人间词话》/372
    周振甫：《人间词话》初探/379

第七单元　科技编/390

  一　《九章算术》/390
    [英]李约瑟：中国数学文献的几个主要里程碑/393
  二　《伤寒论》/396
    《伤寒论》导言/403
  三　《齐民要术》/411
    石声汉：《齐民要术》评介/415

目录

  四 《本草纲目》/424
    王慧芳：李时珍与《本草纲目》/429
  五 《天工开物》/435
    [日]薮内清：关于《天工开物》/440

第八单元 地理编/454
  一 《水经注》/454
    陈桥驿：《水经注》的地理学方法/460
  二 《大唐西域记》/466
    季羡林：玄奘与《大唐西域记》（节选）/473
  三 《徐霞客游记》/483
    侯仁之：徐霞客
      ——石灰岩地貌考察的先驱/489
  四 《读史方舆纪要》/496
    施和金：《读史方舆纪要》的军事价值
      （节选）/503

参考书目/513
后　记/518

前　言

《古代文化经典选读》是一本面向普通高校中文系的本科基础课教材。以往大学中文系或多或少都开设过一些古代文化经典方面的选修课，一般以单部经典的研读为主。在一门课中，系统学习古代文化各类经典，这样的课程目前似乎还不多。因此，为这一课程编写教材是一项尝试性的工作。通常，一本教材是在一门课程有了多年的教学积累之后，在相关的讲义基础上形成的，但本课程却是根据社会与教学的需要而设计的。换言之，编者及多数可能使用本教材的教师都没有这方面的教学经验。不过，丰富的经典和同样丰富的经典研究，为我们的编写与教学提供了充分的基础，我们有理由以积极的态度对待这门新课。这种积极的态度既包括认识到古代文化经典研读的重要性，也包括建设性地参与这一课程的教学活动。面对浩如烟海的古代文化典籍，开放的眼光最为重要。无论是经典的选择还是经典的阐释，本教材都只是提供一个出发点与讨论的平台而已。

按照传统的分类，中国古代文化典籍有所谓经、史、子、集四部；四部之下，又各有许多子类。以《四库全书》为例，经部就有易类、诗类、礼类、春秋类、孝经类、五经总义类、四书类、乐类、小学类；史部有正史类、编年类、纪事本末类、别史类、杂史类、诏令奏议类、传记类、史钞类、载记类、时令类、地理类、职官类、政书类、目录类、史评类；子部有儒家类、兵家类、法家类、农家类、医家类、天文算法类、术数类、艺术类、谱录类、杂家类、类书类、小说家类、释家类、道家类；集部有楚辞类、别集类、总集类、诗文评类、词曲类。这些门类意味着一个个著作群，它们共同构成了中国古代巨大的知识谱系。然而，这仍不能涵盖中国古代文化典籍的全部,还有科技类、文学类、教育类、宗教类等类别的众多书籍没有包括在内。

在卷帙浩繁的古籍中,堪称经典的也不在少数。所谓经典,指的是在文化发展过程中,以其富于原创性的思维和研究,成为某一文化领域乃至整个精神文化的标志。实际上,在古代文化的演变中,经典化的过程也持续推进,最明显的事实是儒家著作的经典化,如"四书五经"、"十三经"之类流行的说法,正是这一经典化的直接体现。

与此同时,随着时代的发展,经典也在后人代代相承的诠释中,不断呈现出复杂的文化内涵。事实上,经典之所以成为经典,还与人们永无止境的解读与阐发有关。古人曾把这样的文化生产方式称为"六经注我"或"我注六经"。换言之,经典已经成为了思想的一个前提条件。

然而,任何经典都有它产生的时代条件。从本质上说,也是针对那个时代人们所面临或意识到的社会问题进行的思考与探索。因此,经典的意义是有时间性的。而经典本身所包含的权威、典范性,有时也可能使其成为新的思想与探索产生与发展的障碍,并由此造成文化的冲突。这种冲突是20世纪初中国社会变迁的一个重要方面。伴随着西方文化的强势进入,古代文化经典及其代表的传统价值观遭遇了前所未有的挑战。这种挑战最激烈的表达是:打倒孔家店。

这并不是说古代文化经典的能量已释放殆尽,恰恰相反,即使是那些较为具体的学科,其经典至今也不无值得参考的价值。比如《本草纲目》是明代的医药著作,其中许多内容固然已被现代医学证明是无效的或不科学的,但书中仍有一些知识是正确的,仍然发挥着一定的作用。而孔子、庄子等对人生哲学的见解,对当代人更有不可替代的启发作用。

因此,古代文化经典有着双重价值,它既是旧时代的产物,记录着我们无法摆脱的文化基因;同时,它又是一项宝贵的精神资源,有助于我们构建当代精神文化。不言而喻,对经典的批判、继承是一项艰难的工程。事实上,当今的文化发展态势已表现出极为鲜明的两极,一方面是全球化一浪高过一浪的发展,高科技正全面深入地改变着人们的生活方式,也必然改变着人们的思想;另一方面,传统文化也开始受到人们的广泛关注,国学热、软实力等种种现象与提法,反映出国人应对社会变化的一种策略。

那么,古代文化经典究竟是我们无法退让的精神底线、捍卫自身思想的盾牌,还是我们通向世界的身份证或是中华民族向其他民族的文化馈赠?这是时代向我们提出的问题,也是这本教材所希望引发的思考。无论如何,经典是我们不应、也不能绕行的台阶。

需要说明的是,要在一本书中包括如前面所述的各方面的经典是不可能的,但本书在编选时,还是力图兼顾更广泛的文化领域,也兼顾中国古代文化不同的发展阶段。全书分为八编,其中思想编涉及的经典、特别是先秦的经典,在古代文化中具有指导性意义。因此,我们所选略多于其他各编,分作上、下两编。其他各编则分属不同领域。不过,由于本系列教材另外设计了一套包含作品选的《古代文学基础》,本书的文学编不包括创作方面的经典,主要选编了若干古代文论方面的著作。当然,它也折射着古代文学的创作历程与特点。

为了便于学习,我们对原文加上了简单的题解和注释,这部分内容尽可能吸收了当今学术研究的成果。在每一篇经典后面,我们还选录了一篇现当代学者有关该经典的论文,这些论文未必都是不刊之论,但其中有一些在相关学科内,本身也具有重要的学术史价值。

全书包含的经典有 38 部,考虑到课时有限,我们建议在教学中,有关教师可以从每一单元挑选若干篇作为课堂教学的内容,而其余部分鼓励学生在课下阅读或作为讨论材料。

第一单元 思想编(上)

一 《周易》

【题解】

《周易》亦称《易经》,简称《易》,本为占卜之书,后来成了儒家乃至中国文化的重要经典。

《周易》的内容包括经和传。经包括六十四卦卦画、卦名、卦辞、爻辞等四项内容。卦画是一种表示象征意义的卦象符号,比如:☰(乾)、☷(坤)。其基本符号有两种,即—、--。前者是阳性的,在卦中称阳爻,后者是阴性的,在卦中称阴爻。每三爻以不同序列平行叠加,可得到八种不同的组合,称为八卦,其名为乾、坤、坎、离、震、艮、巽、兑。朱熹《周易本义》卷首载《八卦取象歌》云:"乾三连(即由三条中间不断的阳爻组成),坤六断(即由三条中间断开的阴爻组成),震仰盂(由下而上为一阳爻两阴爻,形似正放的盂),艮覆碗(由下而上为两阴爻一阳爻,形似一反放的碗),离中虚(即中间一爻是间断的阴爻),坎中满(即中间一爻是不间断的阳爻),兑上缺(即上面一爻是阴爻),巽下断(即下面一爻是阴爻)",颇便于人们区分八卦各自的特征。八卦又常常被称为经卦。它们两两自相叠加及相互叠加,可得到六十四种不同的组合,称为六十四卦,亦常常被称为别卦(经卦自相叠加者,仍称原名,相互叠加者则立新名)。

六十四卦每一卦都由六个爻组成,阳爻在爻辞中称九,阴爻在爻辞中称六,六个爻自下而上依次称为初九或初六、九二或六二、九三或六

三、九四或六四、九五或六五、上九或上六。《周易》一般本子常在卦画之后标示卦名曰乾、坤、震等等。卦辞是说明六十四卦每卦整体要义的筮辞（即占筮内容和结果的记录），爻辞解释各卦每一爻的意义，是各卦的主体内容。

传是对经的最古老的解释，包括七种、十篇：《彖》上、下，统论各卦之义，或说卦德，或说卦义，或说卦名；《象》上、下，解释各卦卦象意义以及爻辞等；《文言》，解释乾坤两卦的卦爻辞；《系辞》上、下，通论《易经》之理，"上篇明无，故曰'《易》有太极'，太极即无也。又云'圣人以此洗心，退藏于密'，是其无也。下篇明几，从无入有，故云'知几其神乎'"（唐孔颖达《周易正义》）；《说卦》，解说经卦所象的事物，"陈说八卦之德业变化及法象所为也"（同上）；《序卦》，解说六十四卦先后相次之义；《杂卦》，错综解说六十四卦之卦义。这十部分内容通常被称为"十翼"。

有学者指出："经的卦辞、爻辞，虽然蒙着一层神学的宗教外衣，但它的内容有些是叙述历史事件，有些是记载社会习俗，有些是总结生产和生活经验。这些来自当时生产斗争、阶级斗争和社会生活实践的材料，是研究商周历史的珍贵史料。……传解说经，有正确的地方，也有不符合经文原意的地方。传的作者往往借助于解经的形式，来阐发自己的政治主张和哲学思想……经、传既有联系，又有区别；既不能把它们完全割裂，更不能把它们等同对待。这是我们需要注意的。经、传产生于不同时代，哲学思想不尽相同。从经到传，基本上反映了哲学从神学中逐步脱胎出来所经历的漫长的演进过程，其中既有神秘主义的色彩，又包含着朴素辩证法因素，在唯心主义哲学思想体系内，又表现出一些唯物主义的思想观点。《周易》的哲学思想，对后世影响很大，在我国哲学史上占有重要地位，是研究先秦哲学思想的重要资料。"（张传玺主编《中国历史文献简明教程》）

在中国文学史上，卦、爻辞和"十翼"也有极为重要的意义。

卦、爻辞常常用"象"来传达、暗示某种信息，具有浓厚的象征文学的意味。比如《乾》"初九：潜龙勿用"，暗示应当潜藏，不要有所行动，不可急进施用,《周易正义》解释说:"此自然之象,圣人作法,言于此潜龙之时,小人道盛,圣人虽有龙德,于此时唯宜潜藏,勿可施用,故言'勿用'",朱熹《周易本义》云:"凡遇乾而此爻变者,当观此象而玩其占也";《乾》"上九:亢龙有悔",则暗示应当有所收敛谦抑,否则动必有悔,朱熹《周易本义》云:"亢者,过于上而不能下之意也。阳极于上,动必'有悔',故其象占如此。"

卦、爻辞之用象奇特诡异,为中国文学开辟了一个奇特的境界。《坤》上六云:"龙战于野,其血玄黄",说是龙战于田野,其血染土以后呈现出青黄混杂的颜色;《睽》上九云:"睽孤,见豕负涂,载鬼一车",说是睽孤独之时,见到猪满身泥土,又载着一车子鬼。这些象都十分奇特,故前人评论说:"龙血元(玄)黄,张弧载鬼,《易》义之新奇也;触蛮立国,蕉鹿听讼,《庄》、《列》之新奇也;帝阍叩天,鬼情察地,《离骚》之新奇也。假象寓言,语意新奇,千古大文,不可多觏",又说:"思积而满,乃有异观,是之谓奇。若《太元(玄)》、《法言》,怪也。陈去非云:'子云好奇,是以不奇。'谅哉!必若大《易》之假象,诸子之寓言,始足当之耳。"(来裕恂《汉文典》)

卦、爻辞生动地描绘了一系列引人入胜的场面,比如《离》九四云:"突如其来如,焚如,死如,弃如",《归妹》上六云:"女承筐,无实。士刲羊,无血……"《中孚》六三云:"得敌,或鼓,或罢,或泣,或歌。"这些文字,随手拈来而均成妙笔,使人如闻其声,如临其境,原始的荒蛮和质朴天然合为一体,力的冲撞与心的动荡难解难分,构成了一幅幅遥远而又诱人的画面。其描写事物和场面的线条虽然粗略,精神却栩栩如生。

卦、爻辞在呈现象方面具有惊人的表现力,不管是描绘自然之象,还是描绘人心营构之象,都往往给人一种图画般的质感。比如《大壮》上六云:"羝羊触藩,不能退,不能遂",《颐》六四云:"虎视眈眈,其欲逐逐",《贲》六四云:"贲如,皤如,白马翰如",仿佛一个个特写镜头,使你不得不正视它。这就是卦、爻辞所特有的语言张力。

古人有伏羲画八卦、周文王演成六十四卦且作卦辞、周公作爻辞、孔子作"十翼"等说法,均不可信。卦、爻辞大约编订于西周初年,"十翼"则当成文于战国至秦汉之际,二者都非出自一时一人之手。

历代《周易》注本,较常用的有:魏王弼晋韩康伯注、唐孔颖达疏《周易正义》,唐李鼎祚《周易集解》,宋朱熹《周易本义》等。

乾(节选)

☰ 乾[1]:元、亨、利、贞[2]。

初九[3]:潜龙勿用[4]。

九二:见龙在田[5],利见大人[6]。

九三:君子终日乾乾[7],夕惕若厉,无咎[8]。

九四:或跃在渊,无咎。[9]

九五:飞龙在天[10],利见大人。

上九:亢龙有悔[11]。

用九[12]:见群龙无首,吉[13]。

注释 [1]乾:卦名,有刚健之义。 [2]元、亨、利、贞:卦辞,总说乾卦的德性。元,始。亨,顺利,通达。利,和谐,适宜。贞,正。 [3]初九:爻题,以下"九二"、"九三"等同此。 [4]潜龙勿用:爻辞,以下"见龙在田,利见大人"等同此。潜龙,潜伏、隐藏之龙,比喻阳气潜藏;龙为我国神话传说中变化莫测、可见可隐的动物,《说文》云:"龙,鳞虫之长,能幽能明,能细能巨,能短能长,春分而登天,秋分而潜渊。"勿用,犹勿动,不可有所作为。 [5]见:同"现"。 [6]利见大人:适宜于见在高位者。利,吉利。 [7]乾乾:自强不息貌。 [8]"夕惕"句:《周易正义》云:"'夕惕'者,谓终竟此日后,至向夕之时,犹怀忧惕。'若厉'者,若,如也;厉,危也。言寻常忧惧,恒如倾危,乃得无咎。谓既能如此戒慎,则无罪咎,如其不然,则有咎。"惕,畏惧,戒惧。无咎,没有祸殃,无害无灾。 [9]"或跃在渊"句:尚秉和《周易尚氏学》云:"或者,言事不一定,可则为之,慎审而行,故无咎也。" [10]在天:五为天位,故云。 [11]亢龙有悔:龙过于高而不能下,动必有悔,喻指居高位而不知谦退,则盛极而衰,不免有败亡之悔。《周易正义》云:"此自然之象。以人事言之,似圣人有龙德,上居天位,久而亢极,物极则反,故'有悔'也。纯阳虽极,未至大凶,但有悔吝而已。" [12]用九:乃乾卦独有的爻题,谓六爻皆九。帛书《周易》作"迵九",意思相同。 [13]"见群龙"句:唐明邦主编《周易评注》云:"无首,首尾相衔,无有开端。或谓群龙并出,无为首者,不居首位,则无过亢之灾,故吉。"

《彖》曰：大哉乾元，万物资始，乃统天[1]。云行雨施，品物流形[2]。大明终始[3]，六位时成[4]，时乘六龙以御天[5]。乾道变化[6]，各正性命[7]，保合大和[8]，乃利贞。首出庶物，万国咸宁[9]。

注释 [1]"大哉"句：朱熹《周易本义》云："乾元，天德之大始，故万物之生，皆资之以为始也。又为四德之首，而贯乎天德之始终，故曰统天。"刘大钧、林忠军《周易经传白话解》云："万物，本指自然界万物，此处实指代表万物的六十四卦。" [2]品物流形：万物受其滋育而运动变化其形体。品，众多。 [3]大明终始：指乾卦自初爻至上爻皆为阳。 [4]六位时成：指乾卦六爻之位各以时成。 [5]"时乘"句：《周易正义》云："言乾之为德，以依时乘驾六爻之阳气，以控御于天体。"龙，喻阳。御天，指控御天道，统治天下。 [6]乾道：天道，阳刚之道。 [7]各正性命：各自持守性命之正，各自端正本性。 [8]保合大和：保全阴阳汇合之冲和之气。大和，即太和。 [9]"首出"二句：《周易正义》云："此二句论圣人上法乾德，生养万物，言圣人为君在众物之上，最尊高于物，以头首出于众物之上，各置君长以领万国，故万国皆得宁也。"

《象》曰：天行健，君子以自强不息[1]。

"潜龙勿用"，阳在下也[2]。

"见龙在田"，德施普也[3]。

"终日乾乾"，反复道也[4]。

"或跃在渊"，进无咎也[5]。

"飞龙在天"，大人造也[6]。

"亢龙有悔"，盈不可久也[7]。

"用九"，天德不可为首也[8]。

注释 [1]"天行"句：解释卦辞，言天道刚健不息，君子法之，自觉努力向上而不止。《象》传解卦辞的部分又被称为《大象》。 [2]"潜龙"句：自此句以下至"盈不可久也"，解释爻辞，又被称为《小象》。"潜龙"句释乾卦之初九。阳在下，指乾卦初九之阳于六爻之中居下位，《周易正义》云："以初九阳潜地中，故云'阳在下也'。" [3]"见龙"句：释乾卦之九二。《周易正义》云："此以人事言之，用龙德在田，似圣人已出在世，道德恩施，能普遍也。比'初九勿用'，是其周普也。若比九五，则犹狭也。"德施，德泽恩施。 [4]"终日"句：释乾卦之九三。王弼、韩康伯《周易注》云："以上言之则不骄，以下言之则不忧，反覆皆道也"；《周易正义》

云:"此亦以人事言之。君子'终日乾乾',自强不息,故反之与覆,皆合其道。反谓进反在上也,处下卦之上,能不骄逸,是反能合道也。覆谓从上倒覆而下,居上卦之下,能不忧惧,是覆能合道也"。　[5]"或跃"句:释乾卦之九四。《周易正义》云:"此亦人事言之。进则跳跃在上,退则潜处在渊,犹圣人疑或,而在于贵位也。心所欲进,意在于公,非是为私,故'进无咎'也。"　[6]"飞龙"句:释乾卦之九五。造,《释文》云:刘歆父子作"聚"。　[7]"亢龙"句:释乾卦之上九。上九之阳居卦之上而盈满,阳极生阴,乐极生悲,物极必反,故称"盈不可久也"。　[8]"用九"句:《周易正义》云:"此一节释经之'用九'之《象》辞。……云'天德不可为首'者……九是天之德也,天德刚健,当以柔和接待于下,不可更怀尊刚为物之首,故云'天德不可为首也'。"

坤(节选)

☷ 坤[1]:元亨[2],利牝马之贞[3]。君子有攸往,先迷后得主,利[4]。西南得朋[5],东北丧朋。安贞[6],吉。

注释　[1]坤:卦名,有柔顺之义。　[2]元亨:尚秉和《周易尚氏学》云:"元亨,谓二、五也。乾元亨二、五独吉,坤亦然,元亨并无阴阳之分。"《周易正义》云:"……乾、坤合体之物,故乾后次坤,言地之为体,亦能始生万物,各得亨通,故云'元亨',与乾同也";坤象地。　[3]"利牝马"句:刘大钧、林忠军《周易经传白话解》云:"远出前,乘雄马者与乘雌马者,皆占旅途吉凶,此占利于乘雌马者。"贞,卜问,占卜。　[4]"君子"句:《周易尚氏学》云:"君子有攸往,言具坤德之君子有所行也。……地道无成,故不可先,先则迷而失道,惟随阳之后,以阳为主,则靡不利也。"　[5]朋:古代货币单位,或说五贝为一朋,或说五贝为一系,两系为一朋;假借为朋友之朋。　[6]安贞:静而正。

《彖》曰:至哉坤元[1],万物资生,乃顺承天。坤厚载物,德合无疆[2]。含弘光大[3],品物咸亨。牝马地类[4],行地无疆;柔顺利贞,君子攸行[5],先迷失道,后顺得常[6]。西南得朋,乃与类行;东北丧朋,乃终有庆[7]。安贞之吉,应地无疆[8]。

注释　[1]坤元:与"乾元"对称,指坤资生万物之德。　[2]"坤厚"句:《周易正义》云:"以其广厚,故能载物,有此生长之德,合会无疆。凡言'无疆'者,其有二义,一是广博无疆,二是长久无疆也。"　[3]含弘:包容博厚。光大:犹广大。

[4]牝马地类:牝者阴性之物,马者行地之物,且牝马有柔顺之德,故与地同类。　　[5]"柔顺"句:《周易尚氏学》云:"谓柔顺利贞之德,为君子所法也。"　　[6]"先迷"句:《周易正义》云:"'先迷失道'者,以阴在物之先,失其为阴之道。'后顺得常'者,以阴在物之后,阳唱而阴和,人得'主利',是'后顺得常'。"　　[7]"西南"句:按照《说卦》所列八卦方位,坤居西南,故往西南为得其同类,为与类同行;艮居东北,艮为阳卦,坤往东北,失其阴类,然阴从阳为顺,故终乃有吉庆。　　[8]"安贞"句:《周易正义》云:"安谓安静,贞谓贞正,地体安静而贞正,人若得静而能正,即得其吉,应合地之无疆,是庆善之事也。"

　　《象》曰:地势坤,君子以厚德载物[1]。

　　注释　　[1]"地势"句:谓地势顺,其德厚,故载生万物,君子法地德之厚,以宽厚之德容载万物。《周易本义》云:"地,坤之象";王弼、韩康伯《周易注》云:"地形不顺,其势顺"。

　　初六:履霜,坚冰至[1]。

　　《象》曰:"履霜坚冰",阴始凝也[2]。驯致其道[3],至"坚冰"也。

　　注释　　[1]"履霜"句:谓脚踩着霜,则知严寒坚冰之将至。　　[2]"履霜"句:朱熹《周易本义》云:"按《魏志》作'初六履霜',今当从之";谓坤卦初六之爻辞"履霜",意味着阴气开始凝结。　　[3]驯致其道:顺其规律进一步发展。

　　六二:直,方,大[1],不习无不利[2]。

　　《象》曰:六二之动,直以方也[3]。"不习无不利",地道光也[4]。

　　注释　　[1]直,方,大:《周易正义》云:"生物不邪,谓之直也。地体安静,是其方也。无物不载,是其大也。"　　[2]"不习"句:王弼、韩康伯《周易注》云:"任其自然而物自生,不假修营而功自成,故不习焉而无不利。"　　[3]以:而。　　[4]光:犹广。

　　六三:含章可贞,或从王事,无成有终[1]。

　　《象》曰:"含章可贞",以时发也[2]。"或从王事",知光大也[3]。

　　注释　　[1]"含章"句:朱熹《周易本义》云:"六阴,三阳,内含章美,可贞以守。然居下之上,不终含藏,故或时出而从上之事,则始虽无成而后必有终。"含章,包含美质。　　[2]以时发:依时机变化而发扬。　　[3]知:通"智"。

　　六四:括囊,无咎、无誉[1]。

　　《象》曰:"括囊无咎",慎不害也[2]。

注释 [1]"括囊"句:《周易正义》云:"囊所以贮物,以譬心藏知也。闭其知而不用,故曰'括囊'。功不显扬,故曰'无誉'。不与物忤,故曰'无咎'。"括囊,本指结扎袋口,比喻缄口不言。 [2]慎不害:谨慎而不与物竞,故不被害。

六五:黄裳,元吉[1]。

《象》曰:"黄裳元吉",文在中也[2]。

注释 [1]"黄裳"句:《周易正义》云:"黄是中之色,裳是下之饰,'坤'为臣道,五居君位,是臣之极贵者也。能以中和通于物理,居于臣职,故云'黄裳元吉'。元,大也。以其德能如此,故得大吉也。"《周易本义》云:"黄,中色。裳,下饰。六五以阴居尊,中顺之德,充诸内而见于外。故其象如此,而其占为大善之吉也,占者德必如是,则其占亦如是矣。" [2]文在中:文德在中。《周易正义》云:"既有中和,又奉臣职,通达文理,故云文在其中,言不用威武也。"

上六:龙战于野,其血玄黄[1]。

《象》曰:"龙战于野",其道穷也[2]。

注释 [1]"龙战"句:《周易本义》云:"阴盛之极,至与阳争,两败俱伤,其象如此。占者如是,其凶可知。"玄黄,流血染泥土而成青黄混合之色。 [2]穷:阴至上六而极,故曰穷。

用六:利永贞[1]。

《象》曰:用六"永贞",以大终也[2]。

注释 [1]"用六"句:《周易正义》云:"言坤之所用,用此众爻之六,六是柔顺,不可纯柔,故利在永贞。永,长也。贞,正也。言长能贞正也。"利永贞,言宜于永远恪守正道。 [2]大终:《周易本义》云:"初阴后阳,故曰大终。"

(原文据清李道平《周易集解纂疏》,中华书局,1994年)

【评论】

《周易》的思想

林 尹

易一名而含三义,而后儒颇多偏于变易之说。

《易纬·乾凿度》云:"易一名而含三义,所谓简易也,变易也,不易也。"郑玄《易赞》及《易论》云:"易一名而含三义:易简一也,变易二也,不易三也。"

孔颖达《周易正义》曰:"易者,变化之总名,改换之殊称;自天地开辟,阴阳运行,寒暑迭来,日月更出,孚萌庶类,亭毒群品,新新不停,生生相续,莫非资变化之力,换代之功。然变化运行,在阴阳二气;故圣人初画八卦,设刚柔两画,象二气也;布以三位,象三才也;谓之为易,取变化之义。"

杨万里《诚斋易传》曰:"易之为言变也,易者,圣人通变之书也。"

……卦者挂也,言悬挂物象,以示于人,故谓之卦也。卦有卦辞,以钧一卦之体。

如乾卦之"元亨利贞",坤卦之"元亨利牝马之贞",屯卦之"元亨利贞",皆为卦辞。

爻者变也,效天下之动者也。爻之所处为位,卦有六爻,故爻之位亦有六。

居第一之位,则称为初(案卦由下而上数),居第六之位,则称为上,如初九、初六、上九、上六是也。居第二之位,则称为二,如九二、六二是也。第三四位,亦以此推。三五为阳位,二四为阴位;三五之位遇阳爻,则为当位,遇阴爻则为不当位,二四之位遇阴爻则为当位,遇阳爻则为不当位;初上二位,因无阴阳之定分,无所谓得位失位。

居于二五之位,谓之中爻,以其能统卦义也。

二者下三爻之中,五者上三爻之中,得其中道,上下无偏,故可杂物撰德、辨是与非也。

爻辞于阳爻称九,阴爻称六。盖以乾体有三画,坤体有六画,阳得兼阴,故其数九,阴不得兼阳,故其数六。

见孔颖达《周易正义》。

……若夫《易》道之原,则实由于阴阳相二之理。"天地缊缊,万物化醇;男女构精,万物化生。"故近取诸身,远取诸物,推而及于天地万类之变化;其作始之简,决不如后世所述之玄奥也。

……圣人之初作《易》,非离实事而专言玄思也,故《系辞》曰:"古者庖牺氏之王天下也,仰则观象于天,俯则观法于地,观鸟兽之文,与地之宜,近取诸身,远取诸物,于是始作八卦。"是以易者象也,象者像也,象者材也,爻者效天下之动者也。上象乎天,下象乎地,中象乎人事,因而效之,此易之所由生乎。一阴一阳之谓道,独阳不生,独阴不成;是以"天地缊缊,万物化醇;男女构精,万物化生"。天地缊缊,成德可见也;男女构精,行事可知也。故圣人近取诸身,远取诸物,扩而张之,推及于万类之变化,鬼神之情状;此易所以一名而含三义,而有易简、变易、不易之说也。易简者,百姓日用之道,日可见之行也。变易者,推此日用之道,可以及于天地万类也。不易者,虽以天地之大,事物之众,不能改易此道也。故愚夫愚妇之所知,圣人有所不知,盖圣人未当离实事而专言玄思也。

饮食男女,人之大欲存焉,百姓日用,莫非是也,日可见之行,莫非是也。有男女而后夫妇之道成,有夫妇而后有父子兄弟君臣朋友之义。是以人道之始,必由夫妇,夫妇也者,上可法天,下可法地,所以奉承祖宗,为天地之主也。况夫妇行事,男女构精,日可见之行也,何地无之,何日无之。圣人不离实事而专言玄思,睹夫夫妇之道,男女之事,而乾坤之义立,阴阳之类明,易之道生矣。故程大昌曰:男女也者,阴阳之赋乎人者也。以类则凡分派于阴阳,而两相配对者,莫非男女相二之理也。由是观之,易者,乃所以明阴阳夫妇之道,推而及于天地万类,其作始之简,决非如后世所述之玄奥也。易道初生,所以由于阴阳夫妇之事者,盖初有人类,即具男女之事;昔人智虑,不如今日之明彻,天下万类变化,已足怪异,而男女切身之事,尤可惊奇也。气类交感,男女情悦,此一可奇也;男为阳物,女为阴物,阳物之静也专,其动也直,阴物之静也翕,其动也辟,其二可奇也;阴疑于阳必战,龙战于野,其血玄黄,此三可奇也;黄中通理,正位居体,美在其中,而畅于四支,此四可奇也;二气既感,子女以生,或一索而得男,或一索而得女,此五可奇也。推此五奇,以求变化,以证万类;则禽兽虫鱼,凡有血气者,莫非以牝牡相二而行其构精之事也。日月雨露山川草木,因气凝聚者,莫非以阴阳相二,而行其氤氲之化也。此所谓圣人近取诸身,远取诸物,而及于天地万类之变化也。

古人不讳言阴阳夫妇之道,惟父子之间始稍有顾忌。故《白虎通》曰:父所以不自教子何,为恐渎也。又授之道,当极说阴阳夫妇变化之事,不可父子相教也。夫父以不可极说阴阳夫妇变化之事,故不自教子。然则师弟之间,固无所不言矣。盖身体之所由来,不可讳也,生命之所由成,不可忘也;极说其事,所以知变化也;详言其道,所以禁邪僻也。盈天地之间,谁非由此而生,谁独无此之情。故孔子谓"饮食男女,人之大欲存焉",又谓"吾未见好德如好色者也"。孟子谓"食色性也",是以丈夫生而愿为之有室,女子生而愿为之有家,人情之常,不可违也。太王"好色",孟子引为美谈;零露蔓草,诗人思其邂逅;昔人固未尝讳此,况《易》道之生,由于阴阳夫妇变化之事乎。

后儒矫伪,所讳者多。以阴阳夫妇之事,有近亵渎,故每避而不言。即已有言者,亦多弃而不取。且以百姓日用之道,不足炫奇惊众,于是更以玄奥难测之辞,自夸其思虑之深远。虽合乎易体周流、惟变所适之旨,然《易》之本义,终因而晦矣。

今考《易》卦六十有四,莫非阴阳夫妇变化之事。乾,阳物也,其爻为一;坤,阴物也,其爻为一。乾之相连,盖象诸男阳,坤之中断,盖象诸女阴;阳刚而健,故其静也专,其动也直;阴柔而顺,故其静也翕,其动也辟;以乾之直,感阴之辟,阴阳合德,而夫妇之道成,于是天地氤氲之理,亦可由男女构精之事,推而明之矣。故《乾凿度》谓:"乾坤者阴阳之本始,万物之祖宗,故为上篇之始;咸恒者男女之始,夫妇之道,故为下篇之始也。"

(选自林尹《中国学术思想大纲》)

《周易评注》绪论

唐明邦

《易经》包含的四百五十节卦爻辞,有着广泛的文化内涵。如果将它从卦爻象中独立出来,从研究上古文化知识的角度加以考察,所包含的自然、社会知识内容,大体可分为如下一些方面(各举一、二例以窥全豹之一斑):

关于自然现象、自然规律的知识。"履霜,坚冰至。"(坤六二)"密云不雨,自我西郊。"(小畜卦辞、小过六五)

关于阶级矛盾、政治斗争的知识。"大君有命,开国承家,小人勿用。"(师上六)"何校灭耳,凶。"(噬嗑上九)

关于古代战争的记载。"高宗伐鬼方,三年克之。"(既济九三)

关于古代农业、畜牧业的知识。"不耕获,不菑畬。"(无妄六二)"畜牝牛,吉。"(离卦辞)

关于商业、交通知识。"旅即次,怀其资,得童仆。"(旅六三)"贲其趾,舍车而徒。"(贲初九)

关于历史事件。"王用享于岐山。"(升六四)"帝乙归妹。"(归妹六五)

关于婚姻习俗。"归妹以须,反归以娣。"(归妹六三)"枯杨生华,老妇得其士夫。"(大过六五)

关于祭祀、占卜。"王用享于帝。"(益六二)"初筮告,再三渎,渎则不告。"(蒙卦辞)

关于伦理思想。"不恒其德,或承之羞。"(恒九三)"不事王侯,高尚其事。"(蛊上九)

古代的民歌。"鸣鹤在阴,其子和之;我有好爵,吾与尔靡之。"(中孚九二)

哲理格言。"无平不陂,无往不复。"(泰九三)"其亡其亡,系于

苞桑。"(否九五)"介于石,不终日。"(豫六二)

总之,《易经》中包含的古代思想文化资料相当丰富,剥去其占筮体系的外壳,不难发现其古奥文句中,保存着许多宝贵的上古知识。难怪历史学家从中考证出殷先祖王亥"丧牛于易"的故事。(旅上九)民俗学家发现有古代抢婚制度的记录。(屯六二:"屯如邅如,乘马斑如,匪寇,婚媾。")天文学家从中找到世界上最早关于太阳黑子的记载。(丰六二:"丰其蔀,日中见斗。")研究气功的人,发现有关于运气过程的描述。(艮卦爻辞)

《易传》是阐发《易经》思想的论著,古称"十翼",它是研究《易经》的十篇辅助资料……这十篇……文章,观点大体一致,在思想史上自成体系,反映的是战国中后期新兴封建阶级积极进取的思想面貌。

《易传》尽管是阐发《易经》的哲学论著,却同《易经》思想有很大历史差异,其中许多思想并非《易经》所固有,无非是借《易经》思想框架,发挥作者自己的世界观和思维方法。

《易传》思想体系中,关于"形而上者谓之道,形而下者谓之器"的原理,关于河图、洛书之说,关于太极两仪的理论,关于大衍之数和天地之数的说法,以至关于四营十八变的占筮方法等,在《易经》经文中都找不到根据。

《易传》对《易经》的重大发展,在于它将一部占筮之书,改造成为理论性很强的哲学著作,如果没有这个改造和发展,《易经》在中国思想史、文化史上的地位和作用将会大为改观,远不会有后来这么高的学术价值。《易传》在哲学史上的价值,在于它营造了一个比较精致的客观唯心主义宇宙观,更可贵的是其中包含了相当丰富的朴素辩证法思想。它的唯心主义思想为历代唯心主义者所继承和发展,其朴素辩证法思想对后代辩证法思想家们的理论有着极为深远的影响。

首先,《易传》建立了"天地絪缊,万物化醇"的宇宙发展观。它肯定天地万物不断推移变化,人类社会的物质文明和精神文明都是不断进化发展的。《易传》将自然和社会不断变化发展,视为普遍规律,要求人们的思想和行为,应当同这一普遍规律相适应。它说:"《易》之为

书也不可远,为道也屡迁。变动不居,周流六虚,上下无常,刚柔相易,不可为典要,唯变所适。"(系辞下)

其次,《易传》提出了可贵的"刚柔相推,变在其中"的变化内因论。认为事物运动变化的原因,不是某种超自然的神灵主宰,而是事物内部固有的一阴一阳两种对立力量作用的结果。它把阴阳双方对立的基本属性规定为一刚一柔,"刚柔相推而生变化"。由于事物内在力量的"刚柔相推"或"刚柔相摩",从而万物"生生"不已,大化"日新"又新。

再次,《易传》明确地论述了"穷上反下"、"革故鼎新"的矛盾转化思想。认为事物内部矛盾着的双方,既有着统一性,也存在斗争性,矛盾的双方是可以相互转化的,犹如"日中则昃,月盈则食"。事物的转化,不只是循环往复,而且有"革故鼎新"的前进运动。

《易传》阐述的天地人"三才"统一原理,为历代思想家所重视,成为一脉相承的东方思维模式。它指出:"立天之道,曰阴与阳;立地之道,曰柔与刚;立人之道,曰仁与义。"天道、地道、人道相统一,构成天人之际三纲领,包含了宇宙演化,社会发展,人际关系的广泛思想内容。这种天人一体的宏观宇宙哲学,在世界思想史上具有极大优越性。

(选自唐明邦主编《周易评注》)

二 《孙子》

【题解】

《孙子》又称《孙子兵法》、《吴孙子》等,是中国古代最著名的兵书。据传其作者是春秋末年的孙武。《汉书·艺文志》在兵书略部分,著录《吴孙子兵法》八十二篇,颜师古注曰:"孙武也,臣于阖庐。"陈国庆《汉书艺文志注释汇编》云:"按:《史记·孙子吴起列传》:孙子武者齐人也,以兵法见于吴王阖庐,阖庐曰:'子之十三篇,吾尽观之矣。'张守节曰:'《七录》云,《孙子兵法》三卷。案十三篇为上卷,又有中下二卷。'盖十三篇以吴王言而得名,故世多传之。清《四库全书》著录《孙子》一卷,无图,入子部兵家类。《简目》云:'周孙武撰。《史记·孙子列传》载武之书十三篇是也。兵家书之传于今者,惟此本为最古。'其篇次:一《始计》、二《作战》、三《谋攻》、四《军形》、五《兵势》、六《虚实》、七《军事》、八《九变》、九《行军》、十《地形》、十一《九地》、十二《火攻》、十三《用间》。"

孙武(生卒年不详),字长卿,齐国乐安(今山东惠民)人,大约与孔子同时而略晚。尝以《兵法》十三篇见吴王阖闾,阖闾出宫中美女百八十人,让他小试勒兵。孙子将其分为两队,以吴王宠姬二人各为队长,皆令持戟,再三申明军令,然后击鼓发令。众人哄笑而不从,孙武不听吴王的说情,谓"将在军,君命有所不受",斩杀了左右两队队长,按序任其第二人做队长,之后再击鼓发命,众人悉遵号令,莫敢出声。阖闾知道孙子善于用兵,任他做了将军。后来,吴国向西打败了强大的楚国,攻克郢都,向北威震齐、晋,显名诸侯,孙子都出了大力。

传世《孙子兵法》十三篇当非定稿于孙武。各篇开头均冠以"孙子曰",1972年山东临沂银雀山汉墓出土的简本十二篇(《地形》篇未发现相应简文),有五篇开头是"孙子曰",其余盖因残缺而未见。由此可知,《孙子》十三篇当是孙武门徒或后人根据底稿、谈话记录加工整理而成的。从内容看,其中所论战争规模庞大、战术多样,只能产生在战国时期;从文字技巧看,《孙子》十三篇较《老子》有所发展,其嬗变演进有迹可寻。因此,其修改定稿当稍后于《老子》,而在《孙膑兵法》之前(参阅谭家健《先秦散文艺术新探》)。

《孙子》总结了先秦时期的战争经验,论述了军事领域一系列重大问题,揭示了很多带有普遍意义的规律,建立了系统的理论,是中国军事文化遗产中的瑰宝,也是中国传统文化的重要典籍。它对中国古代军事思想发挥了巨大影响,被尊为"百世谈兵之祖"、"兵经"等。其中很多文字已成为中国人耳熟能详的格言或成语,比如"……百战百胜,非善之善者也;不战而屈人之兵,善之善者也","知彼知己,百战不殆;不知彼而知己,一胜一负;不知彼,不知己,每战必败"(《谋攻》篇),"兵者,诡道也。故能而示之不能,用而示之不用,近而示之远,远而示之近。利而诱之,乱而取之,实而备之,强而避之,怒而挠之,卑而骄之,佚而劳之,亲而离之。攻其无备,出其不意"(《计》篇),"……兵无常势,水无常形。能因敌变化而取胜者,谓之神"(《虚实》篇)。其语言精粹简劲、爽利峻洁,喜欢运用生动简明的比喻以及层次井然的排比来铺叙论说,架构严整,说理更条理、更周密,被论家推为"具有文学价值的典范著作"(谭家健《先秦散文艺术新探》)。

曹操《孙子注》是迄今所见最早、名气最大的注本,其后又有杜牧注等。现存宋及宋以前的古注大都保存在《十一家注孙子》中。当代学者李零《〈孙子〉十三篇综合研究》(中华书局,2006年)收录了作者关于《孙子》十三篇的校释、古本辑存、古注集校及部分论文,具有重要参考价值。

计第一[1]

孙子曰:

兵者[2],国之大事[3],死生之地,存亡之道[4],不可不察也。

注释 [1]本篇原题作"始计",今从汉简本及《十一家注》本。 [2]兵:指军事。 [3]国之大事:《左氏春秋·成公十三年》云:"国之大事,在祀与戎。" [4]"死生"句:民之死生、国之存亡系于兵,故谓之死生之地、存亡之道。

故经之以五事[1],校之以计[2],而索其情[3]:一曰道,二曰天,三曰地,四曰将,五曰法。道者,令民与上同意[4],可与之死,可与之生[5],而不危也[6];天者,阴阳、寒暑、时制也[7];地者,远近、险易、广狭、死生也[8];将者,智、信、仁、勇、严也[9];法者,曲制、官道、主用也[10]。凡此五者,将莫不闻,知之者胜,不知者不胜[11]。故校之以计,而索其情,曰:主孰有道[12]?将孰有能?天地孰得?法令孰行?兵众孰强?士卒孰练[13]?赏罚孰明?吾以此知胜负矣。将听吾计,用之必胜,留之;将不听吾计,用之必败,去之[14]。

注释 [1]经之以五事:银雀山汉简《孙子兵法》无"事"字,谓以五方面条列为主旨。 [2]校:考核,考察;汉简本作"效",义近。 [3]而:汉简本作"以",义同。索其情:探究兵事之情状(如彼己胜负等)。 [4]"令民"句:《十一家注》本张预曰:"以恩信道义抚众,则三军一心,乐为其用。"按,该本"意"下有"也"字。[5]"可与"句:《十一家注》本作"故可以与之死,可以与之生"。[6]不危也:《十一家注》本作"不畏危"。危,通"诡"(汉简本作"诡"),欺诈,违背。[7]时制也:汉简本"也"字下多"顺逆、兵胜也"。时制,时令,季节。[8]"远近"句:汉简本作"高下、广陕(狭)、远近、险易、死生也"。死生,指地势可致人以死,或者可保全其生命。[9]"将者"句:《十一家注》本曹操曰:"将宜五德备也";杜牧曰:"先王之道,以仁为首;兵家者流,用智为先。盖智者,能机权、识变通也;信者,使人不惑于刑赏也;仁者,爱人悯物,知勤劳也;勇者,决胜乘势,不逡巡也;严者,以威刑肃三军也"。[10]曲制:军队编制的制度。官道:管理将士的办法。主用:《十一家注》本梅尧臣曰:"主军之资粮百物必有用度也。"[11]"凡此"句:《十一家注》本张预曰:"已上五事,人人同闻;但深晓变极之理则胜,不然则败。"[12]主:国君。[13]练:精壮,干练。[14]"将听"句:《十一家注》本张预曰:"将,辞也。孙子谓:今将听吾所陈之计,而用兵则必胜,我乃留此矣;将不听吾所陈之计,而用兵则必败,我乃去之他国矣。以此辞激吴王而求用。"

计利以听,乃为之势,以佐其外[1]。势者,因利而制权也[2]。兵者,诡道也[3]。故能而示之不能,用而示之不用[4],近而示之远,远而示之近。利而诱之[5],乱而取之,实而备之[6],强而避之,怒而挠之[7],卑而骄之[8],佚而劳之,亲而离之。攻其无备,出其不意。此兵家之胜,不可先传也[9]。

注释 [1]"计利"句:《十一家注》本张预曰:"孙子又谓:吾所计之利若已听从,则我当复为兵势,以佐助其事于外。盖兵之常法,即可明言于人;兵之利势,须因敌而为。"[2]"势者"句:张预注曰:"所谓势者,须因事之利,制为权谋,以胜敌耳,故不能先言也。"[3]"兵者"句:曹操注曰:"兵无常形,以诡诈为道";诡道,诡诈之术。[4]"能而"句:《十一家注》本李筌曰:"言己实用师,外示之窘也。"[5]利而诱之:示敌以利而引诱之。[6]实而备之:张预曰:"言敌人兵势既实,则我当为不可胜之计以待之,勿轻举也。李靖《军镜》曰:'观其虚则进,见其实则止。'"[7]怒而挠之:梅尧臣曰:"彼褊急易怒,则挠之,使愤激轻战";挠,扰。[8]卑而骄之:《十一家注》本王晳曰:"示卑弱以骄之,彼不虞我,而击其间。"[9]不可先传:梅尧臣曰:"临敌应变制宜,岂可预前言之?"

夫未战而庙算胜者,得算多也[1];未战而庙算不胜者,得算少也。

多算胜少算[2],而况于无算乎!吾以此观之,胜负见矣。

注释 [1]"夫未战"句:意谓战前庙堂之上筹策超过敌人者,其计所得者多。[2]"多算"句:原作"多算胜,少算不胜",从李零校释改。

谋攻第三

孙子曰:

夫用兵之法[1],全国为上[2],破国次之[3];全军为上[4],破军次之;全旅为上[5],破旅次之;全卒为上[6],破卒次之;全伍为上[7],破伍次之。

注释 [1]夫:《十一家注》本作"凡"。 [2]全国:指使敌国不战而降。[3]破国:击破敌国,消灭敌国。 [4]全军:指不战而以计谋使敌军全部降伏。军,军队最高一级的编制。 [5]旅:军队较次一级的编制。 [6]卒:军队较低一级的编制。 [7]伍:军队最低一级的编制,只有5人。

是故百战百胜,非善之善者也;不战而屈人之兵,善之善者也。故上兵伐谋[1],其次伐交[2],其次伐兵[3],其下攻城[4]。攻城之法,为不得已。[5]修橹轒辒[6],具器械[7],三月而后成;距堙[8],又三月而后已。将不胜其忿而蚁附之,杀士卒三分之一[9],而城不拔者,此攻之灾也。故善用兵者,屈人之兵而非战也[10],拔人之城而非攻也,毁人之国而非久也[11],必以全争于天下,故兵不顿而利可全,此谋攻之法也[12]。

注释 [1]上兵伐谋:谓用兵之上策是以谋略战胜敌人。 [2]伐交:指破坏敌方与其他方面的联合。 [3]伐兵:指通过两军对战而取胜。 [4]其下攻城:张预曰:"夫攻城屠邑,不惟老师费财,兼亦所害者多,是为攻之下者。" [5]"攻城"句:张预曰:"攻城则力屈,所以必攻者,盖不获已耳。" [6]橹:大盾。轒辒(fényūn):用于攻城的战车;杜牧注云:"轒辒,四轮车,排大木为之,上蒙以生牛皮,下可容十人,往来运土填堑,木石所不能伤,今俗所谓木驴是也。" [7]具器械:汉简本无此语。器械,曹操曰:"机关攻守之总名,飞楼、云梯之属。" [8]距堙:靠近敌城所筑的土丘,用以观察城内虚实或登城。距,李零注谓读如据,据附之义。堙,《十一家注》本作"闉",通"堙",指为了攻城而堆积的土山。 [9]"将不胜"句:曹操注曰:"将忿,不待攻器成,而使士卒缘城而上,如蚁之缘墙,必杀伤士卒也。"卒,《十一家注》本无。 [10]"故善"句:张预注曰:"前所陈者,庸将之为耳,善用兵者则不然；或破其计，或败其交，或绝其粮，或断其路，则可不战而服之。"　[11]"毁人"句：杜牧注曰："因敌有可乘之势，不失其机，如摧枯朽。"　[12]"必以"句：张预注曰："不战则士不伤，不攻则力不屈，不久则财不费。以完全立胜于天下，故无顿兵血刃之害，而有国富兵强之利，斯良将计攻之术也。"兵不顿，兵器不被损坏，谓打仗没有损失；顿，通"钝"。

故用兵之法[1]，十则围之[2]，五则攻之，倍则分之[3]，敌则能战之[4]，少则能逃之[5]，不若则能避之[6]。故小敌之坚，大敌之擒也[7]。

注释　[1]故：《武经》本无此字。　[2]十则围之：李筌注曰："愚智勇怯等，十倍于敌则围之，攻守殊势也。"　[3]倍则分之：张预注曰："吾之众一倍于敌，则当分为二部：一以当其前，一以冲其后；彼应前则后击之，应后则前击之，兹所谓'一术为正，一术为奇'也。"　[4]"敌则"句：张预注曰："彼我相敌，则以正为奇，以奇为正，变化纷纭，使敌莫测，以与之战。兹所谓设奇伏以胜之也。"　[5]"少则"句：梅尧臣注曰："彼众我寡，去而勿战。"　[6]"不若"句：张预注曰："兵力、谋勇皆劣于敌，则当引而避之，以伺其隙。"　[7]"故小敌"句：李筌注曰："小敌不量力而坚战者，必为大敌所擒也。"

夫将者，国之辅也。辅周则国必强[1]，辅隙则国必弱[2]。故君之所以患于军者三[3]：不知军之不可以进而谓之进，不知军之不可以退而谓之退[4]，是谓縻军[5]；不知三军之事而同三军之政[6]，则军士惑矣；不知三军之权而同三军之任，则军士疑矣[7]。三军既惑且疑，则诸侯之难至矣[8]。是谓乱军引胜[9]。

注释　[1]"辅周"句：《十一家注》本何氏曰："周，谓才智具也。得才智周备之将，国乃安强也。"　[2]辅隙：谓将之才智等有所缺乏。　[3]"君之"句：谓国君给军队造成危害有三种情况。　[4]"不知"二句：谓国君不知道进退之宜，而专进退。　[5]縻（mí）军：谓牵制军队，使不能灵活机动。　[6]同：指共同参与。三军之政：《十一家注》本作"三军之政者"。　[7]"不知"句：《十一家注》本陈皥曰："将在军，权不专制，任不自由，三军之士自然疑也。"　[8]诸侯之难至矣：诸侯举兵来犯的祸患就到了。　[9]乱军引胜：谓自乱其军以致敌人取胜。

故知胜有五：知可以战与不可以战者胜[1]，识众寡之用者胜[2]，上下同欲者胜，以虞待不虞者胜[3]，将能而君不御者胜[4]。此五者，知胜之道也。故曰：知彼知己[5]，百战不殆；不知彼而知己，一胜一负；不知彼,不知己,每战必败[6]。

注释 [1]"知可"句:《十一家注》本作"知可以战与不可以战者胜",汉简本作"知可而战与不可而战胜","而"、"以"互通。张预注曰:"可战则进攻,不可战则退守;能审攻守之宜,则无不胜。" [2]"识众"句:张预注曰:"用兵之法,有以少而胜众者,有以多而胜寡者,在乎度其所用,而不失其宜则善。如吴子所谓'用众者务易,用少者务隘'是也。"识,汉简本作"知"。 [3]虞:准备,防范。不虞:不图谋,不提防。 [4]将能而君不御:杜佑注曰:"将既精能,晓练兵势,君能专任,事不从中御。"御,统治,治理。 [5]知彼知己:《十一家注》本作"知彼知己者"。 [6]败:《十一家注》本作"殆"。

(原文据李零《〈孙子〉十三篇综合研究》,以《魏武帝注孙子》为底本)

【评论】

兵家辩证法特色

李泽厚

在《美的历程》中,我曾认为,中国自新石器时代中期以来,充满了极为频繁、巨大、复杂的战争。"自剥林木而来,何日而无战?大昊之难,七十战而后济;黄帝之难,五十二战而后济;少昊之难,四十八战而后济;昆吾之战,五十战而后济。"(罗泌《路史·前纪》卷五)为史籍所承认的黄炎之战、黄帝蚩尤之战,不过是其中规模最大具有决定性意义的几次而已。中国兵书那么早就如此成熟和发达,几千年后仍有借鉴价值,正由于它们是以这种长期的、繁复的、剧烈的战争的现实经验为基础。谈《孙子兵法》的论著已经有不少了,本文注意的只是表现在兵家思想里的理性态度。

什么是这种特定的理性态度呢?

第一,是一切以现实利害为依据,反对用任何情感上的喜怒爱憎和任何观念上的鬼神"天意",来替代或影响理知的判断和谋划:

主不可以怒而兴师,将不可以愠而致战;合于利而动,不合于

利而止。怒可以复喜,愠可以复悦,亡国不可以复存,死者不可以复生。故明主慎之,良将警之……(《孙子兵法·火攻》篇)

明君贤将,所以动而胜人,成功出于众者,先知也。先知者,不可取于鬼神,不可象于事(指作类比推测),不可验于度(指验证于天象),必取于人,知敌之情者也。(《孙子兵法·用间》篇)

只有在战争中,只有在谋划战争、制定战略、判断战局、选择战机、采用战术中,才能把人的这种高度清醒、冷静的理知态度发挥到充分的程度,才能把它的巨大价值最鲜明地表现出来。因为任何情感(喜怒)的干预,任何迷信的观念,任何非理性东西的主宰,都可以立竿见影,顷刻覆灭,造成不可挽回的生死存亡的严重后果。必须"先计而后战",如果凭感情办事,听神灵指挥,可以导致亡国灭族,这是极端危险的。所以《孙子兵法》一开头就说,"兵者,国之大事,死生之地,存亡之道,不可不察也。"(《孙子兵法·计》篇)这一特点在一般日常生活和任何其他领域中是没有或比较少见的。

第二,必须非常具体地观察、了解和分析各种现实现象,重视经验。作战要考虑人事、天时、地利。地利包括高下、远近、险易、广狭等等,人事包括将领、法令、士兵、技械、军需等等。并且,不但要"知己",而且要"知彼","知吾卒之可以击,而不知敌之不可击,胜之半也;知敌之可击,而不知吾卒之不可以击,胜之半也;知敌之可击,知吾卒之可以击,而不知地形之不可以战,胜之半也"(《孙子兵法·地形》篇)。"兵无常势,水无常形。能因敌变化而取胜者,谓之神。"(《孙子兵法·虚实》篇)总之,全面地具体地了解实际情况,重视现实形势,在战争中有极重要的意义。纸上谈兵为兵家大忌。在战争中不容搞空中楼阁的思辨遐想和不解决问题的空洞议论。思维的具体现实性和实用性的重要,在这里比任何其他地方都更为突出。

第三,在这种对现实经验和具体情况的观察、了解、分析中,要迅速地从纷繁复杂的错综现象中发现和抓住与战争有关的本质或关键。其中包括要善于鉴别假象,不为外在的表面现象所迷惑:

> 敌近而静者,恃其险也。远而挑战者,欲人之进也。……(《孙子兵法·行军》篇)
>
> 众树动者,来也。众草多障者,疑也。鸟起者,伏也。兽骇者,覆也。……(《孙子兵法·行军》篇)

这是由某种经验现象而看出有关交战利害的关键,所以它重视的不是现象的罗列,而是抓住某些现象迅速推断到有关本质。

> 兵者,诡道也。故能而示之不能,用而示之不用,近而示之远,远而示之近。……(《孙子兵法·计》篇)
>
> 辞卑而益备者,进也。辞强而进驱者,退也。……无约而请和者,谋也。奔走而陈兵车者,期也。半进半退者,诱也。(《孙子兵法·行军》篇)

这就是注意现象与本质之间的差异与矛盾。这种情况在日常生活和一般经验中也都存在,但认识它们的极端重要性和严重意义却只有在战争中才突出。否则,略不经心便可铸成大错,而毫厘之差便有千里之失。

也正因为此,古兵家在战争中所采取的思维方式就不只是单纯经验的归纳和单纯观念的演绎,而是以明确的主体活动和利害为目的,要求在周密具体、不动情感的观察、了解现实的基础上尽快舍弃许多次要的东西,避开繁琐的细部规定,突出而集中、迅速而明确地发现和抓住事物的要害所在;从而在具体注意繁杂众多现象的同时,却要求以一种概括性的二分法即抓住矛盾的思维方式来明确、迅速、直截了当地去分别事物、把握整体,以便作出抉择。所谓概括性的二分法的思维方式,就是用对立项的矛盾形式概括出事物的特征,便于迅速掌握住事物的本质。这就是《孙子兵法》中所提出的那许许多多相反而又相成的矛盾对立项,即敌我、和战、胜负、生死、利害、进退、强弱、攻守、动静、虚实、劳佚、饥饱、众寡、勇怯等等。把任何一种形势、情况和事物分成这样的对立项而突出地把握住它们,用以指导和谋划主体的活动(即决定作战方案如或进或退、或攻或守等等)。这是一种非归纳非演绎所能替代的直观把握方式,是一种简化了的却非常有效的思维方式。在一般经验中,这种方式大都处在不自觉或隐蔽的状态中(如列维·斯特劳斯所分析的人类各民族神话所普遍具有的二分结构)。因为在日常生活中并不需要到处都自觉采用这种思维方式,是不必要把任何对象都加以二分法的认识或处理的。

正因为这种矛盾思维方式是来源于、产生于军事经验中,而不是来源或产生于论辩、语言中所发现的概念矛盾,所以它们本身也就与世俗生活一直保持着具体内容的现实联系,具有极大的经验丰富性。像《孙子兵法》里举出的那许多矛盾的对立项,就是非常具体的和多样化的。与生活经验紧密相连,它们是生活斗争的经验性的概括,而不是语言辩论的思辨性的抽象。

第四,兵家的这种辩证思维既是主体在有关自己生死存亡切身利害的战斗实践中所获得和所要求的认识方式,上述一切观察、了解、分析、估量、考虑、决策便都是在主体(己方军队)的行为中来进行的。即使自然现象如"地形"也是从战争利害("地利")角度来着眼的。因之,客体在这里作为认识对象不是静观的而是与主体休戚相共的,是从主体的功利实用目的去把握的,客体不是作为与主体利害、行动相分离的恒常稳定的对象来作观察处理的。从而它不但重视对立项矛盾双方的依存、渗透,而且更重视它们之间的消长转化和如何主动运用它们:"乱生于治,怯生于勇,弱生于强。"(《孙子兵法·势》篇)"……实而备之,强而避之,怒而挠之,卑而骄之,佚而劳之,亲而离之,攻其无备,出其不意……"(《孙子兵法·计》篇)总之,不只是描述、发现、了解、思索诸矛盾而已,而是在活动中去利用、展开矛盾,随具体的条件、情况而灵活的决定和变化主体的活动,不局限、拘泥、束缚于既定的或原有的认识框架。"五行无常胜,四时无常位",只要能最后打败敌人,保存自己,便可以"涂有所不由,军有所不击,城有所不取,地有所不争,君命有所不受"。后世兵家也常说,"运用之妙,存乎一心"。所有这些,都不同于从对大自然的静观或从抽象思辨中所获得的矛盾观念和思维方式。

总起来说,我以为要真正了解中国古代辩证法,要了解为什么中国古代的辩证观念具有自己特定的形态,应该追溯到先秦兵家。兵家把原始社会的模糊、简单而神秘的对立项观念如昼夜、日月、男女即后世的阴阳观念多样化和世俗化了。它既摆脱了巫术宗教的神秘衣装,又不成为对自然、人事的纯客观记录,而形成一种在主客体"谁吃掉谁"迅速变化着的行动中简化了的思维方式。它所具有的把握整体而具体实用,能动活动而冷静理知的根本特征,正是中国辩证思维的独特灵魂,使它不同于希腊的辩证法论辩术,而构成中国实用理性的一个重要方面。

在《孙子兵法》中,已经可以看到,它由军事讲到了、涉及了政治。军事本来就是政治斗争的一种特殊手段。《孙子兵法》相当明确地指出政治应该统率军事。它在多处虽然是讲军事,实际已超越了军事。例如那些非常著名的话:

> 是故百战百胜,非善之善者也;不战而屈人之兵,善之善者也。故上兵伐谋,其次伐交,其次伐兵,其下攻城。……故善用兵者,屈人之兵而非战也,拔人之城而非攻也……(《孙子兵法·谋攻》篇)

重筹划更重于作战本身,重政治更重于军事,重智谋更重于拼力量,重人事更重于天地鬼神……以《孙子兵法》为代表的这种兵家思想已成为后世中国的思想传统。它在《老子》那里,便上升为哲学系统。这不是说《老子》一定是直接从孙子或兵家而来(有人还考证《孙子兵法》产生在战国,可能在《老子》之后,如齐思和《中国史探研·孙子兵法著作时代考》),只是说《老子》哲学的基本观念可能与先秦的兵家思潮有关系。

(选自李泽厚《中国古代思想史论》)

三 《老子》

【题解】

被称为老子的人究竟是谁,他生于哪一年、死于哪一年,迄今为止还是没有得到解决的问题。《史记·老子韩非列传》提到了三个可以被称为老子的人物：第一个姓李名耳字聃，楚国苦县（今河南鹿邑）人，曾任周藏室之史（即周藏书室之史），跟孔子同时，孔子还曾经向他请教过礼，《道德经》五千言就是他写的。第二个是老莱子，同为楚人，跟孔子同时，曾著书十五篇宣传道家之用。第三个是周太史儋，生活在孔子死后一百多年。多数学者都采用第一种说法，即认为老子就是李耳，为春秋末楚国苦县人，道家学派的创始者。

《道德经》也就是《老子》，一般学者认为非老子本人所撰，而是成于道家后学之手，大约在战国前期纂辑、加工完成，其时间晚于《论语》。但也有学者倾向于认定此书为老子本人所写，成于春秋末期，虽经后人修改，却基本上能反映老子本人的思想。《老子》其书大体上是老子语录的汇集。

传世《老子》共八十一章，分上、下篇，上篇三十七章又称《道经》，下篇四十四章又称《德经》。1973年，湖南长沙马王堆三号汉墓出土了帛书《老子》甲、乙两种写本，甲本用篆书抄写，是战国晚期的传本，乙本用隶书抄写，是西汉初年的传本。两种本子因避讳、用字歧异而产生了一部分不同，但篇次和章序无异。两种帛书本跟传世本有一个非常大的差别，即《德》在前，《道》在后；两部分内部的章次，与传世本差别不大。1993年，湖北荆门市南部的郭店一号楚墓出土了一批竹简，其中有些竹简抄写着《老子》，是战国中期的传本。依竹简形状以及编线契口位置的不同，被分为三组：甲组共有竹简三十九枚，一千余字（简本甲）；乙组共有竹简十八枚，约三百八十字（简本乙）；丙组共有竹简十四枚，约二百六十字（简本丙）。简本《老子》的编次，跟帛书本及传世本截然不同，分章大有歧异，文字方面的差别比比皆是，并且有些差别异常紧要。比如，传世本"绝圣弃智"，简本作"绝智弃辩"；传世本"绝仁弃义"，简本殆作"绝伪弃诈"。由此可以断定，《老子》反对儒家仁义学说的内容，大概是在后世流传的过程中被赋予或凸显的。从《老子》原本变而为流传至今的各种本子，其间显然发生了极为复杂的变化。依现有简本——帛书本——传世本这一极不完整和具体的序列来考察，帛书本大概对其所据的传本作了不少调整和加工,从用字用语到章节结构,简直变得面目全非。从现有内容可知,简本缺少帛书本及传世本关于"道"的理论阐述,偏重于实用,"人君南面之术"的色彩十分浓厚。帛书本大概吸收了汉初以前对《老子》的一部分解说,由此奠定了传世《老子》的基本构架和面貌。

遗憾的是,依据现在的考古发现尚不能确定《老子》原本的写作年代,更不能恢复《老子》最初的文本。本书介绍《老子》,主要是依据帛书本和传世本。

《老子》思想的核心是道。道首先是宇宙中的终极存在,它创造了万物,所谓:"道生一,一生二,二生三,三生万物"(四十二章),"道汎呵,其可左右也。成功遂事而弗名有也"(三十四章)。大意是说,道产生了混沌未分的气("一"),这种混沌未分的气进一步产生了阴气和阳气("二"),阴气和阳气混合又产生了一种和谐的气("三"),这混合阴阳的和谐的气产生了万物;道无所不至,万物赖它而生而存。道跟通常可以感知的那种事物不同:"道之物,唯望(恍)唯汒(忽)。汒呵望呵,中有象呵。望呵汒呵,中有物呵。湷(幽)呵鸣呵,中有请(情)吔;其请(情)甚真,其中有信。"(二十一章)道之物恍恍惚惚,可恍惚中有一种"气而可知者"(即"象"),有别于"形而可知者"(即普通事物);恍惚中有一种实存。

道又是一种规律性的东西。老子说:"……大道废,案有仁义;知(智)慧出,案有大伪"(十八章),这是说,最根本的规律性的东西被废弃以后,才有了仁义,聪明智慧产生以后,才有了更严重的伪诈。老子又说:"天下有道,却走马以粪;天下无道,戎马生于郊"(四十六章),天下政治若不违背道这种规律,就不会产生战争了。老子还说:"治大国若亨小鲜,以道莅天下,其鬼不神。非其鬼不神也,其神不伤人也。非其神不伤人也,圣人亦弗伤也。夫两不相伤,故德交归焉"(六十章),治理天下,要用道这一规律作原则。这主要是指自然无为的为政之道。

老子确立道这一核心,是为了给现实人生确立根本法则。他说:"……道大,天大,地大,人(帛书甲、乙本及王本皆作"王")亦大。域

(甲、乙本作"国")中有四大,而人(帛书甲、乙本及王本皆作"王")居一(王本"居其一")焉。人法地,地法天,天法道,道法自然。"(二十五章)所谓"道法自然",是说道纯任自然,而不是指自然高于道并且更有本原的性质。因此,人最终要取法的是道。

从文章体式上看,《老子》中的篇章既不同于《论语》的语录体,又不同于《孟子》、《庄子》中的对话体和论辩体,还不同于《荀子》、《韩非子》的论说体,显示出极为独特的风格。故钱穆说:"至《老子》书,洁净精微,语经凝练。既非对话,亦异论辩。此乃运思既熟,融铸而出。有类格言,可备诵记。"(《庄老通辨》)其各章精深玄妙,富思辨色彩,言少而意多,且常用韵语,仿佛哲理型的散文诗集。

传世本《老子》有很多注本,较常用的是三国魏王弼的《老子注》以及当代学者陈鼓应的《老子注译及评介》等。高明《帛书老子校注》对研读帛书甲、乙本及其与传世本的异同,颇有参考价值。廖名春《郭店楚简老子校释》、彭浩《郭店楚简〈老子〉校读》等,是研读简书《老子》的基本参考文献。

道　经

一

道,可道也,非恒道也。名,可名也,非恒名也[1]。

无名,万物之始也;有名,万物之母也[2]。

故恒(甲本作"垣")无欲也,以观其眇[3],恒有欲也,以观其所噭[4]。

两者同出,异名同胃,玄之又(甲本作"有")玄,众眇之门[5]。

注释　[1]"道,可道也"二句:谓可识可见、可言说的有形的事物不是永恒的存在,不可言说的"道"、不可称说的"名"则具有永恒性。《庄子·知北游》云:"道不可闻,闻而非也;道不可见,见而非也;道不可言,言而非也。知形形之不形乎!道不当名。"　[2]"无名"句:谓无名是万物的本始,有名是万物的本原。无名,即道,《道经》二十五章云:"有物昆成,先天地生。绣(寂)呵缪(寥)呵,独立而不改,可以为天地母。吾未知其名,字之曰道;吾强为之名曰大";道是无,不可见不可闻不可名,故谓之无名;道所创生的那些进一步产生天地万物的事物,则属于有名,诸如未分阴阳的混沌的气(所谓一)、由此进一步产生的阴气阳气(所谓二)、由此混合产生的和谐的气(所谓三)等,这"有名"正是万物产生的本原。《德经》四十一章云:"天下之物生于有,有生于无。"　[3]"恒无欲"句:大概是说以无欲观照无名之道创始万物的美妙。眇,通"妙"。　[4]"恒有欲"句:大概是说以有欲观照道创生万物之归终;《道经》十六章云:"万物旁(并)作,吾以观其复也。夫物云云,各复归于其根。归根曰静;静,是胃(谓)复命。复命常也,知常明也。不知常,妄;妄作,凶。"噭,通"徼",王弼注:归终也。　[5]"两者"句:谓无名与有名、万物之始与万物之母出处相同,都以道为本根(无名之道如《庄子·大宗师》所谓"自本自根",道跟天下万物之间的诸种有象而无形的过渡阶段,也产生于道),其名号虽然有异,所指则根本上相同,它们幽昧深远不可测知,万物产生之妙皆从之而出。胃,通"谓"。

二

天下皆知美为美,恶已[1];皆知善,訾不善矣[2]。

有无之相生也,难易之相成也,长短之相刑也,高下之相盈也,音(甲本:意)声之相和也,先后之相隋也,恒也[3]。

是以声人居无为之事[4],行不言之教[5];万物作而弗始也[6],为而弗志也[7],成功而弗居也。夫唯弗居,是以弗去[8]。

注释　[1]"天下"句:谓天下都知道什么是美,就知道什么是丑了。恶,丑陋。[2]訾:通"此"。　[3]"有无"句:谓有和无互相生成,难和易互相促成,长和短相比较,高和下互相补足,回音和声响互相应和,前和后互相跟随,这是永恒的。刑,通"形"。隋,通"随"。　[4]"是以"句:谓因此圣人所治之事是"无为"。声,通"圣"。无为,清静虚无,顺应自然。　[5]行不言之教:谓圣人所实行的教化是以德化民,不待言辞训诫。　[6]"万物"句:谓任万物兴起而不造作事端。[7]"为而"句:谓施泽万物而不以为恩。志,通"恃",乙本作"侍",用法同。[8]"夫唯"句:谓正因为圣人不居功,所以他的功劳不会泯灭。甲本脱漏"弗"字,据乙本补。

三

不上贤,使民不争;不贵难得之货,使民不为盗;不见可欲,使民不乱[1]。

是以声人之治也,虚其心,实其腹,弱其志,强其骨[2]。恒使民无知无欲也,使夫智不敢,弗为而已,则无不治矣[3]。

注释 [1]"不上"句:甲本残损严重,据乙本补,谓不崇尚才德,使百姓不争竞;不把难以得到的东西当宝贝,使百姓不做盗贼;不显摆足以引起欲念的事物,使百姓不被扰乱。上,通"尚"。 [2]"是以"句:甲本残损严重,据乙本补,谓圣人治理天下,使百姓的头脑空空,使百姓的肚子充实,使百姓的主见缺乏,使百姓的躯体强壮。 [3]"恒使"句:甲本残损严重,从乙本补,谓常使百姓没有知识没有欲念,使那聪明的人不敢妄为,只要无为,那么一切都能够治理好了。

四

道冲(甲本作"盅"),而用之有(甲本作"又")弗盈也[1]。潚呵,始万物之宗[2]。

锉其兑,解其纷,和其光,同其尘[3]。

湛呵似或存[4]。吾不知其谁之子也,象帝之先[5]。

注释 [1]"道冲"句:谓道体空虚,而其用之发挥又没有穷尽。冲,虚,空虚。有,通"又"。弗盈,不穷。 [2]"潚呵"句:深而且清呵,似万物的祖先。潚(sù),深清貌;乙本和王弼本均作"渊",义近。始,通"似"。 [3]"锉其兑"句:谓挫其锐气,解其争执,内敛其才华和锋芒,混同于尘俗。这是解释"道冲,而用之有弗盈"的道理。锉,通"挫"。兑,甲本脱,据乙本补,通"锐"。纷,纠纷,争执。 [4]"湛呵"句:甲本残,据乙本补,谓幽隐呵似无而实有。湛,水深貌,深沉貌。 [5]"吾不知"句:甲本残,据乙本补,谓我不知道它是从哪里产生的,似乎是帝的祖先;《庄子·大宗师》云:"夫道有情有信……自本自根,未有天地,自古以固存;神鬼神帝,生天生地。"

五

天地不仁,以万物为刍狗;声人不仁,以百省为刍狗[1]。
天地之间,其犹橐籥乎?虚而不淈,蹱而俞出[2]。
多闻数穷,不如(甲、乙本作"若")守于中[3]。

注释 [1]"天地不仁"句:甲本有残缺,据乙本补,谓天地无仁厚之德,把万物当做祭祀时用草扎成的狗(任其被尊事或被遗弃);圣人无仁厚之德,把百姓当做祭祀时用草扎成的狗。即天地无施而万物自长,圣人无施而百姓自养。省,通"姓"。 [2]"天地之间"句:甲本有残缺,据乙本补,谓天地之间殆如风箱,空虚但是不穷竭,愈动其出愈多。涸,通"屈",竭尽。蹱,通"动"。俞,通"愈"。[3]"多闻"句:谓博学多识加速困窘,不如保持内心的虚无清静。数,通"速"。中,通"冲"。

(原文据高明《帛书老子校注》之帛书甲本,中华书局,1996年,并参考其中帛书乙本以及《诸子集成》魏王弼注释本,上海书店,1986年。帛书本原不分章,本书分章乃参照王弼本。)

【评论】

老子之学

柳诒徵

老子之学,本以自隐无名为务,故其事迹亦不彰,史但称为周守藏室之史,及为关尹著书之事。以《庄子》证之,关尹殆与老子学派相同。其强老子以著书,第以同道相证明,非借著书立说,创一学派或宗教,以要名于世。此讲老子之学者所当先知之义也。

老子生于陈而仕于周,并非楚人。世之论者,以《史记》有"楚苦县人"一语,遂以老子为楚人。因以其文学思想,为春秋时南方学者之首领,并谓与孔子之在北方者对峙(其说倡于日本人,而梁启超盛称之)。实则苦县故属陈,老子生时,尚未属楚,《史记索隐》、《正义》言之甚明。借令其地属楚,亦在淮水流域,距中夏诸国甚迩,未可以南北判之也。

老子既自晦其迹,故讲老子之学者,言人人殊。儒家则重其习于礼,《小戴记·曾子问》篇记孔子问礼于老聃者,凡三节。法家则称其生于术,《韩非子·解老》篇:"所谓有国之母,母者,道也;道也者,生于所以有国之术。"方士则目为神仙(《列仙传》、《神仙传》等书,称老子之神异甚多),释氏则谓同佛教,《后汉书·襄楷传》:"桓帝时,楷上书曰:或言老子入夷狄,为浮屠。"

《辩正论》(唐释慧琳):"《晋世杂录》云:道士王浮每与沙门帛远抗论,王屡屈焉,遂改换《西域传》为《化胡经》,言喜与聃化胡作佛,佛起于此。"(《老子化胡经》在元代已焚毁,清季发见敦煌石室内有《化胡经》残本。)甚至傅会为耶稣教(严复评老子,前有德国哲学家谓耶和华之号,即起于老子之夷希微,说见黑格尔《哲学历史》),傅会为民主政治(亦见严复评语),傅会为革命家(见胡适《中国哲学史大纲》)。见知见仁,各以其意为说。然即此亦可见老子之学无所不包,此庄子所以谓之为"博大真人"也。《庄子·天下》篇:"关尹、老聃乎?古之博大真人哉!"

老子之学,自有来历,庄子称其出于古之道术,

《庄子·天下》篇:"以本为精,以物为粗,以有积为不足,澹然独与神明居。古之道术,有在于是也,关尹、老聃闻其风而悦之。"

老子之说出于诗,

《吕氏春秋·行论》:"诗曰:'将欲毁之,必先累之;将欲踣之,必高举之。'其此之谓乎?"(诗,逸诗也。)

老子之学,由汤之史事而来,

《吕氏春秋·制乐》:"汤退卜者曰:'吾闻祥者福之先者也,见祥而不为,则福不至;妖者祸之先者也,见妖而为善,则祸不至。'故祸兮福之所倚,福兮祸之所伏。"

《艺文志》称其出于史官。

《汉书·艺文志》:"道家者流,盖出于史官。历记成败存亡祸福古今之道,然后知秉要执本,清虚以自守,卑弱以自持。"

此二义,老子固自言之。

《老子》:"执古之道,以御今之有,能知古始,是谓道纪。"

惟其所谓"古始"者,非常久远,不限于有文字以来之历史,亦不限于羲、农、黄帝以来之有道术者。故常扶摘天地造化之根原,而不为后世

制度文物所囿，此老子之学所以推倒一切也。然东方人种积习耕稼，偏于仁柔，往往以弱制强，而操最后之胜算。老子习见其事实，故反复申明此理，而后世之人，因亦不能出其范围。实则老子之思想，由吾国人种性及事实所发生，非其学能造成后来之种性及事实也。

老子之书，专说对待之理（如美恶、善不善、有无、难易、长短、高下、虚实、强弱、后先、得失、曲全、枉直、洼盈、敝新、多少、重轻、静躁、雄雌、白黑、荣辱、壮老、张歙、废兴、与夺、贵贱、损益、坚柔、得亡、成缺、盈冲、辩讷、生死、祸福、大细、有余不足、正奇、善妖之类），其原盖出于《易》。惟《易》在孔子未系辞之前，仅示阴阳消息、奇偶对待之象，尚未明示二仪之先之太极。老子从对待之象，推究其发生此对待之故，得恍惚之一元，而反复言之。如曰：

> 视之不见，名曰夷；听之不闻，名曰希；搏之不得，名曰微。此三者不可致诘，故混而为一。其上不皦，其下不昧，绳绳不可名，复归于无物。是谓无状之状，无物之象，是谓恍惚；迎之不见其首，随之不见其后。

又曰：

> 孔德之容，惟道是从；道之为物，惟恍惟惚。惚兮恍兮，其中有象；恍兮惚兮，其中有物。窈兮冥兮，其中有精；其精甚真，其中有信。自古及今，其名不去；以阅众甫，吾何以知众甫之状哉，以此。

> 有物混成，先天地生，寂兮寥兮，独立不改，周行而不殆，可以为天下母。吾不知其名，字之曰"道"，强为之名曰"大"。

盖世人不知此物，惟可以恍惚诏之。老子则知之甚精、甚真、甚信，故能从此原理，剖析众甫之状。是则吾国形而上之哲学实自老子开之，亦可曰一元哲学实自老子开之。不知老子之形而上学，徒就形而下之社会人生，推究老子之学，无当也。

老子既知此原理，见此真境，病世人之竞争于外，而不反求于内也，于是教人无为。其教人以无为，非谓绝无所为也，扫除一切人类后起之知识情欲，然后可从根本用功。故曰："为学日益，为道日损，损之又损,以至于无为。"其下即承之曰:"无为而无不为。"盖世人日沈溺于后起之知识情欲,不能见此甚精,甚真、甚信之本原,虽自觉无所不知、无所不能,实则如同梦呓。胥天下而从事于此,止有贼国病民而已。故曰:

> 古之善为道者,非以明民,将以愚之。民之难治,以其智多。故以智治国,国之贼;不以智治国,国之福。知此两者,亦稽式,常知稽式,是谓玄德。玄德深矣远矣,与物反矣,然后乃至大顺。

老子所谓"愚民",与后世所谓"愚民之术"不同。盖如秦皇之焚书坑儒以愚民,只为固其子孙帝王之业起见,非欲使天下之人咸捐其小智私欲,而同见此甚精、甚真、甚信之本原。老子之所谓"愚民",则欲民愚于人世之小智私欲,而智于此真精之道,反本还原,以至大顺。故以后世愚民之术,归咎于老子者固非;但知老子主张破坏一切,不知老子欲人人从根本上用功者,亦绝不知老子之学也。

吾国之哲学,与西洋哲学不同者,在不言而躬行,徒执老子之言,以讲老子之学,无一是处。吾所言者,亦不能知老子之究竟也。惟今世学者喜言哲学,喜言老子哲学,且喜以老子之哲学与西洋哲学家比较,故亦不得不略述其管见。总之,老子非徒破坏,非徒消极,彼自有其真知灼见。故觉举世之人,迷罔日久,而稍稍出其绪余,为此五千言,而其所不言者,正不可限量也。

(选自柳诒徵《中国文化史》)

四 《论语》

【题解】

《论语》大体上是一部语录体著作,主要是记录孔子的言行,只有一小部分内容记载的是他弟子的言行;其成书时间在春秋战国之际。《汉书·艺文志》说:"《论语》者,孔子应答弟子时人及弟子相与言而接闻于夫子之语也。当时弟子各有所记,夫子既卒,门人相与辑而论纂,故谓之《论语》。"传世《论语》计有《学而》、《为政》、《八佾》、《里仁》、《公冶长》、《雍也》、《述而》、《泰伯》、《子罕》、《乡党》、《先进》、《颜渊》、《子路》、《宪问》、《卫灵公》、《季氏》、《阳货》、《微子》、《子张》、《尧曰》二十篇;各篇篇名只是其开头的两三个字,没有特别的意思(若开头是"子曰",则取孔子语录的头几个字)。

《论语》在西汉有今文本《鲁论》、《齐论》及古文本《古论》。西汉末年,安昌侯张禹据《鲁论》,参考《齐论》,编成定本,号《张侯论》。今传《论语》,则是东汉著名学者郑玄以《张侯论》为底本,参考《齐论》与《古论》修订而成的。

《论语》一书的价值是多方面的。梁启超说:"《论语》一书,除……可疑之十数章外,其余则字字精金美玉,实人类千古不磨之宝典。盖孔子人格之伟大,宜为含识之俦所公认,而《论语》则表现孔子人格唯一之良书也。其书编次体例,并无规定,篇章先后,似无甚意义,内容分类,亦难得正确标准,略举纲要,可分为以下各类:一、关于个人人格修养之教训;二、关于社会伦理之教训;三、政治谈;四、哲理谈;五、对于门弟子及时人因人施教(注重个性的)的问答;六、对于门弟子及古人时人之批评;七、自述语;八、孔子日常行事及门人诵美孔子之语(映入门弟子眼中之孔子人格)。右(即上,原文为竖排——引者)所列第一、二项,约占全书三分之二,其余六项约合占三分之一。第一项人格修养之教训,殆全部有历久不磨的价值。第四项之哲理谈,虽著语不多(因孔子之教,专贵实践,罕言性与天道),而皆渊渊入微。第二项之社会伦理,第三项之政治谈,其中一部分对当时阶级组织之社会立言,或不尽适于今日之用,然其根本精神,固自有俟诸百世而不惑者。第五项因人施教之言,则在学者各自审其个性之所近所偏而借以自鉴。第六项对人的批评,读之可以见孔子理想人格之一斑。第七项孔子自述语及第八项别人对于孔子之观察批评,读之可以从各方面看出孔子之全人格。《论语》全书之价值大略如此。要而言之,孔子这个人有若干价值,则《论语》这部书,亦连带的有若干价值也。"(梁启超《要籍解题及其读法》)

从写作方面看,《论语》的文章简而能赅,浅而能深,雍容不迫,辞义典雅,虽不刻意讲究艺术,却达到了极高的艺术水平。

《论语》最常用的入门注本,是今人杨伯峻的《论语译注》。而杨树达《论语疏证》则极有特色,故陈寅恪在序中称:"今先生汇集古籍中事实语言之与《论语》有关者,并间下己意,考订是非,解释疑滞……乃自来诂释《论语》者所未有,诚可为治经者辟一新途径,树一新模楷也。"古人的著作中,朱熹的《论语集注》(包括在《四书章句集注》中)简明深切,是一部很好的参考书。

孔子(前551—前479),名丘,字仲尼,春秋时候鲁国陬(zōu)邑(今山东曲阜东南)人,我国古代最伟大的思想家、教育家和学者,儒家学派的创始人。

鲁国本是周公的封地(因为周公辅佐周武王和成王,其子伯禽代他到鲁国受封),周代文物典籍保存完好,有"礼乐之邦"的美称。鲁襄公二十九年(前544),吴公子季札聘问鲁国,请观于周乐,为之叹美不已;鲁昭公二年(前540),晋大夫韩宣子聘鲁,观书于大史氏,见《易象》与《鲁春秋》,曾感慨:"周礼尽在鲁矣。吾乃今知周公之德,与周之所以王也。"(参阅《左氏春秋》)这一深厚的文化底蕴,以及当时学术向民间发展的趋势,对孔子思想的形成及其学术事业的发展有重大影响。

孔子幼年丧父,随母亲迁居到鲁国都城曲阜,家境贫寒,年轻时做过委吏和乘田(前者管理仓廪,后者主管畜牧)。所以后来孔子曾感慨:"吾少也贱,故多能鄙事。"(《论语·子罕》)孔子自十五岁志于学,学无常师,而好学不厌;十七八岁丧母;三十而立,开始授徒讲学,进一步打破了"学在官府"的局面,促使学术文化向大众传播。

昭公二十五年(前517),鲁国发生内乱,孔子去往齐国。齐景公喜欢孔子的言论,却因为大臣阻挠,没有任用他。后来孔子就回到鲁国,进一步研修学问,教育弟子。他的弟子也越来越多,几乎遍及所有的诸侯。当时,鲁国政权控制在季孙氏、叔孙氏、孟孙氏三家贵族手中,季孙氏势力最为强盛,却又受制于家臣阳货。孔子对这种"无道"的政局大为不满,不愿出仕。鲁定公九年(前501),阳货被逐,孔子受命为中都

（在今山东汶上县西）宰，即中都行政长官。仅一年时间，各地就竞相效法孔子的治理办法，于是他被提升为小司空（主管工程建筑），后来又被提升为大司寇（主管司法刑狱）。

孔子为了加强国君的力量，试图削弱季孙氏、叔孙氏和孟孙氏三家贵族，但由于受到抵制，最终失败。他意识到在鲁国难以施展自己的抱负，于是带领颜回、子路等十多名弟子，开始了十四年周游列国的生涯，期间到过卫、陈、宋等国家，多次遭受"道不同"的人数落，曾断粮多日，甚至险些被人杀害。弟子冉有回鲁做了季氏的家臣总管，并于哀公十一年（前484）率兵战胜了入侵的齐军。正卿季康子接受他的建议，派人前去迎接孔子。不过孔子回国后始终没得到重用，乃致力于文献整理、学术研究和教育活动。鲁哀公十六年（前479）去世。

柳诒徵评价说："孔子者，中国文化之中心也。无孔子则无中国文化。自孔子以前数千年之文化，赖孔子而传；自孔子以后数千年之文化，赖孔子而开。即使自今以后，吾国国民同化于世界各国之新文化，然过去时代之与孔子之关系，要为历史上不可磨灭之事实。故虽老子与孔子同生于春秋之时，同为中国之大哲，而其影响于全国国民，则老犹远逊于孔，其他诸子，更不可以并论。"（《中国文化史》）

颜渊第十二（节选）

颜渊问仁[1]。子曰："克己复礼为仁[2]。一日克己复礼，天下归仁焉[3]。为仁由己，而由人乎哉？"

颜渊曰："请问其目[4]？"

子曰："非礼勿视，非礼勿听，非礼勿言，非礼勿动。"

颜渊曰："回虽不敏[5]，请事斯语矣[6]。"

注释 [1]颜渊：即颜回（前521—前481），字子渊，春秋末鲁国人，孔子弟子，比孔子小三十岁。 [2]"克己"句：谓克制自己（的私欲）回复到礼，就是仁。 [3]"一日"句：谓你一天做到了克己复礼，全天下都会称许你是仁人。归，犹"与"，赞许。 [4]目：条目，要目。 [5]不敏：不聪明，愚钝，有谦虚的意味。 [6]事：实践，从事。

仲弓问仁[1]。子曰:"出门如见大宾[2],使民如承大祭[3]。已所不欲,勿施于人。在邦无怨[4],在家无怨[5]。"

仲弓曰:"雍虽不敏,请事斯语矣。"

注释 [1]仲弓:即冉雍(前522—?),字仲弓,鲁国人,孔子弟子,比孔子小二十九岁。 [2]如见大宾:谓恭敬谨慎。大宾,国宾,贵宾。 [3]如承大祭:谓严肃庄重。大祭,重大祭祀,包括天地之祭、禘袷(dìxiá)之祭等。 [4]邦:诸侯国。 [5]家:卿大夫或卿大夫的采地食邑。

司马牛问仁[1]。子曰:"仁者,其言也讱[2]。"

曰:"其言也讱,斯谓之仁已乎?"

子曰:"为之难,言之得无讱乎[3]?"

注释 [1]司马牛:即司马耕,字子牛,宋人,孔子弟子;为宋司马桓魋之弟,故以司马为氏。 [2]"仁者"句:司马牛"多言而躁"(《史记·仲尼弟子列传》),故孔子如此回答。讱(rèn),谨慎缓慢,出言难貌。 [3]"为之"句:谓做起来难,说起来能不难吗? 朱熹集注曰:"牛意仁道至大,不但如夫子之所言,故夫子又告之以此。盖心常存,故事不苟,事不苟,故其言自有不得而易者,非强闭之而不出也。"得无,犹言能不、岂不。

司马牛问君子。子曰:"君子不忧不惧。"[1]

曰:"不忧不惧,斯谓之君子已乎?"

子曰:"内省不疚,夫何忧何惧[2]?"

注释 [1]"司马牛问"二句:《史记集解》引孔安国曰:"牛兄桓魋将为乱,牛自宋来学,常忧惧,故孔子解之也。" [2]"内省"句:朱熹集注云:"言由其平日所为无愧于心,故能内省不疚,而自无忧惧,未可遽以为易而忽之也。"疚,因有过失内心感到惭愧痛苦。

司马牛忧曰:"人皆有兄弟,我独亡。"[1]子夏曰[2]:"商闻之矣:死生有命,富贵在天。君子敬而无失,与人恭而有礼。四海之内,皆兄弟也。君子何患乎无兄弟也[3]?"

注释 [1]"司马牛"句:朱熹集注云:"牛有兄弟而云然者,忧其为乱而将死也。"亡,通"无"。 [2]子夏:即卜商(前507—?),字子夏,晋国人,孔子弟子,比孔子小四十四岁。 [3]"商闻"数语:朱熹集注云:"既安于命,又当修其在己者。

故又言苟能持己以敬而不间断,接人以恭而有节文,则天下之人皆爱敬之,如兄弟矣。盖子夏欲以宽牛之忧,故为是不得已之辞,读者不以辞害意可也。"

子张问明[1]。子曰:"浸润之谮,肤受之愬,不行焉,可谓明也已矣[2]。浸润之谮,肤受之愬,不行焉,可谓远也已矣[3]。"

注释 [1]子张:复姓颛孙,名师,字子张(前503—?),陈国人,孔子弟子,比孔子小四十八岁。 [2]"浸润"句:谓积久而发生作用的谗毁,利害切身的诽谤,在你这里行不通,就可以说是明察了。朱熹集注云:"毁人者渐渍而不骤,则听者不觉其入,而信之深矣。愬冤者急迫而切身,则听者不及致详,而发之暴矣。二者难察而能察之,则可见其心之明,而不蔽于近矣。"愬,同"诉"。 [3]远:指见识深远,看得远。

子贡问政[1]。子曰:"足食,足兵,民信之矣[2]。"

子贡曰:"必不得已而去,于斯三者何先?"

曰:"去兵。"

子贡曰:"必不得已而去,于斯二者何先?"

曰:"去食。自古皆有死,民无信不立[3]。"

注释 [1]子贡:氏端木,名赐(前520—?),卫国人,孔子弟子,比孔子小三十一岁。 [2]"足食"句:朱熹集注云:"言仓廪实而武备修,然后教化行,而民信于我,不离叛也。" [3]"自古"句:邢昺疏云:"言死者古今常道,人皆有之,治国不可失信,失信则国不立也。"民无信,指百姓对为政者缺乏信任。

棘子成曰[1]:"君子质而已矣,何以文为?"

子贡曰:"惜乎,夫子之说,君子也[2]!驷不及舌。文犹质也,质犹文也。虎豹之鞟[3],犹犬羊之鞟。"

注释 [1]棘子成:卫国大夫。 [2]夫子:古代对男子的敬称。 [3]鞟(kuò):去毛的皮。

哀公问于有若曰[1]:"年饥[2],用不足,如之何?"

有若对曰:"盍彻乎[3]?"

曰:"二[4],吾犹不足,如之何其彻也?"

对曰:"百姓足,君孰与不足?百姓不足,君孰与足[5]?"

注释 [1]哀公:春秋末鲁国国君,公元前494年至前467年在位。有若:姓有名若,字子有,鲁国人,孔子弟子,或说比孔子小三十三岁。 [2]年饥:年成不好,歉收。 [3]彻:指实行十分抽一的税率。 [4]二:指十分抽二。 [5]"百姓足"句:朱熹集注云:"民富,则君不至独贫;民贫,则君不能独富。"

子张问崇德、辨惑。

子曰:"主忠信[1],徙义[2],崇德也。爱之欲其生,恶之欲其死。既欲其生,又欲其死,是惑也。'诚不以富,亦祇以异[3]。'"

注释 [1]主:以……为主。 [2]徙义:见义则改意从之。 [3]"诚不以富"句:出自《诗经·小雅·我行其野》,谓"不足以致富而适足以取异也"(朱熹《论语集注》)。"诚"原诗一般作"成",通"诚"。祇,适,恰。

(原文据朱熹《四书章句集注》,中华书局,1983年)

【评论】

"仁"的结构

李泽厚

几乎为大多数孔子研究者所承认,孔子思想的主要范畴是"仁"而非"礼"。后者是因循,前者是创造。尽管"仁"字早有,但把它作为思想系统的中心,孔子确为第一人。

那末,"仁"又是甚么?

"仁"字在《论语》中出现百次以上,其含义宽泛而多变,每次讲解并不完全一致。这不仅使两千年来从无达诂,也使后人见仁见智,提供了各种不同解说的可能。强调"仁者爱人"与强调"克己复礼为仁",便可以实际也作出了两种对立的解释。看来,要在这百次讲"仁"中,确定哪次为最根本或最准确,以此来推论其他,很难做到;在方法上也未必妥当。因为部分甚至部分之和并不能等于整体,有机整体一经构成,便获得自己的特性和生命。孔子的仁学思想似乎恰恰是这样一种整体模式。它由四个方面或因素组成,诸因素相互依存、渗透或制约。从而具有自我调节、相互转换和相对稳定的适应功能。正因如此,它就经常能够或消化掉或排斥掉外来的侵犯干扰,而长期自我保持延续下来,构成一个颇具特色的思想模式和文化心理结构,在塑造汉民族性格上留下了重要痕迹。构成这个思想模式和仁学结构的四因素分别是(一)血缘基础,(二)心理原则,(三)人道主义,(四)个体人格。其整体特征则是(五)实践理性。……下面粗线条地简略说明一下。

（一）孔子讲"仁"是为了释"礼",与维护"礼"直接相关。"礼"如前述,是以血缘为基础、以等级为特征的氏族统治体系。要求维护或恢复这种体系是"仁"的根本目标。所以:

其为人也孝悌,而好犯上者,鲜矣。不好犯上而好作乱者,未之有也。君子务本,本立而道生,孝悌也者,其为人之本欤?("有子之言似夫子",一般均引作孔子材料)

"子奚不为政?"子曰:《书》云:"孝乎惟孝,友于兄弟。"施于有政,是亦为政,奚其为为政?

弟子入则孝,出则悌,谨而信,泛爱众,而亲仁……

君子笃于亲,则民兴于仁。

……

参以孟子"亲亲,仁也","仁之实,事亲是也",可以确证强调血缘纽带是"仁"的一个基础含义。"孝"、"悌"通过血缘从纵横两个方面把氏族关系和等级制度构造起来。这是从远古到殷周的宗法统治体制(亦即"周礼")的核心,这也就是当时的政治("是亦为政"),亦即儒家所谓"修身齐家治国平天下"。春秋时代和当时儒家所讲的"家",不是后代的个体家庭或家族,正是与"国"同一的氏族、部落。所谓"平天下",指的也是氏族(大夫)—部落(诸侯)—部落联盟(天子)的整个系统。只有这样,才能了解孔子所谓"迩之事父,远之事君",孟子所谓"天下之本在国,国之本在家,家之本在身";也才能理解孔子的"兴灭国,继绝世,举逸民",孟子的"反其旄倪,止其重器,谋于燕众,置君而后去之"等等意思,它们都是要恢复原有氏族部落国家的生存权利。孔子把"孝""悌"作为"仁"的基础,把"亲亲尊尊"作为"仁"的标准,维护氏族父家长传统的等级制度,反对"政"、"刑"从"礼""德"中分化出来,都是在思想上缩影式地反映了这一古老的历史事实。恩格斯说:"亲属关系在一切蒙昧民族和野蛮民族的社会制度中起着决定作用。"孔子在当时氏族体制、亲属关系崩毁的时代条件下,把这种血缘关系和历史传统提取、转化为意识形态上的自觉主张,对这种超出生物种属性质、起着社会结构作用的血缘亲属关系和等级制度作明朗的政治学的解释,使之摆脱特定氏族社会的历史限制,强调它具有普遍和长久的社会性的含义和作用,这具有重要意义。特别是把它与作为第二因素的心理原则直接沟通、联结起来并扩展为第三因素之后。

（二）"礼自外作"。"礼"本是对个体成员具有外在约束力的一套习惯法规、仪式、礼节、巫术。包括"入则孝,出则悌"等等,本也是这种并无多少道理可讲的礼仪……

［与］对"礼"作新解释新规定整个思潮相符合,孔子把"三年之丧"的传统礼制,直接归结为亲子之爱的生活情理,把"礼"的基础直接诉之于心理依靠。这样,既把整套"礼"的血缘实质规定为"孝悌",又把"孝悌"建筑在日常亲子之爱上,这就把"礼"以及"仪"从外在的规范约束解说成人心的内在要求,把原来的僵硬的强制规定,提升为生活的自觉理念,把一种宗教性神秘性的东西变而为人情日用之常,从而使伦理规范与心理欲求溶为一体。"礼"由于取得这种心理学的内在依据而人性化,因为上述心理原则正是具体化了的人性意识。由"神"的准绳命令变而为人的内在欲求和自觉意识,由服从于神变而为服从于人、服从于自己,这一转变在中国古代思想史上具有划时代的意义。

并没有高深的玄理,也没有神秘的教义,孔子却比上述《左传》中对"礼"的规定解释,更平实地符合日常生活,具有更普遍的可接受性和付诸实践的有效性。在这里重要的是,孔子没有把人的情感心理引导向外在的崇拜对象或神秘境界,而是把它消溶满足在以亲子关系为核心的人与人的世间关系之中,使构成宗教三要素的观念、情感和仪式统统环绕和沉浸在这一世俗伦理和日常心理的综合统一体中,而不必去建立另外的神学信仰大厦。这一点与其他几个要素的有机结合,使儒学既不是宗教，又能替代宗教的功能，扮演准宗教的角色，这在世界文化史上是较为罕见的。不是去建立某种外在的玄想信仰体系，而是去建立这样一种现实的伦理——心理模式，正是仁学思想和儒学文化的关键所在。

正由于把观念、情感和仪式（活动）引导和满足在日常生活的伦理——心理系统之中，其心理原则又是具有自然基础的正常人的一般情感，这使仁学一开始避免了摈斥情欲的宗教禁欲主义。孔子没有原罪观念和禁欲意识，相反，他肯定正常情欲的合理性，强调对它的合理引导。正因为肯定日常世俗生活的合理性和身心需求的正当性，它也就避免了、抵制了舍弃或轻视现实人生的悲观主义和宗教出世观念。孔学和儒家积极的入世人生态度与它的这个心理原则是不可分割的。

也由于强调这种内在的心理依据，"仁"不仅仅得到了比"仪"远为优越的地位，而且也使"礼"实际从属于"仁"。孔子用"仁"解"礼"，本来是为了"复礼"，然而其结果却使手段高于目的，被孔子所发掘所强调的"仁"——人性心理原则，反而成了更本质的东西，外的血缘（"礼"）服从于内的心理（"仁"）："人而不仁，如礼何？人而不仁，如乐何？""礼云礼云，玉帛云乎哉？乐云乐云，钟鼓云乎哉？""礼与其奢也宁俭，丧与其易也宁戚"；"今之孝者，是谓能养，至于犬马，皆能有养，不敬，何以别乎？"……不仅外在的形式（"仪"：玉帛、钟鼓），而且外在的实体（"礼"）都是从属而次要的，根本和主要的是人的内在的伦理——心理状态，也就是人性。后来孟子把这个潜在命题极大地发展了。

因之，"仁"的第二因素比第一因素（血缘、孝悌）与传统"礼仪"的关系是更疏远一层了，是更概括更抽象化（对具体的氏族体制说），同时又更具体化更具实践性（对未经塑造的人们心理说）了。

（三）因为建立在这种情感性的心理原则上，"仁学"思想在外在方面突出了原始氏族体制中所具有的民主性和人道主义，"仁从人从二，于义训亲"（许慎），证以孟子所谓"仁也者，人也"，"老吾老以及人之老，幼吾幼以及人之幼"，汉儒此解，颇为可信。即由"亲"及人，由"爱有差等"而"泛爱众"，由亲亲（对血缘密切的氏族贵族）而仁民（对全氏族、部落、部落联盟的自由民。但所谓"夷狄"——部落联盟之外的"异类"在外),即以血缘宗法为基础,要求在整个氏族—部落成员之间保存、建立一种既有严格等级秩序又具某种"博爱"的人道关系。这样,就必然强调人的社会性和交往性,强调氏族内部的上下左右、尊卑长幼之间的秩序、团结、互助、协调。这种我称之为原始的人道主义,是孔子仁学的外在方面。孔子绝少摆出一副狰狞面目。相反,"爱人","老者安之,朋友信之,少者怀之","子为政,焉用杀","宽则得众,惠则足以使民","其养民也惠","百姓足,君孰与不足?百姓不足,君孰与足?""不教而杀谓之虐,不戒视成谓之暴","伤人乎?不问马""近者悦,远者来","修文德以来之","四方之民则襁负其子而至矣"……《论语》中的大量这种记述,清楚地表明孔子的政治经济主张是既竭力维护氏族统治体系的上下尊卑的等级秩序,又强调这个体制所仍然留存的原始民主和原始人道主义,坚决反对过分的、残暴的、赤裸裸的压迫与剥削。而这,也就是所谓"中庸"。关于"中庸",历代和今人都有许多解说,我以为新近出土战国中山王墓葬中青铜器铭文所载"籍敛中则庶民坿"这句话,倒可以作为孔子所讲"中庸"之道的真实内涵,实质上是要求在保存原始民主和人道的温情脉脉的氏族体制下进行阶级统治。

这一因素具有重要意义。它表明"仁"是与整个社会(氏族—部落—部落联盟,亦即大夫["家"]—诸侯["国"]—天子["天下"])的利害相关联制约着,而成为衡量"仁"的重要准则。所以,尽管孔子对管仲在礼仪上的"僭越"、破坏极为不满,几度斥责他不知"礼";然而,却仍然许其"仁"。……这就是说,"仁"的这一要素对个体提出了社会性的义务和要求,它把人(其当时的具体内容是氏族贵族,下同)与人的社会关系和社会交往作为人性的本质和"仁"的重要标准,孟子所谓"无父无君是禽兽也",也是强调区别于动物性的人性本质存在于、体现于这种社会关系中,离开了父母兄弟、君臣上下的社会关系和社会义务,人将等于禽兽。这也就是后代(从六朝到韩愈)反佛、明清之际反宋儒(空谈心性,不去"经世致用")的理论依据。可见,"仁"不只是血缘关系和心理原则,它们是基础;"仁"的主体内容是这种社会性的交往要求和相互责任。……

(四)与外在的人道主义相对应并与之紧相联系制约,"仁"在内在方面突出了个体人格的主动性和独立性。

这一点也至为重要。在……礼坏乐崩、周天子也无能为力、原有外在权威已丧失其力量和作用的时代,孔子用心理原则的"仁"来解说"礼",实际就是把复兴"周礼"的任务和要求直接交给了氏族贵族的个体成员("君子"),要求他们自觉地、主动地、积极地去承担这一"历史重任",把它作为个体存在的至高无上的目标和义务。孔子再三强调"为仁由己,而由人乎哉?""仁远乎哉?我欲仁,斯仁至矣。""当仁不让于师";"夫仁者,已欲立而立人,已欲达而达人。能近取譬,可谓仁之方也已"等等,表明"仁"既非常高远又切近可行,既是历史责任感又属主体能动性,既是理想人格又为个体行为。而一切外在的人道主义、内在的心理原则以及血缘关系的基础,都必须落实在这个个体人格的塑造之上……

(五)如前所说,作为结构,部分之和不等于整体。四因素机械之和不等于"仁"的有机整体。这个整体具有由四因素相互作用而产生、反过来支配它们的共同特性。这特性是一种我称之为"实践理性"或"实用理性"的倾向或态度。它构成儒学甚至中国整个文化心理的一个重要的民族特征。

所谓"实践(用)理性",首先指的是一种理性精神或理性态度。与当时无神论、怀疑论思想兴起相一致,孔子对"礼"作出"仁"的解释,在基本倾向上符合了这一思潮。不是用某种神秘的热狂而是用冷静的、现实的合理的态度来解说和对待事物和传统;不是禁欲或纵欲式地扼杀或放任情感欲望,而是用理知来引导、满足、节制情欲;不是对人对己的虚无主义或利己主义,而是在人道和人格的追求中取得某种均衡。对待传统的宗教鬼神也如此,不需要外在的上帝的命令,不盲目服从非理性的权威,却仍然可以拯救世界(人道主义)和自我完成(个体人格和使命感);不厌弃人世,也不自我屈辱、"以德报怨",一切都放在实用的理性天平上加以衡量和处理。所以,"子不语怪力乱神","祭如在,祭神如神在。……吾不与祭,如不祭","未能事人,焉能事鬼","未知生,焉知死"……本来,在当时甚至后世的条件下,肯定或否定鬼神都很难在理论上予以确证,肯定或否定实际上都只是一种信仰或信念,孔子处理这个问题于"存而不论"之列,是相当高明的回避政策。墨子斥之为"以天为不明,以鬼为不神",实际正是作为仁学特征的清醒理性精神。

这种理性具有极端重视现实实用的特点。即它不在理论上去探求讨论、争辩难以解决的哲学课题,并认为不必要去进行这种纯思辨的抽象(这就是汉人所谓"食肉不食马肝,不为不知味")。重要的是在现实生活中如何妥善地处理它。孔子说:"敬鬼神而远之,可谓知矣",这个"知"不是思辨理性的"知",而正是实践理性的"知"。与此相当,不是去追求来世拯救、三生业报或灵魂不朽,而是把"不朽"、"拯救"都放在此生的世间功业文章中。"用之则行,舍之则藏",进则建功立业,退则立说著书……而这一切都并不需要宗教的狂热或神秘的教义,只要用理性作为实践的引导,来规范塑制情感、愿欲和意志就行了。在这里,重要的不是言论,不是思辨,而是行动本身:"君子欲讷于言,而敏于行";"听其言而观其行";"君子耻其言而过其行","古者言之不出,耻躬之不逮也"……这里也没有古希腊那种日神精神和酒神精神的分裂对立和充分发展(即更为发展的思辨理性和更为发展的神秘观念),而是两者统一溶合在实践理性之中。

血缘、心理、人道、人格终于形成了这样一个以实践(用)理性为特征的思想模式的有机整体。它之所以是有机整体,是由于它在这些因素的彼此牵制、作用中得到相互均衡、自我调节和自我发展,并具有某种封闭性,经常排斥外在的干扰或破坏。例如,在第二因素(心理原则:爱有差等)的抑制下,片面发展第三因素的倾向被制约住,使强调"兼爱""非攻"的墨家学说的进攻终于失败。例如,在第三因素制约下,片面发展第四因素的倾向,追求个人的功业、享乐或自我拯救也行不通,无论是先秦的杨朱学派或后世盛极一时的佛家各派同样被吸收消失。……此外,如忠(对人)与恕(对己)、狂("兼济")与狷("独善")的对立而又互补,都有稳定这整个有机结构的作用和功能。总之,每个因素都作用于其他因素,而影响整个系统,彼此脱离即无意义。

孔子仁学本产生在早期奴隶制崩溃、氏族统治体系彻底瓦解时期,它无疑带着那个时代的阶级(氏族贵族)的深重烙印。然而,意识形态和思想传统从来不是消极的力量。它一经制造或形成,就具有相对独立的性格,成为巨大的传统力量。自原始巫史文化(礼仪)崩毁之后,孔子是提出这种新的模式的第一人。尽管不一定自觉意识到,但建立在血缘基础上,以"人情味"(社会性)的亲子之爱为辐射核心,扩展为对外的人道主义和对内的理想人格,它确乎构成了一个具有实践性格而不待外求的心理模式。孔子通过教诲学生,"删定"诗书,使这个模式产生了社会影响,并日益渗透在广大人们的生活、关系、习惯、风俗、行为方式和思维方式中,通过传播、熏陶和教育,在时空中蔓延开来。对待人生、生活的积极进取精神,服从理性的清醒态度,重实用轻思辨,重人事轻鬼神,善于协调群体,在人事日用中保持情欲的满足与平衡,避开反理性的炽热迷狂和愚盲服从……它终于成为汉民族的一种无意识的集体原型现象,构成了一种民族性的文化—心理结构。孔学所以几乎成为中国文化(以汉民族为主体,下同)的代名词,决非偶然。恩格斯曾认为:"在一切实际事务中……中国人远胜过一切东方民族……"便也是这种实践("用")理性的表现。

只有把握住这一文化—心理结构,也才能比较准确地理解中国哲学思想的某些特征。例如,伦理学的探讨压倒了本体论或认识论的研究;例如中国古代哲学范畴(阴阳、五行、气、道、神、理、心),无论是唯物论或唯心论,其特点大都是功能性的概念,而非实体性的概念,中国哲学重视的是事物的性质、功能、作用和关系,而不是事物构成的元素和实体。对物质世界的实体的兴趣远逊于事物对人间生活关系的兴趣。中国的"金、木、水、火、土"五行不同于希腊、印度的"地、水、火、风"四元素,前者更着眼于其生活功能,所以有"金"。与此一致,中国古代辩证法,更重视的是矛盾对立之间的渗透、互补(阴阳)和自行调节以保持整个机体、结构的动态的平衡稳定,它强调的是孤阴不生、独阳不生;阴中有阳、阳中有阴;中医理论便突出表现了这一特征,而不是如波斯哲学强调的光暗排斥、希腊哲学强调的斗争成毁……这些特征当然源远流长,甚至可以追溯到史前文化,孔子正是把握了这一历史特征,把它们概括在实践理性这一仁学模式中,讲求各个因素之间动态性的协调、均衡,强调"权"、"时"、"中"、"和而不同"、"过犹不及"等等,而为后世所不断继承发展。尽管在当时政治事业中是失败了,但在建立或塑造这样一种民族的文化—心理结构上,孔子却成功了。他的思想对中国民族起了其他任何思想学说所难以比拟匹敌的巨大作用。

孔子在中国历史上的地位及其重要性,似乎就在这里。

(选自李泽厚《中国古代思想史论》)

五 《孟子》

【题解】

根据《史记·孟子荀卿列传》,孟子干君而不为所用,乃退居,跟弟子万章、公孙丑等"序《诗》、《书》,述仲尼之意",撰写了《孟子》七篇。《汉书·艺文志》著录的则是十一篇。东汉学者赵岐分之为内篇(七)、外篇(四)两部分,称外篇为伪书,不予注释,复将内篇各分上下,成十四卷,撰成了《孟子章句》,后世一直沿用,遗憾的是外篇很快也就失传了。所以,传世《孟子》包括《梁惠王》上、下,《公孙丑》上、下,《滕文公》上、下,《离娄》上、下,《万章》上、下,《告子》上、下,《尽心》上、下。各篇篇名跟《论语》相似,只是摘取开头的几个字。

梁启超在评论孟子其人其书时说:

> 孟子与荀卿,为孔门下两大师。就学派系统论,当时儒、墨、道、法四家并峙,孟子不过儒家一支流,其地位不能比老聃、墨翟,但孟子在文化史上有特别贡献者二端:一、高唱性善主义,教人以

自动的扩大人格,在哲学上及教育学上成为一种有永久价值之学说。二、排斥功利主义,其用意虽在矫当时之弊,然在政治学社会学上最少亦代表一面真理。

其全书要点略如下:一、哲理谈。穷究心性之体相,证成性善之旨。《告子》上下篇、《尽心》上篇多属此类。二、政治谈。发挥民本主义,排斥国家的功利主义,提出经济上种种理想的建设。《梁惠王》上下篇、《滕文公》上篇全部皆属此类,其余各篇亦多散见。三、一般修养谈。多用发扬蹈厉语,提倡独立自尊的精神,排斥个人的功利主义,《滕文公》、《告子》、《尽心》三篇最多,余篇亦常有。四、历史人物批评。借古人言论行事证成自己的主义,《万章》篇最多。五、对于他派之辩争。其主要者如后儒所称之辟杨、墨,此外如对于告子论性之辨难,对于许行陈仲子之呵斥,对于法家者流政策之痛驳等皆是。六、记孟子出处辞受及日常行事等。

右各项中,惟第四项之历史谈价值最低,因当时传说,多不可信,而孟子并非史家,其著书宗旨又不在综核古事,故凡关于此项之记载及批评,应认为孟子借事明义,不可当史读。第五项辩争之谈,双方皆持之有故言之成理,未可偏执一是。第二项之政治谈,因时代不同,其具体的制度自多不适用,然其根本精神固有永久价值。余三项价值皆极高。(《要籍解题及其读法》)

这是十分精当的概括。

此书记述孟子的言行,基本上仍属语录体,但是篇幅更长,有观点有论证的议论更多,比《论语》已有长足的进展。其中相当多的篇章更呈现为繁复的对话和论辩。这类文章不是按通常的逻辑规则来布设论据,并按部就班地展开论证,其形态深受对话或论辩过程的影响。在对话或论辩中,孟子常常巧设机关,引人入彀,层层深入、环环相扣地展示观点,并且特别擅长用比喻说理,赵岐《孟子题辞》说:"孟子长于譬喻,辞不迫切而意以独至。"例如,他把仁比作安适的住宅,把义比作正确的道路,把不居心于仁比作空着安适的住宅而不居,把行不由义比作舍弃正确的道路而不走,把恻隐、羞恶、辞让、是非之心经扩充而为仁义礼智,比作五谷的种子发芽成长并渐渐丰熟,把百姓不可阻遏地归附有仁德的国君比作水流向低处、兽跑向广野,把国君乍做赢得民心的事情以图成就王业,比作人病了七年之久,猝然间去寻找干了三年的艾草来医病,这些比喻都十分奇妙。孟子还发展了寓言艺术。他以寓言说理,使思想得到了艺术化的展示,增加了文章的阅读快感,也增加了说理的强度和力量:或者使事件的本质更见凸显,或者使可鄙者更见其可鄙,使荒谬者更见其荒谬,使令人向往者更见其令人向往。

在历代注本中,朱熹的《孟子集注》(包括在《四书章句集注》中)影响甚大,清儒焦循的《孟子正义》号称详博,今人杨伯峻的《孟子译注》则是研习《孟子》最常用的入门书。

孟子(约前372—前289),名轲,字子舆,邹(今山东邹县东南)人,相传是鲁国贵族孟孙氏的后裔。幼年丧父,家庭贫困。受业于孔子之孙子思的门人。跟孔子差不多,孟子曾游说各国诸侯,试图推行自己的主张,到过梁(魏)、齐、宋、滕、鲁,游说过齐威王、宋王偃、滕文公、梁惠王、齐宣王等。然而当时诸侯各国正致力于合纵连横,以善攻击者为贤,大国力图富国强兵、依武力实现统一,他的仁政学说跟各国国君都不合拍,被认为迂阔而不切实际。因此他最终没能实现抱负,晚年乃退居讲学著书。

孟子是先秦第二位儒学大师。他继承并发展了孔子的思想,建立了一个完整的思想体系,对后世影响深远。古人习惯上称孔子为"圣人"或"至圣",称孟子为"亚圣"。冯友兰评价说:"……孟子荀卿……实孔子后儒家大师也。孔子在中国历史中之地位,如苏格拉底之在西洋历史,孟子在中国历史中之地位,如柏拉图之在西洋历史,其气象之高明亢爽亦似之;荀子在中国历史中之地位如亚力士多德之在西洋历史,其气象之笃实沈博亦似之。"(《中国哲学史》)

尽心下(节选)

孟子曰:"不仁哉,梁惠王也[1]!仁者以其所爱及其所不爱,不仁者以其所不爱及其所爱。"

公孙丑曰:"何谓也?"

"梁惠王以土地之故,糜烂其民而战之[2],大败,将复之,恐不能胜,故驱其所爱子弟以殉之,是之谓以其所不爱及其所爱也。"

注释 [1]梁惠王:即魏惠王,魏国国君,公元前370年至前319年在位。[2]糜烂:毁伤,摧残。

孟子曰:"《春秋》无义战[1]。彼善于此,则有之矣。征者上伐下也,敌国不相征也[2]。"

注释 [1]"《春秋》"句:按孟子的观点,地位相等的国家不能互相征讨,诸侯如果有罪,惟天子得讨而正之,《春秋》所书皆诸侯战伐之事,所以称"《春秋》无义战"。 [2]敌国:指地位相等的国家。

孟子曰:"尽信《书》[1],则不如无《书》。吾于《武成》[2],取二三策而已矣[3]。仁人无敌于天下,以至仁伐至不仁[4],而何其血之流杵也[5]?"

注释 [1]《书》:即《尚书》,又称《书经》,是上古记言史料的汇编。据说原有百篇,秦代焚书,致典籍散佚失传,汉初,济南伏生(名胜)凭记忆传授,仅得二十九卷三十四篇,用汉代当时通行的隶书书写,称《今文尚书》。汉武帝末年,鲁恭王坏孔子旧宅以扩充宫室,在墙壁中发现了一个《尚书》的本子,以古文字书写,比《今文尚书》多十六篇,称《古文尚书》,后于魏晋之间亡佚。东晋元帝时,豫章内史梅赜献上了一部孔安国作传的《古文尚书》。此本伪造了二十五篇古文篇章,又从《今文尚书》中去《泰誓》三篇,分《尧典》下半为《舜典》,加篇首二十八字,又分《皋陶谟》下半为《益稷》,并加书序一篇;共五十八篇,各附以伪孔安国《尚书传》。《十三经注疏》中的《尚书》即这种本子。 [2]《武成》:《尚书》篇章,大概是记述周武王伐纣之事,原文已佚,今存者乃出自伪古文。 [3]策:竹简。 [4]至仁:指周武王。至不仁:指殷纣。 [5]血之流杵:今传《武成》篇记武王伐纣事,云:"甲子昧爽,受率其旅若林,会于牧野,罔有敌于我师,前徒倒戈,攻于后以北,血流漂杵",这是说殷纣士兵倒戈而自相残杀,似乎与孟子所见文字不同。

孟子曰:"有人曰:'我善为陈[1],我善为战。'大罪也。国君好仁,天下无敌焉。南面而征北狄怨,东面而征西夷怨[2]。曰:'奚为后我?'武王之伐殷也,革车三百辆[3],虎贲三千人[4]。王曰:'无畏!宁尔也,非敌百姓也。'若崩厥角稽首[5]。征之为言正也,各欲正己也,焉用战[6]?"

注释 [1]陈:战斗队形,这个意义后来写作"阵"。 [2]"南面"句:据《孟子·梁惠王下》引《书》,这是说商汤之事。 [3]革车:古代的一种兵车。 [4]虎贲:指勇士。贲,通"奔"。 [5]"若崩"句:谓商人"稽首至地,如角之崩也"(朱熹集注)。 [6]"各欲"句:谓百姓为暴君所虐,都盼望仁者来端正己国,即便善为战、善为阵,有何用?

孟子曰:"梓匠轮舆能与人规矩[1],不能使人巧。"
注释 [1]梓匠:指两种工匠。梓即梓人,造器具;匠即匠人,主建筑。轮舆:即轮人和舆人,古代造车的工人。规矩:法度,标准。

孟子曰:"舜之饭糗茹草也[1],若将终身焉;及其为天子也,被袗衣[2],鼓琴,二女[3]果[4],若固有之。"
注释 [1]饭糗茹草:吃干粮吃野菜,形容生活困苦。糗(qiǔ),炒熟的米麦,泛指干粮。 [2]袗(zhěn)衣:华贵的衣服。 [3]二女:指尧的两个女儿;据文献记载,尧把两个女儿嫁给了舜。 [4]果:通"婐"(wǒ),侍女,引申为侍候。

孟子曰:"吾今而后知杀人亲之重也:杀人之父,人亦杀其父;杀人之兄,人亦杀其兄。然则非自杀之也,一间耳[1]。"
注释 [1]一间:指相距极近。间,缝隙。

孟子曰:"古之为关也,将以御暴。今之为关也,将以为暴[1]。"
注释 [1]为暴:指向出入之人征税。

孟子曰:"身不行道,不行于妻子;使人不以道,不能行于妻子[1]。"
注释 [1]"身不"句:谓自己不履行道义却要使他人履行道义,这是不可能达到目的的,连妻子孩子都不肯行;使人若不顺道理,连妻子孩子都使唤不动,更不要说他人了。

孟子曰:"周于利者[1],凶年不能杀[2];周于德者,邪世不能乱[3]。"
注释 [1]周:充足,完备。 [2]凶年:荒年。 [3]"邪世"句:谓乱世不能乱其志。

孟子曰:"好名之人,能让千乘之国。苟非其人,箪食豆羹见于色[1]。"
注释 [1]"好名"两句:孙奭疏云:"好不朽之名者,则重名轻利,故云能让千乘之国而且不受。苟非好名之人,则重利而轻名,而箪食豆羹之小节,且见争夺而变见于颜色。"箪食豆羹,一箪饭食,一豆羹汤,谓少量的饮食,亦比喻小利。

孟子曰:"不信仁贤,则国空虚[1]。无礼义,则上下乱。无政事,则财用不足[2]。"

注释 [1]"不信"句:赵岐注云:"不亲信仁贤,仁贤去之,国无贤人,则曰空虚也。" [2]"无政事"句:指没有善政,致使生财无道,取财无度,用财无节。

孟子曰:"不仁而得国者,有之矣;不仁而得天下,未之有也[1]。"

注释 [1]"不仁"句:谓不仁之人骋其私智而得天子之心或者凭亲亲之恩可得一国,然而绝不可能得百姓之心,故亦不可能得天下。

孟子曰:"民为贵,社稷次之[1],君为轻。是故得乎丘民而为天子[2],得乎天子为诸侯,得乎诸侯为大夫。诸侯危社稷,则变置。牺牲既成,粢盛既絜[3],祭祀以时,然而旱干水溢[4],则变置社稷。"

注释 [1]社稷:土神和谷神。 [2]丘民:犹言"邑民"、"乡民"、"国民",指庶民、众民。 [3]粢盛:盛在祭器内用来祭祀的谷物。絜:通"洁"。 [4]水溢:水泛滥。

孟子曰:"圣人,百世之师也,伯夷、柳下惠是也[1]。故闻伯夷之风者,顽夫廉[2],懦夫有立志[3];闻柳下惠之风者,薄夫敦[4],鄙夫宽[5]。奋乎百世之上,百世之下,闻者莫不兴起也[6]。非圣人而能若是乎?而况于亲炙之者乎[7]?"

注释 [1]伯夷:商末孤竹君长子。孤竹君遗命要立伯夷之弟叔齐为继承人,可他死后,叔齐让位给伯夷,伯夷不受而逃去。叔齐亦不肯立而逃。周武王伐纣,伯夷、叔齐二人叩马谏阻,太公称之为义人。武王灭商,他们耻食周粟,隐于首阳山,采薇而食,最终饿死。柳下惠:鲁人。据说有一次他夜宿城门,遇一无家女子,恐其冻伤,让她坐在怀中,以衣裹之,通宵而无淫乱行为。 [2]顽夫:贪婪的人。 [3]立志:坚强独立的意志。 [4]薄夫:刻薄的人。 [5]"鄙夫"句:谓庸俗浅陋的人变得度量宽宏。 [6]兴起:感动而奋起。 [7]亲炙:指亲受教育熏陶;炙,薰炙,熏陶。

孟子曰:"仁也者,人也。合而言之,道也[1]。"

注释 [1]"仁也"二句:孙奭疏云:"此章指言仁恩须人,人能弘道也。孟子言为仁者,所以尽人道也,此仁者所以为人也。盖人非仁不立,仁非人不行。合仁与人而言之,则人道尽矣。"

孟子曰:"孔子之去鲁,曰'迟迟吾行也',去父母国之道也;去齐,接淅而行[1],去他国之道也。"

注释 [1]接淅:捧着淘过的米;朱熹《孟子·万章下》集注:"接,犹承也;淅,渍米水也。"

孟子曰:"君子之厄于陈蔡之间[1],无上下之交也[2]。"

注释 [1]"君子"句:说的是孔子被陈、蔡围困一事。《史记·孔子世家》记载:孔子在陈蔡之间,楚使人聘之。孔子将往拜礼。陈蔡之大夫恐孔子用于楚,而诛讨自己的过恶,于是发兵围之于野。孔子和弟子不得行,粮食断绝,跟从者饿得站都站不起来,而孔子讲诵弦歌不衰。 [2]无上下之交:指跟两国君臣都没有交往。

貉稽曰[1]:"稽大不理于口[2]。"

孟子曰:"无伤也。士憎兹多口[3]。《诗》云:'忧心悄悄,愠于群小[4]。'孔子也[5]。'肆不殄厥愠,亦不陨厥问[6]。'文王也。"

注释 [1]貉(mò)稽:当世之士,姓貉,名稽。 [2]大不理于口:指甚不得益于人之口,为众口所讪。理,通"赖"。 [3]多口:不该说而说,多言。 [4]"忧心"句:出自《诗经·邶风·柏舟》,谓忧心忡忡,被众小人怨恨。悄悄,忧伤貌。 [5]"孔子"句:谓孔子就是这种人。 [6]"肆不"句:出自《诗经·大雅·绵》,赵岐注云:"言文王不殄绝畎夷之愠怒,亦不能殒失文王之善声问也。"

孟子曰:"贤者以其昭昭,使人昭昭;今以其昏昏,使人昭昭。"

(原文据朱熹《四书章句集注》,中华书局,1983年)

【评论】

论孟子

李泽厚

(一)尽管孔子之后,"儒分而八",但自韩愈、王安石高抬孟子,朱熹把《孟子》编入《四书》从而《论》《孟》并行之后，孟子的"亚圣"地位沿袭了数百年。孔、孟在很多思想方面并不相同；但孔子以"仁"释"礼"，将外在社会规范化为内在自觉意识这一主题却确乎由孟子发扬而推至极端。所以孔、孟相连，如不从整体历史而纯从思想史的角度来看，又有一定道理。

与孔子以及春秋战国时期的许多游说之士一样，孟子也首先是满怀"治国平天下"的抱负和理想，周游列国，上说国君，提出自己的政治、经济主张的。与先秦各大学派大体一样，孟子也是政治论社会哲学的体系，《孟子》七篇的主要内容和着眼点仍然是政治经济问题。其特点是某种"急进的"人道民主色彩，这其实只是古代氏族传统在思想上最后的回光返照。它的耀眼的亮光正好预告着它将成为千载绝响。而思维的辩证法也经常是：历史愈前进，批评者们便愈是喜欢用美化过去的黄金空想来对照现实和反对现实。孔子只慨叹"天下无道"，孟子则猛烈地抨击它；孔子的典范人物是周公，孟子则口口声声不离尧、舜、文王；孔子只讲"庶之"、"富之"、"教之"，"近者悦，远者来"；孟子则设计了一套远为完整也更为空想的"仁政王道"。之所以如此，现实原因在于氏族制度在战国时期已彻底破坏，"礼"完全等同于"仪"而失其重要性，所以孟子已经不必像孔子那样以"仁"来解释"礼"和维护"礼"，而是直截了当地提出了"仁政"说。

经济上是恢复井田制……

政治上是"尊贤"与"故国乔木"并举……

军事上："善战者服上刑"；"不嗜杀人者能一之"；"可使制梃以挞秦楚之坚甲利兵"。

社会结构上："死徙无出乡，乡田同井。出入相友，守望相助，疾病相扶持……"

总而言之，"仁政王道"必须与广大"民众"的利害相连，忧乐相通……

显然，孟子的"仁政"以及这里"得民心"，都与对人们的现实物质生活关心相联系，并以之作为主要的内容。它并不是纯粹的道德观念

（二）但是，孟子的特征在于，他在承继孔子仁学的思想体系上有意识地把第二因素的心理原则作为整个理论结构的基础和起点，其它几个因素都直接由它推出。孟子把他的整个"仁政王道"的经济政治纲领完全建立在心理的情感原则上。即是说，"仁政王道"之所以可能，并不在于任何外在条件，而只在于统治者的"一心"……

"仁政王道"是"不忍人之政"。这个"不忍人之政"是建筑在"不忍人之心"的基础之上的。"不忍人之心"成了"仁政王道"的充分和必要条件。而这个"不忍人之心"又并不特殊和神秘，而是每个人都具有的。因之，任何国君、统治者只要能觉悟到、认识到自己这颗"不忍人之心"，从而行"不忍人之政"，便可以统一天下……

因为看见牛将被宰而心有不忍，这种同情心只要推于百姓，就是"仁政王道"了……这里，孟子把孔子的"推己及人"的所谓"忠恕之道"极大地扩展了，使它竟成了"治国平天下"的基础。一切社会伦常秩序和幸福理想都建筑在这个心理原则——"不忍人之心"的情感原则上。这固然是由于氏族传统崩毁，理想的"仁政王道"已完全失去现实依据的历史反映。但从理论上说，孟子又确是把儒学关键抓住和突出了，使它与如墨子的兼爱、老子的无情、韩非的利己等等有了更明确的基础分界线。

孟子不但极大地突出了"不忍人之心"的情感心理，而且还赋予它以形而上学的先验性质。……这是著名的"四端"说。也即是孟子的性善论，即认为人之所以区别于禽兽在于人先验地具有"仁、义、礼、智"这种内在的道德素质或品德（其中"仁"是最主要和最根本的）。人之所以去援助要掉下井去的小孩，并不是为了讨好别人，也不是为了任何其它功利，而是无条件地服从于自己内在的"恻隐之心"，即"不忍人之心"。它是不假思索的直接的"良知""良能"。可见，孟子把孔子由"汝安之"来解释"三年之丧"的心理—伦理原则发展成了这样一种道德深层心理的"四端"论，并赋予先验性质。这在中国哲学—伦理学上产生了巨大影响。

哲学伦理学的理论，古今中外向来有两种类型或倾向，即伦理相对主义和伦理绝对主义。前者认为道德源于现实的条件、环境、利害、教育等等,没有也不可能有普遍的道德原则或伦理标准。从而不是人性善,而是人性可善可恶或人性恶,即人性中并没有先验的道德性质。告子、荀子、董仲舒、法国唯物论、边沁、威柏尔(Max Weber)以及今天本尼笛克特(Ruth Benedict)等人的文化类型说等等,均大体可划入此类。另一类型则如孟子、宋明理学、康德、摩尔(G. E. Moore)、基督教等等,认为道德独立于人的利害、环境、教育种种,它是普遍的、客观的、不可抗拒的律则,人只有绝对地遵循、服从于它。对前一类型来说,由于道德源于人世,说到底,其根源总与人的感性存在有关。对后一类型来说,相反,道德高于人世,所以其根源与感性无涉,它是主宰、支配感性的超验或先验的命令。

  但以孟子为代表的中国绝对伦理主义特点却又在于,一方面它强调道德的先验的普遍性、绝对性,所以要求无条件地履行伦理义务,在这里颇有类于康德的"绝对命令";而另一方面,它又把这种"绝对命令"的先验普遍性与经验世界的人的情感(主要是所谓"恻隐之心"实即同情心)直接联系起来,并以它(心理情感)为基础。从而人性善的先验道德本体便是通过现实人世的心理情感被确认和证实的。超感性的先验本体混同在感性心理之中。从而普遍的道德理性不离开感性而又超越于感性,它既是先验本体同时又是经验现象。……人作为道德本体的存在与作为社会心理的存在还是浑然一体,没有分化的。孟子强调的只是这种先验的善作为伦理心理的统一体,乃人区别于物之所在。

  (三)所以,孟子在强调先验的"善"的同时,又强调经验的"学"。孟子认为如果不加以后天的培育,先验的"善"仍然会掩埋失去:

    "人之所以异于禽兽者几希,庶民去之,君子存之","求则得之,舍则失之……求在我者也。"

  孟、荀都属于孔学儒门,都十分强调学习。荀子的"学"是为了改造人性(恶),孟子的"学"是为了扩展人性(善)。对孟子来说,一切后天的经验和学习,都是为了去发现和发扬亦即自觉意识和保存、扩充自己内在的先验的善性,也就是所谓"存善"。孟子把孔子、曾子所提出的个体人格沿着"仁政→不忍人之心→四端→人格本体"这样一条内向归缩路线,赋予伦理心理以空前的哲学深度。与荀子认为人禽之分在于人有外在的"礼"的规范不同,孟子强调人禽之分在于人能具有和发扬内在的道德自觉。这种道德自觉既是人之不同于禽兽,也是"圣人"之不同于"凡众"所在。但"舜何人也,余何人也,有为者亦若是",它又是任何个人都可以达到的人格,这也就是所谓"人皆可以为尧舜"的著名命题。这种道德人格的达到,有一个逐步完成的层次:"可欲之谓善,有诸己之谓信,充实之谓美,充实而有光辉之谓大,大而化之之谓圣,圣而不可知之之谓神。"这里的最高层次的"神",其实也就是孔子讲的"七十而从心所欲,不逾矩",即合规律性与合目的性在道德本体中的交溶统一,从而似乎是不可捉摸不可推测的了,但它仍然并非某种人格神。

因之值得注意的是,孟子所描述的这些层次过程和所达到的伦理境界都具有某种鲜明的感性特征,这与他讲的"四端"的道德本性没有离开人的感性心理一样。孟子还说:

> 居天下之广居,立天下之正位,行天下之大道;得志,与民由之,不得志,独行其道;富贵不能淫,贫贱不能移,威武不能屈:此之谓大丈夫。

> 故天将降大任于斯人也,必先苦其心志,劳其筋骨,饿其体肤,空乏其身,行拂乱其所为,所以动心忍性,曾益其所不能。

> 待文王而后兴者,凡民也。若夫豪杰之士,虽无文王犹兴。

这是两千年来始终激励人心、传颂不绝的伟辞名句。它似乎是中华民族特别是知识分子的人格理想。很明显,这种理想的道德人格并不是宗教性的精神,而是具有审美性灼灼光华的感性现实品格;它不是上帝的"忠诚的仆人",而毋宁是道德意志的独立自足的主体……

(四)那么,如何来达到这种独立的个体人格呢?除上述的"学"外,孟子还有一个最为奇特的理论,这就是他的"养气"说……

这似乎相当神秘。两千年来，对此也有种种解释。我以为除去其中可能涉及养生学说的生理理论外，它主要讲的是伦理学中理性凝聚的问题，即理性凝聚为意志，使感性行动成为一种由理性支配、主宰的力量，所以感到自己是充实的。作为伦理实践必要条件的意志力量之所以不同于一般的感性，便正由于其中已凝聚有理性，这就是所谓"集义"。它是自己有意识有目的地培育发扬出来的，这就是"养气"。

"集义"既作为"理性的凝聚"，这"凝聚"就并非仅是认识，而必须通过行为、活动（"必有事焉"）才能培育。所以它包括知、行二者在内。正由于人的意志情感中有理性的凝聚，从而就不是外在的"义"（告子）所能替代。至于这种由"集义"所生的"气"与"四端"如"不忍人之心"（"恻隐之心"）等等又有何关系，是何种关系，孟子并没交代清楚。但很明显的是，孟子强调的正是凝聚了理性的感性。人是凭着这种"集义而生"的感性（"气"）而与宇宙天地相交通，这也就是孟子所再三讲的，"存其心，养其性，所以事天也"，"夫君子所过者化，所存者神，上下与天地同流"等等。它就是为孟子所首倡而后到《中庸》再到宋明理学的儒学"内圣"之道（文天祥的《正气歌》把孟子讲的"浩然之气"可说作了伦理学上的充分发挥）。它与由荀子、《易传》到董仲舒再到后世的"经世致用"的"外王"之道，恰好成为儒学中的两个并行的车轮和两条不同的路线。有时它们相互补充，交溶统一；有时又互相对峙，分头发展。它们从不同方面把孔子仁学结构不断丰富化，而成为中国文化心理结构的主体部分。

（选自李泽厚《中国古代思想史论》）

六 《庄子》

【题解】

传世《庄子》一共有三十三篇，包括内篇七篇、外篇十五篇以及杂篇十一篇。一般认为，其内篇即《逍遥游》、《齐物论》、《养生主》、《人间世》《德充符》《大宗师》《应帝王》基本上出自庄子之手,其外、杂篇则主要是出自庄子后学。刘笑敢曾统计"道德"、"性命"、"精神"等关键复合词的使用情况,发现这几个词不见于《庄子》内篇,在外、杂篇中各出现16次、12次、8次;同时不见于早于《庄子》或者跟《庄子》大致同时的《左氏春秋》《论语》《墨子》《老子》《孟子》等典籍,在《庄子》之后的《荀子》中各出现11次、1次、2次,《韩非子》中各出现2次、1次、10次,《吕氏春秋》中各出现2次、8次、2次。他根据这一统计结果和汉语语汇发展的一般规律,断定《庄子》内篇的写作肯定在前,外、杂篇的写作肯定在后。(参阅刘笑敢《庄子哲学及其演变》)这一事实,应该能够证明内篇基本上是庄子本人的创作。

庄子(生卒年月不详)名周,字子休,是道家学派的又一位大师。其生活年代大抵与孟子同时而稍后,郭沫若断定他顶多比孟子年轻十岁左右(《十批判书·庄子的批判》)。

关于庄子也存在着一系列的谜。第一个谜是庄子的学术渊源。迄今为止,大多学者都认为,庄子之学术源于老子开创的道家之学。然而韩愈在《送王秀才序》一文中说:"盖自子夏之学,其后有田子方,子方之后,流而为庄周。故庄周之书,喜称田子方之为人。"他推断庄子学术源于孔子的再传弟子田子方,那么进一步上推,则可溯源于孔门著名弟子子夏。近代以来,著名学者章太炎、郭沫若、钱穆、李泽厚等都认为庄子应当是源于儒家八派中的颜氏之儒。

关于庄子的第二个谜是,庄子、孟子为我国同时期大思想家,并且都非常关注学界对社会人生的种种意见,都对不少学者提出过批评,但两人却未尝提及对方,让人百思不得其解。

关于庄子的第三个谜是他的故里。《史记·老子韩非列传》云:"庄子者,蒙人也,名周。周尝为蒙漆园吏",没有具体说明这个蒙究竟是在何处。后人遂各执一词,议论纷纷,至今已形成三种主要说法:一是今河南商丘说,二是今安徽蒙城说,三是今山东东明(属菏泽地区)说。看来这个问题还需要进一步研讨。

庄子思想的核心是道。道是一种非常独特的存在,它真实而有效验,拥有其他任何事物都不曾拥有的特性。道具有本源性,它"神鬼神帝,生天生地",造就了鬼神以及天地万物。道具有终极性,一方面,它是鬼神以及天地万物向本源处上溯的最终结果,是鬼神以及天地万物存在的最终根据,另一方面,它"自本自根,未有天地,自古以固存",就是说,它不以任何其他事物为自身存在的依据,它就是自身存在的本根。道"无为",它的运行及一切作为都是纯任自然的;它生天生地是纯任自然,它神鬼神帝也是纯任自然。道具有超验性。作为一种存在,它跟普通事物大不相同,它超越人的经验感知,不可以诉诸人的视觉、听觉等,道"无形",道"不可见"。所以道可传,却不能像传一件有形的东西那样传,道向一切事物赋予自身,却不能像给出通常的物件那样给予。道是可受的,一切事物都禀承了道,然而所有的事物都不能像接受通常的物件那样接受道。道是永恒的,"先天地生"、"长于上古"等说法都不足以界定它的时间特性。道是无限的,"在太极之先"即在最高的极限之上、"在六极之下"即在上下四方之下等说法,都不足以界定它的空间特性。

庄子又一个重要思想是以道为师、以道为法,其根本在于化解一切偏执,随顺由道主持的化;通过随顺造化,来超脱人生的种种困境包括生死病痛。

庄子第三个重要思想是齐物。所谓齐物,即同等看待宇宙间的一切事物,如生死寿夭、是非得失、物我有无等。对庄子来说,小大寿夭等固然有别,但各有其相对性,人只有齐物,才能够使心灵摆脱系累和困扰。

《庄子》的文学价值极高。鲁迅评价诸子说:"……文辞之美富者,实惟道家,《列子》、《鹖冠子》书晚出,皆为后人伪作;今存者有《庄子》。庄子……著书十余万言,大抵寓言,人物土地,皆空言无事实,而其文则汪洋辟阖,仪态万方,晚周诸子之作,莫能先也。"(《汉文学史纲要》)清儒宣颖曾感慨:"呜呼!庄子之文,真千古一人也!……独与相对……众妙毕出,寻之有故,而泻之无垠,真自恣也!真仙才也!真一派天机也!"(《南华经解》自序)最值得注意的是,寓言这种言语及写作的方式,到了庄子及其后学这里发展成熟,在理论、实践方面都达到了前所未有的自觉状态,取得了空前乃至绝后的巨大成就。

  清代末年,为《庄子》注解作总结的著述有郭庆藩的《庄子集释》以及王先谦的《庄子集解》;《集解》后出,但颇为简略,《集释》是研究《庄子》最为重要的参考书,该书保存了郭象的《注》、成玄英的《疏》以及陆德明的《庄子音义》,吸收了清代著名学者王念孙、俞樾等人的训诂考证成果以及卢文弨的校勘,并随时以案语出己意,是体大思精之作。今人陈鼓应的《庄子今注今译》一书不仅提供了可资参考的注释和译文,而且为每一篇文章撰写了颇为精到的题解,时见精义,是研读《庄子》常用的入门书。

逍遥游(节选)

  北冥有鱼[1],其名为鲲[2]。鲲之大,不知其几千里也。化而为鸟,其名为鹏。鹏之背,不知其几千里也;怒而飞[3],其翼若垂天之云[4]。是鸟也,海运则将徙于南冥[5]。南冥者,天池也[6]。

  注释 [1]北冥:北海,北极大海。冥,通"溟"。 [2]鲲:本指鱼子、小鱼,庄子把它写成大鱼。 [3]怒:奋起,奋发。 [4]垂天:即天边。垂,通"陲"。[5]海运:即海动。古人有"六月海动"的说法,其时大风起,海水涌,声闻数里。[6]天池:天然形成的池子。

  齐谐者,志怪者也[1]。谐之言曰:"鹏之徙于南冥也,水击三千里,抟扶摇而上者九万里[2],去以六月息者也[3]。"野马也,尘埃也,生物之以息相吹也[4]。天之苍苍,其正色邪[5]?其远而无所至极邪[6]?其视下也,亦若是则已矣[7]。

  注释 [1]齐谐:人名;若是书名,下文不应单称"谐"。志:记。 [2]抟扶摇而上:指鼓动翅膀,结聚风力,乘风上飞。扶摇,暴风由下向上升腾。 [3]息:呼吸时出入的气,这里指风。 [4]"野马"句:谓春天野马般奔腾的游气,飘浮的尘埃,都是有生命的事物用气息吹动的。野马,田野上空蒸腾浮游的水汽。 [5]正色:真正的颜色,本来的颜色。 [6]"其远"句:谓还是因为它远得没法到达才显得这样呢? 极,到达。 [7]则已矣:犹"而已矣"。

且夫水之积也不厚,则其负大舟也无力[1]。覆杯水于坳堂之上,则芥为之舟[2];置杯焉则胶[3],水浅而舟大也。风之积也不厚,则其负大翼也无力。故九万里则风斯在下矣,而后乃今培风[4];背负青天而莫之夭阏者[5],而后乃今将图南[6]。

注释 [1]负:承担,载。 [2]"覆杯"句:谓倒一杯水在堂上的低洼处,那么一根小草可以在这里做船。 [3]胶:船搁浅。 [4]培风:凭借风,依靠风。培,通"凭"。 [5]夭阏:同"夭遏",摧折,遏止。 [6]图南:图谋飞往南方,图谋飞往南极大海。

蜩与学鸠笑之曰[1]:"我决起而飞[2],抢榆枋而止[3],时则不至而控于地而已矣[4],奚以之九万里而南为[5]?"适莽苍者,三飡而反,腹犹果然[6];适百里者,宿舂粮[7];适千里者,三月聚粮[8]。之二虫又何知[9]!

注释 [1]学鸠:或作"鸴鸠",即小鸠。 [2]决(xuè):急起的样子。 [3]抢(qiāng):撞,碰,触。榆枋(fāng):榆树和檀树。而止:原文脱漏,据别本补。 [4]则:或。控:投。 [5]"奚以"句:谓何以(为什么)往九万里的高空而飞向南方呢?为,语气词,表示反诘或感叹。 [6]"适莽苍"句:谓前往附近郊野的,来去在路上吃三顿而回来,肚子还饱饱的。莽苍,形容郊野景色迷茫。飡,同"餐"。果然,饱的样子;果,吃饱。 [7]"宿舂粮"句:谓起早摸黑地舂米,准备路上需要的粮食。宿,夜。 [8]"三月"句:谓花三个月的时间聚集、准备粮食。 [9]之:此。二虫:指蝉和小鸠两个小动物。

小知不及大知,小年不及大年[1]。奚以知其然也?朝菌不知晦朔,蟪蛄不知春秋[2]:此小年也。楚之南有冥灵者[3],以五百岁为春,五百岁为秋;上古有大椿者[4],以八千岁为春,八千岁为秋:此大年也[5]。而彭祖乃今以久特闻[6],众人匹之[7],不亦悲乎!

注释 [1]"小知"句:谓小的智慧赶不上大的智慧,短的年寿赶不上长的年寿。 [2]"朝菌"句:谓朝菌不能同时知道阴历每月最晚的一天和最早的一天(其寿命不超过一个月),蟪蛄不能同时知道春和秋(其寿命不超过三季)。朝菌,一种朝生暮死的虫。蟪蛄,一种蝉科动物,据说春生夏死、夏生秋死。 [3]冥灵:传说中的树。 [4]大椿:传说中的树。 [5]"此大年"句:四个字原脱,据别本补。 [6]彭祖:传说中尧时候的人物,历经夏、商、周,活了八百多岁。 [7]匹:

相比。

汤之问棘也是已[1]。汤问棘曰："上下四方有极乎？"棘曰："无极之外，复无极也[2]。穷发之北[3]，有冥海者[4]，天池也。有鱼焉，其广数千里，未有知其修者，其名为鲲。有鸟焉，其名为鹏，背若太山，翼若垂天之云，抟扶摇羊角而上者九万里[5]，绝云气[6]，负青天，然后图南，且适南冥也。斥鴳笑之曰[7]：'彼且奚适也[8]？我腾跃而上，不过数仞而下，翱翔蓬蒿之间，此亦飞之至也。而彼且奚适也？'"此小大之辩也[9]。

注释 [1]"汤之"句：谓商汤询问棘的话是这样的。已，通"矣"。汤，商朝开国之君。棘，商汤时候的贤人，或写作"革"，二字古同声通用。 [2]"汤问棘"数句：该二十一个字原脱，据闻一多《庄子内篇校释》补。极，尽头，极限。 [3]穷发：指北方不毛之地。发（fà），草木。 [4]冥海：即溟海。 [5]羊角：指羊角状弯曲上行的旋风。 [6]绝：穿越。 [7]斥鴳（yàn）：一种小雀，或说其长度只有一尺，或说它飞不过一尺，故叫斥鴳。 [8]"彼且"句：谓它将要飞往什么地方去啊？ [9]辩：通"辨"，分别。

故夫知效一官、行比一乡、德合一君、而征一国者，其自视也，亦若此矣[1]。而宋荣子犹然笑之[2]。且举世而誉之而不加劝，举世而非之而不加沮，定乎内外之分[3]，辩乎荣辱之境[4]，斯已矣[5]。彼其于世，未数数然也[6]。虽然，犹有未树也[7]。夫列子御风而行[8]，泠然善也[9]，旬有五日而后反[10]。彼于致福者，未数数然也。此虽免乎行，犹有所待者也[11]。若夫乘天地之正，而御六气之辩，以游无穷者，彼且恶乎待哉[12]！故曰：至人无己，神人无功，圣人无名[13]。

注释 [1]"故夫"句：谓所以那才智可以授予一官之职、行为合乎一乡之人、品德合乎一国之君、能力取得一国信任的人，他们自己看待自己，也就像这蝉、学鸠、斥鴳一样。效，授。比，合。而，通"能"。 [2]宋荣子：即宋钘、宋牼。犹然：舒适自得的样子。犹，通"迪"。 [3]"定乎"句：谓认定内和外的分别。内，指自身本性。外，指外物，比如他人的赞美或责怪等。 [4]辩：通"辨"，区分，辨别。 [5]"斯已"句：指就这样为止了；谓宋荣子智德只尽于此，不复超过此。已，止。 [6]数（shuò）数然：犹"汲汲然"，迫切的样子。 [7]"虽然"句：谓虽然这样，宋荣子却仍然有未曾养成的德行。　[8]御风:乘风,驾风。　[9]泠(líng)然:轻妙的样子。　[10]旬有五日:十五日。反:通"返"。　[11]"此虽"句:谓这样乘风而行虽免于行走,仍然有所依靠。　[12]"若夫"句:谓至于利用天地的自然本性,利用阴、阳、风、雨、晦、明六气的变化,而游于没有止境的宇宙当中,那他还依靠什么吗! 乘,趁着,利用。御,使用,应用。辩,通"变"。恶(wū)乎待,待于何。 [13]"至人"数句:谓至人不偏执于自己,神人不追求事功,圣人不追求名声。"至人"、"神人"、"圣人"名号不同,实质是一样的,都指达到最高境界的人。成玄英疏云:"至言其体,神言其用,圣言其名……其实一也。"

尧让天下于许由[1],曰:"日月出矣,而爝火不息[2],其于光也,不亦难乎! 时雨降矣,而犹浸灌,其于泽也,不亦劳乎! 夫子立而天下治,而我犹尸之[3],吾自视缺然[4]。请致天下[5]。"

许由曰:"子治天下,天下既已治也。而我犹代子,吾将为名乎? 名者,实之宾也。吾将为宾乎[6]? 鹪鹩巢于深林[7],不过一枝;偃鼠饮河[8],不过满腹。归休乎君,予无所用天下为[9]! 庖人虽不治庖,尸祝不越樽俎而代之矣[10]。"

注释　[1]许由:尧时候的高士。据说尧要把君位让给他,他逃至箕山(在今河南登峰县南)下面农耕而食;尧又请他做九州之长,他跑到颖水边去洗耳朵。 [2]爝(jué)火:小火,火炬。息:通"熄"。　[3]尸之:比喻居天子之位而无所事事;尸,祭祀时代受祭的死者,这里用作动词,指在其位而无所作为。　[4]缺然:歉然,心中不安的样子。　[5]致:归还,交还。　[6]"名者"二句:谓名声居宾位,事实居主位;我将为了居宾位的名声这样做吗?　[7]鹪鹩:一种善于唱歌的小鸟。　[8]偃鼠:即鼹鼠,田鼠。　[9]"归休"句:谓回去歇着吧天子,我用不着天下啊! 为,语气词,用于句尾,表示感叹。　[10]"庖人"句:谓庖人即便不下厨,主祭的人也不会越过自己的职守来代替他。庖人,周礼官名,天官之属,掌膳食,泛指厨师。祝,祭祀时主持祝告的人。樽俎,代指主祭者的职守;樽是古代盛酒的器具,俎是供祭祀或宴会时用的四脚方形青铜盘或木漆盘,常用来陈设牛羊肉等。

肩吾问于连叔曰[1]:"吾闻言于接舆[2],大而无当,往而不返[3]。吾惊怖其言,犹河汉而无极也[4],大有径庭[5],不近人情焉。"

连叔曰:"其言谓何哉?"

"曰:'藐姑射之山[6],有神人居焉,肌肤若冰雪,淖约若处子;不食五谷,吸风饮露;乘云气,御飞龙,而游乎四海之外。其神凝,使物不疵疠而年谷熟[7]。'吾以是狂而不信也[8]。"

连叔曰:"然!瞽者无以与乎文章之观,聋者无以与乎钟鼓之声[9]。岂唯形骸有聋盲哉?夫知亦有之。是其言也,犹时女也[10]。之人也,之德也,将旁礴万物以为一[11],世蕲乎乱[12],孰弊弊焉以天下为事[13]!之人也,物莫之伤,大浸稽天而不溺[14],大旱金石流、土山焦而不热。是其尘垢秕糠,将犹陶铸尧、舜者也,孰肯分分然以物为事![15]……"

注释 [1]肩吾、连叔:都是寓言人物,未必实有其人,即便实有其人,也未必实有其事。 [2]接舆:楚国隐士,这里为寓言人物。 [3]往而不返:说开去就收不回来。 [4]河汉:指银河。 [5]大有径庭:比喻彼此差别很大、极为不同。径庭,门外路和庭院。 [6]藐:通"邈",远。姑射(yè)之山:即姑射山,传说在今山西临汾西。 [7]"使物"句:谓使人或物不生灾害疾病而谷物丰熟。疵疠,灾害、疾疫。 [8]狂:通"诳",欺骗。 [9]"瞽者"句:谓瞎子没法参与欣赏错综华美的色彩及花纹等景象,聋子没法参与欣赏钟和鼓等乐器演奏的音乐。 [10]"是其"句:谓这话它说的,好比就是你啊。时,借作"之",语助词。女,通"汝"。 [11]"将旁"句:谓将容纳万物而成为一体。旁礴,即"磅礴",广大无边的,广被的。 [12]蕲:通"祈",祈求。乱:治理。 [13]"孰弊弊"句:谓他们谁辛苦经营把天下当回事!弊弊焉,即弊弊然,辛苦经营的样子。 [14]"大浸"句:谓大水到天也淹不到他。浸,水。稽,至,到。 [15]"是其"句:谓这些人,他们身上的尘土和其他没有价值的东西尚且能熔铸成尧和舜,谁肯纷纷扰扰把俗物当回事。秕糠,瘪谷和米糠,比喻没有价值的或无用的东西。分分然,原文脱漏,据前人的研究补足;分分,通"纷纷"。

惠子谓庄子曰:"魏王贻我大瓠之种[1],我树之成而实五石[2],以盛水浆,其坚不能自举也[3];剖之以为瓢,则瓠落无所容[4]。非不呺然大也[5],吾为其无用而掊之[6]。"

庄子曰:"夫子固拙于用大矣[7]。宋人有善为不龟手之药者[8],世世以洴澼絖为事[9]。客闻之,请买其方百金[10]。聚族而谋曰:'我世世为洴澼絖,不过数金。今一朝而鬻技百金[11],请与之。'客得之,以说吴王[12]。越有难[13],吴王使之将。冬,与越人水战,大败越人,裂地而封之[14]。能不龟手一也，或以封，或不免于洴澼絖，则所用之异也[15]。今子有五石之瓠，何不虑以为大樽而浮乎江湖[16]，而忧其瓠落无所容？则夫子犹有蓬之心也夫[17]！"

注释　[1]瓠：一种葫芦。　[2]实五石：指大小可以填塞五十斗的东西。实，充满，填塞。石(旦)，十斗。　[3]"以盛"句：谓掏空它用来盛水的话，它的硬度太小不能胜任。　[4]瓠落无所容：指瓠太大无处可容；瓢是用来取物的，瓢比瓮大则没法从瓮中取粮食，瓢比缸大则没法从缸中舀水。瓠落，犹"廓落"，宽大的样子，空寂的样子。　[5]呺(xiāo)然：内中空虚的样子。　[6]掊(pǒu)：击破。　[7]拙于用大：不善于使用大的东西，不善于发挥事物的大的作用。　[8]不龟手之药：防止手冻裂的药物。龟，通"皲"(jūn)，皮肤冻裂。　[9]洴澼(píngpì)：漂洗。絖：同"纩"(kuàng)，指新丝绵絮，也泛指绵絮。　[10]"请买"句：谓要求用百金来买他制药的方子。　[11]鬻技百金：卖制药的技术得到一百金。　[12]说：游说。　[13]越有难：指越人发兵侵吴。　[14]"裂地"句：谓吴王分割了一块土地来封赏他。　[15]所用之异：使用它的地方有不同。　[16]"何不"句：谓为什么不把它系结在腰间来充当大的腰舟而漂浮于江湖之上。虑，用绳结缀。樽，如酒器，缚于身，可使人漂浮、渡过江湖。　[17]犹有蓬之心：比喻尚有浅陋、遭蒙蔽的识见；蓬是一种草。

（原文据郭庆藩《庄子集释》，中华书局，1961年）

【评论】

庄子的思想

林　尹

　　庄子，与梁惠王、齐宣王同时，其学无所不窥，而要本归于老子之言。其《天下》篇自论其学术之宗旨曰："芴漠无形，变化无常，死与生与，天地并与，神明往与！芒乎何之，忽乎何适，万物毕罗，莫足以归。古之道术，有在于是者，庄周闻其风而悦之。以谬悠之说，荒唐之言，无端崖之辞，时恣纵而不傥，不以觭见之也。"著书五十三篇，今所存者三十三篇。

《汉书·艺文志》道家有《庄子》五十三篇，今所存者三十三篇，共分内篇七，外篇十五，杂篇十一，盖郭象之所订也。内篇者，庄子学说之纲领，外篇充其不足之意，杂篇其杂记也。然内篇虽为庄子宗旨所寄，犹有后人加入之语，至外篇、杂篇之为庄子所作、或其弟子所记，尤难言矣。昔苏子瞻尝疑《盗跖》《渔父》《让王》《说剑》四篇非庄子之言，盖有以也。

  庄子生当衰乱之世，习老氏之言。悲天下之沉浊，故有出世之想而作《逍遥游》。

庄子悲天下之沉浊不可处也，故求徜徉自得，高远无所拘束，与天地同运，与造物者游，以极其逍遥之致。夫能极其逍遥之致，而无所拘束者，盖即随心所欲，亦今所谓自由也。然老子谓："吾之所以有大患者，以吾有身；若其无身，吾有何患？"人生有耳目之知，肢体之形，既已为人矣，又安能随心所欲，无所拘束？故庄子无可奈何而求之于无何有之乡，广漠之野。此庄子出世之想，所以偏于玄虚也。

  以一死生，齐万物，混善恶，而不谴是非，故欲齐物论。

庄子一死生之说曰："予恶乎知悦生之非惑耶？予恶乎知恶死者之非弱丧而不知归者耶？丽之姬，艾封人之子也。晋国之始得之也，涕泣沾襟；及其至于王所，与王同筐床，食刍豢，而后悔其泣也。予恶乎知死者不悔其始之蕲生乎？"又曰："大块载我以形，劳我以生，佚我以老，息我以死。善吾生者，乃所以善吾死也。"又曰："死生，命也，其有夜旦之常，天也，人之所不得与，皆物之情也。"

庄子齐万物之说曰："天下莫大于秋豪之末，而大山为小；莫寿于殇子，而彭祖为夭。天地与我并生，万物与我为一。"盖以物之禀分，各自不同，大小虽殊，而咸得称适。各安其分，则性足矣。夫能性足，则天地与我并生，万物与我为一，又何必贵我而贱物，大天地而小豪末，寿彭祖而夭殇子哉！

庄子混善恶而不谴是非之说曰："道恶乎隐而有真伪？言恶乎隐而有是非？道恶乎往而不存？言恶乎存而不可？道隐于小成，言隐于荣华。故有儒墨之是非,以是其所非,而非其所是。"是其所非,而非其所是,于是彼亦一是非,此亦一是非,而是亦一无穷,非亦一无穷矣。盖以是非之起,实由于心之有知,心之有知,始有成心,执一曲之见,自是而非彼,天下滔滔,其行尽如驰而莫之能止矣。故又曰:"民湿寝则腰疾偏死,鳅然乎哉?木处则惴栗恂惧,猿猴然乎哉?三者孰知正处?民食刍豢,麋鹿食荐,蝍蛆甘带,鸱鸦耆鼠,四者孰知正味?猿猵狙以为雌,麋与鹿交,鳅与鱼游。毛嫱丽姬,人之所美也;鱼见之深入,鸟见之高飞,麋鹿见之决骤,四者孰知天下之正色哉?"盖师其成心者,始自是而非彼。以道观之,孰是孰非,孰善孰恶,固未尝有辨也。故庄子又谓:"与其誉尧而非桀,不如两忘而化其道。""小人以身殉利,士以身殉名,大夫以身殉家,圣人则以身殉天下。此数子者,事业不同,名声异号,其于伤性以身为殉,一也。"

  出世不可得,物论不能齐,退而欲求养其形之所恃以立者,而顺于自然,故主养生主。

  世之所谓善养生者,必以为甘食美服安居乐身也。而世人以求所以甘食美服安居乐身之故,遂不惜忧劳其心智,焦苦其精神。此直以养形而桎梏其心智,忘其生主,非达生之情,而善养生者也。庄子之言养生,重其生主,全其天守,凝其精神,不为外物所累不为私欲所蔽。故曰:"形全精复,与天为一。"又曰:"壹其性,养其气,合其德,以通乎物之所造。夫若是者,其天守全,其神无郤,物奚自入焉?夫醉者之坠车,虽疾不死。骨节与人同而犯害与人异,其神全也。乘亦不知也,坠亦不知也,死生惊惧不入乎其胸中,是故遻物而不慴。彼得全于酒而犹若是,而况得全于天乎?圣人藏于天,故莫之能伤也。"

  离世独立,终不可能。不得不与世俗处,故作《人间世》。

  《庄子·人间世》篇之主旨,实论所以处世之道。盖与人群者,不得离人,然人间之事故,与人世之异宜,千变万化,难以智关,唯无心而不自用者,为能随变所适,而不荷其累。其极致乃以"心斋"、"坐忘"始能得之。故其论行事之情,交接之道,及传言之难,皆所以明处世之方。

庄子以不饮酒，不茹荤，为祭祀之斋。所谓心斋者，乃"若一志，无听之以耳，而听之以心，无听之以心，而听之以气"，盖以物欲足以迷心，能去物欲，始为心斋。唯能心斋者，始能坐忘，虚明坦白之心，无利害得失之忧，自可处扰攘之世，免外物之累矣。《人间世》篇曰："天下有大戒二：其一命也，其一义也。子之爱亲，命也，不可解于心；臣之事君，义也，无适而非君也，无所逃于天地之间：是之谓大戒。是以夫事亲者，不择地而安之，孝之至也；夫事君者，不择事而安之，忠之盛也；自事其心者，哀乐不易施乎前，知其不可奈何而安之若命，德之至也。为人臣子者，固有所不得已。行事之情，而忘其身，何暇至于悦生而恶死？"

又曰："凡交近则必相靡以信，远则必忠之以言。言必或传之。夫传两喜两怒之言，天下之难者也。夫两喜必多溢美之言，两怒必多溢恶之言。凡溢之类妄，妄则信之也莫，莫则传言者殃。"

虽与世俗处，独能与天地精神往来，而不敖倪于万物；遗形弃知，为德之验，故作《德充符》。

世俗以形骸为重，而庄子独以精神为主，所谓德充于内，应物于外：德之所至，则形骸自遗，守其形骸，忘其精神，是失其本矣。故《德充符》篇曰："豚子食于死母者，少焉眴若，皆弃之而走。不见己焉尔，不得类焉尔。所爱其母者，非爱其形也，爱使其形也。战而死者，其人之葬也不以翣资；刖者之屦，无为爱之：皆无其本矣。"

上与造物者游，下与外死生无终始者为友，不落于形体，不堕于一偏，是为道之大宗，故作《大宗师》。

庄子以天地之大，万物之富，外物之累，嗜欲之情，若不以无心为宗为师，而至于遗形忘生之道，则落于形体，堕于一偏，必不能至于至道。故《大宗师》篇曰："古之真人，不知悦生，不知恶死，其出不欣，其入不距，翛然而往，翛然而来而已矣。不忘其所始，不求其所终，受而善之，忘而复之。是之谓不以心捐道，不以人助天，是之谓真人。"

有为之治，不若无为之治，归真反朴，则天下无为，安而治矣，故作《应帝王》。

庄子以为忘形骸,外死生,无终始,无心而任乎自化,行不言之教,以无为之治,使天下之人,忘物我之别,去是非之见,始可以治天下,以应帝王。故《应帝王》篇曰:"明王之治,功盖天下而似不自己,化贷万物而民弗恃;有莫举名,使物自喜;立乎不测,而游于无有者也。"又曰:"至人之心若镜,不将不迎,应而不藏,故能胜物而不伤。"

此庄子学术之大本也。然其要旨,则原于老子,而更精密明晰;但其偏向玄虚之途,以无用为处世之良方,以无为为守宗之大本,此则超出人格,荀子所以谓其蔽于天而不知人也。

按老子、庄子同为愤世嫉俗之思想,其不满当时社会现象,及出世之论,与儒家完全不同。然老子犹思以历史之故实,矫当时之积弊,以虚下后己之教,弭争竞贼害之风,谈论政治,尚近人格。庄子则进而超脱一切现象界,趋于理想之途,故终流于清谈也。

(选自林尹《中国学术思想大纲》)

第二单元　思想编(下)

一　《抱朴子·内篇》

【题解】

《抱朴子·内篇》二十卷,是晋葛洪撰写的一部富有宗教哲学和科学技术内容的书,它在我国道教史、化学史、医学史上都有突出的地位。葛洪(283—363),字稚川,自号抱朴子,丹阳句容人,是东晋时期自觉整合民间道教并努力使之体系化的道教理论家、炼丹家。他的思想经历了从儒家到道家的发展,他自己在《抱朴子外篇·自叙》说:"其内篇言神仙方药、鬼怪变化、养生延年、禳邪却祸之事,属道家;其外篇言人间得失、世事臧否,属儒家。"《抱朴子·外篇》的撰写时间与问世,均早于《抱朴子·内篇》。《外篇》论时政得失,托古刺今,讥评世俗,述治民之道,主张任贤举能,爱民节欲。《四库提要》谓其"辞旨辨博,饶有名理"。鲁迅看重其"论及晋末社会状态"。《内篇》以玄、道、一为宇宙本体,论证神仙之存在,提出道本儒末;备述金丹、黄白、辟谷、服药、导引、隐沦、变化、服炁、存思、召神、符箓、乘跻诸术。《内篇》集汉晋金丹术之大成,并杂有医药、化学等方面知识,是研究我国古代道教史和科学技术史的重要资料。

葛洪提出"人与气互涵"的思想,说"夫人在气中,气在人中,自天地至于万物,无不须气以生者也"(《至理》)。他身体力行并理论倡导服食丹药以求长生不死从而得道成仙,认为五谷犹能活人,神药、金丹当然能令人不老不死了(《金丹》)。当时的道教比较注重练形,葛洪用

"堤"和"水"、"烛"和"火"的构想来比喻形与神:"堤坏则水不留矣","烛糜则火不居矣。身劳则神散,气竭则命终"(《至理》),有点形存则神存、形竭则神灭的倾向,然而由于道教练形的目的是为了神不离其身,从而长生不死以成仙,所以他又强调所谓"有因无而生焉,形须神而立焉"(同上),把形说成要依赖神才能不朽不废,从而又强调了神是第一位的。他的思辨水平就是这样在经验与神秘之间来回摇摆。因为他的根本志趣在于求仙通神。

所以在纯粹的理论问题上,他的核心理念是"守一存真"(《地真》),他也称为"守真一",认为这是得"道"、存"玄",通向神仙之境的根本功夫,他说如果能将"真一"守住,就可以"陆辟恶兽,水却蛟龙","鬼不敢近,刃不敢中"(同上)了。为了从理论上说得通,他把老子的"道"改造为"玄",将"玄"换成"玄一"、"真一",二者功能相同,但"玄一"比"真一"容易达到,纯朴的他诚实地说:"吾《内篇》第一名之为《畅玄》者,正以此也。"(同上)他这一得玄则长生的学说与魏晋玄学互有影响。葛洪的理论贡献和历史地位在于他助成了中国民间道教的独立发展。因为他在《抱朴子》一书之中,将玄学与道教纳为一体,将神学与道学纳为一体,将方术与金丹纳为一体,将丹鼎与符箓纳为一体,将儒学与仙学纳为一体,从而确立了道教的神仙理论体系。本篇节选自《至理》的后半段,可以窥见神仙家养生论的大致意思。

《抱朴子·内篇》有宋本,今存辽宁省图书馆。《道藏》本亦为古本。明刊单行本以鲁藩本为善。清代刊本以孙星衍《平津馆丛书》本为佳。中华书局《新编诸子集成》(第一辑)王明《抱朴子内篇校释》(增订本)是目前最完善的注本和校本。

至　理(节选)

抱朴子曰:服药[1]虽为长生之本,若能兼行气[2]者,其益甚速,若不能得药,但行气而尽其理者,亦得数百岁。然又宜知房中之术[3],所以尔者,不知阴阳之术[4],屡为劳损,则行气难得力也。夫人在气中,气在人中,自天地至于万物,无不须气以生者也。善行气者,内以养身,外以却恶[5],然百姓日用而不知焉。

注释 [1]服药:服食丹药。葛洪以行气、房中术、服仙药为长生三要。《抱朴子·仙药》篇分丹药为三类:丹砂等矿石药为上药,玉芝为中药,草木为下药。炼丹术是道教的一项重要修炼方术,盛行千余年,服药致死者无数,但经长期的烧炼实践,对中国药物学和古化学作出了一定贡献。 [2]行气:气功术语,葛洪又称之为"行厢",指一种逐渐延长闭气时间的以习炼呼吸为主的气功功法,又称闭气法。其法源于先秦,魏晋时流行,晚唐之后罕见传行者。 [3]房中之术:早期道教养生方法之一,又名"房术"、"房中"、"房内"、"黄赤之术"、"男女合气之术"。是讲求房中节欲、"还精补脑"的修炼方法。道教认为实行此术,可以延年益寿乃至长生不死。房中术源于战国方术。东汉时期,张陵创立五斗米道后,将房中术引为道教法术之一。东晋中后期衰落并渐变为猥亵淫秽之术,于是遭道士和社会公众唾弃而渐趋消亡。 [4]阴阳之术:气功术语,指以"阴"、"阳"区分物质的属性并依此修炼的气功方式。由于学派不同,其修炼方法各式各样,但都包含形体、气息、心神三种因素的调整修炼,其修炼结果都是以提高"精气神"为总目标。略分为清修派和双修派。清修派认为人自身本有阴阳,双修派认为男女为阴阳。 [5]却恶:抵御外界各种不利于修炼的因素。

吴越有禁祝[1]之法,甚有明验,多炁[2]耳。知之者可以入大疫之中,与病人同床而己不染。又以群从行[3]数十人,皆使无所畏,此是炁可以禳[4]天灾也。或有邪魅山精[5],侵犯人家,以瓦石掷人,以火烧人屋舍。或形见往来[6],或但闻其声音言语,而善禁者以炁禁之,皆即绝,此是炁可以禁鬼神也。入山林多溪毒蝮蛇之地,凡人暂经过,无不中伤[7],而善禁者以炁禁之,能辟[8]方数十里上,伴侣皆使无为害者。又能禁虎豹及蛇蜂,皆悉令伏不能起。以炁禁金疮,血即登止。又能续骨连筋。以炁禁白刃[9],则可蹈之不伤,刺之不入。若人为蛇虺[10]所中,以炁禁之则立愈。近世左慈[11]赵明[12]等,以炁禁水,水为之逆流一二丈。又于茅屋上然[13]火,煮食食之,而茅屋不焦。又以大钉钉柱,入七八寸,以炁吹之,钉即涌射而出。又以炁禁沸汤,以百许钱投中,令一人手探摝[14]取钱,而手不灼烂。又禁水着中庭露之[15],大寒不冰。又能禁一里中炊者尽不得蒸熟。又禁犬令不得吠。昔吴遣贺将军讨山贼[16],贼中有善禁者,每当交战,官军刀剑皆不得拔,弓弩射矢皆还向[17]，辄致不利。贺将军长智有才思，乃曰，吾闻金有刃者可禁，虫有毒者可禁，其无刃之物，无毒之虫，则不可禁，彼能禁吾兵者，必不能禁无刃物矣。乃多作劲木白棒，选异力精卒五千人为先登，尽捉棓[18]彼山贼，贼恃其善禁者，了不能备，于是官军以白棒击之，大破彼贼，禁者果不复行，所打煞[19]者，乃有万计。

注释 [1]禁祝：又称"咒禁"、"禁咒"、"禁架"、"禁法"、"符禁"、"祝禁"、"越方"等等。一般认为，这是古代以巫术与气功结合用以治病的方法。"禁"有"禁忌"、"命令"、"控制"的意味，道教认为用这种方法可以遏制鬼物、毒虫猛兽并能驱治疾疫。"祝"与"咒"相通，指祈告神灵并诅咒致病的鬼怪。行法时，施法者发出特殊的声音，如唾、啸、嘘等；行法过程中又多伴以喷水等动作。 [2]炁：同"气"，多见于道家的书。 [3]群从行：多人一起赶路。 [4]禳：(ráng)原指以祈祷的方式消除灾殃、去邪除恶的祭祀活动，此处意为行使法术解除面临的灾难。[5]邪魅山精：各种妖孽鬼怪。 [6]形见往来：看见它们显形。 [7]中伤：受伤害。 [8]辟：避免或驱除邪祟。 [9]白刃：锋利的兵器。 [10]虺：(huǐ)古书上说的一种毒蛇。 [11]左慈：汉代方士。字符放，东吴庐江郡(治所在今安徽庐江县西)人。少居天柱山，习炼丹。据传有神道。葛洪《抱朴子·金丹篇》载，左慈是葛之祖父葛玄之师。《后汉书·方术列传》载有他赴曹操宴，以幻术把曹府中酒悉取之饷客，被曹追杀而隐身遁形的事。 [12]赵明：《后汉书·徐登传》作"赵炳"。东汉方士、巫医。字公阿，东阳(今安徽天长)人。《后汉书·方术列传》称其"能为越方"，"禁枯树，树即生黄"，"又尝临水求度，船人不和之，炳乃张盖坐其中，长啸呼风，乩流而济"。 [13]然：通"燃"。 [14]摝：(lù)捞取。 [15]水着中庭露之：把水放在庭院中。 [16]吴遣贺将军讨山贼：指三国时东吴派奋武将军贺齐平叛之事，见于《三国志·吴书》。 [17]还向：回射发箭之人。[18]棓：同"棒"，用棒打。 [19]煞：同"杀"。

夫炁出于形[1]，用之其效至此，何疑不可绝谷[2]治病，延年养性乎？仲长公理[3]者，才达之士也，著《昌言》，亦论"行炁可以不饥不病，云吾始者未之信也，至于为之者，尽乃然矣。养性之方，若此至约[4]，而吾未之能也，岂不以心驰于世务，思锐于人事哉[5]？他人之不能者，又必与吾同此疾也。昔有明师，知不死之道者，燕君使人学之，不捷而师死。燕君怒其使者，将加诛焉[6]。谏者曰，夫所忧者莫过乎死，所重者莫急乎生,彼自丧其生,亦安能令吾君不死也。君乃不诛。其谏辞则此为良说矣[7]。使彼有不死之方,若吾所闻行炁之法,则彼说师之死者[8],未必不知道也,直[9]不能弃世事而为之,故虽知之而无益耳,非无不死之法者也。"又云:"河南密县,有卜成[10]者,学道经久,乃与家人辞去,其始步稍高,遂入云中不复见。此所谓举形轻飞,白日升天,仙之上者也。"陈元方韩元长[11],皆颍川之高士也,与密[12]相近,二君所以信天下之有仙者,盖各以其父祖及见卜成者成仙升天故耳,此则又有仙之一证也。

注释 [1]炁出于形:"炁"产生于人的身体,即前文所说"气在人中"。 [2]绝谷:即"辟谷",又称"却谷"、"断谷"、"休粮"、"绝粒",即不食五谷杂粮。道教认为,人食五谷杂粮,会在肠中积结成粪,产生秽气,阻碍成仙的道路。同时,人体中有三虫(三尸),专靠得此谷气而生存,有了它的存在,使人产生邪欲而无法成仙。因此为了清除肠中秽气、除掉三尸虫,必须辟谷。具体分"服气辟谷"(通过修炼气功达到辟谷的目的)和"服药辟谷"(用服食药物以代替谷食)。辟谷术起于先秦,道教创立后承袭此术。葛洪反对单行辟谷可致仙的观点,但并不怀疑辟谷术的健身延年效果。 [3]仲长公理:仲长统(180—220),东汉末期思想家。字公理,山阳高平(今山东邹县)人。博学,善文辞,敢于讽刺时政,批评传统思想,时人称为"狂"。官尚书郎,曾参与丞相曹操主持的军务。著有《昌言》三十四篇,已散佚,部分保存于《后汉书·仲长统传》、《群书治要》以及《齐民要术》等书中。本篇所引"行炁可以不饥不病"至"仙之上者也"两节,即出自其佚文。 [4]约:简单。 [5]"岂不以"二句:意为不能专心修炼养性之方,是因为心思完全被世俗事务所支配了。 [6]"昔有明师"数句:事见于《韩非子》:"客有教燕王为不死之道者,王使人学之,所使学者未及学而客死。王大怒,诛之。王不知客之欺己,而诛学者之晚也。夫信不然之物而诛无罪之臣,不察之患也。且人所急无如其身,不能自使其无死,安能使王长生哉?" [7]"其谏辞"句:疑有脱字,清代严可均辑《全后汉文》此句后又有"然亦非至当之论"一句。 [8]则彼说师之死者:疑衍"说师"二字。见王明《抱朴子内篇校释(增订本)》,中华书局,1985年3月第2版,2002年3月5印。 [9]直:只不过。 [10]卜成:当为"上成"或"上成公"。《后汉书·方术列传》:"云上成公者,密县人也。其初行久而不还,后归,语其家云:'我已得仙。'因辞家而去。家人见其举步稍高,良久乃没云。陈寔、韩韶同见其事。" [11]陈元方韩元长:陈元方即陈寔长子陈纪,韩元长即韩韶之子韩融。陈寔、韩韶见前注。　[12]密:密县。

(选自王明《抱朴子内篇校释》〔增订本〕卷五,中华书局,1985年)

【评论】

《内篇》的思想

王　明

1. 道本儒末、舍儒从道

葛洪由救世转向出世的突出标志之一是在《内篇》里强调"道"是根本,"儒"是末节。他说:"道者,儒之本也。儒者,道之末也。"[1]值得注意的,在《外篇》里,只讲儒学是救世的良方,绝没有道本儒末的思想,也没有调和儒道的旨趣。

"道"是什么呢?他说:"道者,涵乾括坤,其本无名。论其无,则影响犹为有焉;论其有,则万物尚为无焉。"[2]"道"不能从数量上计算多少,不能从形象上看得仿佛,不能从声音上听到什么。"强名为道,已失其真,况复千割万剖,亿分万析,使其姓号至于无垠,去道辽辽,不亦远哉?"[3]这个无名的"道",不能言说,不能分析,实际上就是虚无缥缈迷离恍惚的神秘力量。它支配着天地万物,"凡言道者,上自二仪,下逮万物,莫不由之"[4]。道能够内以治身,外以理国,最高的信念,终极的目的,就是长生之道。在赤松子,羡门子高等神仙活动的天国里,随意游荡,或听钧天之乐,或享九芝之馔,多么幸福啊!所谓"道也者,逍遥虹霓,翱翔丹霄,鸿崖六虚,唯意所造"[5]。总的说来,他所谓的"道",无非是指神仙道教罢了。

葛洪还在内篇《塞难》篇假设有人提出难易的问题。他自己作了如下的分析和回答,说:

儒者,易中之难也。道者,难中之易也。

夫弃交游,委妻子,谢荣名,损利禄,割粲烂于其目,抑铿锵于其耳、恬愉静退,独善守己,谤来不戚,誉至不喜,睹贵不欲,居贱不耻,此道家之难也。出无庆吊之望,入无瞻视之贵,不劳神于七经,不运思于律历,意不为推步之苦,心不为艺文之役,众烦既损,和气自益,无为无虑,不怵不惕,此道家之易也。所谓难中之易矣。

他说道家"难中之易"的理由是如此。接着分析儒家"易中之难"的理由,说:

夫儒者所修,皆宪章成事,出处有则,语默随时,师则循比屋而可求,书则因解注以释疑,此儒者之易也。钩深致远,错综典坟,该河洛之籍籍,博百氏之云云,德行积于衢巷,忠贞尽于事君,仰驰神于垂象,俯运思于风云,一事不知,则所为不通,片言不正,则褒贬不分,举趾为世人之所则,动唇为天下之所传。此儒家之难也。所谓易中之难矣。

经过两相比较,最后,他得出结论是:"笃论二者,儒业多难,道家约易,吾以患其难矣,将舍(难)而从其易矣。"表明了舍儒从道的志向。

葛洪舍儒从道的表面理由是如此。这里还需指明的,他舍儒从道,是志向的改变。从救世的儒家理想转到遁世的道家幻想,真的说来,这不是舍难从易的问题。他也说过:"儒教近而易见,故宗之者众矣。道意远而难识,故达之者寡焉。"[6]直率承认了儒易而道难。社会上一般人是这样的认识,葛洪自己何尝没有这样的体会呢?他离俗遁世,皈依神仙道教,不能不感到很孤寂和苦闷。在社会上只有受讥诮,没有得到众人的同情。所以说:"世之讥吾者,则比肩皆是也。可与得意者,则未见其人也。若同志之人,必存乎将来,则吾亦未谓之为希矣。"[7]原来神仙道教是脱离广大社会下层的只有极少数贵族官僚信奉的宗教。即使信仰神仙的人,何尝不知修仙是一条极其艰难的可望而不可及的道路,而葛洪说是"约易",这是出于宗教上追求神仙、宣传神仙可学的需要,目的是想劝诱众多信教的人。

2. 宿命论

葛洪宣扬天地之间有神仙,神仙可求,神仙不死。究竟有多少理由

令人信服呢?他自己也很茫然,只得寄望于未来的"同志之人"。为了坚定自己的信念,相信人生有命,他说:

> 仙经曰,服丹守一,与天相毕,还精胎息,延寿无极。此皆至道要言也。民间君子,犹内不负心,外不愧影,上不欺天,下不食言,岂况古之真人,宁当虚造空文,以必不可得之事,诳误将来,何所索乎?苟无其命,终不肯信,亦安可强令信哉?[8]

这是说,仙经上讲的长生之道,一点儿没有错,可以完全相信。问题在于世人有没有爱好神仙的命根,"苟无其命,终不肯信"。《塞难》篇更进一步申述命与仙道的关系:"命属生星,则其人必好仙道。好仙道者,求之亦必得也。命属死星,则其人亦不信仙道。不信仙道,则亦不自修其事也。"他更把宿命论与先验的人性论相互联系起来,又把宿命论跟神秘的胎气说相互联系起来。他说:

> 按仙经以为诸得仙者,皆其受命偶值神仙之气,自然所禀。故胞胎之中,已含信道之性。及其有识,则心好其事,必遭明师而得其法,不然,则不信不求,求亦不得也。[9]

比如,他引《玉钤经》上说的:"人之吉凶,制在结胎受气之日,皆上得列宿之精。"其值贵宿则贵,值富宿则富,值贱宿则贱,值贫宿则贫,值寿宿则寿,"值仙宿则仙"。说明人生本有定命,"苟不受神仙之命,则必无好仙之心,未有心不好之而求其事者也,未有不求而得之者也"[10]。就是说,一个人先有神仙之命,才有好仙的心。有了好仙的心,才去求仙。只有求神仙,才能成为神仙。归结到底,迷信"命"是成仙的基础。

3. 神秘主义的本体论——"玄"

把神仙思想和宿命论糅合起来,构成了葛洪的脱离社会实际的超现实世界的人生观,而比人生观更高更概括的思想是葛洪的神秘主体的本体论,即内篇《畅玄》里所着重阐述的"玄"。

"玄"是什么呢?葛洪说:"玄者,自然之始祖,而万殊之大宗也。眇昧乎其深也,故称微焉。绵邈乎其远也,故称妙焉。其高则冠盖乎九霄,其旷则笼罩乎八隅。光乎日月,迅乎电驰",又说:"因兆类而为有,托潜寂而为无。沦大幽而下沈,凌辰极而上游。金石不能比其刚,湛露不能等其柔。方而不矩,圆而不规。来焉莫见,往焉莫追。"这样一个深、微、远、妙,至高极广,至刚极柔,方不算方,圆不算圆,忽有忽无,来去无踪的神秘莫测的东西,却能使天以之高,地以之卑,云以之行,雨以之施,"胞胎元一,范铸两仪,吐纳大始,鼓冶亿类"。它是神秘主义的本体,产生天地万物的总根源。

这样一个超自然的神秘主义的本体——"玄",是以神仙思想和宿命论为基础的最高的理论概括,是道教唯心主义哲学的核心。对于这个"玄道",修仙的人,不能不感到高不可登,深不可测,只有用冥思苦想去探索。其方法就是"守一"。"守一"的思想,渊源久远。《老子》书里就有"得一"、"抱一"的说法。第三十九章所谓天得一以清,地得一以宁,神得一以灵,万物得一以生。《庄子·天地》篇引《记》曰:"通于一而万事毕。"前汉的《淮南子·精神训》更说:"夫天地运而相通,万物总而为一。能知一,则无一之不知也。不能知一,则无一之能知也。"所有这些道家的思想言论都被吸收到《抱朴子内篇·地真》篇里。后汉道教原始经典《太平经》对守一法的阐明尤其详备。如云:"子知一,万事毕";守一之法,"可以长生"等,也被引述于《地真篇》。"抱一"、"得一"、"知一"、"通于一",其要在"一",都是一个意思。值得注意的是:葛洪把守一分为"守玄一"和"守真一",这是对守一论的发展。

道教把"一"神秘化,首先是把"一"拟人化。所谓"一有姓字服色,男长九分,女长六分,或在脐下二寸四分下丹田中,或在心下绛宫金阙中丹田也,或在人两眉间,却行一寸为明堂,二寸为洞房,三寸为上丹田也。此乃是道家所重,世世歃血,口传其姓名耳。"[11]这种拟人化,实质上把"一"说成是活灵活现的人格神。

那么真一之道是什么呢?葛洪说:"长生仙方,则唯有金丹;守形却恶,则独有真一。"又说:

> 守一存真,乃能通神。少欲节食,一乃留息;白刃临头,思一得生;知一不难,难在于终;守之不失,可以无穷;陆辟恶兽,水却蛟

龙;不畏魍魉,挟毒之虫;鬼不敢近,刃不敢中。此真一之大略也。"[12]

按照他的说法,金丹大药,是令人长生不死的仙方;真一之道,是令人饿不死、杀不伤,猛兽、毒虫、凶鬼不敢接近为害的神术。所谓"知一"也罢,"守一"也罢,无非是教修道的人,灌注全副精神在人体的下丹田、或者中丹田、或者上丹田的部位,精诚思念这个有姓字服色的"一",即所谓"思一"。这是"玄道"之中十分神秘的一种。

玄一之道是什么呢?玄一与真一差不多,只是多了分形术,而且"守玄一"比"守真一"容易。葛洪说:"玄一之道,亦要法也。无所不避,与真一同功。吾《内篇》第一名之为《畅玄》者,正以此也。守玄一复易于守真一。真一有姓字长短服色目,玄一但此见之。""守玄一,并思其身,分为三人,三人已见,又转益之,可至数十人,皆如己身,隐之显之,皆自有口诀,此所谓分形之道。"[13]可见玄一之道囊括了所谓分身术。葛洪《神仙传》载:东汉末年,蓟子训在洛阳会见诸朝士贵人,凡二十三家,各有一个蓟子训。"二十三人所见皆同时,所服饰颜貌无异。唯所言话,随主人意答,乃不同也。"京师大惊异,其神变如此。又载曹操遣使收捕左慈,既入狱,狱吏欲拷掠左慈,忽见户中有一左慈,户外又有一左慈,不知孰是。说明蓟子训和左慈是能够分形的。

葛洪认为玄一之道只能"通神",还不能达到长生不老。他说:"师言欲长生,当勤服大药。欲得通神,当金水分形。形分则自见其身中三魂七魄,而天灵地祇,皆可接见,山川之神,皆可役使也。"[14]无论玄一或真一都是神秘主义的方法。这种神秘主义的方法是与"玄道"息息相通的。

葛洪说:"夫玄道者,得之乎内,守之者外,用之者神,忘之者器,此思玄之要言也。"[15]这样一种神秘主义的理论和神秘主义的方法是从内心获得的宗教哲学,是一种虚诞神怪的玄想,永远达不到目的的妄求。

4. 炼丹实验和医学的贡献

有趣的是另一方面的事:为了寻求长生之道,去讲究炼丹,从事炼丹。我们知道,饵丹求仙是一种迷信。但是炼丹术本身是一种科学的实验,是近代化学的先驱。它的意义和作用,不能低估。葛洪在这方面的贡献是突出的,值得重视。

首先是炼丹术对化学方面的贡献。早在东汉晚期,魏伯阳著的《周易参同契》,素有丹经之祖的称号,但是《参同契》着重的只是理论性的描述,缺少具体方法。在科学技术上,《抱朴子内篇》里《金丹》和《黄白》两篇,那样具体介绍许多炼丹的方法,尤其像《黄白》篇记载以武都雄黄作黄金的方法这样详密,这在《参同契》以及葛洪以前任何道书里是没有的。

葛洪对炼丹术的发展提供了可靠的史料。以《金丹》篇为例,它涉及的药物有铜青、丹砂、水银、雄黄、矾石、戎盐、牡蛎、赤石脂、滑石、胡粉、赤盐、曾青、慈石、雌黄、石流黄、太乙余粮、黄铜、珊瑚、云母、铅丹、丹阳铜、淳苦酒等二十二种,"显然较魏伯阳《参同契》里所提到要多得多"[16]。

葛洪从炼丹实验里观察到不少化学反应的现象,把它概括为科学的名言。如《金丹》篇说:"丹砂烧之成水银,积变又成丹砂。"丹砂就是硫化汞。从丹砂变丹砂,值得注意的是化学的"积变"。把丹砂加以烧炼,其中所含的硫变为二氧化硫,游离出水银。再使水银和硫黄化合,便成黑色的硫化汞;放置密闭器内调节温度,便成为赤色硫化汞了。

又如描述铅的化学变化也是很有趣的。《黄白》篇记载:"铅性白也,而赤之以为丹;丹性赤也,而白之以为铅"。"铅性白也",是说铅经过化学变化可以变成铅白,即白色的胡粉,可以擦面。铅白加热后经过化学变化,可以变成赤色的铅丹,这是所谓"赤之以为丹"。赤色的铅丹再加热分解后,可以变成铅白,这是所谓"白之以为铅"。葛洪这几句概括性的话,正是"他对铅的化学变化作了一系列研究之后所得的结论"[17]。

还有葛洪对于金属取代作用的实验和观察也值得注意。《黄白》篇说:"以曾青涂铁,铁赤色如铜;以鸡子白化银,银黄如金,而皆外变而内不化也。"曾青一名胆矾,也就是硫酸铜。用曾青涂铁,就是使铁和硫酸铜溶液起化学作用,铁取代硫酸铜里的铜,它的表面附有一层红色的铜,所以说"铁赤色如铜"。这表明"葛洪已经实验过铁与铜盐的取代作用"[18]。

近代的科学史学还注意到"金丹"这个术语始见于《抱朴子内篇》,制炼金丹的屋类似现在的实验室,用来密封炼丹反应器的泥状混合的药物——六一泥,也是最早记载在《抱朴子》里的。

葛洪的炼丹术传授的渊源很深。先自左慈授他的从祖葛玄,葛玄授郑隐,郑隐以授葛洪[19]。他的岳丈人鲍玄(玄一作靓)又对他发生重要的影响。《晋书》本传说:"洪传(鲍)玄业,兼综练医术。凡所著撰,皆精核是非,而才章富赡。"可见葛洪的炼丹术接受了好几方面的师承和影响。

总的来说,葛洪在炼丹史上的贡献:一是首次记载了许多现已失传的炼丹著作;二是第一次具体记述了许多炼丹的方法,《金丹》、《黄白》两篇中有些方法是经过实验的,记录得很详细;三是通过这些炼丹法的描述,知道一些炼丹的主要材料是什么,它的化学反应又是怎样形成的。对于自然科学的这一贡献,却是葛洪始料弗及的。他的妄求神仙的迷信观念,已成历史的陈迹,然而他的炼丹术却是我们民族,乃至世界人民的宝贵财富。

此外,葛洪在医学上的贡献也是巨大的。例如,他撰《金匮药方》一百卷,可惜早已失传了。又有《肘后备急方》(即《肘后救卒方》)八卷,今存。《抱朴子·内篇·杂应》篇和《肘后备急方序》都称《救卒方》三卷。明正统《道藏》正一部《肘后备急方》八卷,误题作葛仙翁撰。八卷本的《肘后备急方》,已非葛洪著作的本来面目。它已经后人增补,附加许多后世的药方了。值得注意的,他在医学上的卓越贡献,对一些传染病的认识有比较详细的记载。如《肘后备急方》卷一《治尸注鬼注方》中对结核性传染病的认识,云:"其病变动,乃有三十六种,至九十九种。大略使人寒热淋沥,恍恍默默,不的知其所苦,而无处不恶。累年积月,渐就顿滞,以至于死。死后复传之旁人,乃至灭门。觉知此候者,便宜急治之。"这种认识是相当精确和深刻的。所谓"尸注""鬼注"的"注",指一人死,他人复得气相灌注也,就是病菌传染的意思。所谓"尸"、"鬼",乃指病原体说的。又如《肘后备急方》卷二《治伤寒时气温病方》中关于天花的记载:"比岁有病时行,仍发疮头面及身,须臾周匝,状如火疮,皆戴白浆,随决随生,不即治,剧者多死。治得差后,疮瘢紫黑,弥岁方灭。"基于这种认识并开的药方,在治疗天花传染病的医史上都是珍贵的资料。

葛洪不但认识了某些传染病,而且还认识免疫的方法。如《肘后备急方》卷七《治卒有猘犬凡所咬毒方》中记载治疗疯狗咬伤人的医方,说:"仍杀所咬犬,取脑傅之,后不复发。"用疯狗的脑浆涂在被疯狗咬伤的患处,以毒攻毒,治愈以后,不再发病。这就是免疫法。[20]

所有这些对传染病和免疫法的认识,以及《抱朴子·内篇·仙药》篇论本草药物、《极言》篇强调人们应该养身保健,增强体质和抵抗风寒暑湿的能力,都表明葛洪在医学和药物学上一些卓越的见解和贡献。

复次,葛洪研究天文,撰有《浑天论》;探讨潮汐的涨落,著《潮说》;注意军事兵法,有《抱朴子军术》等撰作。根据诸书著录,他的著述,总计不下六十余种之多。其中有真的有假的;有精华,也有糟粕,应当分别对待,不能一概而论。从他的一些有代表性的著作看来,其学问方面之广,著述之宏富,实在令人惊异。

5. 几个自发的唯物主义观点

与上述炼丹术和医学等主要科学技术的成就紧密相联系,葛洪有一些片断的自发的唯物主义观点。这些观点,做为二重人格中的科学实验家反映出来。大致说来,有下列几项:

(1) 论气生天地万物

宇宙的本原是物质性的"气",还是其它精神性的什么东西,这是区别古代唯物主义或唯心主义观点的基本标志。主张先有气,然后产生天地万物,这种观点,由来已久。混沌为一的气叫元气,等到它分离以后,清气为天,浊气为地。"天地合气,万物自生。犹夫妇合气,子自生矣"[21]。抱朴子继承这种思想,在《至理》篇说:"自天地至于万物,无不须气以生者也。"这个气生天地万物的理论,无疑是朴素唯物主义的观点。这个观点,除了思想上有它的来源以外,重要的在于对自然科学长时间的实验和观察有密切的关系。他在《黄白》篇论自然变化的原理说:"云雨霜雪,皆天地之气也。而以药作之,与真无异也。"认识了云雨霜雪都是天地之气变成的,天地之气是一种自然的物质。它能变成云雨霜雪,也能变成雷电风雹,扩大来说,自然界一切有机物和无机物都是由"气"变化生成的。

(2)论物类变化

自然界物类的变化是形形色色的,无穷无尽的。比如,"气变物类,虾蟆为鹑,雀为蜃蛤"[22]。这些属于自然变化的现象。而人工的变化可以替代自然,则是一种巨大的创造。如水火在天,而人们用凹铜镜向日可以取火,用方铜镜在月下可以取水。"铅性白也,而赤之以为丹;丹性赤也,而白之而为铅"[23]。铅白变赤丹,赤丹变铅白,是人工变化出来的。天空的云雨霜雪是自然变化,但是人们掌握了自然变化的规律和方法,就能制造人造雨、人造冰、人造雪。人工用异物制造出跟自然物一模一样的东西,在葛洪的认识里颇为明确。他说:"变化者,乃天地之自然,何为嫌金银之不可以异物作乎?"(同上)金和银也是能够用别种材料制造成功的。又如"水精本自然之物,玉石之类",但"外国作水精碗,实是合五种灰以作之。今交、广多有得其法而铸作之者"[24]。说明物类变化无穷,人工的变化,可以巧夺天工。但是世间无知的人常常不肯相信,葛洪批评道:"愚人乃不信黄丹及胡粉是化铅所作;又不信骡及驴骡是驴马所生。云物各自有种。况乎难知之事哉?夫少所见,则所怪多,世之常也。"[25]所谓"物各自有种"。某一种东西只能变生某一种东西,比如说马生马,驴生驴,水精是自然的玉石之类,倘在狭小的范围内可以这么说,但对天地间纷纭复杂的物类变化来说,毕竟是局限于形而上学的同一律。他还根据物类变化的许多现象的认识,敢于突破古圣姬旦、孔丘所说以及书本所载的框框,批评那些见识狭小的人,"以周孔不说,坟籍不载,一切谓为不然,不亦陋哉"[26]?!葛洪批判"物各自有种"的说法,不能不说是含有朴素的自然辩证法的思想因素。

(3) 论形神关系

形神的关系也就是表明思维和存在、精神和物质的关系,是哲学思想家不断讨论的问题,而且是判明唯物主义或唯心主义观点的关键所在。葛洪说:"夫有因无而生焉,形须神而立焉。有者,无之宫也。形者,神之宅也。故譬之于堤,堤坏则水不留矣。方之于烛,烛糜则火不居矣。形劳则神散,气竭则命终。"[27]从这两个比喻来看,把"形"比作堤,"神"比作水;把"形"比作烛,"神"比作火,说明堤坏则水不留,烛糜则火不居,所得的结论是:精神依附于形体。这是朴素唯物主义的观点。而且以烛火比喻形神的关系,正是汉代桓谭、王充以来唯物主义的传统。所谓"形者,神之宅也",也是表明形体是精神寄寓的地方,精神是依存于形体的。但是所说"形须神而立"这个命题,显然是不正确的。因为形体属于物质,物质不是精神的产物,相反,精神却是物质的最高产物。这个命题也是跟他所举两个比喻的结论"形劳则神散,气竭则命终"相矛盾的。所以前面"形须神而立"这个命题是主观臆断的,精神的作用被过分夸大了的。后面这个结论是符合客观实在,同自然变化的规律相符合的。

我们知道葛洪是通晓古代医学原理的。他说的"形者神之宅也"以及"形劳则神散,气竭则命终"是从医学原理上体验得来,与古医经的理论相契合的。《灵枢·邪客篇》云:"心者,五藏六府之大主也,精神之所舍也。其藏坚固,邪弗能容也,容之则心伤,心伤则神去,神去则死矣。""心"是人体内五脏之主,是血液周流全身的中枢器官。抱朴子说:"形者神之宅",同《灵枢》说"心"是"精神之所舍"的原理相符合。抱朴子说的"形劳则神散,气竭则命终",与《灵枢》说"心伤则神去,神去则死"的意思也是相合拍。从这里可以看出,前面这个"形须神而立"的命题是唯心主义宗教家幻想出来的被颠倒了的命题,后面的结论是科学家所做实事求是的概括。

应当指出,唯物主义一元论是排除精神和肉体二元论的,主张精神不是离开肉体而单独存在的,精神只是头脑的机罢了。所以上述堤水和烛火的比喻,在理论上都是不完密、有缺陷的。从形神关系的问题看来,在葛洪身上,体现了宗教家和科学家两重不同的人格,因而他的思想,唯物论和唯心论,也往往不免左右矛盾、互相抵牾了。

注释　[1]内篇《明本》。以下《抱朴子》引文皆出自内篇。　[2]《道意》。　[3]《明本》。　[4]同上。　[5]同上。　[6]《塞难》。　[7]同上。　[8]《对俗》。　[9]《辨问》。　[10]同上。　[11]《地真》。　[12]同上。　[13]同上。　[14]同上。　[15]《畅玄》。　[16]张子高:《中国化学史稿》古代之部,69页。　[17]黄国安:《葛洪篇》,《中国古代科学家》修订本。　[18]参看袁翰青《中国古代学史论文集》,190页。　[19]《金丹》。　[20]参阅《中国古代科学家》修订本,57—58页。　[21]《论衡·自然》。　[22]《论衡·无形》。　[23]《黄白》。　[24]《论仙》。　[25]同上。　[26]《黄白》。　[27]《至理》。

（选自王明《道家和道教思想研究》上编论葛洪部分）

二　《坛经》

【题解】

《坛经》是唐初僧人慧能的生平事迹和语录的汇编,是中国人的佛教著作唯一被奉为"经"的文献,是后世禅宗所依据的重要经典。慧能(638—713)亦作惠能,俗性卢,其父曾在范阳(今涿县)为官,后被降职迁流到广东新州(今新兴县东),慧能出生于此,其父不久去世,他少时未能入学,所以不识字,稍长卖柴养母度日,成年后辗转至湖北黄梅弘忍五祖处求法,椿米为务。弘忍为选嗣法弟子,命寺僧作偈。上座神秀主张渐悟,其偈曰:"身是菩提树,心是明镜台,时时勤拂拭,勿使惹尘埃。"慧能主张顿悟,其偈曰:"菩提本无树,明镜亦非台,本来无一物,何处惹尘埃。"弘忍赞许,密授法衣。慧能回岭南混迹于民间各阶层十六年,公元676年开始传授"顿悟"禅法,他所创立的禅宗是中国佛教宗派中势力最大、影响最久远的一支。武则天和唐中宗曾召他入京,均力辞不赴。王维、柳宗元、刘禹锡都曾为他撰写碑铭。

《坛经》最初由其弟子法海整理而成;"坛"指戒坛、法坛,"经"是指把慧能的说法比作释迦牟尼所说的经典。在后代的传播中《坛经》形成十几种繁简不同的版本,最有价值的有:(一)唐中叶的敦煌本,也叫法海本,是现知最早的版本;(二)晚唐的惠昕本;(三)北宋的契嵩本;(四)元代主要承接契嵩本而再编的宗宝本,自明代以后最通行的《六祖坛经》是宗宝本的改编本。《坛经》的主要思想包括:定慧体一、一行三昧、无相为体、无念为宗、无住为本、顿悟菩提等。所谓"定慧体一"是把禅定和般若智慧看做同一性的两个方面,反对将它们主观地分别开,否定坐禅、引导顿悟修为。慧能强调"一行三昧"是号召任何时候做任何事情都"常行直心"、自觉地将精神统一起来,从外物的束缚中解脱出来。而"无相"、"无念"、"无住"是说"于相而离相"、"于念而离念"、"于一切法上无住",因为"一切万法尽在自身中",佛性本有,不必外求;佛性本无差别,只缘迷悟不同,"前念迷即凡夫,后念悟即佛",成佛不依赖坐禅、念佛等修行,只在于明心见性,一念觉悟即可成佛,这就叫"顿悟菩提"——刹那间直觉到了自己所具有的佛性。慧能指引的简捷方便的成佛道路使禅宗脱离了印度佛教烦琐的神学理论和宗教仪式,变成了中国化的佛教。他所开创的南宗禅与神会的北宗禅都对中国思想文化产生了巨大影响。

近人丁福保《六祖坛经笺注》对《坛经》作了较详细的注解。当代学者郭朋《坛经校释》,中华书局1983年出版;新近有《敦煌新本·六祖坛经》2001年5月由宗教文化出版社出版。

定慧品[1]第四

师示众云:"善知识[2]!我此法门[3],以定慧为本,大众勿迷言定慧别。定慧一体,不是二。定是慧体,慧是定用。即慧之时定在慧,即定之时慧在定。若识此义,即是定慧等学[4]。诸学道人,莫言先定发慧,先慧发定各别。作此见者,法有二相[5]。口说善语,心中不善,空有定慧,定慧不等。若心口俱善,内外一种,定慧即等。自悟修行,不在于诤[6],若诤先后,即同迷人[7]。不断胜负,却增我法[8],不离四相[9]。

善知识！定慧犹如何等？犹如灯光。有灯即光，无灯即暗；灯是光之体，光是灯之用。名虽有二，体本同一。此定慧法，亦复如是。"

注释　[1]定慧：戒、定、慧被视为佛教的根本三学，其中定学的特征是使内心专注而不散乱，达到凝然寂静的状态。定学的层次有高低之分，总称为禅定。慧学的特征是修习佛教经典、观照事理并获得相关智能。品：鸠摩罗什翻译《摩诃般若波罗蜜经》，将较详的二十七卷本称作《大品般若》，较略的十卷本称作《小品般若》。此处"品"表示章节。　[2]善知识：佛教术语，指能正确理解佛法并依此修行的人，此为对信众的敬称。　[3]法门：修行者入道的门径。　[4]等学：融为一体的学问。此处强调定与慧本来是一不是二。　[5]法有二相：佛法有两种。[6]诤：通"争"，与人争辩。　[7]迷人：内心糊涂的人。　[8]我法：即"我执"与"法执"，我执即执著于内在的自我而产生烦恼，法执即固执地对待外在的事物而产生烦恼。　[9]四相：我相人相众生相寿者相，《金刚经》反复说若菩萨有此四相即非菩萨，若以此四相见佛则不能见如来。又简称我人四相、识境四相。即：我相，执著于本来由五蕴生成假相之"我"，并以此支配思维和行动；人相，因为有了我相而贵己贱人；众生相，住于欲界、色界、无色界的各种生命的状态；寿者相，贪恋生命并设法使之延续的心理。前人对"四相"的解释不尽相同，极而言之就是四种心理或状态。引申义发挥得好的有北宋李文会《金刚经》注：我相者，倚恃名位权势、财宝艺学、攀高接贵、轻慢贫贱愚迷之流。人相者，有能所心、有知解心、未得谓得、未证谓证、自恃持戒、轻破戒者。众生相者，谓有苟求希望之心、言正行邪、口善心恶。寿者相者，觉时似悟、见境生情、执著诸相、希求福利。有此四相，即同众生、非菩萨也。

师示众云："善知识！一行三昧[1]者，于一切处，行、住、坐、卧，常行一直心是也。如《净名经》[2]云：'直心是道场[3]，直心是净土。'莫心行谄曲，口但说直，口说一行三昧，不行直心；但行直心，于一切法，勿有执着。迷人着法相[4]，执一行三昧，直[5]言常坐不动，妄心不起，即是一行三昧。作此解者，即同无情，却是障道因缘[6]。"

师示众云："善知识！道须通流，何以却滞？心不住法[7]，道即通流；心若住法，名为自缚。若言坐不动，是只如舍利弗[8]宴坐[9]林中，却被维摩诘呵[10]。善知识！又有人教坐，看心观静，不动不起，从此置功[11]，迷人不会，便执成颠[12]。如此者众，如是相教，故知大错。"

注释 [1]一行三昧:又称"一相三昧",指以法界(即真如、佛性、本觉、真心等)为观想对象,并在行住坐卧中时刻与之相应的修行方式。一行:指修行不懈怠。三昧:梵语"正定"的意思,即将善心住于一处而不妄动。一行三昧是禅宗四祖道信禅师依据《文殊说般若经》而首倡的一种修行方式,具体做法就是唯心念佛和实相念佛相结合的坐禅。神秀的北宗禅继承了此法,着重于坐禅安心。慧能反对这种坐禅渐修的修行方式,他指出应当用正直的真心来修行,不应执著于外在的形式。 [2]《净名经》:《维摩诘经》的别称。维摩诘是梵语音译,又译为维摩罗诘、毗摩罗诘,略称维摩或维摩诘,意译为净名。此经是大乘佛教的早期经典之一,因主人公为维摩诘居士而得名。唐诗人王维很受此经影响,故取字摩诘。禅宗将《维摩诘经》作为宗经之一。 [3]直心:真心,佛性。下面的"直心"都是"真心"。道场:道所在的地方。 [4]着法相:执著于"法"的状态。慧能是相信《金刚经》的,《金刚经》说:"若见诸相非相,即见如来。"下一句同义,一行三昧是没有问题的,但"执"了,就"迷"了。执著于任何事理都会成为"迷人"。 [5]直:仅,只。 [6]障道因缘:阻碍修行的原因。佛教常以事物相互间的关系来说明它们生起和变化的现象,其中为事物生起或坏灭的主要条件的叫做因,为其辅助条件的叫做缘。禅宗是强调有情觉悟的,无情解脱是很容易的,慧能嘲笑那些常坐不动、自以为是在一行三昧的人其实只是"无情汉"而已。 [7]心不住法:心不执著于法相。 [8]舍利弗:梵语音译人名,释迦牟尼的十大弟子之一,又译作鹙鹭子、舍利子。 [9]宴坐:又作燕坐,安身正坐的意思。 [10]"却被"句:指舍利弗因在林中宴坐而受到维摩诘斥责的事,见于《维摩诘经》。维摩诘,中印度毗舍离城的长者,是与释迦牟尼同时代的大乘居士,精通大乘佛教教义。诃,斥责。 [11]从此置功:认为这样就能成功。 [12]颠:混乱颠倒。

师示众云:"善知识!本来正教[1],无有顿渐[2],人性自有利钝[3]。迷人渐契[4],悟人顿修,自识本心,自见本性,即无差利,所以立顿渐之假名[5]。"

注释 [1]正教:合于正理的主张。 [2]顿渐:快速到达觉悟的教法,称为顿教;依顺序渐进,经长时间修行而觉悟者,称为渐教。禅宗有"南顿北渐"之分。南宗的慧能提倡"顿超法门",主张"立地成佛";与之同门同时的北宗神秀则主张"渐修"。 [3]利钝:聪明与迟钝。佛教把人修习佛道的基本素质称为根机,觉悟较快的人,称为利根,反之称为钝根,又作下根。 [4]契:体会,领悟。 [5]假名:为了方便而暂时设立的名称。

"善知识！我此法门，从上以来，先立无念为宗[1]，无相为体[2]，无住为本[3]。无相者，于相而离相[4]；无念者，于念而无念[5]；无住者，人之本性，于世间善恶好丑，乃至冤之与亲，言语触刺欺争之时，并将为空，不思酬害，念念之中，不思前境[6]。若前念、今念、后念，念念相续不断，名为系缚[7]。于诸法上，念念不住，即无缚也。此是以无住为本。"

"善知识！外离一切相，名为无相；能离于相，即法体[8]清净；此是以无相为体。"

"善知识！于诸境[9]上心不染[10]，曰无念；于自念[11]上常离诸境，不于境上生心[12]。若只百物不思，念尽除却，一念绝即死，别处受生[13]，是为大错。学道者思之。若不识法意，自错犹可，更劝他人，自迷不见，又谤佛经[14]；所以立无念为宗。"

"善知识！云何立无念为宗？只缘口说见性[15]，迷人于境上有念，念上便起邪见[16]，一切尘劳妄想[17]，从此而生。自性本无一法可得[18]；若有所得，妄说祸福，即是尘劳邪见。故此法门，立无念为宗。"

注释 ［1］无念为宗：以"无念"为宗旨。 ［2］无相为体：以"无相"为本体。 ［3］无住为本：以"无住"为根本。 ［4］于相而离相：虽然处于各种事物的现象状态中却不执著于此。李叔同说的"身在事中，心在事上"庶几达到了这种境界。 ［5］于念而无念：虽然有念头产生却不执著于这个念头。 ［6］"念念"二句：在种种念头生灭的过程中，不追思已经过去的事情。 ［7］系缚：烦恼的异名。指众生的身心为烦恼、妄想或外界事物所束缚而失去自由，长时流转于生死之中。 ［8］法体：佛教术语，指一切存在的本质，又指出家人的身体。 ［9］诸境：各种外在事物、情景。 ［10］染：佛教术语，也作染污，沾染之义。既指沾染恶习恶业，也指一切与法相对的识见和念头。 ［11］自念：自己的心念。 ［12］不于境上生心：不让自己的内心固着于外物。 ［13］"若只"四句：谓若强迫自己断绝意念，那么一个念头断绝了好像是死了，它还会像人死之后投胎转世一样在别处冒出来。受生：投胎。 ［14］谤佛经：歪曲诽谤佛经。《金刚经》有强调万法皆空的"谤佛"句：若人言如来有所说法，即为谤佛，不能解我所说故。 ［15］口说见性：嘴上说认识到了佛性。 ［16］邪见：偏见。 ［17］尘劳妄想：世俗的虚妄念头。 ［18］自性本无一法可得：自身固有的佛性原本没有一种固定的方法可以获得。此句强调要自我实践,不向外求。

"善知识!无者无何事?念者念何物?无者,无二相[1],无诸尘劳之心;念者,念真如[2]本性。真如即是念之体,念即是真如之用。真如自性起念[3],非眼耳鼻舌能念,真如有性,所以起念;真如若无,眼耳色声,当时即坏。[4]"

"善知识!真如自性起念,六根[5]虽有见闻觉知,不染万境,而真性常自在。故经云:'能善分别诸法相,于第一义而不动[6]。'"

注释 [1]无二相:不认为万物有差别。 [2]真如:佛教术语,又有"法界"、"实相"等异名。佛教各派对"真如"的解释不一,分类也各异。一般解释为不变的最高真理或本体。《成唯识论》卷九称:"真谓真实,显非虚妄;如谓如常,表无变异。谓此真实于一切位常如其性,故曰真如。" [3]真如自性起念:从自己的本性产生对"真如"的认识。 [4]"真如"三句:如果没有真正的佛性,由各种感官得来的认识立刻就没有价值了。 [5]六根:佛教术语。佛教以人身之眼、耳、鼻、舌、身、意为六根,根是"能生"的意思,因为眼、耳等对于色、声能生起感觉,故称为根。与"六根"相关的概念有六尘(色、声、香、味、触、法,为六根的认识对象)、六识(眼识、耳识、鼻识、舌识、身识、意识,为六根的认识功能)。 [6]"能善分别"二句:语出《维摩诘经·佛国品》,谓能以修持佛法所得的智能认识、了解各种事物的现象,坚持终极真理不动摇。第一义:指佛教的终极真理。

(原文据《敦煌新本·六祖坛经》[间采郭朋中华书局本],宗教文化出版社,2001年)

【评论】

惠能禅思想的成立及其意味

葛兆光

思想的统一有时是好事,它使思想保持一定的稳定性,使人们可以细细体会思想的内涵成为思想的实践者;思想的统一有时候又是坏事,它使思想固步自封在一个相对局促的圈子中,使人们失去选择的自由成为被动的承受者。思想的分化也同样如此,它可能使信仰者在众多的说法中目迷五色而无所适从,也可能使信仰者在不同的说法中比较鉴别而有所选择。不过,对于当时的佛教来说,分化也许是更有意味的历史现象,因为在一统的时代,时间是凝固的,不存在任何历史与变化;但对于中国思想世界来说,可能选择更为重要,因为禅学毕竟是一种自西而东的舶来品,全盘接受是不大可能的,总要挑挑拣拣,而没有分化就好像把各种货色囫囵一团装了一个大口袋,人们无法看清也无法选择。

当禅门逐渐从方法到思想成为一个组织、理论、实践都日臻成熟的佛教宗派时,思想的一统是使它们脱颖而出的必要环节,但是它那匆匆装就的思想大口袋里却囊括了彼此矛盾的许多货色,仿佛杂货仓库还没有发展成专业公司,使得在里面挑选的顾客无法更好地选择自己的东西,也使他自己没有办法很好地清理自己的货架。但是,当禅宗日益成熟并获得反身思索的时机的时候,那些更为深刻的禅门弟子就要在其中寻源溯流顺藤摸瓜,把自己的思想武库清理一番。当7世纪末8世纪初禅门处在相对平静的环境中对自己的思想深思熟虑时,各个宗派的思想差异就逐渐由隐而显地凸现出来了,而当这些思想的差异又与宗派的世俗教权之争叠合在一起时,思想的差异就不仅是思想的差异而且还是门户的差异了,于是分化就日渐明朗。

南方惠能禅思想的成立就是这一思想分化中最引人注目、在后世影响最深远的一个现象。

一 《坛经》的问题(略)

二 惠能禅思想的内在理路

可是,惠能思想与神会思想杂糅的现象却给我们叙述惠能思想带来了麻烦,究竟《坛经》中哪些是惠能在大梵寺开法时所表述的,哪些是神会及后人所添加的"鄙谭",我们现在确实很难剔理清楚了,所以只有参照一些其他资料,借用一些前人考证,从《坛经》与《神会语录》

的细小差异中寻找蛛丝马迹,为惠能禅思想的内在理路勾勒一个笼统的轮廓。

从人心与佛性方面来看,和弘忍时代的禅门一样,惠能也肯定人本身拥有自我拯救的能力,这是因为人人自有佛性,敦煌本《坛经》第十二则就说到:"菩提般若之知,世人本自有之",而且他也和弘忍一样,承认虽然人人心中有佛性,但是人们不一定就能够安住佛境,因为他们的心灵常常处在迷惑之中,"即缘心迷,不能自悟",所以还是要有一个由迷而悟的契机。我们知道,自从刘宋时代竺道生倡"一阐提有佛性"论以来,虽然有所争论,但很快南北佛教都接受了《大般涅槃经》的思想而且把它作为佛教解脱与救赎理论的基础。前期禅门自达摩的"含生同一真性"开始,在这一点上也没有异义,因为他们所奉的《楞伽经》也承认"如来藏自性清净……在于一切众生心中",惠能在佛性理论上与他的前辈是一脉相承的,所不同的是在如何使人们迷失在世俗情欲中的心灵由迷而悟回归到那个自己本来就有的、与佛相同的境界中去这一方面。传统的说法都是因定发慧,通过念佛净心或摄念修心等禅学早已有之的路数来收束散逸奔纵的心识,以内省与体验的功夫使意识处于无思无虑,从而进入清净的境界。

从这里开始惠能就显示出了他与传统禅学的差异。在敦煌本《坛经》涉及思想的部分中,除了肯定人有般若智慧第十二则之外,最先说到的是"以定惠为本"。"定惠"当然是禅门中常见的说法,但是,惠能所说的"定惠"实际上却与传统的说法有了差异,传统的说法是"由定发惠",禅定是手段或过程,智慧是目的或终点,所以从前期禅门到弘忍都是要保持一定的修行方法的,如坐禅、念佛。在他们看来,定和慧是有次第之差的,就连神秀一系都主张"从定发慧"[1],这就是我们前面说到的传统禅门的"由先证离身心相为根本,知见自在,不染六尘见闻觉知为后得";而惠能则接下去就批评这种说法:"莫言先定发慧,先慧发定,定慧各别","若诤先后,即是迷人",按他的说法应该是"定慧等",就像灯与光的关系,"有灯即有光,无灯即无光",也就是说定就有慧慧就是定,并不是说靠了入定来得到智慧。

为什么惠能有这样的思想?因为在传统禅学的佛性论中尽管也说物是心造,但在修行论中"心"与"物"是一种对峙状态,外在的俗尘不断来污染心灵,就像黑云蔽日一样,所以"定"就仿佛是用一块抹布擦拭镜子,只有擦干净了镜子才会明亮,这就是神秀所说的"时时勤拂拭,莫使有尘埃",也就是说只有在杂念彻底清除之后,清净心灵才能涌出"智",才得到般若智慧来洞烛一切;但是,惠能却真正地在修行论中贯彻了"空"的思路,污染心灵的尘缘都是虚幻,都是人的妄念所造,因为人自有灵明觉性,所以这种"清除"并不是用抹布把镜子擦干净,而是在意识中感悟到镜子本来就是干净的,尘埃却是虚幻假相,"佛性常清净,何处惹尘埃"。于是"悟"与"迷"就只是心灵中的一念之转,这就叫"悟人顿修,自识本心,自见本性,悟即元无差别,不悟即长劫轮回",只要人做到"于一切法不取不舍,即见性成佛道"[2];由于人的本性就是"空"就是"净",那么当他"定"时也就是"慧"时,一刹那间意识进入无差别的自然状态,这就是"定慧"了。

如果说传统"拂尘看净"的禅门一直是在寻求一种"清净境界",那么,惠能的"不取不舍"则在追求一种"无差别境界"。清净境界恪守的是心物二分观念,与般若空观还是有差距的;而无差别境界则是进入了心物皆空的边缘,基本上吻合般若八不(不生不灭不常不断不一不异不来不去)的思想。但是,怎么样才能进入这种无差别的境界?惠能提出的方法是:

以无念为宗,无相为体,无住为本。

所谓"无念"不是清除意念,而是既不取善不取恶、不作清净想、不作成佛梦,但也绝不千方百计去排除各种念头,按惠能的解释就是"于念而不念"。因为一旦有所系念就有所执著,就会被各种思虑所纠缠,而心中要是有一个"排除杂念"的想法,同样也会有"排除杂念"的念头横梗在心上,同样是有所执著,有所执著就会使虚妄成真实,引起种种焦虑与不安;所谓"无相"也不是把现象世界看做一片白茫茫大地真干净,对一切森罗于眼前的诸相都视而不见,而是惠能所说的"于相而离相",也就是根本不把这些相当相来对待,如果对相而非要把它们看成是一无所有,那么心中就有了一个"清除有相"的念头,有了这个念头心中就又有所执著,如果对相而落入相中不能自拔,则又使心灵被种种相所包围,被种种分别相环绕的心就不能无差别;所谓"无住",就是心灵不滞着于任何思想,虽然经验上人是会有各种想法的,纷至沓来的情感、欲念、焦灼、喜悦在生活中是不可避免的心理实在,人无法回避这种种的心灵波动,但是,人可以将它们不挂于心,仿佛风过耳影过眼一样,所以惠能说:"念念时中,于一切法上无住,一念若住,念念即住,名系缚,于一切上,念念不住,即无缚也。"[3] 有了这"无念""无住""无相",心灵中就没有什么分别与执著,就好像一个很常见的比喻所说的,镜对万相,终不住相,那面心镜就永远是清净无垢甚至于无影无相的了。正如后来丹霞子淳禅师所说:"宝月流辉,澄潭布影,水无蘸月之心,月无分照之意",人心仿佛澄潭之水,对境而不起心,无论是污染还是月光,都不必拒斥与接纳,最终达到"水月两忘,方可称断"的境界[4]。

"心量广大,犹如虚空",这一"虚空"中能容纳一切,又不执著于一切,所以只要人们能够使自己的心灵处于这种"无念无相无住"的"空"中,那些使人焦虑、使人不安、使人激动、使人沮丧的分别诸相就荡然无存,在惠能看来,这就是"般若智慧",当人们心灵归于"空"时,他就已经与佛无异了,这就叫"一念修行,法身等佛"。由于这种"无念""无相""无住"完全是内在的心理体验与观念转化,它不涉及许多具体而微的思想、欲念、知识的染净分别,也无须结跏趺坐苦苦修行,不需要反省过去的罪孽,也不需要追思未来的光明,不需要外力的约束或指引,也不需要神灵的救赎与保护,于是过去所有的念佛、修心、坐禅在这里就只剩下了一念之转,"前念迷即凡,后念悟即佛",于是后世禅宗所高倡的顿悟说就在这一理路上顺理成章地出现。他说有大慧根的人,对一切都不应该起念动心执著,而应该"不假外修,但于自心,令自本性常起正见",这样就能使"一切邪见烦恼尘劳众生,当时尽悟",所以:

  当起般若观照,刹那间妄念俱灭,即是自善知识,一悟即至佛地。

据惠能说这也是从弘忍那里传下来的禅法,"我于忍和尚处,一闻言下大悟,顿见真如本性,是故将此教法流行后代,令学者顿悟菩提"[5]。

以上从"自心即佛性"、"无念无相无住"之"顿悟"到"空"的无差别境界这三部曲,就是惠能禅法思路的主脉,也是他较多地偏向了《般若》思想之后对传统禅法的改造。其中,"无念无相无住"之"顿悟"是关键,它一方面承续自心即佛的佛性思想,一方面追踪"空"的终极境界,这与《般若》大有关联。"无念"在《摩诃般若波罗蜜经》卷二十七《法尚品第八十九》中也叫"无念三昧","无相"在《摩诃般若波罗蜜经》卷一《序品第一》中也叫"无相三昧","无住"在《摩诃般若波罗蜜经》卷五《问乘品第十八》也叫"无住三昧",所谓"三昧"就是"定",而禅宗的修行中心也是"定"。《摩诃般若》的思想核心就是说"空",而它说"空"的逻辑理路就是,首先,一步步否定外在一切的实在性,把现象世界的一切都归结为感觉,为意识;其次,一直追溯到意识主体,最后连意识主体也被否定,当这一切都被否定之后,就出现了一种无差别的"空"的世界;再次,既然这一切都是"空无自性"的虚幻,那么一切就都无差别,也就无所谓"空"与"不空";最后沿着这一理路,在它的终极处就是更广阔的无差别。由于无差别,所以它最忌讳的就是"分别"与"执著",当这种思想落实到修行中时,就出现了"定即是慧,慧即是定",出现了"不修即修,修即不修"这样极端的说法,《坛经》中所说的"起心看净,却生净妄"在理路上也是由此而来的。《摩诃般若波罗蜜经》卷十五《知识品第五十二》有一段话说:

> 世尊,修般若波罗蜜即是修一切法,世尊,无所修是修般若波罗蜜,不受修坏修是修般若波罗蜜。[6]

初看这段话有些让人费解,但下面佛陀就对此做了解释。所谓"坏修"是指色坏、一切种智坏,因为色即是空,一切种智也是空,所以最重要的是"不著":不执著于般若波罗蜜,不执著于四念处,不执著于一切种智,"不以他语为坚要,亦不随他教行",但也并不着意拒绝这一切,应该"随顺"。随顺是一个与"执著"对立的概念,最后佛说的是:"以空随顺,是为菩萨摩诃萨行深般若波罗蜜,以无起无作无所有不生不灭不垢不净随顺,是菩萨摩诃萨应如是行般若波罗蜜。以如梦幻焰向化随顺,是行般若波罗蜜。"这里所说的"随顺",通俗地说就是一种无可无不可的态度,之所以无可无不可,正是因为这一切都不过是"空",并没有真实的自性,也没有绝对的差别。所以惠能就说"于一切法不取不舍,即见性成佛道",无念无相无住作为"三昧"即"定",其实根本之处也就在于不分别不执著,当修行者能不分别不执著时,他就已经在智慧之中与佛无异了。于是,传统禅学中的"坐禅"在这时就不再是数息、念佛、观心、清除杂念、收敛意念,而"一切无碍,外于一切境界上念不起为'坐',见本性不乱为'定'"[7],只要在意识中不理会那种种分别,在心灵中不执著于某个念头,就可以"于一切时中,行住坐卧,常行直心"。《般若》的影响也许就是使惠能一系与传统禅门有了相当不同的一大原因。我们知道惠能奉《摩诃般若》是很明显的,这在敦煌本《坛经》题为《南宗顿教最上大乘摩诃般若波罗蜜经六祖惠能大师于韶州大梵寺施法坛经》上就能看出。敦煌本一开头就是一句"惠能大师于大梵寺讲堂中升高座,说摩诃般若波罗蜜法",在后面又多次提到"净心念摩诃般若波罗蜜法",第二十六则中曾说:

　　摩诃般若波罗蜜,最尊最上第一,无住无去无来,三世诸佛从中出。[8]

可见惠能奉《摩诃般若》是不容怀疑的。不过,在后来的各种资料中惠能却又改奉了《金刚经》,上面这段话在神会那里也变成了"金刚般若波罗蜜,最尊最上最第一,无生无灭无去来,一切诸佛从中出"[9],看来这是神会及其后人为了迎合当时《金刚经》盛行之风而修改的说法,神会一系改篡《坛经》的原因之一可能就在这里,但惠能本来是依凭《摩诃般若》的。

三　终极境界与宗教生活

　　惠能的思路向他的后人们指示了一个颇为极端的方向,这就是与牛头禅很接近的"不修为修"的自然主义。在惠能的弟子中,有不少人都曾很激烈地批评过传统的禅学方法,像崛多三藏的"兀然空坐,于道何益"、志诚禅师的"住心观静,是病非禅,长坐拘身,于理何益"、南岳怀让的"磨砖既不成镜,坐禅岂得成佛"、司空山本净的"若了无心,自然契道"[10]等等。在敦煌出土的一些南宗禅诗歌偈语中更有不少这类话语,如斯四一七三等《南宗赞》中的"行住坐卧常作意,则知四大是佛堂"、伯二六二九等《南宗定邪正五更转》中的"有作有求非解脱,无作无求是空虚"、斯六四六《扬州頵禅师游山遇石室见一女子赠答诗》中的"离缚还成缚,除迷却被迷",似乎都有些与传统禅学所提倡的宗教修行格格不入之处,他们好像更看重自由的心境与自然的生活。

但是,更应该说明的是以下三点:首先,惠能一系的禅法与前期禅门的不同并没有到水火不容、势不两立的地步,其实,在当时禅门中彼此都有一些相近的地方,从《楞伽》而《般若》是当时禅门的普遍趋势。神秀奉《文殊般若》一行三昧,净觉注《般若心经》,北宗禅也在向《般若》靠拢,智诜在倡念佛的同时,也注释了《般若心经》,并称《心经》为"五乘之宝运"[11],牛头禅更是早就以《般若》为主要经典,在玄理思辨也就是在终极意义的探寻方面都在向更本原处进发。"万法归一,一归何处"的理路在他们那里都在向"心"的背后延伸,只不过在北宗禅与净众禅那里,这种本体的追寻并没有与修行的实践相沟通,理路的思考也只是在理论的表述上,实践的修行仍是在原来的轨道上。其次,就是在惠能这里,《楞伽》以心为根本与《般若》以空为根本的思路也没能融会贯通,清净境界为终极境界与无差别境界为终极境界的思路也常常双双出现。时而强调一切都是空相,"烦恼即菩提",时而又转回传统说法强调"自性常清净,日月常明,只为云覆盖,上明下暗",时而引入《般若》讲"空",时而不得不讲种种修行方法严防"有"[12],于是在他这里,禅思想就仍处在一种难以解开的思路纠缠之中。再次,惠能思想并不像后人想象的那样破弃经论自然放任,在王维为惠能所撰碑文中有一句话很值得注意,这就是"乃教人以忍,曰:忍者无生,方得无我,始成于初发心,以为教首",这种"忍为教首"的思想似乎与痛快简捷的顿悟一门格格不入,但这确实是惠能的思想。敦煌本《坛经》之末记载惠能"凡度誓,修修行行,遭难不退,遇苦能忍,福德深厚,方授此法"[13],说的正是这种"忍苦"品质;他向弟子所授"无相戒"也正是与北宗禅《大乘无生方便门》的"菩萨戒是持心戒,以佛性为戒性"同样的大乘戒法,都出自《梵网经·菩萨心地品》,都是对信仰者心灵的约束。在授无相戒时惠能率弟子所进行的仪式如唱"归依自三身佛"、发"四弘誓愿"、行"无相忏悔"等等,其实与西蜀智诜一系的念佛没有多大差别,都是为了使弟子们心念凝聚,产生敬畏之心[14]。所以顿教祖师的思想并不像后人所描画的那样潇洒,真正潇洒的时代还没有到来。

这里有一个终极境界与宗教生活的关系的问题。一种宗教追寻的始终是人生的终极境界,它作为宗教最神圣的精神本原与心灵目标,毫无疑问是决定人类灵魂生存还是毁灭的关键,但这常常是宗教家与思想家最敏锐的那一部分人心灵感悟与理智探究的内容;一种宗教处理的通常又是人生的具体生活,它作为宗教日常的事务,是宗教进入人类社会生活的必要途径,如果不具备处理人们生活的能力,也就失去了宗教存在的意义,但这种宗教生活又常常要落实在人们行为的琐碎而具体的仪式、规范上。这两种内容如何协调并得到一个一以贯之的理论解释,是宗教常常面临的一个难题;中国禅思想史上一个一直纠缠不清的思想症结也就是怎样一方面通过越追越深的思索体验那个形而上的终极境界,一方面通过越来越简捷的样式使这种思索中的境界转化为实际生活。当前期禅门把"心"当作一种终极实在来追寻的时候,由于心灵的清净境界毕竟在经验中可以体验或想象、生活中可以扪摸与找寻,传统遗留下来的种种仪式与规范与这种心灵境界的关系也是明确的,所以这二者的分裂并不明显,也不成其为严重问题。

但是,情况很快有了变化。当我们简单地回顾7至8世纪中国佛教史时,我们会看到,在此前,隋代佛门曾经有过短暂的兴盛[15],但到初唐以来,佛教就开始受到政治的贬抑,高祖、太宗两朝,佛教虽然得到一定的保护，但总体上说地位是在下降。《旧唐书》卷六三《萧瑀传》中载唐太宗李世民手诏所谓"至于佛教，非意所尊，虽有国之常经，固蔽俗之虚术"[16];《法琳别传》记载当时社会风气所谓"秃丁之诮，闾里盛传，胡鬼之谣，昌言酒席"[17]，从最上层到最下层的反应都表明佛教早已不像隋代那样受普遍的尊崇了。但是，宗教远离了政治权力中心未必就是一桩坏事，在中国这个宗教不可能成为意识形态的国度中，它只能在人的精神领域和生命领域指导人生，这种被政治权力暂时疏离的现象阻绝了佛教试图充当政治意识形态的热情，倒有可能促成它思想理论的总结与深化。在相对平静的7世纪中叶，一批天竺佛教典籍被译出，一些总集类编式的大书被编成，一段佛教历史得到了记述，似乎与儒家经典有了《五经正义》、近期历史有了南北各史一样，它使得佛教也进入了一个思辨的时期。

  这一思辨的时期的情况不是我们要讨论的，这里要说明的只是，这一思辨时期对于禅门来说是更加快了它向上层文化的靠近。前面我们说过，禅门有一种逐渐向上层社会渗透与向文化阶层靠拢的趋势，这种文人化的禅思想常常对具体的宗教仪式与世俗生活如神话、礼仪、戒律、忏悔甚至于教义采取鄙夷的态度，把它们看成是形而下的、琐碎的、着相的东西而加以贬斥；而对于抽象的、玄虚的、空灵的终极境界却有一种特别的爱好，他们不断地追问一切的最终本原，并把这种本原视为拯救人生的唯一实在。可是，这种追求形而上而鄙弃形而下的趋势，从宗教的立场上来看应该说并不见得是一件值得称道的事。宗教如果是大多数人的宗教而不只是少数人的思想的话，它就不能没有仪式、方法与信仰，正像基督教需要有牺牲、忏悔、祈祷（Sacrifice Confossion and Prayer）一样，这是引起信仰、维持信心、获得解脱或者说是联系信仰者与唯一实在的具体途径。如果唯一实在只存在于少数人的心灵体验与感悟中，那么，这种追寻就失去了大多数信仰者所能理解的具体和明确的途径，成了少数人的专利。随着般若思想的影响在禅门的日渐深入，对于终极境界的追寻也开始向着越来越远的玄虚处深入，这样，与日常宗教生活的脱节也就越来越厉害，"空"的思想把一切都放在了否定的位置上,同时又把一切都放在了肯定的位置上;无差别的境界则消解了一切仪式与规范,又容忍了一切世俗的行为与思想。上面所说的理论思辨与修行方式、"空为根本"与"心为根本"、轻松的感悟体验与艰难的持戒忍辱之间的矛盾都可以看做是终极境界与宗教生活的脱节,处于传统与变革之间的禅思想在终极境界与宗教生活之间有些左右为难了,无论是西蜀智诜一系、北宗神秀一系、东吴牛头一系还是南方惠能一系,他们都在建立这种沟通宇宙本原、终极境界与宗教生活的贯通之路,但是,直到8世纪初,这条贯通之路仍在建立之中;禅宗门派的分化与思想的分化,其最大意义就在于给后来寻找路径的人们提供了几种选择,让他们在选择中真正建立一个从宇宙本原、宗教生活到终极境界都彼此贯通的禅思想体系,但是,这是下一个时代的事情了。

注释 [1]《大乘无生方便门》中第二门"开智慧门"中多次提到这一点,《大正藏》八十五卷,1274页。 [2]《坛经校释》,53页。 [3]《坛经校释》,32页。 [4]《五灯会元》卷十四丹霞子淳禅师。 [5]《坛经校释》,49、56、59、60页。 [6]见《大正藏》第八卷,324页。 [7]《坛经校释》,37页。 [8]《坛经校释》,51页。 [9]《神会和尚遗集》,297页;胡适称此卷为《神会语录第三残卷》,铃木大拙称此卷为《南阳和尚顿教解脱禅门直了性坛语》,为神会与崇远法师的论辩纪录。 [10]见《景德传灯录》卷五,《五灯会元》卷二、卷三、卷五等。 [11]净觉《般若波罗蜜多心经注》,敦煌卷子,斯四五五六;智诜《般若波罗蜜多心经疏》,敦煌卷子,伯四九四〇、斯五五四。 [12]《坛经校释》,51、39页等,关于惠能及神会内在理路中的矛盾,我将在后面几章多次详述,因为这是一个从禅宗一开始就存在的大问题,这里从略。 [13]《坛经校释》,114页。 [14]参见杨曾文《六祖坛经诸本的演变和慧能和禅法思想》,《中国文化》第六期,香港中华书局,1992年。 [15]《隋书》卷三十五《经籍志》称:"开皇元年(581年),高祖普诏天下,任听出家,仍令计口出钱,营造经像。而京师及并州、相州、洛州等诸大都邑之处,并官写一切经,置于寺内,而又别写藏于秘阁,天下之人从风而靡,竞相景慕。民间佛经多于六经数十百倍。"其中禅师似乎在佛教中得到格外的恩荣,智颛为帝传戒,昙迁与帝同榻,所以《续高僧传》卷二十一习禅篇总论说:"隋祖创业,偏宗定门……京邑西南,置禅定寺,四海征引,百司供给";又同书卷十九《僧邕传》也说:"开皇之初,弘阐禅门,重叙玄宗",按道宣的说法,达摩一系与慧思、智颛一系一样,都是属于"虚宗玄旨"一流,应该是受到世俗权力的青睐的。关于隋代崇尚佛教之事,可参见汤用彤《隋唐佛教史稿》第一章第一节,4—10页,中华书局,1982年;陈寅恪《武曌与佛教》一文推测隋朝崇佛之原因甚有趣,可以参看,载《金明馆丛稿二编》,142页,上海古籍出版社,1980年。　[16]《旧唐书》卷六十三,2403页。　[17]《唐护法沙门法琳别传》卷上,《大正藏》卷五十,199页。

(选自葛兆光《中国禅思想史——从6世纪到9世纪》)

三　《正蒙》

【题解】

　　张载(1020—1077),字子厚,号横渠,北宋开始兴起的理学奠基人之一。理学是流行于宋明六百年间的儒家思想体系,是以讨论天道性命问题为中心并注重道德修养的哲学思想。理学所标举的"天理",既指宇宙自然的一般规律(物理),更是指人"道德心性"的根本原则(性理)。理学因探讨天道、人道也被称为"道学"。理学主要有三大派别:即以张载为代表的"气一元论",程、朱为代表的"理一元论"和陆、王为代表的"心一元论"。朱熹直接发挥了张载的思想,王阳明也对张载相当敬重。张载祖籍宋(今河南商丘),后徙大梁(今河南开封)定居于横渠镇(今陕西郿县)。37岁中进士,曾任参军、县令、崇文院校书。后辞职回乡讲学,遂称横渠先生。张载少年即有奇气,喜谈兵法,他的著述与语录都气魄宏大,充满生机与理趣,理学史上公认"横渠工夫最亲切"。他的哲学思想主要有:(一)太虚即"气"的宇宙本体论。以"气"为天地万物的共同本原和本质,认为宇宙中的一切现象,都是"气"的不同表现形态。"气"实际上成为张载概括一切客观实在的哲学范畴。(二)"一物两体"的辩证法。"两"就是对待的两方面互相作用、变化的根本原因。"两故化"的学说对哲学是一个巨大贡献。他认为对待的合一关系是:"两不立则一不可见,一不可见则两之用息。两体者,虚实也,动静也,聚散也,清浊也,其究一而已。""一"则是"两"之上的本质,如太虚是一,阴阳是两。"一物两体,气也。一故神(张子自注:两在故不测),两故化(张子自注:推行于一),此天之所以参也。"气是一物两体,即包含对立的部分的统一物。唯其对待,故发生变化;唯其对待而又统一,故变化不测。对待而又合一谓之"参"。这种"一物两体"、"一故神两故化"的学说,丰富和发展了古代朴素辩证法思想。(三)在认识论方面,他提出"见闻之知"与"德性之知"的区别,见闻之知是由感觉经验得来的,德性之知是由修养获得的精神境界,进入这种境界的人"大其心则能体天下之物"。(四)在人性论伦理学方面,张载认为,人的天地之性与气质之性都是根源于气的,但二者各自在根源上又有区别。天地之性根源于太虚之气,而气质之性则根源于各自禀受到的阴阳之气。由于人所禀之气各不相同,故气质之性是人人各异的,是人在性格、智力、品德等方面的特殊性。人性既然是由天地之性与气质之性所组成的,而先天具有的天地之性纯善无恶,后天的气质之性有善有恶,那么一般的人性必然是善恶相混的;每个人都要并可以"变化气质"、"通蔽开塞",从学者(初学)成长为大人(贤人)、圣人。南宋著名理学家朱熹曾高度评价张载的人性说,认为它大有功于"圣门"。这种由张载所创始,后来又经程颐、朱熹加工改造的人性论,成为宋明理学中占统治地位的人性学说。(五)《西铭》的"大同"理想和自由人格境界。《西铭》(又称《订顽》)作为张载的思想纲领,早年曾书写悬挂于横渠书院,是张载著作中最著名的篇章,被后世学者推崇备至,甚至与《论语》、《孟子》等经典相提并论。本篇与他的横渠四句"为天地立心(志),为生民立命(道),为往(去)圣继绝学,为万世开太平"(《张子语录》)激励了无数学者和志士,而且是中国学术思想核心的精彩表达,因为它精辟地说明了中国思想中天人合德之说的真正理由。

　　明万历年间沈自彰编纂了《张子全书》,清乾隆年间宋廷尊刊本《张子全书》是影响最大的,中华书局《张载集》(1978年8月第一版)成为明清以来各种版本的《张子全书》中最为完整的一个本子,本篇原文即选自此书。

西　铭[1]

乾称父,坤称母[2]。予兹藐焉,乃混然中处[3]。故天地之塞,吾其体[4]。天地之帅,吾其性[5]。民吾同胞,物吾与也[6]。大君[7]者,吾父母宗子[8],其大臣,宗子之家相[9]也。尊高年,所以长其长;慈孤弱,所以幼其幼[10]。圣其合德,贤其秀也[11]。凡天下疲癃残疾,茕独鳏寡,皆吾兄弟之颠连而无告者也[12]。于时保之,子之翼也[13]。乐且不忧,纯乎孝者也[14]。违曰悖德,害仁曰贼[15]。济恶者不才,其践形,唯肖者也[16]。知化则善述其事,穷神则善继其志[17]。不愧屋漏为无忝,存心养性为匪懈[18]。恶旨酒,崇伯子之顾养[19]。育英才,颖封人之赐类[20]。不弛劳而厎豫,舜其功也[21]。无所逃而待烹,申生其恭也[22]。体其受而归全者,参乎[23]！勇于从而顺令者,伯奇[24]！富贵福泽,将厚吾之生也。贫贱忧戚,庸玉汝于成也[25]。存,吾顺事,没,吾宁也[26]。

注释　[1]《西铭》:原名《订顽》,为《正蒙·乾称》篇的开头部分,张载曾将其录于学堂双牖的右侧,题为《订顽》,"订顽"是订正愚顽之意,顽主要指的是麻木不仁的自我中心。朱熹又将《西铭》从《正蒙·乾称》篇中分出;加以注解,使之成为独立的篇章,《朱子语类》中又详加解释。本篇主要阐述孔子《易传》的天道思想,说明万物一体,天地一家,天人合一,核心是彰显"仁"之相通、相贯、相爱的深情大义。　[2]"乾称父"二句:"乾天"、"坤地"如同给我们生命的父母。出自《周易·说卦传》:"乾,天也,故称乎父;坤,地也,故称乎母。"《朱子语类》卷九十八:"自一家言之,父母是一家之父母。自天下言之,天地是天下之父母。这是一气,初无间隔。"朱熹敏锐地把握到张载正是用乾父坤母这"一气"感通确立起全篇的推论逻辑。　[3]"予兹藐焉"二句:个体的"我"在天地之间显得弱小稚嫩,但却与天地融为一体。予,我。兹,语气词。藐,弱小,多指幼儿。混然中处:融洽地处于天地之间就像处于父母中间。　[4]"故天地之塞"二句:所以乾父坤母这阴阳二气充塞天地,构成我的生命本体。言外之意是每个小我有什么理由麻木不仁地自私呢？朱熹《朱子语类》卷九十八:"塞只是气,吾之体即天地之气。"朱熹再次揭示全篇隐而不显的理路是"气之本体"的感发、气之感通性贯穿其间,如果离开了"气"的贯通和感通性原理,就不会有语句之层层展开。这是张载的"气本论",借《易经》乾坤阴阳之气的说法而展开。　　［5］"天地之帅"二句：阴阳二气主宰天地万物，也是我的本性。帅，主宰。朱熹《朱子语类》卷九十八："帅是主宰，乃天地之常理也，吾之性即天地之理。"　　［6］"民吾同胞"二句：所有的人都是我的兄弟，万物都是我的朋友。《朱子语类》卷九十八："万物皆天地所生，而人独得天地之正气，故人为最灵，故民同胞，物则亦我之侪辈。"成语"民胞物与"本于此句，是儒家的仁爱精神的著名格言。物，指除人类之外的所有生物。与，同类。张载在《经学理窟》"议理"章中说："合内外，平物我，自见道之大端。"被宋儒列为《四书》之首的《大学》开篇第一句话就是："大学之道在亲民。"《孟子》则有"亲亲而仁民，仁民而爱物"。　　［7］大君：指天子。　　［8］宗子：古代宗法制中享有继承权的嫡长子。张载为维护社会秩序特别推重宗法制度，在其《经学理窟》"宗法"一节有详细的论证：可以管摄天下人心、厚风俗、敦伦理，从而保家保国。　　［9］家相：家臣。"相"本为先秦封建贵族祭祀时主持典礼之人，大多由王室亲贵担任。此处强调的是私人依附的世代延续性，家臣有长期思想，不会有短期行为。　　［10］"尊高年"四句：意为对年长者的尊重、对于幼小者的慈爱是出于因"民吾同胞，物吾与也"而生的朴素情感，并应将这种情感态度推广到天下所有的老人和幼弱者身上。前"长"、"幼"为动词，后为名词。《孟子·梁惠王上》："老吾老以及人之老，幼吾幼以及人之幼。"　　［11］"圣其合德"二句："圣人"达到了天人合德，"贤人"是那些按上文所说的道理去实践并做得很好的人。《易传·乾卦·文言》："夫大人者，与天地合其德，与日月合其明，与四时合其序，与鬼神合其吉凶。"秀，突出。　　［12］"凡天下"二句：天下所有处于苦难中的人，都是我的困苦无告的兄弟。疲癃：衰老多病的人。癃(lóng)，衰弱多病。茕独：孤苦伶仃的人。鳏寡：鳏夫和寡妇。《孟子·梁惠王下》："老而无妻曰鳏，老而无夫曰寡，老而无子曰独，幼而无父曰孤。此四者，天下之穷民而无告者。"颠连：困苦。无告：无处诉说。　　［13］"于时保之"二句：意为我们要时时保护那些老弱病残、颠连无告的人，他们是"你"的羽翼（左膀右臂）。"子"：你。翼：羽毛、翅膀。　　［14］"乐且不忧"二句：这样做心甘如怡，并不愁烦。相当于《论语》说孝敬父母最难的是态度（"色难"）。所以才有下一句：纯乎孝者也。这是仁者大爱的境界。　　［15］"违曰悖德"二句：违背了真诚的仁心，就叫做"悖德"；损害了仁心，就叫做"贼"。《孟子·梁惠王下》："贼仁者谓之贼。"　　［16］"济恶者不才"三句：如果助长恶行，就是没有出息的人，只有实践体现出合乎天理的品质，才像个人样。王夫之注："必践形斯为肖子，肖乾坤而后肖父母，为父母之肖子，则可肖天地矣。"　　［17］"知化"二句：知化、穷神，语出《易传·系辞下》:"穷神知化,德之盛也。"神、化,指神妙的天地生化之德。善述其事、善继其志,语出《礼记·中庸》:"夫孝者,善继人之志,善述人之事者也。"两"其"字都指天地乾坤而言。天地乾坤所做之事为化育,所存之志为神妙的天机,圣人继承其事,其志犹如孝子秉承父母意旨。这样直接把经典文本中的语词和句子裁剪在一起,有直接回到经典文本精神气质的效果。这也是本文的一个写作特点。
[18]"不愧屋漏"二句:不愧屋漏:不再暗中做坏事、起坏念头。语出《礼记·中庸》:"《诗》云:'相在尔室,尚不愧于屋漏。'故君子不动而敬,不言而信。"屋,小帐也;漏,隐也。忝,羞辱。存心养性:语出《孟子·尽心上》:"尽其心者,知其性也。知其性,则知天矣。存其心,养其性,所以事天也。"匪懈:不松懈。匪,同"非"。大意为:暗室不亏心,时刻养心性。是在提倡"慎独"修为。 [19]"恶旨酒"二句:夏禹不喜欢美酒,而顾念父母的养育之恩。恶旨酒:语出《孟子·离娄下》:"禹恶旨酒而好善言。"旨,甘美。意为禹不喜欢美酒,而喜欢有益的话。崇伯子:夏禹之父鲧封于崇,史称崇伯,崇伯子即夏禹。顾养:《孟子·离娄下》:"孟子曰:世俗所谓不孝者五。……博弈好饮酒,不顾父母之养,二不孝也。" [20]"育英才"二句:得天下英才而教育之,是将颍考叔那样的内心纯孝推广到他人身上的体现。育英才:语出《孟子·尽心上》:"孟子曰:君子有三乐,而王天下不与存焉。父母俱存,兄弟无故,一乐也。仰不愧与天,俯不怍于人,二乐也。得天下英才而教育之,三乐也。"颍封人:即颍考叔,曾任颍谷封人,春秋时郑国人,以事母至孝著称,其事见于《左传·隐公元年》。赐类,永赐尔类的简称。语出《诗经·大雅·既醉》:"孝子不匮,永锡尔类,其是之谓乎!"锡,赐给。"恶旨酒""育英才"二句以夏禹和颍考叔作为由孝父母而治天下的例子。 [21]"不弛劳"二句:舜侍奉父母勤劳不懈而使之得到欢乐,并使天下人受感化,这就是他所获得的成功。相传舜的继母和弟弟都要害舜,但舜仍然原谅他们,对父亲尽孝,因此尧帝把天下让给舜管理。事见于《史记·五帝本纪》。不弛劳:勤劳不松懈。弛,松懈。厎豫:厎(zhǐ),招致。《尔雅》:"厎,致也。豫,乐也。"《孟子·离娄上》:"舜尽事亲之道而瞽瞍厎豫,瞽瞍厎豫而天下化,瞽瞍厎豫而天下之为父子者定。此之谓大孝。" [22]"无所逃"二句:申生为了尽孝道,不逃避死亡,所以被后世称为"恭世子"。申生:春秋时晋献公太子。晋献公宠爱的骊姬想让自己的儿子奚齐做太子,便诬告申生,献公听从骊姬的话,想杀申生。申生考虑到国家大局,不听从公子重耳的劝告去为自己辩白或逃走,毅然受死。待烹:指等死。恭,申生死后的谥号,《谥法》:"敬顺事上曰恭。"事见于《礼记·檀弓上》。"不弛劳"、"无所逃"二句,张载以两个极端

的例子来说明人应该有"孝"的精神。　[23]"体其受"二句:曾参认为人应该保护好受之于父母的身体发肤,使之不损伤、不受辱。参,曾参,字子舆,孔子弟子,以孝著称,相传《大学》《孝经》均为其所作。《孝经·开宗明义章》:"身体发肤,受之父母,不敢毁伤,孝之始也。"《礼记·祭义》:"父母全而生之,子全而归之……可谓孝矣,不亏其体,不辱其身,可谓全矣。"　[24]"勇于从"二句:尹伯奇勇于顺从父母的旨意。伯奇,古代孝子,周宣王大臣尹吉甫之子。南宋人郭茂倩编《乐府诗集》卷五十七:"《琴操》曰:《履霜操》,尹吉甫之子伯奇所作也。伯奇无罪,为后母谮而见逐,乃集芰荷以为衣,采楟花以为食。晨朝履霜,自伤见放,于是援琴鼓之而作此操。曲终,投河而死。"　[25]"富贵福泽"四句:对上文所举各种尽孝道的例子进行总结,意为如果能以最基本的"孝"来体现仁心,无论由此而得的是富贵还是贫贱,只要人能恰当地对待,它们都是帮助人实现自身价值的条件。泽,恩泽。厚吾之生:使我的生命丰盈。庸,常。玉汝于成:成全你,使你成功。玉,此有"爱护"之意。　[26]"存,吾顺事"二句:无论是生存还是死亡,我都要以平和安宁的心态来对待。此二句以生死之大事归结全篇,也与开头的乾坤父母对应。存,生存。顺事:顺从天地之事。没,通"殁",死亡。在顺化感通中臻达生命的安宁,超越了对死亡的恐惧。海德格尔则说死亡是保住人的本质的最后一招。

(原文据《张载集》之《正蒙·乾称篇第十七》,中华书局,1978年)

东　铭[1]

戏言出于思也,戏动作于谋也[2]。发乎声,见乎四支,谓非己心,不明也[3]。欲人无己疑[4],不能也。过言非心也,过动非诚也[5]。失于声,缪迷其四体,谓己当然,自诬也[6]。欲他人己从[7],诬人也。或者以出于心者,归咎为己戏[8]。失于思者,自诬为己诚[9]。不知戒其出汝者,归咎其不出汝者[10]。长傲且遂非,不知孰甚焉[11]!

注释　[1]《东铭》:为《正蒙·乾称》篇的结尾部分,张载将其录于学堂双牖的左侧,题为《砭愚》。后来北宋程颐将《砭愚》改称为《东铭》。砭,原意是尖石,古代用作医疗工具,引申为针砭、改善。"砭愚"即针砭自迷心窍之意。主要阐述《中庸》的"诚意"思想,简言之:无妄曰诚,自成也——自己成全自己。　[2]"戏言"二句:平时戏谑的话语和举动都是根源于心中的思虑。　[3]"发乎声"四句:若已经由声音和动作体现出来了,还说自己不是故意的,这就是糊涂。乎一作

"于"。支,通"肢"。　[4]无已疑:不怀疑自己。　[5]"过言"二句:错误的言论和行为不是人的正直心性中所应有的。诚,本心。　[6]"失于声"四句:如果在言语上有过失,在行为上产生混乱,却说自己本该如此,就是自己歪曲本心。缪,纰缪,产生差错。　[7]欲他人己从:想让别人信服顺从自己。　[8]"或者以"二句:有人认为自己的言论举动虽然是出于本心,但却只不过是随意开玩笑而已。意为对所犯错误并不在意。归咎:为所犯错误找借口。　[9]"失于思"二句:认为犯错误是因为欠考虑,自我掩饰说自己的本心还是真诚正直的。　[10]"不知"二句:不懂得反省自己有意为之的言论举动,却归罪于所谓"不是本心"的随意戏耍。　[11]"长傲"二句:一天天助长骄傲的习气、迁就自己的错误,没有比这更不明智的了。长,助长,增长。遂,因循,顺着。知,通"智"。

（原文据《张载集》之《正蒙·乾称篇第十七》,中华书局,1978年）

【评论】

关于张载的思想和著作

张岱年

张载是北宋时代唯物主义哲学家,字子厚,凤翔郿县横渠镇人,生于宋仁宗天禧四年（1020年）,死于宋神宗熙宁十年（1077年）。仁宗嘉祐二年（1057年）进士,曾任丹州云岩县令;英宗末,任签书渭州判官公事,协助当时渭州军帅蔡挺筹画边防事务。神宗初年,任崇文院校书,不久辞职,回家乡讲学。后又任同知太常礼院,不到一年即告退,在回家途中,病死于临潼。因他在横渠镇讲学,当时学者称为横渠先生。

张载少时喜谈兵,当时宋代西部边境常受到西夏割据势力的侵扰,张载曾经计划联络一些人组织武装力量夺回洮西地方,他写信给当时陕西招讨副使范仲淹,讨论边防问题。范仲淹对他说:"儒者自有名教可乐,何事于兵?"劝张载读《中庸》。张载读了《中庸》,认为不够,又阅览了一些佛教道家的书籍,但仍不满意;他博览群书,研究了天文和医学,逐渐从佛教道家的影响下相对地解放出来。他比较用力研究的是

《周易》,他以《易传》为根据来建立自己的哲学体系,对佛教道家的唯心论进行了批判。这就是张载一生学术研究的道路。

关于张载的哲学思想,近年来出版的几本中国哲学史书籍中,都已有所论述,这里不需要更作全面的系统的介绍了。但还有一些不易理解的问题,一些向来没有解决的疑难问题,仍需要作一些分析和考察。这里谈谈我自己的一些看法,提供读者参考。这里谈三个问题:一、关于张载哲学的基本观点和政治思想;二、关于张载在北宋思想斗争中的地位;三、关于张载的著作。

一

关于张载的哲学思想是唯物论还是唯心论,过去曾经有过争论,现在多数同志都承认张载哲学基本上是唯物论了,还有少数人认为是二元论。关于这个问题还需要作一些分析。

张载的自然观的主要命题,依我看来,应该是下列几个:

(一)"太和所谓道,中涵浮沉升降动静相感之性,是生絪缊相汤胜负屈伸之始。"(《正蒙·太和》)

(二)"气之聚散于太虚,犹冰凝释于水,知太虚即气则无无。"(同上)

(三)"一物两体,气也。一故神,两故化。"(《正蒙·参两》)

(四)"神天德,化天道,德其体,道其用,一于气而已。"(《正蒙·神化》)

(五)"凡可状皆有也,凡有皆象也,凡象皆气也。气之性本虚而神,则神与性乃气所固有。"(《正蒙·乾称》)

这些命题的主要意思是讲:第一,世界的一切,从空虚无物的太虚到有形有状的万物,都是一气的变化,都统一于气。第二,气之中涵有运动变化的本性,而气之所以运动变化,就是由于气本身包含着对立的两方面,这两方面相互作用是一切运动变化的源泉。

从张载所提出的这些基本命题来看,应该肯定张载的自然观是气一元论,其中包含了一些朴素辩证观点。气一元论是中国古代唯物论的重要形式。

张载所谓"神",最易误解。这所谓神不是指宗教的人格神,也不是指人类的精神作用,而是指自然界中的微妙的变化作用。所以张载说:"天之不测谓神,神而有常谓天。"(《正蒙·天道》)这个神的观念源出于《易传》"阴阳不测之谓神","神也者,妙万物而为言者也"。所谓神指事物变化之内在的动力。

张载还有一些话比较难懂,更易引起误解。最显著的是下列一段:"太虚无形,气之本体;其聚其散,变化之客形尔。至静无感,性之渊源;有识有知,物交之客感尔。……"(《正蒙·太和》)从表面看来,这段话好像是认为太虚是"本体",气是"现象"。过去曾经有人作这样的解释,于是认为张载的哲学是客观唯心论,这其实是误解。张载所谓"本体",不同于西方哲学中所谓"本体",而只是本来状况的意义。张载所强调的正是"太虚即气"。又"至静无感"二句最不易懂。下句"有识有知",显然指人的认识而言,这里"性之渊源"既指人性,也指气之本性。"至静无感"应是指太虚而言。张载说过:"至虚之实,实而不固;至静之动,动而不穷。实而不固则一而散,动而不穷则往且来。"(《正蒙·乾称》)这里"至虚之实"是指太虚,"至静之动"也是指太虚而言。所谓"至静无感",和"至静之动"应是一回事。"无感"是说没有外感。他说过:"天大无外,其为感者,絪缊二端而已。"(同上)"太虚无体,则无以验其迁动于外也。"(同上)太虚是至大无外的,不可能有外在的移动,这就是所谓"至静无感"了。这段话的主要意思是:太虚是气的本来状况,也是气之本性的根源所在。有些同志根据这段话而认为张载是讲"性""气"二元,是一种二元论,这实在也是误解。张载明确说过"神与性乃气所固有",不能说他认为性与气是两个根源。

张载的唯物论思想有不少缺点,是不彻底的。他虽然批判了"虚能生气"即"有生于无"的道家客观唯心论,又批判了"万象为太虚中所见之物"即"以山河大地为见病"的佛教主观唯心论,但他没有完全摆脱道家"以本为精,以物为粗"(《庄子·天下》)的影响,总认为宇宙的本源是无形的。他肯定"太虚即气"、"虚空即气"(《正蒙·太和》),但又强调太虚的"无形",强调最根本的太虚是无形无象的气。他说过:"运于无形之谓道,形而下者不足以言之。"(《正蒙·天道》)他所谓道指气化的过程,"由气化,有道之名"(《正蒙·太和》),强调最根本的道是无形的,这就给唯心论留下了余地。他所谓"神"指微妙的变化作用,明确指出神是"气所固有",但又强调神是"不可象"的,有时把神与气对立起来:"散殊而可象为气,清通而不可象为神"(同上),又说:"太虚为清,清则无碍,无碍故神;反清为浊,浊则碍,碍则形"(同上)。这样过分夸大了太虚的神与有形的气二者的区别。他把所谓"神"讲得非常玄妙,真是神乎其神,以致使他的气一元论罩上了一层神秘主义的云雾。另外,他着重谈论气的能变的本性,认为这"性"通贯于太虚与万物之中,因而是永恒的,但又认为这个性也就是人的本性,于是人的本性也成为永恒的,从而得出了"知死之不亡者可与言性矣"(同上)的论断,认为人死以后还有不亡的本性存在,这就和宗教划不清界限了。这些都是张载自然观的局限性。

他的认识论基本上是唯物的,他肯定认识是对于外在世界的认识,外在世界是人的认识的基本前提。他说:"感亦须待有物,有物则有感,无物则何所感?"(《语录》)又说:"人本无心,因物为心。"(同上)他强调穷理,"万物皆有理,若不知穷理,如梦过一生"(同上)。这"理"是客观的,"理不在人,皆在物,人但物中之一物耳"(同上)。理是事物的理,不在人的心内。这些都是唯物主义反映论的观点。他又讲:"今盈天地之间者皆物也,如只据己之闻见,所接几何? 安能尽天下之物?"(同上)他看到无限的事物与有限的见闻的矛盾,但他找不到解决的方法,于是提出"大心"的神秘主义方法,"大其心则能体天下之物"(《正蒙·大心》),提出超越见闻的"德性所知","见闻之知乃物交而知,非德性所知,德性所知不萌于见闻"(同上)。他所谓"德性所知"是以道德修养为基础的关于宇宙本源的认识。他说:"穷神知化,乃养盛自致"(《正蒙·神化》),穷神知化的认识就是德性所知了。他的认识论可以说是一种唯物论的唯理论,从唯物论反映论出发,强调了理性认识("穷理"、"穷神知化")的重要,却割断了理性认识与感性认识的联系,因而最后陷入于唯心论神秘主义。这是张载认识论方面的局限性。

张载的伦理学说完全是唯心的,他宣扬"民吾同胞,物吾与也"(《西铭》),提倡"爱必兼爱"(《正蒙·诚明》),实际上是宣扬阶级调和论,企图缓和当时激烈的阶级斗争。剥削阶级所讲的"人类之爱",在阶级社会里是不可能实行的。他虽讲爱一切人,但并不要求取消封建等级制度。这种"民胞物与"的说教,只能起麻痹劳动人民革命斗争意识的反动作用,这都是应当批判的。

张载的唯物论虽然有严重的缺点,但他的贡献还是巨大的。张载在自然观上的主要贡献是,他第一次提出关于气的比较详细的理论;他批判了道家的客观唯心论和佛教的主观唯心论,论证了虚空无物的太虚、运于无形的道都是物质性的,太虚、道、神都统一于气,这样初步论证了世界的统一性在于物质性的原理;他又肯定气是运动变化的,运动变化的根源在于气本身所包含的内在矛盾,这样初步论证了物质与运动的内在联系。关于气,他又提出了一个比较明确的界说,"所谓气也者,非待其蒸郁凝聚、接于目而后知之,苟健顺动止、浩然湛然之得言,皆可名之象尔"(《正蒙·神化》)。就是说,气不一定是有形可见的,而是能运动也有静止(健顺动止)、有广度和深度(浩然湛然)的实体。如果说,从汉代以来,王充高举"疾虚妄"的旗帜,全面批判了天人感应论;范缜解决了形神关系问题,深刻批判了佛教的神不灭论;柳宗元、刘禹锡进一步阐明了"天人不相预"、"天人交相胜"的唯物论学说;张载则比较完整地建立了气一元论的理论体系。范缜、柳、刘都没有批判佛教"一切唯心"、"万法唯识"的主观唯心论,张载才第一次从思维与存在的根本问题上对佛教展开了比较深刻的批判。

张载对朴素辩证法也有重要贡献。他提出"物无孤立之理"(《正蒙·动物》)的事事物物都有联系的观点,他提出变化两种形式的学说,"变言其著,化言其渐"(《易说》)"变则化,由粗入精也;化而裁之谓之变,以著显微也"(《正蒙·神化》)。这样第一次指出运动变化有渐变和突变的两种形态。他更提出"两"与"一"的学说,"两不立则一不可见,一不可见则两之用息"。"感而后有通,不有两则无一"(《正蒙·太和》)。这是关于对立统一原理的简单概括。他的这些思想闪耀着辩证法的光辉,值得我们深入研究。他也看到对立的斗争,却认为一切斗争都必归于和解,"有象斯有对,对必反其为;有反斯有仇,仇必和而解"(《正蒙·太和》)。这表现了他的时代的和阶级的局限性。

关于张载的政治思想,有一些疑难问题需要讲清楚。张载主张实行"井田",又提倡"封建",从表面看来,他是要复古。他是不是要复古呢? 这里需要进行具体分析。

张载说过:"贫富不均,教养无法,虽欲言治,皆苟而已。"(《行状》引)他要求实行井田,主观上是为了解决贫富不均的问题。当时社会,贫富不均的现象十分显著,谁也不能否认。但在地主阶级学者中,对于这个问题有不同看法。李觏,张载,和王安石,都认为贫富不均是不合理的,需要加以调整、改革。而司马光等人则认为贫富不均是理所当然的。这里表现出显明的对照。

张载所提出的井田方案是:把土地收归国有,然后分配给农民,"先以天下之地棋布画定,使人受一方"(《理窟·周礼》),取消"分种"、"租种"的办法,"前日大有田产之家,虽以田授民,然不得如分种,如租种矣"(同上)。分种即招佃耕种,租种即出租土地,这些都不允许了。但也要照顾大地主的利益,"其多有田者,使不失其为富",让他们做"田官","随土地多少与一官,使有租税"(同上),即收取一定区域的什一之税,"其所得亦什一之法"(同上)。而这任命为田官的办法也是暂时的,"一二十年,犹须别立法,始则命为田官,自后则是择贤"(同上)。这样,地主不能收取十分之五以上的"地租"了,只能收取十分之一的"地税"。这个设想可以说是企图进行一次重大的改革,但又要保留地主阶级的权力,当然是不可能实现的幻想。

张载强调均平,他说:"治天下不由井地,终无由得平。周道止是均平。"(《理窟·周礼》)他站在中小地主阶级立场上所讲的均平,与农民阶级所要求的均平不是一回事,实际上不过是要求限制大地主阶层的土地兼并而已。宋明时代,有许多思想家主张实行井田,他们不是要复古,而是主张把土地收归国有,然后分配给农民,使农民为国家耕种,取消大地主阶层兼并土地的特权,藉以缓和阶级矛盾。明清之际的黄宗羲还从明代屯田的实施来论证井田的可行,他说:"故吾于屯田之行,而知井田之必可复也。"(《明夷待访录·田制二》)这些思想家讲"复井田",实际上是要求改革。

张载又提倡"封建",他说:"井田卒归于封建乃定。"(《理窟·周礼》)唐代柳宗元写了《封建论》,内容讲得很透彻,得到多数学者的赞扬。但张载却又讲"封建",这是不是一个大倒退呢?不是的。这是由于宋代的政治状况和唐代的根本不同。唐代藩镇割据,破坏了中央集权,柳宗元写《封建论》,意在消除地方割据的分裂状态。宋代开国初期,鉴于藩镇割据的弊害,采取了一系列加强中央集权的措施,国内分裂状态消除了,却又发生了另一偏向,过分削减了地方的权力,使地方一点机动权也没有,以致影响了国防力量。南宋叶适曾谈论唐宋情况的不同说:"唐失其道,化内地为藩镇,内外皆坚而人主不能自安;本朝反其弊,使内外皆柔,虽欲自安,而有大不可安者。故自端拱雍熙以后,契丹日扰,河北山东无复宁居;李继迁叛命,西方不解甲,诸将不能自奋于一战者,权任轻而法制密,从中制外而有所不行也。"(《水心文集·纪纲二》)张载不一定有叶适这样明确的认识,但他也看到过分集权的弊病,看到当时边防的无力。他认为一切事情都由中央朝廷来管,一定有许多事情管不好。他说:"所以必要封建者,天下之事分得简,则治之精;不简则不精。故圣人必以天下分之于人,则事无不治者。"(《理窟·周礼》)他特别注意边防问题,曾说:"今戎毒日深,而边兵日弛,后患可惧。"(《文集·贺蔡密学》)他认为"边兵日弛"是治理"不精"的一件事情,需要加以改变。张载所谓"封建",大概最大限于百里之国,较小的则不到百里,他说:"且为天下者,奚为纷纷必亲天下之事?今便封建,不肖者复逐之,有何害?岂有以天下之势不能正一百里之国,使诸侯得以交结以乱天下?"(同上)他认为"封建"以百里为限,不可能发生藩镇割据之事。张载提出"封建"的口号是错误的,实际上他是要求适当调整中央与地方的关系。明清之际顾炎武写《郡县论》,也谈到这个问题,他说:"有圣人起,寓封建之意于郡县之中,而天下治矣。……封建之失,其专在下;郡县之失,其专在上。(《亭林文集》)顾炎武的议论是针对宋明过分集权的弊病而发的,并不是主张分封反对统一。与顾氏同时的王夫之高度赞扬张载的哲学思想,但他彻底否认了所谓"封建"制的优点(《读通鉴论》卷一)。看来,所谓"封建",决不是解决中央与地方权限问题的适当方法。

张载讲井田,主观上是企图解决贫富不均的问题;他讲"封建",主观上是企图调整中央与地方的权限。这些问题都是封建制度所不可能解决的矛盾,张载企图在保持地主所有制的条件下解决这些问题,当然是不可能的,他只能提出一些不切实际的空想方案而已。

二

北宋中期,思想战线上,在哲学方面,主要有三个学派。第一是王安石的学派,因王安石在执政时颁布《三经新义》,所以他的学派称为"新学"。第二是张载的学派,因张载在陕西讲学,所以他的学派称为"关学"。第三是程颢程颐的学派,因为二程在洛阳讲学,所以他们的学派称为"洛学"。

王安石变法,引起新旧党争。旧党以司马光为首,二程也附和司马光。张载虽然没有与王安石合作,但也没有攻击新法。张载在所著《易说》中也讲变的必要,他说:

> 言凡所治务能变而任正,不胶柱也。……心无私系,故能动必择义,善与人同者也。(《随卦》)
>
> 变而通之以尽利,理势既变,不能与时顺通,非尽利之道。(《系辞》上)
>
> 尧舜而下,通其变而教之也。……运之无形以通其变,不顿革之,使民宜之也。(《系辞》下)凡变法须是通,通其变使民不倦,岂有圣人变法而不通也。(同上)

他认为情况变了,就应该有所改变,但不应该"顿革",又要求"善与人同",取得人们的同意。他反对"顿革",主张取得人们的同意,这是与王安石的态度很不相同的。

在学术上,张载曾经称道王安石,他说:"世学不明千五百年,大丞相言之于书,吾辈治之于己,圣人之言庶可期乎?顾所忧谋之太迫则心劳而不虚,质之太烦则泥文而滋弊,此仆所以未置怀于学者也。"(《语录》)这里大丞相指王安石,这段话对王安石有赞扬有批评。所谓大丞相言之于书,当是指王安石的《周官新义》。王安石推崇《周礼》,张载也推崇《周礼》,二人有契合之处。对于当时的新旧党争,张载采取了中立的态度;在私人关系上,他和旧党的联系比较多些。

二程猛烈反对王安石,他们说:"……然在今日,释氏却未消理会,大患者却是介甫之学。……如今日却要先整顿介甫之学,坏了后生学者。"(《程氏遗书》二上)"如介甫之学……今日靡然而同,无有异者。……其学化革了人心,为害最甚,其如之何?"(同书二下)当时王安石以《三经新义》取士,天下靡然从风,二程认为是大害,极力加以排斥。二程对于张载,有所肯定,有所否定。二程承认张载以"气"为中心观念,说:"横渠言气,自是横渠作用,立标以明道。"(《程氏遗书》五)但二程认为气只是第二性的,不应把气认作第一性的。程颢说:"形而上者谓之道,形而下者谓之器。若如或者以清虚一大为天道,此乃以器言,而非道也。"(同书十一)程氏《语录》记载:"又语及太虚,曰亦无太虚。遂指虚曰:皆是理,安得谓之虚?天下无实于理者。"(同书三)二程认为理才是第一性的。程颢又讲"只心便是天"(同书二上),他批评张载道:"若如或者别立一天,谓人不可以包天,则有方矣,是二本也。"(同书十一)"或者"也是指张载,张载肯定天(自然界)是不依赖人的意识而独立的,二程从唯心论的观点加以攻击。但二程极力推崇张载所写的《西铭》,程颢说:"《西铭》某得此意,只是须得他子厚有如此笔力,他人无缘做得。孟子以后未有人及此。得此文字,省多少言语。且教他人读书,要之仁孝之理备于此。"(同书二上)程颐说:"横渠之言,不能无失。……若《西铭》一篇,谁说得到此?今以管窥天,固是见北斗,别处虽不得见,然见北斗不可谓不是也。"(同书二十三)这些事实清楚地表明:在自然观方面,张载是气一元论,二程是理一元论,彼此是对立的。

在伦理学说方面,张载鼓吹仁孝,二程也鼓吹仁孝,二者是一致了。

关学和洛学,两派的学风颇不相同。关学注意研究天文、兵法、医学以及礼制,注意探讨自然科学和实际问题。在天文学方面,张载发展了西汉以来的地动说,有一定的贡献。洛学则专重内心修养,"涵泳义理",提倡静坐,时常"瞑目而坐"。程颐批评张载说:"以大概气象言之,则有苦心极力之象,而无宽裕温和之气,非明睿所照,而考索至此,故意屡偏而言多窒"(《文集·答横渠先生书》)。这却正说明了张载刻苦考索的精神。张载死后,程门弟子谢良佐批评张门弟子"溺于刑名度数之间"(《上蔡语录》),也可证两派学风是大相径庭的。

关于关学和洛学的关系,有许多故事,可以表明这两个学派又联系又矛盾的情况。张载本是二程的表叔,在行辈上比二程早一辈;从年岁来讲,也比二程大十几岁。张载和二程常在一起讨论一些学术问题。但张载死后,先曾从学于张后又从学于程的吕大临写《横渠先生行状》,却说张载见二程之后"尽弃其学而学焉"。这显然是不合事实的,程颐曾加以驳斥,说:"表叔平生议论,谓与颐兄弟有同处则可;若谓学于颐兄弟,则无是事。顷年属与叔删去,不谓尚存斯言,几于无忌惮"(《二程全书》卷三十六《外书》)。程颐的态度是比较公允和客观的。后来吕大临把这句改为"于是尽弃异学,淳如也"。但二程弟子中仍有人不顾程颐的训示依然认为张载曾学于程颢,如游酢所写《书明道先生行状后》说:"先生生而有妙质,闻道甚早,年逾冠,明诚夫子张子厚友而师之。"(《伊洛渊源录》卷三引)这些话主要是企图贬低张氏而抬高二程的地位。

北宋末年,关学洛学两派之间曾经有过相当激烈的斗争,还可以从杨时的一些话中看出。杨时说:"《正蒙》之书,关中学者尊信之与《论语》等,其徒未尝轻以示人,盖恐未信者不惟无益,徒增其鄙慢尔。"(《杨龟山集》卷二十)"横渠之学,其源出于程氏,而关中诸生尊其书,欲自为一家。……"(同书卷二十六)杨时是北宋末南宋初排斥王安石新学、批评张载关学的最出力的人物,他写过《三经义辨》、《字说辨》,来反对王安石,又极力否认关学的独立地位。

关学宣扬气一元论,洛学标榜理一元论,实际上是泾渭有别的两派。洛学的门徒,为了争夺学术界的领导地位,不惜歪曲事实,编造谎言,力图贬低关学。这个事实本身就表现出唯物论与唯心论两条路线的尖锐斗争。

杨时的三传弟子朱熹编辑《近思录》,选了周敦颐、程颢、程颐、张载的言论,把张置于二程之次。朱熹又编辑《伊洛渊源录》,选了周、程、邵雍、张载以及程张弟子的传记材料。从此以后,关学洛学的界线搞模糊了。周敦颐在北宋本来没有建立自己的学派,他曾经做过二程的家庭教师,但二程却不推崇他。张载与程颢程颐,虽有联系,本属两派。朱熹编选《近思录》《伊洛渊源录》,推崇周敦颐为道学的创始人,而把张载列于二程之后,实际上是按照自己的意图涂抹历史。朱熹死后,"濂洛关闽"、"周程张朱",成为流行的口头语,于是张载被看做理学大师之一。事实上,张载没有把"理"作为他的学说的中心观念。到了明清时代,王廷相、王夫之、戴震才特别发挥了张载的气一元论哲学。这中间贯穿着唯物与唯心论的路线斗争。

三(略)

张载的著作中,有精华,有糟粕。他提出许多卓越的思想,也有大量的糟粕,这应该分别观之。可以说,张载开辟了中国古代朴素唯物论哲学的一个新阶段。后来,经过王廷相,到王夫之而达到中国朴素唯物论的高峰。在张载的体系中,理是从属于气的,但他没有来得及批判二程的理一元论。王廷相发挥张氏的观点,比较明确地批判了程朱"理能生气"的客观唯心论。王夫之高度赞扬张氏的哲学,认为"张子之学……如皎日丽天,无幽不烛"(《张子正蒙注序论》),他全面地批判了程朱"理在物先"的客观唯心论和陆王"心外无物"的主观唯心论。戴震以"气化流行"为道,也是张载学说的继承和发挥。所以,张载的哲学确实有深远的积极的影响,对于他的哲学著作确实应该进行深入的研究。

(选自《张载集》)

四 《传习录》

【题解】

王守仁(1472—1529),字伯安,因曾隐居于会稽山阳明洞、后来又创办过阳明书院,世称阳明先生。他是浙江余姚人,28岁中进士,当过知县、刑部、兵部、吏部主事、南京兵部尚书,因平定宁王叛乱被封为新建伯。但让他名垂青史的是他的心学。《传习录》是他的语录和论学书信汇编,包含了其主要哲学思想:"心即理"、"致良知"、"知行合一"。上卷经王阳明本人审阅,中卷里的书信出自王阳明亲笔,下卷虽未经本人审阅,但绝对可靠地记录了他最后也是最成熟的思想,本篇就选自下卷,核心是他的"四句教"。

孔学在汉代变成了儒术,在宋代变成了理学,阳明心学的主要工作就是要恢复孔学之仁学的本质,把它从学科化的状态中解救出来,恢复其彻里彻外的身心之学的特质,从而确立其生活宗教的地位,意在把道德教化贯彻到百姓日用之中。阳明的良知之道就是将"仁"变成大全之道,将孔学变成弥漫天地间的文化正气。他因此鲜明地否定朱熹析心物为二、道器为二、知行歧出的"支离"学风("外心以求理,此知行之所以二也。求理于吾心,此圣门知行合一之教")。王阳明倡导知行合一致良知的理据是:心即理。《传习录·卷上》说:"此心无私欲之蔽即是天理,不须外面添一分。"又说:"至善只是此心纯乎天理之极便是,更于事物上怎生求?"他一生反复念叨的主题词就是:心是人的主宰、心之本是良知。他说:"所谓致知格物者,致吾心之良知于事事物物也。吾心之良知即所谓天理也。致吾心良知之天理于事事物物,则事事物物皆得其理矣。"心学想将世界聚焦于我心,遂将所有的问题变成一个问题,任何一个问题也就是所有的问题:"于此便见一节之知,即全体之知;全体之知,即一节之知:总是一个本体。"这叫破除了二元论,返回了道本体。但他又坚决反对良知现成说,特别讲究心学实功,心学后劲黄宗羲对此总结得最简捷:盈天地皆心,心无本体,工夫所至,即是本体。这个功夫就是"明明德"的工夫:以诚意、自信我心为本要的修养方法,把为善去恶的思想改造变成日常的自然行为——这也就自然而然地把道德修养准宗教化了。王阳明的"致良知"不是一个研究纲领,而是一个以人为出发点和目的构造纲领。它想根本改变人与世界的关系,通过提高人的精神能力来改变整个感官环境、改变生活中必须面对的问题——尽管事实上只能改变面对问题的态度,这也算从所谓不以人的意志为转移的客观世界中"捞"回了一点人性,当然只是近乎于审美法的捞回。阳明的办法是突出精神的能动性和成就感——把生活变成一种人在提高自身的创化的过程——没有这种提高,人生便丧失了一切意义与价值。阳明心学极形而上又极实用,既神秘又实际,能内向之极又外化之极,真诚至极又机变至极,高度恪守道德又相当心智自由,所谓的知行合一致良知就是要求:人应该以自己的全部机能,不仅以理智,更需要以意志和直觉的努力,能动地追求更高的精神水平,如此才能拥有生活的真正意义与价值。

主要版本有隆庆六年(1572)谢廷杰《王文成公全书》本的《传习录》。上海商务印书馆曾影印隆庆六年《王文成公全书》作为四部丛刊本,上海商务印书馆1927年出版了叶绍钧的校注本。当今流行的是上海古籍(1992)《王阳明全集》本的《传习录》。

天泉证道

先生锻炼人处,一言之下,感人最深。一日,王汝止[1]出游归,先生问曰:"游何见?"对曰:"见满街人都是圣人。"先生曰:"你看满街人是圣人,满街人到看你是圣人在。"又一日,董萝石[2]出游而归,见先生曰:"今日见一异事。"先生曰:"何异?"对曰:"见满街人都是圣人。"先生曰:"此亦常事耳,何足为异?"盖汝止圭角未融[3],萝石恍见有悟,故问同答异,皆反其言而进之。洪[4]与黄正之、张叔谦、汝中[5]丙戌[6]会试归,为先生道途中讲学,有信有不信。先生曰:"你们拿一个圣人去与人讲学,人见圣人来,都怕走了,如何讲得行。须做得个愚夫愚妇,方可与人讲学。"洪又言:"今日要见人品高下最易。"先生曰:"何以见之?"对曰:"先生譬如泰山在前,有不知仰者,须是无目人。"先生曰:"泰山不如平地大,平地有何可见?"先生一言剪裁,剖破终年为外好高[7]之病,在坐者莫不悚惧。

注释 [1]王汝止:即王艮(1483—1541),本名银,号心斋。艮名及汝止字,均为王阳明所改,取《易·艮卦》"道止于至善"之意。明南直隶泰州安丰场(今江苏东台市安丰镇)人。本为灶丁(盐工),38岁后不远千里,趋舟江西,从王阳明学习。后以布衣传道,终身不仕。 [2]董萝石:即董澐,字复宗,号萝石,晚号从吾道人,浙江海盐人。明代诗人。1524年68岁时拜52岁的王阳明为师。 [3]圭角未融:指王艮学问尚不成熟。圭角:圭玉的棱角,代表气质浑朴而不圆融。圭:古代用作礼器的片状玉器,形制一般为上端尖锐下端平直。 [4]洪:即钱德洪(1496—1574),名宽,号绪山,浙江余姚人。早年以授徒为业。1521年,王阳明省亲归姚,钱德洪拜王阳明为师,请授"良知"之学,成为王阳明的主要教学助手。王阳明奉旨出征广西之后,他主持讲席,被称为"王学教授师"。1532年中进士后在京任职,一度因抗旨入狱。出狱后,于苏、浙、皖、赣、粤各地讲学,传播阳明学说,培养了大批王学中坚。年70,始家居著述。79岁病逝。钱德洪为学注重"为善去恶"的修炼功夫,著有《绪山会语》、《平濠记》、《王阳明先生年谱》等,并参与《传习录》的编选发行。 [5]黄正之、张叔谦、汝中:皆为王阳明学生。"汝中"是王畿的字,详见后注。 [6]丙戌:指嘉靖五年(1526)。 [7]为外好高:舍本逐末,好高骛远。

癸未[1]春,邹谦之[2]来越问学,居数日,先生送别于浮峰。是夕,与希渊[3]诸友移舟宿延寿寺,秉烛夜坐。先生慨怅不已,曰:"江涛烟柳,故人倏在百里外矣!"一友问曰:"先生何念谦之之深也?"先生曰:"曾子[4]所谓以能问于不能,以多问于寡,有若无,实若虚,犯而不较[5],若谦之者,良近之矣!"

注释 [1]癸未:嘉靖二年(1523)。 [2]邹谦之:邹守益(1491—1562),字谦之,号东廓,江西安福人。理学家。正德六年(1511)参加会试,被考官王阳明拔为第一(会元)。正德十三年(1518)前往赣州谒见王阳明,拜其为师并开始在赣州讲学。嘉靖二年(1523)又在浙江会见了王阳明,相论问学一个多月。嘉靖五年(1526)与在江西安福的王门弟子联系建立讲会"惜阴会",为江右王学的确立奠定了基础。嘉靖七年(1528)王阳明去世后,在杭州建立天真书院,集同仁讲学,成为王学最有力的继承者。著作有《东廓文集》、《诗集》、《学豚遗集》等。 [3]希渊:即蔡宗兖,字希渊,浙江山阴(今绍兴)人,王阳明学生,曾任江西白鹿洞书院院主。[4]曾子:即曾参,字子舆,春秋末年鲁国南武城(今山东嘉祥县)人,孔子的学生。[5]"以能问于不能"五句:见于《论语·泰伯》:"曾子曰:'以能问于不能,以多问于寡,有若无,实若虚,犯而不校,昔者吾友,尝从事于斯矣。'"是曾参对颜渊的称赞。

　　丁亥年九月,先生起复征思、田[1]。将命行时,德洪与汝中[2]论学。汝中举先生教言,曰:"无善无恶是心之体,有善有恶是意之动,知善知恶是良知,为善去恶是格物[3]。"德洪曰:"此意如何?"汝中曰:"此恐未是究竟话头。若说心体是无善无恶,意亦是无善无恶的意,知亦是无善无恶的知,物是无善无恶的物矣。若说意有善恶,毕竟心体还有善恶在[4]。"德洪曰:"心体是天命之性,原是无善无恶的。但人有习心[5]。意念上见有善恶在,格致诚正,修此正是复那性体功夫。若原无善恶,功夫亦不消说矣[6]。"是夕侍坐天泉桥,各举请正。先生曰:"我今将行,正要你们来讲破此意。二君之见正好相资为用,不可各执一边[7]。我这里接人原有此二种。利根之人直从本源上悟入。人心本体原是明莹无滞的,原是个未发之中[8]。利根之人一悟本体,即是功夫,人己内外,一齐俱透了[9]。其次不免有习心在,本体受蔽,故且教在意念上实落为善去恶。功夫熟后,渣滓去得尽时,本体亦明尽了[10]。汝中之见,是我这里接利根人的;德洪之见,是我这里为其次立法的。二君相取为用,则中人上下皆可引入于道[11]。若各执一边,眼前便有失人,便于道体各有未尽。"既而曰:"已后与朋友讲学,切不可失了我的宗旨:无善无恶是心之体[12]。有善有恶是意之动,知善知恶的是良知,为善去恶是格物,只依我这话头随人指点,自没病痛。此原是彻上彻下功夫。利根之人,世亦难遇,本体功夫,一悟尽透。此颜子[13]、明道[14]所不敢承当,岂可轻易望人!人有习心,不教他在良知上实用为善去恶功夫[15]。只去悬空想个本体,一切事为俱不着实,不过养成一个虚寂。此个病痛不是小小,不可不早说破。"是日德洪、汝中俱有省。

注释 [1]先生起复征思、田：指正在丁父忧的王阳明于嘉靖六年(1527)接受朝廷命令前往两广平定思州、田州之乱。平乱不久(1528)王阳明即病逝。[2]汝中：王畿(1498—1583)，字汝中，号龙溪，浙江山阴(今绍兴)人。明代思想家，王阳明最赏识的弟子之一，阳明学派主要成员。年轻时豪迈不羁。嘉靖二年(1523)，因试礼部进士不第，返乡受业于王阳明，协助其指导后学，时有"教授师"之称。嘉靖十三年(1534)中进士，官至南京兵部主事，因其学术思想为当时首辅夏言所恶而被黜。罢官后，来往江、浙、闽、越等地讲学四十余年。其思想以"四无"为核心，认为心、意、知、物只是一事，若悟得心是无善无恶之心，则意、知、物皆无善无恶。黄宗羲认为其学说近于释老，使王守仁之学渐失其传。其著述和谈话，后人辑为《王龙溪先生全集》二十二卷。 [3]"无善无恶是心之体"四句：这一无，不是虚无之无，而是无具体之物之无，是一无具体之物的"有"，此"有"无具体物与其相对；而所谓有，不是有具体之物，而是有生生不息之仁这一至善。这一至善不为具体物、事所障、所蔽，而且周流无碍，如太虚无形，因其无形所以没有事物可以蔽障它。这有一至善之"无"，是一圆融，是一周流不息，是心体超越于具体物的缘缘相生的"有"之上，这一无具体物的至善心体，以其圆融周流无碍之"无"，所以是能够知善知恶的良知，当它支配着去做为善去恶的功夫时叫做"格物"。和具体的事情相接触就"有善有恶"了，这只是"意之动"。 [4]"若说"六句：王畿的推论是：若言心体是"无善无恶"，则意念也应是无善无恶。如果说有善有恶是意之动，那就是说意有善恶了，承认意有善恶，那么心体也就有善恶了！显然王畿是从意念源于无善无恶心体这一角度来强调意、知、物皆是无善无恶的。王畿的立场和方法都是坚持体用一源、体用不二的。他后来写了一篇《天泉证道记》说得更明彻了：体用显微，只是一机。心意知物，只是一事。若悟得心是无善无恶之心，意即是无善无恶之意，知即是无善无恶之知，物即是无善无恶之物。盖无心之心则藏密，无意之意则应圆，无知之知则体寂，无物之物则用神。天命之性，粹然至善，神感神应，其机自不容已，无善可名。恶固本无，善亦不可得而有也。是谓无善无恶。若有善有恶，则意动于物，非自然之流行，着于有矣。自性流行者，动而无动；着于有者，动而动也。意是心之所发，若是有善有恶之意，则知与物一齐皆有，心亦不可谓之无矣。(《王龙溪全集》卷一) [5]习心：即孟子所谓心放在外、未收在自家腔子里的意思。心放在外则为物所蔽，受物所牵，物物缘缘相生，心驰荡于外而未有己之内在中正不移之本为其主宰，则此心所发之意念，非是源于"无善无恶心之体",而是源于心所受物之所牵,也即源于具体的物与事。
[6]"意念上"五句:在钱德洪的思想中,善恶是与意念相关的,而与心体无关。做功夫就是用良知去格物、为善去恶,恢复心体那天命之性。　[7]"二君"两句:你俩的意见要互相补充,不要各执己见。　[8]"人心本体"二句:心之未发,是说心尚未与具体事物发生关联,这一未发、未被具体物事所蔽之心体,乃钱德洪所言的天命之性,而天命之性则是生生不息之仁,是周流无碍之明觉。未发是与具体物、事无牵涉,故其无善无恶;未发而又"中"之"中",是"天下之大本"的那个中庸。参见作为《四书》之一的《中庸》,中庸是至善。　[9]"利根之人"四句:所谓"一起"即是意、知、物,"透了"就是直觉到意、知、物即是心体,本体即功夫都是仁之心体周流不息。"一悟"相当于禅宗之慧能的顿悟。　[10]"其次"六句:这几句说的是渐修功夫,时时勤拂拭,露出明镜来。　[11]"汝中之见"六句:阳明虽对二人皆予以首肯,但提出了上根与上根之次的分别,在功夫上主张汝中要走德洪之路。
[12]无善无恶是心之体:无善无恶之心体是人明辨具体善恶之所以可能的根基。王阳明的本意是说,作为人心本体的至善是超经验界的,它不是具体的善的行为。人心的至善超越世间具体的善恶。具体的善行只是无善而至善之心的自然发用流行。王阳明说人心之无善无恶是要人们不要去执著具体的善行而认识本心。
[13]颜子:指颜渊。　[14]明道:宋代理学家、教育家程颢(1032—1085),字伯淳,人称明道先生,洛阳人。与程颐为同胞兄弟,世称"二程"。二人开创"洛学",奠定了理学的基础,对后世影响深远。其著述后人辑录为《河南二程遗书》。
[15]"人有习心"二句:这里强调从意念善恶上入手,故能知意念之善恶,从而去恶存善,涵养心体。儒家之学乃源于仁心的功夫之学,离开功夫而言儒家之学者,就不免流于禅学。

（原文据《王阳明全集》卷三《传习录》下,上海古籍出版社,1992年）

【评论】

天泉证道

周月亮

时间:1527年夏历九月初七,即阳明启程的前夕。

地点：王府前不远的天泉桥。

论辩围绕着阳明的四句教而展开。这著名的四句教是：

无善无恶是心之体，有善有恶是意之动。

知善知恶是良知，为善去恶是格物。

甲方：王畿，主四无说；乙方，钱德洪，主四有说。

阳明的最后裁决是，打并为一，有无合一。

王、钱二人都感到有统一宗旨的必要了，现实的原因是先生一走，这里的实际主持就是他俩，如果他俩不统一就无法统一别人。深层的原因是他俩都感到心学的内在理路有出现分歧的张力，必须明确个"究竟处"，才能确定而明晰地纲举目张。王畿认为老师的四句教，还不是"究竟话头"，他要再向前推进，他说："心体既然无善无恶，意也就是无善无恶，知亦然无善无恶的知，物亦是无善无恶的物矣。若说意有善恶，毕竟心体还有善恶在。"

钱德洪说四句教是"师门教人定本，一毫不可更易。心体是天命之性，原是无善无恶的。但人有习心，意念上见有善恶在，习染日久，觉心体上有善恶在，为善去恶，格致诚正修，正是复那本体的工夫。若原无善恶，工夫亦不消说矣"。

王畿说："先生立教随时，四句教是所谓权法，不可执为定本。体用显微，只是一机。心意知物，只是一事。应该觉悟到心是无善无恶之心，意即无善无恶之意，知即是无善无恶之知，物即是无善无恶之物。而且只有无心之心才能藏密，无意之意才能应圆，无知之知才能体寂，无物之物才能用神。天命之性，粹然至善，神感神应，其机自不容已，无善可名。恶固本无，善亦不可得而有也。这就是所谓无善无恶。若有善有恶，则心意知物一起都有了。心亦不可谓之无矣。"

钱德洪说："像你这样，就坏了师门教法。"

就个人的学术个性而言，王在慧解上有优势，他也被后来的学者指为禅，他的主张也的确像禅宗的祖师慧能的"本来无一物，何处惹尘埃"，究竟话头就是"四无"，用邹守益的概括则是："心无善无恶，意无善无恶,知无善无恶,物无善无恶。"(《青原赠处》,《邹东廓文集》卷三)钱在笃实上有优势。他的主张则是渐修法,强调时时"为善去恶"的复性工夫,类似神秀的"时时勤拂拭,勿使惹尘埃"。他的所谓"四有"其实是别人的概括,因为他不敢动摇老师的心体无善恶的基本原则,他与王畿的争论仅围绕着后三句,他强调了意有善恶,于是知与物作为意的发动流行便不得不有善恶。严格地说,他只强调了三有,在理论上就不像王畿那么彻底。他只是根据自己的生存体验,觉得必须做工夫、渐修,不能像禅宗那样把桶底子也参破了。

他俩是在张元冲的船上辩论起来的,谁也说不服谁,就来找教主裁判。其实,所谓四有四无,是四个有或四个无,而不是有四个或无四个,有无所带的宾语只是善恶。所谓四个是指心、意、知、物。

已是夜晚,为阳明送行的客人刚刚散去,阳明即将入内室休息。仆人通报说王、钱二人在前庭候立,阳明就又出来,吩咐将酒桌摆到天泉桥上。

钱汇报了两人的主张、论辩的焦点。阳明大喜,正搔着了痒处,这种前沿问题才能激发他的灵感,才是"助我者"——他曾说闻一知十的颜回反而不能帮助孔子。他说:"正要二君有此一问,我今将行,朋友中更无有论及此者。二君之见正好相取,不可相病。汝中(畿)须用德洪的工夫,德洪须透汝中本体。二君相取为益,吾学更无遗念矣。"

德洪不太理解,请老师讲讲。阳明说:"有只是你自有,良知本体原来无有,本体只是太虚。太虚之中,日月星辰风雨露雷阴霾噎气,何物不有?而何物能为太虚之障?人心本体亦复如是——太虚无形,一过而化,亦何费纤毫力气?德洪工夫需要如此,便是合得本体工夫。"

王畿也请老师再讲讲。其实从理论上他已获胜。他的问题在实践环节——取法太高,无法操作。阳明说:"汝中见得此意,只好默默自修,不可执以接人。上根之人世亦难遇,一悟本体即见工夫,物我内外一齐尽透,此颜子明道不敢承当,岂可轻易望人!"

阳明然后对两个人说:"我这里接人原有此二种:利根之人直从本源上悟入,人心的本体原是明莹无滞的,原是个未发之中,利根之人悟得无善无恶心体,便从无处立根基,意与知物,皆从无生,一了百当,一悟本体便是工夫,人己内外一齐俱透了。简易直截,更无剩欠,顿悟之学也。中根以下之人,不免有习心在,本体受蔽,姑且在意念上实落为善去恶的工夫,随处对治,使之渐渐入悟,熟后渣滓去得尽时,本体亦明尽了。从有以还无,复归本体。及其成功一也。"

对于他这晚年定论,他自己也觉得有必要发挥清楚,于是便接着说:"汝中所见的四无说,是我这里接利根人的;德洪所见的四有说,是我这里接中根人、为其次立法的。二君相取为用,则中人上下皆可引入于道。若各执一边,眼前必有失人,便于道体各有未尽。德洪须识汝中的本体,汝中须识德洪的工夫,二子打并为一,不失吾传矣。"

王畿问:"本体透后,于此四句宗旨何如?"

阳明说:"此是彻上彻下语,自初学以至圣人,只此工夫。初学用此循循有入;虽至圣人,穷究无尽。尧舜精一工夫亦只如此。"

过了一会儿,阳明接着说:"汝中所见,我久欲发,恐人信不及,徒增纷扰,故含蓄到今。此是传心秘藏。今既已说破,亦是天机该发泄时,岂容复秘?然此中不可执着,吾人凡心未了,虽已得悟,仍当随时用渐修的工夫,不如此不足以超凡入圣,所谓上乘兼修中下也。"

最后,他又再嘱咐一遍:"二君再不可更此四句宗旨,此四句中人上下无不接着。我年来立教亦更几番,今始立此四句。人心自有知识以来,已为习俗所染,今不教他在良知上实用为善去恶的工夫,只是悬空想个本体,一切事为俱不着实,不过养成一个虚寂。此个病痛不是小小,不可不早说破。汝中此意正好保任,不宜轻以示人。概而言之,反成泄漏。"

这场证道,有极可注意之点:1)阳明更衷情于"无"而非"有",讲有是权宜之计,是为了普度众生,有,是有限的,从而不能成为究竟话头。但凡人的工夫须从有起脚,凌空蹈虚,只是逃避现实、逃避自我。无,是本体的终极处;有,是工夫的实落处。也就是说,阳明的晚年定论是以无为体,以有为用。2)阳明学的最大的特点又是体用一元的。本体只是一种设定,工夫才与我们的生存直接相关。设定为无是为了追求无限、无限的追求,究其实质是一种摆脱异化的理论要求。

据黄绾后来对阳明的批评,阳明让他们看禅宗的宗经《坛经》、看道教的《悟真篇》后序,从中寻找"心源自在"的智慧,去练就一套实战性很强的艺术,什么心若明镜,鉴而不纳,随机应物,故能胜物而不伤。(《明道编》)阳明真正想做的是这种"达人",如果这种达人能够精神不朽的话,那就是圣贤了吧。不可泄漏的天机正在于这种虚无而实用的生存技巧,不符合正宗儒门规矩。所谓的体用一元,在他这里就是,只有确立了"无"的本体地位,才能弘扬"应无所住而生其心"的真空妙智。——用阳明的术语说,这叫"时时知是知非,时时无是无非"。他的《答人问道诗》居然照抄大珠慧海禅师的语录,他多次表示佛徒出家、道士隐居都是着了相,有挂碍,真正的觉悟是不离世间觉,是在担水劈柴的日用工夫中体验妙道。

明白了这个内在的理路,就可以理解作为天泉证道的继续,以及阳明的学术遗嘱的"严滩问答",居然是用佛教话语来一锤定音了。

阳明从越城出发,并不赶赴思田,他一路游玩,游吴山、月岩、钓台,在杭州一带盘桓到九月下旬,一路上随行人员都是学生,固定追随的至少有钱德洪、王畿两个"教授师"。阳明此行更像是巡视。他兴致很高,沿途有诗。

十月初,他们在严滩作了关于"究极之说"的结论。发起者还是王畿(龙溪),他有点乘胜追击的意思,因为他自感已摸到了真谛。《传习录》、《讣告同门》都记载了这个"事件",记录者均为钱德洪,他是较为被动的乙方,所以他的记录没有夸张:

先生起征思田,德洪与汝中追送严滩。汝中举佛家实相、幻相之说,先生曰:"有心俱是实,无心俱是幻。无心俱是实,有心俱是幻。"汝中说:"'有心俱是实,无心俱是幻',是本体上说工夫。'无心俱是实,有心俱是幻'是工夫上说本体。"先生然其言。洪于是时尚未了达,数年用功,始信本体工夫合一。

心学必走上神秘。儒家那套术语表达不了高度机密的心理统觉。但有人据此攻击阳明为禅又是过甚其词了。阳明要表达的还是心学的方针,而不是佛教的命题。只是实和幻是佛教的原标准,实相是真际,幻相是失实、不实的假相。问题在于前后的两个有心、无心所指是大不相同的。前两句有心、无心是指在为善去恶方面不能采取虚无主义的立场——是对无善无恶是心之体的补充规定;后两句的有心、无心则是有意消解一下,不能僵持有心的立场,还是应该保持"无"的智慧。

这个有无之辨是高度辩证的。从运思方式上说是佛教的,如神会和尚说的:"用而常空,空而常用,用而不有即真空,空而不无即妙有。"(《显宗记》)阳明的心本体虽说是无善无恶的,但必须用有心的态度来坚持这一点。这就是王畿所理解的从本体说工夫,还是工夫论。后两句虽是工夫上说本体,还是本体论。车轱辘话只表明它们是一体的。——这就是阳明一再说的本体工夫一体论。区别只是就某个侧面而言。——钱德洪后来数年用功才明白了这个道理。

简单地说,严滩问答的结论就是本体工夫都是有无合一的。将天泉证道的四句教简捷的一元化起来了。心学体系到达了最完美最单纯的抽象,阳明找到了最后的表达式。

(选自周月亮《王阳明大传》第十五回)

第三单元 历史编

一 《左传》

【题解】

《左传》又称《左氏春秋》、《春秋左传》或《春秋左氏传》,是为《春秋》这部史书所作的"传"。《春秋》本是周代列国国史的通称,故有所谓"周之春秋"、"宋之春秋"、"齐之春秋"、"百国春秋"之名目。但到汉代,各国《春秋》均已失传,仅存鲁国《春秋》,这是记载鲁隐公元年(前722)至鲁哀公十四年(前481)共二百四十二年间鲁国历史的一部编年史著作。从这一现存的鲁《春秋》来看,其基本特点是编年纪事,文字十分简洁,一般只记时、地、人、事,没有任何多余的描写或解释。关于《春秋》的作者,前人一般认为是孔子,这一说法的最早记载大概见于《孟子》,汉代学者也一致认为《春秋》乃是孔子晚年的著作。但现在也有学者对孔子作《春秋》一说表示怀疑,认为"孔子没有作或者修《春秋》这种看法也许更接近于历史真实"。但是孔子曾经以《春秋》作为"六艺"之一来教授他的弟子,这一点则是确定无疑的,其具体方法则是着眼于阐发其中所包含的"微言大义",以借此宣传自己的政治伦理思想。孔子死后,孔门弟子继续阐发《春秋》之"义",这时有一位"鲁君子左丘明"忧惧孔门弟子"人人异端,各安其意,失其真,故因孔子史记具论其语,成《左氏春秋》"(《史记·十二诸侯年表序》)。这是司马迁对《左传》作者、作意以及写作年代的一个记载,但这一说法自古以来即遭到众多怀疑(尤其是关于作者的说法),成为一桩至今尚未彻底解决的历史疑案。不过关于《左传》的撰著年代,目前比较一致的看法是成书于战国中期以前(大致在公元前375年到前343年之间)。至于《左传》与《春秋》的关系,有人认为《左传》乃是解释《春秋》的,有人认为它是独立之作,还有人认为《左传》既为纪事之书,又有解经的性质。现在一般认为,《左传》作为《春秋》的"传",其解经的性质还是无可怀疑的。其解经的基本方式则是所谓的"传事":对于《春秋》中那些提纲挈领式的简要纪事,《左传》则一般要引用其他更为翔实的历史资料加以详细说明,让人们了解事件的来龙去脉(参考赵伯雄《春秋学史》)。《左传》的出现,标志着《春秋》学中主要以史实解经这一学派的出现。对其重要意义,汉代的桓谭曾这样论述:"《左氏》经之与传,犹衣之表里,相待而成。经而无传,使圣人闭门思之,十年不能知也。"《左传》纪事详备生动,具备很强的文学性,成为后代研究春秋史的最重要的依据,对中国古代史学和文学都发生过深远影响。自东汉以来,《左传》与《公羊传》和《穀梁传》并称为"《春秋》三传",得以列于学官,日益受到学者的重视。东汉以来,就不断有人为《左传》作注,现存最早注本乃是西晋杜预的《春秋左氏经传集解》,唐初孔颖达据以作《春秋左传正义》,这两种注本宋代以后被列入《十三经注疏》。今人杨伯峻的《春秋左传注》(中华书局,1990年)乃合注本,颇富创见,极具学术价值,可资利用。

庄公三十二年

[经]

三十有二年春,城小穀。

夏,宋公、齐侯遇于梁丘。

秋七月癸巳,公子牙卒。

八月癸亥,公薨于路寝。

冬十月己未,子般卒。

公子庆父如齐。

狄伐邢。

[传]

三十二年春,城小穀[1],为管仲也。

齐侯为楚伐郑之故,请会于诸侯。宋公请先见于齐侯。夏,遇于梁丘[2]。

秋七月,有神降于莘[3]。惠王问诸内史过曰[4]:"是何故也?"对曰:"国之将兴,明神降之,监其德也[5];将亡,神又降之,观其恶也。故有得神以兴,亦有以亡,虞、夏、商、周皆有之。"王曰:"若之何[6]?"对曰:"以其物享焉,其至之日,亦其物也[7]。"王从之。内史过往,闻虢请命[8],反曰:"虢必亡矣,虐而听于神[9]。"

神居莘六月。虢公使祝应、宗区、史嚚享焉[10]。神赐之土田。史嚚曰:"虢其亡乎!吾闻之:国将兴,听于民;将亡,听于神。神,聪明正直而一者也,依人而行。虢多凉德[11],其何土之能得!"

初,公筑台[12],临党氏,见孟任[13],从之,闷[14]。而以夫人言,许之,割臂盟公[15]。生子般焉。雩[16],讲于梁氏[17],女公子观之[18]。圉人荦自墙外与之戏[19]。子般怒,使鞭之。公曰:"不如杀之,是不可鞭。荦有力焉,能投盖于稷门[20]。"

公疾,问后于叔牙[21]。对曰:"庆父材[22]。"问于季友[23],对曰:"臣以死奉般[24]。"公曰:"乡者牙曰庆父材[25]。"成季使以君命命僖叔待于鍼巫氏[26],使鍼季酖之[27],曰:"饮此则有后于鲁国[28];不然,死且无后。"饮之,归,及逵泉而卒[29],立叔孙氏[30]。

八月癸亥[31],公薨于路寝[32]。子般即位,次于党氏[33]。冬十月己未,共仲使圉人荦贼子般于党氏[34]。成季奔陈。立闵公[35]。

注释 [1]城小穀:在小穀这个地方筑城。齐桓公为了安置管仲而筑城于此。小穀:齐国地名(在今山东省东阿县)。 [2]梁丘:宋国城邑(今山东省成武县东北三十里)。 [3]莘:虢国地名(在今河南省三门峡市西)。 [4]惠王:周惠王。内史过:周朝大夫。 [5]监:视察,观察。 [6]若之何:拿他怎么办。 [7]"以其物享焉"三句:用相应的物品来祭祀。他来的那一天该用什么祭品就用那种祭品祭祀他。 [8]"内史过往"两句:指内史过前往虢国祭祀,听到虢国人祈求神灵赐福。 [9]虐而听于神:暴虐而不思悔改,反而祈求神灵降福。虐:暴虐。

[10]祝应、宗区、史嚚:指太祝、宗人、太史,皆当时职官名。应、区、嚚皆人名。 [11]凉德:缺德。凉:薄。 [12]公筑台:鲁庄公建筑高台。此台在山东曲阜县东北八里。 [13]孟任:党氏之长女。 [14]阂:闭门。指庄公追求孟任,孟任闭门拒之。 [15]"而以夫人言"三句:指庄公许诺让孟任做夫人,孟任便答应庄公,并跟他割臂盟誓。 [16]雩:求雨的祭祀。 [17]讲于梁氏:在鲁国大夫梁氏家演习。讲:预习,演习。 [18]女公子:指庄公之女。一说为梁氏女。 [19]圉人:掌管养马放牧的官。荦:人名。 [20]投蓋于稷门:举起稷门的门扇扔出去。指力气很大。 [21]后:指继承人。叔牙:庄公的二弟,谥号僖,故又被称为"僖叔"。 [22]庆父材:庆父有才能。庆父:庄公的大弟,谥号共,故又被称为"共仲"。 [23]季友:庄公的小弟,谥号成,故又被称为"成季"。 [24]以死奉般:誓死奉事子般。 [25]乡者:刚才。乡:同"向"。 [26]铖巫氏:鲁国大夫。铖巫为复姓。 [27]酖:同"鸩",毒酒。这里用如动词,意为以毒酒害之。 [28]后:子孙后代。 [29]逵泉:地名,在曲阜县东南五里。 [30]立叔孙氏:指鲁国立叔牙的儿子为叔孙氏(即以叔孙为氏的一个小宗),以履行让他存留后代子孙的诺言。 [31]八月癸亥:指八月五日。 [32]薨:指诸侯之死。路寝:古代君主处理政务的宫室。 [33]次:留宿。 [34]贼:杀害。 [35]闵公:庄公之子,庄公死时他才7岁。庆父立他为国君,是为自己篡位作准备。

(原文据《春秋左传注》,杨伯峻编著,中华书局,1990年第二版)

【评论】

关于左传

钱 穆

《左传》在古代当它是一部经书,因《春秋》是六经之一,《春秋》有三传,便也算是经。所以在九经、十三经之内都有《左传》。从前人对《左传》所讨论的问题:(一)《左传》是不是传《春秋》?这是个大问题。汉代今文学家说《左氏》不传《春秋》,因此它不立学官,(二)《左传》是不是左丘明所作?左丘明是孔子同时人,若是左丘明作《左传》,便是传孔子的《春秋》。既说《左氏》不传《春秋》,那便未必就是左丘明作。

这两个问题，我们在上一堂都已讲过。此刻我们认为《左传》并不是左丘明作，《左传》成书应在战国，要到秦孝公时。距离孔子、左丘明已经很远，而《左传》或许和吴起有关系，这些都在上一堂讲过。但我们也可照宋代人意见：认为《左传》是传的《春秋》之事，并不是传《春秋》之义。中间如鲁、齐、宋、郑、晋、卫、楚、秦，各国的事都有，都包括在这部《左传》里。所以古代人乃至在民国以前人，只争《左传》是不是传《春秋》，所谓《左传》真伪问题，仅是这一个问题，却没有怀疑到《左传》里所载的事，即《左传》的内容，即是它的历史价值，这个从来没有人怀疑过。只争《左传》不是经学，并没有争《左传》所载二百四十年的事是不是历史。如讲天文历法，《左传》里所记日蚀月蚀种种，都是正确的。特别如《左传》里晋国的历法同周王朝的历法以及《春秋》里鲁国的历法错了两个月。在孟子书里已说过。周代历法是把现在的十一月当正月，夏历是把现在的正月当正月。晋用夏历，因此《左传》里讲到晋国的事情同《春秋》错了两个月。有的《春秋》在下一年，而《左传》还在上一年。晋国人的十一月，那已是周代和鲁国的新年了。即此一点，就可证明《左传》史料有来源，也可证明我们以前所讲夏商周三代历法不同，《左传》里便有明据。到秦代把十月当正月，更早了一个月。汉代以后才改过来，沿用夏历。我们只就《左传》，便知古代山西人的历法，就是夏历，因此我们在《左传》里可以研究很多古代的天文学。

第二，我们讲到地理。中国历史悠久，疆土广大，"沿革地理"是一门特别重要的学问。普通认为《禹贡》是第一部讲中国地理沿革的书，第二部是《汉书·地理志》。可是《禹贡》实在是战国时人所写，而《春秋左传》里的地理，因那时有一两百个诸侯，《史记·十二诸侯年表》便举了特别大的十二个，这些叫做"国"。国以外还有"邑"，这些邑，就像后来《水浒传》里的史家庄、扈家庄、祝家庄之类。虽不是一个城，却是一个邑。《左传》里所记邑更多。大的称都，小的称邑，若我们把《左传》里的诸侯和都邑各个地名都考究，那工作便很繁重。杜预注便成为后人讲沿革地理一项重要的参考材料。此是一项专门学问，清代人写《左传地名考》的就有好几家。那么我们可以说，要讲中国的沿革地理,第一部书实是《左传》。地理是历史的舞台,历史上一切活动都分布在地面上。我们只要看春秋时代的地名,就可想象到古代的中国已经相当的大,差不多黄河流域直到淮水流域乃至大江以北,中国大部分区域都已包括在内。

第三,我们要讲到历史里的氏族。大家知道,春秋时代是中国贵族封建的时代。每一个国家,都由一氏族组成。鲁、卫、齐、晋、宋、郑各国,他们的氏族各不同。昔人有《春秋氏族谱》,我们要研究春秋时代的大家族,及当时的贵族生活,《左传》里讲得很详细。

第四,讲到政治制度,《左传》里各国制度亦各不同。譬如官制(政府组织)、兵制(军队组织)、田制(赋税制度)等。将来历史里一应制度:官制、兵制、田制等,都有渊源,特别重要而且可考的则在春秋时代。

第五,从西周周公一路传下来的所谓朝聘盟会之制,这是列国与周天子乃至列国相互间的一种"礼"。现在我们也可称之为"制度"。在清代末年曾有一书,那是中国人到了外国去,研究了欧洲人的所谓国际公法,回头来把《左传》里讲的朝聘盟会种种不成文法,也当是当时的国际公法,写了一本书称《春秋时代的国际公法》。我在北平时曾看过这书,可惜现在丢了,那书的作者我也忘了。而那书流传不多,也无从再觅。十年前我到美国,去旧金山,那里有一位华侨,他特地同我谈起,他正在要写一本《春秋时代的国际公法》,我当时曾极力鼓励他努力写,至今已过十年,没有同他通过信,不知他此书写成没有。可是这个题目却极值得写。就这一点,也可想象我们中国文化之伟大,在两千五百多年前,中国已有一套很像样的国际公法了。虽和后来欧洲人的国际公法不同,然而至少是各有长短,各有特色。下面我们讲到《左传》里的人物。

《左传》里的"人",称呼极不同,有的称名,有的称号,有的称官名,还有其他不同的称呼。实际上不仅古代如此,如我们读宋代的理学,每一理学家有几个名字的,如程颢字伯淳号明道,至少有三个称呼。又如朱熹,字晦庵号考亭,陆九渊字子静号象山,每个人都有好几个名称。而中国人的名号,又都在训诂上配合起来,如三国时诸葛亮字孔明,鲁肃字子敬,名字相配,这习惯就从春秋时代起了。清代就有人专门研究春秋时代人的名号,从这里有很多的训诂问题可以发现。尤其是当时各国的贤卿大夫,他们的言论、行事,都值得我们研究。

下面再讲大家知道的春秋时代《左传》里所记载的军事。如晋楚两国三次大战争,城濮之战、邲之战、鄢陵之战,又如晋和齐的鞌之战,还有其他各种的大小战争,《左传》里记载战争的文章都写得好,在军事学上也有极大考究。又如讲到当时各国的外交辞令,《左传》里记下的也都是了不得,常为后人传诵。

再讲到当时的各种礼俗、信仰,有关社会史方面的,也都重要。清代有一学者汪中容甫,他有一本文集《述学》,里面有一篇讲到春秋时代种种礼俗,如他们讲的天道、鬼神、灾祥(灾异同祥瑞)、卜筮、梦,其他,都是极有趣而且亦有参考之用。汪容甫根据《左传》,说这些都是当时的实际情形,可见当时的社会风气。到了战国以后,中国社会大变,这许多所谓天道、鬼神、灾祥、卜筮、梦等大批在《左传》里有很多的记载,而战国以后便慢慢少了,也可说是中国历史文化上一大变迁,大进步。也可说是春秋当时中国社会的一个特殊形态,中国人心理上一些特殊信仰。

此外,我们还可以讲到春秋时代的一切食货经济、工商业情形。

其次,《左传》里又讲到许多蛮夷戎狄,后人所谓的四裔。诸位当知,研究任何一代的历史,都有这几个项目,如天文,如地理,如家族氏姓,如制度,如人物,如军事,如外交,如食货经济,社会礼俗,又如中国和四裔的关系等,这是历史的一个大体段,而《左传》都有了。所以《左传》已经是中国一部很像样的历史。诸位倘使要研究这许多问题,清初有顾栋高写一书,名《春秋大事表》,这是指的春秋时代,所根据的就是《左传》的内容,他分门别类地各为制成一张一张的表,而加以叙述。这书极伟大,我们正可根据他的方法,来写《宋代大事表》、《明代大事表》等。顾栋高是花了一辈子工夫在这两百四十年的事情上的。

我今试问诸位,哪个人可能随便来伪造一部《左传》?他将如何般来凭空伪造?又伪造了有什么作用?所以我说:《左传》是中国最先第一部最详密的编年史。专讲历史价值,孔子《春秋》,可说还远在《左传》之下。若我们要研究春秋时代的历史,而我们专来研究孔子《春秋》,将使我们根本不清楚,所能晓得的将很简单,所以我们一定要读《左传》。但如此讲来,孔子《春秋》又有什么价值啊?这已在上一堂讲过。但上一堂所讲,和此一堂所讲,并不相冲突。我们此刻说,除非是一大史学家,将不能编出一部《左传》,而《左传》也确实是一部伟大的史学书。我认为我们要研究古代的中国史,我们便该拿这部《左传》做我们研究的一个基准。即由此上来建立我们一个基本的标准的看法。

我们研究历史,要懂得一个看法。我们研究中国古代史,五帝、尧舜、夏商周三代一路下来,我们该怎样去看?我说:我们该先研究《左传》。因《左传》讲的详细。如诸位研究《西周书》,这里周公讲几句,那里召公讲几句,太简单了,再往上去更简单,我们把握不住,无法研究。而《左传》是一部极精详极完备的记载,我们能把这两百四十年认识了,根据这认识往上推,我们便可研究中国古代史。如我讲今文《尚书》也有假的,《尧典》是假的,《禹贡》是假的,为何如此判断?只要读《左传》,把《左传》里各国的政府组织,官制等都弄清楚,那么怎能在两千年前的中国早有了这样进步的舜的时代的政府组织呢?为什么四千年前中国政府高明到这样,在什么时候又退步堕落下来,到春秋时代又是这个样子的呢?我们应有一讲法,即是说这《尧典》里讲的靠不住,《尧典》是战国人的伪书。又如讲《禹贡》,我们看过全部《左传》里的地理,怎么那时人没有《禹贡》九州观念呢?我们便可判《禹贡》是伪书。又如我们今天讲,春秋时代是一个封建社会,这话便有些不通。诸位读西洋史,他们的中古时期封建社会有没有国家组织呢?那时还没有像法国英国等现代国家,但我们春秋时代有晋、齐、秦、楚,许多国家了。西洋史上要封建社会过了才有现代国家兴起,然而西洋的现代国家,直到今天,英国还是英国,法国还是法国,没有更在其上的一个统一政府。西洋史上的统一政府,乃在封建社会以前的罗马帝国。可是中国便不同。春秋时代已经有了很高明的国际公法,又有一个周天子在上面,那么我们怎可说春秋时代是个封建社会呢?所以我只讲中国古代是有封建政治,而并非封建社会。西方人的封建社会,是在无政府状态下的东西,和我们完全不同。我此刻这样讲,诸位不要认为很简单,在此六十年来,似乎只我一人这样讲,在我认为讲得很清楚明白,只为我读了一部《左传》,《左传》是我讨论古史一个基准的观点。

我再举一书,诸位都知有郭沫若,他写一书名《中国古代社会研究》,他根据《易经》,根据龟甲文,说中国那时还是一个渔猎社会,正从渔猎社会渐进到畜牧社会去。在龟甲文里,一次打猎捉到多少猪或多少羊,所以说那时主要生活还是在渔猎时代。但这话也有些讲不通。社会从渔猎进化到畜牧,再从畜牧进化到耕稼,进化到有大贵族,有许多像样的诸侯,有中央统一政府,那不是简单一回事。请问中国人什么时候才一下子一跳,而进步到《左传》这个时代的呢?我们一方面要讲中国人不进步,一方面却把中国人的进步又看得太易太快,出乎这个世界人类历史演进的常轨之外了。诸位尽看他引了许多龟甲文,许多《易经》上的话,看他有证有据,但拿一部《左传》来一看,就知双方不能相通。因此我们要研究中国古史,应该把《左传》做一个我们对历史的基本知识,即一个标准的看法。从此推到上边去,可以不会大错。

再讲到下面,我可以告诉诸位,诸位定该研究一下古代史,才能懂得下面的历史。古代史也可把来作研究下面历史的一个基准观点。我们此刻研究秦汉以后,也多有看错的,毛病在哪里?因为在上面没有弄清楚。要弄清楚上面,最好还是读《左传》。我们要研究古史,研究西周,研究商和夏,先要有个准备工作,有一个靠得住的基础和标准,那么一定要看《左传》。诸位要读廿四史,通常我们说,先读《史记》、《汉书》,或者再加上《后汉书》、《三国志》,合称四史,先把四史熟了,下边有办法。但《左传》又是读四史之基准。诸位莫说我要研究宋史,先去读《左传》有什么用?但研究宋史也要有个基准,从上向下。如诸位进我这个客厅来听课,定要从大门进来,不能说这和我不相干。我们今天的错误,在我们先没有一个做学问的基准或说立脚点。

此下我继续提出两书,一是《国语》,一是《国策》。前人多谓《国语》和《左传》同出左丘明,故《左传》称"内传",《国语》称"外传",此说殊不可信。《国语》分国记载，如后代十六国春秋之类，和《左传》编年体裁不同，故读《国语》亦应分国来读。如《鲁语》和《齐语》不同，大抵邹鲁儒生多拘谨保守，故多经生儒家言。而《齐语》则如孟子所说："子诚齐人也，知管仲晏子而已矣。"今《齐语》只讲管仲，与管子书里材料相通。《晋语》则出三晋之士，韩、赵、魏三家，比较上重功利法制与纵横思想。最早当渊源于子夏，后来演变出吴起。当然不能说子夏便是法家纵横家之祖，可是三晋虽则多产法家纵横家，而论其最先原始，则起于儒家。那里的儒家所讲，则比较更近于史学。亦可说孔子的七十弟子后学在邹鲁本乡的，还都是儒家传统，而他们慢慢地传到三晋，就渐变为功利法制，乃至纵横这几派。其时如宋国，又和其他国家不同。宋是商代之后，春秋时有一个宋襄公，想把讲仁义来霸诸侯，被楚国打败。后来又有一个向戌，召开弭兵大会，来求当时的全世界大和平。那些都是宋国人搅的花样。更后来有墨子，他亦应是商代之后，他思想亦较特别。古人说：商尚鬼，商代人是带有一种宗教迷信的。墨子书里便有"天志""明鬼"诸篇，不脱商代人色彩。孔子之伟大，正因他是商代之后而到了鲁国，周尚文，孔子崇拜周公，遂集古代商周两代大成而又上通之于虞夏。还有楚国，和北方诸夏又稍不同。天文学在楚国很盛，中国古代天文学上用的名词都很特别，我怀疑它和楚国有关系。特别如楚辞，其中如屈原的《离骚》、《天问》，那里讲的中国古史非常多，他们又是一套。恰如我们讲现代欧洲，意大利人同英国人不同，英国人同法国人不同，法国人同德国、奥国人又不同。地域不同、传统不同。中国在春秋时代也有很多的不同。诸位读《国语》，读《鲁语》就多儒家言，《齐语》就只讲管仲，多法家言，《晋语》更较近读历史，《楚语》又是另外一种。在《国语》里有一篇《郑语》，其实这一篇《郑语》只就是从《楚语》中分出来。又如《吴语》、《越语》，《吴语》也只是从《越语》中分出，只讲范蠡文种，讲的是权谋权术，这些在春秋时代还没有，是后来新兴的，而把来假托在范蠡身上。倘使我们这样来看《国语》，便知《国语》材料也并非不可靠，但决不是说编《左传》余下来的材料便成《国语》。《国语》应是由另一人来编集，这些材料也是从各国来，但未能像

《左传》这样汇在一块而把来融铸了。而且这些材料,时代先后各有不同,像《鲁语》,便多是后起儒家借着古代某人某事,添油添酱,润饰成篇。如此之例,《左传》中也有。在《左传》中的记事部分,决非伪造,但《左传》中记言部分,便有些不可靠。若我们要取材《左传》来写一部春秋时代人之思想史,那在运用材料上,便得小心。《齐语》中的管子,则决非春秋时代之真管子。而《晋语》则比较是记事部分多,或许会有更早于《左传》中的材料也不可知。

我们随着讲到《国策》,《国策》里有大部分材料尽是纵横家之言,都出三晋之士。然而《国策》中如《魏策》、《赵策》等,有一部分材料却很近《国语》中的《晋语》。可见当时历史材料三晋为多,有很可信的,也有很不可信的,那便是纵横家言了。

我在《先秦诸子系年》里讲《左传》,就连带到讲到《国语》,主要把《国语》分国看,认为《国语》这书是杂拼的,只把很多材料拼在一起。有的材料早,有的材料迟。齐国人的话,鲁国人的话,晋国人的话,楚国人的话,越国人的话,都不相同。再把这看法来看《国策》,近乎《国语》的是一部分,三晋纵横之士的说话又是一部分。讲到这里,我要提出一个极大的问题,就是中国古代人对历史记载有一个很特别的地方,就是所谓"记言""记事"之分。诸位都说历史是记事的,但中国古人看重历史,不仅看重其事,还更看重讲话。从前人认为《尚书》是记言的,如誓、诰、谟、训,不都是讲话吗?我第一次讲《尚书》,提出《召诰篇》,那就是召公同人讲话。《国语》《国策》里很多只是讲话,一段一段保留在那里,就是历史。而《左传》中主要的,乃是两百四十年的事情放在那里,便显然见得一是记言,一是记事了。

我们再进一步讲,固没有在事情中没有讲话,也没有讲话而不牵涉到事情的,这里我们不能太严格地分。我在《西周书文体辨》里,就说讲话里必兼记事,而《左传》亦在记事里就连带记着很多的"言"。我们只能说中国古代言与事并重,说话同行事一样看重,但并不能说中国古代人把讲话同行事分别开,如说"左史记言,右史记事",这话恐有些靠不住。又如说:"动则左史书之,言则右史书之",一个天子的行动,由左史写下来,他的讲话,由右史写下来,此和说左史记言,右史记事,恰相反对。又且在古书里可找到许多史官名,而并无所谓左史与右史的分别。所以我疑心这些话靠不住。可是中国古代人对于历史既看重事情又看重讲话,那是一定的。

现在我们再讲到记言,这个"言"字也和我们现在人所讲"思想"有一些不同。当然讲话都由思想来,可是说中国历史里看重讲话,不能便说是看重思想。思想二字乃是我们的现代观念,而且我们今天所讲的思想,也和西方人讲"哲学"有不同。我曾写了一本《中国思想史》,但并没有称它为《中国哲学史》。言和思想和哲学,这三者均是稍有不同。言和事紧密相连,但并不即是思想。思想可和事分开,但并不即是哲学。哲学乃是思想之有特殊结构的。如纵横家言,我们最多只能说那时有一套纵横思想,但并不能说那时有一套纵横家的哲学。

从另一方面讲,言一定是思想,哲学也一定是思想。我们可以这样说,随便的说话就是言,这些说话用特殊的某一种的说法来说,就变成了哲学。这不是说话不同,而是思想方法之不同。思想一定要成一个体系,非如胡思乱想。但这个体系,又可分两种。一种是生命体,一种是机械体。怎叫生命体呢?如盆里这一枝花,这是有生命的。怎叫机械体呢?如这张桌子,它是一个机械体。我们思想的发展,都应有一个生命。思想发展就有许多话,话多了,遂成为一个结构,而那结构太固定性了,便好像机械似的,那就成为了一套哲学。中国人思想偏近生命性的,它的发展仍只应称之曰"言"。如孔子讲话,自然从他的思想来,但我们今天每有人说孔子的思想没有组织,不成为一套哲学。组织也只是一套结构,但结构得太严密,或说是太形式化了,便成为机械化,便会减少或损失了它的生命性。孔子以前有一位叔孙豹,他讲人有立德,立功,立言三不朽。暂不讲立德。立功立言不就是言与事并重吗?叔孙豹那句话,两千五百年到今天,我们中国人还在这样讲,这不是他的立言不朽吗?但这只是一句话,并不成一套哲学。西方一位哲学家讲话,他往往不是在讲一句话而往往是在写一本书。有组织,有结构,讲到最后,自成一套理论。中国人的理论,往往脱口而出,只是说话。没有系统,没有组织,一个人在那里平白出口讲,不成哲学,可是它确是一番思想啊!虽然由他一个人随口讲,竟可跑到我们全世界人的心里,大家认为对,那就是立言。

又如说马克思,他著的《资本论》,若说资本家怎样赚钱,论到资本的利润,说这是剥削劳工阶级,这是马克思住在伦敦天天看报与访问调查各个新兴厂家,有根有据,才提出这些话,这些话确是对,但在中国人简单一句话就讲明白了,这称做"为富不仁"。要赚钱发财,总是有点不很仁道。在我们只是一句话,在马克思则成了一套哲学。若马克思这套哲学只讲到这里,那么今天就会有人驳他,说今天如美国人工资这样高,而且一个大资本家的厂公开发卖股票,工人也可买,赚来的钱还要抽很高的所得税,所以美国人今天已不能叫做资本主义的社会,已经是共产主义的社会了,可是这句话最多只能驳马克思,不能驳中国人为富不仁的话,资本主义还是为富不仁。这且不讲。马克思因要讲经济利润,慢慢讲到阶级斗争,再讲上去,讲历史哲学,讲唯物史观,讲存在决定意识,这就成了一套哲学。他的《资本论》,千门万户有一个大的结构,急切要驳倒它,便不易。中国人一句话脱口而出就是一句话,可是这句话也可颠扑不破,此所谓立言。故我们中国人的思想是生命性的,这句话就是一个思想之菁华,像一棵树从根慢慢长出枝,开花结果,有生命。西方人的一句话,往往成为思想的一块化石。如马克思说:"存在决定意识",你要问这句话怎么来,他便原原本本有一套哲学慢慢儿地同你讲,可是这句话实际上是死的!而中国人一句话,总要求其是活的。如孔子讲仁,今天我们都要学西洋人讲哲学的方法,来讲孔子的"仁"。那么如《论语》里孔子说:"刚毅木讷近仁"这话意义无穷,可是当下则只是一句话。又如说"仁者其言也讱"或者说"仁者先难而后获",如此之类,若我们把《论语》里孔子论仁,依照西洋人的哲学来重作一篇文章,加以组织,成为结构,这些话怕会一句都用不上,或者说这些话都变成不重要的了。我们要知中国人所谓的"言",不能以看西方人哲学的眼光来看。我们今天要把西方人的哲学来发挥中国人的"言",而不悟这里有一个不同。如叔孙豹立德立功立言三不朽,这话就不朽了。但若讲哲学,这话便成无头无尾,没有结构,没有系统,没有组织。照西方人的哲学著作,也有许多是多余的,讲了一本书,最后也只是一句话。你说"存在决定意识",我说不对,也就完了。读中国史,不便要兼通哲学,但中国史里言事并重,如纵横家言,也是一套话,却又不能说它是立言不朽。可见治中国学问,还是有中国的一套,不能不另有讲究。

现在说中国史学有记言记事两条大路。像《国语》、《国策》都是记言的,远从《尚书》一路下来。但到孔子时代,记言又走了另外一条路,那就是百家言。孔子、孟子、荀子是儒家,老子、庄子是道家,各自著书。如《论语》、《老子》等书,发展成另一条大路,中国人叫它做"子书"。中国人从经学里发展出史学,我们已经讲过,《尚书》、《春秋》便都在经学里的。但史学又发展出了一套子学,子学则只是记"言"的,从其所言,可来研究他们的思想。我们要研究中国思想,从周公开始,周公以前则难讲了。近则从春秋开始,如看一部《左传》,它里面所载贤卿大夫种种讲话,不晓得有多少,但此许多讲话,有可信,有不可信。有有价值的,有无价值的。要讲史学,便又该讲到孟子所谓的知言之学。又当知一书有一书之体制,中国书有中国书的体制。

今天诸位读书,主要在找材料。但如诸位讲中国思想,尽向《论语》、《孟子》、《老子》、《庄子》书中找材料,却不找到《左传》,认为《左传》是一部历史书。不知《左传》里就有很多伟大思想在其内。我写《中国思想史》,从《左传》里就举出两人,一是子产,一是叔孙豹。叔孙豹讲三不朽,这时孔子已经三岁。子产在《左传》里有一段话讲鬼神,讲得非常有意义,那时孔子已经十七岁。又过了十四年,子产又讲"天道远,人道迩",这一句话只六个字,似乎不成一套哲学,可是孔子《论语》就是讲人道不讲天道,根据子产这句话的思想发展而来。我讲中国思想,在春秋时代举出两人,都在孔子已生以后,孔子怎会不受他们影响?可是今天,把这部《左传》搁在一旁不理了,便会使古代史无法讲,而下边历史也都无法讲。讲中国思想,讲来讲去,从老子开始呢?还是从孔子开始?只讲诸子、讲经史,把中国史从腰切断了。若我们把此两百四十年春秋时代人的思想,见在《左传》里的,再接上《尚书》里的思想,便如伪古文《尚书》里也还有很多材料。这些中国古代思想,怕会花去诸位一辈子工夫去研究。所以我说《左传》是一部研究中国古史的基准观点所在。我前面讲《左传》举了十项大事,而思想一项没有举在里面。

现在我再讲一件,如孔子说"必也正名乎!名不正则言不顺,言不顺则事不成,君子名之必可言,言之必可成",这可见中国人看重讲话看得非常重要。近人都看不起孔子的正名主义,骂孔子"君君、臣臣、父父、子子"是一套封建思想,但孔子所谓必也正名,是说每一句话中总有一个名,名不正了,就言不顺,言不顺的该无法做成事。中国史学,言与事并重,这是中国人的一套历史哲学,所谓"君子名之必可言,言之必可行",如近人好言和平,而不重正义,这便是言之不可行了。

中国人看重《左传》,不看重《国语》、《国策》,正因为《左传》里有许多贤卿大夫之言,不能和《国语·晋语》里所载有许多后代迂儒之伪言,乃至如《国策》里的许多纵横家言,尽有要不得,乃至不值重视的。若诸位没有知言工夫,只把中国历史当作记事一边去看,便失掉了中国史学中重要的一部分。

(选自钱穆《中国史学名著》)

二 《史记》

【题解】

《史记》的作者是西汉的司马迁,字子长,生于左冯翊夏阳县(在今陕西韩城),他的一生基本与汉武帝时代相始终。司马迁的父亲司马谈在汉武帝建元年间(前140—前135)曾担任太史令(史官),因此司马迁在幼年时即随父居于长安,后来又曾跟从当时的著名学者董仲舒和孔安国受学,受到了良好的文化教育。从20岁开始,司马迁离开长安,漫游南北各地,足迹遍历湖湘、吴越、齐鲁等地,所到之处均悉心考察历史古迹、寻访遗闻轶事,尤其对于当年秦楚、楚汉战争的核心地域彭城、丰、沛一带进行了详细考察。此后,司马迁因为担任郎官一职(官廷侍从)的缘故,经常有机会跟随汉武帝出巡全国各地,进一步扩大了对汉帝国国情的认识。在他的父亲司马谈去世以后,司马迁继任太史令,遵照父亲的遗命开始着手撰史,从汉武帝太初元年(前104)开始动笔,到太始四年(前93)基本完成,全书共五十二万字,这就是中国古代史学的不朽名著——《史记》。在开始撰写此书的第七年,司马迁因替战败投降匈奴的将领李陵辩护,触怒汉武帝,被处"腐刑",受尽屈辱,但他仍然忍辱负重,最终顺利完成《史记》这部巨著。

《史记》纪事,上起传说中的五帝,下迄汉武帝末年,共记载三千余年的历史。全书纪事略于先秦,详于秦汉,所述商鞅变法至汉武帝晚年的历史,占去全书多半篇幅。向来认为:《史记》是中国历史上第一部纪传体通史。但全书实际上采用了"本纪"、"世家"、"列传"、"书"、"表"这五种不同的体例(共包括十二本纪、十表、八书、三十世家、七十列传),因此有学者认为此书其实乃是采用包括多种体裁的综合体。其中"本纪"是通过帝王的活动、以编年的形式来记叙一代史实,"世家"是记述诸侯和有特殊功勋人物的活动,"列传"则是各方面有代表性的历史人物的传记(其具体形式有专传、合传和类传),"表"是以谱牒的形式记历代大事,将错综复杂的史事排列得线索清晰,"书"则是对某些社会现象和政治制度进行专门论述。"作为一部规模宏大的通史,《史记》的内容非常丰富。举凡政治、经济、思想文化各个领域的典章制度和重大事件,以及天文地理、民俗风情、民族关系,乃至东亚、东南亚、中亚诸邻国的社会情状,都在书中得到了反映。其所记载的历史人物,上自帝王将相,下及游侠、商贾、医卜、俳优等等,大都栩栩如生,构成了色彩斑斓的社会图景。"(白寿彝主编《中国通史》)以人物传记为中心来记叙历史这一形式乃是司马迁的首创,而且《史记》中的人物传记也是全书最为精彩的部分;其次,对历史事件和人物进行评论的"太史公曰"这一史评形式也是司马迁所首创。关于《史记》一书的撰著意图,司马迁曾在《报任安书》中自云其乃是"欲以究天人之际,通古今之变,成一家之言",也就是要研究"天"和"人"之间的关系,搞清楚历史发展变迁的大势,以成就他自己的一家之言(白寿彝《史学遗产六讲·〈史记〉新论》)。这也是对《史记》一书历史贡献的最好评价。对于司马迁在《史记》中所体现出来的杰出史才,东汉著名历史学家班固则评价说"其文直,其事核,不虚美,不隐恶,故谓之实录",这一评价司马迁也是当之无愧的。中国现代著名作家鲁迅也曾以"史家之绝唱,无韵之离骚"来评价《史记》在史学和文学上所取得的巨大成就。

《史记》传世以来,历代学者为其作注者极多,流传至今而且比较有价值的主要有刘宋裴骃的《史记集解》,唐代司马贞的《史记索隐》、张守节的《史记正义》,至宋代,这三家注被分隶于《史记》正文之下,为研读者提供了极大便利。《史记》现存最早善本是南宋黄善夫刻本,经商务印书馆影印,收入《百衲本二十四史》。1959年中华书局点校本《史记》则以清同治金陵书局刻本为底本,兼取百衲本,为目前较为通行的版本。

游侠列传

……古布衣之侠,靡得而闻已[1]。近世延陵、孟尝、春申、平原、信陵之徒[2],皆因王者亲属,藉于有土卿相之富厚[3],招天下贤者,显名诸侯,不可谓不贤者矣。比如顺风而呼,声非加疾,其势激也。至如闾巷之侠,修行砥名[4],声施于天下[5],莫不称贤,是为难耳。然儒、墨皆排摈不载[6]。自秦以前,匹夫之侠,湮灭不见[7],余甚恨之。以余所闻,汉兴有朱家、田仲、王公、剧孟、郭解之徒,虽时扞当世之文罔[8],然其私义廉洁退让,有足称者。名不虚立,士不虚附。至如朋党宗彊比周[9],设财役贫[10],豪暴侵凌孤弱,恣欲自快[11],游侠亦丑之。余悲世俗不察其意,而猥以朱家、郭解等令与暴豪之徒同类而共笑之也[12]。……

注释 [1]靡:无,不。闻:知道,听说。 [2]延陵、孟尝、春申、平原、信陵:均为春秋战国时期著名贵族。延陵乃春秋时吴国贵族季札,因封于延陵,故称延陵季子;孟尝乃战国时期齐国的田文;春申乃战国时期楚国的黄歇;平原乃战国时期赵国的赵胜；信陵乃战国时期魏国的无忌；后四者都曾招揽食客数千，有任侠之气。　［3］藉：凭借，依靠。　［4］砥：砥砺，磨砺。　［5］施：传播，蔓延。　［6］排摈不载：排斥抛弃，不予记载。　［7］湮灭：埋没。　［8］扞当世之文罔：触犯当时的法律。扞：触犯。文罔：法律条文。　［9］宗彊比周：以强者为宗主，互相勾结。［10］设财役贫：利用财物役使穷人。　［11］恣：放肆，肆意。　［12］猥：多。

　　郭解，轵人也[1]，字翁伯，善相人者许负外孙也[2]。解父以任侠，孝文时诛死[3]。解为人短小精悍，不饮酒。少时阴贼[4]，慨不快意[5]，身所杀甚众。以躯借交报仇[6]，藏命作奸剽攻[7]，休乃铸钱掘冢[8]，固不可胜数。适有天幸[9]，窘急常得脱，若遇赦。及解年长，更折节为俭[10]，以德报怨，厚施而薄望[11]。然其自喜为侠益甚。既已振人之命，不矜其功[12]，其阴贼著于心，卒发于睚眦如故云[13]。而少年慕其行，亦辄为报仇[14]，不使知也。解姊子负解之势[15]，与人饮，使之嚼[16]。非其任，强必灌之。人怒，拔刀刺杀解姊子，亡去。解姊怒曰："以翁伯之义，人杀吾子，贼不得。"弃其尸于道，弗葬，欲以辱解。解使人微知贼处[17]。贼窘自归，具以实告解。解曰："公杀之固当，吾儿不直[18]。"遂去其贼，罪其姊子，乃收而葬之。诸公闻之，皆多解之义[19]，益附焉。

　　注释　［1］轵：地名(在今河南省济源县东南)。　［2］许负：即许妇，汉初著名相士。　［3］孝文：汉文帝。　［4］阴贼：狠毒。贼：杀害。　［5］慨不快意：愤激，不满意。　［6］以躯借交报仇：舍身为朋友报仇。交：朋友，交好。　［7］藏命作奸剽攻：隐藏亡命之徒，违犯法律，抢劫财物。剽：抢劫。　［8］休乃铸钱掘冢：平时就私铸钱币，盗发坟墓。　［9］适：恰好。　［10］折节：改变以往的言行。［11］厚施而薄望：施舍给别人很大的恩惠，而不指望别人回报，也不怎么责怪人。［12］矜：自负其能，夸耀。　［13］卒发于睚眦：因为很小的怨恨而突然发作。卒：通"猝"，突然。睚眦：怒视，指很小的怨恨。　［14］辄：总是。　［15］负：依仗。［16］嚼：通"釂"，饮酒尽，即干杯。　［17］微：暗地里。　［18］不直：理亏。［19］多：称赞。

　　解出入，人皆避之。有一人独箕倨视之[1]，解遣人问其名姓。客欲杀之。解曰："居邑屋至不见敬[2]，是吾德不修也[3]，彼何罪！"乃阴属尉吏曰[4]:"是人,吾所急也[5],至践更时脱之[6]。"每至践更,数过[7],吏弗求[8]。怪之,问其故,乃解使脱之。箕踞者乃肉袒谢罪[9]。少年闻之,愈益慕解之行。

洛阳人有相仇者,邑中贤豪居间者以十数[10],终不听。客乃见郭解。解夜见仇家,仇家曲听解[11]。解乃谓仇家曰:"吾闻洛阳诸公在此间,多不听者。今子幸而听解,解奈何乃从他县夺人邑中贤大夫权乎!"乃夜去,不使人知,曰:"且无用[12],待我去,令洛阳豪居其间,乃听之。"

注释 [1]箕倨:两腿伸直叉开坐在地上,形似簸箕,这里是表示态度傲慢。倨:通"踞",蹲坐。 [2]邑屋:乡曲。 [3]修:美好。 [4]阴属:暗中嘱咐。属:通"嘱"。 [5]急:指非常急切地想要关照他。此字《汉书》作"重"。 [6]至践更时脱之:汉代规定老百姓为国家服兵役,一个月更换,叫卒更。有钱人可以雇佣穷苦人代替自己服役,叫践更。脱:免除。 [7]数过:多次轮到。 [8]求:寻找,召唤。 [9]肉袒:赤裸上身。古人祭祀或谢罪时常脱衣露体,以示恭敬或惶惧。 [10]居间:从中调解。 [11]曲:委曲。 [12]无用:指不要立刻因为我而跟人和解。这是因为郭解不愿意让别人知道这个人是因为听了自己的话才跟仇人和解的。

解执恭敬[1],不敢乘车入其县廷。之旁郡国[2],为人请求事,事可出[3],出之;不可者,各厌其意[4],然后乃敢尝酒食。诸公以故严重之[5],争为用[6]。邑中少年及旁近县贤豪,夜半过门常十余车[7],请得解客舍养之。

及徙豪富茂陵也[8],解家贫,不中訾[9],吏恐,不敢不徙。卫将军为言[10]:"郭解家贫不中徙。"上曰:"布衣权至使将军为言,此其家不贫。"解家遂徙。诸公送者出千余万。轵人杨季主子为县掾[11],举徙解[12]。解兄子断杨掾头。由此杨氏与郭氏为仇。

注释 [1]执:持守,保持。 [2]之旁郡国:去邻近的郡国。汉代的郡和王国都是地方行政区,郡直属中央政府,王国由诸侯王管理。 [3]出:解决。[4]厌:满足。 [5]严重:尊重,敬重。 [6]为用:为他所用,供其驱使。[7]过:拜访。 [8]徙豪富茂陵:茂陵乃长安近郊汉武帝陵墓所在地,武帝生前曾多次迁徙全国豪富聚居茂陵,使之从一个乡野发展成繁华市镇。 [9]中訾:不够迁徙所要求的财产等级。中:符合。訾:通"资",财产。　[10]为言:替他说话。　[11]县掾:县中的属官。　[12]举:提出。

解入关,关中贤豪知与不知[1],闻其声,争交欢解。解为人短小,不饮酒,出未尝有骑。已又杀杨季主[2]。杨季主家上书,人又杀之阙下[3]。上闻,乃下吏捕解。解亡,置其母家室夏阳[4],身至临晋[5]。临晋籍少公素不知解,解冒[6],因求出关。籍少公已出解,解转入太原,所过辄告主人家。吏逐之,迹至籍少公[7]。少公自杀,口绝。久之,乃得解。穷治所犯,为解所杀,皆在赦前[8]。轵有儒生侍使者坐[9],客誉郭解,生曰:"郭解专以奸犯公法,何谓贤!"解客闻,杀此生,断其舌。吏以此责解,解实不知杀者。杀者亦竟绝,莫知为谁。吏奏解无罪。御史大夫公孙弘议曰:"解布衣为任侠行权,以睚眦杀人,解虽弗知,此罪甚于解杀之。当大逆无道[10]。"遂族郭解翁伯[11]。……

注释　[1]关中:指今陕西中部一带,因四面俱有关隘,故称关中。　[2]已:已而,不久之后。　[3]阙下:宫阙之下。　[4]夏阳:地名(在今陕西韩城附近)。　[5]临晋:指临晋关,在陕西朝邑县东的黄河西岸。　[6]冒:假称。　[7]迹:寻踪,追索踪迹。　[8]赦:大赦。古代皇帝常在一些特殊的时刻下诏赦免罪犯。　[9]侍使者坐:陪同使者坐着。　[10]当:判罪。　[11]族:灭族,古代刑罚,即一人有罪,灭三族或九族。

(原文据《史记》,中华书局,1982年)

【评论】

《史记》新论

白寿彝

《史记》在史学上的贡献,我们前面已说过,也就是"究天人之际,通古今之变,成一家之言"这十五个字。现在先说"究天人之际"。

"究天人之际",主要指他的世界观而言,其中也包括历史观。根据《史记》的内容,这个问题可以分几点谈:

1. 司马迁把对于自然现象的研究和阴阳五行的迷信说法加以区别。

阴阳五行的说法，有一个发展变化过程。在阴阳五行之说刚刚兴起的时候，它是朴素的唯物主义自然观。但到后来，它变成了唯心主义的东西，变成了宗教迷信。无论什么事物，它都企图用这五样东西去说明，对任何天地自然现象都加以牵强附会，甚至用天象去解释社会现象，占卜吉凶。汉武帝时，董仲舒讲《春秋》，就专讲阴阳和禁忌。当时，董仲舒思想已成为儒学的正宗，是汉武帝为首的汉皇朝所大力支持的。司马迁提出"究天人之际"，实际上是同以董仲舒为代表的阴阳五行禁忌学说、正统儒学相对立的。董仲舒把天和人结合起来，标榜"天人感应"，司马迁却要把它们分开。在《太史公自序》中，司马迁引用了他父亲司马谈的《论六家要旨》。司马谈概括了阴阳五行学说的要点，说："夫阴阳四时、八位、十二度、二十四节各有教令，顺之者昌，逆之者不死则亡"，但下面还有一句："未必然也"，——不一定是这样。紧接着，他又说这"使人拘而多畏"，好像一举一动都有阴阳管着，什么事情都叫人害怕。这个批评，今天看来也还是正确的。再往下，他又说："夫春生，夏长，秋收，冬藏，此天道之大经也，弗顺则无以为天下纲纪，故曰'四时之大顺，不可失也'"，认为阴阳家的可取之处就在于提出按照四季运行的规律从事生产活动。司马迁既肯定了阴阳五行学说中论述自然现象的部分，又批判了"使人拘而多畏"的阴阳禁忌学说。

司马迁在《太史公自序》里还批评了阴阳五行家的"星气之书"。所谓星就是占星，气就是望气。阴阳五行家认为天上的星象决定着人间的祸福，所以有所谓"占星术"。望气则是通过对气象的观察，以推断人的吉凶。例如，吕后就曾说，汉高祖外出，无论走到哪里，她都能找到，因为汉高祖头上有云气。司马迁不赞成这类胡说，他认为"星气之书，多杂禨祥，不经"。意思是，这些谈吉凶祸福的都是一些不经之谈，不足为法，不可相信。

从《太史公自序》中表现出来的思想，我们能看出司马迁对天人关系持有明确的态度：天是天，人是人；天属于自然现象，和人事没有什么必然联系；人们必须按照自然规律去办事,但不存在什么所谓预兆和吉凶祸福的问题。这种观点是同当时从皇帝以下广泛提倡阴阳五行的迷信风气针锋相对的。

《史记》八书中有《天官书》。"天官"原是个官名,掌管看天象,订历法。《天官书》原书失落不少,现在所见的有好多是后人补入的,但也还有司马迁原来写的东西。在《天官书》里面,司马迁记载了各种异常的天象变化,如什么时候出现过什么特别的星象,而当时的人们对这种天象变化又有什么附会的说法等。司马迁既然不赞成这些东西,为什么又要加以记载呢?这是因为当时规定了史官应该记载些什么,史官这个职务与天象历法都有联系。司马迁也学过星象学,但《天官书》中所记的各种说法不见得代表他自己的观点,我们读的时候应加以分析。

在《天官书》里,司马迁曾明确指出周幽王、周厉王以前的天象变化已不可考。他主要记述了春秋以来的天变。同时他又说,对于春秋以后的天变,各家说法不一。所以,他认为这些说法不可信,称之为"襛祥不法"。他还说:"是以孔子论六经,纪异而说不书。"这里所说的六经,主要指《春秋》。他是说,《春秋》对天象变异是记载的,但并不加解释。也就是说,《春秋》对这类问题采取了保留的态度。这说明,在对于天象变异的态度上,司马迁和阴阳五行家有区别:阴阳五行家是加以附会,他则保留;阴阳五行家认为日、月蚀与人事有关系,他则认为日、月蚀的出现有一定的时间。这是科学的见解。他认为天象有五官,每官都有它所属的星宿。五宫也就是五个部位,是固定不变的,但有大小广狭的不同。还有所谓"五星",即金、木、水、火、土,它们"见伏有时",到一定时候就能看见,而且经过的地方,运行轨道的长短,都有一定的度数。阴阳家则不然,他们只强调五星的出没隐现各主什么吉凶祸福。司马迁懂得历法,用当时所能掌握的科学知识,否定了阴阳家的牵强附会的说法。

2. 通过对人事的分析,说明天道不可信。

在《伯夷列传》中,对天道的否定表现得特别强烈。在这篇传记中,司马迁举出了不少事例,有力地驳斥了所谓"天道无亲,常与善人"

的说法。他说,有很多坏人,专干坏事,但过得很舒服,子孙后代也累世富贵;另一种人小心谨慎,不敢多说一句话,不敢错走一步路,但他们却多灾多难。所以他提出了质问:"余甚惑焉,傥所谓天道,是邪非邪?"

《项羽本纪》记项羽在失败之后曾说:"此天之亡我,非战之罪也。"司马迁对项羽是有感情的,认为他是一个英雄,但却不赞成他这话。他批评项羽"难矣"、"过矣"、"岂不谬哉"。所谓"难矣"用了三件事加以说明:一是"背约"。他同刘邦曾约定:谁先进入关中,谁就可以称王。后来,刘邦先进入关中,项羽却背弃了关中之约。二是"怀楚"。项羽乡土观念太重,老想回江东。当时,刘邦斗志昂扬,他却想回家乡,无意西征。三是杀义帝自立。义帝是反秦的旗帜,项羽却把义帝杀了,自立为王。司马迁根据这三件事,评论项羽要抱怨诸侯和自己不一心便"难矣"。至于"过矣",主要是指项羽自高自大,自认为了不起,不吸取过去的经验教训,想靠武力征服全中国,结果弄得称王五年以后身败名裂。但他至死还不觉悟,不仅不责备自己,却反说什么"此天亡我,非战之罪也"。事实上,并不是天亡项羽,而是他自己在政治上、军事上都犯了错误,思想也不对头,他的失败与天无关。因而司马迁批评他"岂不谬哉"。这是司马迁认为天道不可信的很典型的例子。

有时,司马迁也用"天"字,也讲"天命"、"受命"。但是,我们看古书不能光看字面,要看它的含义。古人常用现成的字表达新的意思。在《秦楚之际月表》中,他说汉高祖能称帝"岂非天哉,岂非天哉!非大圣孰能当此受命而帝者乎?"从字面上看来,这是在称颂天,认为汉得天下是天命。但具体分析起来,这和旧观点不同。他所说的"受命"、"天命"是指历史条件。司马迁首先交代了秦代禁令繁多,严重地束缚了人民的手脚,为农民大起义提供了历史条件。然后写了秦亡汉兴的发展过程:第一个阶段是陈涉发难;第二个阶段是项羽推翻秦朝,即"虐戾灭秦,自项氏"。但项羽不得人心,灭了秦也不能建立他的统治;刘邦正是在这种条件下,才得"拨乱诛暴,平定海内",做了皇帝。司马迁把这个历史条件叙述了以后,才说:"岂非天哉,岂非天哉!"可见,"天哉"就是历史条件的配合。没有这样的历史条件,汉高祖是不能成功的。当然,汉高祖也有他的一套办法。

总之,对重大的历史事件,如项羽、刘邦的成败,司马迁不是宿命论者。他是从历史条件、从人事上讲"天命"、"受命"的,他认为一定的历史条件加上领袖人物的作用,才能成功。他通过对史实、对人事的分析,说明天道之不可信。

3. 用宗教的历史揭露宗教迷信的虚妄。

司马迁在《史记》中,并不针对某种迷信说法进行批评,一般都是对迷信活动加以揭露,把事情摆清楚。这种做法很有力量。当时盛行一种阴阳学说,是战国的邹衍创始的。司马迁在《孟子荀卿列传》中说,邹衍"其语闳大不经"。邹衍讲宇宙开辟的来源,司马迁说,"窈冥不可考而原也"。对邹衍所讲海外,司马迁说这是"人之所不能睹"。就这么轻描淡写的几句话,便揭露了阴阳学说的实质。但他还肯定了邹衍的用意是好的,只是这种学说在以后发展起来就不好了。司马迁在《封禅书》里说,后来的方士没弄懂邹衍的学说,于是"怪迂阿谀苟合之徒自此兴,不可胜数也"。这十六个字很厉害,它说明阴阳五行学说当初就不可信,后继者又出来这么一帮子人。他对这种迷信的虚妄,作了很好的揭露。

司马迁还把五行学说结合历史来研究。邹衍讲宇宙起源是从黄帝开始的,《史记》有两个地方加以驳斥。一是《五帝本纪》中的"太史公曰":"而百家言黄帝,其文不雅驯,荐绅先生难言之。"他认为五行之说荒唐得很,老先生都说不出口。另一处是在《三代世表》里,司马迁说,他读了一些关于世系的记载,从黄帝以来都有年数可考,并且都按照五德始终来排队(黄帝是土德,下面依次是金、木、水、火德)。可是,"稽其历谱牒终始五德之传,古文咸不同,乖异。"意思是说,仔细核对一下,古文记载都不一样,互相矛盾,不可信。接着他又赞扬孔子不讲黄帝以来的年月和五德始终,认为有道理,"岂虚哉!"这就从历史上说明五行学说出于捏造,不可信。

此外,还应当谈一下《封禅书》。封禅书主要记载帝王的宗教活动。这是司马迁讲"天人之际"很重要的篇章。主要有两个内容:一个是讲这些帝王有好多宗教建筑（神祠），并列举了好多神的名字,而这些神都是历代帝王造出来的。另一个是讲由于帝王怕死而追求长生不老,访仙求药。通过这两个内容,司马迁一方面揭露出宗教是统治者捏造出来的东西,不是客观存在的;另一方面指出,既然是他们捏造的,而他们又去追求长生不死之药,真是荒唐之至。《封禅书》还讲秦始皇晚年统一六国以后,到沿海各地巡行,到泰山刻石颂扬功德。对此,司马迁加了个注解:"明其得封也。"说秦始皇为了表明自己做皇帝是上帝所封的,因而要上高山,到离天近的地方,好去承受天命。"明其得封也",这五个字很有挖苦意味。写到汉武帝时,司马迁用了很大篇幅写他找了许多人间"神仙"——方士。写起初他怎样崇拜他们,后来又怎样发现他们说谎欺骗,最后把他们一个一个杀掉。司马迁在《封禅书》里最后下了结论,说天子对这些方士的怪诞话越来越讨厌,但还是不断地找他们,希望能碰上一个真神仙,因而访仙谈道、修建神祠的事越来越多,"然其效可睹矣"。司马迁用这一句话点破了汉武帝这种痴心妄想是多么荒诞可笑,徒劳无功。

在长达几千字的《封禅书》里,司马迁用客观的笔调,描写了这些荒唐怪诞的活动,有时既不肯定其有,又不明言其无,很俏皮地用"若"什么、"若"什么的写法来表现。最后,他说自己参加过封禅的活动,也到神祠里去过,了解过方士祠官的意图,研究过这方面的问题,他把自古以来侍奉鬼神的活动集中起来,"具见其表里"。"具见其表里"这五个字很厉害,说明他是洞悉这些活动真相的。他还特地指出,他这样写是为了要让后世的君子,看出一个究竟来,"后有君子,得以览焉"。从这里,可以看出他的"究天人之际"是针对阴阳五行之说开展的一场斗争。

4. 司马迁论天的自然观的进步意义和局限性。

司马迁从几个方面论天,讲得很清楚。它的进步意义可以归纳为两点:第一是有明确的唯物主义观点。他把自然现象和人事分开,不牵强附会,用科学知识剥掉阴阳五行家强加于人事的神秘外衣,并揭露使这些现象神秘化的各种说法的由来。这种思想,在当时是很可贵的。

在司马迁以前的历史著作里,对待天的问题就不像他这么明朗。在这一点上,司马迁很有贡献。第二是在现实政治上,司马迁的天论也很有进步意义。

毛主席说,中国封建社会有四条束缚人民的极大的绳索:政权、族权、神权、夫权。政权和族权不分,皇帝是上帝的儿子,不是凡人;他又是神圣皇族的族长;对老百姓来说,他是民之父母。在封建制度下,在家庭里就培养人们的忠君思想。父亲就是"家君",既是一家之长,也是一家之君。把范围扩大一些,统治者既是政权的代表,又称为"民之父母"。政权和族权就是这样紧密地结合起来的。夫权实质上是族权的一部分。女子在封建家族和封建社会里是没有地位的。虽然,也出过女皇帝,但那是极个别的。至于神权,更不用说,没有一个皇帝不掌握神权。他当皇帝是受神的委托,神要保护他,他本身也是神。这样一来,他既是最高统治者,又是全国老百姓的大家长,也是大宗教主,把封建社会束缚人民的四股绳索集中体现于一身,成为维持和巩固统治的命脉。

汉武帝的时候,正是封建专制主义政治制度完成的时候。随着政治形势的发展,宗教理论也需要统一起来,需要有一套东西用来进行精神的统治,这就是阴阳五行学说,它是宗教的另一种形式。恩格斯在《路德维希·费尔巴哈和德国古典哲学的终结》中说过,罗马帝国采用了人工造成的世界宗教来适应它作为世界帝国的需要。汉武帝时期的中国,比起夏、商、周、春秋、战国来,带有一定意义的世界性质,因而也需要有世界性的宗教。但这种需要并不是由皇帝下一道命令就能得到满足的。要建立这种宗教必须有一套理论。董仲舒的作用,就是适应了这一要求。他们用他们的公羊学说,制造出一种符合皇家利益的统一的宗教。司马迁"究天人之际",把自然现象的天和阴阳五行的迷信说法分开,并把迷信学说的历史来源、迷信活动的历史过程加以揭露,是对汉武帝封建专制主义政权的一个打击,本质上是和正统的统治阶级思想对立的。

那么,司马迁的思想究竟属于哪个阶级呢?我认为,司马迁的思想还是封建地主阶级的思想,但和封建地主阶级的当权派有所不同。司马迁赞成汉武帝的统一事业,对秦始皇的统一也赞成。但是,对封建统治者无穷无尽的横征暴敛,从秦始皇到汉武帝,他都反对。封建制度这时还处在上升时期。司马迁并不反对封建制度,而反对横征暴敛,严刑峻法。他成了封建地主阶级中的反对派。他要求减轻剥削,要求较好的统治,而不是打倒封建制度和封建统治阶级。他认为横征暴敛、严刑峻法会使社会动荡不安。因此,他在某些方面,对人民群众的要求寄予同情。从这个角度看,他在政治思想上是进步的。

司马迁对天的论述也有其局限性。不必讳言,《史记》并没有摆脱神秘思想的影响。它相信气数,相信祖先的善恶对后代的遭遇起作用。气数这个东西似乎有科学根据,其实,也是一种附会。他在《天官书》中曾说:"夫天运,三十岁一小变,百年中变,五百载大变;三大变一纪,三纪而大备:此其大数也。"这里面有天文科学。可能是他从日月五星的运行中得出来的。但下面又说:"为国者必贵三五。上下各千岁,然后天人之际续备。"还是把它附会到人事上去了。这还是天人感应的说法。不过,这对司马迁的历史观影响不大,在研究具体历史问题上不起什么作用。按照他的说法,天运与人事发生关系,要在很长时间内才有所表现,少则一千五百年,多则四千五百年。这和阴阳五行之学所说的人们的一言一行都要上应天象不可同日而语。

5. 注重人事在历史上的作用。

既然天是天,人是人,天象和人事没有必然联系,那么,在历史发展中起决定作用的因素是什么呢?司马迁首先注意人谋。比如,历史上的一些战争,作战的双方历史条件一样,具体情况也差不多,但胜败不一,甚至有时强者败,弱者胜。道理在哪里?司马迁认为取决于人谋。前面讲过,司马迁不同意项羽所说的"此天之亡我,非战之罪也",他举了好多事实说明项羽的失败不是天意,而是人谋上出了问题。我们试把《项羽本纪》和《高祖本纪》对照着阅读,就可得到很大启发。项羽一开始就气势凌人,直到他临死还是轰轰烈烈,像个英雄好汉。刘邦就不是这样。在司马迁笔下,刘邦就显得有些赖皮。起兵前,他好酒色,不事生产；起兵后，老毛病还是常犯。尽管司马迁在情感上喜欢项羽，讨厌刘邦，但写的时候还是按照历史真实情况的。他笔下的项羽，有两件大事不如刘邦。一是项羽虽然战无不胜，但到处烧杀。他在写项羽作战时，不断用"屠"、"坑"字样。如写："攻襄城，襄城坚守不下。已拔，皆坑之"；写他坑杀秦降卒二十余万人；写他屠咸阳"烧秦宫室，火三月不灭"；写他"坑田荣降卒，系虏其老弱妇女；徇齐至北海，多所残灭。齐人相聚而叛之"。在《高祖本纪》里，这类事情就很少，并着重写刘邦到处安民，入关中，约法三章。这个"民"不一定是劳动人民，刘邦主要是收罗地方豪杰、统治阶级中的人物。但这么一来，老百姓也沾了光。一个到处安民，很得民心；一个到处烧杀，令人失望。这是刘邦、项羽两人在政治上的很大区别，也是他们之间决定胜负的关键问题。项羽不如刘邦的另一点，是项羽不相信人，不会用人，即使是对自己忠心耿耿的部下，也团结不住。而刘邦却善于用人，必要时甚至敢于把大权交给自己并不完全相信的人，先把这个人笼络住，然后再想办法收拾他。以上两点区别，在这两篇本纪中很突出。司马迁通过对楚、汉之争的叙述，说明战争的胜败不取决于兵力强弱，主要的是看双方领袖人物的政治眼光和所采取的措施如何。刘项之争是很典型的，刘邦弱，项羽强，但最后刘胜项败，主要在于人谋。

《史记》很多地方都讲人谋的问题。《廉颇蔺相如列传》讲秦王强索赵璧，赵王在两难之下派蔺相如奉璧使秦。形势很险恶，但蔺相如无所畏惧，拼死捍卫了国家的利益。回国以后，他又能顾全大局，对廉颇表示退让，以求团结。司马迁称赞蔺相如，说他"一奋其气，威信敌国，退而让颇，名重太山，其处智勇，可谓兼之矣！"这里的"智勇双全"，是从人事上予以褒扬。《春申君列传》写黄歇由于没有听从门客朱英的规劝，后来遭到李园的暗算。司马迁分析他之所以失败，是由于"当断不断，反受其乱"。《陈丞相世家》写陈平几度处境危急，差一点丢掉性命，但他能善始善终，这是由于有智有谋的缘故。这些都是人事的作用。可以看出，司马迁首先注意的是人谋，看你怎么努力，怎么策划。

其次，司马迁讲"时"、"势"。"时"是时代条件，"势"是形势，两者指的都是历史条件。一般说，"时"的含义比"势"更具体点。司马迁虽然注重人谋，但并不认为光有人谋就能百战百胜，还要有一定的历史条件，也就是要有"时"、有"势"。《伯夷列传》说得很清楚："云从龙，风从虎，圣人作而万物睹。伯夷、叔齐虽贤，得夫子而名益彰。颜渊虽笃学，附骥尾而行益显。"风云还需有龙虎相随，万物的作用得以发扬还要有圣人的兴起。《管晏列传》引管子叙述他和鲍叔的交情的话说：我曾经替鲍叔出主意，结果是情况更坏了，但鲍叔不以我为愚。为什么呢？"知时有利不利也。"在《老子韩非列传》中，司马迁引老子的话说："且君子得其时则驾，不得其时则蓬累而行。"这里，司马迁颇有个人遭遇的感慨。

司马迁这种重视历史条件的思想也表现在《外戚世家》中。他在《外戚世家》中说："人能弘道，无如命何。"这里我们看到司马迁虽然强调人的力量，认为人能把道恢弘光大，但对"命"却没办法，受到"命"的限制。这里的"命"就是指历史条件。历史条件配合得好，加上人的努力，就能有所成就；历史条件不好，人纵然作了种种努力，仍可能失败。

司马迁所说的人的作用，究竟是指哪些人？从《史记》看来，还是指杰出的个别人物。《史记》这部书基本上是历史人物的传记，而传记中主要是突出了上层人物。本纪十二，写的都是帝王贵族。世家三十，只有陈涉、吴广是平民。孔子不算贵族，但出身于没落贵族，他的家庭也属于上层集团。列传七十，讲平民的有《游侠列传》、《货殖列传》等篇，绝大部分是将相。这里可以看出，司马迁认为在历史上起作用最大的还是帝王将相。

从今天的要求来衡量，《史记》在写人民群众这一方面是非常不够的。但在当时，他能写人的历史就不简单了。在他以前的历史记载几乎都是人鬼不分的。《春秋》记的事情主要是朝聘、会盟、征伐，这些事都与宗教活动有关。孔子的高明处，就在于能把这些活动从人事角度来加以观察。《左传》里面甚至记载了好多鬼话。司马迁却能把人和天分开，专门写人的历史。虽然他把历史发展归结到少数人身上，认为创造历史的是大人物,但比起以前来,还是进步的。

司马迁怎样估计人民群众的历史作用?我认为,他在一定程度上是看到人民群众在历史上的作用的。他在《史记》里面写了一篇《陈涉世家》,把农民领袖和贵族王侯列在一起。对此,有的同志认为,司马迁歌颂了农民起义。我却认为司马迁还做不到这一点。我的看法是:他还没有、也不可能认识到人民群众在历史上起了决定作用,认识到人民群众是历史的创造者,认识到人民群众的生产斗争和阶级斗争是历史发展的动力。但他认为,人民群众的活动,关系着事业的成败利钝。上层人物如果能够和人民群众结合起来,就可以取得胜利;相反,如果忘记了人民群众,给人民群众造成了很大的危害,那就会失败。这就是说,司马迁承认人民群众有一定的作用,但在历史上起主导作用的并不是他们,而是个别的领袖人物。这就是司马迁的思想所能达到的高度。在当时,能有这样的认识,已经是非常高的思想水平了。

《史记》有好多地方同情群众,揭发官吏的罪恶与昏庸无能。有时是委婉地表达,有时则是尽情地揭露。《酷吏列传》便是尽情揭发武帝时政治黑暗的篇章。他对酷吏下了一个评语:"以恶为治"。这四个字很厉害,又很富于讽刺意味。意思是说,这些酷吏拿作恶当统治的方法,企图凭杀人、监禁来使统治者安享太平,坐稳统治的宝座。《酷吏列传》列举了他们许多惨无人道的行为,其结果是"吏民益轻犯法,盗贼滋起"。这里用了"盗贼"两字。有人说这是仇视人民群众。其实,这里主要是说酷吏为非作歹,引起了严重后果。我们应当看它的具体内容,不应只从字面上推敲。接着,他又叙述某处发生了几千人的武装暴动,起事者攻城占地,夺取库房里的兵器;释放犯人,杀死官吏;还通知地方官,叫为他们准备饮食。而为了镇压暴动,政府颁布了"沉命法",规定哪个地方发生暴动,地方官没有发觉,或者虽发觉而镇压不力的,杀头。这么一来,无论哪里发生了武装暴动,地方官都不敢上报了。结果是"盗贼浸多,上下相为匿,以文辞避法焉"。他揭露了官逼民反的实质,对老百姓起来反抗表示同情,对统治集团内部的矛盾进行了揭发和讽刺。

关于司马迁"究天人之际"的问题,就讲到这里。他对"天"、"人"两方面的研究都是有贡献的。

(选自白寿彝《史学遗产六讲》)

三 《汉书》

【题解】

《汉书》的作者班固(32—92),字孟坚,扶风安陵(今陕西咸阳附近)人。其父班彪是东汉初年著名学者兼史学家,曾欲踵武《史记》而作《后传》数十篇,书未成而死。当时23岁的班固正在洛阳的太学学习,返乡服丧期间,翻阅《后传》手稿,遂立志完成父亲未竟事业,着手撰写《汉书》。从东汉永平(58—75)初年开始,至建初(76—84)中完成大部分著述任务,前后历时二十余年。在其撰著之初,曾有人向朝廷上书,揭发班固私自改撰国史,班固被捕入狱。其弟班超上书汉明帝为兄辩护,明帝查明情况后,十分赏识班固才学,遂擢为兰台令史。班固利用兰台丰富的藏书,又得到汉明帝的支持,继续撰写《汉书》。到永元四年(92),班固因受外戚窦宪以及家奴的牵连而被捕入狱,死于狱中。当时《汉书》的八表以及《天文志》尚未全部完稿,由班固的妹妹班昭以及学者马续奉诏续成之。可以说,《汉书》乃是经由班彪、班固、班昭、马续四人之手撰写而成,其中主要部分由班固完成。

《汉书》专叙西汉一代二百三十年的历史(从汉高帝元年到王莽地皇四年),是我国第一部纪传体断代史。全书共八十余万字,包括十二纪、八表、十志、七十传,共一百篇。在体例上承袭《史记》而有所变化:主要采用纪、表、志、传四体,改"书"为"志",不取"世家"。十二纪主要以编年形式叙述西汉十二朝史实;八表则叙述秦汉官制演变以及汉代官职任免等事项;十志包括律历、礼乐、刑法、食货、天文、地理、艺文诸志,叙述政治经济以及学术思想史;七十传记叙西汉历史人物、少数民族以及邻国历史。这一体例为后世的断代体正史奠定了基本格局,

"二十四史"除《史记》、《南史》、《北史》外，都是采用《汉书》的体例。《汉书》的一个重要特点乃是纪事详赡，关于汉武帝以前史实，多取自《史记》，而又进行了很多的补充和删改：比如增加一些人物传记，在已有的传记中增加了大量诏令、奏议、诗赋类史料；又创立刑法、五行、地理、艺文诸志。其中"十志"最能体现《汉书》之详赡：比如其中的"地理志"记叙古今地理沿革、行政区划、各地区的范围、山川、物产、风习以及中外交通；"艺文志"则著录西汉末年皇家藏书的情况，并叙述各个学术流派的源流以及基本主张。这些内容包括了政治史、经济史、文化史、自然史、科技史、交通史等众多领域，为后人提供了极其丰富的史料。《汉书》在史学思想方面跟《史记》相比还表现出如下一些特点：比如其"大一统"思想和以汉为正统的思想、其独尊儒学的思想、其天人感应以及五行灾异学说都是《史记》中所无的，这正体现出在新的历史条件下中国古代史学思想演变的一个必然趋势（白寿彝等主编《中国通史》）。

历代学者为《汉书》作注者甚众，其中唐代颜师古《汉书》注集前代众家之注，最为精要，成为历代最为流行的注本。版本方面，中华书局1962年点校出版的《汉书》乃目前较为通行的本子，颇便于研读，可以参阅。

萧何曹参传

萧何，沛人也。以文毋害为沛主吏掾[1]。高祖为布衣时，数以吏事护高祖。高祖为亭长[2]，常佑之[3]。高祖以吏繇咸阳[4]，吏皆送奉钱三[5]，何独以五。秦御史监郡者，与从事辨之[6]。何乃给泗水卒史事[7]，第一。秦御史欲入言征何，何固请，得毋行[8]。

及高祖起为沛公[9]，何尝为丞督事[10]。沛公至咸阳，诸将皆争走金、帛、财物之府[11]，分之，何独先入收秦丞相、御史律令图书藏之。沛公具知天下阨塞[12]、户口多少、强弱处、民所疾苦者，以何得秦图书也。

注释　[1]毋害：无比，无人能超过。掾：指县令属官。　[2]亭长：秦汉时每十里为一亭，设亭长一人，掌管治安、诉讼等事务，跟里长职责相近。　[3]佑：帮助。　[4]繇:徭役,即服劳役。　[5]送奉钱三:送俸钱三百给刘邦作路上的用度。　[6]辨:明察。这两句是说秦朝一位监察郡政的御史辟萧何为从事,发现他办事很明敏。　[7]给泗水卒史事:担任泗水郡的卒史这一职务。给……事:任职。泗水:沛县下属的一个郡。卒史:秦朝官名。　[8]"秦御史欲入言征何"三句:这位御史想要奏请朝廷征调萧何入朝为官,萧何坚决请求不去,最终得以没有去。　[9]沛公:指刘邦起兵于沛,响应陈涉起义军,众人推举他为沛公。[10]尝为丞督事:曾担任沛县县丞监管事务。　[11]走:奔跑,奔向。　[12]阸塞:险要之地。阸,同"阨"。

初,诸侯相与约[1],先入关破秦者王其地[2]。沛公既先定秦,项羽后至,欲攻沛公,沛公谢之得解[3]。羽遂屠烧咸阳,与范增谋曰:"巴、蜀道险,秦之迁民皆居蜀。"乃曰:"蜀汉亦关中地也。"故立沛公为汉王,而三分关中地,王秦降将以距汉王[4]。汉王怒,欲谋攻项羽。周勃、灌婴、樊哙皆劝之[5],何谏之曰:"虽王汉中之恶,不犹愈于死乎[6]?"汉王曰:"何为乃死也?"何曰:"今众弗如,百战百败,不死何为?《周书》曰'天予不取,反受其咎[7]'。语曰'天汉',其称甚美。夫能诎于一人之下[8],而信于万乘之上者[9],汤、武是也[10]。臣愿大王王汉中,养其民以致贤人,收用巴、蜀,还定三秦,天下可图也。"汉王曰:"善。"乃遂就国,以何为丞相。何进韩信[11],汉王以为大将军,说汉王令引兵东定三秦。……

注释　[1]诸侯:这里指当时各路起义军的领袖。　[2]王:为王,称王。[3]谢:谢罪。　[4]王秦降将以距汉王:封秦朝的降将以抵挡牵制汉王(刘邦)。距:同"拒"。　[5]劝:鼓励。　[6]愈:胜过。　[7]天予不取,反受其咎:不接受上天所赐予的东西,反而会遭到怪罪。　[8]诎:同"屈",屈服。　[9]信:伸展。万乘:天子地方千里,出兵车万乘,故以"万乘"指天子,此处大概用以跟前一句中的"一人"相对,指众人。　[10]汤、武:商汤和周武王。　[11]进:推荐。

汉三年,与项羽相距京、索间[1],上数使使劳苦丞相[2]。鲍生谓何曰:"今王暴衣露盖[3],数劳苦君者,有疑君心。为君计,莫若遣君子孙昆弟能胜兵者悉诣军所[4],上益信君。"于是何从其计,汉王大说[5]。

汉五年,已杀项羽,即皇帝位,论功行封,群臣争功,岁余不决。上以何功最盛,先封为酂侯[6],食邑八千户。功臣皆曰:"臣等身被坚执兵[7],多者百余战,少者数十合,攻城略地,大小各有差。今萧何未有汗马之劳,徒持文墨议论,不战,顾居臣等上[8],何也?"上曰:"诸君知猎乎?"曰:"知之。""知猎狗乎?"曰:"知之。"上曰:"夫猎,追杀兽者,狗也,而发纵指示兽处者[9],人也。今诸君徒能走得兽耳,功狗也;至如萧何,发纵指示,功人也。且诸君独以身从我,多者两三人;萧何举宗数十人皆随我,功不可忘也。"群臣后皆莫敢言。……

注释 [1]距:同"拒",相持,对峙。京:古地名(今河南荥阳县东南)。索:地名(今河南荥阳县)。 [2]上数使使劳苦丞相:皇帝屡次派遣使者慰劳丞相(萧何)。使使:派遣使者。劳苦:慰问,慰劳。 [3]暴衣露盖:衣服在太阳下暴晒,晚上露水打湿车盖。指在野外作战的艰苦情状。 [4]昆弟:兄弟。胜兵:能拿起兵器,指能打仗。诣:去,到。 [5]说:同"悦"。 [6]酂:地名(今河南南阳)。[7]被坚执兵:披着铠甲,拿着刀枪。 [8]顾:反而。 [9]发纵:解开绳子放出猎狗。

陈豨反,上自将[1],至邯郸。而韩信谋反关中,吕后用何计诛信。语在《信传》。上已闻诛信,使使拜丞相为相国,益封五千户[2],令卒五百人一都尉为相国卫[3]。诸君皆贺,召平独吊[4]。召平者,故秦东陵侯。秦破,为布衣,贫,种瓜长安城东,瓜美,故世谓"东陵瓜",从召平始也。平谓何曰:"祸自此始矣。上暴露于外,而君守于内,非被矢石之难[5],而益君封置卫者,以今者淮阴新反于中[6],有疑君心。夫置卫卫君,非以宠君也。愿君让封勿受,悉以家私财佐军。"何从其计,上说。……

高祖崩,何事惠帝。何病,上亲自临视何疾,因问曰:"君即百岁后[7],谁可代君?"对曰:"知臣莫如主。"帝曰:"曹参何如?"何顿首曰:"帝得之矣,何死不恨矣!"

何买田宅必居穷辟处,为家不治垣屋[8]。曰:"令后世贤[9],师吾俭;不贤,毋为势家所夺。"

……

注释 [1]上自将:皇帝亲自领兵。 [2]益封:加封,指增加食邑户数。

[3]卫:护卫。这句是说派一都尉带领五百士兵护卫相国,实际上是防范他。
[4]吊:哀悼,慰问。 [5]被矢石:冒着飞箭滚石,指在战场冒着危险作战。
[6]淮阴:指淮阴侯韩信。 [7]百岁后:死的讳称。 [8]不治垣屋:不修筑围墙。 [9]令:假使。后世:子孙后代。

(原文据《汉书》卷三十九,中华书局,1962年)

【评论】

司马迁与班固之史学(节选)

金毓黼

至彪之子固,遂本其父作,而撰《汉书》。《后汉书·班彪传》叙其事云:

> 固以彪所续前史未详,乃研精研思,欲就其业。既而有人上书显宗告固私改作国史者,有诏下郡,收固,系京兆狱,尽取其家书。……固弟超,恐固为郡所核考,不能自明,乃驰诣上书,得召见,具言固所著述意,而郡亦上其书,显宗甚奇之。召诣校书部,除兰台令史,与前睢阳令陈宗、长陵令尹敏、司隶从事孟异,共成《世祖本纪》。迁为郎,典校秘书。固又撰《功臣平林新市公孙述》事,作《列传》、《戴记》二十八篇,奏之。帝乃复使终成前所著书。固以为汉绍尧运,以建帝业至于六世,史臣乃追述功德,私作《本纪》,编于夏王之末,厕于秦项之列,太初以后,阙而不录。故探撰前记,缀集所闻,以为《汉书》。起元高祖,终于孝平王莽之诛,十有二世,二百三十年,综其行事,傍贯五经,上下洽通,为《春秋》、《考》、《纪》、《表》、《志》、《传》凡百篇。固自永平中,始受诏,潜精积思二十余年,至建初中(章帝建初元年为公元七六年)乃成。

班固因其父作,而修《汉书》,亦为父子世业。其与太史公父子异者,一则世为史官,一则以郎官令史典校秘书,而非史官。是其修史虽同,而非皇古以来史官世守之旧法矣。

固之自赞其书曰:"综其行事,旁贯五经,上下洽通";又曰:"准天地,统阴阳,阐元极,步三光,穷人理,该万方,纬《六经》,缀道纲,总百氏,赞篇章,函雅故,通古今";以视司马迁之自称者,可谓后先映照。然晋人傅玄评其书云:"论国体则饰主阙而折忠臣,叙世教则贵取容而贱直节;述时务则谨辞章而略事实。"范晔《后汉书·班固传论》则云:

> 司马迁、班固父子,其言史官载籍之作,大义粲然著矣。议者咸称二子有良史之才,迁文直而事核,固文赡而事详,若固之叙事,不激诡不抑抗,赡而不秽,详而有体,使读之者亹亹而不厌,信哉其能成名也。彪、固讥迁,以为是非颇谬于圣人,然其讥论,常排死节,否正直,而不叙杀身成仁之为美,则轻仁义,贱守节,愈矣。固伤迁博物洽闻,不能以智免极刑,然亦身陷大戮,智及之而不能守之。呜呼,古人所以致论于目睫也。

《宋书·本传》,载晔与甥书,亦云:

> 详观古今著述及评论,殆少可意者。班氏最有高名,既任情无例,不可甲乙辨,后赞于理近无所得,唯志可推耳。博赡不可及之,整理未必愧也。

是其为抑扬高下之辞,亦一如班氏父子之于子长也。刘知幾持论,每抑《史记》而扬《汉书》。其《史通·六家篇》云:

> 寻《史记》疆宇辽阔,年月遐长,而分以《纪》、《传》,散以《书》、《表》,每论家国,一政而胡越相悬,贱君臣,一时而参商是隔,此其为体之失者也。兼其所载,多聚旧记,时采杂言,故使览之者,事罕异闻,而语饶重出,此撰录之烦者也。……如《汉书》者,究西都之首末,穷刘氏之废兴,包举一代,撰成一书,言皆精练,事甚该密,故学者寻讨,易为其功,自尔迄今,无改斯道。

盖创始者难免疏略,继起者易于该密,《汉书》之优于《史记》,其势然也。自来为《史》、《汉》优劣之论者,烦不胜理,如晋张辅,以《史记》

叙三千年事,惟五十万言,《汉书》叙二百年事,乃八十万言,以为两书高下之判。不悟《史记》纪《春秋》以前数千年事,限于文献不足,多所阙略,且仅居全书十之二三;叙汉初迄太初事,为时不及百年,乃居全书之过半。持此一段,以与《汉书》较,亦未见孰为多少。张氏所说,乃目见毫毛而不见其睫之论也。其后郑樵则盛讥班固,而推崇司马迁。其言曰:自《春秋》之后,唯《史记》擅制作之规模,不幸班固非其人,遂失会通之旨(《通志序》)。盖樵之修《通志》,实取法于《史记》,会通古今史事为一书。章学诚推为百世宗师者,宜其不满于班氏之断代史也。

　　班固之作《汉书》,其体一依于《史记》,本如云礽之与祖父,强区为二,理有难言。然语其原,虽为一体,而究其流,则有二致,即《史记》为通史之开山,而《汉书》为断代之初祖是已。范陈而后诸正史,以断代为主者,皆仰汲班氏之流;杜佑之修《通典》,司马光之修《通鉴》,郑樵之修《通志》,穿贯古今以为一书。又闻司马氏之风而兴起者也。

《史通·正史篇》亦云:

　　固后坐窦氏事,卒于洛阳狱,书颇散乱,莫能综理。其妹曹大家,博学能属文,奉诏校叙,又选高才郎马融等十人,从大家受读,其《八表》、《天文志》等,犹未克成,多是待诏马续所作。而古今人表,尤不类本书。

袁宏《后汉纪·十九》云:

　　马融兄续,博览古今,同郡班固,著《汉书》,缺其《八表》,及《天文志》,有录无书,续尽踵而成之。

《后汉书·列女传·曹世叔妻(班昭)传》云:

　　兄固著《汉书》,其《八表》及《天文志》,未及竟而卒。和帝诏昭,就东观藏书阁踵而成之。……时《汉书》始出,多未能通者,同郡马融伏于阁下,从昭受读,后又诏融兄续,继昭成之。

《后书》不言马续所续是何篇目,惟司马彪《续汉书·天文志》,谓孝明帝使班固叙《汉书》,而马续述《天文志》,是则马续所述者,仅天文一《志》，有明文可考。然《史通》谓《八表》、《天文志》等，多是马续所作，则又因续继昭成之一语，推而得之也。吾谓固所撰之《八表》及《天文志》，非不略具规模，故曰未及竟而卒；班昭踵成之，亦未能毕功，故又有待于马续之继作；至天文一《志》，则多出自续手；此又因续书所记，推而得之也。盖《汉书》未成之一部，有待后人之补辑，亦犹《史记》十篇之有录无书。然褚少孙之《补史记》，实有狗尾续貂之诮，不若班昭所续之后先媲美，如出一手，此又为才力所限，无可如何者矣。

汉献帝颇好典籍，常以《汉书》文繁难省，乃命秘书监侍中荀悦，依左氏传体，以为《汉纪》三十篇。而悦亦自云：

先王光演大业，肆于时夏，亦惟翼翼，以监厥后，永世作典。夫立典有五志焉：一曰达道义、二曰章法式、三曰通古今、四曰著功勋、五曰表贤能，于是天人之际，事物之宜，粲然显著，罔不备矣。……汉四百有六载，拨乱反正，统武兴文，永为祖宗之洪业，思光启乎万嗣，圣上穆然，惟文之恤，瞻前顾后，是绍是维，阐崇大猷，命立国典，于是缀叙旧书，以述《汉纪》，中兴以前，明主贤臣得失之轨，亦足以观矣。

又云：

谨约撰旧书，通为叙之，总为《帝纪》，列其年月，比其时事，撮要举凡，存其大体，旨少所缺，务存约省，以副本书，以为要纪（《汉纪》一）。

悦撰是书之体，一仿《左传》，故《通史》以其书列入《左传家》，称为编年体。又谓，荀氏剪裁班史，篇才三十，历代褒之，有逾本书，后来作者，不出班、荀二体，故晋史有王虞，而附以干纪，宋书有徐沈，而分为裴略，各有其美，并行于世。盖其后自后汉以至南北朝，如张璠、袁宏、孙盛、干宝、徐广、裴子野、吴均、何之元、王劭等所著书，或谓之春秋，或谓之纪，或谓之略，或谓之典，或谓之志，其名各异，大抵皆依《左传》（以上略本《史通·六家二体》）。盖编年体本为古史记载之成法，《春秋》一书，即其明证。惟自丘明作《传》，广采列国之史，羽翼《春秋》，事具首尾,言成经纬,条理始密,然犹为释经而作。迨于荀悦,始取《汉书》各《传》及《志》《表》之文,按其年月前后,散入《本纪》各年之下,以成一代之典。与《左传》之与《春秋》相为表里者有间。见存乙部诸书,仅袁宏之《后汉纪》,可与是书伯仲。而宋代司马光之撰《通鉴》,则自五季以往,穿贯一千六百余年之事,实包举荀(悦)、袁(宏)二氏之书,而一新其面目,遂集编年体之大成。此又仰食荀悦之赐,而可以一览得之者。

《汉纪》之作,悉撮取《班书》入录,此外采录绝少。故顾炎武病其叙事索然无意味,间或首尾不备,是诚然矣。然据宋李焘所跋及《四库提要》所考,曾举详于班书者数事,盖别有所本。是则其书与班书之多同,正由荀氏之矜慎。然吾谓荀书之可贵者,不在内蕴,而在义例。义例维何,即悦所自称达道义、章法式、通古今、著功勋、表贤能五者是也。五者之中,尤以二三两例为最要。所谓章法式,即修史之成法,《左传》所举之五十凡,《史通》所论之史法,皆此物也。所谓通古今,即太史公所谓通古今之变,亦章学诚所崇尚之《通史》。悦亦自言,约撰旧书,通而叙,杜佑、司马光、郑樵诸氏之作,悉自通而叙之一语,引申得之。吾国谈史法者,始于刘知幾,谈史义者,始于章学诚。抑知荀氏于千余年前,已深明其会通之旨,而于《汉纪》一书著其法式,其有功于史学为何如。纪事本末一体,创于袁枢。其书皆钞撮《通鉴》而成,非有旁搜博综之功,然而后贤盛称之者,亦以其能别创义例,为来学示之准的耳。《汉纪》之足称,亦以是而已。

《汉书·艺文志》春秋家曾著录《汉著记》百九十卷,颜注云:若今之起居注,其意似谓著记即注记也。考《汉书·五行志》曾举《汉著纪》之名,自高祖至孝平凡十二世,《律历志》亦屡称著纪,所纪悉为年世,或日食朔晦之数。《后汉书》则作注记,见《和熹邓皇后纪》及《马严传》。王应麟《汉志考证》引刘毅语云;汉之旧典世有注记,是记又作纪,著又作注。据《五行志》所载十二著记之文,多属五行、历数、天人相应之事,盖太史令之所掌也(参阅朱希祖先生"《汉十二世著纪考》",见《北京大学季刊》二卷三号)。则是《汉著记》未必属于起居注,颜注所说未为得实。《汉书》又著录《太古以来年纪》二篇,《汉大年纪》五篇,太古以往年纪所纪,当为三代以往之纪年,为《史记》所本。或谓《汉书·本纪注》臣瓒所说《汉帝年纪》,悉出《汉大年纪》。或又谓其体似大事记,其详不可考矣。要之《汉著记》、《汉大年纪》二书,皆在《汉书》以前,且为汉史之一种,故不惮烦而附述之。

　　章学诚谓:"三代以上记注有成法,而撰述无定名,三代以下,撰述有定名,而记注无成法。"(《文史通义·书教·上》)所谓记注,即旧日所称之掌故,亦今日所称之史料;所谓撰述,即旧日所称纪传、编年二体之史,亦今日所称之史书。三代盛时,有史官世掌典籍,记言记事,职有专司,所谓掌故史料之书,皆为史官之所典掌,故曰记注有成法。而于是时,盖无一人如孔子之修《春秋》,司马迁之作《史记》,整齐千百年事,以垂为百代之大典者,故曰撰述无定名。质言之,即有史料而无史书是也。春秋之世,孔子观书周室,因《鲁史记》而修《春秋》,即将旧存之记注,为史官所掌者,始终条理,撰成一书。司马迁亦以《尚书》、《世本》、《左传》、《国语》、《国策》、《楚汉春秋》等书及当代郡国所上之计书为史料,而作《史记》。后世之修史者,悉沿斯例而无改,故曰撰述有定名。然自周室衰微,史官失职,典守之籍,逐渐散亡,迨汉之中叶,司马氏父子没后,所有记言记事之役,掌故史料之藏,改由他职兼领,而史官之制,遂与古不侔矣,故曰记注无成法。此其可考之大略也。吾谓古代史官,有记注而无撰述,如所谓《虞书》、《夏书》、《周书》、《鲁之春秋》,未经孔子删定者,皆记注也。后世史家,则重撰述而轻记注,自孔子、左丘明、司马迁、班固、荀悦以来,所修编年纪传之史,皆撰述也。记注为史官世守之业,撰述开私家修史之风,史官世守之业,极于司马迁,而隋唐以后官修诸史,犹有告朔饩羊之意存焉。私家修史之风,导源于孔子、左丘明,而大成于司马迁、班固,而魏晋六朝所修诸史,皆其支与流裔也。或谓司马氏父子世为太史令,职典记事,乃作《史记》。班固官兰台令史,奉明帝之命,以成所著《汉书》,皆非私史之比,此殊不然。寻《太史公自序》所记,盖奉父命作史,故曰悉论先人所次旧闻,又自比于孔子之修《春秋》,曰:大抵圣贤发愤之所作也;王肃亦谓孝武览孝景及见本纪大怒,削而投之,于是两纪有录无书,卫宏曰:迁作《景帝本纪》,极言其短,及武帝过,武帝怒而削去之,后人或证其言之妄。今本景、武二《纪》,俱为后人所补,宏言未必无据;至固本因其父业,私作国史,为人所评发,明帝奇其书,乃使固而成之,是皆私家修史之明证。自马、班二氏,发凡起例,创为纪传一体,后贤承之,多有明作,遂于魏、晋、南北朝之世,大结璀璨光华之果。当此之时,记注固无成注,撰述已有定名,于古虽有未合,于今亦未为失也。

吾国古史之体多为编年,如《春秋》及《竹书纪年》皆是。司马迁始改为纪传体,为班固以下所祖,此固创而非因也。或谓《史记·大宛列传》,尝两引《禹本纪》,而《伯夷传》亦有其传曰之语,是为本纪列传二体所本。又或谓《世本》有《世家》,有《传》、有《谱》、有《帝系》、《氏姓》、《居》、《作》等篇,而迁亦自言采及《春秋·历谱牒》,为《世家》、《书》、《表》各体之所本。梁启超亦论之曰:本纪以事系年,取则于《春秋》,八书详纪政制,蜕形于《尚书》,《十表》稽牒作谱,印范于《世本》,《世家列传》既宗杂记,亦采琐语,则《国语》之遗规也(过去之史学界)。是则《史记》之各体虽有所因,非由自创,而迁能整齐条理,上结前代史官之局,下开私家作史之风,其功侔于左氏,而几于孔子争烈矣。班固因《史记》之体以成断代之作,改《世家》以入《传》,易《书》而称《志》,又称其大名曰《书》,为后来史家所本,几为一成不易之规。固又别为平林新市公孙述作《载记》,为《晋书》《载记》所本,是亦世家一体之易名也。吾谓汉人称古代之典籍曰《经》,古史如《尚书》、《春秋》亦有《经》名,《汉志》著录之《尚书》古文经、《春秋》古经是也。释《经》之作或曰《传》,或曰《记》,左氏、公羊、穀梁三氏之书,皆为释《春秋》而作,故以《传》称之。而《周官经》及《礼经》亦别有《传》,《汉志》有《周官传》四篇,《仪礼·丧服》内有传曰之文,丧服正文即《礼经》,而《传》曰以下之文,即《礼经》之《传》也。《传》又称《记》,故《古礼经》之外又有《记》,而不必为今本之《礼记》,是则《记》与《传》皆为释《经》而作也。《史记》之有《本纪》(《汉书·叙传》称为《春秋考纪》),以编年为体,义同于《春秋经》,《本纪》之外而别作《列传》,义同于《左氏传》,凡《本纪》不能详者,皆具于《列传》,即《列传》为释《本纪》而作也。然

《本纪》之义同于记事,故记事亦称《纪事》,《记》为释《经》而作,《义》正同《传》,而迁何以称古史为《史记》,自作之史何以又称《本纪》,盖纪帝王之事,有《禹本纪》为例,而又不能僭称《经》,故用本纪之名以拟《经》,此可意度而知之者也。周礼外史掌三皇五帝之书,而古人尝称史为书(《左襄十四年》),而《汉书》亦著录《周书》七十一篇,故班氏以下称《史》曰《书》,而《史记》亦称详故事典制者曰八书。然古人概称记事之书曰《志》,义正同书,是班氏之易书为志,亦有未安,不如易志称记,取以相配,亦理之宜也。或易纪人之《传》为录,而称纪一事之本末者为《传》,以免记与本纪相溷,亦属允当。总之无论其名为何,皆取以《传》释《经》之义,纪传一体创自司马氏,而班氏承之,后世奉为圭臬,异乎此者,则谓之杂史,此即二氏所建立之史法也。

若夫马班二氏之史学,亦有可得而言者,《史记》之善叙事理,辨而不华,质而不野,其文直,其事核,不虚美,不隐恶,即司马迁之史学也。《汉书》之叙事,不激诡,不抑抗,赡而不秽,详而有体,使读之者亹亹而不倦,即班固之史学也。左丘明之赞《春秋》曰:非圣人孰能修之,然其所举,乃微而显、志而晦、婉而成章、尽而不污、惩恶而劝善之五事。马班二氏作史之旨,不期而与孔子暗合,此即章学诚所谓史意也。刘知幾作《史通》以明史法,又备言史例之要。曾谓:史之有例,犹国之有法,国无法则上下靡定,史无例则是非莫准(《史通·序例》)。所谓史例,即史法也。《春秋》之例,具于五十凡,而左氏明之。《史记》、《汉书》未明言有例,然《史记》有《自序》,《汉书》有《叙传》,而例即寓于《自序》、《叙传》之中。迁所谓究天人之际,通古今之变,成一家之言,厥协六经异传,整齐百家杂语,固所谓该万方,纬六经,函雅故,通古今,皆属言之有物,非好为大言者比,谓之史法也可,谓之史例也亦可。且即本书而细求之,亦非无例可寻,惜后人无仿杜预成式,为《史记》、《汉书》作释例者,遂致古良史之美意,湮没而不彰,可慨也夫。是则史意也,史法也,史例也,皆二氏史学之可考见者也。

(选自金毓黻《中国史学史》)

四 《资治通鉴》

【题解】

　　主持《资治通鉴》修纂工作的北宋著名政治家、史学家司马光(1019—1086),字君实,陕州夏县(今山西夏县)人,出生于书香官宦门第,其父中过进士,官至天章阁待制。司马光幼年即聪颖好学,爱好历史。20岁考中进士,先后在地方和朝廷担任过判官、史馆检讨、太常博士、龙图阁直学士、翰林学士、御史中丞、门下侍郎等职务。神宗在位期间,任用王安石推行变法,以司马光为代表的一批官僚反对王安石新法,政治上难以立足,他便自请外任,从此主要以翰林学士和提举嵩山崇福宫(管理道观的官职)的身份居于洛阳,一共十五年。直到神宗死后,哲宗即位,司马光才被重新起用,担任门下侍郎,开始废除新法,但不久后去世。

　　司马光一生撰著甚丰,但最重要的还是史学巨著《资治通鉴》。在此书问世以前,人们了解前代历史主要依靠作为正史的十七史,但十七史卷帙浩繁,难以在短期内卒读,于是自幼酷好史学的司马光立志要编写一部简明的通史;其次,在北宋中期,社会的政治、军事危机正日趋严重,司马光也希望通过撰史以"叙国家之盛衰,著生民之休戚",为统治者提供历史的借鉴。早在宋仁宗嘉祐年间(1056—1063),司马光即开始着手编撰自战国至五代的大事年表《历年图》,随后又在此基础上撰成《通志》八卷(此即《资治通鉴》的前八卷),进献给宋英宗,引起英宗的重视,命司马光设立书局,"自择馆阁英才共修之"。神宗即位后,御赐书名《资治通鉴》,并为之撰序,继续予以支持。司马光根据英宗的诏命所组成的书局包括刘恕、刘攽、范祖禹(这三人是同修官)、司马康(负责检阅文字),他本人任主编,总其大成。这些成员都是当时对史学有专长的一流学者,实可谓一时之选。这些人在司马光的统领下按照一定的步骤开始编撰工作:第一步是将收集的史料按照年月顺序,标明事目,剪贴排列,叫做丛目,丛目力求翔实完备;第二步则将丛目史料进行初步整理,加以选择、考辨和取舍,重新编排组织,叫做长编。丛目和长编都由同修者负责整理编写,由书吏抄录。第三步再由司马光在长编基础上笔削润色,统一体例和文字,撰成定稿。全部工作历十九年始告完竣(从1066年到1084年),全书共二百九十四卷,另有《目录》三十卷、《考异》三十卷,所载史实上起周威烈王二十三年(前403),下迄后周世宗显德六年(959),共一千三百六十二年,是一部规模宏大的编年体通史。

《资治通鉴》对中国古代史学所作出的独特贡献主要体现在以下方面:1. 建立考异法。在采择前代史实而遇到不同记载互有歧异时,必加以考证,以定其去取,态度十分严谨。前人对此评价道:"修史之家,未有自撰一书,明所以去取之故者,有之,实自光始。"2. 编写目录。前代编年史,均无目录,司马光编写了《通鉴目录》,便于寻检,乃是一大创造。3. 具备极高的史料价值。司马光编撰《资治通鉴》时,得以充分利用北宋时期大量的公、私藏书,所引书目据有关学者统计达到359种(实际数目很可能还不止于此),尤其是利用了当时尚存的大量隋唐五代时期的第一手史料,这些史料现在大都散失了,而赖《通鉴》得以保存其一部分。4. 行文风格前后一致,浑然一体。5. 全书纪事偏重于政治和战争,对国家的盛衰、政治的好坏、君主的贤愚、官吏的良莠均记载十分详细,对于大小历次战争的记载则同样不厌其繁,清代的顾炎武即指出"《通鉴》承左氏而作,其中所载兵法甚详"。历代学者对《资治通鉴》所取得的高度成就均给予极高的评价,比如明代的胡应麟说:"编年之史,备于司马氏。司马氏出,而宋以前之为编年者废矣。"清代的王鸣盛则说:"此天地间必不可无之书,亦学者必不可不读之书也。"

《资治通鉴》问世以后,到南宋时期,就已有不少注本出现。其中最好的乃是宋末胡三省的注本,胡注主要注释字音、典章制度、地名、人名、服饰,所注均极详细精审,对阅读《通鉴》一书助益极大。《资治通鉴》版本目前比较通行的乃是中华书局1956年出版的点校本,这个点校本的底本是清胡克家翻刻的元刊胡注本,是目前最好的本子,颇便于研读者利用。

唐纪八

太宗文武大圣大广孝皇帝上之上贞观元年(丁亥,公元六二七年)春,正月,乙酉[1],改元[2]。

丁亥,上宴群臣,奏《秦王破阵乐》。上曰:"朕昔受委专征[3],民间遂有此曲,虽非文德之雍容,然功业由兹而成,不敢忘本。"封德彝曰:"陛下以神武平海内,岂文德之足比!"上曰:"戡乱以武[4],守成以文,文武之用,各随其时。卿谓文不及武,斯言过矣。"德彝顿首谢[5]。

己亥,制:"自今中书、门下及三品以上入阁议事[6],皆命谏官随之,有失辄谏[7]。"

上命吏部尚书长孙无忌等与学士、法官更议定律令,宽绞刑五十条为断右趾,上犹嫌其惨,曰:"肉刑废已久,宜有以易之。"蜀王法曹参军裴弘献请改为加役流[8],徙三千里,居作三年;诏从之。

注释 [1]乙酉:古代以天干地支纪日,这里的"乙酉"是初一。 [2]改元:改变年号。这里指改年号为"贞元"。 [3]受委专征:受命专任征伐。指太宗为秦王时破刘武周事。 [4]戡:平定。 [5]谢:谢罪。 [6]阁:唐初皇城内有两仪殿,乃皇帝日常上朝之所,两仪殿东西两廊有二阁,从阁有门可入两仪殿。 [7]辄:就,即时。 [8]法曹参军:唐代诸王府中设置功、仓、户、兵、骑、法、士七曹参军,正七品上。加役流:指加服劳役的流放。

上以兵部郎中戴胄忠清公直,擢为大理少卿[1]。上以选人多诈冒资荫[2],敕令自首,不首者死。未几,有诈冒事觉者,上欲杀之。胄奏:"据法应流[3]。"上怒曰:"卿欲守法而使朕失信乎?"对曰:"敕者出于一时之喜怒,法者国家所以布大信于天下也。陛下忿选人之多诈,故欲杀之,而既知其不可,复断之以法,此乃忍小忿而存大信也。"上曰:"卿能执法,朕复何忧!"胄前后犯颜执法,言如涌泉,上皆从之,天下无冤狱。

上令封德彝举贤,久无所举。上诘之[4],对曰:"非不尽心,但于今未有奇才耳。"上曰:"君子用人如器[5],各取所长,古之致治者,岂借才于异代乎? 正患己不能知,安可诬一世之人!"德彝惭而退。

注释　[1]擢:提升。　[2]选人:候选官员。资荫:资历和门荫。　[3]流:流放。　[4]诘:责问。　[5]用人如器:用人就如使用器物,只须取其所长。

御史大夫杜淹奏"诸司文案恐有稽失[1],请令御史就司检校[2]。"上以问封德彝,对曰:"设官分职,各有所司。果有愆违[3],御史自应纠举[4];若遍历诸司,搜摘疵颣[5],太为烦碎。"淹默然。上问淹:"何故不复论执[6]?"对曰:"天下之务,当尽至公,善则从之。德彝所言,真得大体,臣诚心服,不敢遂非。"上悦曰:"公等各能如是,朕复何忧!"

右骁卫大将军长孙顺德受人馈绢,事觉,上曰:"顺德果能有益国家,朕与之共有府库耳,何至贪冒如是乎[7]!"犹惜其有功,不之罪,但于殿庭赐绢数十匹。大理少卿胡演曰:"顺德枉法受财,罪不可赦,奈何复赐之绢?"上曰:"彼有人性,得绢之辱,甚于受刑;如不知愧,一禽兽耳,杀之何益!"……

注释　[1]稽失:迟延错漏。　[2]检校:检查核对。　[3]愆违:失误、违犯。[4]纠举:纠察举报。　[5]搜摘疵颣:搜寻揭露瑕疵缺点。摘:揭发。颣:毛病。[6]论执:争辩,争执。　[7]贪冒:贪赃枉法,贪污受贿。

壬申,上谓太子少师萧瑀曰:"朕少好弓矢,得良弓十数,自谓无以加[1],近以示弓工[2],乃曰'皆非良材'。朕问其故,工曰:'木心不直,则脉理皆邪[3],弓虽劲而发矢不直。'朕始寤曏者辨之未精也[4]。朕以弓矢定四方,识之犹未能尽,况天下之务,其能遍知乎!"乃命京官五品以上更宿中书内省[5],数延见[6],问以民间疾苦,政事得失。……

有上书请去佞臣者,上问:"佞臣为谁?"对曰:"臣居草泽,不能的知其人,愿陛下与群臣言,或阳怒以试之[7],彼执理不屈者,直臣也,畏威顺旨者,佞臣也。"上曰:"君,源也;臣,流也;浊其源而求其流之清,不可得矣。君自为诈,何以责臣下之直乎[8]!朕方以至诚治天下,见前世帝王好以权谲小数接其臣下者[9],常窃耻之。卿策虽善,朕不取也。"……

注释　[1]加:超过。　[2]弓工:制造弓箭的工匠。　[3]邪:同"斜"。[4]寤:同"悟",领悟,明白。曏:通"向",以前。　[5]更宿:轮流值夜班。[6]延见:召见。　[7]阳:通"佯",假装。　[8]责:要求。　[9]权谲小数:权变诡诈这类小伎俩。接:对待,接待。

(原文据《资治通鉴》卷一百九十二,中华书局,1956年)

【评论】

通鉴的编纂方法(节选)

柴德赓

(前略)

(三)起草长编的问题

做《通鉴》这样的巨著,不可能毕其功于一役,中间也有个工序问题。司马光决定先做长编,然后就长编删定成书。

所谓长编,实际上就是一个初稿。长编要求材料要广泛,年月必须清楚,要把所有比较重要的历史事实都按年月排列起来,这是很费力的事情,也是极细致的工作。从纪传体的材料改为编年史,常常苦于时间不明确。司马光有《与范内翰(祖禹)论修书帖》云:且将《旧唐书》纪志传及《统记》、《补录》并诸家传记小说以至诸人文集稍干时事者,皆须依年月添附;无日者附于其月之下,称是月;无月者附于其年之下,称是岁;无年者附于其事之首尾;其无事可附者,则约其事之早晚,附于一年之下(见《通鉴释例》)。这里提出了一些处理年月日的办法,指示周详。在另一个与范淳夫的帖子中也提到:请从高祖初起兵修长编至哀帝禅位而止,其起兵以前,禅位以后事,于今来所看书中见者,亦请令书吏别用草纸录出,每一事中间空一行许素纸(注:以备剪开粘缀故也)。隋以前者与贡父,梁以后者与道原,令各修入长编中,盖缘二君更不看此书。若足下只修武德以后,天祐以前,则此等事尽成遗弃也。二君所看书中有唐事,亦当纳足下处,修入长编耳。这个帖子,牵涉到分工问题,这是最初分工,后来有变动,前面已经说过了。这里应当注意的是助手分别担任做一个时期的长编,要互相支持,省得重复费工夫,交代得很明确。

长编的分量是很大的。相传唐朝一代就有六百多卷,但经司马光删定的只有一百多卷,差不多删去六分之五,留下六分之一。可见在长编上加工也还有一段艰苦的历程。不过长编的基础好,第二次加工就好办了。司马光死后,洛阳还有两间屋子的残稿,多半是长编的底本,可惜没有留下来。这种做书的方法可以学习。

以上是第一阶段工作上要解决的问题。

(四)史料的选择问题

长编的史料那么多,要哪些史料,不要哪些史料,首先有个取舍问题。

司马光究竟要些什么材料呢?首先是政治史。这部书是《资治通鉴》,顾名思义,写书是为了要巩固封建统治。《通鉴》既是为政治服务的书,司马光在选材时无疑偏重政治史了。"鉴"就是镜子,镜子能反映现象,美者自美,丑者自丑。宋朝人不能用镜字,是避讳的,所以叫《通鉴》。司马光本来的意思是要把《通鉴》进献给皇帝看,希望皇帝读了这部书以后,把当代的政治搞得好一点。"资治"是帮助皇帝统治的意思。《通鉴》修成以后,从北宋的皇帝一直到南宋的皇帝都经常找人给讲,司马光自己也给皇帝讲过几次《通鉴》。

《通鉴》里面讲的政治,主要是讲国家的兴亡,朝代的兴亡,讲一个国家一个朝代是怎样一步一步兴起来的,又是怎样一步一步亡下去的。好皇帝,政治清明的,他写。他所谓好,最高标准是西汉的文帝、景帝,到汉武帝时就差一点了,但尚有可取之处。封建社会真正好的典型不多,走上坡路的不多,唐太宗时到顶了。《通鉴》不但写皇帝本人,还写宰相,也写大臣,写敢于劝谏皇帝的人。《通鉴》对于历代王朝的政治措施、政治集团中重要人物的事迹和言行,特别是教忠教孝的事例,凡属于封建道德范围内的所谓美事,都尽力予以正面表扬,作为后人学习的榜样。另一方面,《通鉴》也写政治上的腐败,不厌其详地记述那些"伤天害理,残民以逞",丑恶不堪入目的事情,作为深切的教训和鉴戒。《通鉴》揭露封建社会阴暗面的材料比光明面多。封建社会本来是残暴的,剥削很重,阶级矛盾尖锐,不但坏皇帝坏得不堪,就是最好的皇帝也有丑闻,更何况南北朝那些皇帝。比如:汉灵帝的荒唐,晋惠帝的愚蠢。晋惠帝很糊涂,他说:老百姓没有饭吃,为什么不吃肉?他就不懂得老百姓连饭都吃不上,哪有肉吃?他听见青蛙叫,便问:青蛙叫是为公还是为私?下边的人回答:在公地上叫是为公,在私地上叫是为私。晋惠帝生于深宫之中,长于妇人之手,当然不了解现实生活。这样的皇帝在中国历史上多得很。大臣里面有些人是很公正的,也有奸臣、贪官、搞欺骗的。《通鉴》里写坏人坏事坏得出奇的多着呢。《通鉴》揭露封建社会阴暗面的材料大大超过了光明面,他的意思是叫皇帝看看这个坏人的下场,要当心,那样会亡国。尽管司马光的目的是为了给统治阶级敲警钟,筹对策,却在客观上暴露了封建社会的本质。

《通鉴》写农民起义也很多,它揭露官吏剥削贪污,弄得民不聊生,对农民有一定的同情。但农民真正起义了,他又说他们是"贼",是"寇",这里可以看清楚《通鉴》作者的立场。

在《通鉴》的政治史中,最突出的又是军事史。军事史是政治史的一部分。《通鉴》里面写军事的分量是最多的。因为在封建社会里,战争不断发生。其中有对外的战争,有和汉族以外各族的战争,大部分是统治集团内部争夺政权的战争,也有相当多的农民起义和镇压农民起义的战争。陈胜、吴广起义,打了五年,后来不是农民起义战争了。三国时的黄巾起义,尽管张角很快失败,但这次起义延续了好几年。南北朝北魏时,北方大起义,隋末农民大起义,唐末黄巢起义,都是大规模的,战争时间很长。关于农民起义和镇压农民起义这一类战争,《通鉴》里写得很详细。此外,统治阶级内部争霸,争王位的战争为最普遍。没有天下打天下,打完天下守天下。我们说是争王位,历史书上讲是篡位,这样的事情很多。从前有人给《左传》起了一个名字叫"相砍书",左丘明喜欢写战争,而且写得特别好。以《通鉴》比《左传》,战争的比重更大,那更是"相砍书"了。

《通鉴》于对内对外战争大小毕书,而且确实写得好。凡是一次大的战役,他一定写上发动战争的原因,双方讨论军事计划的几种争论,对战事成败的分析,以及战争具体过程,详详细细地叙述。如历史上有名的赤壁之战,淝水之战,高欢、宇文泰沙苑之战,李存勖、朱温夹寨之战,写述都很生动。《通鉴》是研究我国古代军事史的好材料。唐代后半期有一次裘甫农民起义,尽管《唐书》写得很少,司马光写裘甫起义却很详细。裘甫是在浙江绍兴府起义的。当时,有一个人向他建议,占领浙江绍兴府以后发兵长驱南京、卡住渡口,就好对付中央部队了。裘甫没有采用这个建议,而是驻守绍兴。结果,唐朝军队从长安赶来镇压了这次农民起义。读到这里,我们就会有所感触,农民起义军里有人才,裘甫不用,导致起义很快失败,可惜!可惜!

《通鉴》特别喜欢写用兵。著名的马陵之战,孙膑与庞涓斗智就是一例。孙膑是齐国人,庞涓是魏国人,原来是师兄弟。后来二人各走各的路,最后在战场上见了面。孙膑见庞涓的军队来了就急速退兵,今天驻营用一百个灶,明天用七十个灶,后天只用五十个灶。庞涓不知是孙膑的计策,以为孙膑兵力减弱,就拼命地追,追到马陵被孙膑打败了。东汉有一个虞诩,被派去当太守。羌人知道了,便在半路截他。虞诩的军队很少,只好退兵。他今天退一个人造两个灶,明天退一个人造三个灶。羌人追来数灶,以为援兵到了,不敢再追。虞诩很快到了上任的地方。有人问他:孙膑以减灶取胜,你为什么以增灶取胜?虞诩回答:条件不同,情况不同。孙膑兵多,怕庞涓不上圈套,所以减灶,以引庞涓来追。我的人少,如果不增灶,也许被敌人吃掉。司马光描写用兵是千变万化,对人很有启发。三国时的贾诩,帮助张绣打曹操(即战宛城),曹操败了,张绣要追,贾诩说,你不能追,追了一定要失败。张绣不听,结果大败。这时贾诩又说,现在可以追了。张绣问,怎么这时又能追呢?贾诩说,你相信我,这时追了一定能打胜仗。张绣追了,果然打了胜仗。张绣问贾诩是什么原因,贾诩说:曹操用兵厉害。当初他退兵一定是国家有事,而他退兵一定要断后,以防人追。你那时追正好吃了他的圈套,所以失败。后来,曹操打胜了,他看你不行,没有估计到你会追他,又急于回国,也就顾不得后边了。这时去追他,一定能够打胜仗。清朝胡林翼作了一部《读史兵略》,有军事史的意思,实际上不够军事史。而《读史兵略》大部分材料采自《通鉴》。用兵要有勇有谋,《通鉴》里勇谋都有。五代有一个人叫王彦章(王铁枪),是五代唯一的勇将,后来被唐军所俘,宁死不屈。他是勇有余而谋不足。司马光很欣赏他,写得很详细。

除政治史外,关于经济史方面的材料,《通鉴》也有一定的重视。我国古代的历史学家对于经济问题是重视的。因为经济问题不解决,政治也会成问题。孔夫子认为,足食、足兵、足信三个条件,在迫不得已只能保留一个时,可以先弃兵、弃食,信不能弃,因民无信不立。其实,几天不吃饭可以坚持,长时期就不行了。这是孔子和他的门生讨论过的问题,但不知道学生的思想上真正解决了没有。司马光认为不能弃食。班固的《食货志》就是讲国家经济生活问题的。对于这个道理,古人懂得。所以《通鉴》里的经济材料也不少。《通鉴纪事本末》搜集了二百三十九件大事,经济只有两件。这是因为许多经济材料分散,不够一个总题目,而《纪事本末》又是按题目写的。《通鉴》对于历代的经济制度和一时的经济措施,与国计民生有关的事情大体都有记载。如土地问题,豪强如何争夺土地,北魏的均田制,曹操的屯田制都有记载,赋税问题,钱币问题也写得很多。特别是官吏的剥削、贪污对人民的影响记得不少。所以,《通鉴》中的经济材料虽然没有政治材料那么多,但重要的经济材料都用上了。有人说《通鉴》太注意政治,完全不注意经济。不能这样说。不是不注意,只是分量没有政治史、军事史重,并且记载不详尽,尤其是记载生产斗争的资料太少。

至于文化史和文学、艺术、宗教等内容,比经济更少。因为这部书太大了,原来长编里有的,后来去掉了不少,文化这一部分留得最少。屈原,陶渊明是大文学家,《通鉴》上却没有提到。杜甫也差一点漏了,只是从王叔文口中吟诗才提到的,一行是因进谏才提到的。今天的人看杜甫与白居易在文学史上的地位,应该说杜甫比白居易高一点。但在《通鉴》里,白居易见得太多了,杜甫见得太少了,原因是当时杜甫的地位很低,直接和政治发生的关系少。白居易则不同,他当了翰林学士后,屡上奏书,对当时的政治表示态度,他的乐府诗,也对当时的政治作了一些讥讽,《新丰折臂翁》就是其中之一。《通鉴》对白居易的诗记得不少。有人提出:为什么《通鉴》里写白居易多,而写杜甫则少?不能拿今天的眼光来看问题。凡是纯粹文学的东西,《通鉴》都记得不多。韩愈、柳宗元是唐宋八大家之一。柳宗元不但是文学家,还是哲学家,具有朴素唯物主义思想。司马光写柳宗元在政治上是失败了,司马光记了他两篇文章,《梓人传》和《种树郭橐驼传》。梓人是个木匠头目,他指挥许多人盖房子,他没直接参加盖房子,最后房子造成了,却说是梓人造的。这篇寓言是对宰相说的,是说宰相应该怎么做才对政治有影响。《通鉴》摘录了一段来用,说明它有很高的价值。《种树郭橐驼传》是说有一个驼子会种树,种下去后不是早上摇摇它、拔拔它、晚上抓抓它,两三年树就长起来了。这篇寓言是对县令讲的,意思是说,你不要扰民,要让民休息。这篇寓言有助于治国之道,司马光采用了。韩愈写的与政治有关系的文章,司马光也采用了。历史家王通、刘知幾,《通鉴》只写了其卒年。《通鉴》能写上某年某月某日某人卒,就很不简单,此人一定是有代表性的人物了。近人念书念到某个古人死了没有写出年代而常常批评司马光,这是不对的,因为这个人排队还不够资格,所以他不写。他写的文化人物分量确实少,因为他这部书以政治史为主。

《通鉴》是从以上几方面选择典型材料的,对一般人的事情写得不多。如果写,这个人总是有代表性的。比如唐朝有一个人叫阳城,很有文学修养,人品也不错,皇帝请他来做谏官。阳城做谏官一年多,吃得很好,可什么话也没有说。韩愈写了一篇《争臣论》骂他,阳城不理会。有一天,皇帝要罢免正直的宰相陆贽,起用一个坏人裴延龄。在皇帝盛怒之下,谁都不敢上奏章。阳城则不怕,很勇敢,他说裴延龄是坏人,陆贽是好人,如果用裴延龄,圣旨下来我就撕了。结果皇帝的圣旨没有敢下。后来裴延龄当政,千方百计降他的官职,把他降到湖南当刺史,做地方官。上官收赋税很重。阳城见老百姓太苦了,便不好意思收税。上级派判官来检查,却找不到刺史。阳城哪去了呢?他坐监牢去了,坐在本地设的衙门监狱里。判官看见他自己写的两句考语(即今天的鉴定):"抚字心劳,征科政拙,考下下。"意思是:我的心用尽了,征科不行,我应该坐牢。判官对他说:我不是来考你,是来看看你。判官在那里住了三天,他也不回家,昼夜坐在监牢门口的一块木板上。判官无可奈何,只好回去了。上面的监司说不行,再派判官来,新派的判官带着老婆孩子溜了。在封建社会,像阳城这样的典型的确很少。《通鉴》也写了特别坏的父母官。例如,唐朝有一个皇帝的本家京兆尹李实。有一年,长安附近闹旱灾,按说,地方官应该要求皇帝免税。李实却向皇帝说,虽说旱年,禾苗长得不错,不能免税。他不管人民的死活,一定要收税,逼得老百姓卖房卖妻。李实下台时,老百姓群起而打之。司马光选这样的人是要当官的引以为戒。

《通鉴》这部书之所以写得比较好,重要原因之一是它在材料的选择上很有分寸。当然,在今天看来,仍有许多封建性很强的东西。比如,天上出了一个不常见的星星,就是要变天了,出了彗星更不得了。还有一些当时认为很重要的史料,如制礼、作乐等事,今天看来实在没有什么用处,这是时代不同,观点不同的缘故。由于时代和阶级不同,《通鉴》不可避免地带有某些偏见,但内容很丰富,很典型。

(五)《通鉴》的考异

史料本身有异同,要加以选择,加以鉴别,这就是考异问题。古代史料缺乏,一件事情只有一种记载,无法比较。魏晋以后,史料逐渐增多,唐、五代的最多,一件事情有几种说法,甚至相反,怎么办?这种问题,以前的历史学家也遇到过,大致根据修史者自己的判断,决定究竟对不对,他既没有说明缘由,后人也无从查考。司马光对这个问题的态度是实事求是的,采取了负责的态度。凡是材料有异同的,他把两种书对起来,甚至把几种书对起来看,经过反复研究,选择比较可靠的材料收入《通鉴》。他还把各种不同的说法和自己选择的理由全盘托出,逐条加以说明,作成《通鉴考异》三十卷。对一般读《通鉴》的人来说,如果不是专门研究历史的,读不读《考异》关系不大,《考异》主要是为研究历史的人用的。比如人名不同,年月不对,他都加以考证,并说我选的是可以相信的记载。

司马光研究历史的方法,比前人进了一步。当然主观片面的地方也难免,但应该说,选材基本上是正确的,是比较实事求是的。《通鉴考异》是司马光修《通鉴》的副产物,也是《通鉴》这部书在史学上的一种贡献。司马光根据当时情况的分析,拿出自己的主张来,不能叫做主观。假若没有材料,单凭心里想的作结论,那才是有问题的。比如唐朝有一个江南观察史李锜是个大贪污犯,后来因为谋反被杀掉了。有些材料说得奇奇怪怪,说他临死时交给他的妾一件衣服、一封诉冤状。司马光经过考异批了八个字:"李锜骄逆,何冤之有。"又如司马光对李世民的政治很夸奖,但他在鉴别有关李世民的史料时并不带偏见。司马光的家乡在唐初时被屠城一回,向来都说是李渊的主张。司马光说:这次打仗是李世民作主,与李渊无关系,史官为夸耀李世民,把他的错误归罪于李渊和他的兄弟,我不相信。司马光这样的态度是对的,必须用这种态度来写历史。在三十卷《考异》中当然也有错误,这是由于当时条件和知识水平等所限制。比如突厥人阙特勤,官号叫特勤,他写成特勒。这样的错误总是难免的,影响不了司马光严肃认真的修史态度。

(六)《通鉴》的"论"

司马光的《通鉴》,不像《春秋》笔法那样麻烦,他着重讲事实。史书重在记事,事实说明,是非也就清楚了。古来史书如《左传》有"君子曰",《史记》有"太史公曰",《后汉书》有"论曰",这是作者因事立论,表示自己对这种事或这个人的看法,有褒有贬,目的是想以自己的观点影响读者。《通鉴》的前身《历年图》就有"论",《稽古录》也有"论",可见司马光是重视"论"的。《通鉴》共有一百八十六篇"论",其中分为两类,第一类以"臣光曰"三个字开头,是他自己的议论,共有一〇二篇。第二类是历来史家原有的论赞,他认为对的,移作《通鉴》的论,这样的论有八十四篇,荀子、贾谊、太史公、扬雄、班固父子、荀悦、仲长统、陈寿、鱼豢、华峤、袁宏、习凿齿、孙盛、干宝、虞喜、徐众、范晔、沈约、裴子野、崔鸿、萧子显、萧方等,颜之推、李延寿以至柳芳、权德舆、李德裕、欧阳修等的论,他都引过。引得最少的是司马迁的论,只引了一篇。引得最多的是裴子野的论,有十篇。《通鉴》的论分布不平衡,最多的一卷中有五篇,也有几卷十几卷没有一篇论的。"论"少的地方大抵是因为事情善恶在叙事过程中已经很明显,不需要作"论"了。刘知幾的

《史通·论赞篇》有所谓"论著所以辨疑惑、释凝滞,若愚智共了,固无俟商榷",《通鉴》正是这样的。司马光所论述的多有关治乱之机,以及所谓为君之道,事君之道。他是因事纳谏,积极为封建政治服务的;其中迂腐之论,带毒素的论自然很多。但也有平正的,如卷二六三论唐代宦官这一篇的论。卷二九一论冯道的一篇,在引用了欧阳修的"论"后再加以发挥。冯道在五代很有名,活了七十三岁,他自己吹嘘跟孔子一样高寿,并把自己某年某月某日做什么官开了一个单子,很得意。因为五代时时局非常混乱,很多人死于混乱之中,而他一家在乱世中都得以保全。司马光先引欧阳修论曰:"'礼义廉耻,国之四维;四维不张,国乃灭亡。'礼义,治人之大法;廉耻,立人之大节。况为大臣而无廉耻,天下其有不乱,国家其有不亡者乎!予读冯道《长乐老叙》,见其自述以为荣,其可谓无廉耻者矣,则天下国家可从而知也。"引完了"欧阳修论曰"后,司马光也发了一通议论,骂冯道是"奸臣之尤,安得与他人为比哉!"

但今天看来,司马光的"论"基本上是不高明的,用处不大,还有许多有毒素。现在读《通鉴》,对"臣光曰"一般不重视,很多地方要批判。我们读《通鉴》一般取事实,不取论点。但如果要研究司马光的思想,研究他作《通鉴》的思想,研究他如何为封建制度服务,那是要读《通鉴》的"论"的。

(七)《通鉴》的目录

《通鉴》是一部大书,据司马光自言:"《通鉴》成后,只王胜之阅读一遍,其余未及数卷,便已欠伸。"王胜之名益柔,《宋史》二八六附其父《王曙传》。这样一部书,当时只一人读完,可见部帙太大,阅读很费时间,更何况这部书虽然按年编录,但头绪纷繁,要寻找一件事情很不容易。司马光考虑到了这个问题,因此在修书的同时,作成《通鉴目录》三十卷,把每年的重要事件标题列举,可以按目录检寻,比较方便。比如第一部是战国时代的目录,它把各国都写上,这一年,某国有什么事情,那一年,有什么事情都列上。《通鉴目录》实际是《通鉴》的索引。我们现在印《通鉴》没有把《目录》印上,其实读《通鉴目录》很有用,

《通鉴》和目录不能分开。同志们看到书店里有目录,可以买一部。宋本是十部,每年有什么问题,都有标题。不方便的是上面写的甲乙丙丁用古字,我们可以不管它,下面有年号。比如,唐玄宗开元二年,它上面写着在《通鉴》里多少卷,这一年发生了什么事情,《目录》上都写着。这是司马光《通鉴》的最后工作。司马光作《通鉴目录》,给读者很大方便。比如某件事,某个人怎么查,《通鉴》里究竟有没有,一般都要查《目录》,除非你对《通鉴》又点又圈很熟悉。在这三十卷《目录》上,有关历法朔闰和甲子,都是根据刘羲叟的《长历》而成。刘羲叟是宋代天文历法专家,《通鉴》采用《长历》,所以历法方面的错误较少。清代齐召南作《历代帝王年表》,就是以《通鉴目录》为依据的。

(选自柴德赓《资治通鉴介绍》)

五 《文献通考》

【题解】

  《文献通考》的作者是宋末元初的马端临(1254—?)。他字贵与,饶州乐平(今江西乐平)人,出生于一个世代书香的家族。父亲马廷鸾曾中进士,官至右丞相,为官清正,后因南宋政局动荡,奸臣当道,遂以疾辞官,归隐乡里,潜心读书著述,曾撰《读史旬编》,将"自尧甲辰至五代周显德七年庚申,三千三百一十七年"之重大史事"类而编之"。马廷鸾曾建碧梧精舍"积书连楹",马端临自幼嗜学,又得父亲指点,学问日进,尤精史学。他20岁中省试解元(即第一名),适值其父因病退隐,遂以随父侍疾之由,绝意仕进。入元之后,其父执留梦炎仕元为吏部尚书,荐其出仕,被其谢绝。后其父过世,服丧期满后曾担任饶州慈湖书院、衢州柯山书院山长以及台州路路学教授,后仍乡居,为生徒所重。

  马端临一生著述以《文献通考》为重,此书之撰成,历时二十余年,全书共三百四十八卷,综考历代典章制度,自上古以至唐宋,分门别类,考镜源流,析为二十四门,是一部规模宏大的典章制度通史。在此以前,专门的典章制度史已有唐代杜佑的《通典》,但《通典》只写到唐天宝时期,而且"节目之间,未为明备","去取之际,颇欠精审",留下一些遗憾;宋代郑樵的《通志》作为一部纪传体通史著作,其中所极意经营的"二十略"也是关于典章制度、文化学术的记载,但也只记载至唐代;而司马光的大型编年史《资治通鉴》则"详于理乱兴衰,而略于典章经制";因此马端临立意要撰成一部堪与《通鉴》媲美的典制通史,此书所述典制从上古以迄南宋宁宗嘉定年间,时代比《通典》、《通志》都要长,记述也更为详尽。《通考》的基本格局乃是以《通典》为蓝本的,但分类更为细密,全书共包括二十四考,关于经济制度的有《田赋》、《钱币》、《户口》、《职役》、《征榷》、《市籴》、《土贡》、《国用》等八考,关于文教职官的有《选举》、《学校》、《职官》三考,关于祭祀礼仪的有《郊社》、《宗庙》、《王礼》、《乐》四考,此外还有《兵》、《刑》、《经籍》、《帝系》、《封建》、《象纬》、《物异》、《舆地》、《四裔》诸考,涉及文化、政治、天文、地理、民族等各个领域。其中十九考是根据《通典》编写的,而经籍、帝系、封建、象纬、物异是完全新创的。《通考》在编纂上的基本特点可以概括为:1. 叙次井然。各个专题均按照文、献、按三个层次加以编排:先排比经籍上的相关史料,继而引证贤者之言加以阐述,最后加上作者自己的按语。其按语主要作用在于提明线索、判断是非、剖析材料、考镜源流。2. 时序谨严。全书严格按照时间次序排列材料,能够清晰地呈现出每一典制发展演变的历史。3. 节目明备。主要表现在将《通典》的八典增为二十四考,将《食货典》分为田赋、钱币、户口、征榷等八考,容量也增加一倍有余。此外还有其他项目方面的调整,无须赘述。4. 重点突出。主要表现在对于宋代的典制加以详细考述,而宋以前则相对简略。总的说来,《通典》以其体例之精审、史料之丰富、考订之谨严、史识之宏通奠定了其在中国史学史上无可动摇的重要地位,与《通典》、《通志》一起被后人并称为"三通",历来受到学者的称道。比如元代饶州路的一个《抄白》中即云马端临"知前代之典章,识当世之提要,以所见闻,著为成书,名曰《文献通考》",提议将此书刊刻行世,"非惟不负本儒所学,抑且于世教有所补益"。清代乾隆皇帝在《御制重刻文献通考序》中云:"朕惟会通古今,该洽载籍,荟萃源流,综统同异,莫善于《通考》。""上下数千年,贯穿二十五代,于制度张弛之迹,是非得失之林,固已灿然备矣。"

关于《文献通考》的版本,最善者当推元泰定元年(1324)官刻本以及明正德、嘉靖间刻本。清代也有多种刻本,比如乾隆十二年校刊本、光绪点石斋石印本等。浙江古籍出版社2000年影印"万有文库"本,而后者乃据乾隆官刊本影印。这是目前比较容易看到的本子。

《文献通考》自序(节选)

昔荀卿子曰[1]:"欲观圣王之迹,则于其粲然者矣,后王是也[2]。""君子审后王之道,而论于百王之前,若端拜而议[3]。"然则考制度,审宪章,博闻而强识之,固通儒事也[4]。《诗》、《书》、《春秋》之后,惟太史公号称良史[5],作为纪、传、书、表,纪、传以述理乱兴衰,八书以述典章经制,后之执笔操简牍者[6],卒不易其体[7]。然自班孟坚而后[8],断代为史,无会通因仍之道[9],读者病之[10]。

注释 [1]荀卿子:荀子。 [2]"欲观圣王之迹"三句:要想考察圣王治国的原则,就必须考察那些清楚的东西,那就是后王实行的治国原则。迹:遗迹,指治国原则。粲然:清楚明白。这段话出自《荀子·非相》篇。 [3]后王:当今的王。端拜而议:一说当作"端拱而议",即从容不迫地进行讨论。这三句出自《荀子·不苟》篇。 [4]通儒:学识渊博通达的儒者。 [5]太史公:司马迁。 [6]执笔操简牍:这里指从事史书的撰作。简牍:汉代以前用来书写的竹简和木片。 [7]卒不易其体:最终也不能改变其体制。指后人撰史都依照司马迁所创体例。 [8]班孟坚:班固。 [9]会通因仍:前后贯通因袭。 [10]病:以……为病。指断代史无法让人们看到典制的前后关系,这被读者认为是一个缺陷。

至司马温公作《通鉴》[1],取千三百余年之事迹,十七史之纪述[2],萃为一书[3],然后学者开卷之余,古今咸在。然公之书详于理乱兴衰,而略于典章经制,非公之智有所不逮也,编简浩如烟埃,著述自有体要,其势不能以两得也。窃尝以为理乱兴衰,不相因者也,晋之得国异乎汉,隋之丧邦殊乎唐,代各有史,自足以该一代之始终[4],无以参稽互察为也[5]。

注释 [1]司马温公:司马光。 [2]十七史:指《资治通鉴》以前的十七种正史。 [3]萃:汇集。 [4]该:包括,概括。 [5]无以参稽互察为也:没必要互相参照考察。

典章经制,实相因者也,殷因夏,周因殷,继周者之损益,百世可知[1],圣人盖已预言之矣。爰自秦汉以至唐宋,礼乐兵刑之制,赋敛选举之规,以至官名之更张,地理之沿革,虽其终不能以尽同,而其初亦不能以遽异[2]。如汉之朝仪、官制,本秦规也,唐之府卫、租庸,本周制也,其变通张弛之故,非融会错综、原始要终而推寻之[3],固未易言也。其不相因者,犹有温公之成书,而其本相因者,顾无其书,独非后学之所宜究心乎[4]!

注释 [1]"殷因夏"四句:出自《论语·为政》:"子曰:'殷因于夏礼,所损益可知也。周因于殷礼,所损益可知也。其或继周者,虽百世可知也。'"意为历代礼制的沿革都是可以知道的,甚至百世以后礼制的变化也是可以预测的。 [2]遽:突然。 [3]原始要终:探讨其源流始终。 [4]究心:用心考究。

唐杜岐公始作《通典》[1],肇自上古[2],以至唐之天宝,凡历代因革之故,粲然可考。其后,宋白尝续其书[3],至周显德,近代魏了翁又作《国朝通典》[4]。然宋之书成而传习者少,魏尝属稿而未成书,今行于世者,独杜公之书耳,天宝以后盖阙焉[5]。有如杜书纲领宏大,考订该洽[6],固无以议为也。然时有古今,述有详略,则夫节目之间未为明备[7],而去取之际颇欠精审[8],不无遗憾焉。盖古者因田制赋,赋乃米粟之属,非可析之于田制之外也[9]。古者任土作贡[10],贡乃包篚之属[11],非可杂之于税法之中也。乃若叙选举则秀、孝与铨选不分[12],叙典礼则经文与传注相汨[13],叙兵则尽遗赋调之规而姑及成败之迹[14],诸如此类,宁免小疵[15]。至于天文、五行、艺文,历代史各有志,而《通典》无述焉。马、班二史各有诸侯王、列侯表,范晔《东汉书》以后无之,然历代封建王侯未尝废也[16]。王溥作唐及五代会要[17],首立帝系一门,以叙各帝历年之久近,传授之始末,次及后妃、皇子、公主之名氏封爵,后之编会要者仿之,而唐以前则无其书。凡是二者,盖历代之统纪[18],典章系焉,而杜书亦复不及,则亦未为集著述之大成也。……

注释 [1]杜岐公:指杜佑。 [2]肇:始。 [3]宋白:北宋初年人,参与编撰《文苑英华》,并曾续《通典》。 [4]魏了翁:北宋学者。 [5]阙:同"缺"。 [6]该洽:完备广博。 [7]节目:名目,项目。 [8]去取:这里指对史料的取舍。 [9]析:离析,分开。 [10]任土作贡:语出《书序》,指根据当地的出产进贡。 [11]包篚:指馈赠之礼物。篚:圆形的竹筐。 [12]秀、孝:西汉选拔人才有秀才、孝廉等名目。铨选:量才授官。古代举士与选官,合而为一,士获选,即为官。到唐代,考试归礼部,授官归吏部,吏部对进士或候选官吏进行考核后授官,这叫铨选。 [13]汩:混杂,淆乱。 [14]赋:兵,古代按田赋出兵,故称兵为赋。姑:且。 [15]疵:毛病。 [16]封建:古代帝王把爵位、土地赐给诸侯,以建立邦国。 [17]王溥:北宋初年人,曾撰《唐会要》、《五代会要》,汇集唐五代典章制度方面的史料。 [18]统纪:纲纪,准则。

(原文据"万有文库"本《文献通考》[影印乾隆官刊本],浙江古籍出版社,2000年)

【评论】

马端临《文献通考》

钱 穆

今天讲马端临(贵与)的《文献通考》。我们讲过杜佑《通典》、郑樵《通志》,《文献通考》就是中国所谓"三通"的最后第三部。马端临已是元朝人,但宋是亡了,国家传统斩绝,而学术还未中断。所以元初很有几个大学者,如王应麟,写《玉海》、《困学纪闻》,胡三省写《通鉴注》,稍前尚有黄东发写《黄氏日钞》,这些都是宋元之际的大儒,对史学都有极高成就。马端临也还可算是其中一个,其人其书虽稍晚,我们也可把来看做是宋代的史学,还是宋代史学的后劲。

我们且讲此书为何取名"文献"?他在自己序里就讲了:文,典籍也；献，贤者也。他说："叙事本之经史，参以历代会要及百家传记之书"，所谓文，即指这些。最主要的，当然就是六经和十七史。历代会要是讲求政治制度方面的重要参考，如《唐会要》、《五代会要》、《宋会要》，还有后人补集的《两汉会要》等，然后及于百家传记之书，此皆所谓"文"。凡马氏书之记载，主要根据这些材料。在记载之外，还附带有评论，则先取"当时臣僚之奏疏，次及近代诸家之评论"，"以至于名流之燕谈、稗官之记录"，此即所谓献。每项制度，以及每一种措施，在当时实际从政的人，他们所有意见，则都见之奏疏。我们当知，每一时代所发生的事，固甚重要，而每一时代人对于此等事所发生之意见，亦同样重要。只是后人对前代事所发生之评论，不仅著在文章，亦有燕闲间之谈论，而记录在各种小说笔记上的。此等皆所谓"献"。

所以"文"与"献"是两件事。简单讲，"文"是指书本，"献"是指人物。我们当知，做学问，书本固重要，人物也重要，或许人物要重要过书本。我曾再三告诉过诸位，读书要一部一部书地读，并要读到这部书背后写书的这个人。这个人比这部书，我们更应该要注意到。而且在我以前，长时期内，许多别人读这部书的，我们也应该注意到。书本写下，这是一部死的，而写这书本的人物，才是一个活的。但活的人则藉这死的书而传下。所以做学问，应该文献并重。这"文献"二字，最早见于《论语》。孔子讲过："夏礼吾能言之，杞不足征也，殷礼吾能言之，宋不足征也，文献不足故也。"《论语》里又有一段说："文武之道未坠于地，在人，贤者识其大者，不贤者识其小者。"这里的"贤者"就是指的人物。在每一个社会上，有些是大贤，他能懂得传统大道。也有些不贤的人，那就是指的普通人，也必有传统大道留在他们身上，只不过是传统大道中比较小的地方而已。上引《论语》前一章所讲"文献不足"的"献"字，就是指的识其大者的"贤人"。在孔子所讲的文武之道，乃及讲到夏礼、殷礼，把我们今天的话来讲，也可说就是我们所谓的文化。孔子说：商代的文化，我能知道，可是没有材料来证明我的讲法。因为商代遗下的宋国，已经是文献不足了。夏代的文化，我也能知道，可是夏代遗下的杞国，也已是文献不足了。所以也无从来证明我所要讲的。只有周代的文化,到今天还是有书本、有人物,所以比较容易讲。在我们一所大学里面,要研究学术,一定要有两个条件。一是图书馆,要藏有很多的书,这即是"文"。又一定要有合理想的、标准的教授,这就是"献",无此两项,便是"文献"不足。如诸位要研究孔子的道理,当然要读《论语》,《论语》就是"文"。或者读《春秋》,《春秋》也是"文"。但仅此还不够。尚有如左丘明、孟子,这许多人就是贤者,就是"献"。要兼此二者,才能懂得《论语》和《春秋》。我们若要学孔子的道理,读《论语》,便该连带去问问孟子。读《春秋》,也应该连带去问问左丘明。所以"文"与"献"该相提并论,两面俱到。若使我们只看重了"文",不能看重到"献",那就如我今天所批评的说:这是一种故纸堆中的学问,又说这是读死书,死读书,不成学问。但若你碰到了一个大贤,得他指导,你就知在这故纸堆中,藏有精深的涵义,死书便变成了活学问,只要有人能讲。今天有人说,我们要研究中国学问,怕要到外国去,如像日本美国,在他们那里,所藏中国书很多,但亦仅是一堆书而已。有书而无人,有"文"而"献"不足。诸位到日本、到美国,也只是读死书,没有什么了不得。又如我们今天在台湾,论起书本来,也并不输于到日本美国去。小小的一个台北市,有故宫博物院、有"中央图书馆"、有"中央研究院"、有台大图书馆在那些处,除掉从前在北平,别处便不易找到这么许多书。我们要从许多书中来研究中国的历史文化,也该尽够了。但诸位要知,还有一件重要的是先生。书要了解,书多了,要一个能指导我们入门的人。我们读此等书,也该听听他的意见。我们不能坐井观天,只是死读书。诸位今天的时代,已经和我做小孩子的时代大不同。那时我们蹲在乡下,小孩子读书只苦"文"不足,书很难得,然而尚有"贤者",他们能讲些中国东西给我们听。今天诸位"文"是足够了,要书本,省力得多。然而在今天中国的社会上,其实也像去日本、美国一般,真个要有几个中国的老师宿儒能讲中国东西的,可是不多了。有文无献,那就只能读死书,死读书,就不免倍加吃力了。

那么,正如诸位要研究孔子,便该从先秦孟子、荀子一路下来,历汉唐到宋、元、明,直到清代,从来研究孔子的人有多少?这许多人所讲也即都是"献",但积久了,所谓献的,也都成了文。在我们现代,又要来找一个也能像孟子、荀子、朱子、阳明般一样能讲孔孟之道的,那就不易了。所以尽说有文化传统,我们还得要一个活的"献",那才是真传统,仅在图书馆求是不够的。图书馆究不是一个活东西,要有人物,要有学者,要有了"献",那"文"才都发挥光华,都见精彩了。

刚才我所讲,是普泛地讲到一般的做学问上面去。现在回到《文献通考》这部书,是专注意在讲政治制度的。如《论语》里说"夏礼吾能言之,殷礼吾能言之"这个"礼"字,广义地讲,就是"道"。也可说,就是当时的文化。狭义地讲,就是当时的一些政治制度。我们要研究每一种的政治制度,不仅要研究这些写在文字规定下来的所谓制度,还应该懂得在当时此一制度之起源,乃至此一制度之演变。并有许多人对于此一制度所发挥的种种意见和议论。这才是研究到了一活制度。这也是我们研究一切学问都该懂得的。读《文献通考》,便该注意到此处。其实马端临的《文献通考》此一着意之点,乃是跟随杜佑的《通典》而来。我们已经讲过杜佑《通典》,不仅讲到每一种的制度,还详细地讲到对于某一制度经历了各个时代的许多人的意见和评论。这是杜佑《通典》的极见精神处,而《文献通考》则把此承袭了下来。我们今天,则似乎只看重这些写定的书本,而更不看重这些写书本和读书本的人。从前人读《论语》,必然会看重孔子,乃至先秦两汉唐宋元明清历来凡是讲《论语》的人,都会同样看重。今天最多是来讲《论语》,而对于从先秦下迄清代这许多比我在前的讲《论语》的,我都看不起。更可怕的,是只讲《论语》,不讲孔子。换言之,在我们心中,只有《论语》其书,更没有孔子其人。亦如讲历史,讲制度,也仅止于历史制度而止。在我们讲的人心中,实也没有我们所讲此历史此制度下的许多人。这实在是我们做学问一个极大的心理上的病。在我们心理上有了这种病,我们便无法做一种高深的、博厚的学问。因在这个人的学问状态上,已经有了一种不仅不谦虚,并且不厚道的大心病。对于这一本书,从前人用功这本书的,对于这一项制度,从前人注意这项制度的,他们的意见,我们全不理会。甚至于我们对于这一部著作,对于这一个制度的本身,我们也并不是用一个研究的态度来研究，而更主要的，是用一个批评的态度来批评。好像总要找到它一些毛病，才表示出我读书有得。若我不能找出它一些毛病来，岂不是在我一无所得吗？这一种的观点，实在是极大错误。而且我们常说，秦前是封建，秦后是专制，早把中国历史上一应制度批评净尽，则杜马两书宜可搁置不理了。

我随便题外讲几句话。最近有一位政治大学的学生写信来，说要讨我一本讲老庄的书。他说：他做学问，最喜欢先秦诸子，想读老庄的书。我复信说，我并没有这本书，且你为什么很注重老庄，而不看重孔孟呢？我有写的《论语新解》一书，你见过没有？我只是随便这样写了作复。他再来信，我才知道他已是大学毕业，在那里不知读硕士还是读博士，他说《论语》、《孟子》，照现在社会风气，不许我们自由批评，便不能作论文，那种书还有什么可研究的？可见他所谓的"研究"，主要是要作批评。今天大家正在讲复兴文化，要讲孔子孟子，要提倡，不要批评，他就觉得这种书不值得研究。我不过随便举一例，怕绝不止一人这样想，做学问就要能批评。但据我的想法，做学问总该要了解。即不讲了解，也该能"记得"。所谓"贤者识其大，不贤者识其小"，"识"字读如"志"，便是记得，记在心里。所记的也有大，也有小，但总该先能记，再能知。记得了，知道了，不能批评也不妨事。没有知，尽求批评，批评过，也就放一旁，不再记得了，那岂成为学问。这因讲《文献通考》，为解释这"文献"二字而讲这许多话，其实这许多话也不能算是题外之言，在读书做学问上是很有关系的。

马端临的《文献通考》，共有三百四十八卷，分二十四门。田赋、钱币、户口、职役、征榷、市籴、土贡、国用、选举、学校、职官、郊社、宗庙、王礼、乐、兵、刑，十七门，马端临自己说，都是根据杜佑《通典》。田赋、钱币、户口、职役、征榷、市籴、土贡、国用，是杜佑《通典》里的《食货典》。选举、学校是《通典》里的《选举典》。职官以下，郊社、宗庙、王礼就是《通典》里的《礼典》。但《通典·礼典》有一百卷，《通考》只有数十卷。这十七门以外，还有舆地、四裔两门，其十九门，都是根据杜佑。此外另有经籍、帝系、封建、象纬、物异几门，不是杜佑《通典》里所有，乃是采掇了另外的书所成。在他自写的序上，只推尊杜佑《通典》，但并没有讲到郑樵的《通志》。但《通考》里的《经籍典》，此非杜佑所有，也不是讲的政治制度。郑樵二十略，本是超乎政治制度之外的，如《氏族略》、《六书略》等，皆与政治制度不相干。郑樵讲历史，已把范围扩大，可说是一个文化史的范围，而不仅是一个制度史的范围了。现在马端临的《文献通考》，他是纯粹根据了杜佑《通典》，看重制度，那么像《经籍志》之类，就不需放在里边。我们也明知他的《经籍考》是根据郑樵的《艺文》、《校雠》两略而来，在他的《文献通考》里，二十四门，每一门有一篇小序，全书有一个总序。在他舆地考的序上，就特别引到郑樵，很称赞郑樵的意见，认为讲舆地应该讲山川，讲自然地理，不应该讲郡国，讲政治地理，这一番话，我以前已经讲过，自然地理变化比较少，政治地理变化比较多，汉代一百零三个郡国，若只讲山川，则并无大变，当时的地方行政区分，到唐代就完全变了。这两方面，我们认为都需要讲，只为郑樵和马端临都拿一种通史的眼光来写，所以看重在山川。若使照断代史的体裁来写，《汉书·地理志》分写当时郡国，并不算错。特别像马端临《通考》里的《象纬》、《物异》，就等于郑樵的《天文略》、《五行略》，而他又来个《封建》。《封建》也可说不失为一种制度，不仅秦以前有封建，秦以后也不断有封建。汉有封建，唐亦有封建。这是马端临自己添进去的一门，为杜佑、郑樵所没有。他又有《帝系》一门，讲历史当然很要看重帝王系统，但不应该放在讲制度的书里面。父传子，子传孙，亦是一个制度。而某王下面是某王，这是历史，与制度不相干。所以我们看他这二十四门，大体说来，实不能超出杜佑的九个门类之外去，当然也不能和郑樵的二十略这样有宽广的角度相比，但后人却特别喜欢读马端临的《通考》，这也有几个理由。第一，杜佑《通典》只到唐代中期，而马端临的《文献通考》则直到宋末，年代长了。尤其在《通考》里有很多材料乃宋史所没有。元人编宋史编得并不好，而马端临在元代初年，他的《通考》所写宋代制度，有很多材料为宋史所未收，这是人家看重他书的一点。而且他书中材料也比杜佑《通典》来得多。时代久了，材料又多了，所以后来的批评都说《通考》比起《通典》来，

"简严不足,详赡过之"。其实杜佑《通典》,并不是"简严"二字可尽,这我在讲杜佑《通典》时已经讲过。他的九门类之先后排列,便见有一份极深的对于政治制度的一种意见,先食货,再选举,而后职官,这等见解,便是非常高明。至于《通典》也有不如《通考》的,如《通典》里讲"兵",只根据《孙子兵法》,引用历代军事来证明《孙子兵法》里的话,那就不是个制度。如说我们每一人几岁应当兵,几岁可以退役,汉代的兵制和唐代的兵制各怎样,宋代改成了募兵制又怎样,这许多,马端临的《文献通考》是远在杜佑《通典》之上了。我们另外从一点讲,杜佑《通典》最后一门是《边防》,国家的国防,也成一个制度,国防的对象则是外面的四裔,《通典》很看重国防问题,而《通考》却把《边防》改成了《四裔》。当然我们讲历史,也该知道北宋时的辽国和西夏,和后来的金国各怎样,这才所谓是"四裔",但我们的书是讲制度,不是讲一般的历史,与其注重在四裔,不如注重在边防。像这种地方,我们就见得读杜佑《通典》,确可长进我们的知识,至少可以刺激我们,或者暗示我们以一种政治上的理论和意见。他书中九个门类,把他的全部政治意见,轻重先后,全都放在里面了,而我们读马端临的《文献通考》,就不免要感到其意义不精,仅是增添了材料,而不见其精义所在。

清末,阮元提倡读两部书:一是《资治通鉴》,一是《文献通考》。读了《通鉴》,才知道历代的历史,读了《通考》,才知道历代的制度,这两部书,阮元称之曰"二通"。本来是《通典》、《通志》、《通考》为"三通",阮元改称"二通",也是别有用意。到了曾国藩,编《经史百家杂钞》第二类《叙跋》,就把马贵与《文献通考》的二十四篇序,一篇篇都收进去,可见当时人之看重此书。所以此后的学者几乎大家都要一读《通考》这二十四门的序,约略对于这一门古今上下的变化得失,可以知道一点简单的情形。如《通考》第一门《田赋》,古今田赋是怎么一回事,在它中间大的得失何在,在这序里大概都有讲到,这就变成我们一个读书人的一种普通常识。诸位当知,以前的读书人,他仅是从事于科举的不算,若真是读书,他们的常识却很渊博。并不是说专要学历史里面的制度,可是马端临的《文献通考》,总要翻一翻。就算是不翻,这二十四篇序也都会读的。即如说曾国藩，他不是一个史学家，更不是在那里专研究历代制度，然而在他的《经史百家杂钞》里，就把这二十四篇序都抄了进去。他的《经史百家杂钞》，当然为后来读书人所看重，所以到清代末年，一般读书人还多读一些中国旧的政治制度，知道一大概。自从光绪时代变法维新下到后来辛亥革命，却把从前旧的完全不知道了，都废掉。直到今天，我们可以说，在我们政府上下从政做官的人，懂得外国制度的可能还有，懂得中国传统制度的，尽可说已没有。就是在我们大学法学院政治系，研究西方政治制度的，这是一门正式的课程。研究中国政治制度的，那就很少了。如此般把我们中国旧的以往历史一刀横切，腰斩了，下面一切从头做起，其实是从头模仿人家。这总是在我们历史文化的生命上一个莫大的病痛。我们本是一个五千年历史文化绵长的大国，现在则是一个不到百年的新国。今天我们也可以说，关于讲中国历史里面的传统政治制度，真是"文有余"。接着三通有九通、十通，还有列朝的会典、奏议及其他的书，材料是汗牛充栋。但我们的传统制度，多涵有甚深精义，绝非封建专制两语可尽。今日所苦，实苦于"献不足"。现在已经没有人懂得了。若讲新的，则更是文献两不足，只有仰赖别人。

有一天，有两位青年来问我，他们拿了一本我写的《中国历史研究法》，因我在此书中说：我们应该对于自己的传统政治制度，有人能来好好写一概略，介绍给大家。他们来问，怎么叫传统政治制度，并说他们正想要来写一部这样的书。我问他们在大学读什么系，一位是新闻系，一位记不清，他们似乎没有读过中国旧书，不知其中困难，所以要来写"中国政治制度史"。但这总算有志。此外，根本没有人来理会。让我且讲从前人如何来研究政治制度。杜佑是唐代一宰相，马端临在宋亡入元，没有在政治上涉足，但他的父亲也是宋末做过宰相的。一个普通的读书人，不一定就懂得政治，要懂政治，应该另有一合适环境。这是照一般人讲法。当然也有杰出的人，我们可不论。简单地讲，如汉代开国以平民为天子，汉高祖手下许多开国功臣，都来自田间，有些是十足的乡下佬，这在中国历史上可算极了不得，很少有。他们也能治天下，居然能使天下太平下来。到后来，慢慢儿有董仲舒等许多人来提倡儒学。其实当时的太学教的课，也只教一经，或《尚书》，或《诗经》，或《春秋》。教书的博士，固然不一定只通一经，但他们只教一经。十八岁就可入学当学生，二十岁就毕业，便回到他们自己地方去做一个"吏"，要他在实际的政治事务上磨炼，将来再选举到中央。汉代人常说"通经致用"，所谓通经，也只通得其大义，一部经两年功夫能懂得多少？然而他那一点大纲领是懂得了，便可以致用，这真是了不得。汉代的政治人才便是这样子来的，而汉代的吏治，亦最为后世所推。唐代人接着南北朝下来，在南北朝时的中国，是一个大门第的社会。在那大门第的传统下，世世相传，都高踞政治地位，连他们的亲戚也如此。所以一个门第中的子弟，容易懂得政治。不仅懂得政治现况，更懂得政治传统。所谓王氏青箱，乃是把数十百年的政府档案藏着一箱，传给子孙。所以政治上的事情，他们都懂。唐代一般普通的知识分子修习文学，可以应考试。又学佛学，预备将来退休。但其间有不少门第家传，使他们了解得政治。所以唐代人在政治上显出很大的才能，有极能干的宰相，乃至其他各门的人物。

到了宋代，自唐末五代下来，大门第都衰了，没有了，民间只就科举制度考试，而跑上政治，实际都是外行。直要到范仲淹等起来，范仲淹"为秀才时，即以天下为己任"，"先天下之忧而忧，后天下之乐而乐"，开出了宋代的士风，此下的学者都是以学问来从事政治的，与汉代人不同。汉代人的政治知识和才能，乃是先从下层的地方政治磨炼出来。当然不是说他们不读书。唐人考进士，仅通一点文学、诗赋，又喜欢研究佛学，政治上的知识，乃从门第中来。到了门第衰落，政治也就完了。所以唐代人像是不讲经学史学，但他们实际上有一套学问，可以来在政治上贡献，杜佑就是一个。到了宋代，门第没有了，都是一辈读书人自己立志要改好这时代。然而汉代的读书人和唐代的读书人乃至宋代的读书人，显然各不同。真是要凭学问来跑上政治的，比较是宋代人更如此。所以宋人在政治上多理想、议论，不如唐代人有一种实际的事功。不论是王荆公也好，司马温公也好，都是书生从政，他们同样是理论多、思想多，而未必能配合上实际。在此一点上，远不如汉、唐，能和实际相配合。汉人是从郡县做吏磨炼出来，唐人是在大门第传统下熏陶出来，而宋人则是由民间在学术上露头角。

宋人讲学问也可分成两派：一派像王荆公，他是经学一派。像司马温公，他是史学。经学可说是等于孟子之所谓"法先王"，史学派可说是等于荀子之所谓"法后王"。经学派总是偏重理想、多议论，王荆公就是这样一个人。史学派重实际、重经验，司马温公就是这样一个人。也可说经学家常看重制度，要摆出一大套来，因为他喜欢理论，而史学家则多重人事，人事和制度是两回事。像司马温公，在制度方面看他便像无多主张。他写的《资治通鉴》，就是一部偏重人事的书，不像杜佑《通典》，是一部偏重制度的书。我们也可说宋朝人学问所以和唐朝人不同，而也各有得失。

到了后来，元代不用讲，明朝呢？其实明朝人已经都谈不上，明朝人都是空疏的。尤其到后来的理学家们，更见空疏。我们也可说，真是一个大理学家，则无有不通经、不通史。明代的理学，乃是变成了一种非经学非史学，而另外来一套。这正等于今天我们讲"思想"只讲思想，似乎可以不要学问。或者称之为"哲学"，在西方有哲学这一套，在中国这一套比较少。只有理学，其流弊则是空疏不学。因此在明代，经学也衰，史学也衰，政治上也没有大表现。直要到明末，才再有"经世大儒"出来。他们讲制度、讲历史、讲经学、讲文化。然而在那时，已是清人入主，满洲异族来管中国，文字狱大兴，一般人做学问的慢慢儿变，到了乾嘉时代，就都变到训诂考据，"故纸堆中"去。训诂考据，便是在一堆材料里边做学问。我刚才说的，学问要同人配合，所谓"文献"。这种学问，修身、齐家、治国、平天下，都得"活学活用"。清代乾嘉之学就不是这种学问了，那时也还是"献不足而文有余"。直要到了清代末年民国以来，那就是所谓"学绝道丧"，都没有了。

譬如说吧，一个政府，在里边可以代表学者的人是最少数，政治不从学术出身，而从党的训练出身。若说学术人才经考试院考来，他们的分发，等于如从前做一个"吏"，这是有的，但就很少从考试院出来而在政治上变成一个高地位的。民国以来我们的政治上可以分成两种人：一种是党里边来的,一种人是外国留学生,英国、美国、法国、日本都有。我们的政治,就摆在这个基础上,这可以说和向来历史传统上的基础是不同了。

我们做学问,就要懂得以前人怎么做,我们现在又怎么做。我们要讲政治,也要懂得以前我们的传统政治是怎么样,今天我们的政治又是怎么样。若要讲到社会,也要懂得以前的中国社会是怎么样,今天我们的社会又是怎么样。诸位在台北市,无论在学校、在街上,或者跑回家,懂得这个是中国社会,固不错。然而今天的中国社会,同几十年前的中国社会大不同。我试举个例。六七十年前,我小孩子时,很少有女人在家里打麻将。打麻将是有了,但很少女人打。西方文化传来,女人解放,女孩子多去学校读书,但读书后做事的还是极少数。在家里没有事,不教小孩,不管家务,只得打牌。现在我们十个家庭,总有五个家庭的老太太、太太,甚至于小姐们,都迷醉在打牌。这真是时代不同,社会也不同了。如说诸位在国内大学毕业,要找个职业相当困难,若在外国要找职业,便省力了。留学生,到了暑假到一个旅馆里当个茶房,到一个小饮食店里做个洗盘洗碗的,三个月赚一点钱,再回到学校里读书,大家不以为奇。若使诸位在国内,说现在暑假了,也跑到一个观光饭店去端菜,做一两个月吧,这不能,这就是社会不同。我们像是有一个身份,外国社会没有这身份。又如美国,家庭用女工的绝少,一百家中很少有一两家用工人,和我们绝不相同。我们要从小地方看,大地方更应该看。要懂得今天的中国社会同百年前的大不相同。做学问定要从这种地方着眼。但一百年前何从着眼呢？那么我们至少要读书。如我今天讲《文献通考》,直从古代唐虞夏商周一路到宋代末年,田赋怎么样,学校怎么样,清清楚楚,讲得很详在那里,读之自会长见识。只读一部书,就长了我们的见识了。但我们今天则一笔抹杀,说中国古代,都只是一个封建社会,一套专制政治,全要不得,一口气骂倒了,没有了。但不是没有了中国的古代,却是没有了我们各自的聪明和知识。没有聪明而去学外国,纵是深通英、法、德文,在外国住下十年二十年,但没有亲身在外国政治圈子里做事，也恐不会深懂得外国的政治。讲到中国古人，汉唐两代人比较懂政治，宋人不懂政治，为什么？因其没有经验。诸位要懂政治，而条件不合。当然，喜欢研究历史，喜欢研究传统制度，也可懂一点。但跑进政治去，或许要出毛病，像王荆公便是一例。我们现在，旧的一切不要，新的呢？我请问：哪一人是在西方大学确实研究了政治？这已很少很少。更何人具备了西方政治的真实经验？我们今天真是所谓"不学无术"，没有一条路。至少诸位研究史学，要懂得拿旧历史给人看，中国不是一个封建社会，也不是一个专制政体，至少不要让我们随意开口骂。又如讲王荆公、司马温公，也不应该尽讲思想理论，总该懂得一些他们的政治实情。外国社会同中国不同，外国传统也和中国不同。又懂中国又懂外国，不是不能有这样的人，将来总该有。我们不希望站在政治上层、学术上层的，永远是到了外国去回来骂中国人，先也希望有几个能为中国辩护的人。你说中国是一套专制政治，我说不是。这当然仅是"抱残守阙"，然这个残和阙，还须有人抱和守。宋朝亡了，元朝来了，还是有像马端临那样写他三百几十卷的大书。直到今天，这部书还是中国一部有价值的大书。杜佑是在唐的全盛时代，郑樵已在南宋岌岌可危的时代了，但也能有表现。而马端临则是在亡国之余，而能表现出他不朽的名著，更是难得。从另一方面讲，杜佑本人是个宰相，马端临父亲也是个宰相，至于郑樵则是在乡间一老儒。但郑樵所讲在传统制度方面，实不如杜马两人讲得好。《通志》所长，乃是在氏族、六书、艺文、校雠诸略。可见讲政治，最好还得与政治有实缘。中国历史有一个士人政权的大传统，所以能有像《通典》、《通考》那样专讲政治制度而又讲得这样好的书。诸位试去找外国史籍，绝对找不出同样如此伟大的书来。这个事实，应可证明些什么？诸位试加思索。我今天讲到这里。

（选自钱穆《中国史学名著》）

第四单元　政治编

一　《韩非子》

【题解】

《韩非子》是一部以阐述战国时期法家代表人物韩非思想为主要内容的著作,现存二十卷五十五篇,大都出于韩非自作。韩非(约前280—前233),战国末年韩国公子,与李斯同受业于荀卿,李斯自以为不如。韩非喜好刑名法术之学,在前人基础上提出了一整套"法治"理论,成为法家思想的集大成者。他屡次上书韩王,建议变法图强,韩王不肯采纳,乃退而著书。其《孤愤》、《五蠹》诸篇传至秦国,秦王读后叹赏不已。后入秦,曾劝说秦王先伐赵而缓攻韩,遭李斯等人谗毁陷害,死于狱中。

《韩非子》内容丰赡弘邃,涉及哲学、政治、经济、教育、文艺等各个领域,其主体则是韩非独树一帜的政治理论。韩非以荀子性恶论为前提,充分吸收了管仲、子产、商鞅、申不害、慎到等人的法家学说,提出了"以法为主","法"、"术"、"势"三者结合的政治思想。大体说来,韩非主张全面推行"法治",强调将严明的赏罚作为君主掌握权柄、驾驭臣下的主要手段;同时他还十分重视"威势",认为君主的绝对权威是实施专制的必要保证。这些实际上相当于中国古代的"帝王术",意在为维护和强化君主统治提供理论依据。其《主道》篇论述的就是君主驾驭群臣的基本原则和方法,比较全面地展示了韩非政治思想的要点。《用人》篇着重论说了君主任用臣子时应遵循的若干准则。《韩非子》五十五篇中,《五蠹》、《定法》、《显学》、《解老》是其代表作。《五蠹》篇系统论证了因时制宜实行"法治"的合理性和必要性。《定法》篇明确提出了"法"、"术"并重的主张。《显学》篇是对先秦时期的"显学"儒、墨二家的全面批判。在《解老》篇中,作者通过对老子学说的解释和发挥,宣扬了自己的政治、哲学思想。韩非的学说对后世产生了切实而重要的影响,他的某些思想和观点在今天仍有一定的借鉴意义。

《韩非子》原书的具体编集情况已不可考。现在所能知道的最早刻本是南宋乾道本。明、清时期又出现了道藏本、《韩子迂评》本、赵用贤注本等版本。清光绪间王先慎集撰的《韩非子集解》是迄今为止最通行的本子。1958年中华书局上海编辑所出版的陈奇猷《韩非子集释》、1960年中华书局出版的梁启雄《韩子浅解》是较佳的注本。1982年江苏人民出版社出版的《韩非子校注》,校勘严谨,注释简明易懂,最便初学。近几年新出的陈奇猷《韩非子新校注》(上海古籍出版社,2000年)、张觉《韩非子校注》(岳麓书社,2006年)积薪居上,对我们准确理解《韩非子》有重要的参考价值。

主 道

道者[1],万物之始,是非之纪也[2]。是以明君守始以知万物之源,治纪以知善败之端。故虚静以待令[3],令名自命也,令事自定也。虚则知实之情,静则知动者正。有言者自为名,有事者自为形,形名参同,君乃无事焉,归之其情。故曰:君无见其所欲[4],君见其所欲,臣自将雕琢[5];君无见其意,君见其意,臣将自表异。故曰:去好去恶,臣乃见素[6];去旧去智[7],臣乃自备[8]。故有智而不以虑,使万物知其处;有行而不以贤[9],观臣下之所因;有勇而不以怒,使群臣尽其武。是故去智而有明,去贤而有功,去勇而有强。群臣守职,百官有常;因能而使之,是谓习常[10]。故曰:寂乎其无位而处,漻乎莫得其所[11]。明君无为于上[12],群臣竦惧乎下。明君之道,使智者尽其虑,而君因以断事,故君不穷于智;贤者敕其材[13],君因而任之,故君不穷于能;有功则君有其贤,有过则臣任其罪,故君不穷于名。是故不贤而为贤者师,不智而为智者正[14]。臣有其劳,君有其成功[15],此之谓贤主之经也。

注释 [1]道：天地万物的发生根源和普遍法则。此与"主道"之"道"不同。后者专指君主驾驭群臣的统治术。 [2]纪：要领，准则。 [3]虚静：心无成见之谓虚，行动不躁之谓静。以人君言，去其好恶则得其虚，按法治众则得其静（据陈奇猷说）。令，衍文。 [4]无：借作"毋"。见：同"现"。 [5]"君见"二句：君主如果表现出自己的意愿和欲望，臣下便会修饰自己的言行去迎合君主。自将，依下文"臣将自表异"句法，当作"将自"。 [6]"去好"二句：君主不显露好恶，臣下就无法投其所好，只能表达自己的真实想法了。素，本色，真情。 [7]去旧去智：即"去故去智"。故，古有"巧"义。《管子·心术上》："恬愉无为，去智与故。"《韩非子·扬权》："圣人之道，去智与巧。"此处借用与"故"义近的"旧"字，是为了押韵。王念孙《读书杂志》："'去旧去智'，本作'去智去旧'，'恶'、'素'为韵，'旧'、'备'为韵。'旧'古读若'忌'……后人读'旧'为巨救反，则与'备'字不协，故改为'去旧去智'。" [8]自备：意谓人人自危。备，戒备，防范。 [9]"有行"句：据上下文句法及文意，此句应按"有贤而不以行"理解（据王先慎说）。 [10]习：通"袭"，因循，沿袭。 [11]廖：通"寥"，空虚、寂静。"群臣守职"七句，大意是说，群臣各司其职，所有政事皆依法按常例运作。君主不表露自己的才智与心机，遂令臣下无从捉摸。 [12]无为：按法治众，不以智虑处事，谓之无为（据陈奇猷说）。 [13]敕：通"饬"，整治。此处意为发挥、施展。 [14]正：长。 [15]功：当为衍文。

道在不可见，用在不可知。虚静无事，以闇见疵。见而不见，闻而不闻，知而不知[1]。知其言以往，勿变勿更，以参合阅焉[2]。官有一人，勿令通言，则万物皆尽[3]。函掩其迹[4]，匿其端，下不能原[5]。去其智，绝其能，下不能意[6]。保吾所以往而稽同之，谨执其柄而固握之[7]。绝其望[8]，破其意，毋使人欲之。不谨其闭，不固其门，虎乃将存。不慎其事，不掩其情，贼乃将生。弑其主，代其所，人莫不与[9]，故谓之虎。处其主之侧，为奸臣[10]，闻其主之忒[11]，故谓之贼。散其党，收其余，闭其门，夺其辅，国乃无虎。大不可量，深不可测，同合刑名[12]，审验法式，擅为者诛，国乃无贼。是故人主有五壅[13]：臣闭其主曰壅，臣制财利曰壅，臣擅行令曰壅，臣得行义曰壅[14]，臣得树人曰壅。臣闭其主则主失位，臣制财利则主失德[15]，臣擅行令则主失制，臣得行义则主失名[16]，臣得树人则主失党。此人主之所以独擅也，非人臣之所以得操也。人主之道，静退以为宝[17]。不自操事而知拙与巧，不自计虑而知福与咎[18]。是以不言而善应,不约而善增[19]。言已应则执其契,事已增则操其符。符契之所合,赏罚之所生也。故群臣陈其言,君以其言授其事,事以责其功。功当其事,事当其言则赏;功不当其事,事不当其言则诛。明君之道,臣不得陈言而不当[20]。是故明君之行赏也,暖乎如时雨,百姓利其泽[21];其行罚也,畏乎如雷霆[22],神圣不能解也。故明君无偷赏,无赦罚。赏偷则功臣堕其业[23],赦罚则奸臣易为非。是故诚有功则虽疏贱必赏,诚有过则虽近爱必诛。近爱必诛[24],则疏贱者不怠,而近爱者不骄也。

注释 [1]而:三"而"字都作"如"解。 [2]参合:对照、验证。即参合形名,循名责实。阅:考察。 [3]尽:悉。一说"尽"字本作"静",以音误。以上几句大意是,君主的意向不要被臣下发现。他应该平心静气地在暗中进行观察。看到什么就像没看到,听到了像没听到,知道了也像不知道。在了解了臣下的真实意见后,不必急于去变动、更改,而是循名责实,在实践中加以考察。每一职位只设一人,不让他们互通声气,那么一切事情的真相就会显露无遗。 [4]函掩:包藏。孙诒让认为,"函"当为"亟",形近而误。《韩非子·二柄》云:"人主不掩其情,不匿其端,而使人臣有缘以侵其主。"可参。一说,"掩"字因注文而衍。 [5]原:推测,探求。王先慎认为,"原"当作"缘",因也。 [6]意:揣摩,窥伺。 [7]"保吾"二句:隐藏我的意向,然后去考核臣下的意见是否与自己一致;谨慎地抓住权柄,牢牢地掌握它。稽同,考核,验证。稽,考;同,参合。柄,即《二柄》篇"二柄"之"柄",指刑、德(杀戮、庆赏之权)。 [8]绝其望:诸本多作"绝其能望"。学者一般认为"能"字衍文,"其"指臣下。赵用贤本无"望"字,作"绝其能","其"指君主。 [9]与:亲附,顺从。 [10]奸臣:当为"奸慝"。《读书杂志》:"'臣'当为'匿'字之误也。'匿',读为慝,谓居君侧而为奸慝也。"一说,"为奸臣"三字乃旧注残字乱入正文。 [11]闻:当作"间"。《读书杂志》:"'闻'盖'间'之伪。"间(jiàn),窥伺。忒(tè):差错,过失。 [12]刑名:形名,即名实。法家主张循名责实,后人遂称其学说为刑名法术之学。 [13]壅:蒙蔽。 [14]行义:施行仁义。 [15]德:恩德。《二柄》篇:"庆赏之谓德。""庆赏"就是以财利赐人。 [16]名:乾道本作"明"。明,当为"萌"。《韩非子》多以"萌"为民、氓字。失萌,即失去民众。 [17]静退:虚静以待,不为天下先。"静退以为宝",语本《老子》六十七章:"我有三宝,持而宝之,一曰慈,二曰俭,三曰不敢为天下先。" [18]"不自"二句:君不自操作,使臣操之,而验之形名,则巧拙自见;君不自计虑,使臣虑之,而责之以名实,则祸福自知(据陈奇猷说)。　［19］增:增益,意谓收到额外之功效。俞樾《古书疑义举例》认为:"'增'乃'会'字之误。'不言而善应',语本《老子》。'不约而善会',亦即《老子》所谓'善结无绳,约而不可解'也。'善会'犹'善结'也。'会'误作'曾',校者又误改作'增'。"　［20］"臣不得"句:据上文及《二柄》篇:"臣不得越官而有功,不得陈言而不当。"此处似有脱句。　［21］利:贪求。一说"利其泽"即以其泽为利。　［22］畏:同"威"。　［23］堕:通"惰",懈怠,轻忽。［24］"近爱"句:此句前有脱文,当有"疏贱必赏"四字(据顾广圻、王先慎说)。

（原文据《新编诸子集成》本《韩非子集解》卷一,中华书局,1998年）

用　人

闻古之善用人者,必循天顺人而明赏罚[1]。循天则用力寡而功立,顺人则刑罚省而令行,明赏罚则伯夷、盗跖不乱[2]。如此则白黑分矣。治国之臣效功于国以履位,见能于官以受职[3],尽力于权衡以任事[4]。人臣皆宜其能,胜其官,轻其任,而莫怀余力于心,莫负兼官之责于君。[5]故内无伏怨之乱[6],外无马服之患[7]。明君使事不相干,故莫讼;使士不兼官,故技长[8];使人不同功,故莫争。争讼止,技长立,则强弱不觳力[9],冰炭不合形[10],天下莫得相伤,治之至也。

注释　[1]循天顺人:遵循客观规律,顺应世道人情。　[2]伯夷、盗跖:伯夷,传说中商末孤竹国国君长子。孤竹君立伯夷之弟叔齐。叔齐让位于伯夷。伯夷曰:"父命也。"遂逃去。(《史记·伯夷列传》)盗跖,传说中的造反者首领。在战国诸子著作中,盗跖一直是一个与圣人仁者相对立的反面形象。《韩非子》常以伯夷、盗跖分别代指品行廉洁者、贪婪者。　[3]见能:表现出才能。　[4]权衡:喻法度。　[5]"人臣"五句:臣下都能发挥自己的才能,胜任自己的职事,轻松地做好自己的工作,可又没有谁还能在心下留有余力,也没有谁对君主负有兼职的责任。　[6]伏怨:心怀怨恨。　[7]马服:地名,此指赵括。括父赵奢,是战国时赵国名将,因击败强秦,赐号马服君。其后赵括代廉颇为将,迎击秦军,因只会纸上谈兵,导致长平之战的惨败。事详《史记·廉颇蔺相如列传》。这是君主用人不当的一个例子。　[8]"明君"四句:大意是说圣明的君主善于用人任事,能够让官吏有明确的分工,各司其职。职责不相冲突,臣下就避免了扯皮、争讼;不设兼职之官,臣下就可以各尽一技之长。　[9]觳(jué)力:角力,较量。"觳"、"角"通。

[10]形:通"型"。不合型,犹言不同器,喻互不侵犯。

释法术而任心治,尧不能正一国;去规矩而妄意度,奚仲不能成一轮[1];废尺寸而差短长[2],王尔不能半中[3]。使中主守法术[4],拙匠执规矩尺寸,则万不失矣。君人者能去贤巧之所不能,守中拙之所万不失,则人力尽而功名立。

注释 [1]奚仲:传说中夏代造车的巧匠。 [2]差(cī):次,区别。 [3]王尔:古代巧匠。《韩非子·奸劫弑臣》:"无规矩之法、绳墨之端,虽王尔不能以成方圆;无威严之势、赏罚之法,虽尧、舜不能以为治。"中(zhòng):符合。 [4]中主:中等才能的君主。这意味着,谨守法术比寄望于君主的贤明更重要。

明主立可为之赏,设可避之罚。故贤者劝赏而不见子胥之祸[1],不肖者少罪而不见伛剖背[2],盲者处平而不遇深谿,愚者守静而不陷险危。如此则上下之恩结矣。古之人曰:"其心难知,喜怒难中也。"故以表示目[3],以鼓语耳,以法教心。君人者释三易之数,而行一难知之心,如此则怨积于上而怨积于下[4],以积怨而御积怨,则两危矣。

注释 [1]劝赏:为奖赏所劝勉、鼓励。子胥:即伍子胥,名员,春秋时楚国大夫伍奢次子。楚平王七年(前522),伍奢遭太子少傅费无忌陷害,被杀。子胥出逃,发誓倾覆楚国。后为吴国大夫,助吴王阖闾攻破楚国。 [2]伛剖背:伛偻者被剖背。《韩非子·安危》:"赏于无功,使谗谀以诈伪为贵;诛于无罪,使伛以天性剖背。"伛,驼背。传说宋康王无道,曾剖伛者之背。 [3]表:标记。《管子·君臣上》:"犹揭表而令之止也。"黎翔凤注:"表,谓以木为标,有所告示也。" [4]"君人者"三句:君主以心治则喜怒随心而变,结果是下怨主之怒无常,上怒下不能从令(据陈奇猷说)。

明主之表易见,故约立;其教易知,故言用;其法易为,故令行。三者立而上无私心,则下得循法而治,望表而动,随绳而斲,因攒而缝[1]。如此则上无私威之毒,而下无愚拙之诛。故上君明而少怒[2],下尽忠而少罪。

注释 [1]因攒而缝:按照剪裁的形状来缝纫。攒,通"劗",剪。"望表"三句,喻依法而行。 [2]君:当作"居"。

闻之曰:"举事无患者,尧不得也。"而世未尝无事也。君人者不轻爵禄,不易富贵,不可与救危国[1]。故明主厉廉耻[2],招仁义。昔者介子推无爵禄而义随文公,不忍口腹而仁割其肌,故人主结其德,书图著其名。人主乐乎使人以公尽力,而苦乎以私夺威[3];人臣安乎以能受职,而苦乎以一负二[4]。故明主除人臣之所苦,而立人主之所乐。上下之利莫长于此。不察私门之内,轻虑重事,厚诛薄罪,久怨细过,长侮偷快[5],数以德追祸[6],是断手而续以玉也,故世有易身之患[7]。

注释 [1]"君人者"三句:君主如果不能看淡爵禄富贵而把它们赏给臣下,就没有办法挽救危乱的国家。 [2]厉:通"励",鼓励。 [3]"人主"二句:君主乐于看到臣下为国家利益而尽心竭力,忧惧的是臣下因个人私欲而夺取君主威权。 [4]"人臣"二句:臣下安于凭自己的才能领受职务,苦于以一身兼二职。 [5]侮:当作"㑄",贪求。偷快:苟且快乐。 [6]以德追祸:因施恩不当,反而招致祸患。 [7]易身:易位,指被取而代之。

人主立难为而罪不及[1],则私怨生;人臣失所长而奉难给[2],则伏怨结。劳苦不抚循,忧悲不哀怜。喜则誉小人,贤不肖俱赏;怒则毁君子,使伯夷与盗跖俱辱。故臣有叛主。

注释 [1]"人主"句:君主设立难以达到的标准,然后处罚那些没有做到的人。 [2]奉难给:从事难以胜任的职事。

使燕王内憎其民而外爱鲁人,则燕不用而鲁不附。见憎[1],不能尽力而务功;鲁见说[2],而不能离死命而亲他主[3]。如此则人臣为隙穴[4],而人主独立[5]。以隙穴之臣而事独立之主,此之谓危殆。

注释 [1]"见憎"句:前有脱文。当作"民见憎",或"燕见憎"。 [2]说:通"悦"。 [3]离死命:冒着生命危险。离,通"罹"。 [4]隙穴:缝隙孔洞,比喻隐患。 [5]独立:孤立。

释仪的而妄发[1],虽中小不巧;释法制而妄怒,虽杀戮而奸人不恐。罪生甲,祸归乙,伏怨乃结。故至治之国,有赏罚而无喜怒,故圣人极有刑法,而死无螫毒,故奸人服[2]。发矢中的,赏罚当符,故尧复生,羿复立[3]。如此则上无殷、夏之患[4],下无比干之祸[5],君高枕而臣乐业,道蔽天地[6],德极万世矣。

注释 [1]仪的:箭靶。 [2]"故圣人"三句:一读为"故圣人极。有刑法而死,无螫毒,故奸人服"。"故圣人极"属上句"故至治之国,有赏罚而无喜怒",意谓圣贤之人也尽心竭力奉行法制。极,指极智力于法制,与《韩非子·安危》篇"使天下皆极智能于仪表,尽力于权衡"中的"极"含义相近(据张觉说)。一说,"极"通"殛",诛罚。"有刑法"三句大意是:有人是因为触犯刑法而被处死,并非君主逞私忿杀人,所以奸邪之人也会心服。这与上文"释法制而妄怒,虽杀戮而奸人不恐"一句相对应。一说"死"字衍。　[3]"发矢"四句:大意是说,君主如果严格按法制实行赏罚,就能得到臣民的信任,像人们信任尧的圣明与羿的射术一样。羿(yì),上古时代部落首领,以善射著称。　[4]殷、夏之患:指亡国的祸患。　[5]比干:商代贵族,纣王叔父,因犯颜强谏,触怒纣王,被剖心而死。　[6]蔽:通"敝",尽,极。

夫人主不塞隙穴,而劳力于赭垩[1],暴雨疾风必坏。不去眉睫之祸,而慕贲、育之死[2];不谨萧墙之患,而固金城于远境[3];不用近贤之谋,而外结万乘之交于千里。飘风一旦起[4],则贲、育不及救,而外交不及至,祸莫大于此。当今之世为人主忠计者,必无使燕王说鲁人,无使近世慕贤于古,无思越人以救中国溺者[5]。如此则上下亲,内功立,外名成。

注释　[1]赭垩(zhě è):指涂料。这里用作动词,装饰。赭,赤褐色的土。垩,白土。　[2]贲、育:孟贲、夏育,皆古之勇士。死:效命敢死。　[3]萧墙:古代宫门内作为屏障的短墙,比喻内部隐患。金城:坚固的城池。《管子·度地》云:"内为之城,城外为之郭,郭外为之土阆,地高则沟之,下则堤之,命之曰金城。"　[4]飘风:回风,比喻不测之祸。　[5]"无思"句:犹言"远水不救近火"。越人,指近海地区善游者。中国,中原地带。《韩非子·说林上》:"假人于越而救溺子,越人虽善游,子必不生矣。"

(原文据《新编诸子集成》本《韩非子集解》卷八,中华书局,1998年)

【评论】

韩非和法家(节选)

冯友兰

韩非:法家的集大成者

这一章,以韩非代表法家的顶峰。韩非是韩国(今河南省西部)的公子。《史记》说他"与李斯俱事荀卿,斯自以为不如非"(《老子韩非列传》)。他擅长著书,著《韩非子》五十五篇。富于讽刺意味的是,秦国比别的任何国家都更彻底地实行了韩非的学说,可是他正是死在秦国的狱中,这是公元前233年的事。他死于老同学李斯的政治暗害,李斯在秦国做官,嫉妒韩非在秦日益得宠。

韩非是法家最后的也是最大的理论家,在他以前,法家已经有三派,各有自己的思想路线。一派以慎到为首。慎到与孟子同时,他以"势"为政治和治术的最重要的因素。另一派以申不害(死于公元前337年)为首,申不害强调"术"是最重要的因素。再一派以商鞅(死于公元前338年)为首,商鞅又称商君,最重视"法"。"势",指权力,权威;"法",指法律,法制;"术",指办事、用人的方法和艺术,也就是政治手腕。

韩非认为,这三者都是不可缺少的。他说:"明主之行制也天,其用人也鬼。天则不非,鬼则不困。势行教严逆而不违……然后一行其法。"(《韩非子·八经》)明主像天,因为他依法行事,公正无私。明主又像鬼,因为他有用人之术,用了人,人还不知道是怎么用的。这是术的妙用。他还有权威、权力以加强他的命令的力量。这是势的作用。这三者"不可一无,皆帝王之具也。"(《韩非子·定法》)

法家的历史哲学

中国人尊重过去的经验,这个传统也许是出自占压倒多数的农业人口的思想方式。农民固定在土地上,极少迁徙。他们耕种土地,是根据季节变化,年复一年地重复这些变化。过去的经验足以指导他们的劳动,所以他们无论何时若要试用新的东西,总是首先回顾过去的经验,从中寻求先例。

这种心理状态,对于中国哲学影响很大。所以从孔子的时代起,多数哲学家都是诉诸古代权威,作为自己学说的根据。孔子的古代权威是周文王和周公。为了赛过孔子,墨子诉诸传说中的禹的权威,据说禹比文王、周公早一千年。孟子更要胜过墨家,走得更远,回到尧、舜时代,比禹还早。最后,道家为了取得自己的发言权,取消儒、墨的发言权,就诉诸伏羲、神农的权威,据说他们比尧、舜还早若干世纪。

像这样朝后看,这些哲学家就创立了历史退化论。他们虽然分属各家,但是都同意这一点,就是人类黄金时代在过去,不在将来。自从黄金时代过去后,历史的运动一直是逐步退化的运动。因此,拯救人类,不在于创新,而在于复古。

法家是先秦最后的主要的一家,对于这种历史观,却是鲜明的例外。他们充分认识到时代变化的要求,又极其现实地看待这些要求。他们虽然也承认古人淳朴一些,在这个意义上有德一些,然而他们认为这是由于物质条件使然,不是由于任何天生的高尚道德。照韩非的说法是,古者"人民少而财有余,故民不争。……今人有五子不为多,子又有五子,大父未死而有二十五孙,是以人民众而货财寡,事力劳而供养薄,故民争。"(《韩非子·五蠹》)

由于这些全新的情况,出现了全新的问题,韩非认为,只有用全新的方案才能解决。只有愚人才看不出这个明显的事实。韩非用一个故事作比喻,说明这种愚蠢:"宋人有耕田者,田中有株。兔走,触株折颈而死。因释其耒而守株,冀复得兔。兔不可复得,而身为宋国笑。今欲以先王之政,治当世之民,皆守株之类也"。"是以圣人不期修古,不法常可,论世之事,因为之备。"(同上)

韩非之前的商君已经说过类似的话:"民道弊而所重易也;世事变而行道异也。"(《商君书·开塞》)

这种把历史看做变化过程的观点,在我们现代人看来,不过老生常谈。但是从它在当时反对了古代中国其他各家流行的学说看来,实在是一种革命的观点。

治国之道

为了适应新的政治形势,法家提出了新的治国之道,如上所述,他们自以为是立于不败之地的。照他们所说,第一个必要的步骤是立法。韩非写道:"法者,编著之图籍,设之于官府,而布之于百姓者也。"(《韩非子·难三》)通过这些法,告诉百姓,什么应该做,什么不应该做,法一经公布,君主就必须明察百姓的行为。因为他有势,可以惩罚违法的人,奖赏守法的人。这样办,就能够成功地统治百姓,不论有多少百姓都行。

关于这一点,韩非写道:"夫圣人之治国,不恃人之为吾善也,而用其不得为非也。恃人之为吾善也,境内不什数;用人不得为非,一国可使齐。为治者用众而舍寡,故不务德而务法。"(《韩非子·显学》)

君主就这样用法用势治民。他不需要有特殊才能和高尚道德,也不需要像儒家主张的那样,自己作出榜样,或是通过个人的影响来统治。

可以辩论的是,像这样的程序也并不真正是愚人就可以做到的,因为它需要有立法的才能和知识,还需要督察百姓的行为,而百姓又是很多的。对于这种反对意见,法家的回答是,君主不需要亲自做这一切事,他只要有术,即用人之术,就可以得到适当的人替他做。

术的概念,饶有哲学的兴趣。它也是固有的正名学说的一个方面。法家用术这个名词表示的正名学说是"循名而责实"(《韩非子·定法》)。

"实",法家是指担任政府职务的人。"名",是这些人的头衔。这些头衔指明,担任各该职务的人应当合乎理想地做到什么事。所以"循名而责实",就是责成担任一定职务的人,做到该职务应当合乎理想地做到的一切。君主的责任是,把某个特殊的名加于某个特殊的人,也就是把一定的职务授予一定的人。这个职务的功能,早已由法规定了,也由其名指明了。所以君主不需要,也不应该,为他用什么方法完成任务操心,只要任务完成了,完成得好,就行。任务完成得好,君主就奖赏他;否则惩罚他。如此而已。

这里或许要问,君主怎么知道哪个人最适合某个职务呢?法家的回答是,也是用术就能知道。韩非说:"为人臣者陈而言,君以其言授之事,专以其事责其功。功当其事,事当其言,则赏;功不当其事,事不当其言,则罚。"(《韩非子·二柄》)照这样来处理几个实际的例子,只要君主赏罚严明,不称职的人就再也不敢任职了,即使送给他也不敢要。

这样，一切不称职的人就都淘汰了，只剩下称职的人担任政府职务了。

不过还有这个问题：君主怎么知道某个"实"是否真正符合他的"名"呢？法家的回答是，这是君王本人的责任，他若不能肯定，就用效果来检验。他若不能肯定他的厨子手艺是不是真正好，只要尝一尝他做的肴馔就解决了。不过他也不需要总是亲自检验效果。他可以派别人替他检验，这些检验的人又是"实"，又严格地循其"名"以责之。

照法家如此说来，他们的治国之道真正是即使是愚人也能掌握。君主只需要把赏罚大权握在手里。这样进行统治，就是"无为而无不为"。

赏、罚，韩非叫做君主的"二柄"（同上）。二柄之所以有效，是由于人性趋利而避害。韩非说："凡治天下，必因人情。人情者，有好恶，故赏罚可用。赏罚可用，则禁令可立而治道具矣。"（《韩非子·八经》）

韩非像他的老师荀子一样相信人性是恶的。但是他又与荀子不同，荀子强调人为，以之为变恶为善的手段，韩非则对此不感兴趣。在韩非和其他法家人物看来，正因为人性是人性的原样，法家的治道才有效。法家提出的治国之道，是建立在假设人性是人性的原样，即天然的恶，这个前提上；而不是建立在假设人会变成人应该成为的样子，即人为的善，这个前提上。

法家和儒家

儒家主张，治理百姓应当以礼以德，不应当以法以刑。他们坚持传统的治道，却不认识当初实行此道的环境已经变了。在这个方面，儒家是保守的。在另一方面，儒家同时又是革命的，在他们的观念里反映了时代的变化。传统上只按出身、财产划分的阶级区别，儒家不再坚持了。当然，孔子、孟子还继续讲君子与小人的区别。但是在他们看来，这种区别在于个人的道德水平，没有必要根据原来的阶级差别了。

本章一开始就指出，在早期的中国封建社会中，以礼治贵族，以刑治平民。所以，儒家要求不仅治贵族以礼，而且治平民也应当以礼而不以刑，这实际上是要求以更高的行为标准用之于平民。在这个意义上，儒家是革命的。

在法家思想里,也没有阶级的区别。在法律和君主面前人人平等。可是,法家不是把平民的行为标准提高到用礼的水平,而是把贵族的行为标准降低到用刑的水平,以至于将礼抛弃,只靠赏罚,一视同仁。

儒家的观念是理想主义的,法家的观念是现实主义的。正由于这个原故,所以在中国历史上,儒家总是指责法家卑鄙、粗野,法家总是指责儒家迂腐、空谈。

(选自冯友兰《中国哲学简史》)

二 《唐律疏议》

【题解】

《唐律疏议》三十卷,唐代长孙无忌等承诏修撰,是唐律及其疏注的合编。《唐律疏议》原名《律疏》,两《唐书》志著录。宋元刊本有题为《唐律疏义》者;至清代重刻时《唐律疏议》成为更通行的书名。

唐代法典主要包括律、令、格、式。其中律居首位,用以正刑定罪。在隋《开皇律》、唐《武德律》基础上修订而成的《贞观律》,是一部堪称完备的唐代律典,分为名例、卫禁、职制、户婚、厩库、擅兴、贼盗、斗讼、诈伪、杂律、捕亡、断狱十二篇。永徽初年,唐高宗命长孙无忌等人以《贞观律》为蓝本制定《永徽律》。为了给律文提供一个权威的解释,永徽三年(652)高宗又委派长孙无忌、李勣、于志宁等十九人编撰《律疏》,翌年成书并颁行全国,是为《永徽律疏》。国内学者一般认为这就是流传至今的《唐律疏议》。《律疏》按照唐律十二篇的顺序,对502条律文逐条逐句进行了疏解和诠释,条分缕别,推原法意;并设为问答,辨异析疑,申明其深义,补充其不周不达。疏文附于律文之后,既有对唐律立法原则、法律精神与名词术语的规范性解释,也有对律文实施中可能遇到的难题的预见和处理,而且疏文实际上与律条具备同等的法律效力。

《唐律疏议》"一准乎礼",是中国古代礼义准则和纲常秩序的全面贯彻与集中体现。其首篇《名例律》相当于现代法律的"总则",明确规定了全律通用的刑名和法例,完整表述了唐律的基本精神与原则。其中,"十恶"被认为是最严重的罪行,直接体现出律典对封建国家利益与伦理秩序的坚定维护;"八议"则反映了特权制度下的等级与阶级差别。《名例律》的律学价值是多方面的,既有对自首、累犯、共犯、合并论罪等处理原则的辨析,也有对老幼废疾者责任能力的确认,以及相关法律用语的严密界定等。《唐律疏议》其余十一篇相当于现代刑法的"分则",具体规定了构成犯罪的各种行为以及相应的处罚,全面展现了唐代法律体系:卫禁律是关于宫室警卫和关津要塞保卫方面的法律;职制律是惩治官吏违法、失职的法律;户婚律是关于户籍、土地、赋役和婚姻家庭方面的法律;厩库律是关于牲畜养护和仓库管理方面的法律;擅兴律是关于兵士征发、调集及兴造方面的法律;贼盗律是保护封建政权及统治阶级利益不受侵犯的法律;斗讼律是有关斗殴和诉讼方面的法律;诈伪律是关于欺诈和伪造方面的法律;杂律是对各类不便编入其他各篇的"杂犯"罪处罚的规定;捕亡律是关于追捕罪犯和逃亡兵丁的法律;断狱律是关于司法审判、执行和囚禁方面的规定。

作为现存的唐代唯一一部官方法律著作,《唐律疏议》完整保存了唐律以及大量的令、格、式的内容,全面显示了唐代统治阶级的法学观以及中国古代律学所达到的最高水平。《唐律疏议》还记录了有关唐代经济、政治、文化、社会习俗、百姓生活等各个方面的资料,是研究唐代阶级状况、等级关系以及官制、兵制、田制、赋役制的重要文献依据。《唐律疏议》"承用不废",对后世影响深远,成为宋、元、明、清历代编制和解释律例的范本。此外,唐律对中国周边国家也产生过广泛影响。

《唐律疏议》现存重要版本有:宋刻本残卷、残元大字本、滂熹斋藏元刊本、元至正崇化余志安勤有堂刻本、清嘉庆孙星衍《岱南阁丛书》本。敦煌出土文书中有唐写本《律疏》残卷。日本藏有文化二年(1805)官版本等多种古写本、刻本。1983年中华书局出版的刘俊文点校本《唐律疏议》,是目前为止最好的本子。曹漫之主编的《唐律疏议译注》(吉林人民出版社,1989年)最便初学,对我们准确理解此书有直接帮助。

名　例[1]

【疏】议曰[2]:夫三才肇位[3],万象斯分。禀气含灵,人为称首[4]。莫不凭黎元而树司宰[5],因政教而施刑法[6]。其有情恣庸愚,识沈愆戾,大则乱其区宇,小则睽其品式[7],不立制度,则未之前闻。故曰:"以刑止刑,以杀止杀[8]。""刑罚不可弛于国,笞捶不得废于家[9]。"时遇浇淳,用有众寡[10]。于是结绳启路[11],盈坎疏源[12],轻刑明威,大礼崇敬。《易》曰:"天垂象,圣人则之。"[13]观雷电而制威刑,睹秋霜而有肃杀[14],惩其未犯而防其未然,平其徽纆而存乎博爱[15],盖圣王不获已而用之[16]。……今之典宪,前圣规模[17],章程靡失,鸿纤备举。而刑宪之司执行殊异:大理当其死坐,刑部处以流刑;一州断以徒年,一县将为杖罚。不有解释,触涂睽误[18]。皇帝彝宪在怀[19],纳隍兴轸[20]。德礼为政教之本,刑罚为政教之用,犹昏晓阳秋相须而成者也。是以降纶言于台铉[21],挥折简于髦彦[22],爰造《律疏》,大明典式[23]。远则皇王妙旨[24],近则萧、贾遗文[25],沿波讨源,自枝穷叶[26],甄表宽大[27],裁成简久。譬权衡之知轻重,若规矩之得方圆。迈彼三章[28],同符画一者矣[29]。

注释　[1]名例:指"刑名"和"法例",分别是对有关刑罚和处罚原则的规定。战国时李悝所造《法经》有《具法》篇,为《名例》之本原。秦、汉相沿,改《具法》为《具律》。曹魏时制新律十八篇,又改《具律》为《刑名》,冠于律首。至西晋,贾充等人损益汉、魏律为二十篇,分设《刑名》、《法例》。北齐制律时又合并《刑名》、《法例》为《名例》篇,隋、唐两代承袭未变。唐律十二篇之首篇即《名例律》,带有全律通例的性质。　[2]【疏(shù)】议曰:疏是对经书及其旧注的阐释,又称"义疏"。这里指用义疏的形式对律典及律注进行全面解释。在《唐律疏议》中,"疏"主要包括"议"和"问答"两部分。"议"是用议论的方式分析和阐发律法的本义;"问答"是通过列举实例解说律法运用中可能遇到的问题。这里所选的一节"议",原文首先通过对上古律法史的追溯,寄寓了唐律的立法原则和基本精神;接下来依次是对"律"、"疏"的训解,对"名例"的阐述;最后明确交代了集撰《律疏》的必要性和重要意义。　　[3]三才:指天、地、人。肇:始。　　[4]"秉气"二句:语本《尚书·泰誓》:"惟天地万物父母,惟人万物之灵。"　　[5]黎元:黎民百姓。树:立。司宰:指中央行政长官。据《周礼》,西周设六官:冢宰、司徒、宗伯、司马、司寇、司空。其职掌大致相当于隋、唐以后的吏、户、礼、兵、刑、工六部尚书。　　[6]"因政教"句:意谓治理国家当以政教为主,刑法为辅。与之相应,《律疏》在后文亦明确宣称:"德礼为政教之本,刑罚为政教之用。"　　[7]睽:乖离。品式:犹"法度"。　　[8]"以刑"二句:语本《尚书·大禹谟》:"刑期于无刑,民协于中。"孔传:"虽或行刑,以杀止杀,终无犯者。刑期于无所刑,民皆合于大中之道。"　　[9]"刑罚"二句:语出《汉书·刑法志》:"鞭扑不可弛于家,刑罚不可废于国,征伐不可偃于天下。"　　[10]"时遇"二句:意谓时俗有薄、厚之异,用刑也相应会有烦、简之别。浇,薄。淳,厚。　　[11]结绳:传说在创造文字之前,先民以结绳记事。此喻指规则。　　[12]盈:满。坎:低陷不平之处。语本《易·坎》:"习坎,重险也。水流而不盈,行险而不失其信。"水性平,遇坎必盈而后行,此喻指法度之均平、可信。又,《尔雅·释言》云:"坎,律铨也。"　　[13]"《易》曰"三句:语见《易·系辞上》:"天垂象,见吉凶,圣人象之;河出图,洛出书,圣人则之。"　　[14]"观雷电"二句:意谓雷电、秋霜皆上天所示用刑之象。按《易·噬嗑》云:"雷电,噬嗑。先王以明罚敕法。"《白氏六帖》卷一引《春秋感精符》云:"霜者,刑罚之表也。季秋霜始降,鹰隼击。王者顺天行诛,成肃杀之威。"　　[15]徽缠:绳索,引申为拘系、囚禁;又有"绳墨"义,喻指法度、规矩。　　[16]不获已:不得已。　　[17]前圣:指唐太宗李世民。规模:立定准则、典范。　　[18]"而刑宪"七句:大意是说,由于司法机构各有职掌与权限,不同部门和地区对律文的理解也不尽一致,因此会出现同罪异罚的情形。如果不通过具体解释来统一律文的适用,就难免经常出现偏差和失误。刑宪之司,指司法机关。唐代刑宪之司,中央有刑部、御史台、大理寺,地方为州(府)、县。刑部掌司法行政,御史台掌司法监察,大理寺掌折狱详刑。州(府)下设官吏分理民事、刑事,县令则须亲自处理狱讼。(参刘俊文《唐律疏议笺解》)触涂,犹言"到处"。　　[19]彝宪:常法。语出《尚书·冏命》:"永弼乃后于彝宪。"　　[20]纳隍:推入壕沟中。隍,无水之城壕。语出张衡《东京赋》:"人或不得其所,若己纳之于隍。"意本《孟子·万章下》:伊尹"思天下之民,匹夫匹妇有不与被尧、舜之泽者,如己推而内之沟中"。后以"纳隍"指自任以天下之重,救民于水火之中的急迫心情。轸:痛切,痛惜。　　[21]纶言:喻指帝王诏令。《礼记·缁衣》云:"王言如丝,其出如纶;王言如纶,其出如绋。"纶,粗丝线。台铉:喻指宰辅重臣。铉,鼎耳,用以代指鼎,鼎有三公之象。　　[22]折简:一种形制较短的柬帖,亦作"折柬"。髦彦:俊杰、美士。　　[23]"爰造"二句:据《旧唐书·刑法志》:"(永徽)三年,(高宗)诏曰:'律学未有定疏,每年所举明法,遂无凭准。宜广召解律人,条义疏奏闻。仍使中书、门下监定。'于是太尉赵国公无忌……等,参撰《律疏》,成三十卷。四年十月奏之,颁于天下。自是断狱者皆引疏分析之。"　　[24]皇王妙旨:指尧、舜时顺天行罚,命皋陶依义制律。　　[25]萧、贾遗文:指萧何所制汉律,贾充所修晋律。　　[26]"沿波"二句:语本陆机《文赋》:"或因枝以振叶,或沿波而讨源。"　　[27]甄表:彰显,表明。　　[28]三章:指法令简明。据《史记·高祖本纪》,汉高祖始入关,以秦法烦苛,与父老约法三章:杀人者死,伤人及盗抵罪。　　[29]画一:语出《史记·曹相国世家》:"萧何为法,颙若画一。曹参代之,守而勿失。载其清净,民以宁一。"形容萧何所定律法明确一致。

6　十　恶[1]

【疏】议曰:五刑之中[2],十恶尤切,亏损名教,毁裂冠冕,特标篇首,以为明诫。其数甚恶者,事类有十,故称"十恶"。然汉制《九章》,虽并湮没,其"不道""不敬"之目见存,原夫厥初[3],盖起诸汉。案梁、陈已往,略有其条。周、齐虽具十条之名,而无"十恶"之目。开皇创制,始备此科,酌于旧章,数存于十[4]。大业有造,复更刊除,十条之内,唯存其八[5]。自武德以来,仍遵开皇,无所损益[6]。

一曰谋反。谓谋危社稷。

【疏】议曰:案《公羊传》云:"君亲无将,将而必诛[7]。"谓将有逆心,而害于君父者,则必诛之。《左传》云:"天反时为灾,人反德为乱[8]。"然王者居宸极之至尊[9],奉上天之宝命,同二仪之覆载[10],作兆庶之父母[11]。为子为臣,惟忠惟孝。乃敢包藏凶慝[12],将起逆心,规反天常,悖逆人理,故曰"谋反"。

注:谓谋危社稷。

【疏】议曰:社为五土之神[13],稷为田正也[14],所以神地道[15],主司啬[16]。君为神主[17],食乃人天[18],主泰即神安,神宁即时稔[19]。臣下将图逆节[20],而有无君之心,君位若危,神将安恃。不敢指斥尊号,故托云"社稷"。《周礼》云"左祖右社"[21],人君所尊也。

注释 [1]十恶:唐律所列"十恶"包括谋反、谋大逆、谋叛、恶逆、不道、大不敬、不孝、不睦、不义、内乱。此处选注其一"谋反"。 [2]五刑:笞、杖、徒、流、死刑。此处指触犯五刑的罪名。 [3]原:推求,查究。 [4]"开皇"四句:开皇元年(581),隋文帝杨坚诏高颎等制新律,"上采魏晋刑典,下至齐梁,沿革轻重,取其折衷";三年(583)又命苏威、牛弘等人删繁就简,修订新律,称《开皇律》。据《隋书·刑法志》,新律"又置十恶之条,多采后齐之制,而颇有损益"。 [5]"大业"四句:大业三年(607),隋炀帝以《开皇律》犹重,除"十恶"之条,更制《大业律》。据程树德《九朝律考》卷八《隋律考下》:"大业律仿后周之制,不别立十恶之目,以十恶分隶各条,而十恶中又删其二也。" [6]"自武德以来"三句:武德四年(621),唐高祖命裴寂等人以《开皇律》为依据,撰定律令,于武德七年(624)颁行全国,是为《武德律》。 [7]"君亲"二句:语见《公羊传·昭公元年》。将,图谋逆乱。 [8]"天反时"二句:语出《左传·宣公十五年》。反时,违反天常。 [9]宸极:本指北极星所在,借指帝位。 [10]二仪:即两仪,指天地。 [11]兆庶:广大百姓。 [12]凶慝(tè):凶暴恶逆。 [13]社:指土地神。五土:指山林、川泽、丘陵、坟衍、原隰五种地形的土地,用以代指土地。 [14]稷:后稷,传说中的谷神。《左传·昭公二十九年》:"稷,田正也。"孔颖达疏:"正,长也。后稷是田官之长。" [15]神地道:《礼记·郊特牲》:"社,所以神地之道也。"神,用作动词。 [16]司啬:掌管稼穑。啬,通"穑",收割庄稼,这里代指"稼穑"。 [17]君为神主:国君是神道的代表。《左传·襄公十四年》:"夫君,神之主而民之望也。" [18]食乃人天:语本《史记·郦生陆贾列传》:"王者以民人为天,而民人以食为天。"天,依靠。 [19]稔(rěn):庄稼丰熟。 [20]逆节:违逆君臣正常的法度礼节。 [21]"《周礼》"句:语见《周礼·冬官·考工记》,是说王宫左边建宗庙,右边立社。

7 八 议[1]

【疏】议曰:《周礼》云:"八辟丽邦法[2]。"今之"八议",周之"八辟"也。《礼》云:"刑不上大夫[3]。"犯法则在八议,轻重不在刑书也[4]。其应议之人,或分液天潢[5],或宿侍旒扆[6],或多才多艺,或立事立功,简在帝心[7],勋书王府[8]。若犯死罪,议定奏裁,皆须取决宸衷[9],曹司不敢与夺[10]。此谓重亲贤,敦故旧,尊宾贵,尚功能也。以此八议之人犯死罪,皆先奏请,议其所犯,故曰"八议"。

注释 [1]八议:唐律规定,有八种人在犯罪时可以律外议刑,减免刑罚;如犯死罪,须奏请皇帝裁决。这是古代宗法制度下出现的一项法律特权。其内容主要包括:1. 议亲("皇帝袒免以上亲及太皇太后、皇太后缌麻以上亲,皇后小功以上亲");2. 议故("故旧");3. 议贤("有大德行");4. 议能("有大才艺");5. 议功("有大功勋");6. 议贵("职事官三品以上,散官二品以上及爵一品者");7. 议勤("有大勤劳");8. 议宾("承先代之后为国宾者")。"八议"制度源于西周的"八辟",是"刑不上大夫"原则的具体体现。三国魏明帝时制定"新律","八议"首次正式载入律条。此后历代沿袭。明清时,传统的八议制度略有变化,目的则在于抑制、削弱权贵势力,强化君主专制。 [2]"八辟"句:语见《周礼·秋官·小司寇》。丽,附着。 [3]"刑不上"句:语见《礼记·曲礼上》。孔颖达疏:"刑不上大夫者,制五刑三千之科条,不设大夫犯罪之目也。" [4]"犯法"二句:前所引《礼记》"刑不上大夫"句郑玄注云:"不与贤者犯法。其犯法则在八议,轻重不在刑书。"刑书,刑法的条文。 [5]分液天潢:天河的分流诸派,喻指皇族的分支。分液,流、派。天潢,天津,古时称皇族宗室为"天潢"。 [6]宿侍旒扆(liúyǐ):过去曾随侍皇帝。旒扆,代指帝王。 [7]简在帝心:语出《论语·尧曰》:"帝臣不蔽,简在帝心。"此谓皇帝对臣子的善恶功过都审察得十分明晰。简,简阅、明察。帝心,天心。 [8]勋书王府:语出《左传·僖公五年》:"勋在王室,藏于盟府。"杨伯峻注:"周室及诸侯皆有盟府,主功勋赏赐。盖策勋之时,必有誓辞。……策勋之策兼其盟誓。并藏于盟府。" [9]宸衷:帝王心意。 [10]曹司:官署的合称,指诸曹郎中职司所在。

92 贡举非其人[1]

诸贡举非其人及应贡举而不贡举者,一人徒一年,二人加一等,罪止徒三年。非其人,谓德行乖僻,不如举状者。若试不及第,减二等。率五分得三分及第者,不坐。

【疏】议曰:依令诸州岁别贡人[2]。若别敕令举及国子诸馆年常送省者为举人[3],皆取方正清循[4],名行相副。若德行无闻妄相推荐,或才堪利用蔽而不举者,一人徒一年,二人加一等[5],罪止徒三年。注云"非其人,谓德行乖僻,不如举状者"[6],若使名实乖违,即是不如举状,纵使试得及第,亦退而获罪。如其德行无亏,唯试策不及第,减乖僻者罪二等。"率五分得三分及第者,不坐"[7],谓试五得三,试十得六之类,所贡官人,皆得免罪。若贡五得二,科三人之罪;贡十得三,科七人之罪。但有一人德行乖僻,不如举状,即以"乖僻"科之。纵有得第者多,并不合共相准折[8]。

注释 [1]贡举是唐代荐举人才、选拔官员的途径之一。为保证选举得人,唐律规定,如果举荐的人不称职者达到一定数目,负责贡举的官员要承担责任,被追究治罪。此条节选。 [2]令:指选举令:"诸贡人,上州三人,中州二人,下州一人。必有才堪者,不限其人数。"贡人:地方按年举送人才,参加朝廷的考试。 [3]别敕令举:指常贡("岁别贡人")之外由皇帝特诏命令荐举的,即制举。 [4]方正清循:正直不阿,清廉守法。 [5]一等:唐朝规定,徒刑为一至三年,共分五等,每等相差半年。"二人加一等",即每多二人就增加半年徒刑。 [6]乖僻:违逆不正。举状:荐举文书中所列情况。 [7]率:大率、通常。 [8]准折:比照折算。

123　驿使稽程[1]

诸驿使稽程者,一日杖八十,二日加一等,罪止徒二年。

【疏】议曰:依令[2]:"给驿者给铜龙传符[3];无传符处为纸券[4]。量事缓急,注驿数于符契上。"据此驿数以为行程。稽此程者,一日杖八十,二日加一等,罪止徒二年。

注释 [1]在中国古代,朝廷向各地传递公文皆由专人负责,承担此项任务的官吏称为"驿使"。按照公文的缓急性质,驿使每日的行程都有严格规定。如延误行程,要依律治罪。此条节选。 [2]令:指《公式令》。唐制,三十里一驿。事急者,驿使一日行十驿以上;事缓者八驿。"注驿数于符契上",即注明每日应行驿数。 [3]铜龙传符:用铜制成龙型的传符,是下达朝廷命令的凭证。《旧唐书·职官志》:"传符,所以给邮驿,通制命。" [4]纸券:用纸片书写凭证,作为证明。

345　告祖父母父母[1]

诸告祖父母、父母者,绞。谓非缘坐之罪及谋叛以上而故告者。下条准此。

【疏】议曰:父为子天,有隐无犯[2]。如有违失,理须谏诤[3],起敬起孝[4],无令陷罪。若有忘情弃礼而故告者,绞。注云"谓非缘坐之罪",缘坐谓谋反、大逆及谋叛以上[5],皆为不臣[6],故子孙告亦无罪,缘坐同首法[7],故虽父祖听捕告。若故告余罪者,父祖得同首例,子孙处以绞刑[8]。下条准此者[9],谓告期亲尊长,情在于恶,欲令入罪而故告之,故云"准此"。若因推劾,事不获免,随辩注引[10],不当告坐。

注释 [1]按照中国古代礼义原则,子孙需为父母尊长隐瞒过失、罪行,除谋反等大罪外,不得告发。律典中明确规定"同居为隐","不孝"亦列入"十恶"。子孙控告祖父母、父母的行为被视为重罪,按律须严加惩治。此条节选。 [2]有隐无犯:语出《礼记·檀弓》:"事亲有隐而无犯。"郑注:"隐,谓不称扬其过失也。无犯,不犯颜而谏。" [3]谏诤:下对上的直言规劝,使上采纳改正。 [4]起敬起孝:语出《礼记·内则》。起,更加,愈发。大意是说,父母有过失,子女需婉转劝谏。若父母怒而不听,子女更需保持恭敬孝顺,待父母欢悦之时再乘机劝说。 [5]"缘坐"句:按唐律,谋反、大逆及谋叛之罪皆缘坐子孙。缘坐,犹"连坐",因牵连而获罪。 [6]不臣:指官吏不守臣职,对捍、背叛君主。 [7]缘坐同首法:意谓依照自首之法,免除缘坐之罪。 [8]"若故告"三句:如果被告之祖父母、父母确有其罪,也按自首法论之;而告发者则要处以绞刑。 [9]下条:指《斗讼律·告期亲以下缌麻以上尊者》条,见《唐律疏议》卷二四第346条。 [10]"若因"三句:指在法官追究、审问过程中,被告不得不在服辩中涉及祖父母、父母的罪行。注,流入,附着。引,发。

406 犯 夜[1]

诸犯夜者笞二十,有故者不坐。闭门鼓后、开门鼓前行者,皆为犯夜。故,谓公事急速及吉、凶、疾病之类。

【疏】议曰:《宫卫令》:"五更三筹,顺天门击鼓,听人行。昼漏尽,顺天门击鼓四百搥讫,闭门。后更击六百搥,坊门皆闭,禁人行[2]。"违者笞二十。故注云"闭门鼓后、开门鼓前,有行者皆为犯夜"。故,谓公事急速。但公家之事须行,及私家吉、凶、疾病之类[3],皆须得本县或本坊文牒,然始合行,若不得公验,虽复无罪,街铺之人不合许过。既云闭门鼓后、开门鼓前禁行,明禁出坊外者。若坊内行者,不拘此律。

其直宿坊街，若应听行而不听及不应听行而听者笞三十；即所直时，有贼盗经过而不觉者笞五十。

【疏】议曰：谓诸坊应闭之门，诸街守卫之所，有当直宿，应合听行而不听及不应听行而听者笞三十。若分更当直之时，有贼盗经过所直之处，而宿直者不觉，笞五十。若觉而听行[4]，自当主司故纵之罪。

注释　[1]唐代对城市居民生活加以管制，实行严格的宵禁制度，规定：无论都城还是普通城市，坊门都必须在早晚按时关闭。坊门关闭以后，街道上不许再有行人，否则就是"犯夜"，按律要笞二十。此外，夜间用火也严格控制，未经申请而有光烛者，也叫犯夜。　[2]坊：最初指军事防御设施，后来逐渐转换为居民的居住区域。隋、唐时都市的内部管理以"坊"（最初是"里"，后来统称为"坊"）为单位。长安外郭城内的"坊"是士庶百姓的居住区。各坊四周都筑有坊墙。一般每坊有四门，坊内十字街各通一门。都城常以击鼓六百下为号，再由骑卒在街道上大声传呼，然后坊门关闭。　[3]吉、凶：办婚事、丧事。　[4]"若觉"句：指按照《卫禁律·阑入庙社及山陵兆域门》条定罪。见《唐律疏议》卷七第58条。

484　断罪不具引律令格式[1]

诸断罪皆须具引律、令、格、式正文，违者笞三十。若数事共条，止引所犯罪者，听。

【疏】议曰：犯罪之人，皆有条制[2]。断狱之法，须凭正文[3]。若不具引[4]，或致乖谬。违而不具引者，笞三十。"若数事共条[5]"，谓依《名例律》："二罪以上俱发，以重者论。""即以赃致罪，频犯者并累科[6]。"假有人虽犯二罪，并不因赃，而断事官人止引"二罪俱发以重者论"[7]，不引"以赃致罪"之类者，听。

注释　[1]唐律此条强化了中国古代律法有关审判定罪的一项基本原则：依法审判、援法定罪。即法律无明文规定的行为，不当做犯罪论处。西晋时刘颂已提出："律法断罪皆当以法律令正文；若无正文，依附名例断之。其正文、名例所不及，皆勿论。"（《晋书·刑法志》）北周时，宣帝诏制九条中有："决狱科罪，皆准律文……以杖决罚，悉令依法。"（《周书·帝纪第七》）隋初，"诸曹决事，皆令具写律文断之。"（《隋书·刑法志》）　[2]条制：律条规定。　[3]正文：指律、令、格、式中的条文。　[4]具引：详引，即完全援引。　[5]数事共条：有数种罪名共在同一律条中。　　[6]"二罪"四句:俱引自《名例律·二罪从重》条。见《唐律疏议》卷六,45条。　　[7]断事官人:负责审判科断的官员。

(据《唐律疏议》,中华书局,1983年)

【评论】

唐代律学的创新

何勤华

　　《唐律疏议》编纂的目的,在于使过于简约的唐律本文得到补充和诠释,使其在实施过程中遇到的疑难分歧问题,以及"律学未有定疏,每年所举明法,遂无凭准"①的问题获得解决。因此,《唐律疏议》的基本特征就是对唐律律文进行周密、系统、完整的解释。大体而言,在《唐律疏议》中,唐律的律文只占全部篇幅的20%,而疏议则占了80%。而且,正是这80%的疏议,是中国古代律学之精华的体现。它集中了以往各代法律解释学的成果,博引各家经典,对律文逐条逐句进行解释,阐明文义,析解内涵,叙述法理,补充不周不备之处,并设置问答,解释疑义,从而丰富了律文的内容及其法理的色彩,建立起了一个律学的体系,从而使中国古代律学达到了最高的水平。仅就对律文的解释而言,在《唐律疏议》中,就已经对前朝律学作出诸多创新,出现了限制解释、扩张解释、类推解释、举例解释、律意解释、辨析解释、逐句解释、答疑解释和创新解释等多种解释方法。

1. 限制解释

　　为了帮助司法人员严格掌握某些犯罪所涉及的对象,犯罪行为的范围,处罚的刑种等一些界限问题,《唐律疏议》作了许多限制性的解释。

　　如《名例律》(总第33条)规定:"诸以赃入罪,正赃见在者,还官、

---

① 《旧唐书·刑法志》。

主。(注:转易得他物,及生产蕃息,皆为见在)。"疏议在解释"转易得他物,及生产蕃息,皆为见在"时说:"转易得他物者,谓本赃是驴,回易得马之类。及生产蕃息者,谓婢产子、马生驹之类。"那么,假如有人强盗或盗窃取得别人的财物,然后拿了此财物作资本,做起生意买卖获得利润,以及出借放债别有利息,这取得的利润和利息,可以相同于人、畜生产以及不断繁殖所得的财物吗?

疏议回答解释说:"'生产、蕃息',本据应产之类而有蕃息。若是兴生、出举而得利润,皆用后人之功,本无财主之力,既非孳生之物,不同蕃息之限,所得利物,合入后人。其有展转而得,知情者,蕃息物并还前主;不知情者,亦入后人。"

这里,疏议认为,生产、蕃息,是指能生产的人、畜,从而将律文规定的"转易得他物"严格限制在婢产子、马生驹之类,较为合理地排除了前主即赃物的原主人对此利润的所有权,保护了后主即与"强盗"或"窃盗"做生意或支付利息的对方当事人的利益。

2. 扩张解释

《唐律疏议》为了将律文中没有规定的事项,也纳入同类法律规范的管辖范围,就大量利用了扩张解释的方法。

如《卫禁律》(总第65条)规定:"诸在宫殿内作罢而不出者,宫内,徒一年;殿内,徒二年;御在所者(皇帝住的地方),绞。……若于辟杖内误遗兵杖者,杖一百。(注:弓、箭相须,乃坐。)"

疏议在解释后一句话时说:"辟杖之内,人皆出尽,所有兵器,亦不合留。或有误遗兵杖者,合杖一百。兵杖之法,应须堪用(应该是相互配合才可以使用的)。或遗弓无箭,或遗箭无弓,俱不得罪,故云:'弓、箭相须,乃坐'。"

疏议接着自设问答:"问曰:误遗弩弓无箭,或遗箭无弩,或有盾而无矛,各得何罪?答曰:'弓箭相须,乃坐'。弩箭无弓,与常箭不别。有弩弓无箭,亦非兵杖之限。盾则独得无用,亦与有弓无箭义同。"

这里,疏议通过扩张解释,将遗失弓箭之事项扩张到矛和盾,指出矛和盾也应当相互配合使用,否则就没有用处。因此,只遗失矛,或只遗失盾,也不算犯罪。

3. 类推解释

《唐律疏议》在总的原则中规定了律无正文规定的事项,可以进行比附类推适用其他成例以及相类法律的规定的同时,在对每一个具体条文的解释上,也时常运用类推解释的方法,以帮助司法人员明白律意,掌握律文的精神实质。

如《贼盗律》(总第 249 条)规定:"诸缘坐非同居者,资财、田宅不在没限。虽同居,非缘坐及缘坐人子孙应免流者,各准分法留还。""若女许嫁已定,归其夫。出养、入道及聘妻未成者,不追坐。道士及妇人,若部曲、奴婢,犯反逆者,止坐其身。"

疏议对该段律文进行解释以后,又提出了律文中没有涉及的问题:"杂户及太常音声人犯反、逆,有缘坐否?"①

疏议对此回答说:"杂户及太常音声人,各附县贯,受田、进丁、老免与百姓同。其有反、逆及应缘坐,亦与百姓无别。若工、乐、官户,不附州县贯者,与部曲例同,止坐其身,更无缘坐。"②

这里,疏议指明,法律虽然没有明文规定杂户、太常音声人犯谋反、谋大逆罪之后亲属的缘坐问题,但是,由于他们在籍贯、受领耕地、服役和免役等各个方面,与普通百姓享受同等的待遇,所以犯了谋反、谋大逆罪之后,其亲属也应比照普通百姓犯此等罪时的处罚一样,受到缘坐的处罚。

4. 举例解释

《唐律疏议》在解释律文时,为了使司法人员对律文的规定有更为清楚明白的理解,有时也常常使用举例解释的方法。

比如,《名例律》(总第 49 条)规定:"其本应重而犯时不知者,依凡论;本应轻者,听从本。"疏议举例解释说:"假有叔侄,别处生长(分开

---

① 太常音声人,是指隶属太常寺的音乐歌唱人。在官贱民中地位最高,已接近良民,可以与良民通婚。大多系品官后裔,是因罪而谪入营署习艺的伶官。他们在州县有户籍,但不从州县赋役。

② 《唐律疏议》第 324 页,刘俊文点校,中华书局 1983 年版。

生活),素未相识,侄打叔伤,官司推问始知,听依凡人斗法。……其'本应轻者',或有父不识子,主不识奴,殴打之后,然始知悉,须依打子及奴本法,不可以凡斗而论,是名'本应轻者,听从本'。"这里,律文的"本应重"和"本应轻"的规定,还是比较抽象的,疏议通过举出两个假设的例子来予以解释,就使人们能够很清楚地理解该律文的含义。

5. 律意解释

在唐律的律文中,有许多规定和概念由于前代法律或注释书多有涉及,已经成为大家都比较熟悉的制度或用语。在这种情况下,疏议对有些律文和概念就只解释其内含的立法意图和目的,而对其字面的含义则不再多涉及。笔者称此为"律意解释"。

比如,《名例律》(总第 4 条)的疏议在解释"流刑"时,并未给流刑下定义,而是对为什么要实行三个等级的流刑作出了立法上的解释:"《书》云:'流宥五刑'。谓不忍刑杀,宥之于远也。又曰:'五流有宅(有去处),五宅三居(去三种地方居住)。'大罪投之四裔(四方边远地区),或流之于海外,次九州之外,次中国(中原)之外。盖始于唐虞。今之三流,即其义也。"

这里,疏议很明确地表明,流刑是历代先圣所倡导并实行的,其目的在于对被判死刑者作出宽宥,不忍加以诛杀。但为了避免他们再危害当地,以及一定程度上对他们作出惩戒,就将他们放置中原地区以外甚至更远的场所。疏议特别强调,流刑是唐尧虞舜时代即有的制度,唐律只是继承了这一圣人时代的做法而已。

6. 逐句解释

作为一部旨在帮助司法人员完整地、正确地理解唐律之所有规定和律文之含义的注释学作品,《唐律疏议》也非常重视对律文的逐字逐句解释。这种情况在《唐律疏议》中比比皆是。这里试举两条较为典型者,略加分析。

比如,《户婚律》(总第 188 条)规定:"诸卑幼在外,尊长后为定婚,而卑幼自娶妻,已成者,婚如法;未成者,从尊长。违者,杖一百。"

疏议逐句解释说:"'卑幼',谓子、孙、弟、侄等。'在外',谓公私行诣之处。因自娶妻,其尊长后为定婚,若卑幼所娶妻已成者,婚如法;未成者,从尊长所定。违者,杖一百。'尊长',谓祖父母、父母及伯叔父母、姑、兄、姊。"

又如,《贼盗律》(总第255条)规定:"诸妻妾谋杀故夫之祖父母、父母者,流二千里;已伤者,绞;已杀者,皆斩。部曲、奴婢谋杀旧主者,罪亦同。(注:故夫,谓夫亡改嫁。旧主,谓主放为良者。余条故夫、旧主,准此。)"

疏议逐句解释说:"'妻妾谋杀故夫之祖父母、父母者,流二千里;已伤者,绞',并据首从科之。'已杀者,皆斩',罪无首从。谓一家之内,妻妾寡者数人,夫亡之后,并已改嫁,后共谋杀故夫之祖父母、父母,俱得斩刑。若兼他人同谋,他人依首从之法,不入'皆斩'之限。部曲、奴婢谋杀旧主,称'罪亦同'者,谓谋而未杀,流二千里;已伤者,绞;已杀者,皆斩。注云'故夫,谓夫亡改嫁。旧主,谓主放为良者',妻妾若被出及和离,即同凡人,不入'故夫'之限。其'旧主',谓经放为良及自赎免贱者。若转卖及自理诉得脱,即同凡人。'余条故夫、旧主准此',谓'殴詈'、'告言'之类,当条无文者,并准此。"

上述两则疏议的解释,第一则疏议的解释使我们依次明白了"卑幼"、"在外"、"尊长"等概念的具体含义;第二则对"已杀者,皆斩"、"罪亦同"、"故夫"、"旧主"作了逐项说明,通过这些说明和解释,使司法人员能够清楚地理解律文的含义。

7. 辨析解释

辨析解释,也可以理解为"区别解释",即对两项或两项以上相近的、比较容易引起混淆的律文或用语进行比较分析、阐述,区别清楚各自的内涵,以帮助司法官吏准确地把握律文的含义。《唐律疏议》在这方面也下了许多功夫。

如《斗讼律》(总第306条)规定:"诸斗殴杀人者,绞。以刃及故杀人者,斩。虽因斗,而用兵刃杀者,与故杀同。"

疏议在解释时自设问答说:"问曰:故杀人,合斩;用刃斗杀,亦合斩刑。得罪既是不殊,准文更无异理,何须云'用兵刃杀者,与故杀同'？答曰：《名例》：'犯十恶及故杀人者，虽会赦（遇到大赦），犹（仍然需要）除名。'兵刃杀人者，其情重，文同故杀之法，会赦犹遣除名。"这里，疏议表明，虽然故杀合斩，用刃杀人也合斩，两者在定罪量刑上相同。而且，用刃斗杀实际上是包括在故杀的外延之内的。但由于律文中对故杀还有"会赦，犹除名"的规定，因此，通过说明用兵刃杀者，与故杀同等处罚的规定，就可以将适用于故杀的"会赦，犹除名"的规定也适用于情节严重的用兵刃杀人的场合。从而弥补了律文规定以兵刃杀人时因讲究简约而未规定"会赦，犹除名"的缺陷。

8. 答疑解释

答疑解释，就是通过问答的形式，对疏议的解释还抱有的疑问，用提问的方式提出来，疏议再作出答复的一种解释方法。这种方法，事实上在1975年出土的《睡虎地秦墓竹简》中就已经被广泛使用，至唐代便达到了高度发达的成熟形态。

比如，《名例律》（总第37条）："犯罪未发自首"规定："自首不实及不尽者，以不实不尽之罪罪之，至死者，听减一等。"

疏议对此解释说：" '自首不实'，谓强盗得赃，首云窃盗赃，虽首尽，仍以强盗不得财科罪之类。'及不尽者'，谓枉法取财十五匹，虽首十四匹，余一匹，是为不尽之罪。称'罪之'者，不在除、免、倍赃、监主加罪、加役流之例。假有人强盗二十匹，自首十匹，余有十匹不首，本法尚合死罪，为其自有悔心，罪状因首而发，故至死听减一等。"

解释完了以后，疏议的作者站在读者之立场上，感到尚有疑问，故又提出："谋杀凡人，乃云是舅；或谋杀亲舅，复云凡人，姓名是同，舅与凡人状别。如此之类，若为科断？"

疏议回答："谋杀凡人是轻，谋杀舅罪乃重，重罪既得首免，轻罪不可仍加。所首姓名既同，唯止舅与凡人有异，谋杀之罪首尽，舅与凡人状虚，坐是'不应得为从轻'，合笞四十。其谋杀亲舅，乃云凡人者，但谋杀凡人，唯极徒坐；谋杀亲舅，罪乃至流。谋杀虽已首陈，须科'不尽'之罪。三流之坐，准徒四年，谋杀凡人合徒三年，不言是舅，首陈不尽，处徒一年。"

答复之后,还有疑问:"一家漏十八口,并有课役,乃首九口,未知合得何罪?"

疏议答曰:"律定罪名,当条见义。如户内止隐九口,告称隐十八口,推勘九口是实,诬告者不得反坐,以本条隐九口者,罪止徒三年,罪至所止,所诬虽多,不反坐。今首外仍隐九口,当条以'不尽'之罪罪之,仍合处徒三年。"

答复以后,还有疑问,遂再问:"乙私有甲弩,乃首云止有矟(shuò,即槊,长一丈八尺以上,适用于骑兵使用的长矛)一张,轻重不同,若为科处?"疏议答曰:"甲弩不首,全罪见在。首矟一张,是别言余罪。首矟之罪得免,甲弩之罪合科。既自首不实,至死听减一等。"还有疑问:"假有监临之官,受财不枉法,赃满三十匹,罪合加役流。其人首云'受所监临',其赃并尽,合科何罪?"

疏议回答说:"律云'以不实不尽之罪罪之,至死听减一等'。但'不枉法'与'受所监临',得罪虽别,赃已首尽,无财可科,唯有因事、不因事有殊,止从'不应为重',科杖八十。若枉法取物,首言'受所监临',赃亦首尽,无财可坐,所枉之罪未首,宜从所枉科之;若枉出入徒、流,自从'故出入徒、流'为罪;如枉出入百杖以下,所枉轻者,从'请求施行'为坐。本以因赃入罪,赃既首讫,不可仍用'至死减一等'之法。"

这里,律文本身只有两句话40个字,但在疏议通过一百二十余字的解释后,作者站在司法实践角度,感到还有一些疑问,遂一下子提出了四个方面的问题,再对其进行比较详尽的解答。这样,通过一问一答,又问又答,把律文规定的自首的内容阐发详尽,从而使司法官吏得以真正地、透彻地把握这条律文的内涵和精神实质。

在《唐律疏议》对502条律文的解释中,作者使用答疑(问答)解释方法的共有126处,平均不到四个条文就有一处答疑解释。《唐律疏议》这么频繁地运用答疑的解释方法,在古今中外法律文化史上也是少见的。由于这一特征,使唐律的实际可操作性大大提高,对司法实践部门的指导作用也大大加强。

9. 创新解释

创新解释,是指疏议的解释,完全超越了律文规定的范围,是作为一种立法者的身份,通过疏议解答的形式,在作出新的规定,创造新的原则。

比如,《户婚律》(总第175条)规定:"诸许嫁女,已报婚书及有私约(注:约,谓先知夫身老、幼、疾、残、养、庶之类),而辄悔者,杖六十。(注:男家自悔者,不坐,不追聘财。)"

疏议在解释此条律注时指明:"老、幼,谓违本约,相校倍年者(男女相比较年龄相差一倍的);疾、残,谓状当三疾,支体不完(残缺不全者);养,谓非已所生(收养来的);庶,谓非嫡子及庶、孽之类。以其色目非一,故云'之类'。皆谓宿相谙委,两情具惬,私有契约,或报婚书,如此之流,不得辄悔,悔者杖六十,婚仍如约。若男家自悔者,无罪,聘财不追。"

但是在现实生活中,民间的私约内容,除了私下就老、幼等项告知对方并达成协议外,有时还会谈及贫富贵贱等内容。疏议因而自设问答:

问曰:有私约者,准文唯言"老、幼、疾、残、养、庶之类",未知贫富贵贱亦入"之类"得为妄冒以否?

答曰:老、幼、疾、残、养、庶之类,此缘事不可改,故须先约,然许为婚。且富贵不恒,贫贱无定,不入"之类",亦非妄冒。

又如,《贼盗律》(总第248条)规定:"虽谋反,词理不能动众,威力不足率人者,亦皆斩。父、子、母、女、妻、妾,并流三千里。"

疏议在解释"父、子、母、女、妻、妾,并流三千里"时,自设问答曰:

问曰:"反、逆人应缘坐,其妻、妾,据本法,虽会赦犹离之、正之;其继、养子、孙,依本法,虽会赦合正之。准离之、正之,即不在缘坐之限。反、逆事彰之后,始诉离之、正之,如此之类,并合放、免以否?"

答曰:"刑法慎于开塞(刑法在扩张适用和缩小适用的取舍掌握上要严格把关),一律不可两科。执宪履绳(执行法律履行准则),务从折中。违法之辈,已汨(扰乱)朝章,虽经大恩,法须离、正。离、正之色,即是凡人。离、正不可为亲,须从本宗缘坐。"

这里,第一例疏议通过确定"私约"之范围,明确将贫富贵贱排除出了"私约"的内容之外,作出了"富贵不恒,贫贱无定",因而不能归入私约内容的立法解释(在这一层面上,创新解释与限制解释彼此接近)。第二例强调一部法典不可施用两种标准判罪,执掌国法,履行准则,务必不偏不倚,处断公正适中。并在律文规定之外,提出了那些违反了法律的罪人,已经扰乱了朝廷的宪章,虽然经过皇恩大赦,依照法律还必须加以脱离关系和改正身份。脱离了关系,改正了身份的一类人,就是和罪犯没有任何关系的寻常人,他们以后就不再是罪犯的亲属了,不再因罪犯而缘坐,而是应当回到原来的家族那里,随从他们原来家族的犯罪缘坐(假如他们原来家族中有人犯罪的话)。①

(选自何勤华《唐代律学的创新及其文化价值》,标题为编者所加)

三 《贞观政要》

【题解】

《贞观政要》十卷四十篇,是记述贞观年间唐太宗君臣探讨致治之道的一部政论性史书,作者是唐代史学家吴兢。吴兢(公元669或670—749),汴州浚仪(今河南开封)人,《旧唐书》称其"励志勤学,博通经史"。神龙二年(706)吴兢预修《则天实录》,开元四年(716)同刘知幾重修《则天实录》三十卷,新成《中宗实录》二十卷、《睿宗实录》五卷。十七年(729)出为荆州司马,二十一年(733)上所撰《国史》六十五卷,天宝初年为邺郡太守,入为恒王傅,八年(749)卒于家中。其著述流传至今的只有《贞观政要》与《乐府古题要解》二种。

《贞观政要》一书的具体撰集情况,学界争议颇多。一般认为,吴兢很早就已经开始着手编辑此书。开元八年(720),张嘉贞、源乾曜

---

① 曹漫之主编:《唐律疏议译注》,616页,吉林人民出版社,1989年。

命吴兢"备加甄录",对已有的撰述加以整理,撰成之后即进呈玄宗皇帝。《贞观政要》载录贞观时政事,表现出明确的政治意图,旨在宣扬唐太宗"用贤纳谏之美,垂代立教之规",藉以劝诫唐玄宗"克遵太宗之故事",择善而从,以恢复"贞观巍巍之化",保证唐王朝的长治久安。

《贞观政要》以记言为主,分类辑录了太宗君臣之间的问答,大臣的奏疏与诤议,以及政治方略、设施等史料,依次阐述了为君之道、任贤纳谏、历史鉴戒、教戒太子、礼义准则、正身修德、教化之本、重农宽刑、征伐安边、善始慎终等治国理政的主要方面。全书首论"君道",将君主的自身修养视为安定天下的基石和根本。在国家治理中,为君之道的一个重要内容就是"兼听纳下",要求做到知人善任、任人唯贤、居安思危、虚心纳谏。可以说,对"君道"的探讨是贯穿《贞观政要》一书的主导思想,书中各篇大都是围绕着这一中心展开和发挥的,是"君道"在社会政治生活各个方面的体现。全书以《慎终》篇作结,也饶有深意,体现了作者对帝王兢兢业业、善始慎终的期望。吴兢在书中还对太宗朝的大政方针进行了归纳,试图在全面呈现贞观之治风貌的基础上,对其中蕴含的治国安民的政治理念和行之有效的施政经验加以总结。总之,《贞观政要》既是唐太宗贞观年间政事的历史记录,又表现出鲜明的政论色彩,具有可观的史料价值和极强的政治鉴戒意义,亦因此得到了不同时代人们的关注和推重。

《贞观政要》的版本流传情况十分复杂,国内外现存的若干种钞本、刊本都不能说是吴兢定本。元代至顺四年(1333)刊行的戈直集论本,于明洪武三年(1370)重校重刻,成化元年(1465)再刻,成为流传最广、最通行的本子。《四库全书》所收内府本、嘉庆戊午(1798)扫叶山房重镌本,都是戈直集论本的翻刻本。1987年上海古籍出版社据成化再刻本校点刊行了《贞观政要》。2003年中华书局出版的谢保成《贞观政要集校》,集校勘与研究于一体,是目前为止最好的本子。2006年上海古籍出版社出版的裴汝诚等译注《贞观政要译注》,最便初学。

君　道[1]

贞观初[2]，太宗谓侍臣曰："为君之道，必须先存百姓。若损百姓以奉其身，犹割胫以啖腹，腹饱而身毙。若安天下，必须先正其身，未有身正而影曲，上理而下乱者。朕每思伤其身者不在外物，皆由嗜欲以成其祸。若躭嗜滋味，玩悦声色，所欲既多，所损亦大，既妨政事，又扰生人。且复出一非理之言，万姓为之解体。怨讟既作[3]，离叛亦兴。朕每思此，不敢纵逸。"[4]谏议大夫魏徵对曰[5]："古者圣哲之主，皆亦近取诸身，故能远体诸物[6]。昔楚聘詹何[7]，问其理国之要。詹何对以修身之术。楚王又问理国何如？詹何曰：'未闻身理而国乱者。'陛下所明，实同古义。"

注释　[1]《君道》是《贞观政要》开卷第一篇，主要记述了唐太宗君臣对"为君之道"的讨论。道：方法，原则，法则。　[2]贞观：唐太宗李世民年号（627—649）。　[3]讟（dú）：诽谤，怨言。　[4]自开篇至"不敢纵逸"：按《资治通鉴》卷一九二："（武德九年）上（指唐太宗）又尝谓侍臣曰：'君依于国，国依于民。刻民以奉君，犹割肉以充腹，腹饱而身毙，君富而国亡。故人君之患，不自外来，常由身出。夫欲盛则费广，费广则赋重，赋重则民愁，民愁则国危，国危则君丧矣。朕常以此思之，故不敢纵欲也。'"与此处意旨全同，录以备参。　[5]谏议大夫：官名。唐制，门下省置谏议大夫四名，掌规谏讽喻、侍从赞襄之职。　[6]"皆亦"二句：语本《易·系辞》。此谓君主须推己及人，治理天下先要自正其身。　[7]詹何：春秋时方士。据《庄子·让王》，詹何主张爱身、重生，认为重生则轻利，又指出不要强行克制情欲，以免伤身。至于宣称治国理政当以修身为先，见于《列子·说符》。魏徵此处是据《列子》所载立论。

贞观二年，太宗问魏徵曰："何谓为明君暗君？"徵曰："君之所以明者，兼听也；其所以暗者，偏信也。《诗》云：'先人有言，询于刍荛[1]。'昔唐、虞之理，辟四门，明四目，达四聪[2]。是以圣无不照，故共、鲧之徒，不能塞也[3]。靖言庸回[4]，不能惑也。秦二世则隐藏其身，捐隔疏贱而偏信赵高，及天下溃叛，不得闻也。梁武帝偏信朱异[5]，而侯景举兵向阙，竟不得知也。隋炀帝偏信虞世基[6]，而诸贼攻城剽邑，亦不得知也。是故人君兼听纳下,则贵臣不得壅蔽,而下情必得上通也。"太宗甚善其言。

注释 [1]"先人"二句:语出《诗·大雅·板》。刍荛(chúráo),割草打柴者,引申为草野鄙陋之人。 [2]"昔唐、虞"四句:语出《尚书·舜典》。意谓开门招纳天下贤俊,广四方之视听,使下情上达,畅通无阻,以防耳目闭塞。唐、虞,指尧、舜。 [3]共、鲧:共工和鲧。据《尚书》,共工邪僻,被舜流放;鲧治水无功,舜殛之于羽山。塞:蒙蔽。 [4]靖言庸回:语出《尚书·尧典》。一作"靖言庸违"。意为言语巧饰而行动乖违。靖言,巧言。庸,用,指行为。回,邪。 [5]朱异:仕南朝梁为散骑常侍,甚得武帝宠信,而贪财冒贿,欺罔视听。侯景叛魏,请归梁。武帝听从朱异之议,接纳侯景,封大将军。后来朱异又主张与东魏议和。侯景遂以讨伐朱异为名,起兵叛梁。 [6]虞世基:仕隋为内史侍郎,为人忧逸惧祸,唯诺取容,曾将各地起义的消息隐瞒不报,致使隋炀帝对烽火四起、郡县陷没的情形全然不知。

贞观十年,太宗谓侍臣曰:"帝王之业,草创与守成孰难[1]?"尚书左仆射房玄龄对曰[2]:"天地草昧[3],群雄竞起,攻破乃降,战胜乃克。由此言之,草创为难。"魏徵对曰:"帝王之起,必承衰乱。覆彼昏狡,百姓乐推[4]。四海归命,天授人与,乃不为难。然既得之后,志趣骄逸,百姓欲静而徭役不休,百姓凋残而侈务不息,国之衰弊,恒由此起。以斯而言,守成则难。"太宗曰:"玄龄昔从我定天下,备尝艰苦,出万死而遇一生,所以见草创之难也。魏徵与我安天下,虑生骄逸之端,必践危亡之地,所以见守成之难也。今草创之难,既已往矣,守成之难者,当思与公等慎之。"

注释 [1]草创:此指夺取天下。守成:此指治理天下。 [2]尚书左仆射(yè):唐制,尚书省设左、右仆射,襄助尚书令工作。因唐太宗曾任尚书令,此官职遂不再任命,左、右仆射实际上成为尚书省的官长,得以充任宰相之职。 [3]草昧:杂乱蒙昧。这里借喻国家草创,秩序未定。 [4]"覆彼"二句:起来推翻昏庸残暴的君主,百姓是愿意支持、拥戴的。

贞观十一年,特进魏徵上疏曰[1]:

臣观自古受图膺运[2],继体守文[3],控御英杰,南面临下,皆欲配厚德于天地,齐高明于日月,本枝百世,传祚无穷[4]。然而克终者鲜,败亡相继,其故何哉?所以求之,失其道也。殷鉴不远[5],可得而言。

昔在有隋,统一寰宇,甲兵强盛,三十余年,风行万里,威动殊俗,一旦举而弃之,尽为他人之有。彼炀帝岂恶天下之治安,不欲社稷之长久,故行桀虐,以就灭亡哉!恃其富强,不虞后患。驱天下以从欲,罄万物而自奉,采域中之子女,求远方之奇异。宫苑是饰,台榭是崇,徭役无时,干戈不戢[6]。外示严重[7],内多险忌,逸邪者必受其福,忠正者莫保其生。上下相蒙,君臣道隔,民不堪命,率土分崩[8]。遂以四海之尊,殒于匹夫之手[9],子孙殄绝,为天下笑,可不痛哉!

圣哲乘机,拯其危溺,八柱倾而复正[10],四维绝而更张[11]。远肃迩安,不逾于期月;胜残去杀[12],无待于百年。今宫观台榭,尽居之矣;奇珍异物,尽收之矣;姬姜淑媛[13],尽侍于侧矣;四海九州,尽为臣妾矣。若能鉴彼之所以亡,念我之所以得,日慎一日,虽休勿休。焚鹿台之宝衣,毁阿房之广殿,惧危亡于峻宇,思安处于卑宫,则神化潜通,无为而治,德之上也。若成功不毁,即仍其旧,除其不急,损之又损。杂茅茨于桂栋,参玉砌以土阶,悦以使人,不竭其力。常念居之者逸,作之者劳,亿兆悦以子来[14],群生仰而遂性,德之次也。若惟圣罔念[15],不慎厥终,忘缔构之艰难,谓天命之可恃,忽采椽之恭俭,追雕墙之靡丽,因其基以广之,增其旧而饰之。触类而长,不思止足,人不见德,而劳役是闻,斯为下矣。譬之负薪救火,扬汤止沸,以暴易乱,与乱同道,莫可测也,后嗣何观!夫事无可观则人怨,人怨则神怒,神怒则灾害必生。灾害既生,则祸乱必作,祸乱既作,而能以身名全者鲜矣。顺天革命之后[16],将隆七百之祚[17],贻厥孙谋[18],传之万叶,难得易失,可不念哉!

注释 [1]"贞观"二句:据《资治通鉴》卷一九四,贞观十一年正月,太宗作飞山宫。魏徵上此疏,劝诫太宗吸取隋亡教训,不当穷奢极欲,大兴土木。特进,官名。在唐为文散官第二阶,正二品,常用来优待功臣或德高望重之人,只领俸禄,无职掌,也可作为加官。 [2]受图膺运:得受天命,应运而兴。图,河图。传说在远古时代,有龙马出自黄河,背负河图;有神龟出自洛水,背驮洛书。伏羲得之,据以画八卦。后来,"受图"被赋予天人感应的色彩,专指帝王上应天命。 [3]继体守文：指嗣位守成之君。体，政体，此指皇位。文，典制、法度。　[4]祚(zuò)：皇位，国统。　[5]"殷鉴"句：指后世宜以前朝覆亡的教训为戒。语出《诗·大雅·荡》。　[6]戢(jí)：止息。　[7]外示严重：外表装得威严、端庄、持重。　[8]"率土"句：指各地诸侯竞起，天下分裂动荡。　[9]"遂以"二句：指隋炀帝于公元618年在江都被亲信宇文化及等人缢死一事。　[10]八柱：古人认为地有九州八柱。传说共工与颛顼争为帝，怒而触不周之山，天柱折，地维绝，天发生倾斜。　[11]四维：古人认为地是方的，由四条绳子系缀。后人又以礼义廉耻为国之四维。绝，一作"弛"。　[12]"胜残"句：教化凶暴的人去恶从善，可以不再用刑杀。语出《论语·子路》。　[13]姬姜：春秋时，周王室姓姬，齐国姓姜，二姓常通婚姻，故"姬姜"成为贵族妇女的美称，又用以泛指美貌女子。　[14]亿兆：指万民。子来：如子女趋奉父母，不召自来。语见《诗·大雅·灵台》。　[15]"若惟圣"句：意谓君王自以为是，而不知敬慎、省察。语出《尚书·多方》："惟圣罔念作狂，惟狂克念作圣"。罔，不。念，犹"念念不忘"、"念兹在兹"之"念"，指诚、敬之心。　[16]顺天革命：意谓顺应天意，废除昏君帝位，改朝换代。语出《易·革》："汤武革命，顺乎天而应乎人。"　[17]七百之祚：据说周成王定鼎之后曾卜问周朝气数，得知周王室将传三十世、历七百年。事见《左传·宣公三年》。　[18]贻厥孙谋：为子孙后代的将来作好安排。语出《诗·大雅·文王有声》。孙谋，一作"子孙"。《尚书·五子之歌》："明明我祖，万邦之君，有典有则，贻厥子孙。"

是月，徵又上疏曰[1]：

臣闻求木之长者，必固其根本；欲流之远者，必浚其泉源；思国之安者，必积其德义。源不深而望流之远，根不固而求木之长，德不厚而思国之理，臣虽下愚，知其不可，而况于明哲乎！人君当神器之重[2]，居域中之大[3]，将崇极天之峻，永保无疆之休[4]。不念居安思危，戒奢以俭，德不处其厚，情不胜其欲，斯亦伐根以求木茂，塞源而欲流长者也。

凡百元首，承天景命[5]，莫不殷忧而道著，功成而德衰。有善始者实繁，能克终者盖寡，岂取之易而守之难乎？昔取之而有余，今守之而不足，何也？夫在殷忧，必竭诚以待下；既得志，则纵情以傲物。竭诚则胡越为一体[6]，傲物则骨肉为行路。虽董之以严刑，振之以威怒，终苟免而不怀仁，貌恭而不心服。怨不在大[7]，可畏惟人，载舟覆舟[8]，所宜深慎，奔车朽索[9]，其可忽乎！

君人者,诚能见可欲则思知足以自戒,将有作则思知止以安人,念高危则思谦冲而自牧[10],惧满溢则思江海下百川,乐盘游则思三驱以为度[11],忧懈怠则思慎始而敬终,虑壅蔽则思虚心以纳下,想谗邪则思正身以黜恶,恩所加则思无因喜以谬赏,罚所及则思无因怒而滥刑。总此十思,弘兹九德,简能而任之,择善而从之,则智者尽其谋,勇者竭其力,仁者播其惠,信者效其忠。文武争驰,在君无事,可以尽豫游之乐[12],可以养松、乔之寿[13],鸣琴垂拱[14],不言而化。何必劳神苦思,代下司职,役聪明之耳目,亏无为之大道哉!

注释 [1]此即魏徵奏疏中的传世名作《谏太宗十思疏》。 [2]神器:指帝王之重位。语出《老子》。 [3]域中之大:据《老子》,天地间有四大(道、天、地、王),帝王居其一。 [4]无疆之休:无限美好。语见《尚书·太甲》。 [5]景命:授予王位的天命。语出《诗·大雅·既醉》。景,大。 [6]胡越:胡在北,泛指西北各民族;越在南,泛指东南各民族。"胡越"喻关系疏远。 [7]怨不在大:语出《尚书·康诰》:"怨不在大,亦不在小。"意谓不论事情大小,都有可能引起民怨。 [8]载舟覆舟:以舟喻君,以水喻民,水既可载舟,也可覆舟。《荀子》、《孔子家语》中皆有类似表述。 [9]奔车朽索:用腐朽的绳索驾驭着狂奔的马车。比喻随时会有危险。语本《尚书·五子之歌》:"予临兆民,懔乎若朽索之驭六马。" [10]自牧:自守,自我约束。语出《易·谦》。 [11]盘游:畋猎,娱乐游逸。语出《尚书·五子之歌》。三驱:指打猎时合围三面,前开一路,使猎物有路可逃。语出《易·比》:"王用三驱,失前禽。" [12]豫游:指君王巡游。 [13]松、乔:传说中的仙人赤松、王乔,或作赤松子、王子乔,皆以长寿著称。 [14]鸣琴垂拱:弹琴,垂衣拱手,形容无为而治。语出《吕氏春秋·察贤》、《尚书·武成》。

太宗手诏答曰:

省频抗表,诚极忠款,言穷切至。披览忘倦,每达宵分[1]。非公体国情深,启沃义重[2],岂能示以良图,匡其不及。朕闻晋武帝自平吴已后,务在骄奢,不复留心治政。何曾退朝谓其子劭曰[3]:"吾每见主上不论经国远图,但说平生常语,此非贻厥子孙者,尔身犹可以免。"指诸孙曰:"此等必遇乱死。"及孙绥,果为淫刑所戮。前史美之,以为明于先见。朕意不然,谓曾之不忠,其罪大矣。夫为人臣,当进思尽忠,退思补过,将顺其美,匡救其恶[4],所以共为治也。曾位极台司[5],名器崇重,当直辞正谏,论道佐时。今乃退有后言,进无廷诤,以为明智,不亦谬乎!危而不持,焉用彼相[6]?公之所陈,朕闻过矣。当置之几案,事等弦、韦[7]。必望收彼桑榆,期之岁暮,不使康哉良哉[8],独盛于往日,若鱼若水[9],遂爽于今。迟复嘉谋,犯而无隐[10]。朕将虚襟静志,敬伫德音。

注释　[1]宵分:夜半。　[2]启沃:指臣下竭诚开导、忠告君王。语出《尚书·说命上》:"启乃心,沃朕心。"　[3]何曾:曹魏时官至司徒,曾参预司马炎代魏活动,西晋初任侍中、太尉,后进位太傅。子何劭,仕晋为司徒、太宰。孙何绥,官至侍中、尚书。(据《晋书·何曾传》)　[4]"当进思"四句:这是《孝经·事君章》中所引孔子的一段话,专述臣子对君主的应有职责。　[5]台司:指三公之高位。　[6]"危而"二句:语出《论语·季氏》。相,指扶助盲人行路的人,引申为国君的辅佐大臣。　[7]弦、韦:弦指弓弦,韦指熟皮。弦紧而直,韦柔而韧。语本《韩非子·观行》:"西门豹之性急,故佩韦以缓己;董安於之心缓,故佩弦以自急。"后用"弦韦"比喻朋友规劝。　[8]康哉良哉:指诸事安宁,大臣贤能。语出《尚书·皋陶谟》。　[9]若鱼若水:比喻君臣相得无间。语出《三国志·蜀书·诸葛亮传》。　[10]犯而无隐:对君王直言相告。语出《礼记·檀弓》。

贞观十五年,太宗谓侍臣曰:"守天下难易?"侍中魏徵对曰:"甚难。"太宗曰:"任贤能、受谏诤即可[1],何谓为难?"徵曰:"观自古帝王,在于忧危之间,则任贤受谏。及至安乐,必怀宽怠。恃安乐而欲宽怠,言事者惟令兢惧,日陵月替[2],以至危亡。圣人所以居安思危,正为此也。安而能惧,岂不为难?"

注释　[1]即:一作"则"。　[2]日陵月替:意谓逐渐衰落、弛退。

(原文据《贞观政要集校》卷一,中华书局,2003年)

任　贤[1]

房玄龄[2],齐州临淄人也[3]。初仕隋,为隰城尉[4]。坐事除名[5],徙上郡[6]。太宗徇地渭北[7],玄龄杖策谒于军门。太宗一见,便如旧识,署渭北道行军记室参军[8]。玄龄既喜遇知己,遂罄竭心力。是时,贼寇每平,众人竞求金宝,玄龄独先收人物,致之幕府[9]。及有谋臣猛将,与之潜相申结,各致死力。累授秦王府记室,兼陕东道大行台考功郎中[10]。玄龄在秦府十余年,恒典管记。隐太子、巢刺王以玄龄及杜如晦为太宗所亲礼[11],甚恶之,谮之高祖,由是与如晦并遭驱斥。及隐太子将有变也,太宗召玄龄、如晦,令衣道士服,潜引入阁谋议。及事平,太宗入春宫[12],擢拜太子右庶子[13]。贞观元年,迁中书令[14]。三年,拜尚书左仆射,监修国史,封梁国公,实封一千三百户[15]。既任总百司,虔恭夙夜,尽心竭节,不欲一物失所。闻人有善,若己有之。明达吏事,饰以文学,审定法令,意在宽平。不以求备取人,不以己长格物,随能收叙,无隔卑贱。论者称为良相焉。十三年,加太子少师[16],玄龄自以一居端揆十有五年[17],频抗表辞位,优诏不许。十六年,进拜司空[18],仍总朝政,依旧监修国史。玄龄复以年老请致仕,太宗遣使谓曰:"国家久相任使,一朝忽无良相,如失两手。公若筋力不衰,无烦此让。自知衰谢,当更奏闻。"玄龄遂止。太宗又尝追思王业之艰难,佐命之匡弼,乃作《威凤赋》以自喻,因赐玄龄[19],其见称类如此。

注释 [1]《任贤》篇依次叙述房玄龄、杜如晦、魏徵、王珪、李靖、虞世南、李勣、马周八位贞观年间贤良之臣的事迹。此处选房玄龄、魏徵、马周三人。[2]房玄龄(579—648):字乔(一说名乔,字玄龄),长于谋略,与杜如晦同为太宗时良相,人称"房谋杜断"。 [3]齐州临淄:今山东济南。隋统一后于开皇三年(583)改济南郡为齐州,唐天宝初年一度改称临淄郡,治所在历城。房姓的郡望之地原在清河(郡治在今河北省清河县东),南北朝时房玄龄八世祖房谌始南迁至济南,五世祖房法寿又移居清河郡东武城县(今淄博市淄川或临淄)。房玄龄父祖辈则居住在历城。贞观五年,房玄龄葬其父房彦谦于齐州,墓今在济南章丘。[4]隰城:地名,在今山西汾阳县西。 [5]坐事:因事犯罪。 [6]上郡:古郡名。秦、汉治所在肤施,今陕西榆林东南。隋上郡即郎城郡,治今陕西富县。唐上郡即绥州,治今陕西绥德。 [7]徇地:攻占土地。 [8]署:代理、暂任或试充官职。[9]幕府:将帅的府署。 [10]行台:指中央最高军政机构在地方的派出机关,其中位权特重者称"大行台"。唐太宗即位后即废止行台制度。考功郎中:官名,掌考察百官功过、善恶之职。 [11]隐太子:指唐太宗李世民之兄李建成。巢刺王:指太宗之弟李元吉。 [12]春宫:太子所居之宫,亦称东宫。 [13]太子右庶子:

太子属官,掌侍从、献纳、启奏之职。唐制,以左、右庶子分管东宫左、右春坊事。〔14〕中书令:中书省长官,掌军国政令,佐天子执大政而总判省事。唐代中书令地位尊崇,居门下、尚书省长官之前,没有特殊资望一般不授此官。 〔15〕实封:唐时实行九等爵制,按不同等级分封相应的食邑。但多为虚封,有名无实,唯加"实封"者可以取得封户的租调。 〔16〕太子少师:官名,掌辅助东宫三师(太子太师、太傅、太保)教谕太子。 〔17〕端揆(kuí):宰相官职。因宰相居百官之首,总持朝政,故称。揆,掌管、管理。 〔18〕司空:官名。与司徒、太尉合称三公。隋、唐时为大官的加衔,无实际职掌。 〔19〕"太宗"四句:据《旧唐书》卷六五:"太宗追思王业艰难,佐命之力,又作《威凤赋》,以赐(长孙)无忌。"在《赋》中,唐太宗以凤自喻,表达了对当初共患难的佐命之臣的感念之情:"是以徘徊感德,顾慕怀贤。凭明哲而祸散,托英才而福全。答惠之情弥结,报功之志方宣。"除《政要》外,并无其他史料表明太宗曾赐房玄龄《威凤赋》。

魏徵[1],巨鹿人也,近徙家相州之临黄[2]。武德末,为太子洗马[3]。见太宗与隐太子阴相倾夺,每劝建成早为之谋。太宗既诛隐太子,召徵责之曰:"汝离间我兄弟,何也?"众皆为之危惧。徵慷慨自若,从容对曰:"皇太子若从臣言,必无今日之祸。"太宗为之敛容,厚加礼异,擢拜谏议大夫。数引之卧内,访以政术。徵雅有经国之才,性又抗直,无所屈挠。太宗每与之言,未尝不悦。徵亦喜逢知己之主,竭其力用。又劳之曰:"卿所谏前后二百余事,皆称朕意,非卿忠诚奉国,何能若是?"三年,累迁秘书监,参预朝政[4],深谋远算,多所弘益。太宗尝谓曰:"卿罪重于中钩,我任卿逾于管仲[5],近代君臣相得,宁有似我于卿者乎?"六年,太宗幸九成宫[6],宴近臣,长孙无忌曰[7]:"王珪[8]、魏徵,往事息隐[9],臣见之若仇,不谓今者又同此宴。"太宗曰:"魏徵往者实我所仇,但其尽心所事,有足嘉者。朕能擢而用之,何惭古烈?徵每犯颜切谏,不许我为非,我所以重之也。"徵再拜曰:"陛下导臣使言,臣所以敢言。若陛下不受臣言,臣亦何敢犯龙鳞、触忌讳也。"太宗大悦,各赐钱十五万。七年,代王珪为侍中,累封郑国公。寻以疾乞辞所职,请为散官[10]。太宗曰:"朕拔卿于雠虏之中,任卿以枢要之职,见朕之非,未尝不谏。公独不见金之在矿,何足贵哉?良冶锻而为器,便为人所宝。朕方自比于金,以卿为良匠。虽有疾,未为衰老,岂得便尔耶?"徵乃止。后复固辞,听解侍中,授以特进,仍知门下省事。十二年,太宗以诞皇孙,诏宴公卿,帝极欢,谓侍臣曰:"贞观以前,从我平定天下,周旋艰险,玄龄之功无所与让。贞观之后,尽心于我,献纳忠说,安国利人,成我今日功业,为天下所称者,惟魏徵而已。古之名臣,何以加也。"于是亲解佩刀以赐二人。庶人承乾在春宫[11],不修德业。魏王泰宠爱日隆[12],内外庶寮,咸有疑议。太宗闻而恶之,谓侍臣曰:"当今朝臣,忠謇无如魏徵[13],我遣傅皇太子,用绝天下之望。"十七年,遂授太子太师[14],知门下事如故。徵自陈有疾,太宗谓曰:"太子宗社之本,须有师傅,故选中正,以为辅弼。知公疹病,可卧护之。"徵乃就职。寻遇疾。徵宅内先无正堂,太宗时欲营小殿,乃辍其材为造,五日而就。遣中使赐以布被素褥,遂其所尚。后数日,薨。太宗亲临恸哭,赠司空,谥曰文贞。太宗亲为制碑文,复自书于石。特赐其家食实封九百户。太宗后尝谓侍臣曰:"夫以铜为镜,可以正衣冠;以古为镜,可以知兴替;以人为镜,可以明得失。朕常保此三镜,以防己过。今魏徵殂逝,遂亡一镜矣!"因泣下久之。乃诏曰:"昔惟魏徵,每显予过。自其逝也,虽过莫彰。朕岂独有非于往时,而皆是于兹日?故亦庶僚苟顺,难触龙鳞者欤!所以虚己外求,披迷内省。言而不用,朕所甘心。用而不言,谁之责也?自斯已后,各悉乃诚。若有是非,直言无隐。"

注释 [1]魏徵(580—643):字玄成,馆陶(一说巨鹿,均属今之河北)人。少孤贫,落拓有大志。隋大业末,曾参加李密义军,后降唐。太宗即位,擢为谏议大夫,常询以政事得失。魏徵知无不言,敢于直谏。贞观十一年(637)上《十思疏》,告诫太宗"居安思危,戒奢以俭"。太宗置之案头,奉为座右铭。两年后又上《十渐不克终疏》,直指太宗有十方面行为不及初期谨慎。太宗书于屏风之上。魏徵的直言敢谏与唐太宗的勇于纳谏,后世皆传为美谈。 [2]临黄:戈直本作"内黄"。 [3]洗马:官名,太子属官。唐制,东宫左春坊司经局设洗马,掌管东宫图书。 [4]参预朝政:指魏徵以秘书省长官的身份行使宰相职权。 [5]"卿罪重"二句:此用齐桓公任用管仲故事。管仲曾带兵阻止齐公子小白争继王位,并射中其衣带钩。后小白得立,是为齐桓公。桓公不计前嫌,重用管仲,且尊为"仲父"。管仲亦辅佐桓公成就霸业。　[6]九成宫：即隋之仁寿宫。贞观五年，唐太宗将其修缮、扩建，改名九成宫。　[7]长孙无忌（？—659）：字辅机，太宗长孙皇后之兄，曾助太宗夺取帝位。历任尚书右仆射、司空、司徒等职，封齐国公，徙赵国公。　[8]王珪：字叔玠，太原祁（今山西祁县）人。太宗即位，召拜谏议大夫，升侍中，与房玄龄、李靖、魏徵等同为当时名臣。　[9]息隐：指李建成。武德九年（626），太宗追封故太子皇兄李建成为息王，谥"隐"。　[10]散官：指仅有官衔而无具体职务的官员。　[11]承乾：唐太宗长子。太宗即位，立为太子，后因罪废为庶人。　[12]魏王泰：太宗第四子。封魏王，后贬为濮王。　[13]忠謇（jiǎn）：忠诚正直。　[14]太子太师：官名。唐制以太子太师、太傅、太保为三师，从一品，掌以道德辅导太子。

　　马周[1]，博州茌平人也。贞观五年至京师，舍于中郎将常何之家。时太宗令百官上书言得失，周为何陈便宜二十余事[2]，令奏之，事皆合旨。太宗怪其能，问何，何对曰："此非臣所发虑，乃臣家客马周也。"太宗即日召之，未至间，凡四度遣使催促。及谒见，与语甚悦。令直门下省，寻授监察御史[3]，累除中书舍人[4]。周有机辩，能敷奏，深识事端，故动无不中。太宗尝曰："我于马周，暂时不见，则便思之。"十八年，历迁中书令，兼太子右庶子[5]。周既职兼两宫，处事平允，甚获当时之誉。又以本官摄吏部尚书[6]。太宗尝谓侍臣曰："周见事敏速，性甚贞正。至于论量人物，直道而言，朕比任使之，多称朕意。既写忠诚，亲附于朕[7]，实藉此人，共康时政也。"

　　注释　[1]马周（601—648）：字宾王，博州茌平（今属山东）人。自幼贫而好学，资志旷远，然落拓不得志，遂西行入长安求官。因代中郎将常何上书言事，得到唐太宗赏识，擢为监察御史。马周处事精密，善于进谏，曾劝诫太宗少兴徭赋，重视对刺史、县令的选拔。　[2]便宜：应办的事。《南齐书·顾宪之传》："愚又以便宜者，盖谓便于公、宜于民也。"　[3]监察御史：官名，掌纠察百官、巡按州郡等职事。　[4]中书舍人：中书省的属官，掌诏令、侍从、宣旨、接纳上奏文书等。职位清要，为天子近臣。　[5]庶子：官名。汉以后为太子侍从官之一种，南北朝时称中庶子，唐以后于太子官署中设左右春坊，以左右庶子分隶之。　[6]摄：代理。　[7]"既写"二句：据《旧唐书》卷六五，太宗曾对长孙无忌说："马周见事敏速，性甚贞正，至于论量人物，直道而行，朕比任使，多所称意。褚遂良学问稍长，性亦坚正,既写忠诚,甚亲附于朕,譬如飞鸟依人,自加怜爱。"可知"既写忠诚"云云是唐太宗对褚遂良的评语。写,输导,献出。

(原文据《贞观政要集校》卷二,中华书局,2003 年)

【评论】

以历史经验和历史智慧再现"贞观之治"的风貌

瞿林东

《贞观政要》这部书凭藉什么而具有这种久远的魅力?这是极有兴味而又极有意义的问题。其中的奥秘在于:它是以历史经验、历史智慧"再现"了"贞观之治"的面貌和唐太宗君臣论政的风采。这里包含着两层因素,二者是互为表里的。一是"贞观之治"在历史上产生了重大影响(从今天的认识来看,这是已经超出了当时唐朝的范围或现今的国界那种巨大的历史影响),后人很想去认识它、了解它,以至于感受它;二是"贞观之治"这个盛世局面究竟是怎样形成的?唐太宗君臣为此做了些什么?他们是怎么思考、怎么议论、怎么决策的?这两层含义的结合,使人们产生了对于这一段历史在情感上和认识上近乎渴望的那种历史性的追念。《贞观政要》一书,正是在很大的程度上满足了后人的这种追念。这就是《贞观政要》的内容和思想所具有的历史魅力。

吴兢撰写《贞观政要》的过程,史无详载。其成书与进呈年代今人多有考订,至今迄无定论。笔者认为,此书进呈当在唐玄宗开元后期或开元、天宝之际。《贞观政要》共 10 卷,含 40 篇;各卷篇数不等,但都围绕一个中心,而每篇则有标目概括本篇的内容或主旨。其各卷的中心及所包含的篇目如下:卷一记为君之道,含《君道》、《政体》;卷二记任贤纳谏,含《任贤》、《求谏》、《纳谏》;卷三记历史鉴戒,含《君臣鉴戒》、《择官》、《封建》;卷四记教戒太子,含《太子诸王定分》、《尊敬师傅》、《教戒太子诸王》、《规谏太子》;卷五记道德准则,含《仁义》、

《忠义》、《孝友》、《公平》、《诚信》；卷六记政教之道，含《俭约》、《谦让》、《仁恻》、《慎所好》、《慎言语》、《杜谗邪》、《悔过》、《奢纵》、《贪鄙》；卷七记教化之本，含《崇儒学》、《文史》、《礼乐》；卷八记重农贡赋，含《务农》、《刑法》、《赦令》、《贡赋》、《辩兴亡》；卷九记征伐安边，含《征伐》、《安边》；卷十记慎始敬终，含《行幸》、《畋猎》、《灾祥》、《慎终》。

从内容上看，这是一部唐太宗贞观年间（627—649年）的政治史。但它在史事的记述上并不拘于描述事件的历史过程，而是列举那些在思想上、认识上、决策上有重要实践意义和借鉴价值的史事，既显示贞观年间的政治面貌，又可激发后人的思索与追求。吴兢在《贞观政要·序》中，说明了他的这个撰述旨趣，即"缀集所闻，参详旧史，撮其指要，举其宏纲，词兼质文，义在惩劝，人伦之纪备矣，军国之政存焉。"这概括了吴兢撰述《贞观政要》的方法和宗旨。吴兢的撰述宗旨也表现在本书的编次上。正如金人赵秉文指出的：《贞观政要》"起自《君道》，讫于《慎终》，岂无意哉！"这真是画龙点睛之笔。吴兢的良苦用心，可谓深矣。

《贞观政要》是如何"再现"出"贞观之治"的面貌和唐太宗君臣的思想与风采的呢？请看吴兢的史笔：

在《君道》篇中，吴兢"缀集"了唐太宗君臣关于"草创"、"守成"、"兼听"、"偏信"、"知足"、"知止"、"居安思危"等重大问题的议论，中心是一个如何巩固统治的问题。他能够首先抓住这样一个带有根本性的大问题，作为《贞观政要》开卷的第一篇，说明他是一个很有见地的史家。

于《任贤》篇，吴兢列举了房玄龄、杜如晦、魏徵、王珪、李靖、虞世南、李勣、马周等人的事迹，一方面固然是赞扬唐太宗的知人善任、爱才重贤，另一方面也高度评价了这些人在创立和巩固唐皇朝过程中的重大作用。

于《君臣鉴戒》篇，吴兢表达了他对于总结历史经验教训重要性的认识。这些历史的经验教训，又多是从政治、经济中去加以总结的，并以此来说明有关朝代的治乱、安危,从而表明了作者并非是用"天命"的转移来证明朝代的转移,而是强调了对于人事的重视。

皇位继承问题,是历代皇朝关注的大事。吴兢在《贞观政要》卷四中着重反映了唐太宗君臣对这个问题的认识和处置,尤其强调了选择老师、尊敬老师和教戒太子的重要。于《尊敬师傅》篇引用唐太宗的话说:"朕接百王之末,智不同圣人,其无师傅,安可以临兆民者哉?……夫不学,则不明古道,而能政致太平者未之有也!"于《教戒太子》篇,则引用唐太宗向大臣们转述他教戒太子的话,其中有两句是:"舟所以比人君,水所以比黎庶,水能载舟,亦能覆舟,尔方为人主,可不畏惧!"卷中所记,凡太子、诸王师傅敢于对太子、诸王进行规劝者,都受到唐太宗的称赞。

卷五、卷六共14篇,用以记述道德准则、政教之道方面的史事、言论;从篇数上看,它们占了全书的三分之一,可以看出这在贞观年间是极受关注的事情。其《仁义》篇反复称引唐太宗"以仁义为治"的思想;而大臣们关于淳正风俗的议论则屡见于各篇。后人评价贞观之治是"仁义之明效",自有一定的道理。

吴兢在第八卷中,列《务农》篇为首,而以《刑法》、《赦令》等篇继之,反映了他对农事的重视。于第九卷,他赞扬唐太宗慎征伐、主和亲、重安边的种种政绩,当然并不完全是出于对历史的一种美好的回忆,也是出于对现实的希望。吴兢以《慎终》篇为全书之末,是希望君主们兢兢业业,"慎始敬终"。

综观全书,各卷各篇都从不同的侧面,反映了贞观时期的"人伦之纪"、"军国之政"的面貌,进而从中看到唐太宗君臣的政治家风采和人格魅力。关于这一点,清朝乾隆皇帝的《贞观政要》序所引证的一句古语是非常中肯的,即认为那是一种令人企羡的"都俞吁咈"之风。这是形容君臣间融洽地进行讨论的和谐气氛。即在讨论中,不论何人持何种意见,都不会影响这种讨论的进行和讨论的最终目的——作出当时最佳的决策。诚信与坦率,深刻与大度,诤谏与宽容,自信与谦逊等等,在书中都显示得淋漓尽致。这里,不妨略举数例,以见其真:

其一，魏徵曾向唐太宗上疏，提出慎于"十思"："君人者，诚能见可欲则思知足以自戒，将有作则思知止以安人，念高危则思谦冲而自牧，惧满溢则思江海下百川，乐盘游则思三驱以为度，忧懈怠则思慎始而敬终，虑壅蔽则思虚心以纳下，想谗邪则思正身以黜恶，恩所加则思无因喜以谬赏，罚所及则思无因怒而滥刑。"魏徵认为做到这"十思"，进而"简能而任之，择善而从之；则智者尽其谋，勇者竭其力，仁者播其惠，信者效其忠。"唐太宗读后，亲自写诏答曰："披览忘倦，每达宵分。非公体国情深，启沃义重，岂能示以良图，匡其不及。"(《君道》)

其二，贞观十六年(642年)，唐太宗向左右大臣提出一个问题："当今国家何事最急？各为我言之。"高士廉说"养百姓最急"，刘洎说"抚四夷急"，岑文本说"礼义为急"。褚遂良则说"太子、诸王，须有定分……此最当今日之急"，于是唐太宗坦露自己的心事说："此言是也。朕年将五十，已觉衰怠。既以长子守器东宫，诸弟及庶子数将四十，心常忧虑在此耳。但自古嫡庶无良佐，何尝不倾败家国。公等为朕搜访贤德，以辅储宫，爰及诸王，咸求正士。"(《太子诸王定分》)其实这些重臣所言养百姓、抚四夷、重礼义并非不是国家急事，但唐太宗还是不掩饰内心的忧虑，因而为大臣们所理解。

其三，贞观十年(636年)，唐太宗问身边大臣："帝王之业，草创与守成孰难？"房玄龄说"草创为难"，魏徵说"守成则难"。唐太宗综合他们的说法，认为："玄龄昔从我定天下，备尝艰苦，出万死而遇一生，所以见草创之难也。魏徵与我安天下，虑生骄逸之端，必践危亡之地，所以见守成之难也。今草创之难，既已往矣；守成之难者，当思与公等慎之。"(《君道》)唐太宗不愧是英明君主，他既肯定了双方的看法，又把着眼点放在当前的守成而与群臣共勉。这种讨论与所得到的结论及其实践都是有益的。

……

诸如此类的事例，在中国历史上是不少见的；但是这样的事例屡屡见于贞观年间，以至于在《贞观政要》中俯拾即是，却是并不多见的。可以认为：《贞观政要》每一篇都凝聚着历史经验，每一卷都蕴含着历史智慧。这就是为什么"贞观之治"之所以令人景仰,《贞观政要》之所以具有魅力的主要原因。

(原题《再读〈贞观政要〉》,现题为编者所加)

四 《明夷待访录》

【题解】

《明夷待访录》原名《待访录》,成书于康熙二年(1663),作者是明末清初的著名学者、思想家黄宗羲。这部政治哲学论著独树一帜,议论大胆犀利,包含了许多进步思想,曾经在近现代社会变革中扮演过重要角色,产生了积极影响,被称作是一部宣扬人权与君主宪政等启蒙思想的巨著。

黄宗羲(1610—1695),字太冲,号南雷,学者称梨洲先生,浙江余姚人。其父黄尊素为明末东林党人,天启间因弹劾宦官魏忠贤,遭陷害而死。崇祯改元,时年19岁的黄宗羲袖锥入京,为父讼冤。归乡后益发愤读书,又师从大儒刘宗周,得蕺山之学。作为复社的主要成员,黄宗羲一直坚持对阉宦势力的斗争。顺治二年(1645),清兵南下,黄宗羲起而投身于抗清运动中。八年后,眼见复明无望,遂返归故里,隐居著述。清廷屡次征召,坚辞不就。主要著述有《明夷待访录》、《明儒学案》、《宋元学案》等。

顺治十年(1653),黄宗羲著有《留书》一卷,专门探讨"治乱之故",希望留之后世,有人能"因吾言而行之"。《明夷待访录》的写作具有同样的性质与意图。黄宗羲痛感于明王朝覆灭和满清统治者入主中原这一"天崩地解"的现实,开始从根本上对中国的固有政治加以反思和批判,并提出自己的设计与构想,勾勒了一幅幅未来社会的理想场景。"明夷"是《周易》第三十六卦的卦名,此卦取象"明入地中",比喻贤人未逢明主,无从彰显才智。"待访",也就是《明夷待访录》自序所说的"箕子之见访"。箕子乃殷商大臣,因劝谏纣王而被囚禁。周武王灭商后,曾前去访问,箕子遂将自己的政治见解和治国方略毫无保留地奉上。黄宗羲以箕子自比,是企望有圣明的君主前来造访,将自己治国兴邦的"大法"付诸实践。当时的黄宗羲尚深信十二运之说,认为二十年后天下将有一场大动荡,会有像周武王那样的君主出现。可是,期待中的明君到底没有出现,黄宗羲不禁感叹道:"余尝为《待访录》,思复三代之治。昆山顾宁人见之,不以为迂。今计作此时,已三十余年矣。秦晓山十二运之言,无乃欺人。方饰巾待尽……"(《破邪论·题辞》)希望完全破灭了。然而,黄宗羲在《明夷待访录》中所阐发的许多宝贵思想并没有被埋没,而是不断闪耀着夺目的奇光异彩,得到后世的关注和重视。

在《明夷待访录》中,黄宗羲通过对中国传统政治的激烈批判全面阐述了他的政治哲学思想,立意超卓,陈义甚高,多有独到创见。其《原君》一篇旨在批判现实社会之为君者"以我之大私为天下之大公",实"为天下之大害",从根本上否定了专制君主"家天下"的合法性。《原臣》篇则指出,臣之责任乃"为天下,非为君也;为万民,非为一姓也",还认为君与臣应是"共曳木之人"的平等共事关系。《原法》篇指出,秦汉以来的专制君主之法乃"一家之法,而非天下之法"。《学校》篇主张扩充学校功能,使之具备监督咨议作用,成为士人参与政治、表达民意的公共场所:"天子之所是未必是,天子之所非未必非,天子亦遂不敢自为非是,而公其非是于学校","必使治天下之具,皆出于学校,而后设学校之意始备"。这都是黄宗羲在传统政治文化批判基础上奏响的时代最强音;又因其与近代输入中国的西方民主启蒙思想多有可比附之处,遂成为晚清社会变革的思想资源之一,发挥过直接的宣传与鼓舞作用,并且实际上成为中国政治思想演变中一个承前启后的关键环节。

《明夷待访录》现存钞本、刻印本二十余种。1985年浙江古籍出版社出版的《黄宗羲全集》第一册内收《明夷待访录》。单行本有北京古籍出版社1955年铅印标点本和中华书局1981年重印标点本。

原　君

　　有生之初[1]，人各自私也，人各自利也[2]，天下有公利而莫或兴之[3]，有公害而莫或除之。有人者出[4]，不以一己之利为利，而使天下受其利；不以一己之害为害，而使天下释其害[5]。此其人之勤劳必千万于天下之人[6]。夫以千万倍之勤劳而己又不享其利，必非天下之人情所欲居也[7]。故古之人君，量而不欲入者[8]，许由、务光是也[9]；入而又去之者，尧、舜是也；初不欲入而不得去者，禹是也。岂古之人有所异哉？好逸恶劳，亦犹夫人之情也[10]。

注释　[1]有生之初：在人类社会的开始。　[2]自私：爱护自己。自利：为自己谋利益。谓人们为了生存都各自为自己劳作。　[3]莫或：没有人。　[4]人者：仁者。指下文的"古之人君"。一说"人者"指这样的人。　[5]释：解除，解脱。　[6]千万：千万倍。　[7]居：处，引申为接受、担任。　[8]量：衡量，考虑。[9]许由、务光：传说中的上古高士。据《高士传》，尧欲让天下于许由，许由不受，逃隐山中。据《庄子·让王》，汤要把天下让给务光，务光坚辞，负石自沉于庐水。[10]夫：语助词。

　　后之为人君者不然。以为天下利害之权皆出于我，我以天下之利尽归于己，以天下之害尽归于人，亦无不可。使天下之人不敢自私，不敢自利，以我之大私为天下之大公。始而惭焉，久而安焉，视天下为莫大之产业，传之子孙，受享无穷，汉高帝所谓"某业所就，孰与仲多"者[1]，其逐利之情不觉溢之于辞矣。此无他，古者以天下为主，君为客[2]，凡君之所毕世而经营者，为天下也；今也以君为主，天下为客，凡天下之无地而得安宁者，为君也。是以其未得之也，屠毒天下之肝脑[3]，离散天下之子女，以博我一人之产业，曾不惨然[4]，曰"我固为子孙创业也"；其既得之也，敲剥天下之骨髓，离散天下之子女，以奉我一人之淫乐，视为当然，曰"此我产业之花息也[5]"。然则为天下之大害者，君而已矣。向使无君[6]，人各得自私也，人各得自利也。呜呼，岂设君之道固如是乎！

注释　[1]汉高帝：汉高祖刘邦。"某业所就，孰与仲多"，语出《史记·高祖本纪》。刘邦得天下后，曾在未央宫落成时向其父矜夸："始大人常以臣无赖，不能治产业,不如仲力。今某之业所就,孰与仲多?"仲,指刘邦善于经营的二兄。
[2]"古者"二句:天下万民是主,天子君主是客。这是黄宗羲对君民关系的一次重新定位。在中国古代,作为社会政治概念的"天下"本身包含了君主统治臣民的神秘性和绝对性,是以君为"主"大一统的"家天下"。与此相对,黄宗羲在继承《礼记·礼运》所阐发的"天下为公"思想的基础上,通过将"天下"万民视为自私自利的个体,指出他们一开始并不一定必然接受君主的统治;君主只是一种出于需要的设立,是"客"。后文进而提出了一个大胆假设:"向使无君,人各得自私也,人各得自利也。"这就彻底打破了"家天下"思维的笼罩,也是对儒家"民贵君轻"思想的重要提升。不过,黄宗羲否定的是后世"家天下"的专制君主,而不是君主制度本身。在他看来,天下之民皆自私自利,需要有对天下之公负有义务的君主出来领导大家兴利除害。以天下为公,是君主合法性的基石。如果君不能养民,而使民自养,这时的君主就不应再拥有统治天下的权力。譬如,如果不实行井田制,就不能说"普天之下,莫非王土";民既然买田以自养,君主就无权征收赋税。
[3]屠毒:残害。 [4]曾(zēng):竟,从来。惨然:羞惭,一说"残酷"。 [5]花息:花红利息。 [6]向使:假设之词,犹"假若"。向,从前。

　　古者天下之人爱戴其君,比之如父,拟之如天,诚不为过也;今也天下之人怨恶其君,视之如寇仇[1],名之为独夫[2],固其所也[3]。而小儒规规焉以君臣之义无所逃于天地之间[4],至桀、纣之暴[5],犹谓汤、武不当诛之[6],而妄传伯夷、叔齐无稽之事[7],使兆人万姓崩溃之血肉[8],曾不异夫腐鼠[9]。岂天地之大,于兆人万姓之中,独私其一人一姓乎?是故武王,圣人也,孟子之言[10],圣人之言也。后世之君,欲以如父如天之空名禁人之窥伺者[11],皆不便于其言[12],至废孟子而不立[13],非导源于小儒乎!

　　注释 [1]"视之"句:语出《孟子·离娄下》:"君之视臣如土芥,则臣视君如寇仇。"寇仇,仇敌。 [2]独夫:天命已绝、众叛亲离的暴君。《尚书·泰誓》:"独夫受(商纣)洪惟作威,乃汝世仇。" [3]"固其"句:本是其应得的。所,宜,适当。 [4]"而小儒"句:然而那些见识庸陋的儒者却认为君主主宰臣民、臣民效忠君主的伦理关系是绝对的。按《二程遗书》卷五云:"父子、君臣,天下之定理,无所逃于天地之间。"规规焉,浅陋拘谨貌。 [5]桀、纣:夏、商两朝的末代君主,皆古代暴君。 [6]"犹谓"句:据《史记·儒林列传》:汉景帝时,黄生与辕固生辩论,认为汤、武伐桀、纣是弑君。汤,又名成汤,传说夏桀暴虐,汤兴兵伐夏,将桀流放。武,指周武王,武王继文王遗志,起兵灭商,纣自焚。　　[7]伯夷、叔齐:相传为商朝贵族孤竹君之二子。周武王伐纣,二人曾扣马谏阻:"以臣弑君,可谓仁乎?"商亡后,耻食周粟,饿死于首阳山。(《史记·伯夷列传》)无稽:不可考证。稽,查考。　　[8]兆人万姓:指万民百姓。　　[9]腐鼠:喻轻贱之物。　　[10]孟子之言:指《孟子·梁惠王下》的一段言论:"贼仁者谓之贼,贼义者谓之残。残贼之人,谓之一夫。闻诛一夫纣矣,未闻弑君也。"　　[11]窥伺:犹"觊觎",指对君位抱有非分之想。　　[12]"皆不"句:都认为孟子的言论对自己不利。　　[13]"至废"句:指洪武五年(1372)明太祖朱元璋曾一度罢撤孟子在孔庙中的配享地位。《明史·钱唐传》:"帝尝览《孟子》,至'草芥'、'寇仇'语,谓非臣子所宜言,议罢其配享。"又,洪武二十七年(1394)朱元璋命刘三吾修订《孟子》,删除"民为贵,社稷次之,君为轻"、"闻诛一夫纣矣,未闻弑君也"、"君之视臣如土芥,则臣视君如寇仇"等言论近九十章,成《孟子节文》一书,颁行全国学校,作为课试命题、科举取士的权威文本。至永乐九年(1411)始恢复《孟子》原貌。

　　虽然,使后之为君者,果能保此产业,传之无穷,亦无怪乎其私之也。既以产业视之,人之欲得产业,谁不如我?摄缄縢,固扃鐍[1],一人之智力不能胜天下欲得之者之众,远者数世,近者及身,其血肉之崩溃在其子孙矣。昔人愿世世无生帝王家[2],而毅宗之语公主,亦曰"若何为生我家[3]"!痛哉斯言!回思创业时,其欲得天下之心,有不废然摧沮者乎[4]!是故明乎为君之职分[5],则唐、虞之世[6],人人能让,许由、务光非绝尘也[7];不明乎为君之职分,则市井之间[8],人人可欲[9],许由、务光所以旷后世而不闻也[10]。然君之职分难明,以俄顷淫乐不易无穷之悲[11],虽愚者亦明之矣。

　　注释　[1]"摄缄縢(téng)"二句:语出《庄子·胠箧》:"将为胠箧探囊发匮之盗,而为守备,则必摄缄縢,固扃鐍,此世俗之所谓知也。"摄,紧收。缄,结。縢,绳子。扃鐍(jué),门窗、箱子的锁钥。　　[2]"昔人"句:指南朝宋顺帝被逼逊位,"泣而弹指曰:'愿后身世世勿复生天王家!'"(据《资治通鉴》,《南史·王敬则传》)　　[3]"而毅宗"二句:明崇祯十七年三月,李自成攻陷北京。崇祯帝入寿宁宫,以剑挥斫长平公主,说:"汝何故生我家!"(《明史·公主列传》)毅宗,明崇祯帝朱由检,南明谥为思宗,后改谥毅宗,清乾隆时谥为庄烈帝。　　[4]废然:颓丧貌。摧沮:灰心气馁。沮,败坏。　　[5]职分:职责。　　[6]唐、虞之世:尧、舜时代。　　[7]绝尘:超越凡俗,不可企及。　[8]市井:指民间。　[9]人人可欲:人人都想做君主。[10]旷后世:空绝后世。意谓后世没有。　[11]俄顷:片刻,瞬间。易:换取。

(原文据《黄宗羲全集》第一册,浙江古籍出版社,1985年)

原　法[1]

三代以上有法[2],三代以下无法。何以言之?二帝、三王知天下之不可无养也[3],为之授田以耕之;知天下之不可无衣也,为之授地以桑麻之;知天下之不可无教也,为之学校以兴之,为之婚姻之礼以防其淫,为之卒乘之赋以防其乱[4]。此三代以上之法也,固未尝为一己而立也。后之人主,既得天下,唯恐其祚命之不长也,子孙之不能保有也,思患于未然以为之法。[5]然则其所谓法者,一家之法,而非天下之法也。是故秦变封建而为郡县,以郡县得私于我也[6];汉建庶孽[7],以其可以藩屏于我也[8];宋解方镇之兵,以方镇之不利于我也。此其法何曾有一毫为天下之心哉!而亦可谓之法乎?

注释　[1]黄宗羲这里所说的"法",涵盖了衣食、教育、婚姻、礼乐、赋役等社会生活的各个方面,是"二帝、三王"出于天下之公而订立的普遍社会法则,是为教养万民而设计的制度与措施。它不仅要保证社会稳定和正常运转,而且还会观照每个人的生存状态。　[2]三代:指夏、商、周,是儒者心目中远古时代的理想社会。　[3]二帝、三王:皆上古圣君。"二帝"指唐尧、虞舜;"三王"指夏禹、商汤、周文王。　[4]卒乘之赋:有兵有车的军队。卒,步兵。乘,兵车。古时一车四马为一乘。《左传·隐公元年》:"缮甲兵,具卒乘。"赋,兵赋。《左传·隐公四年》:"君为主,敝邑以赋,与陈、蔡从,则卫国之愿也。"服虔注:"赋,兵也。以田赋出兵,故谓之赋。"此指兵队。黄宗羲《孟子师说》:"虑民之相侵也,为之兵车。"兵车即"卒乘之赋"。　[5]"后之人主"五句:指后世君主制定律法完全是为了巩固自己的专制统治,维护一己利益,即下文所说的"一家之法"。　[6]私于我:为我所私有。　[7]汉建庶孽:汉代分封皇室庶孽为诸侯。庶孽,即庶子,旧时指妾媵之子。[8]藩屏:意谓捍卫。藩,篱笆。屏,屏风,当门的小墙。

三代之法,藏天下于天下者也[1]。山泽之利不必其尽取,刑赏之权不疑其旁落,贵不在朝廷也,贱不在草莽也[2]。在后世方议其法之疏,而天下之人不见上之可欲[3],不见下之可恶,法愈疏而乱愈不作,所谓无法之法也。后世之法,藏天下于筐箧者也。利不欲其遗于下,福必欲其敛于上;用一人焉则疑其自私,而又用一人以制其私;行一事焉则虑其可欺,而又设一事以防其欺。天下之人共知其筐箧之所在,吾亦鳃鳃然日唯筐箧之是虞[4],故其法不得不密。法愈密而天下之乱即生于法之中,所谓非法之法也[5]。

注释 [1]"藏天下"句:第一个"天下"指天下之利,第二个"天下"指天下人民。 [2]草莽:杂草、丛草。这里引申为草野,与"朝廷"相对。 [3]"而天下"句:意谓天下之人并不认为居上位者的位置是值得追求的。 [4]鳃(xī)鳃然:恐惧貌。鳃,亦作"偲"。虞:忧虑。 [5]非法之法:指后世专制君主的"一家之法"。

论者谓一代有一代之法,子孙以法祖为孝。夫非法之法,前王不胜其利欲之私以创之,后王或不胜其利欲之私以坏之。坏之者固足以害天下,其创之者亦未始非害天下者也。乃必欲周旋于此胶彼漆之中,以博宪章之余名[1],此俗儒之勦说也[2]。即论者谓天下之治乱不系于法之存亡。夫古今之变,至秦而一尽,至元而又一尽。经此二尽之后,古圣王之所恻隐爱人而经营者荡然无具[3],苟非为之远思深览,一一通变,以复井田[4]、封建[5]、学校、卒乘之旧,虽小小更革,生民之戚戚终无已时也。即论者谓有治人无治法[6],吾以谓有治法而后有治人。自非法之法桎梏天下人之手足,即有能治之人,终不胜其牵挽嫌疑之顾盼[7],有所设施,亦就其分之所得[8],安于苟简[9],而不能有度外之功名。使先王之法而在,莫不有法外之意存乎其间[10]。其人是也,则可以无不行之意;其人非也,亦不至深刻罗网[11],反害天下。故曰:有治法而后有治人。

注释 [1]"乃必欲"二句:大意是说,在谨守祖宗法度与变革祖宗成法之间,人们一定要去反复讨论、解说,左右周旋,前瞻后顾,目的就是为了赢得一个效法祖宗之制的名声。周旋,古代礼仪活动中进退、揖让一类的动作,引申为应酬、交际。宪章,效法,语出《礼记·中庸》:"仲尼祖述尧、舜,宪章文、武。" [2]勦说:窃取别人的言论以为己说,此指浅陋无根之谈。勦,通"剿"。 [3]经营:本谓经度营造。语出《诗·大雅·灵台》:"经始灵台,经之营之。"引申为筹划营谋。具:有。 [4]井田:即井田制,相传是中国殷周时代实行的一种土地制度。因其把土地划成"井"字形,故名。始见于《孟子·滕文公上》:"方里而井,井九百亩,其中为公田。八家皆私百亩,同养公田。公事毕,然后敢治私事。" [5]封建:即封建诸侯。 [6]有治人无治法:这本是《荀子·君道》中的一个著名论断。荀子认为,"法"对于治理国家固然很重要,但"法"毕竟是"人"制定的,仍要取决于"人";即使有了"良法",也得靠"人"来掌握和贯彻:"有良法而乱者,有之矣;有君子而乱者,自古及今,未尝闻也。"治人,即能治之人,指能够治理好天下的贤能之人("君子")。治法,治世之良法,也就是三代之法。由此可见,本篇开头"三代以下无法"中的"无法",是指没有"治法"。总之,荀子是在三代"治法犹存"之时重视"治人";黄宗羲则是在"治法"荡然无具的情况下强调恢复三代之法。他并非轻视人的作用,而是认为当时更迫切的是以天下之法约束君主。因此,黄宗羲此处批评的"论者"指的是那些谬托荀子言论以行一己之私者:他们刻意强化"人"的作用,实际上是暗中将天下之法变成一家之法。 [7]顾盼:犹言左顾右盼。此指束手束脚,多有顾虑。 [8]就:迁就,依从。此作"按照"解。分:本分。 [9]苟简:苟且简略,马马虎虎。 [10]法外之意:法度之外的用意。指"藏天下于天下",不以立法来满足自己的私利。 [11]深刻:此作"苛刻严峻"解。《汉书·食货志上》:"刑罚深刻,它政悖乱。"亦作"刻深"。罗网:意谓以"法"拘系、屈害百姓。

(原文据《黄宗羲全集》第一册,浙江古籍出版社,1985年)

【评论】

论《明夷待访录》

梁启超

梨洲有一部怪书,名曰《明夷待访录》①。这部书是他的政治理想。

---

① 原注:梨洲极自负他的《明夷待访录》。顾亭林亦极重之。亭林与梨洲书云:"读《待访录》,知百王之敝可以复振",其折服可谓至矣。今本篇目如下:原君、原臣、原法、置相、学校、取士上、取士下、建都、方镇、田制一、田制二、兵制一、兵制二、兵制三、财计一、财计二。凡二十篇。惟据全谢山跋云:"原本不止于此,以多嫌忌不尽出。"然者书尚非足本,很可惜。此书乾隆间入禁书类。光绪间我们一班朋友曾私印许多送人,作为宣传民主主义的工具。章太炎不喜欢梨洲,说这部书是向满清上条陈,这是看错了。《待访录》成于康熙元、二年。当时遗老心以顺治方殂,光复有日。梨洲正欲为代清而兴者说法耳。他送万季野北行诗,戒其勿上河汾太平之策,岂有自己想向清廷讨生活之理?

从今日青年眼光看去,虽像平平无奇,但三百年前——卢骚《民约论》出世前之数十年,有这等议论,不能不算人类文化之一高贵产品。其开卷第一篇《原君》,从社会起原说起,先论君主之职务,次说道:

……后之为人君者不然。以为天下利害之权,皆出于我;我以天下之利尽归于己,天下之害尽归于人,亦无不可。使天下人,不敢自私,不敢自利,以我之大私为天下之大公,始而惭焉,久而安焉,视天下为莫大之产业,传诸子孙,受享无穷。……此无他,古者以天下为主,君为客,凡君之所毕世而经营者,为天下也。今也以君为主,天下为客,凡天下之无地而得安宁者,为君也,是以其未得之也,屠毒天下之肝脑,离散天下之子女,以博我一人之产业,曾不惨然,曰:我固为子孙创业也。其既得之也,敲剥天下之骨髓,离散天下之子女,以奉我一人之淫乐,视为当然,曰:此我产业之花息也。然则为天下之大害者,君而已矣,……而小儒规规焉以君臣之义无所逃于天地之间,至桀、纣之暴,犹以为汤、武不当诛之。……岂天下之大,于兆民万姓之中,独私其一人一姓乎!……

其《原法》篇云:

……后之人主,既得天下,唯恐其祚命之不长也,子孙之不能保有也,思患于未然以为之法。然则其所谓法者,一家之法,而非天下之法也。……法愈密,而天下之乱即生于法之中,所谓非法之法也。……夫非法之法,前王不胜其利欲之私以创之,后王或不胜其利欲之私以坏之。坏之者固足以害天下,其创之者亦未始非害天下者也。……论者谓有治人无治法,吾以谓有治法而后有治人。……

其《学校》篇说:

……必使治天下之具皆出于学校,而后设学校之意始备。……天子之所是未必是,天子之所非未必非。天子亦遂不敢自为非是,而公其非是于学校。……

像这类话，的确含有民主主义的精神——虽然很幼稚——对于三千年专制政治思想为极大胆的反抗。在三十年前，我们当学生时代，实为刺激青年最有力之兴奋剂。我自己的政治运动，可以说是受这部书的影响最早而最深。此外书中各篇，如《田制》、《兵制》、《财计》等，虽多半对当时立论，但亦有许多警拔之说。如主张迁都南京，主张变通推广"卫所屯田"之法，使民能耕而皆有田可耕，主张废止金银货币，此类议论，虽在今日或将来，依然有相当的价值。

（选自梁启超《中国近三百年学术史》，标题为编者所加）

黄宗羲的近代启蒙思想

侯外庐

上节所讲宗羲的经济思想，大都根据他的代表作《明夷待访录》来论述的。此书前于卢梭"民约论"三十多年，原本据全祖望说"多嫌讳弗尽出"，今本尚非足本。清乾隆间列为禁书。这里我们首先研究一下这本书：

（一）此书类似"人权宣言"，尤以"原君"、"原臣"、"原法"诸篇明显地表现出民主主义思想。当时顾炎武就赞它"知……百王之敝可以复起"（《南雷文定》附录），无疑地它是反映了那个时代的作品。在清末的维新运动时期，此书成了青年的宝筏，因为他讲的平等和前代的学者是不相同的。梁启超说：

> 我们当学生时代，(《明夷待访录》)实为刺激青年最有力之兴奋剂。我自己的政治活动，可以说是受这部书的影响最早而最深！(《中国近三百年学术史》，47页)

这话是实在的。梁启超再三替此书宣传。他说：

> 此书(《明夷待访录》)……光绪间我们一班朋友曾私印许多送人，作为宣传民主主义的工具。(同上)

梁启超谭嗣同辈倡民权共和之说，则将其书（《明夷待访录》）节钞，印数万本，秘密散布，于晚清思想之骤变，极有力焉。（《清代学术概论》，32页）

窃印《明夷待访录》……等书，加以案语，秘密分布，传播革命思想，信奉者日众，于是湖南新旧派大閧！（同上，141页）

梁启超的话中有混同民主派和改良派的错误。但他的确在当时把此书当做了路德的新圣经去宣传。

（二）宗羲此书在清初是近代思维方法的伟著。梁启超说："凡启蒙时代之大学者，其造诣不必极精深，但常规定研究之范围，创革研究之方法，而以新锐之精神贯注之。"然《明夷待访录》之合于恩格斯所指的"近代推论的思维方法"，就不是梁启超所能知道的。这里有一问题，即此书之方法与其序文似是而非的矛盾。序言有"吾虽老矣，如箕子之见访，或庶几焉，岂因夷之初旦，明而未融，遂秘其言也"云云，这些话曾成为后人的争论。章炳麟讥笑此书为向清廷上条陈。梁启超则力辩，以为光复有日，宗羲正欲为代清者说法，以其弟子万季野北上，戒他勿上河汾太平之策，可以证明宗羲绝无向清廷讨生活之理。按"明夷"之句引自"易经"卦辞。东汉的仲长统也有"夷之初旦，明而未融"的讲法，我们不应该在字面去周内，而应该诉之事实。宗羲晚节清白，他抗拒清诏，有"身遭国变，期于速朽"之句，坚辞博学鸿儒之征。他讥讽说"引里母田妇而坐之于平王之孙卫侯之妻之列"，他说应诏，是"所谓断送老头皮"（《南雷文定》卷三《与陈介眉庶常书》）。这就不能因"箕子之见访"一语而断章取义。其次，宗羲的理想不但清廷非其对象，而三代以下二千载皆非其对象。他在反清中已经表现过他的爱国主义的斗争，因此，他的平等理论实不可能向清朝统治者去做叛徒的献策，而且他更超过了王朝更替中的中古君臣之义，去寻求新的制度。这在《明夷待访录》序中，也可以看出来的。他开宗明义即把中古分为一乱，客观的历史使他憧憬着资本主义式的一治。他说：

余尝疑孟子一治一乱之言，何三代而下之有乱无治也？乃观

> 胡翰所谓十二运者,起周敬王甲子以至于今,皆在一乱之运,向后二十年交入大壮,始得一治,则三代之盛犹未绝望也。(《明夷待访录》)

这样看来,他不是以朝代更替划分时代,而是以中古一乱划分时代的。他所经历的历史,具有着资本主义的萌芽形态,因此他也有将来的信仰。所谓"一治",是梦想着远处光明。所谓"三代之盛"是具有新的历史内容的理想。然而"夷之初旦,明而未融",清室统治了中国,前途的光明又遭受了摧折。他说:"然乱运未终,亦何能为大壮之交",下面便言箕子见访云云。因此,他以箕子自居,不是指朝代的箕子,而是指历史制度的箕子。"原君"、"原臣"、"原法"、"学校"诸篇的内容正说明他对于新制度的梦想。

(三)"明夷待访录"一书是东林、复社的自我批判。因为东林党争虽然具有市民的自由思想,但其思想方法只局限于君子与小人的分类,其党争方法是所谓清议。对于前者,宗羲批判"即有知之者,亦言东林非不为君子,然不无过激"。对于后者,有条件的赞同"东林为清议之宗……清议者天下之坊也。"(《明儒学案》《东林学案》总论)这种清议的表现是:"娄江谓先生(顾宪成)曰,近有怪事,知之乎?先生曰,何也?曰,内阁所是,外论必以为非,内阁所非,外论必以为是。先生曰,外间亦有怪事。娄江曰,何也?曰,外论所是,内阁必以为非,外论所非,内阁必以为是。"(同上《东林学案》一《顾宪成学案》)最后的武器,诉之于气节。高攀龙所谓"若学问不气节,这一种人为世教之害不浅"。他在死节时犹疏"大臣受辱则辱国,故北向叩头,从屈平之遗则,君恩未报,结愿来生"(同上《东林学案》一《高攀龙学案》)。宗羲说:"数十年来,勇者燔妻子,弱者埋土室,忠义之盛,度越前代,犹是东林之流风余韵也。"(《东林学案》总论)

然而这种单特主观的"仁人君子心力之为"(顾炎武对东汉党锢之流的赞语,见《日知录》卷十三"两汉风俗"条)和做臣的气节,实在是东林的旧传统。宗羲在"明夷待访录"中所论的经国大计,正是东林党以来的自觉批判。他批评这一趋势说:"昔之学者学道者也,今之学者学骂者也。矜气节者则骂为标榜,志经世者则骂为功利,读书作文者则骂为玩物丧志,留心政事者则骂为俗吏。"(《南雷文约》卷四《七怪》)又说:"儒者之学经纬天地,而后世乃以语录为究竟。……治财赋者则目为聚敛,开阃扞边者则目为粗材,读书作文者则目为玩物丧志,留心政事者则目为俗吏,徒以生民立极,天地立心,万世开太平之阔论,钤束天下,一旦有大夫之忧,当报国之日,则蒙然张口,如坐云雾!世道以是潦倒泥腐,遂使尚论者以为立功建业,别是法门,而非儒者之所与也。"(《南雷文定后集》卷三《赠编修弁玉吴君墓志铭》)甚至他说:"有明文章事功皆不及前代"(《明儒学案》凡例)。"明夷待访录"明斥"小儒规规焉,以君臣之义,无所逃于天地之间"(《原君》)。他反对做臣的为了君主之一身一姓报以死节,以为这种小节是"私暱者之事"(《原臣》)。他批评复社"本领脆薄,学术庞杂,终不能有所成就。"(《南雷文定后集》卷三《陈夔献墓志铭》)因此,《明夷待访录》的理想,他自命是一治大法,从历史意义上讲来,实在是明代思想的批判发展。他的"创革之方法"所以成为"近代的",就因为超越了过去"仁人君子心力之为",而以勇敢的"异端"精神,"无所顾虑的态度",设计将来的新世界。

明白了以上三点,我们才可以研究他的近代民主思想的具体意义,才可以析辨他的启蒙思想有什么样的历史内容。

(选自侯外庐《中国早期启蒙思想史》第一编第三章)

第五单元　学术编

一　《说文解字》

【题解】

　　《说文解字》,东汉许慎撰。许慎(约58—约147),字叔重,汝南召陵(今属河南郾城县)人。早年从经学大师贾逵受古学,博通经籍,时人有"五经无双许叔重"之誉。所著除《说文解字》外,尚有《五经异义》、《淮南鸿烈解诂》,然均已散佚。

　　许慎著《说文解字》,广罗篆文、籀文和古文字体,征引经传群书训诂,并发明指事、象形、形声、会意、转注、假借六书之旨,分析字体结构和字义、读音,令读者既可明了造字之源、演变之迹,又可通晓上古文字。全书共十五篇,按照部首区分为五百四十部,总计收字9353个,重字1163个,释文133441字。《说文解字》作为中国第一部依据部首编排的有系统的字书,成为后世字书编纂的滥觞。晋代吕忱的《字林》,梁代顾野王的《玉篇》,宋代编纂的《类篇》,明代张自烈的《正字通》,及至清代编纂的《康熙字典》,无不遵守《说文解字》的编排体例。

　　《说文解字》创稿于东汉和帝永元十二年(100),延至安帝建光元年(121),许慎始令其子许冲进献,前后历时二十二年。成书之后,经过数百年的辗转传写,特别是唐代李阳冰的改篆,造成文字错讹衍脱,原本逐渐失传。宋太宗雍熙三年(986),命徐铉等重新校定付国子监刊行。徐铉弟徐锴亦治说文之学,撰有《说文解字系传》。故前人称徐铉校定本为"大徐本",《系传》为"小徐本",后世通行的主要是"大徐本"。徐铉在校定时,将原书十五篇分为三十卷,并增加了标目、反切、注释和新附字,形成我们现在所见到的面貌。研治《说文解字》在清代成为专门之学,段玉裁、桂馥、王筠诸家都有注释之作,尤以段玉裁《说文解字注》最为重要。

《说文解字》叙

古者庖牺氏之王天下也[1],仰则观象于天,俯则观法于地,视鸟兽之文与地之宜,近取诸身,远取诸物,于是始作《易》八卦,以垂宪象[2]。及神农氏结绳为治而统其事[3],庶业其繁,饰伪萌生。黄帝之史仓颉见鸟兽蹄迒之迹[4],知分理之可相别异也,初造书契[5]。百工以乂,万品以察,盖取诸夬[6]。夬:"扬于王庭。"言文者宣教明化于王者朝廷,君子所以施禄及下,居德则忌也[7]。

注释 [1]庖牺氏:传说中远古时代的部落领袖,号太皞,风姓。庖牺,也作包牺、伏羲等。 [2]象、法:《周易》用语。凡形于外者曰象,如气象、星象。法,法则,效法。垂,垂示。宪象,即法象。 [3]神农氏:传说中远古时代的部落领袖,一说即炎帝。 [4]仓颉:又做苍颉,传说是汉字的发明者。蹄迒,鸟兽蹄印。 [5]书契:指文字。《易·系辞下》:"上古结绳而治,后世圣人易之以书契。" [6]乂:治理。夬:周易卦名,乾上兑下。《易·彖辞》有"扬于王庭"语。 [7]居德则忌:依清代学者桂馥、王筠之说,应是"居德明禁"之误。居德,指修身蓄德;明禁,指颁明禁令以统治百姓。

仓颉之初作书,盖依类象形,故谓之文[1]。其后形声相益,即谓之字。字者,言孳乳而浸多也[2]。著于竹帛谓之书。书者,如也[3]。以迄五帝三王之世,改易殊体,封于泰山者七十有二代[4],靡有同焉。
《周礼》:八岁入小学,保氏教国子,先以六书[5]。一曰指事。指事者,视而可识,察而可见,"上"、"下"是也。二曰象形。象形者,画成其物,随体诘诎[6],"日"、"月"是也。三曰形声。形声者,以事为名,取譬相成[7],"江"、"河"是也。四曰会意。会意者,比类合谊,以见指㧑[8],"武"、"信"是也。五曰转注[9]。转注者,建类一首,同意相受,"考"、"老"是也。六曰假借。假借者,本无其字,依声托事,"令"、"长"

是也。

及宣王太史籀著大篆十五篇[10],与古文或异。至孔氏书六经,左丘明述《春秋传》,皆以古文,厥意可得而说。其后诸侯力政[11],不统于王,恶礼乐之害己,而皆去其典籍。分为七国,田畴异亩,车涂异轨[12],律令异法,衣冠异制,言语异声,文字异形。秦始皇帝初兼天下,丞相李斯乃奏同之,罢其不与秦文合者。斯作《仓颉篇》,中车府令赵高作《爰历篇》,太史令胡毋敬作《博学篇》[13],皆取史籀大篆,或颇省改。所谓小篆者也。是时秦烧灭经书,涤除旧典,大发吏卒,兴役戍,官狱职务繁,初有隶书,以趣约易[14],而古文由此绝矣。

注释 [1]文:指图纹。象形文字象物类之形,故称为"文"。 [2]"字者"句:《说文》:"字,乳也。"本义是孳乳,即孳生繁衍。 [3]"书者"句:此处是以声为训。书写的字体如同物体的形态,故称作"书"。 [4]"封于"句:据《管子》、《史记》等书记载,相传有七十二代古帝王在泰山封土祭祀。 [5]"保氏"句:《周礼·地官·保氏》:"保氏掌谏王恶,养国子以道,乃教之六艺。"总结文字构造方式的"六书",即为"六艺"(礼、乐、射、御、书、数)之一。 [6]随体诘诎:指笔势随物体形状屈曲。 [7]以事为名:指意符,表示事物的意义范畴。取譬相成:指声符,用以譬况字音。意符、声符相辅相成,构成形声字。 [8]比:比并。谊:通"义"。指扔,指向。 [9]转注:历来解释颇多分歧,有形转、音转、义转诸说。段玉裁《说文解字注》释为互训。 [10]太史籀:周宣王时的史官,名籀。一说史籀不是人名,而是春秋战国间秦地学童识字课本的篇名,用当时流行于秦地的大篆(即籀文)写成,后来亡佚。(参见王国维《观堂集林》卷二《史籀篇证序》) [11]力政:用武力征伐。政,同"征"。 [12]车涂异轨:车辆的轨距不一,故道路宽度不同。涂,同"途"。 [13]《仓颉篇》、《爰历篇》、《博学篇》:合称"三仓",秦国学童识字课本。大致是四字一句,两句一韵,用基于大篆省改的小篆字体书写。后皆不传,清孙星衍、任大椿,近人王国维等有辑本。 [14]趣:通"趋"。约易:简单明了。

自尔秦书有八体,一曰大篆,二曰小篆,三曰刻符[1],四曰虫书[2],五曰摹印[3],六曰署书[4],七曰殳书[5],八曰隶书。汉兴有草书。尉律[6]:学僮十七以上,始试,讽籀书九千字,乃得为史。又以八体试之,郡移太史并课[7],最者以为尚书史[8]。书或不正,辄举劾之。今虽有尉律不课,小学不修,莫达其说久矣。孝宣时,召通《仓颉》读者,张敞从受之。凉州刺史杜业，沛人爰礼，讲学大夫秦近，亦能言之。孝平时，征礼等百余人，令说文字未央廷中，以礼为小学元士。黄门侍郎杨雄采以作《训纂编》，凡《仓颉》以下十四篇，凡五千三百四十字，群书所载，略存之矣。

及亡新居摄[9]大司空甄丰等校文书之部，自以为应制作[10]，颇改定古文。时有六书，一曰古文，孔子壁中书也。二曰奇字，即古文而有异者也。三曰篆书，即小篆，秦始皇帝使下杜人程邈所作也。四曰佐书，即秦隶书。五曰缪篆，所以摹印也。六曰鸟虫书，所以书幡信也。

注释　[1]刻符：刻在符节上的文字，字体仍为篆书，但笔画比较平直。　[2]虫书：也称"鸟篆文"，篆书的变体，首象鸟形，一般书写在旗幡、符信上。　[3]摹印：小篆的变体，用于玺印，即下文的缪篆。　[4]署书：用于封缄题字以及题榜匾书。　[5]殳书：殳，古兵器名。殳书用于兵器刻写，不限于殳，字体较小篆简单草率，已接近隶书。　[6]尉律：汉代廷尉所执掌的律令。　[7]课：课试，考核。　[8]最：汉代考课等级，上者为最，下者为殿。尚书史：即尚书令史，汉代官职，二百石，掌管文书。　[9]新居摄：王莽代汉，自立国号为"新"。　[10]应制作：王莽托古改制，故宫室、度量衡、文字诸项制度的变易，均称应制而作。

壁中书者，鲁恭王坏孔子宅而得《礼记》、《尚书》、《春秋》、《论语》、《孝经》。又北平侯张仓献《春秋左氏传》，郡国亦往往于山川得鼎彝[1]，其铭即前代之古文，皆自相似。虽叵复见远流，其详可得略说也。而世人大共非訾[2]，以为好奇者也，故诡更正文，乡（向）壁虚造不可知之书，变乱常行，以耀于世。诸生竞逐说字解经谊，称秦之隶书为仓颉时书，云父子相传，何得改易？乃猥曰"马头人为长"、"人持十为斗"、"虫者屈中也"[3]，廷尉说律，至以字断法，苛人受钱，苛之字止句也[4]。若此者甚众，皆不合孔氏古文，谬于史籀。俗儒啚（鄙）夫，玩其所习，蔽所希闻，不见通学，未尝睹字例之条，怪旧执而善野言，以其所知为秘妙，究洞圣人之微恉[5]。又见《仓颉篇》中"幼子承诏"，因号古帝之所作也，其辞有神仙之术焉。其迷误不谕，岂不悖哉！

《书》曰："予欲观古人之象"[6]，言必遵修旧文而不穿凿。孔子曰："吾犹及史之阙文，今亡也夫！"[7]盖非其不知而不问，人用己私，是非无正,巧说邪辞,使天下学者疑。盖文字者,经艺之本,王政之始,前人所以垂后,后人所以识古。故曰本立而道生,知天下之至啧而不可乱也[8]。今叙篆文,合以古籀,博采通人,至于小大,信而有证,稽譔其说[9]。将以理群类,解谬误,晓学者,达神恉。分别部居,不相杂厕。万物咸睹,靡不兼载。厥谊不昭,爰明以喻。其称《易》孟氏、《书》孔氏、《诗》毛氏、《礼》、《周官》、《春秋》左氏、《论语》、《孝经》,皆古文也[10]。于其所不知,盖阙如也。

注释 [1]鼎彝:商周青铜礼器的通称。 [2]世人:主要指尊信今文经一派士人。非訾:非议,诋毁。 [3]猥:曲解。"马头人为长"等句是今文经派对"长"、"斗"、"虫"三字形体的说解,即"长"字象马头人之形;汉隶"斗"字象什佰之什,其形体为"人持十";而"虫"字是"中"字屈曲变形。 [4]廷尉句:大意是廷尉用错误的字形字义解释律令,造成枉断。如"苛"字,从草,可声,俗作"呵"。汉令乙载"有所呵人受钱"条,意指有治人之责者受人钱财,属受贿罪。然而律令解说者根据的"苛"字俗体从"止"、"句","句"读如"钩",变成"止之而钩取其钱",罪名完全不同。 [5]微恉:微言大义。 [6]见《尚书·虞书·皋陶谟》。[7]《论语·卫灵公》:"吾犹及史之阙文。有马借人乘之,今亡矣夫!" [8]啧:通"赜",幽深难见。《易·象辞》:"言天下之至啧而不可恶也。言天下之至动而不可乱也。" [9]稽譔:稽考、诠释。 [10]此处交代《说文解字》所引用经籍的渊源、派别,且皆合乎"古文"。

(原文据《说文解字》,中华书局,1963年影印)

【评论】

许慎及其《说文解字》

周祖谟

汉代是中国文化史上一个光辉灿烂的时代。从公元前二世纪到公元后二世纪四百年之间出了很多杰出的文学家、史学家、哲学家、经籍文献学家、科学家。文学家有枚乘、司马相如、扬雄、张衡、蔡邕;史学家有司马迁、班固、荀悦;哲学家有桓谭、王充;经籍文献学家有刘向、刘歆、贾逵、马融、郑玄;科学家有张苍(数学家)、张衡(文学家,又是天文学家)、张机(即张仲景,医学家)、华佗(医学家)。这些都是著名的人物。他们不仅继承了春秋战国以来的文化遗产,而且更发扬光大,给中国的文学、史学以及其他方面奠立了一个富厚的基础。对于中国文化的发展贡献极大。他们的著作包容的方面极广,是我们研究中国文化史极其宝贵的资料。

这里所要提出来说的一个人是许慎,他是汉代最著名的一个文字学家、词汇学家。他是中国文字学的开山祖师,在中国语言学史上所占的地位非常重要。他的著作说文解字从东汉一直到现在一千八百多年始终为人所重视,是一部不朽的著作。我们要研究汉以前的古典著作,或研究汉语史和古文字,对于说文解字不能一无所知。就这种意义来说,不知道许慎的说文解字跟研究文学和史学的人不知道司马迁的史记同样是一种缺点。

许慎,字叔重,生于东汉,是汝南郡召陵(shàolìng)人。召陵,在现在河南的郾城县东边四十五里的地方。相传郾城县还有许慎的墓。

关于许慎的生平事迹,在范晔后汉书卷一〇九下儒林传里有简单的叙述。如果参照许慎自己写的说文解字后叙和他的儿子许冲的上说文解字表,我们可以知道得更详细一些。

根据史传所记,许慎是一个性情笃实而纯厚的人,他在年少的时候就博通五经,所以当时的人就用"五经无双许叔重"一句韵语来称赞他,马融对他也非常推崇。

汉代传习的经书,有今文经和古文经的分别。今文经是秦汉之间博士弟子口耳相传下来的,在汉代都是用通行的隶书来写的,所以称为今文经。古文经大部分都是汉武帝时鲁恭王拆毁孔子住宅,从墙壁中取出来的,这种书都是用战国时通行的古文字来写的,所以称为古文经。古文经跟今文经不仅文字的写法不同,就是内容也不尽相同。西汉时代古文经没有发现之前,传习的都是今文经,等到古文经发现以后,才有人研究古文经。到了东汉时代,古文经开始盛行起来。当时传授古文经的第一个大师就是贾逵(公元三〇——〇一年)。

贾逵既通今文经，又精于古文经。许慎就是他的学生。① 贾逵在章帝建初四年(公元七九年)曾与班固、傅毅、博士议郎及诸生诸儒在北宫白虎观讲论五经同异，建初八年(公元八三年)又奉诏在黄门署为弟子门生讲授春秋左氏传、穀梁传、古文尚书和毛诗。许慎最初在汝南郡做"功曹"，后来被推举为"孝廉"，到洛阳之后就做了太尉府的"祭酒"。"祭酒"是太尉府曹属之中的主要人物，他住在京师，所以能够从贾逵问业。贾逵到和帝永元十三年(公元一〇一年)才死，而许慎也一直在太尉府。他作说文解字，跟从贾逵受古文经有很大的关系。②

说文解字的后叙作于永远十二年(公元一〇〇年)，③就是贾逵死的前一年。许慎在安帝永初四年(公元一一四年)又曾与马融、刘珍及博士议郎五十余人在东观校五经、诸子和史传。到建光元年(公元一二一年)，病居于家，才叫他的儿子许冲上说文。距离写后叙的时候已经有二十二年。

许慎的生年和卒年已无可考。清人根据贾逵的生年——光武帝建武六年(公元三〇年)来推断，认为许慎可能生于明帝永平之初(永平元年，公元五八年)。至于卒年，则又根据后汉书西南夷夜郎传所说"桓帝时郡人尹珍自以生于荒裔，未知礼义，乃从汝南许慎、应奉受经书图纬"的话，推断许慎可能卒于桓帝初年(桓帝建和元年，公元一四七年)。这样说起来，许慎的岁数总在八十以上了。

许慎的著作除了说文解字以外，还有五经异义和淮南子注，不过都已亡逸不存，只有清人的辑本。

许慎著说文解字的时候，正是古文经盛行的时代。古文经是用战国时代的古文字来写的，跟当时通行的隶书很不相同。自从古文经出现以后，今文经家就大相非毁，排斥古文，称秦时隶书是古帝先王之书，

---

① 许冲上表称："臣父故太尉南阁祭酒慎本从逵受古学。"
② 许冲上表里说："慎博问通人，考之于逵，作说文解字。"
③ 许慎说文解字后叙说："粤在永元，困顿之年，孟陬之月，朔日甲申。"根据这一句话定为永元十二年。

父子相传，不得改易。并且随意解说文字，牵强附会，毫无条理。许慎既博通经籍，而又从贾逵学习古文经，对于今文经家的这种向壁虚造的巧说邪辞深恶痛绝，所以搜罗篆文和古文及籀文①编成一部字书。一方面把经传群书的训诂写下来，一方面还说明字体的结构和字的读音，使人们知道相传的古文字是怎样写的，每一个字从字形上和语义上应当如何讲解。这部书把汉代能够看到的古文字尽量记载下来，实在是中国古代文献中极其重要的著作。

许慎对于文字在文化发展上的作用看得很清楚。他曾经说："文字者，经艺之本，王政之始，前人所以垂后，后人所以识古。"②我们要读古代的书籍，要了解古代的文化，不懂得古代的文字是不行的。许慎这部书是极可宝贵的遗产。我们有了他这一部书才能认识秦汉时代的许多篆书的石刻和器物的铭文，才能认识商代的甲骨文字和商周两代的铜器文字以及战国时代的古文。没有说文解字，我们就很难通晓秦汉以前的古文字，商周文物上所记载的事实也就很难索解了。

许慎这部书的伟大的贡献不仅在保存了上古时代的古文字，更重要的是他创通文字构造的条例，用了多少年的功夫创造性地编出一部具有系统的字书，给后世编纂字典的人立下一个规范。因此我们更应重视这部书，了解它在中国语言学史上的地位，了解怎样运用这部书去进行汉语史的研究工作。

这部书题名为说文解字，"文"指的是独体的象形表意的字，"字"指的是合体的表意字和形声字，因此题称说文解字，后世一般简称为说文。

中国古代的字书，主要有三类：一类是通俗的教童蒙识字的"杂字"书，一类是按部首来编排的有系统的字书，一类是按声韵来编排的韵书。说文就属于第二类，而且是其中最早的一部书。

在说文以前从秦代起就有了"杂字"书。最知名的是仓颉篇③，相

---

① "籀文"是出自史籀篇的大篆。
② 见许慎说文解字叙。
③ 文字本来是劳动人民所创造的，古人传说是黄帝史官仓颉所造。仓颉篇开头一句话是"仓颉作书"，所以称为仓颉篇。

传为李斯所作。另外还有赵高的爱历和胡毋敬的博学。这都是以开头两个字来题篇名的。到了汉代,把三个书合在一起,称为仓颉篇,以六十字为一章,一共有五十五章。后来杨雄又续仓颉作训纂篇,东汉郎中贾鲂又作滂喜篇。后人合称为三仓。这种书都是四字一句,而且是韵语。① 西汉时司马相如又曾作凡将篇,是七言韵语,东汉元帝时史游作急就篇则有七言、三言和四言。急就篇在魏晋六朝的时候很流行,所以现在我们还能够看到全书,其他都亡逸无存了。②

这种"杂字"书即便都保存下来,除了可以考见汉代的词汇以外,在文字学史上并没有什么价值。许慎的说文则不然了。他看出这样的字书是没有什么用处的,他根据当时对于文字的构造和意义声音的关系的理解,即"六书"的分类③来分析篆文,把所有的字按照形体的构造来加以区分,凡形旁相同的就类聚在一起,以共同有的形旁作部首,其他同从一个形旁所构成的字都系属其下。许多部首又按照篆书形体的相近与否来编排先后的次序。这样就把极其纷繁的成千上万的汉字都编排在一起了。这种办法是前所未有的,是许慎的创见。他看到了汉字的特点,不如此,很难编出一部便于应用而又有系统的字典来。这在过去语音很分歧,汉字写法还没有完全打乱的时候,的确是一种极其宝贵的经验。所以段玉裁称赞这部书说:"此前古未有之书,许君之所独创,若网在纲,如裘挈领,讨原以纳流,执要以说详,与史籀篇、仓颉篇、凡将篇乱杂无章之体例,不可以道里计。"④

说文一共十五卷,一至十四是本书,最后一卷是叙目。全书一共有五百四十部。根据许慎原叙所说,全书收字九千三百五十三文,重文一千一百六十三,解说的字数是十三万三千四百四十一字。⑤

---

① 罗振玉、王国维所编的流沙坠简和劳干的居延汉简考释中都有这一类书的逸文。
② 清代马国翰玉函山房辑佚书和近代人龙璋的小学搜佚中都有三仓辑本。
③ "六书"按照许慎所说即指事、象形、形声、会意、转注、假借。
④ 见许慎说文解字叙段注。
⑤ 现在的大徐本字数增多将近二百,解说则少于原书一万七千多字,可见现在的传本经过传写已有增损,跟许氏原书所记字数不合。

五百四十部的次序是始"一"终"亥"。始"一"终"亥"是有意义的,因为汉代阴阳五行家言万物生于一,毕终于"亥"。其他部首则主要是据形系联。凡部首绝大多数都是形旁,只有少数几部的部首是声旁(如丩部、句部)。一部之内的字一般都是把意义相近的放在一起。例如言部"诗""谶""讽""诵"列在一起,"讪""讥""诬""诽""谤"列在一起,肉部"肓""肾""肺""脾""肝""胆""胃""脬""肠"列在一起,"胯""股""脚""胫""腓""腨"列在一起,这都是意义相近或事物相类的,所以以类相从,不相杂越。

　　至于每一个字的写法则一以篆文为主,如古文、籀文跟篆文有不同,则先列篆文,而列古文或籀文于篆文解说之下,一一加以说明。有时一字兼有"或体",也同样列于正文解说之下。

　　每一字的解说,一定是先解说字义,然后说明形体的构造。说明形体的构造时,凡象形字,则言"象某某之形",凡指事字,则曰"指事",凡会意字,则曰"从某从某",或曰"从某某",凡形声字则曰"从某、某声"。如果是会意而又是形声字的,则曰"从某从某、某亦声"。例如:

　　气　云气也,象形。
　　齿　口龂骨也。象口齿之形,止声。
　　毛　眉发之属及兽毛也。象形。
　　丄　高也。此古文上,指事也。
　　多　重也。从重夕,夕者相绎也,故为多。
　　男　丈夫也。从田从力,言男用力于田也。
　　放　逐也。从攴,方声。
　　奢　张也。从大,者声。
　　舒　伸也。从舍从予,予亦声。

由此可见说文对于字形的结构和造字的含义特别重视。有时在解说中也指出读音,则曰"读若某"。例如"珝读若眉","逝读若誓","悇读若涂","剑读若创"。"读若某"之中,有的是注音,有的兼明通用。但注音是主要的。

许氏在解说中,有时引用经传来说明字义或字音。除少数用今文经外(如仪礼用今文经,诗间用韩诗),一般都用古文经。在解说中也常常引到其他人的说法,全书有一百一十余条,这就是叙文所说"博采通人,至于小大信而有证"的实例。解说中涉及训诂的,有的出于尔雅,有的出于杨雄的方言,有的出于前人的经传训释、仓颉解诂。由此可见许慎著说文解字不仅从贾逵问业,而且囊括了许多前人的经说和字说,可以说是集两汉字学之大成了。

说文既然是这样一部书,所以在东汉末年就为人所重视。郑玄注仪礼、周礼、礼记都曾经引用说文的解说。由魏晋以至隋唐一直有人传习。虽然说文并没有把两汉时代应用的文字都搜罗无遗,① 有些解说也偏于株守字形,不免牵强附会之嫌,可是这样编排文字的体例,已经成为后来编纂字书所共同遵守的方法了。

首先我们要提到的是晋吕忱的字林。② 吕忱事迹无可考,魏书江式传所载江式上古今文字表里称吕忱为任城人(今山东济宁),作晋义阳王典祠令。隋书经籍志则题为"弦令"。唐张怀瓘书断又称吕忱字伯雍。关于他的事迹我们只知道这么多。

吕忱的字林是根据说文来作的。在唐以前说文和字林总是相提并论。字林收字比说文多。唐封演闻见记说:

> 晋有吕忱,更按群典,搜求异字,復撰字林七卷,亦五百四十部,凡一万二千八百二十四字。诸部皆依说文,说文所无者皆吕忱所益。③

吕忱字林自南宋以后失传,清任大椿有辑本,名字林考逸。

字林之外,按照说文来编的字书,还有梁顾野王的玉篇。顾野王,陈书有传,他是吴郡吴人,陈宣帝太建十三年(公元五一九—五八一

---

① 说文解说中的字就有没有收入正文的。大徐校定本增補四百多字,列在每部之后,称为"新附"。事实经传里面还有很多的字不见于说文的。
② 字林卷数前所说多寡不同,有五卷、六卷、七卷三种说法。
③ 见封氏闻见记卷二文字。

年)卒。玉篇是在梁武帝大同九年(公元五四三年)编纂成的。这部书共有三十卷,体例跟说文相同。所不同者在于说文是五百四十部,而玉篇删併"哭""延""教""眉""自""皀""歙""后""六""弦"十部,别增"父""云""枭""兂""处""兆""磬""索""牀""弋""单""丈"十二部,一共是五百四十二部。又"书"字说文在"聿"部,玉篇则改为部首,把说文的"画"部归并在一起。① 其次是部次的安排也与说文不尽相同。说文的部次是据形系联的,既便有时把意义相近的排列在一起,也还是形体相近的。玉篇虽然大部分跟说文相合,可是有时就专取其意义相近的比次在一起。例如"人""儿""父""臣""男""民""夫""予""我""身""兄""弟""女"相连,次序就跟说文完全不同。②

玉篇原书收字一万六千九百一十七③,比字林又多四千余字。每字之下,先出反切,后引经传和群书训诂,注文非常详细。现在我们所看到的玉篇注文比较简单,已不是顾氏玉篇原来的面貌了。④

从字林和玉篇的编制都可以看出说文对后世字书影响之大。隋书经籍志有古今字书十卷,北魏杨承庆字统二十一卷,书虽亡逸,根据佚文,还可以知道也都是按照说文的体制来分部的。以部首编排字书可以说是从说文以后一直沿用的办法。宋人编纂的类篇,明张自烈的正字通,以及清人所编的康熙字典都是按照偏旁部首来编排的,只是分部有不同而已。

说文这部书在中国语言学史上的地位很高。清人非常重视这部书不无道理。许慎看到形声字是汉字里最多的一部分,所以特别注重形声字的分析。书中指出某字从某某声,一方面是分析字形,一方面也就是指出字的声音。凡从某声得声的字,它的读音必然跟某声切近。因此清人从说文中悟出根据谐声字可以参照诗经的韵脚考定古韵的分部。同时说文中引经与现在的经文往往不同,因而清人又体会到古人

---

① 见清钱大昕十驾斋养新录卷十三玉篇一条。
② 说文的字体是篆文,玉篇的字体是隶书,不必强同。
③ 见封氏闻见记卷二文字。
④ 顾野王原本玉篇有唐写本,见罗振玉影印原本玉篇残卷及黎庶昌古逸丛书。

以文字记录语言,时有假借。清人了解了古韵的分部,又了解了古人用字有假借,所以有很多古书中向来难解的句子,他们都能从声音训诂和文字通假上理解到它的原意。

许慎著说文,在解释字义上还特别注重造字的"本义"。说法不一定都对,可是清人从这一点认识到字义有"本义",有"引申义",有"假借义",①在语义学上有了新的发展。

这些都是说文对于后来研究汉语声音、训诂所起的一些影响。

在今天来看,说文仍然有它的价值。我们要研究古文字,要知道汉字的发展和变迁固然离不开这部书,就是要研究汉语词汇发展的历史和词义的演变以及古音的系统,也需要应用这部书。我们应当从中吸取各种有用的东西。

现在我们所看到的说文的本子,时代比较早的是唐写本和宋刻本。唐写本有两个本子,一个是木部残本,存一百八十八字,将近全书五十分之一;一个是口部残简,存十二字。前一种是中唐人写本,原为清人莫友芝所藏,现为日本人所有,后一种是唐宋间日本的摹本,为日本人所藏。

唐本跟六朝所传说文是比较接近的。但可惜只有残本。今天我们能看到的全本,是南唐徐锴的说文解字系传和宋徐铉的校定本说文解字。徐锴是徐铉的弟弟,前人称徐铉为"大徐",徐锴为"小徐"。小徐本有注释,大徐本则主要是校定原书,没有注释。小徐本有影抄宋本,大徐本有北宋刻本。清人翻刻的本子都很多。小徐书以祁寯藻刻本为最好,大徐书以孙星衍平津馆丛书本为最好。

小徐书著述的目的在于注释原书,其中许氏原文跟唐写本相同的地方较多(只就木部而言)。大徐书是用许多本子来校定的,很多地方跟唐写本不同。所以清代段玉裁注说文,很重视小徐本。

说文原本是没有反切注音的。现在我们所看到的唐写本已有注

---

① 见段玉裁经韵楼集卷十一亯响二字释例。

音。唐写本的注音跟隋唐间流行的韵书不同,而跟相传的字林音相合。① 现在我们所看到的二徐本又跟唐写本不同。大徐本的反切是根据唐代的孙愐唐韵加上去的,小徐本的反切是南唐朱翱所加的。读音也不完全相同。现在我们一般应用的本子都是大徐本说文。

说文是很不容易读的一部书,因为古字古义很多,必须有注解才能理解得透彻。谈到说文的注本,徐锴的系传是最早的一种注本了。徐锴对于说文用力很勤,徐铉称他弟弟作系传的意义在于"考先贤之微言,畅许氏之玄旨,正阳冰之新义②,折流俗之异端"③。徐锴作系传参考的古书不下一百多种。他一方面疏证许说,一方面又进一步从声音上来讲解字义,创见很多。不过有时征引古书过于繁冗,解说字义不很精当,所以还不是最好的注本。

清代说文之学盛行,注说文的有好几家。最重要的一部书就是段玉裁的说文解字注。段玉裁是戴震的学生,他作说文解字注用了三十多年的功夫,先写为长编,然后简括成书,是一部体大思精的著作。他首先根据许慎原书的体例和玉篇、集韵的训释以及宋代以前的古书引到说文的字句来校订二徐本的是非,其次再根据经传子史和其他古书来解说许书的训解。除此之外,并说明一个字的多方面的意义以及意义的引申和变化。他的最大的贡献在于创通条例,以许书证许书,以声音为关键,说明训诂。清人研究说文的莫不受其影响。不过他好谈本字本义,有时流于武断。他改动篆文九十字,增加篆文二十四字,删去篆文二十一字,有些地方未免过于鲁莽。

同时注说文的,还有桂馥、王筠。桂馥有说文解字义证,王筠有说文句读。桂氏义证,目的在于征引古书,找出许慎解说的根源,故不掺杂己见;王氏句读则采掇段、桂两家之书,删繁举要,以便初学。桂、王两家都尽量根据二徐原本而不轻易乱改,态度非常审慎,段氏在这一点

---

① 详见后唐本说文与说文旧音一文。
② 唐大历中李阳冰曾刊定说文,臆说颇多。
③ 见徐铉所作说文韵谱序。

上是远不如桂、王两家了。三家之书，各有所长，都是研究说文的必备的参考书。

清人研究说文的书有一百多种，一九二八年丁福保按类汇编在一起，名为说文解字诂林。我们要检查一个字，各家的原注都依次分别列出，这当然是最便于参考寻检的一部书了。

（选自周祖谟《问学集》下册）

二 《五经正义》

【题解】

《五经正义》是唐代孔颖达等撰修的一部官书。五经指《诗》、《书》、《礼》、《易》、《春秋》五部儒家文献，汉武帝时正式宣布为经典，故称"五经"。汉代设立五经博士，各经又有不同的家学师法传承，宗派林立。汉末以至魏晋南北朝时期，战乱四起，经典沦丧，文理乖错，而国家的长期分裂，也造成经学的南学、北学之争，加之儒学内部诸宗派各承师说，互诘不休，经学研究颇为混乱。隋唐帝国建立之后，基于统一思想文化和为科举考试提供标准文本的现实需要，亟待整顿混乱的经学，颁布官方撰修的统一经义的经书。在此背景之下，唐太宗诏令国子祭酒孔颖达主持召集著名儒士，共同撰修《五经正义》。

《五经正义》内容是诸经传注的结集。经书因为成书年代久远，文字晦涩，记事简略，故历代有不少传解、注释之作，但往往各执己说，难得一辞。《五经正义》就是要从中选出权威的注本，摒弃其余杂说，达到统一经学解释的目的。最后确定《诗经》采用毛氏传、郑玄笺，《尚书》采用伪孔安国传，《礼记》采用郑玄注，《周易》采用王弼注，《春秋左传》采用杜预集解。因为这些注本亦有难解之处，故《五经正义》又采撷前人注疏成果予以疏通解释。如《毛诗正义》即以刘焯《毛诗义疏》、刘炫《毛诗述义》为底本，再加疏解；《礼记正义》则以皇侃的义疏为主要底本，以熊安生的疏解补其不足。《五经正义》本着"疏不破注"

的原则,疏解时不敢突破原传注的藩篱,以至承袭原书的某些错误,以讹传讹,故有牵强附会、曲从注文之讥。

《五经正义》革除儒学多门、章句繁杂之弊,又折中南学、北学,统一经义,标志着古代经学发展进入新的阶段。《五经正义》在撰修过程中,"融贯群言,包罗古义",汇集了中古学者的大量经学成果,其中许多文献在后世亡佚,赖此书得以窥其原貌。当然,因为确立权威注本,摒弃杂说,也造成了相当数量经学文献的散佚。此外,《五经正义》在疏解方面的烦琐章句,也颇受后人诟病。

《五经正义》撰成于唐贞观十六年(642),后又经马嘉运校定,长孙无忌、于志宁等再加增损,唐高宗永徽四年(653)正式颁行。此后,《五经正义》便成为士子诵习儒经和科举考试的统一标准,应试必须严格以《正义》的义理为依据,不得另立新论,否则便有异端邪说之嫌。

这里选录的是《尚书正义》的序。

《尚书正义》序

夫《书》者,人君辞诰之典,右史记言之策[1]。古之王者,事总万机,发号出令,义非一揆[2]:或设教以驭下,或展礼以事上,或宣威以肃震曜[3],或敷和而散风雨。得之则百度惟贞[4],失之则千里斯谬。枢机之发,荣辱之主,丝纶之动[5],不可不慎。所以辞不苟出,君举必书,欲其昭法诫,慎言行也。其泉源所渐,基于出震之君[6];黼藻斯彰[7],郁乎如云之后[8]。勋、华揖让而典、谟起[9],汤、武革命而誓、诰兴[10]。先君宣父[11],生于周末,有至德而无至位,修圣道以显圣人,芟烦乱而翦浮辞[12],举宏纲而撮机要,上断唐、虞,下终秦、鲁,时经五代,书总百篇。采翡翠之羽毛[13],拔犀象之牙角。磬荆山之石[14],所得者连城;穷汉水之滨,所求者照乘[15]。巍巍荡荡,无得而称;郁郁纷纷,于斯为盛。斯乃前言往行,足以垂法将来者也。

注释 [1]右史:古代史官名。《礼记·玉藻》:"动则左史书之,言则右史书之。"《尚书》即为记载君主言辞诏诰之典册。 [2]一揆:指同一道理,同一模式。 [3]震曜:亦作"震耀"、"震燿",指雷声震动,电光闪耀。 [4]百度:百事,各项制度。贞:正轨、正道。　[5]丝纶:《礼记·缁衣》:"王言如丝,其出如纶。"孔颖达疏:"王言初出,微细如丝,及其出行于外,言更渐大,如似纶也。"后因称帝王诏书为"丝纶"。　[6]出震:八卦中的震卦方位对应东方,《易·说卦》"帝出乎震",指帝出万物于震。后以"出震"指帝王登基。　[7]黼藻:此处指华美的词藻文字。[8]后:君主、帝王。　[9]勋:放勋,尧的名字。华:重华,舜的名字。相传尧、舜之间是通过禅让方式转移权力。典、谟:指《尚书》中的《尧典》《舜典》和《皋陶谟》等篇章。　[10]汤:商王汤。武:周武王。两人均通过革命的方式取代前朝。誓、诰:指《尚书》中的《汤誓》《泰誓》《汤诰》等篇章。　[11]宣父:对孔子的尊称。《新唐书·礼乐志五》:"(贞观)十一年诏尊孔子为宣父,作庙于兖州"。　[12]芟、翦:删除、翦除。　[13]翡翠:鸟名。羽毛有蓝、绿、赤、棕等色,可做装饰品。[14]荆山:在今湖北省南漳县境内。相传楚人卞和在此得璞玉,雕为价值连城的和氏璧。　[15]照乘(shèng):即"照乘珠",光亮可以照明车辆的宝珠。

　　暨乎七雄已战,五精未聚[1],儒雅与深阱同埋,经典共积薪俱燎。汉氏大济区宇,广求遗逸,采古文于金石[2],得今书于齐鲁[3]。其文则欧阳、夏侯二家之所说[4],蔡邕碑石刻之[5]。古文则两汉亦所不行,安国注之[6],寔遭巫蛊[7],遂寝而不用。历及魏晋,方始稍兴,故马、郑诸儒莫睹其学[8],所注经传时或异同。晋世皇甫谧独得其书,载于《帝纪》[9],其后传授乃可详焉。但古文经虽然早出,晚始得行,其辞富而备,其义弘而雅,故复而不厌,久而愈亮,江左学者[10],咸悉祖焉。近至隋初,始流河朔[11],其为正义者[12],蔡大宝、巢猗、费甝、顾彪、刘焯、刘炫等。其诸公旨趣,多或因循,怙释注文[13],义皆浅略,惟刘焯、刘炫最为详雅。然焯乃织综经文,穿凿孔穴,诡其新见,异彼前儒,非险而更为险,无义而更生义。窃以古人言诰,惟在达情,虽复时或取象[14],不必辞皆有意。若其言必托数[15],经悉对文[16],斯乃鼓怒浪于平流,震惊飙于静树,使教者烦而多惑,学者劳而少功。过犹不及,良为此也。炫嫌焯之烦杂,就而删焉。虽复微稍省要,又好改张前义,义更太略,辞又过华,虽为文笔之善,乃非开奖之路。义既无义,文又非文,欲使后生,若为领袖,此乃炫之所失,未为得也。

　　今奉明敕,考定是非[17]。谨罄庸愚,竭所闻见,览古人之传记,质近代之异同,存其是而去其非,削其烦而增其简。此亦非敢臆说,必据旧闻。谨与朝散大夫行太学博士臣王德韶、前四门助教臣李子云等,谨共铨叙[18]。至十六年,又奉敕与前修疏人及通直郎行四门博士骁骑尉臣朱长才、给事郎守四门博士上骑都尉臣苏德融、登仕郎守太学助教云骑尉臣随德素、儒林郎守四门助教云骑尉臣王士雄等、对敕使赵弘智,覆更详审,为之正义,凡二十卷。庶对扬于圣范[19],冀有益于童稚,略陈其事,叙之云尔。

注释 [1]五精:五方之星。"五精未聚"指天下混战,未得统一。 [2]"采古文"句:汉代把前世遗存的金石铭刻、简帛文献都称为古文。 [3]"得今书"句:汉代把齐鲁诸地老儒口授,用当时文字记录的经典,称为今书(今文)。 [4]欧阳、夏侯二家:西汉初年,秦博士伏生教授《尚书》于齐、鲁之间,传承其学者有济南张生及千乘欧阳生,张生又传予大小夏侯氏,故汉世今文《尚书》学有欧阳、夏侯两家。 [5]蔡邕:东汉陈留人,字伯喈。灵帝时官拜郎中,熹平年间,与杨赐等刊定经书文字,立碑于太学门外,史称"熹平石经"。 [6]安国:孔安国,西汉人,孔子后裔。汉武帝时以治《尚书》为博士,官至谏大夫、临淮太守。《尚书孔氏传》旧题为孔安国所作,但后人多以为是魏晋人假托其名。 [7]巫蛊:西汉武帝时因江充诬告太子施行巫术诅咒引发宫廷事变,牵连甚广,史称"巫蛊之祸"。事见《汉书·武帝纪》、《江充传》、《公孙贺传》。《汉书·艺文志》记孔安国献古文《尚书》,遭巫蛊事,未列于学官。 [8]马、郑:马融、郑玄,东汉经学家。 [9]《帝纪》:西晋皇甫谧著有《帝王世纪》,杂采各类文献,叙述自三皇五帝至汉魏间帝王世系、年代及事迹。原书已佚,今有辑本。 [10]江左:长江下游以东地区。东晋及南朝宋、齐、梁、陈各代基业均在江左,故时人又称这五朝及其统治下的地区为江左。 [11]河朔:泛指黄河以北地区,与东晋南朝对称。 [12]正义:对经史典籍的注释疏解。 [13]怙:疑有误。阮元《十三经校勘记》:"浦镗云:怙,疑'诂'字误。按:'怙'疑'帖'字误。" [14]取象:以某事物作为示例。 [15]言必托数:指言语追求字数整齐。 [16]对文:指行文词句相对偶。 [17]"今奉"句:指奉唐太宗敕命撰定《五经正义》。 [18]铨叙:阮元《十三经校勘记》:"按'铨'应作'诠'。" [19]对扬:有应对、颂扬之意。

(原文据阮元校刊《十三经注疏》,中华书局,1980年影印)

【评论】

经典是知识与思想的渊薮

葛兆光

关于知识和思想的边界,我们需要进一步讨论经典的注疏①。

前面我们说过②,从汉代以来儒家渐渐地垄断了真理的权力之后,中国思想世界就已经有了关于知识与思想的权威经典,在这些经典以及对它的注释、解说和阐发中,似乎包容了全部的知识与思想。《史记·太史公自序》中曾说,五经中包括了天地阴阳四时五行、经济人伦、山川溪谷乃至草木鱼虫等等,不止是精神与人格,还涉及了宇宙、政治、自然、社会各个方面。所以,"经书标准性内容,对于人类精神所支配的种种生活来说,无论在内在的道德教化层面还是在外在的实际应用层面,都是广泛普遍的依据"③,这种情况,即使在老庄玄学和印度佛学深入思想世界的时候,也依然没有特别大的变化。经典的注释,虽然是从"字词"开始的,但从这里却通向经典的"意义",同样,经典的讲疏,虽然是为了理解"意义",但它却要从经典所涉及的每一个名物开始。因此,经典之研读,对于文化人来说,已经不仅是一种抽象意义上的思想洗礼,而且还是一种实用意义上的知识学习,特别是它与"青紫"即政治权力与经济利益的关系,已经使它具有天经地义的垄断地位与实用性质,本是历史、文学、占卜、仪式的著述,一旦拥有了这种精神上的绝对意义与前述现实中的绝对利益,那么它就不再是一种可以自由审视的学术文本而是只能仰视的信仰对象。同样,它也不再仅仅占有书林中的平等的位置而成了高踞群书之上的"经",特别是当这些

---

① 关于儒家经典注疏的方式及其发展变化,可参见牟润孙《论儒释两家之讲经与义疏》,载《注史斋丛稿》239 页以下,中华书局,1987。
② 参见第三编第四节《经与纬:一般知识与精英思想之间的互动及其结果》。
③ 加贺荣治《中国古典解释史·魏晋篇》6 页,劲草书房,东京,1964。

经典的注释和解说层出不穷地给这些经典增加了更多的内容之后,它就成了知识与思想的渊薮。

但是,数百年间数量庞大的经典注释,却在七世纪造成了人们知识和思想视野的困惑与混乱,《北史·儒林传》《隋书·经籍志》中关于江左与河洛在经典注本上的不同选择,和南北学风的差异的记载,表明南北不同的传统和偏好,已经使得对于经典的解释有相当多的歧异,这也许会使人们无所适从,《隋书·儒林传》说得很明白,"自正朔不一,将三百年,师说纷纶,无所取正"①,于是,在一统的帝国中需要有一个统一的经典与解释系统,这不仅对于知识与思想的清理有益,对于确定教育和选拔官员也有意义,因为教育尤其是早期教育,毕竟是确立每一个知识人的思想取向的基础,而选拔特别是伴随着实际利益的官员选拔,更是激励知识和思想取向的最有力的导向。

其实,综合或者是调和南北的取向在六世纪末七世纪初就已经出现,前引《隋书·儒林传》中就说,隋代平定天下,曾经大兴儒学,征辟儒生,"使相与讲论得失于东都之下,纳言定其差次,一以闻奏焉",不仅是官方,私人讲学也如此,据说当时最负盛名,"后生钻仰"和"缙绅咸宗师"的刘焯就撰有《五经述义》,刘炫也撰有《五经正名》与《论语》、《春秋》、《尚书》、《毛诗》、《孝经》的《述义》,如果据《隋书》卷七十五《刘炫传》记载刘氏的自述,可以知道他对于《周礼》、《礼记》、《毛诗》、《尚书》、《公羊》、《左传》、《孝经》、《论语》,以及"孔(安国)、郑(玄)、王(肃)、何(休)、服(虔)、杜(预)等注凡十三家"都有研究,也可以讲授②,按照《隋书·儒林传》的介绍,"江左周易则王辅嗣,尚书则孔安国,左传则杜元凯;河洛左传则服子慎,尚书、周易则郑康成",可见刘氏之学已经兼容了南北两方。到了唐代初期,这种汇通与融合就成了官方意识形态的取向,据《旧唐书·褚亮传》说,唐太宗平定天下后,立即"留意儒学",曾经聚集了杜如晦、房玄龄、于志宁、陆德明和孔颖

---

① 《隋书》卷七十五《儒林传》,1706 页。
② 《隋书》卷七十五《儒林传》,1720 页。

达等最著名的学者,"讨论坟籍,商略前载"①,特别是作为国家意识形态依据的儒学经典,《新唐书·儒学传序》记载:

> (唐太宗)雠正五经缪缺,颁天下示学者,与诸儒粹章句为义疏,俾久其传。因诏前代通儒梁皇侃、褚仲都,周熊安生、沈重,陈沈文阿、周弘正、张讥,隋何妥、刘炫等子孙,并加引擢。(贞观)二十一年,诏:"左丘明、卜子夏、公羊高、谷梁赤、伏胜、高堂生、戴圣、毛苌、孔安国、刘向、郑众、杜子春、马融、卢植、郑玄、服虔、何休、王肃、王弼、杜预、范宁二十一人,用其书,行其道,宜有以褒大之,自今并配享孔子庙廷"②

从这份二十一人的名单中可以看到,汉代以来曾经对峙的今文与古文的界限被消解,南方所推崇的《易》王弼、《书》孔安国、《左传》杜预,和北方所推重的《易》《书》郑玄、《左传》服虔,也都被并列配享于孔子庙堂,皇帝以朝廷拥有的政治话语权力,要求经典的理解和解释有一个富于包容性的框架,这一意图在贞观年间孔颖达奉命主持编定的《五经正义》中,就得到了全面的体现③。

据孔颖达给《五经正义》写的《序》说,对于《周易》的解释,西汉有丁、孟、京、田,东汉有荀、刘、马、郑,但最好的却是王弼,"冠绝古今",而王注流传于江南,"河北学者罕能及之",于是他诠释《周易》,虽然"考察其事,必以仲尼为宗",但是"义理可诠,先以辅嗣为本";而《尚

---

① 《旧唐书》卷七十二《褚亮传》,2583 页。
② 《新唐书》卷一九八《儒学上》,5636 页。
③ 据两《唐书》的记载,孔颖达的经典研习从一开始就是五经兼通、南北兼容的,他对《诗》、《书》、《易》、《礼》、《春秋》都有研究,但是,他学《左传》是用北方传统的服虔注,学《尚书》、《诗经》和《礼记》也是用北方传统的郑玄注,但是学《周易》却是用的南方流行的王弼注,不知道这是否与他的学统有关,据《旧唐书》记载,他与刘焯是同郡人,曾经向刘焯请教过经学,最初,"名重海内"的刘焯并不在意,但"颖达请质疑滞,多出其意表,焯改容敬之",《旧唐书》卷七十三《孔颖达传》,2601 页。《新唐书》卷一九八《儒学上·孔颖达传》,5643 页。又,贞观年间,孔颖达奉命与当时的一些官方学者一道,对《周易》、《尚书》、《诗经》、《礼记》、《左传》的文字与注释进行了全面的考订与疏证,可能主持者是颜师古,《新唐书》卷一九八《儒学上》记载,唐太宗认为"五经去圣远,传习寝讹,诏(颜)师古于秘书省考定,多所厘正。……帝因颁所定书于天下,学者赖之"。5641 页。

书》的各种注释中,孔安国的注释"其辞富而备,其义弘而雅",只是由于遭到意外的"巫蛊"之难,所以没有流传,因此马融和郑玄未能看到,直到皇甫谧之后它才在江南被看重,到隋初才流行于北方,因此他以孔安国为本,根据各种前人尤其是刘焯刘炫的义疏,"览古人之传记,质近代之异同,存其是而去其非,削其烦而增其简";关于《诗经》的注释,他说,郑玄的笺注,"晋宋二世,其道大行,齐魏两河之间,兹风不坠",也就是说它在南北两方都非常流行,因此他也根据南北方的义疏,特别是以刘焯、刘炫的《述义》为本,"削其所烦,增其所简";对于《礼记》,他指出从汉代以来,"大小二戴,共氏而分门,王郑两家,同经而异注",到了晋宋以后直到周隋,虽然南北各有解说,当时流传于世的却只有皇、熊二家,按照他的说法,熊注"违背本经,多引外义",皇注"既遵郑氏,乃时乖郑义",比起来,皇注稍胜,因此,他以郑注为本,参考皇注,"其有不备,以熊氏补焉";至于《左传》,从汉代以来就有郑众、贾逵、服虔、许惠卿的注释,但他认为这些注释都不够纯正,往往杂取《公羊》、《穀梁》解释《左传》,只有晋代的杜预注才改正这种弊病,晋宋以来,有沈文阿、苏宽、刘炫的义疏,其中以刘炫为好,但是"探颐钩深,未能致远",所以他以杜注为本,参考刘疏,"其有疏漏,以沈本补焉"[①]。

当然,在这个时代的文化变迁中,南方似乎比北方更占上风,融合南北的趋向里也大体上是以南方学术传统为依据的,像给各种经典作释文,并为后来《五经正义》所取资的陆德明是南方人,其所著《经典释文》所依据的旧注,如《易》宗王弼、《尚书》宗孔安国、《诗经》宗郑玄、《左传》宗杜预,基本上就是南方之学。而主持编纂《五经正义》的孔颖达虽然是北方人,他早年经典研习经历中虽然也有北方传统,如《左传》是学服虔注的,《诗》、《书》、《礼记》是学郑玄注的,《周易》是学王弼注的,但是在《五经正义》中,则全面转向了南方之学,比如《左传》以南方流

---

① 《周易正义·序》、《尚书正义·序》、《毛诗正义·序》、《礼记正义·序》、《春秋左传正义·序》,分见中华书局影印本《十三经注疏》6页、110页、261页、1222页、1698页、1699页,1980。

行的杜预注为本,《尚书》也改以南方流行的孔安国注为本。这里就暗示了这样的一个事实与取向,当他们受命编纂五经正义时,他们的身份"非惟宿德鸿儒,亦兼达政要"①,私人的理解已经被集体的解释所取代,个人的学术取向已经让位于官方的政治取向,因此这些表述学术取径的序文,实际上传达的是一种官方意识形态。值得思想史注意的是,在这些序文中,除了表达消解今文与古文、泯灭南方与北方的综合趋向之外,更重要的是还传达了官方的一个消息,这就是官方对六朝时期经典解释中出现的个人性的、力图超越历史文本和传统解释的取向的批评。

在《五经正义》中可以看到,当经典的各种注释与这里所依据的旧注并不发生矛盾,也不影响传统的理解和解释时,义疏一般是可以兼容的,《五经正义》常常会引述六朝流行的和新出的各种说法,如《左传》昭公二十年"一气"句下,孔疏就引了北方流行的服虔说,因为服虔说与杜预说并无太大矛盾,而《礼记·中庸》开头的"天命之谓性"段下面,孔疏则引了皇侃关于四方、四季、五行与人的性情道德的说法,来解释"天命之谓性",也引了贺玚的说法,用"波之与水,静时是水,动时是波,静时是性,动时是情"来解释"率性之谓道",尽管前者是汉代旧说而后者颇与佛玄相通②。可是,如果这些流行的、新出的理解和解释与官方确定的注本发生冲突,《五经正义》就会批评与斥责这些说法,却不一定给出什么详细的说明,像对皇侃的几次批评,如《礼记·乐记》关于"乐者,音之所由生也"句郑注"人声在所见"和皇注"乐声"的分歧,《礼记·王制》关于"天子五年一巡守"一段中郑注"天子巡守之祭有方明"和皇注"王巡守见诸侯无方明"的差异,《礼记·月令》"天子居玄堂右个"句郑注"此月之中"被皇注解为"此月中气"的问题,孔疏都无条件地申郑玄而斥皇侃,而斥责的唯一理由只是"皇氏解礼违郑解义也"③。但是,当郑玄注并不是依据的注本而只是参照的文本时,郑玄的注释就不

---

① 《旧唐书》卷七十五《张玄素传》引张玄素对孔颖达的评语,2642 页。
② 《十三经注疏》2093 页、1625 页。
③ 《十三经注疏》1527 页、1328 页、1383 页。

能享受这种不言而喻的特权,如《周易·说卦》"豫必有随"句下,郑玄的解说"喜乐而出,人则随从"和王肃的解说"欢豫,人必有随",就不能成立了,与王弼注合为一体的韩康伯注"顺之以动者,众之所随"却成了不证自明的合理解释,在《周易·系辞》的"近取诸身,远取诸物"句下,孔疏说,"诸儒象卦制器,皆取卦之爻象之体,今韩氏之意直取卦名,因以制器",看来孔疏也未必同意韩康伯的解释,但下面一句话很有意思,说"今既遵韩氏之学,且依此释之也"①。

人们都熟悉一句经学史上常用的术语叫"疏不破注",意思就是后人的疏证和解说不可超出原有注释的范围与界限,更不能违背或反驳前人的解释,孔颖达的这些义疏,以及序文中对晋宋以来注释家的批评,就一再向学者们暗示了这种意见,如《周易正义序》中指责江南义疏"义涉释氏,非为教于孔门也,既背其本,又违于注",《尚书正义序》中批评北方学者,包括最好的刘焯,都有"织综经文,穿凿孔穴,诡其新见,异彼前儒,非险而更为险,无义而更生义"的毛病,《毛诗正义序》更对刘焯、刘炫的"负恃才气,轻鄙先贤,同其所异,异其所同"给以斥责,《礼记正义序》还用了一个比喻来批评皇注"既遵郑氏,乃时乖郑义",说他是"木落不归其本,狐死不首其丘",对于刘炫对杜预注的批评和攻错,《春秋左传正义序》更不问青红皂白地说他是"习杜义而攻杜氏,犹蠹生于木而还食其木,非其理也"②。

既然有"非其理也",那么一定就有所谓"理","疏不破注"大概就是这种"理"。南北朝时,学风互相歧异,知识与思想也随之出现南北分化,传统的知识与新起的思想之间的差异,使人们很难有一个准的,教育也很难有一个基本的框架,尤其是南朝的经典解释中,已经羼入相

---

① 《十三经注疏》95页、86页。
② 关于《五经正义》恪守"疏不破注"的例子,可以参看以下事例:如《周易正义》中,在《坤·文言》"犹未离其类也,故称血焉,夫玄黄者,天地之杂也,天玄而地黄"一段下对王弼注的引申和对庄氏批评王弼的反批评,在《晋·九四》疏中对王弼注的维护和对郑、陆注的批评,《毛诗正义》在《小雅·甫田》疏中反驳孙毓对郑注的批评,在《左传》隐公五年关于"羽数"的疏解中对杜预注的维护等等。以上均参看孙钦善《中国古文献史》第四章第三节所举的例子,356—383页,中华书局,1994。

当多的玄学与佛教的知识和思想,这大概很引起了学者的疑惑,也引起了政治权力的不安①,因为儒家经典毕竟是传统知识与思想世界的中心和依据,所以,既要用这种兼容南北的经典注疏方式,平息学风之间的纷争,泯灭各地学术的差异,也要用"疏不破注"的规范,使知识与思想有一个大体的边界。法国学者勒高夫在讨论欧洲中世纪经院哲学对经典的研究时指出,对经典的评注会引起讨论,而讨论有可能超出经典文本的范围,一旦这种讨论溢出了文本的范围,"诠注由一系列疑难问题所取代,经过相应的处理,'评注'转变成'研究',大学知识分子就在这一时刻产生……教师不再是注释者,而是思想家"②,可是,《五经正义》却以经过选择的注释文本扩张了经典的知识范围,又以捍卫注释文本的姿态保卫了经典的思想纯洁,其象征的潜在意味是,确认和维护汉魏以来经典的传统权威,确立汉魏以来业已扩张的知识范围,在这个被认可的知识的世界中,思想有理解与解释的自由,但是它也暗示着,知识与思想世界的中心是确定的,而边缘是有限的。

(选自葛兆光《中国思想史》第一卷)

三 《史通》

【解题】

《史通》,刘知幾撰。刘知幾(661—721),字子玄,唐代彭城(今江苏徐州)人。唐高宗永隆元年(680)进士及第,授获嘉县主簿,后调任

---

① 《宋书》、《南齐书》都没有专门的儒林传,这里以《梁书·儒林传》为例,伏曼容"善《老》、《易》……为《周易》、《毛诗》、《丧服》集解,《老》、《庄》、《论语》义";严植之"少善《庄》、《老》,能玄言,精解《丧服》、《孝经》、《论语》";太史叔明"少善《庄》、《老》,兼治《孝经》、《礼记》,其三玄尤精解";而贺玚以玄学思想解释《中庸》;著名的皇侃作《论语义疏》更以玄言杂入解释,见《梁书》卷四十八《儒林传》,662—681页。参看唐长孺《魏晋南北朝隋唐史三论》214页,武汉大学出版社,1996。

② 雅克·勒高夫(Jacques Le Goff)《中世纪的知识分子》,张弘中译本,82页,商务印书馆,1996。

定王府仓曹。武则天长安二年(702)起,先后出任著作佐郎、左史、著作郎、秘书少监诸史职,参与国史撰修,直至唐玄宗开元九年(721)死于贬所。《史通》即是其数十年钻研史学的结晶,也是中国史学史上第一部史学理论著作。

《史通》分内篇、外篇两部分,共二十卷。内篇有三十九篇,阐述史书的源流、体例和编撰方法,其中《体统》、《纰缪》、《弛张》三篇有目无文;外篇有十三篇,论述史官建置沿革和史书得失。刘知幾著述的主要目的,乃继承王充《论衡》的批判精神,纠正传统史学观念和方法谬误,故全书皆以批判的体裁,"多讥往哲,喜述前非"。上自列为经典的《尚书》、《春秋左传》,下至《史》、《汉》以下诸史,均遭其鞭辟入里地分析批判,可谓是对传统史学的一次总清算。刘知幾认为史家必须兼有"史才"、"史学"、"史识"三长,而尤以史识最为重要。他在总结以往史书的基础上,提出了许多撰修史书的原则,极富建设性。

关于《史通》的注释著作,有明代李维桢的《史通评释》、王维俭的《史通训诂》和清代黄叔琳的《史通训诂补》等。清乾隆年间刊行的浦起龙《史通通释》,较为晚出,吸收了此前的校释成果,是迄今最为通行的《史通》注本。这里所选的《鉴识》是《史通》卷七中的一篇。

鉴　识

夫人识有通塞,神有晦明,毁誉以之不同,爱憎由其各异。盖三王之受谤也,值鲁连而获申[1];五霸之擅名也,逢孔宣而见诋[2]。斯则物有恒准,而鉴无定识,欲求铨藻得中[3],其唯千载一遇乎!况史传为文,渊浩一作"源"广博,学者苟不能探赜索隐,致远钩深,乌一作"焉"足以辩其利害,明其善恶。

观左氏之书,为传之最,而时经汉、魏,竟不列于学官,儒者皆折此一家,而盛推二传[4]。夫以丘明躬为鲁史,受经仲尼,语世则并生,论才则同耻[5]。彼二家者,师孔氏之弟子,预达者之门人,才识本殊,年代又隔,安得持彼传说,比兹亲受者乎!加以二传理有乖僻,言多鄙野,方诸左氏，不可同年。故知《膏肓》、《墨守》[6]，乃腐儒之妄述；卖饼、太官[7]，诚智士之明鉴也。

注释 [1]鲁连：战国时著名的论辩之士。据《文选》曹植《与杨祖德书》："昔田巴毁五帝、罪三王、呰五霸于稷下，一旦而服千人，鲁连使终身杜口。" [2]孔宣：指孔子。《汉书·董仲舒传》："是以仲尼之门，五尺之童羞称五伯，为其先诈力而后仁谊也。苟为诈而已，故不足称于大君子之门也。" [3]铨覈：衡量、考核。 [4]二传：指《公羊传》、《穀梁传》。 [5]同耻：语出《论语·公冶长》篇："子曰：巧言令色，足恭，左丘明耻之；匿怨，左丘明耻之，丘亦耻之。" [6]《膏肓》、《墨守》：东汉今文经学家何休，治公羊之学，著有《左氏膏肓》、《公羊墨守》。 [7]卖饼、太官：分别比喻小家气派与大方之家。《三国志》裴注引鱼豢《魏略》："司隶钟繇不好《公羊》而好《左氏》，谓《左氏》为太官，而谓《公羊》为卖饼家。"

逮《史》、《汉》继作，踵武相承。王充著书，既甲班而乙马[1]；张辅持论，又劣固而优迁[2]。然此二书，虽互有修短，递闻一作"有"得失，而大抵同风，可为连类。张晏云[3]：迁殁后，亡《龟策》、《日者传》，褚先生补其所一无"所"字缺[4]，言词鄙陋，非迁本意。案迁所撰《五帝本纪》、七十列传，称虞舜见陟，遂匿空而出[5]；宣尼既殂，门人推奉有若[6]。其言之鄙，又甚于兹，安得独罪褚生，而全宗马氏也？刘轨思商榷汉史[7]，雅重班才，惟讥其本纪不列少帝，而辄编高后。案弘非刘氏[8]，而窃养汉宫。时天下无主一作"君"，吕宗称制，故借其岁月，寄以编年。而野鸡行事[9]，自具《外戚》。譬夫成为孺子，史刊摄政一作"正"之年[10]；历亡流彘，历纪共和之日[11]。而周、召二公，各世家有传。班氏式遵襄例，殊合事宜，岂谓虽濬发于巧心，反受嗤于拙目也。

注释 [1]此句原注："王充谓彪文义浃备，纪事详赡，观者以为甲，以太史公为乙也。"王充，东汉思想家，著有《论衡》。 [2]此句原注："张辅《名士优劣论》曰：'世人称司马迁、班固之才优劣，多以班为胜。余以为史迁叙三千年事，五十万言，班固叙二百年事，八十万言。烦省不敌，固之不如迁必矣。'"张辅，字世伟，西晋时人，曾任蓝田令、御史中丞、秦州刺史等职。《名士优劣论》见《艺文类聚》卷二十二。 [3]张晏：三国魏人，有《汉书注》，已佚，《史记》三家注多有引述。 [4]褚先生：指褚少孙，西汉元帝、成帝时博士，曾补司马迁《史记》亡篇。 [5]匿空:暗穴,隧道。《史记·五帝本纪》:"后瞽叟又使舜穿井,舜穿井为匿空旁出。舜既入深,瞽叟与象共下土实井,舜从匿空出,去。" [6]有若:春秋鲁人,字子有,孔子弟子。据《史记·仲尼弟子列传》,孔子死后,门人因有若貌似孔子,曾一度奉以为师。 [7]刘轨思:北齐渤海(今河北沧州)人,国子博士,精通《诗经》,《北齐书·儒林传》有传。 [8]弘非刘氏:弘,恒山王刘弘,吕后时立为帝。据《汉书·高后纪》记载,汉惠帝无子,吕后以后宫美人子为太子,惠帝驾崩后,立为少帝,因口出怨言遭幽禁,实际是吕后临朝称制。 [9]野鸡:据《汉书·高后纪》颜师古注,吕后名雉,故臣下避讳称野鸡。 [10]成为孺子,史刊摄政:周成王即位时年幼,史载由周公代理国政。 [11]厉亡流彘,历纪共和:据《史记·周本纪》记载,周厉王流亡彘地,由周公、召公二相共同执政,号曰"共和"。共和元年(前841)是中国历史有确切纪年的开始。

刘祥撰《宋书·序录》[1],历说一作"序"诸家晋史,其略云:"法盛《中兴》[2],荒庄少气[3],王隐、徐广[4],沦溺罕华[5]。"夫史之叙事也,当辩而不华,质而不俚,其文直,其事核,若斯而已可也一作"矣"。必令同文举之含异[6],等公干之有逸[7],如子云之含章[8],类长卿之飞藻[9],此乃绮扬绣合,雕章缛彩,欲称实录,其可得乎?以此诋诃,知其妄施弹射矣[10]。

夫人废兴,时也;穷达,命也。而书之为用,亦复如是。盖《尚书》古文,六一作"七"经之冠冕也,《春秋左氏》,三传之雄霸也。而自秦至晋,年逾五百,其书隐没,不行于世。既而梅氏写献[11],杜侯训释[12],然后见重一时,擅名千古。若乃《老经》撰于周日,《庄子》成于楚年,遭文、景而始传[13],值嵇、阮而方贵[14]。若斯流者,可胜纪哉!故曰:"废兴,时也;穷达,命也。"适使时无识宝,世缺知音,若《论衡》之未遇伯喈[15],《太玄》之不逢平子[16],逝将烟烬火灭,泥沈雨绝,安有殁而不朽,扬名于后世者乎!

注释 [1]刘祥:字显征,好文学,曾任南齐临川王骠骑从事中郎,《南齐书》、《南史》有传。撰有《宋书》,已佚。 [2]法盛《中兴》:南朝宋人何法盛,著有《晋中兴书》,已佚。 [3]荒庄:辞采赡富。庄,草盛貌。一作"拙"。气,文气。 [4]王隐:字处叔,两晋之际人,《晋书》有传。撰有《晋书》,已佚。徐广:字野民,东晋至宋时人,《宋书》有传。著有《晋纪》,已佚。 [5]罕华:罕,不可通。清人卢文弨《群书校补》云"罕"为"空"之讹。空华,内容空疏而文辞浮华。　　[6]文举:孔融,字文举,东汉末文学家,建安七子之一。曹丕《典论》:"今之文人,鲁国孔文举体气高妙,理不胜辞。"　　[7]公干:刘桢,字公干,东汉末文学家,建安七子之一。曹丕《与吴质书》:"公干有逸气,但未遒耳。"　　[8]子云:西汉扬雄,字子云,以辞赋知名,有《太玄》、《方言》等著作。　　[9]长卿:司马相如,字长卿,西汉蜀郡(今四川成都)人,以《子虚赋》、《上林赋》等辞赋知名。　　[10]弹射:指责,批评。　　[11]梅氏写献:东晋元帝时,豫章内史梅赜自称访得孔壁旧本《古文尚书》,进表呈献。然据后人研究考证,梅氏献本《古文尚书》当是伪作。　　[12]杜侯训释:晋杜预,字元凯,京兆杜陵人。官河南尹、度支尚书。太康元年率兵伐吴,以功封当阳县侯。博学,多谋略,自谓有"《左传》癖",著有《春秋左氏传集解》。　　[13]遭文、景而始传:指西汉文帝、景帝时,因黄老之学而流传。　　[14]值嵇、阮而方贵:指魏晋嵇康、阮籍之时,因玄学盛行而受重视。　　[15]伯喈:东汉蔡邕,字伯喈。《后汉书·王充传》李贤注引袁山松《后汉书》云:"充作《论衡》,中土未有传者,蔡邕入吴始得之,恒秘玩以为谈助。"　　[16]平子:东汉张衡,字平子。著有《太玄注》、《玄图》,又有《与崔瑗书》,盛赞扬雄《太玄》之义理。

(原文据浦起龙《史通通释》,上海古籍出版社,1978年)

【评论】

刘知幾论历史学方法

翦伯赞

《史通》一书,全部都是论述历史学方法;但其中有一部分系泛论历史学各流派,有一部分系专论纪传体各部分。故这里所谓历史学方法乃系狭义的历史学方法,即刘知幾论怎样写著历史的部分。关于怎样写著历史,刘知幾论述最详,但若总其要义,挈其宏纲,亦不外如此各点。

一　论历史学体裁

用怎样的体裁写著历史,这是历史方法论上的一个先决问题。刘知幾对于这个问题提出了崭新的见解。这就是说,他坚决地反对模拟已经废弃了的古典体裁,主张应用当时流行的体裁。他在《模拟》中说:

> 语曰:"世异则事异,事异则备异"。必以先王之道持今世之人,此韩子所著《五蠹》之篇,称宋人有"守株"之说也。世之述者,锐志于奇,喜编次古文,撰叙今事,而巍然自谓五经再生,三史重出,多见其无识者矣。

在这里,他指出历史的体裁,不是一成不变的,而是随时发展的,学者不应以古为高,妄事模拟。若必欲模拟,则其著述必不能为当代读者所接受。他在《六家》中说:"爰逮中叶,文籍大备,必翦截今文,模拟古法;事非改辙,理涉守株。故舒元(孔衍字)所撰汉、魏等书不行于代也。"又说:"君懋(王邵字)《隋书》虽欲祖述商、周,宪章虞、夏,观其所述,乃似《孔子家语》、临川《世说》,可谓画虎不成,反类犬也。故其书受嗤当代,良有以焉。"

因此,他以为如必欲模拟,亦只应师其立论命意,而不应学其形式。《模拟》曰:"夫明识之士则不然,何则?其所拟者非如图画之写真,熔铸之象物,以此而似也。其所以为似者,取其道术相会义理玄同,若斯而已。"又说:"盖貌异而心同者,模拟之上也;貌同而心异者,模拟之下也。然人皆好貌同而心异,不尚貌异而心同者,何哉?盖鉴识不明,嗜爱多僻,悦夫似史,而憎夫真史。此子张所以致讥于鲁侯,有叶公好龙之喻也。"

二　论历史学言语

体裁是历史学的形式;而言语则是历史学的本体。因为任何形式的历史学,都必须借文字来表现其内容。刘知幾在《叙事》中说:"昔夫子有云:'文胜质则史'。故知史之为务,必藉于文。"正是说明这一意义。刘知幾以为历史虽系述古人之事;但并非写给古人读的,而是写给当代之人读的。因此他反对在历史学上,应用陈死的古代言语,主张应用作者当时流行的言语。他在《言语》中说：

> 夫《三传》之说，既不袭于《尚书》；《两汉》之词，又多违于《战策》。足以验氓俗之递改，知岁时之不同。而后来作者，通无远识，记其当世口语，罕能从实而书，方复追效昔人，示其稽古。是以好丘明者，则偏模《左传》；爱子长者，则全学史公。用使周、秦言辞见于魏、晋之代；楚、汉应对行乎宋、齐之日。而伪修混沌，失彼天然。今古以之不纯，真伪由其相乱。故裴少期（松之字）讥孙盛录曹公平素之语，而全作夫差亡灭之词。虽言似《春秋》而事殊乖越者矣。

在这里，他指出言语也是随时演变的，未必古之言语，优于今之言语。所以《三传》不学《尚书》的言语，《史》、《汉》不学《战策》的词句，以今古不同，言语已变。然而自魏以前，作者多效《三史》；自晋以降，作者喜学《五经》；以为如能学像了古人的言语文字，便可以向读者证明他的典雅高古渊博，这岂不荒谬！所以刘知幾在《言语》中批判这些"拟古派"曰：

> 夫天长地久，风俗无恒，后之视今，亦犹今之视昔，而作者皆怯书今语，勇效昔言，不其惑乎！苟记言则约附《五经》，载语则依凭《三史》，是春秋之俗，战国之风，亘两仪而并存，经千载其如一，奚以今来古往质文之屡变者哉？

把近代语改装为古代语，而以写作历史，已经是今古不分，真伪相乱。而北朝诸家，又改夷语为华语，再改近代的华语为古代的华语，这就更使历史的记录，失其真实了。《言语》曰：

> 彦鸾（崔鸿）修伪国诸史，收（魏收）、弘（牛弘）撰魏、周二书，必讳彼夷音，变成华语，等杨由之听雀，如介葛之闻牛，斯亦可矣。而于其间则有妄益文彩，虚加风物，援引《诗》、《书》，宪章《史》、《汉》。遂使沮渠、乞伏儒雅比于元封；拓跋、宇文德音同于正始；华而失实，过莫大焉。

三 论历史学的编制

决定了体裁和言语,然后才能开始历史学的编制。刘知幾认为历史学的编制,最主要的是蒉裁浮词,削除繁文。他不主张在纪事体的历史中兼录言论。因为言论与事实夹杂,则叙事因之不能明断。他在《载言》中说:

《尚书》之中,言之大者也,而《春秋》靡录。此则言、事有别,断可知矣。逮左氏为书,不遵古法,言之与事,同在传中;然而言、事相兼,烦省合理……至于《史》、《汉》则不然,凡所包举,务存恢博;文辞入记,繁富为多。是以贾谊、晁错、董仲舒、东方朔等传,唯上录言,罕逢载事。夫方述一事,得其纪纲。而隔以大篇,分其次序。遂令披阅之者,有所懵然。……愚谓凡为史者,宜于表、志之外更立一书。若人主之制册、诰令,群臣之章表、移檄,收之纪传,悉入书部,题为"制册章表书"。

在这里可以看出,刘知幾之不主张言与事杂书,是因为这样的编制,遮断了叙事的连络。除此以外,他又以为史籍上所载的许多历史文件,都是虚构,不但不能说明史实,反而淆混史实。他在《载文》中列举其例。例如他说:在史籍中,常有"上出禅书,下陈让表,其间劝进殷勤,敦谕重沓,迹实用于莽、卓,言乃类于虞、夏"。又说:在史籍中,"凡有诏敕,皆责成群下,但使朝多文士,国富辞人,肆其笔端,何事不录。是以每发玺诰,下纶言,申恻隐之渥恩,叙忧勤之至意。其君虽有反道败德,唯顽与暴。观其政令,则辛、癸不如;读其诏诰,则勋、华再出"。又说:"夫谈主上之圣明,则君尽三五;述宰相之英伟,则人皆二八。国止方隅,而言并吞六合;福不盈眦,而称感致百灵。虽人事屡改,而文理无易,故善之与恶,其说不殊。"这些都是"徒有其文,竟无其事。"若以这类虚伪的历史文件,载之史籍,则"行之于世,则上下相蒙;传之于后,则示人不信。而世之作者恒不之察,聚彼虚说,编而次之。创自起居,成于国史,连章疏录,一字无废。"像这样的历史,已经"非复史书,更成文集"了。所以刘知幾在结论上说：

> 凡今之为史而载文也，苟能拨浮华，采真实，亦可使夫雕虫小技者闻义而知徙矣。

四　论历史学的标题

编制的规律既定，这就要轮到题目了。刘知幾以为假如书的内容具体，题目便是这个体的名称，因此，题目必须能概括书的内容。他在《题目》中曰："夫名以定体，为实之宾。苟失其途，有乖至理。"但是他以为历来的史学家往往对于标题一点，有些名不副实。

他说照一般的习惯，在史书中，"其编年月者谓之纪，列纪传者谓之书，取顺于时，斯为最也"。但是"吕（不韦）、陆（贾）二氏，名著一书，唯次篇章，不系明月，此乃子书杂记，而皆号曰'春秋'。鱼豢、姚察著魏、梁二史，巨细毕载，芜累尤多，而俱榜之以'略'。考名责实，奚其爽欤！"

又如篇章之标题，亦须与其内容相合。但是"如司马迁撰《皇后传》，而以'外戚'命章。案'外戚'凭'皇后'以得名，犹'宗室'因'天子'而显称，若编'皇后'而曰'外戚传'，则书天子而曰'宗室纪'可乎？班固撰'人表'以'古今'为目。录其所载也，皆自秦而往，非汉之事，古诚有之，今则安在？"这些都是题不对文。

此外，刘知幾以为题目的用处，在于提示内容，故其为体，以简明为要。如列传标题，人少者具出姓名，如《伯夷传》。人多者，唯书姓氏，如《老庄申韩列传》。又人多而姓氏相同者，则结定其数，如"二袁"、"四张""二公孙"传。但是到范晔，便于题目中全录姓名，其附出的人物，亦以细字列其名于主题之下。降至魏收，则更为琐碎。"其有魏世邻国，编于《魏史》者，于其人姓名之上，又列之以邦域，申之以职官。"这些既已详述于传内，又重标于篇首，大失标题的本意了。

五　论历史学的断限

断限，就是划分阶段的意思。但刘知幾所谓断限，是指断代而言。

刘知幾以为既断代为史,则在断代史中只应记其所断之代,史实不应超越这个朝代的界限。但是他以为后之作者,并未严守纪律。例如班固《汉书》,是断西汉以为史,而"表志所录,乃尽牺年"。又如"《宋史》则上括魏朝,《隋书》则仰苞梁代"。又如"汉之董卓,犹秦之赵高。昔车令之诛,既不列于《汉》史,何太师之毙,遂独刊于《魏书》乎?"臧洪、陶谦、刘虞、孙(公孙)瓒生于季末,不关曹氏,何"汉曲所具,而魏册仍编?"此外,如"沈录金行,上羁刘主;魏刊水运,下列高王。唯蜀与齐,各有国史,越次而载,孰曰攸宜?"以上所举,他认为都是断代不清。

至于"夷狄本系,种落所兴。北貊起自'淳维',南蛮出于'槃瓠',高句丽以鳖桥获济,吐谷浑因马斗徙居。诸如此说,求之历代,何书不有?而作之者,曾不知前撰已著,后修宜辍。遂乃百世相传,一字无改",这些,他认为都是侵官离局,越俎代庖。

总之,刘知幾所谓断限,其意即如系一代之史,则非本代之事不书;如系一国之史,则非本国之事不书。

六　论历史学的叙事

写著历史的方法,最主要的,就是叙事。刘知幾论叙事之要有三,即简要、隐晦与确实。而最反对者,则为因习。

他在《叙事》说:"国史之美者,以叙事为工;而叙事之工者,以简要为主。"但他所谓简要,并不是略去史实,而是削去繁复。因为自昔以降,史籍之文,日趋繁缛。"作者芜音累句,云蒸泉涌。其为文也,大抵编字不只,捶句皆双,修短取均,奇偶相配。故应以一言蔽之者,辄足为二言,应以三句成文者,必分为四句。弥漫重沓,不知所裁。"文体既如此繁缛,而叙事又多重复。例如刘知幾举出叙事之体有四:有直纪其才行者,有唯书其事迹者,有因言语而可知者,有假赞论而自见者。此四种方法,用其一,即可畅叙事理;但后来作者往往四者并用,床上架床。所以刘知幾首先提出简要的原则,正是对症下药。

刘知幾以为叙事不仅要工,而且要美。历来史籍,叙事之美者,以

《春秋》为最,而《春秋》叙事之美,则在于"微婉其辞,隐晦其说。"① 因为这样,文章便有言外之意。所以刘知幾以为叙事之要,其次就是隐晦。他在《叙事》中说:

> 章句之言,有显有晦。显也者,繁词缛说,理尽于篇中;晦也者,省字约文,事溢于句外。然则晦之将显,优劣不同,较可知矣。夫能略小存大,举重明轻,一言而巨细咸该,片语而洪纤靡漏,此皆用晦之道也。……夫"经"以数字包义,而"传"以一句成言,虽繁约有殊而隐晦无异。……(其纪事也)皆言近而旨远,辞浅而义深。虽发语已殚,而含义未尽。使夫读者望表而知里,扪毛而辨骨,睹一事于句中,反三隅于字外。晦之时义,不亦大哉!

叙事之要,尤在于真切。然而后来作者,多以古事比于近事,古人比于近人。设喻不当,遂使史实失其真切。刘知幾在《叙事》中曾列举此类例子。如云:"论逆臣,则呼为问鼎;称巨寇,则目以长鲸。邦国初基,皆云草昧;帝王兆迹,必号龙飞。"又云:魏收《代史》,"称刘氏纳贡,则曰来献百牢";吴均《齐录》,"叙元日临轩,必云'朝会万国'。"又云:"裴景仁《秦记》,称苻坚方食,抚盘而诟;王劭《齐志》,述洛干感恩,脱帽而谢。及彦鸾(崔鸿)撰以新史,重规(李百药)删其旧录,乃易'抚盘'以'推案',变'脱帽'为'免冠'。夫近世通无案食,胡俗不施冠冕。直以事不类古,改从雅言,欲令学者何以考时俗之不同,察古今之有异?"诸如此类,不胜枚举。

刘知幾以为叙事之病,莫大于因俗前史之文。它在《因习》中曰:"史书者,记事之言耳。夫事有贸迁,而言无变革,此所谓胶柱而调瑟,刻船以求剑也。"他又列举实例以证明因习之弊。例如他说:

> 《史记·陈涉世家》,称"其子孙至今血食"。《汉书》复有《涉传》,乃具载迁文。案迁之言今,实孝武之世也;固之言今,当孝明之世也;事出百年,语同一理。即如是,岂陈氏苗裔,祚流东京

---

① 《史通·惑经》。

者乎!

又如他说:

> 韦、耿谋诛曹武,钦、诞问罪马文(司马昭),而魏、晋史臣书之曰贼,此乃迫于当世,难以直言。至如荀济、元瑾,兰摧于孝靖之末,王谦、尉迥,玉折于宇文之季,而李(百药)刊《齐史》,颜(师古)述《隋篇》,时无逼畏,事须矫枉;而皆仍旧不改,谓数君为叛逆。书事如此,褒贬何施?

七 论历史学上的书法

书法和纪事不同。纪事是叙述史实的原委;而书法则是历史家对史实的褒贬。历史家执行褒贬之法甚多,但要而言之,则不外直书与曲笔。直书者,即以明文严词,直斥权贵;曲笔者,即饰非文过,取媚当道。即因如此,所以自古以来,直书的史学家,多遭刑戮,如齐史之书崔弑,司马迁之述汉非,韦昭仗正于吴朝,崔浩犯讳于北魏,或身膏斧钺,取笑当时;或书填坑窖,无闻后世。反之,曲笔阿时之徒,则功名富贵,忝然偷生。虽然,历史学的任务,是在于明是非,别善恶,贤贤贱不肖,所以刘知幾还是主张直笔。他在《直书》中说:

> 盖烈士徇名,壮夫重气。宁为兰摧玉折,不作瓦砾长存。若南、董之仗气直书,不避强御;韦、崔之肆情奋笔,无所阿容。虽周身之防,有所不足;而遗芳余烈,人到于今称之。与夫王沈《魏书》,假回邪以窃位;董统《燕史》,持诌媚以偷荣。贯三光而洞九泉,曾未足喻其高下也。同时他对于那些曲笔之徒,则大致贬词。

《曲笔》中曰:

> 其有舞词弄札,饰非文过,若王隐、虞预,毁辱相凌;子野、休文,释纷相谢。用舍由乎臆说,威福行乎笔端。斯乃作者之丑行,人伦所同疾也。亦有事每凭虚,词多乌有。或假人之美,籍为私

惠；或诬人之恶，持报己仇。若王沈《魏录》，滥述贬甄之诏；陆机《晋史》，虚张拒葛之锋。班固受金而始书，陈寿借米而方传，此又记言之奸贼，载笔之凶人，虽肆诸市朝，投畀豺虎可也。

以上所述，乃刘知幾论历史学方法之大要。这诚如他自己所云："其为网罗者密矣，其所商略者远矣。"从这里我们可以看出，刘知幾论史体，则反对模拟经传，主张应用近体；论言语，则反对宪章虞夏，主张应用今文；论编制，则反对繁文缛词，主张言、事异篇；论叙事，则反对因袭陈说，主张简要隐晦；论命题，则反对题不对文，主张名实相符；论断限，则反对越俎代庖，主张不录前代；论书法，则反对曲笔阿时，主张仗义直书。这些见解，都是很正确的，特别是反对模拟古典的体裁和古典的言语，一直到我们的今日，还有教育作用。因为一直到现在，还有人企图用古典的文字，来掩盖自己的浅薄。惟其中有一点是值得商量的，即言与事异篇。诚然把长篇大论的文章插入叙事之中，的确会打断读者对史实的观察之联系；但是有些文词，往往与史实不能分开，而且甚至就是史实的构成部分，如项羽的乌江自刎之歌，即其一例。因此，我以为短文而必要者，仍然要插在叙事之内；长文而次要者，则记于注内，以备参考。如此则言与事，各得其所。

（选自翦伯赞《史料与史学·论刘知幾的历史学》）

四 《日知录》

【解题】

顾炎武（1613—1682），字宁人，号亭林，江苏昆山人。早年曾参与抗清活动，后长期隐姓埋名，遍历华北诸地，并致力于著述。为学尚实，博极古今，于诸经群史、历代典章、河漕兵农、天文舆地、艺文掌故、音韵训诂无所不究。顾炎武与黄宗羲、王夫之并称明末清初"三大家"，且被梁启超誉为清学开山。主要著作有《天下郡国利病书》、《肇域志》、

《音学五书》、《日知录》、《顾亭林诗文集》等。其中《日知录》积三十余年读书治学之心得,自言"平生之志与业皆在其中"。

《日知录》书名出自《论语·子张篇》"日知其所亡,月无忘其所能,可谓好学也已矣",是顾炎武"稽古有得,随时札记,久而类次成书"的笔记形式著作。顾炎武曾形象地把撰写此书比作"采铜于山",表明崇尚实学的取向。自言撰写《日知录》,"意在拨乱涤污,法古用夏,启多闻于来学,待一治于后王","有王者起,将以见诸行事,以跻斯世于治古之隆"。由此可见,《日知录》实际寄托着作者的经世思想。《日知录》条目多达千余条,长短不拘,内容宏富,贯通古今。顾炎武本人将该书内容概括为经术、治道、博闻三类,其弟子潘耒则划为经义、史学、官方、吏治、财赋、典礼、舆地、艺文八类,《四库全书总目》又分作经义、政事、世风、礼制、科举、艺文、古义、古事真妄、史法、注书、杂事、兵及外国事、天象术数、地理、杂考证十五类。

顾炎武生前,《日知录》只有康熙九年在江苏淮安刊刻的八卷本行世,世称符山堂本。顾炎武去世后,潘耒获得书稿,整理为三十二卷本,康熙三十四年在福建建阳刊刻,世称遂初堂本。道光初年,黄汝成依据潘耒整理本,吸收阎若璩、钱大昕等人的校勘成果,纂为《日知录集释》,成为比较流行的版本。

两汉风俗

汉自孝武表章六经之后,师儒虽盛,而大义未明,故新莽居摄[1],颂德献符者遍于天下[2]。光武有鉴于此,故尊崇节义,敦厉名实,所举用者莫非经明行修之人[3],而风俗为之一变。至其末造[4],朝政昏浊,国事日非,而党锢之流[5],独行之辈,依仁蹈义,舍命不渝,风雨如晦,鸡鸣不已。三代以下,风俗之美,无尚于东京者[6]。故范晔之论[7],以为桓、灵之间,君道秕僻[8],朝纲日陵,国隙屡启,自中智以下,靡不审其崩离,而权强之臣息其窥盗之谋,豪俊之夫屈于鄙生之议。所以倾而未颓,决而未溃,皆仁人君子心力之为[9]。可谓知言者矣。使后代之主,循而弗革,即流风至今,亦何不可?

而孟德既有冀州[10],崇奖跅弛之士[11]。观其下令再三[12],至于求负污辱之名,见笑之行,不仁不孝,而有治国用兵之术者。于是权诈迭进,奸逆萌生。故董昭太和之疏[13],已谓当今年少不复以学问为本,专更以交游为业;国士不以孝悌清修为首,乃以趋势求利为先。至正始之际[14],而一二浮诞之徒,骋其智识,蔑周、孔之书,习老、庄之教,风俗又为之一变。夫以经术之治,节义之防,光武、明、章数世为之而未足;毁方败常之俗,孟德一人变之而有余。后之人君,将树之风声,纳之轨物,以善俗而作人,不可不察乎此矣。

光武躬行俭约,以化臣下。讲论经义,常至夜分。一时功臣如邓禹[15],有子十三人,各使守一艺,闺门修整,可为世法。贵戚如樊重[16],三世共财,子孙朝夕礼敬,常若公家。以故东汉之世,虽人才之俶傥不及西京,而士风家法似有过于前代。

东京之末,节义衰而文章盛,自蔡邕始[17]。其仕董卓,无守;卓死惊叹,无识。观其集中,滥作碑颂,则平日之为人可知矣。以其文采富而交游多,故后人为立佳传。嗟乎!士君子处衰季之朝,常以负一世之名,而转移天下之风气者,视伯喈之为人,其戒之哉!

注释 [1]新莽居摄:王莽代汉,自立国号为"新"。 [2]献符:指报告呈献预示帝王受命的征兆。 [3]经明行修:经学博通,德行美善。 [4]末造:末世,指朝代末期。 [5]党锢之流:指东汉桓帝、灵帝期间党锢事件中的清流之士。事见《后汉书·党锢传》。 [6]东京:东汉建都洛阳,与西京长安对称东京,此处代指东汉。 [7]范晔之论:范晔《后汉书·儒林传·论》。 [8]秕僻:比喻政事和教化的不善。 [9]"倾而"句:语出《后汉书·左雄传·论》。颓,《左雄传·论》作"颠"。 [10]孟德:曹操字孟德。 [11]跅弛:放荡不守规矩。 [12]下令再三:曹操于东汉建安十五年春、十九年十二月、二十二年八月发布三道求才令,宣称不论品行,唯才是举。 [13]董昭:三国时期曹魏重要的谋臣。太和之疏,见《三国志·魏书》卷十四《董昭传》。 [14]正始:曹魏齐王曹芳年号。正始时期,何晏、王弼为代表的名士倡导清谈玄学。 [15]邓禹:字仲华,东汉南阳新野(今河南新野)人。东汉中兴名将,位居"云台二十八将"之首。 [16]樊重:字君云,东汉南阳湖阳(今河南唐河)人。光武帝刘秀外祖父,东汉初追封寿张敬侯。 [17]蔡邕:字伯喈,东汉陈留(今属河南开封)人。灵帝时官拜郎中,有文采,熹平年间,与杨赐等刊定经书文字,立碑于太学门外,史称"熹平石经"。

(原文据黄汝成《日知录集释》卷十三,岳麓书社,1994 年)

【评论】

顾亭林(节选)

梁启超

　　清儒的学问,若在学术史上还有相当价值,那么,经学就是他们惟一的生命。清儒的经学,和汉儒宋儒都根本不同,是否算得一种好学问,另为一问题。他们这一学派学问,也离不了进化原则,经一百多年才渐渐完成。但讲到"筚路蓝缕"之功,不能不推顾亭林为第一。顾亭林说:"古今安得别有所谓理学者!经学即理学也。自有舍经学以言理学者,而邪说以起。"又说:"今日只当著书,不当讲学。"他这两段话,对于晚明学风,表出堂堂正正的革命态度,影响于此后二百年思想界者极大。所以论清学开山之祖,舍亭林没有第二个人。

　　亭林初名绛,国变后改名炎武,字曰宁人,学者称为亭林先生。江苏昆山人。生明万历四十一年,卒清康熙二十一年,年70(1613—1682)。他是一位世家子弟——江南有名的富户。他承祖父命出继堂叔为子。他的母亲王氏,16 岁未婚守节,抚育他成人。他相貌丑怪,瞳子中白而边黑;性情耿介,不谐于俗,唯与同里归玄恭庄为友,时有归奇顾怪之目。① 他少年便留心经世之学,最喜欢抄书。遍览二十一史,明代十三朝实录,天下图经,前辈文编说部,以至公移邸抄之类,有关于民生利害者,分类录出,帝推互证。著《天下郡国利病书》,未成而国难作。清师下江南,亭林纠合同志起义兵守吴江。失败后,他的朋友死了好几位,他幸而逃脱。他母亲自从昆山城破之日起绝粒二十七日而死,

---

① 归玄恭,明亡后屡次起义。晚年筑土室于丛冢间,与妻偕隐,自署门联云:"妻太聪明夫太怪,人何寥落鬼何多。"

遗命不许他事满洲。他本来是一位血性男子，受了母亲这场最后热烈激刺的教训，越发把全生涯的方向决定了。① 他初时只把母亲浅殡，立意要等北京恢复，崇祯帝奉安后，才举行葬礼。过了两年，觉得这种希望很杳茫，勉强把母先葬。然而这一段隐痛，永久藏在他心坎中，终身不能忘却。他后来弃家远游，到老不肯过一天安逸日子，就是为此。他葬母之后，隆武帝（唐王）在福建，遥授他职方司主事。他本要奔赴行在，但因为道路阻隔，去不成。他看定了东南的悍将惰卒，不足集事，且民气柔脆，地利亦不宜于进取，于是决计北游，想通观形势，阴结豪杰，以图光复。曾五谒孝陵（明太祖陵在南京），六谒思陵（明怀宗陵在直隶昌平）。其时他的家早已破了，但他善于理财，故一生羁旅，曾无困乏。每到一地，他为有注意价值者，便在那里垦田。垦好了，交给朋友或门生经理，他又往别处去。江北之淮安，山东之章丘，山西雁门之北、五台之东，都有他垦田遗迹。② 可见他绝对的不是一位书呆子，他所提倡穷经致用之学，并非纸上空谈。若论他生平志事，本来不是求田问舍的人。原有的家产尚且弃而不顾，他到处经营这些事业，弄些钱做什么用外？我们试想一想。他下半世的生涯，大半消磨在旅行中。他旅行，照例用两匹马换着骑，两匹骡驮带应用书籍。到一险要地方，便找些老兵退卒，问长问短，倘或和平日所闻不合，便就近到茶房里打开书对勘。到晚年，乃定居陕西之华阴，他说："秦人慕经学，重处士，持清议，实他邦所少。而华阴绾毂关河之口，虽足不出户，而能见天下之人，闻天下之事。一旦有警，入山守险，不过十里之遥。若志在四方，则一出关门，亦有建瓴之势"。可见他即住居一地，亦非漫无意义。他虽南人，下半世却全送在北方，到死也不肯回家。他本是性情极厚、守礼极严的君子。他父母坟墓，忍著几十年不祭扫。夫人死了，也只临风一哭。为何举动反常到如此田地？这个哑谜，只好让天下万世有心人胡猜罢了。他北

---

① 《亭林余集》里头有一篇《王硕人行状》，读之便可知亭林受他母亲影响到怎么程度。
② 相传山西票号由亭林创办。一切组织规则，皆其手定，后人率循之，遂成为二百余年金融中心。此事不见前贤所作传，未知确否。

游以前,曾有家中世仆,受里豪唆使,告他"通海"(当时与鲁王、唐王通者,谓之通海)。他亲自把那仆人抓住投下海去,因此闹一场大官司,几乎送命。康熙三年,他在京,山东忽然闹什么文字狱,牵连到他。他立刻亲到济南对簿,入狱半年。这是他一生经过的险难。比起黄梨洲,也算平稳多了。康熙十七年开博学鸿儒科,都中阔人,相争要罗致他。他令他的门生宣言:"刀绳具在,无速我死"。次年开明史馆,总裁叶方蔼又要特荐他。他给叶信说:"七十老翁何所求?正欠一死。若必相逼,则以身殉之矣。"清廷诸人,因此再不敢惹他。他的外甥徐乾学、徐元文,少时由他抚养提拔。后来他们做了阔官,要迎养他南归,他无论如何都不肯。他生平制行极严。有一次徐乾学兄弟请他吃饭,入坐不久,便起还寓。乾学等请终席张灯送归,他作色道:"世间唯有淫奔、纳贿二者皆于夜行之,岂有正人君子而夜行者乎?"其方正类如此。

我生平最敬慕亭林先生为人,想用一篇短传传写他的面影,自愧才力薄弱,写不出来。但我深信他不但是经师,而且是人师。我以为现代青年,很应该用点功夫,多参阅些资料,以看出他的全人格。有志于是者,请读全谢山《鲒埼亭集·亭林先生神道碑铭》,《亭林文集》中卷三《与叶讱庵书》、《答原一、公肃两甥书》,卷四《与人书》十余篇,又《与潘次耕书》,《亭林余集》《王硕人行状》、《答潘次耕书》等篇。若更要详细一点,请读张石洲的《亭林先生年谱》。

亭林学术大纲,略见于他所作《与友人论学书》(《文集》卷三),其文曰:

……窃叹夫百余年以来之学者,往往言心言性,而茫乎不得其解也。命与仁,孔子之所罕言也;性与天道,子贡之所未得闻也;性命之理,著之《易传》,未尝数以语人。其答问士也,则曰"行已有耻"。其为学,则曰"好古敏求"。其与门弟子言,举尧舜相传所谓危微精一之说一切不道,而但曰"允执其中,四海困穷,天禄永终"。呜呼!圣人之所以为学者,何其平易而可循也。……今之君子则不然,聚宾客门人之学者数十百人,"譬诸草木,区以别矣",而一皆与之言心言性。舍多学而识以求一贯之方,置四海之因穷不言,而终日讲危微精一,是必其道之高于孔子,而其门弟子之贤于子贡也,我弗敢知也。《孟子》一书,言心言性,亦谆谆矣。乃至万章、公孙丑、陈代、陈臻、周霄、彭更之所问,与孟子之所答者,常在乎出处去就辞受取与之间。以伊尹之元圣,尧舜其君其民之盛德大功,而其本乃在乎千驷一介之不视不取。伯夷、伊尹之不同于孔子也,而其同者则以"行一不义、杀一不辜而得天下不为"。是故性也命也,孔子之所罕言,而今之君子之所恒言也。出处去就辞受取与之辨,孔子、孟子之所恒言,而今之君子所罕言也……我弗敢知也。愚所谓圣人之道者如之何?曰"博学于文",曰"行己有耻"。自一身以至于天下国家,皆学之事也;自子臣弟友以至于出入往来辞受取与之间,皆有耻之事也。耻之于人大矣!不耻恶衣恶食,而耻匹夫匹妇之不被其泽。……呜呼!士而不先言耻,则为无本之人;非好古而多闻,则为空虚之学。以无本之人而讲空虚之学,吾见其日从事于圣人而去之弥远也。……

亭林学术之最大特色,在反对向内的主观的学问,而提倡向外的客观的学问。

要之清初大师,如夏峰、梨洲、二曲辈,纯为明学余波。如船山、舜水辈虽有反明学的倾向,而未有所新建设,或所建设未能影响社会。亭林一面指斥纯主观的王学不足为学问,一面指点出客观方面许多学问途径来。于是学界空气一变,二三百年间跟着他所带的路走去。亭林在清代学术史所以有特殊地位者在此。

亭林所标"行己有耻,博学于文"两语,一是做人的方法,一是做学问的方法。做人为什么专标"行己有耻"呢?因为宋明以来学者,动辄教人以明心见性,超凡入圣。及其末流,许多人滥唱高调,自欺欺人,而行检之间,反荡然无忌惮。晚明政治混浊,满人入关,从风而靡,皆由于此。亭林深痛之,所以说:

> 古之疑众者行伪而坚,今之疑众者行伪而脆。(《文集》卷四《与人书》)

亭林以为人格不立，便讲一切学问都成废话，怎样才能保持人格？他以为，最忌的是圆滑，最要的是方严。

……

总而言之，亭林是教人坚起极坚强的意志抵抗恶社会。其下手方法，尤在用严正的规律来规律自己，最低限度，要个人不至与流俗同化；进一步，还要用个人心力改造社会。我们试读亭林著作，这种精神，几于无处不流露。他一生行谊，又实在能把这种理想人格实现。所以他的说话，虽没有什么精微玄妙，但那种独往独来的精神，能令几百年后后生小子如我辈者，尚且"顽夫廉，懦夫有立志"。

亭林教人做学问，专标"博学于文"一语。所谓"文"者，非辞章之谓。"文"之本训，指木之纹理，故凡事物之条理亦皆谓之文。古书"文"字皆作此解。亭林说：

> 自身而至于家国天下，制之为度数，发之为音容，莫非文也。品节斯，斯之谓礼。（《日知录》卷七《博学于文》条）

亭林专标"博学于文"，其目的在反对宋明学者以谈心说性为学。他解释《论语》道："夫子之文章，无非夫子之言性与天道，"故曰"吾无隐乎尔，吾无行而不与二三子者。"（《日知录》卷七《夫子之言性与天道》条）其意以为，所谓人生哲学（性），所谓宇宙原理（天道），都散寄于事物条理（文章）之中。我们做学问，最要紧是用客观工夫，讲求事物条理，愈详博愈好，这便是"博学于文"。若厌他琐碎，嫌他粗浅，而专用主观的冥想去求"性与天道"，那却失之远了。他说："昔之清谈谈老庄，今之清谈谈孔孟。……不考百王之典，不综当代之务……以明心见性之空言，代修己治人之实学。"（同上）正指此辈。

然则他自己博学于文的方法怎么样呢？他虽没有详细指授我们，我们可以从他的传记和著述中约略看出些来。

书籍自然是学问主要的资料。亭林之好读书，盖其天性。潘次耕《日知录序》说："先生精力绝人，无他嗜好，自少至老，未尝一日废书。"据他自己说，11岁便读《资治通鉴》（《文集》卷二《抄书自序》）。他纂辑

《天下郡国利病书》,从崇祯己卯起,凡阅书一千余部(《文集》卷六《肇域志序》)。崇祯己卯,他年才26耳,其少年之用力如此。潘次耕请刻《日知录》,他说:要"以临终绝笔为定。"(《文集》卷四《与次耕书》)其老年之用力如此。他说:"生平所见之友,以穷以老而遂至于衰颓者什居七八。赤豹……复书曰:'老则息矣,能无倦哉!'此言非也。""君子之学,死而后已。"(《文集》卷四《与人书六》)大概亭林自少至老,真无一日不在读书中。他旅行的时候极多,所计划事情尤不少,却并不因此废学。这种剧而不乱,老而不衰的精神,实在是他学问大成的主要条件。

亭林读书,并非专读古书。他最注意当时的记录,又不徒向书籍中讨生活,而最重实地调查。潘次耕说:"先生足迹半天下,所至交其贤豪长者,考其山川风俗疾苦利病,如指诸掌。"(《日知录序》)全谢山说:"先生所至呼老兵逃卒,询其曲折,或与平日所闻不合,则即坊肆中发书而对勘之。"(《亭林先生神道碑铭》)可见亭林是最尊实验的人。试细读《日知录》中论制度论风俗各条,便可以看出他许多资料,非专从纸片上可得。就这一点论,后来的古典考证家,只算学得"半个亭林"罢了。

亭林所以能在清代学术界占最要位置,第一,在他做学问的方法,给后人许多模范;第二,在他所做学问的种类,替后人开出路来。

其做学问的方法,第一要看他搜集资料何等精勤。亭林是绝顶聪明人,谅来谁也要承认。但他做工夫却再笨没有了。他从小受祖父之教,说"著书不如抄书"(《文集》卷二《抄书自序》)。他毕生学问,都从抄书入手。换一方面看,也可说他"以抄书为著书"。如《天下郡国利病书》、《肇域志》,全属抄撮未经泐定者,无论矣。① 若《日知录》,实他生平最得意之作。我们试留心细读,则发表他自己见解者,其实不过十之二三,抄录别人的话最少居十之七八。故可以说他主要的工作,在抄而不在著。(《肇域志》自序云:先取《一统志》,后取各省府州县志,后取二十一史,参互书中,凡阅书一千余部。本行不尽,则注之旁行;旁行不尽,则别为一集,曰

---

① 《天下郡国利病书》自序云:历览二十一史,以及天下郡县志书,一代名公文集,及章卷文册之类。有得即录,共成四十余帙。

备录。)

有人问:"这样做学问法,不是很容易吗?谁又不会抄?"哈哈!不然,不然。有人问他《日知录》又成几卷,他答道:

> 尝谓今人纂辑之书,正如今人之铸钱。古人采铜于山,今人则买旧钱名之曰废铜以充铸而已。所铸之钱既已粗恶,而又将古人传世之宝舂剉碎散,不存于后,岂不两失之乎?承问《日知录》又成几卷,盖期之以废铜。而某自别来一载,早夜诵读,反复寻究,仅得十余条,然庶几采山之铜也。(《文集》卷四《与人书十》)

你说《日知录》这样的书容易做吗?他一年工夫才做得十几条。我们根据这种事实,可以知道,不独著书难,即抄也不容易了。须知凡用客观方法研究学问的人,最要紧是先彻底了解一事件之真相,然后下判断。能否得真相,全视所凭藉之资料如何。资料,从量的方面看,要求丰备;从质的方面看,要求确实。所以资料之搜罗和别择,实占全工作十分之七八。明白这个意思,便可以懂得亭林所谓采山之铜与铜之分别何如。他这段话对于治学方法之如何重要,也可以领会了。

亭林的《日知录》,后人多拿来比黄乐发的《黄氏日抄》和王厚斋的《困学纪闻》。从表面看来,体例像是差不多,细按他的内容,却有大不同处。东发、厚斋之书,多半是单词片义的随手札记。《日知录》不然,每一条大率皆合数条或数十条之随手札记而始能成,非经过一番"长编"工夫,决不能得有定稿。试观卷九宗室、藩镇、宦官各条,卷十苏松二府田赋之重条,卷十一黄金、银、铜各条,卷十二财用、俸禄、官树各条,卷二十八押字、邸报、酒禁、赌博各条,卷二十九骑、驿、海师、少林僧兵、徒戎各条,卷三十古今神祠条,卷三十一长城条,则他每撰成一条,事前要多少准备工夫,可以想见。所以每年仅能成十数条,即为此。不然,《日知录》每条短者数十字,最长亦不过一二千字,何至旬月才得一条呢?不但此也,《日知录》各条多相衔接,含有意义。例如卷十三周末风俗、秦纪会稽山刻石、两汉风俗、正始、宋世风俗、清议、名教、廉耻、流品、重厚、耿介、乡愿之十二条,实前后照应,共明一义,剪裁组织,煞费苦心。其他各卷各条,类此者也不少。所以我觉得,拿阎百诗的《潜丘札记》,和《黄氏日抄》、《困学纪闻》相比,还有点像。顾亭林的《日知录》,却与他们都不像。他们的随手札记,性质属于原料或粗制品,最多可以比绵纱或纺线。亭林精心结撰的《日知录》,确是一种精制品,是篝灯底下纤纤女手亲织出来的布。亭林作品的价值全在此。后来王伯申的《经传释词》、《经义述闻》,陈兰甫的《东塾读书记》都是模仿这种工作。这种工作正是科学研究之第一步,无论做何种学问都该用他。

亭林对于著述家的道德问题,极为注意。他说:"凡作书者莫病乎其以前人之书改窜为自作也。"(《文集》卷二《抄书自序》)又说:"晋以下人,则有以他人之书而窃为己作者,郭象《庄子注》,何法盛《晋中兴书》之类是也。若有明一代之人,其所著书,无非窃盗而已。"(《日知录》卷十八《窃书》条)又说:"今代之人,但有薄行而无隽才,不能通作者之义,其盗窃所成之书,必不如元本,名为'钝贼'何辞。"(同上)他论著述的品格,谓"必古人所未及就,后世之所必不可无者,而后为之"(《日知录》卷十九《著书之难》条)。他做《日知录》成书后常常勘改,"或古人先我而有者,则削之"(《日知录·自序》)。然则虽自己所发明而与前人暗合者尚且不屑存,何况剽窃!学者必须有此志气,才配说创造哩。自亭林极力提倡此义,遂成为清代学者重要之信条,"偷书贼"不复能存立于学者社会中,于学风所关非细。

大学者有必要之态度二:一曰精慎,二曰虚心。亭林著作最能表现这种精神。他说:"著述之家,最不利乎以未定之书传之于人。"(《文集》卷四《与潘次耕书》)又说:"古人书如司马温公《资治通鉴》,马贵与《文献通考》,皆以一生精力为之。……后人之书,愈多而愈舛漏,愈速而愈不传。所以然者,视成书太易而急于求名也。"(《日知录》卷十九《著书之难》条)潘次耕请刻《日知录》,他说要再待十年。其初刻《日知录·自序》云:"旧刻此八卷,历今六七年。老而益进,始悔向日学之不博,见之不卓。……渐次增改,……而犹未敢自以为定。……盖天下之理无穷,而君子之志于道也,不成章不达。故昔日之所得,不足以为矜;后日之所成，不容以自限。"（《文集》卷二）我常想，一个人要怎样才能老而不衰？觉得自己学问已经成就，那便衰了。常常看出"今是昨非"，便常常和初进学校的青年一样。亭林说："人之为学，不可自小，又不可自大。……自小，少也；自大，亦少也。"（《日知录》卷七《自视欿然》条）他的《日知录》，阎百诗驳正若干条，他一见便欣然采纳（见赵执信所作阎墓志）。他的《音学五书》，经张力臣改正一二百处（见《文集》卷四《与潘次耕书》）。他说："时人之言，亦不敢没君子之谦也，然后可以进于学。"（《日知录》卷二十《述古》条）这种态度，真永远可为学者模范了。

亭林的著述，若论专精完整，自然比不上后人。若论方面之多，气象规模之大，则乾嘉诸老，恐无人能出其右。要而论之，清代许多学术，都由亭林发其端，而后人衍其绪。今列举其所著书目而择其重要者稍下解释如下：

《日知录》三十二卷，是他生平最得意的著作。他说：

> 平生之志与业，皆在其中。（《文集》卷三《与友人论门人书》）

又说：

> 有王者起，将以见诸行事，以跻斯世于治古之隆，而未敢为今人道也。（《文集》卷四《与人书二十五》）

又说：

> 意在拨乱涤污，法古用夏，启多闻于来学，待一治于后王。（《文集》卷六《与杨雪臣书》）

读这些话，可以知道他著书宗旨了。《四库总目提要》叙列这部书的内容："前七卷皆论经义，八卷至十二卷皆论政事，十三卷论世风，十四、十五卷论礼制，十六、十七卷论科举，十八至二十一卷论艺文，二十二至二十四卷论名义，二十五卷论古事真妄，二十六卷论史法，二十七卷论注书，二十八卷论杂事，二十九卷论兵及外国事，三十卷论天象术数，三十一卷论地理，三十二卷杂考证。"大抵亭林所有学问心得，都在这书中见其梗概。每门类所说的话，都给后人开分科研究的途径。

《天下郡国利病书》一百卷，《肇域志》一百卷，这两部书都是少作。《利病书》自序云："……乱后多有散佚，亦或增补。而其书本不曾先定义例，又多往代之言，地势民风，与今不尽合，年老善忘，不能一一刊正。……"《肇域志》自序亦略同，据此知并非成书了。但这两部书愿力宏伟，规模博大。后来治掌故学、地理学者，多感受他的精神。

《音学五书》三十八卷。这书以五部组织而成：一、《古音表》三卷，二、《易音》三卷，三、《诗本音》十卷，四、《唐韵正》二十卷，五、《音论》三卷。他自己对于这部书很满意，说道：某自五十以后，于音学深有所得，为《五书》以续三百篇以来久绝之传。（《文集》卷四《与人书二十五》）清儒多嗜音韵学，而且研究成绩极优良，大半由亭林提倡出来。

《金石文字记》六卷。亭林笃嗜金石，所至搜辑碑版，写其文字，以成此书。他对于金石文例，也常常论及。清代金石学大昌，亦亭林为嚆矢。

此外著述，尚有《五经同异》三卷，《左传杜解补正》三卷，《九经误字》一卷，《五经考》一卷，《求古录》一卷，《韵补正》一卷，《二十一史年表》十卷，《历代宅京记》二十卷，《十九陵图志》六卷，《万岁山考》一卷，《昌平山水记》二卷，《岱岳记》八卷，《北平古今记》十卷，《建康古今记》十卷，《营平二州史事》六卷，《官田始末考》一卷，《京东考古录》一卷，《山东考古录》一卷，《顾氏谱系考》一卷，《谲觚》一卷，《菲录》十五卷，《救文格论》、《诗律蒙告》、《下学指南》各一卷，《当务书》六卷，《菰中随笔》三卷，《文集》六卷，《诗集》五卷。其书或存或佚今不具注。但观其目，可以见其影响于后此学术界者如何矣。

要之，亭林在清学界之特别位置，一在开学风，排斥理气性命之玄谈，专从客观方面研察事务条理。二曰开治学方法，如勤搜资料，综合研究，如参验耳目闻见以求实证，如力戒雷同剿说，如虚心改订不护前失之类皆是。三曰开学术门类，如参证经训史迹，如讲求音韵，如说述地理，如研精金石之类皆是。独有生平最注意的经世致用之学，后来因政治环境所压迫，竟没有传人。他的精神，一直到晚清才渐渐复活。至于他的感化力所以能历久常新者，不徒在其学术之渊粹，而尤在其人格之崇峻。我深盼研究亭林的人,勿将这一点轻轻看过。

(选自梁启超《中国近三百年学术史》六《清代经学之建设》)

五 《文史通义》

【题解】

　　章学诚(1738—1801),字实斋,号少岩,浙江会稽(今浙江绍兴)人。乾隆四十三年(1778)进士及第,此后历主定州定武、肥乡清漳、保定莲池、归德文正诸书院讲席,纂修和州、永清、亳州等地方志。晚年入湖广总督毕沅幕,参与《续资治通鉴》纂修,并主修《湖北通志》。章氏著有《文史通义》、《校雠通义》,另有《史籍考》成书情况不明。《文史通义》是继刘知幾《史通》之后,中国史学史上又一部史学理论巨著。章氏自云:"郑樵有史识而未有史学,曾巩具史学而不具史法,刘知幾得史法而不得史意,此余《文史通义》所为作也。"(《和州志隅·自叙》)其书以明道为旨归,但认为道并非蹈空,而是著于政教典章,形于人伦日用。所谓儒家经典,都是三代盛时专官专守的掌故,关乎当代的典章政教,并无垂言立教之意,故"六经皆史"。章氏据此观念,较为系统地论述了史书编纂的问题,在刘知幾的史才、史学、史识之外,提出"史德"之说,并强调文德、文理的重要性。他还结合自身实践,把方志编纂作为专门的学问,并进行理论的阐述。

　　章氏撰写《文史通义》,大约起始于乾隆三十七年(1772),但迫于生计,碌碌奔波,只陆续写出一些单篇论文,直至嘉庆六年(1801)去世,尚未纂集成书。临终前数月,章氏将所著文稿委托友人王宗炎代为校定。道光十二年(1832),章氏次子华绂鉴于王宗炎所定目录遗漏尚多,且与章氏原编篇次互异,遂在开封重新编定刊行,称"大梁本"。1922年,吴兴嘉业堂主人刘承干依据王氏所定目录,搜罗增补,刊行《章氏遗书》五十卷。1985年,文物出版社又增补出版,成为迄今搜罗章氏著作最全的版本,称"遗书本"。"遗书本"《文史通义》共九卷,包括内篇和外篇两部分,内篇六卷,外篇三卷。这里所选的是内篇《原学》。

原　学

古人之学,不遗事物,盖亦治教未分,官师合一,而后为之较易也。司徒敷五教[1],典乐教胄子[2],以及三代之学校,皆见于制度。彼时从事于学者,入而申其占毕[3],出而即见政教典章之行事,是以学皆信而有征,而非空言相为授受也。然而其知易入,其行难副,则从古已然矣。尧之斥共工也,则曰:"静言庸违[4]。"夫静而能言,则非不学者也。试之于事而有违,则与效法于成象者异矣。傅说之启高宗也[5],则曰:"非知之艰,行之惟艰[6]。"高宗旧学于甘盘[7],久劳于外,岂不学者哉?未试于事,则恐行之而未孚也。又曰:"人求多闻,时惟建事,学于古训乃有获[8]。"说虽出于古文[9],其言要必有所受也。夫求多闻而实之以建事,则所谓学古训者,非徒诵说,亦可见矣。夫治教一而官师未分,求知易而实行已难矣,何况官师分,而学者所肄皆为前人陈迹哉!

注释　[1]司徒敷五教:今本《虞书·舜典》:"帝曰:契!百姓不亲,五品不逊,汝作司徒,敬敷五教,在宽。"《国语》韦昭注:"五教,父义、母慈、兄友、弟恭、子孝也。"　[2]典乐教胄子:《虞书·舜典》:"帝曰:夔!命汝典乐。教胄子,直而温,宽而栗,刚而无虐,简而无傲。诗言志,歌咏言,声依永,律和声,八音克谐,无相夺伦,神人以和。"　[3]申其占毕《礼记·学记》:"今之教者,呻其佔毕,多其讯。"郑玄注:"呻,吟也。佔,视也。简谓之毕。讯,犹问也。言今之师自不晓经之义,但吟诵其视简之文,多其难问也。"　[4]静言庸违:语出《尚书·尧典》,蔡传:"共工,官名。静言庸违者,静则能言,用则违背也。"　[5]傅说:殷商高宗之贤相。高宗,名武丁。《尚书·序》:"高宗梦得说,使百工营求诸野,得诸傅岩,作《说命》三篇。"　[6]非知之艰,行之惟艰:语出伪古文《尚书·商书·说命中》。　[7]甘盘:古文《尚书》伪孔传:"甘盘,殷贤臣有道德者。"　[8]"人求"句:语出伪古文《尚书·商书·说命下》。　[9]说虽出于古文:今文《尚书》二十八篇无《说命》。

夫子曰:"学而不思则罔,思而不学则殆[1]。"又曰:"吾尝终日不食,终夜不寝,以思,无益,不如学也[2]。"夫思,亦学者之事也,而别思于学,若谓思不可以言学者,盖谓必习于事而后可以言学,此则夫子诲人知行合一之道也。诸子百家之言,起于徒思而不学也,是以其旨皆有所承禀而不能无敝耳。刘歆所谓某家者流,其源出于古者某官之掌,其流而为某家之学,其失而为某事之敝[3]。夫某官之掌,即先王之典章法度也。流为某家之学,则官守失传,而各以思之所至,自为流别也。失为某事之敝,则极思而未习于事,虽持之有故,言之成理,而不能知其行之有病也。是以三代之隆,学出于一,所谓学者,皆言人之功力也。统言之,十年曰幼学[4],是也。析言之,则十三学乐,二十学礼[5],是也。国家因人功力之名而名其制度,则曰乡学、国学[6],学则三代共之,是也。未有以学属乎人,而区为品诣之名者[7]。官师分而诸子百家之言起,于是学始因人品诣以名矣,所谓某甲之学,某乙家之学是也。学因人而异名,学斯舛矣。是非行之过而至于此也,出于思之过也。故夫子言学思偏废之弊,即继之曰:"攻乎异端,斯害也已[8]。"夫异端之起,皆思之过,而不习于事者也。

注释 [1]"学而"句:语出《论语·为政》。 [2]"吾尝"句:语出《论语·卫灵公》。 [3]"刘歆"句:刘歆,字子骏,通《诗》、《书》,善属文。汉成帝时为黄门侍郎,受诏与父亲刘向领校秘书。哀帝即位,迁光禄大夫,卒父前业,集六艺群书,著录为《七略》。班固著《汉书》,即本《七略》作《艺文志》。此数语乃约取《汉书·艺文志·诸子略》之文。 [4]幼学:《礼记·曲礼上》:"人生十年曰幼学。" [5]十三学乐,二十学礼:《礼记·内则》:"十有三年,学乐,诵《诗》,舞勺,成童舞象,学射御。二十而冠,始学礼。" [6]乡学、国学:《孟子·滕文公上》:"设为庠序学校以教之。庠者,养也。校者,教也。序者,射也。夏曰校,殷曰序,周曰庠。学则三代共之,皆所以明人伦也。"朱熹注:"庠以养老为义,校以教民为义,序以习射为义,皆乡学也。学,国学也。" [7]品诣:指品类。 [8]"攻乎"句:语出《论语·为政》篇。

(原文据叶瑛《文史通义校注》,中华书局,1985年)

【评论】

《文史通义》编著的过程和著作目的

仓修良

(1)《文史通义》编著经过

《文史通义》是章学诚对史学贡献最大的著作。他在三十岁以前，已有著述此书的愿望。乾隆三十一年(1766年)，就曾表示"尝以二十一家义例不纯，体要多舛，故欲遍察其中得失利病，约为科律，作书数篇，讨论笔削大旨，而闻见寥寥，邈然无成书之期，况又牵以时文，迫以生徒课业，未识竟得偿志否也"(《章氏遗书》卷二十二《与族孙汝楠论学书》)。他真正有意识地撰写此书，实始于乾隆三十七年。他在《候国子司业朱春浦先生书》中写道："出都以来，颇事著述。斟酌艺林，作为《文史通义》，书虽未成，大指已见辛楣先生候牍所录内篇三首，并以附呈。先生试察其言，必将有以得其所自。"(《章氏遗书》卷二十二)他是前一年十月十八日跟随朱筠离开京师，十一月二十八日到达太平使院。十二月二十六日同游采石矶，当然作文时间自然不多，而给朱春浦的那封信则是写于乾隆三十七年的秋冬间。根据上述情况，可以断定《文史通义》的撰写始于他离开京师的后一年，即他三十五岁那年。他写好以后，曾抄寄三篇给钱大昕。这从他给钱大昕的信中也得到印证："学诚从事于文史校雠，盖将有所发明。然辩论之间，颇乖时人好恶，故不欲多为人知。所上敝帚，乞勿为外人道也。"(《章氏遗书》卷二十九《上钱辛楣宫詹书》)后来因为生活不安定，无法集中精力进行编写，只有利用课诵之余。严格地说，全书直到逝世尚未写完，像《浙东学术》一篇，则成于逝世前一年，而很重要的《圆通》、《春秋》等篇，是早有计划，终未撰成。由此可见，该书撰述几乎历三十年之久。

(2)《文史通义》著作的目的

《文史通义》的著作目的，据章学诚本人所说，归纳起来，不外有如下几点：

第一，阐明史学的意义，进一步发扬史学的"义"——"史意"。这是他撰述《文史通义》最重要的目的，也是他进行史学研究和史学评论的根本出发点。他说："吾于史学，盖有天授，自信发凡起例，多为后世开山，而人乃拟吾于刘知幾。不知刘言史法，吾言史意；刘议馆局纂修，吾议一家著述；截然两途，不相入也。"（《文史通义》外篇三《家书》二）他认为"史所贵者义也"，因此，"史家著述之道，岂可不求义意所归乎"？（《文史通义》内篇四《申郑》）然而长期以来，却很少为人所注意，在他看来，"郑樵有史识而未有史学，曾巩具史学而不具史法，刘知幾得史法而不得史意。此予《文史通义》所为作也"（《章氏遗书》外编卷十六《和州志·志隅自叙》）。发明史意，实际上就是阐明历史的重要作用，从理论上来论述历史的教育作用。他以为史学所担负的使命是重大的，"天地间大节大义，纲常赖以扶持，世教赖以撑柱"（大梁本《文史通义》外篇三《答甄秀才论修志第一书》）。所以他要求史家"作史贵知其意，非同于掌故，仅求事文之末"，此乃"史氏之宗旨"（《文史通义》内篇四《言公》上）。他还列举《春秋》为例，来说明史意的重要。他说："孔子作《春秋》，盖曰其事则齐桓晋文，其文则史，其义则孔子自谓有取乎尔。"（《申郑》）他劝导史家若有志于《春秋》之业者，"固将惟义之求，其事其文所以藉为存义之资也"（《言公》上）。因此，他的《文史通义》主要是抒发史学的意义，论述史学的作用。他同刘知幾虽然同样论史，并都以史学理论而称著，但评论重点则各不相同，"名曰同条共贯，实则分道扬镳"（萧穆：《敬孚类稿》卷五《跋文史通义》）。

第二，为著作之林校雠得失。他在《与陈鉴亭论学》书中说明自己著作宗旨时，曾直接提出"《文史通义》，专为著作之林校雠得失"。他说："前在湖北见史余村，言及先后所著文字，则怪《原道》诸篇与《通义》他篇不类，其意亦谓宋人习气，不见鲜新；及儿子回家，则云同志诸君皆似不以为可；乃知都门知己俱有此论，足下谕篇卷末，尚为姑恕之辞耳。道无不该，治方术者各以所见为至。古人著《原道》者三家：淮南托于空蒙，刘勰专言文指，韩昌黎氏特为佛老塞源，皆足以发明立言之本；鄙著宗旨，则与三家又殊。《文史通义》，专为著作之林校雠得失；著作本乎学问，而近人所谓学问，则以《尔雅》名物，六书训故，谓足尽经世之大业，虽以周程义理，韩欧文辞，不难一哄置之。其稍通方者，则分考订、义理、文辞为三家，而谓各有其所长；不知此皆道中之一事耳，著述纷纷，出主入奴，正坐此也。鄙著《原道》之作，盖为三家之分畛域设也；篇名为前人叠见之余，其所发明，实从古未凿之窦，诸君似见题袭前人，遂觉文如常习耳。"（《文史通义》外篇三）这是他回答友人对《文史通义》有些篇章不明其著述宗旨时所说的话。因为对于《原道》诸篇，就连自己得意门生史余村以及许多好友也不明其为何而作，其他人可想而知。因此有必要将著作宗旨予以说明，以消除误解。关于这点，他曾有过多次说明。如在《与严冬友侍读》书中说："日月倏忽，得过日多，检点前后，识力颇进，而记诵益衰。思敛精神为校雠之学，上探班刘，溯源官礼，下该《雕龙》《史通》，甄别名实，品藻流别，为《文史通义》一书，草创未多，颇用自赏。"（《章氏遗书》卷二十九）又在《与孙渊如观察论学十规》中说："鄙人所业，文史校雠，文史之争义例，校雠之辨源流，与执事所为考覈疏证之文，途辙虽异，作用颇同，皆不能不驳正古人，譬如官御史者不能无弹劾，官刑曹者不能不执法，天性于此见优，亦我辈之不幸耳。古人差谬，我辈既已明知，岂容为讳！但期于明道，非争胜气也。……鄙人于文史自马班而下，校雠自中垒父子而下，凡所攻刺，古人未有能解免者，虽云不得不然，然人心不平，后世必将阳弃而阴用其言，则亦听之无可如何而已。……今请于辨证文字，但明其理而不必过责其人，且于称谓之间，稍存严敬，是亦足以平人之心，且我辈立言，道固当如是耳。"（《文史通义》补遗续）这里他一方面说明了他的著述宗旨，另一方面还说明了自己的做法，"期于明道，非争胜气"，因此对于前人著作一般"但辨其理，未尝指斥其人"。

第三，"盖将有所发明"。章学诚不是为了校雠而校雠，在驳正前非以后，还要树立自己见解。他在三十五岁那年给钱大昕的那封信中就已表示"学诚从事于文史校雠，盖将有所发明"。他在史学上贵著述成家，不取方圆求备，学术研究上贵创造发明，反对依傍门户。他认为

"史学义例,校雠心法,则皆前人从未言及"(《文史通义》外篇三《家书》二),因而他自己立志于"文史之争义例,校雠之辨源流"。他在《文史通义》中确实为史学理论提出了不少可贵的见解,发前人所未发。他曾大言不讳地说过:"平日持论关文史者,不言则已,言出于口,便如天造地设之不可摇动。"(《章氏遗书》补遗《又答朱少白书》)。还说:"拙撰《文史通义》,中间议论开辟,实有不得已而发挥,为千古史学辟其蓁芜。"(《文史通义》外篇三《与汪龙庄书》)"吾于史学,盖有天授,自信发凡起例,多为后世开山"。这些豪言壮语,都表明他在著作上不愿死守陈规。

第四,评论当时的学风流弊,世教民俗。他在六十二岁那年《上尹楚珍阁学书》中的几句话,可以说是这一思想的全面概述。书中云:"学诚……读书著文,耻为无实空言,所述《通义》,虽以文史标题,而于世教民彝,人心风俗,未尝不三致意,往往推演古今,窃附诗人义焉。"(《章氏遗书》卷二十九)对于当时学风、文风之不正,《文史通义》中确实均有专篇进行评论。他所以要写《砭俗》篇,自云是"因世俗拘文体为优劣,而不察文之优劣,并不在体貌推求,故撰《砭俗》之篇,欲人略文而求实也"(《章氏遗书》补遗《答朱少白》)。《原道》篇之发表,是"为三家之分畛域设也"。在宋学、汉学之争激烈进行的时候,他发表了《言公》、《说林》诸篇,他说这些"十余年前旧稿,今急取订正付刊,非市文也,盖以颓风日甚,学者相与离跂攘臂于桎梏之间,纷争门户,势将不可已也",他希望自己文章的发表,"或于风俗人心不无小补"。他还说:"鄙著《通义》之书,诸知己者许其可与论文,不知中多有为之言,不尽为文史计者,关于身世有所枨触,发愤而笔于书。"(《文史通义》补遗续《又与朱少白》)

第五,与当时人在学术上论战。他在《与胡雒君》书中说:"又区区之长,颇优于史,未尝不受师友之益,而历聘志局,频遭目不识丁之流横加弹射,亦必备录其言,反复辨正,此则虽为《文史通义》有所藉以发明,而屡曹坎坷,不能忘情。"(《文史通义》外篇三)如《答客问》(《文史通义》内篇四)、《记与戴东原论修志》(大梁本《文史通义》外篇三)等都属这一类。

从上述可以看出,《文史通义》一书评论的内容是相当广泛的,但中心都是围绕着文史校雠。有人不了解这点,对章学诚横加指责,说他专门骂人,这实际上是一种误解。章学诚所从事的职业是文史校雠,既然如此,他对著作之林得失加以校雠,是他的职责。既搞文史评论,对于文体史裁上出现的问题不加评论,不去"甄名别实",自然就是失职。他认为"古人差谬,我辈既已明知,岂容为讳!但期于明道,非争胜气也"。况且他的做法又是"但辨其理,未尝指斥其人"。不仅如此,他还希望别人于"辨证文字",亦能"但明其理,而不必过责其人"。直到晚年,他还说"所著《文史通义》,弹劾古人,执法甚严"(《章氏遗书》卷二十九《论文示贻选》)。他在生前,已深知此种文字,"颇乖时人之好恶",会遭到后人的指责。就如刘知幾,"其卓识不磨,史家阴用其法;其论锋可畏,故人多阳毁其书"(《与孙渊如观察论学十规》)。所以他说:"校雠攻辨之书,如病之有药石,如官之有纠弹,皆为人所患苦者也。然欲起痼疾而儆官邪,则良医直吏,不惮人之患苦而必有以期于当也;疾愈而医者酬,奸摘而弹者赏。惟校雠攻辨之书,洞析幽渺,摧陷廓清,非有绝人之姿,百倍攻苦之力,不能以庶几也;其有功古人而光于后学,不特拯一人之疾,劾一官之邪而已也,而人多不甚悦之;则以气之凌厉,义之精严,不肯稍有假借,虽为前人救偏,往往中后人之隐病,故悦之者鲜也。"(《文史通义》外篇二《唐书纠谬书后》)他到了晚年,对自己所作论文非常注意,"深畏以此等文字结成仇雠"(《章氏遗书》补遗《又答朱少白书》),对于所作"涉世文字,尝自检点,不敢轻訾于人,犹恐不自省察,为人隐恨"(《章氏遗书》卷二十九《论文示贻选》)。他早年所作之文,过于偏激,锋芒毕露的也并不少,这一点他自己也承认,在《与孙渊如观察论学十规》一文中自己曾作小注云:"鄙著亦染此病(指偏激),特未如尊著之甚耳,今已已知悔,多所删改。"在晚年的许多回忆中,常常自我悔恨,并教导晚辈引以为戒。

(选自仓修良《章学诚和〈文史通义〉》)

第六单元　文学编

一　《文心雕龙》

【题解】

《文心雕龙》,南朝梁代刘勰撰,成书于南齐末年。刘勰(约465—约521),字彦和,祖籍东莞莒县(今属山东),世居京口(今江苏镇江),幼年丧父,笃志好学,因家贫而无力结婚,依当时著名的和尚僧祐过活。在寺院生活的十余年时间里,他阅读了大量的佛经、儒经和文学作品,为以后写作《文心雕龙》打下了坚实的基础。37岁左右,他在完成《文心雕龙》的写作后,开始出世求官,以奉朝请起家,先后为临川王萧宏、南康王萧绩的记室,兼任昭明太子萧统东宫通事舍人,故又称刘舍人。

《文心雕龙》十卷,五十篇,上篇二十五篇为总论和文体论,下篇二十五篇为创作论与批评论。关于全书的内容和结构安排,刘勰在《文心雕龙·序志》作了明确说明:"盖文心之作也,本乎道,师乎圣,体乎经,酌乎纬,变乎骚,文之枢纽,亦云极矣;若乃论文叙笔,则囿别区分,原始以表末,释名以章义,选文以定篇,敷理以举统,上篇以上,纲领明矣。至于剖情析采,笼圈条贯,摛神性,图风势,苞会通,阅声字,崇替于时序,褒贬于才略,怊怅于知音,耿介于程器,长怀序志,以驭群篇,下篇以下,毛目显矣。"从第一篇《原道》到第五篇《辨骚》是全书的总论,即刘勰说的"文之枢纽"。作者首先提出"文原于道"的原则,其次说明写作必须学习儒家经典,再次指出"纬书"不可信,最后论述文学作品的代表——骚体。从第六篇《明诗》到第二十五篇《书记》为文体论,即所谓"论文叙笔"。作者分别讨论诗、乐府、赋等三十五种文体,论述的原则是:"原始以表末,释名以章义,选文以定篇,敷理以举统",即叙其源流,明其含义,选举范文,总结规律。从第二十六篇《神思》到第四十九篇《程器》为创作批评论,即所谓"剖情析采"。在下篇里,作者深入地分析了有关创作和批评的重要问题,系统地提出了自己关于这两方面的理论,是全书中最主要的部分。最后一篇《序志》是全书的序或跋,说明这部书的名称、写作动机、基本内容、对过去一些文论的意见以及对后代读者的期望等等。刘勰所以要写这部书,一方面因为他重视文学的作用,深信文学作品可以阐明儒学,有益政教;另一方面也因为当时文坛轻艳浮华之风盛行,形式主义泛滥,他要在书中纠正这种不良的创作倾向。

《文心雕龙》在中国文论史上影响深远,历代研究者层出不穷,成果众多。其中文本注释方面,清代黄叔琳注和纪昀评的《文心雕龙辑注》、今人范文澜的《文心雕龙注》、刘永济的《文心雕龙校释》最流行;字句校勘方面,杨明照的《文心雕龙校注拾遗》、王利器的《文心雕龙校证》最重要;理论研究方面,近人黄侃的《文心雕龙札记》、今人王元化的《文心雕龙创作论》、牟世金的《文心雕龙研究》最著名。研读者可根据需要,选择参看。

神　思[1]

古人云:"形在江海之上,心存魏阙之下。"神思之谓也[2]。文之思也,其神远矣[3]。故寂然凝虑,思接千载;悄焉动容,视通万里[4];吟咏之间,吐纳珠玉之声;眉睫之前,卷舒风云之色;其思理之致乎[5]。故思理为妙,神与物游[6]。神居胸臆,而志气统其关键;物沿耳目,而辞令管其枢机[7]。枢机方通,则物无隐貌;关键将塞,则神有遁心[8]。是以陶钧文思,贵在虚静,疏瀹五藏,澡雪精神[9];积学以储宝,酌理以富才,研阅以穷照,驯致以怿辞[10]。然后使玄解之宰,寻声律而定墨;独照之匠,窥意象而运斤[11];此盖驭文之首术,谋篇之大端。夫神思方运,万涂竞萌,规矩虚位,刻镂无形[12]。登山则情满于山,观海则意溢于海,我才之多少,将与风云而并驱矣。方其搦翰,气倍辞前,暨乎篇成,半折心始[13]。何则?意翻空而易奇,言征实而难巧也[14]。是以意授于思,言授于意;密则无际,疏则千里[15];或理在方寸而求之域表,或义在咫尺而思隔山河[16]。是以秉心养术,无务苦虑,含章司契,不必劳情也[17]。

人之禀才,迟速异分,文之制体,大小殊功[18]:相如含笔而腐毫[19],扬雄辍翰而惊梦[20],桓谭疾感于苦思[21],王充气竭于思虑[22],张衡研京以十年[23],左思练都以一纪[24],虽有巨文,亦思之缓也。淮南崇朝而赋骚[25],枚皋应诏而成赋[26],子建援牍如口诵[27],仲宣举笔似宿构[28],阮瑀据案而制书[29],祢衡当食而草奏[30],虽有短篇,亦思之速也。若夫骏发之士,心总要术,敏在虑前,应机立断;覃思之人,情饶歧路,鉴在疑后,研虑方定[31]。机敏故造次而成功,虑疑故愈久而致绩。难易虽殊,并资博练[32]。若学浅而空迟,才疏而徒速,以斯成器,未之前闻。是以临篇缀虑,必有二患:理郁者苦贫,辞溺者伤乱[33]。然则博见为馈贫之粮,贯一为拯乱之药,博而能一,亦有助乎心力矣[34]。

若情数诡杂,体变迁贸[35],拙辞或孕于巧义,庸事或萌于新意[36];视布于麻,虽云未费,杼轴献功,焕然乃珍[37]。至于思表纤旨,文外曲致,言所不追,笔固知止[38]。至精而后阐其妙,至变而后通其数[39],伊挚不能言鼎,轮扁不能语斤[40],其微矣乎!

赞曰[41]:神用象通,情变所孕[42]。物以貌求,心以理应[43]。刻镂声律,萌芽比兴[44]。结虑司契,垂帷制胜[45]。

注释 [1]刘勰将《神思》列于创作论之首,作为统摄整个创作论的总纲,《神思》简要地概括了创作过程的主要内容,创作论其他各篇则进一步补充、发挥《神思》中提出的主要观点。例如:"情数诡杂,体变迁贸","预示下篇将论体性";"物以貌求,心以理应"是对《物色》的概括;"刻镂声律,萌芽比兴"是对《声律》、《比兴》的概括;而"陶钧文思,贵在虚静"可"与《养气篇》参看"。 [2]"形在"二句:语见《庄子·让王》。目前关于"神思"含义的理解有好几种不同的意见,如想象说、艺术构思说和形象思维说,从《神思》全篇的内容来看,"神思"的含义可理解为创作中的精神思维活动,即创作思维活动。宗炳《画山水序》:"圣贤映于绝代,万趣融其神思。" [3]神：指精神思维活动。 [4]"寂然凝虑"四句：集中精神，以静涵动，拓展时空活动范围。《易传·系辞上》："寂然不动，感而遂通天下之故。"悄：静。容：表情。 [5]"吟咏"二句：作家吟咏构思之际，耳边回荡着清脆美妙之音。吐纳：发出。"眉睫"二句：作家思绪展开之时，眼前充斥着万象风云之色。思理：构思活动。致：导致。 [6]神与物游：指主体的情感、想象与客体外物结合在一起的精神活动特点。 [7]"神居胸臆"二句：志气是统领精神活动的力量。《孟子·公孙丑》："夫志，气之帅也；气，体之充也。""物沿耳目"二句：语言是传达内在意象的关键。《易传·系辞上》："言行，君子之枢机，枢机之发，荣辱之主也。"枢机：关键、要害。 [8]枢机：指辞令。关键：指志气。 [9]陶钧：制作陶器的转轮，这里借指构思活动。虚静：指一种"用志不分，乃凝于神"（《庄子·达生》）的精神状态。"疏瀹"二句：疏通五脏，净化心灵。《庄子·知北游》："汝斋戒，疏瀹而心，澡雪而精神。"疏瀹(yuè)：疏通。藏，通"脏"。澡雪：洗涤。 [10]"积学以储宝"四句：要求作家平时注意知识的积累，认真研读他人的文章，学习他人的技巧，锻炼自己的才能，懂得根据表达对象的特点和情致来安排、组织文辞，有了这样的技巧能力，才能保证表达活动顺畅进行。 [11]"玄解"二句：深通奥理的心灵凭借创作规律来布局谋篇。玄解之宰：深通奥理的主宰，指作家的心灵。声律：这里引申为写作技巧和创作规律。"独照"二句：独具匠心的作家根据意象特点来摛文敷采。独照之匠：与"玄解之宰"互文。运斤：使用斧子，语本《庄子·徐无鬼》："匠石运斤成风。"与上句"定墨"相对。 [12]"神思方运"四句：是说构思活动中，形象、意蕴的生成是一个由虚空到丰满、由无序到有序、由模糊到清晰、由杂乱到稳定的过程。陆机《文赋》"课虚无以责有，叩寂寞而求音"与此义近。万涂：思绪繁杂。规矩：画圆形和方形的器具，这里指规划、经营。虚位：尚未明确和成熟的意念、思绪。刻镂：刻画。无形：尚未成形的意象。 [13]搦(nuò)翰：持笔。气倍辞前：下笔写作之前，信心十足。半折心始：作品完成后，仅有当初构思内容的一半。 [14]意翻空而易奇：构思想象之类的精神活动自由活跃，容易显出奇妙的境界。言征实而难巧：语言传达这样的写作活动具体实在，很难达到精巧的程度。 [15]"意授于思"四句：意蕴来自构思，语言源于意蕴传达的需要。思、意、言三者结合得好，就"密则无际"；结合得不好，则"疏则千里"。 [16]方寸：心。域表：疆界之外，指遥远的地方。咫(zhǐ)尺：很近的地方。咫，八寸。[17]秉心养术：以虚静之心涵养文术。秉，操持。含章司契：通过掌握规则表现事物的美。含章：表现美。章，文采。司契：掌握规则。司，掌握。契，指规则。

[18]禀才:禀赋才能。分(fèn):本分。制体:文章的体裁。功:功效。　　[19]相如:司马相如,字长卿,西汉著名辞赋家。腐:烂。毫:指毛笔头子。《汉书·枚皋传》:"司马相如善为文而迟,故所作少而善于皋。"　　[20]扬雄:字子云,西汉著名辞赋家。辍(chuò)翰:放下手中的笔。桓谭《新论·祛蔽》记载:扬雄曾说成帝时,"诏令作赋,为之卒暴,思虑精苦,赋成,遂困倦小卧,梦其五脏出在地,以手收而内之"(见《全后汉文》卷十四)。　　[21]桓谭:字君山,东汉著名学者。疾感于苦思:因用思太过而得病。《新论·祛蔽》:"余少时见扬子云之丽文高论,不自量年少新进,而猥欲逮及。尝激一事而作小赋。用精思太剧,而立感动发病,弥日瘳。"　　[22]王充:字仲任,东汉著名思想家。气竭:志力衰耗。《后汉书·王充传》:"(王充)乃闭门潜思,绝庆吊之礼,户牖墙壁,各置刀笔,著《论衡》八十五篇,二十余万言。年渐七十,志力衰耗,乃造《养性书》十六篇,裁节嗜欲,颐神自守。"　　[23]张衡:字平子,东汉著名文学家、科学家。研京:精心写作《二京赋》。《后汉书·张衡传》:"时天下承平日久,自王侯以下,莫不逾侈。衡乃拟班固《两都》,作《二京赋》,因以讽谏,精思傅会,十年乃成。"　　[24]左思:字太冲,西晋文学家。练都:推敲、构思《三都赋》。一纪:十二年。《文选·三都赋序》李善注引臧荣绪《晋书》曰:"左思……少博览文史,欲作《三都赋》,乃诣著作郎张载访岷邛之事。遂构思十稔,门庭藩溷,皆著纸笔,遇得一句,即疏之。……赋成,张华见而咨嗟,都邑豪贵,竞相传写。"　　[25]淮南:指淮南王刘安,西汉思想家、文学家。崇朝:一个早晨。崇,终。赋骚:指刘安所作《离骚赋》,现已失传。荀悦《汉纪·孝武皇帝纪》:"初,安(刘安)朝,上使作《离骚赋》,旦受诏,食时毕。"高诱《淮南子·叙目》:"孝文皇帝甚重之(指刘安),诏使为《离骚赋》,自旦受诏,日早食已(完成)。上爱而秘之。"　　[26]枚皋(gāo):西汉辞赋家。《汉书·枚皋传》:"上有所感,辄使赋之。为文疾,受诏辄成,故所赋者多。"　　[27]子建:曹植的字,魏国文学家,曾封临淄侯。牍(dú):写字用的木片,这里指纸。杨修《答临淄侯笺》:"又尝亲自执事,握牍持笔,有所造作,若成诵在心,借书于手,曾不斯须少留思虑。"　　[28]仲宣:王粲的字,魏国文学家,被刘勰誉为"七子之冠冕"(《文心雕龙·才略》)。宿构:预先写好。《三国志·魏书·王粲传》说王粲:"善属文,举笔便成,无所改定,时人常以为宿构。"　　[29]阮瑀(yǔ):字元瑜,"建安七子"之一。案,当作"鞍"。《三国志·魏书·王粲传》注引《典略》曰:"太祖(曹操)尝使瑀作书与韩遂。时太祖适近出,瑀随从,因于马上具草,书成呈之。太祖揽笔欲有所定,而竟不能增损。"　　[30]祢(mí)衡:字正平,汉魏间作家。《后汉书·祢衡传》记载:祢衡参加黄射的宴会,席

间有人献鹦鹉,黄射邀祢衡赋之"以娱嘉宾",祢衡"揽笔而作,文无加点,辞采甚丽"。又曰:"刘表尝与诸文人共草章奏,并极其才思",祢衡则将其章奏扔在地上,拿起笔立即草拟了一份"辞义可观"的章奏。"当食而草奏",合此二事以言之。　　[31]骏发:文思敏捷,指构思时间短,即上文"思之速也"。骏,速。心总要术:心中掌握写作要领。总,掌握、统领。覃(tán)思:深思,指构思时间长,即上文"思之缓也"。情饶歧路:性情丰富,思绪纷繁。饶,多。歧,岔。　　[32]造次:瞬间,指不经意而成。致绩:成功。博练:多方面训练,亦指上文"积学"、"酌理"、"研阅"、"驯致"四个方面。　　[33]临篇缀虑:创作构思。缀,联结。理郁:思理不畅。郁,郁结。贫:内容贫乏。辞溺(nì):辞采泛滥。溺,过度。乱:形式杂乱。　　[34]博而能一:"博"指博见、博练,它能解决理郁苦贫之患;"一"指贯一、有序,它是解决辞溺文乱的良药。"一"在中国古代文化中不仅具有形而上的哲学意义,即把"一"作为宇宙的起始、万物的根源,如老庄哲学中所谓的"一",而且还具有形而下的艺术意义,即把"一"当做和谐有序的整体,如石涛的"一画"论。诚如徐复观所说:"老庄的所谓'一',若把它从形上的意义落实下来,则只是'和'的极至。和即是谐和、统一,这是艺术最基本的性格。"(见《中国艺术精神》,58页,春风文艺出版社,1987年)心力:指"神思"活动能力。　　[35]"情数"二句:情思活动微妙难测,文体风貌变化多端。诡杂:幽眇复杂。迁贸:变动不居。　　[36]"拙辞"二句:拙劣的文辞有时蕴涵着精彩的思想,平庸的事例有时会萌发出新颖的意义。陆机《文赋》"或袭故而弥新,或沿浊而更清"与此义近。　　[37]"视布于麻"四句:是说艺术修饰问题,修饰能使"拙辞"现出"巧义"、"庸事"发出"新意",使"布"比"麻"更光彩,就是使艺术作品高于现实生活,进入艺术美的殿堂。纪评一语道破:"补出刊改乃工一层……神思之理,乃括尽无余。"(见《文心雕龙辑注》,274—275页,中华书局,1957年)未费:织麻为布,其质未变。费,耗损,指质地、性质的变化。杼(zhù)轴:织机,这里指修饰、加工。　　[38]"思表"四句:谓神思活动中难以言表的意蕴奥旨。表:外。纤:细。曲致:曲折微妙的情致。　　[39]"至精"二句:通晓精微的道理才能阐释其奥妙,穷尽万般的变化方可掌握其技巧。数:方法、技巧。

[40]伊挚:伊尹,名挚,商汤的臣子。《吕氏春秋·本味》记载,伊尹对商汤说至味:"鼎中之变,精妙微纤,口弗能言,志不能喻。"轮扁:古代斲轮的工匠,名扁。斤:斧子。《庄子·天道》记载,轮扁对齐桓公说斲轮运斧奥妙:"斲轮,徐则甘(缓慢)而不固,疾则苦(急速)而不入;不徐不疾,得之于手,而应于心,口不能言,有数存焉于其间。"　　[41]赞:助,明。《文心雕龙》全书五十篇结尾都有四言八句的"赞

曰",用以概括全篇的大意。　[42]"神用"二句:说明构思活动中想象、物象、情感三要素是融为一体的,情感鼓动想象,想象伴随物象,物象体现情感。神:以想象为核心的精神活动。用:因。象:物象。　[43]"物以"二句:说明构思活动中心物交融的特点,即"外师造化,中得心源"(张璪语)。《文心雕龙·物色》所说:"物色之动,心亦摇焉"、"写气图貌,既随物以宛转;属采附声,亦与心而徘徊"与此义近。　[44]"刻镂"二句:主要是说表达活动中要注意声律形式,运用比兴手法。刻镂:刻画,指推敲。萌芽:发明,产生。　[45]结虑:同上文"缀虑",指创作构思。司契:掌握规则。见注[17]。垂帷制胜:通过下帷勤学博练,掌握创作的规律和技巧,便可决胜文坛。意指文章写作和军事上的"运筹帷幄之中,决胜千里之外"(《汉书·高帝纪》)道理相通。

(原文据《文心雕龙注》卷六,人民文学出版社,1958年)

【评论】

《文心雕龙》的宗旨、结构和基本思想

王运熙

　　人们一提到《文心雕龙》,总认为它是我国古代最有系统的一部文学理论书籍,其性质相当于今天的文学概论那样。我过去也是这样看的。诚然,《文心雕龙》对不少重要的文学理论问题,如文学与现实的关系、内容与形式的关系、文学批评的标准和方法等等,都作了系统的论述,发表了精到的见解,理论性相当强,不妨把它当做一部文学理论专著来研究;但从刘勰写作此书的宗旨来看,从全书的结构安排和重点所在来看,则应当说它是一部写作指导或文章作法,而不是文学概论一类书籍。

　　《文心雕龙》这一宗旨,贯穿全书,许多地方都扣紧宗旨论述如何把文章写好;而且在全书的结构安排上也体现出来。经纬交错,把如何写好文章的道理讲得很周密。《文心雕龙》共五十篇,除《序志》为自序外,此外四十九篇现在多数研究者认为大致可分为四个部分,下面就对

这四个部分逐一进行分析。

一

自《原道》至《辨骚》五篇为第一部分，刘勰自称这是在讲"文之枢纽"，是全书的总纲。这五篇中，《原道》、《征圣》、《宗经》为一组；《正纬》、《辨骚》为另一组。

《原道》等三篇关系非常密切，道、圣、经是三位一体，所谓"道沿圣以垂文，圣因文而明道"（《原道》），而其归宿则在于说明圣人之文（即《五经》）是文章的楷模。刘勰认为：文章是道的表现，古代圣人创作文章来表现道，用以治理国家，进行教化。圣人的文章很雅丽，"衔华佩实"，在思想上、形式上都为后人树立了榜样。他更指出：如果作文能宗法五经，则有六种优点（即"六义"之美）：一是"情深而不诡"，即感情深挚而不浮诡；二是"风清而不杂"，即风貌清明而不芜杂；三是"事信而不诞"，即记事信实而不荒诞；四是"义直而不回"，即思想正直而不邪曲；五是"体约而不芜"，即体制要约而不杂乱；六是"文丽而不淫"，即文辞美丽而不淫艳。情深、事信、义直三点是就思想内容说的，风清、体约、文丽三点是就艺术形式和风格说的。如果不宗法《五经》，就会追随楚辞汉赋的流弊而不能自拔。所以《原道》等三篇的主旨就在强调作文必须宗经。

刘勰虽然强调宗经，反对片面学习"楚艳汉侈"，但他对《五经》以后文学方面的新创造，并不笼统地加以排斥，而是主张在宗经前提下适当吸收。《正纬》篇从四个方面指责纬书多伪，与经背谬，但也肯定纬书"事丰奇伟，辞富膏腴，无益经典，而有助文章，是以后来辞人，采摭英华"，指出它们在题材、文辞方面均有可取之处，并为后人所采摭。《辨骚》篇对《楚辞》各篇的思想艺术作了具体分析，指出它们有"同于风雅"的四事，也有"异乎经典"的四事，但总的说来，他对楚辞的评价很高，认为《离骚》是"奇文郁起"，"其文辞丽雅，为词赋之宗"；《楚辞》各篇是"气往铄古，辞来切今，惊采绝艳，难与并能矣"。还指出了《楚辞》对后代产生深远影响，"其衣被词人，非一代也"。最后，刘勰认为作文必须"凭轼以倚雅颂,悬辔以驭楚篇,酌奇而不失其真(一作"贞",意同"正"),玩华而不坠其实"。所谓"真"、"实",兼指规正的内容和朴实雅正的语言风格;所谓"奇"、"华",兼指奇特的内容和华美奇丽的语言风格。因此,"真"、"实"、"奇"、"华"也可指综合内容和形式的艺术风格,即体制。刘勰认为作文应以雅颂等经典为根本,同时尽量采取《楚辞》的优长,做到奇正相参,华实并茂,这是他总结了《五经》、纬书、《楚辞》等书的文学特色以后对创作提出的一个总原则或总要求。

但另一方面,刘勰也非常重视文采,重视文学的创新和变化。《五经》之文,除《诗经》、《左传》的许多篇章富有文采外,其他各经的绝大部分都是质朴少文的,刘勰却称道"圣文雅丽",《通变》篇也说"商周(主要指《五经》)丽而雅",强调其丽,这实际上是片面夸张了《五经》的文采,来适合他所树立的艺术标准。他对《楚辞》奇丽之文,给予极高的评价,认为其"气往轹古",《时序》篇也大力赞美屈宋辞赋,以为"观其艳说,则笼罩雅颂",这实际上是肯定《楚辞》在艺术上超越雅颂,有着巨大的创新。

《辨骚》实际上是酌骚。在对骚赋与《五经》进行具体比较、剖析其同异以后,刘勰认为在不违背《五经》雅正文风的前提下,应当尽量酌取《楚辞》的奇辞丽采,做到奇正相参,华实并茂。这种不囿于经书的旧传统,大胆肯定艺术上的发展与创新,是刘勰对文学创作总要求的一个重要方面,也是他善于总结历代文学发展经验的一个重要成果。它不但是刘勰对文学创作提出的一个总原则或总要求,也是他评价历代作家作品的一个总标准。刘勰把《辨骚》列入"文之枢纽",而不是归于《明诗》、《诠赋》一类,正是由于通过《辨骚》,与《宗经》等篇联系起来,完整地表明了他这个基本思想。

二

从《明诗》到《书记》二十篇为第二部分。这部分一般研究者称为文体论,我认为更确切地说,应称为各体文章写作指导,因为其宗旨是阐明写作各体文章的基本要求。《序志》篇介绍全书上半部内容云:

盖文心之作也，本乎道，师乎圣，体乎经，酌乎纬，变乎骚，文之枢纽，亦云极矣。若乃论文叙笔，则囿别区分，原始以表末，释名以章义，选文以定篇，敷理以举统，上篇以上，纲领明矣。

"论文叙笔，则囿别区分"两句，是说把文章分为有韵之文和无韵之笔两大类，分别加以论述。《明诗》至《谐隐》十篇论述有韵之文（其中《杂文》、《谐隐》两篇兼有无韵之笔），自《史传》至《书记》十篇论述无韵之笔。"原始"以下四句，指出各篇内容大致分为四项：原始以表末，是叙述该体文章的源流；释名以章义，是说明该体文章名称的含义；选文以定篇，是列举该体文章的代表作家作品加以评述；敷理以举统，是论述该体文章的体制特色和规格要求。四项内容，从次序和分量看，一般是：先是释名，很简括，分量最小；次讲始末，再次选文，这两项有时合在一块讲，提及不少作家作品，分量最大；最后敷理举统，分量较始末、选文两项为小，但它是各篇的结穴所在，前面三项内容，归结起来都为阐明各体文章的体制特色和规格要求服务，所以它的地位最为重要。上引《序志》篇说："上篇以上，纲领明矣。"这"纲领"指什么？它不可能指《原道》等五篇，因为这五篇已用"文之枢纽，亦云极矣"的话小结了；也不是指始末、释名等四项内容，而是单指"敷理以举统"这一项。请看例证：

故铺观列代，而情变之数可监；撮举同异，而纲领之要可明矣。若夫四言正体，则雅润为本；五言流调，则清丽居宗。华实异用，唯才所安。（《明诗》）

凡说之枢要，必使时利而义贞，进有契于成务，退无阻于荣身。自非谲敌，则唯忠与信。披肝胆以献主，飞文敏以济辞，此说之本也。（《论说》）

故其大体所资，必枢纽经典，采故实于前代，观通变于当今，理不谬摇其枝，字不妄舒其藻。……然后标以显义，约以正辞。文以辨洁为能，不以繁缛为巧；事以明核为美，不以深隐为奇。此纲领之大要也。（《议对》）

上面的引文，均出自各篇的"敷理以举统"项内。很明显，所谓"纲领之要"、"枢要"，就是《序志》篇所说的"纲领"。又上引《明诗》篇自"故铺观列代"到"而纲领之要可明矣"这几句话，意为考察了历代的作家作品，因而明白了作诗的"纲领之要"，即诗歌的体制特色和规格要求，也正好说明原始表末、选文定篇两项内容归结起来是为敷理举统服务的。刘勰在这部分的首篇《明诗》明确指出敷理以举统是作文的"纲领之要"，而且指出研讨历代作家作品，是为了懂得"纲领之要"，可说是起了提挈以下十多篇的作用的。

大抵古人作文，除诗、赋外，就是各体骈散文，它们在体制上都各自有其特点。作者写作时，首先得依据其特点从总体上经营设计，进行适当的安排。《文心雕龙》把《明诗》到《书记》这部分诗、赋和各体骈散文作法紧放在"文之枢纽"后面进行论述，特别重视诗、赋和各体骈散文的体制特色和规格要求，结合对于历代作家作品的评述对它们作了明确的规定，为写作者树立了规范，指明了方向。如果我们明白了《文心雕龙》的宗旨在于指导写作，那末，对刘勰非常重视这个部分的二十篇，并把各篇核心"敷理以举统"一项称为纲领之要，就不难理解其用心所在了。

三

从《神思》到《总术》十九篇为第三部分。这部分一般研究者称为创作论，我认为更确切地说，应称为写作方法统论；是打通各体文章，从篇章字句等一些共同性的问题来讨论写作方法的。第二部分分体谈作法，第三部分打通各体谈作法，一经一纬，相辅相成。二者宗旨都是讨论写作方法，区别只是角度不同罢了。

第三部分十九篇的结构次序，大体上先是谈谋篇，讨论文章的整体风格，后是谈用词造句，讨论具体的修辞手段和方法，最后呼应前文，重复强调了谋篇的重要性。

第一篇是《神思》，谈作文的构思和想象。这是创作过程中的第一步，故首先予以论述。陆机《文赋》论创作，也是首先论述构思和想象，刘勰在这方面大约受到陆机的影响。下面《体性》、《风骨》、《通变》、《定势》四篇都是着重讨论风格问题。《体性》篇指出由于作者才性学养的不同,形成了典雅、远奥等八种不同的文体(即风格)。《风骨》篇提倡明朗刚健的优良文风:述情必显,析辞必精,风清骨峻,文明以健。《通变》篇指出文风随着时代而变化,由质朴趋于华丽,降及晋宋,文风"浅而绮"、"讹而新",即有浮浅奇诡之病。《定势》篇指出章表奏议、赋颂歌诗等不同体裁的文章,应具有典雅、清丽等不同的"势"(即风格)。文章的风格,是就整篇说的,所以论述风格,实际上就是谈的谋篇问题。《文心雕龙》书中屡有"篇体"、"篇制"字样,用以指风格,如"江左篇制,溺乎玄风"(《明诗》),"风清骨峻,篇体光华"(《风骨》)、"正始余风,篇体轻澹"(《时序》),充分证明《体性》等篇着重谈风格,实际是讲谋篇,只是并非讨论整篇的安排结构,而是讨论如何获得整篇的优良风格。

下面《情采》、《熔裁》两篇在结构上具有承上启下的作用。《情采》讨论情与采即思想内容与艺术形式的问题。下文《声律》以下九篇专论文采,上文《神思》以下诸篇则与情思有密切关系。《神思》谈构思想象,是直接谈情思。《体性》开头指出作者的不同才气学习,都是"情性所铄,陶染所凝",下文又说:"吐纳英华,莫非情性。"《风骨》指出风是"志气之符契","意气骏爽,则文风清焉"。《通变》指出"凭情以会通,负气以适变"。《定势》开头就说:"情致异区,文变殊术,莫不因情立体,即体成势。"情性、志气、意气等指的是作者的思想、感情和气质、个性,都可以说是属于广义的情的范围。文章的风格,即是作者情性的特点呈现于作品的外部风貌,所以说,《体性》等篇重点虽讨论风格,但与情密切相关。《序志》篇叙述《神思》以下诸篇云:"至于割情析采,笼圈条贯,摛神性,图风势,苞会通,阅声字。"其中"割情析采"一句,虽然嵌入《情采》篇名,但置于这部分之首,实际是包举了这部分十九篇的内容。范文澜同志解释此句云:"割当作剖。剖情析采,情指《神思》以下诸篇,采则指《声律》以下也。"这话说得有理,但应补充说明:除《神思》、《情采》两篇外,其他各篇都不是直接讨论情,而是讨论情呈现于作品的外部风貌,即风格。再说《熔裁》篇,熔是指"规范本体",即规划确立一篇的体制风格,其要领在于"位体",上文已有论述,所以其内容也是承上面论体制风格诸篇的。刘勰认为当时不良文风的特点是"浮诡"、"讹滥"(见《序志》),《情采》篇批判为文造情者的"淫丽而烦滥"的文风,《熔裁》篇指出"剪截浮词谓之裁",针对时弊揭示用词造语,应注意简练得当,这就领起《声律》以下专论文辞诸篇。

下面是《声律》、《章句》、《丽辞》、《比兴》、《夸饰》、《事类》、《练字》、《隐秀》、《指瑕》等九篇,除《章句》篇兼论章(指小段)法外,其他各篇都是研讨用词造句和修辞手段等具体问题。

后面《养气》、《附会》、《总术》三篇,又回过头来,呼应前文,补充论述有关情思、篇制问题。《养气》与《神思》遥相呼应。《养气》指出,"精气内销",则"神志外伤";为了做到写作时思路畅通,必须注意"清和其心,调畅其气,烦而即舍,勿使壅滞"。《神思》强调"陶钧文思,贵在虚静";《养气》也宣称"水停以鉴,火静而朗,无扰文虑,郁此精爽"。《附会》讨论"附辞会义",把文章的内容形式安排得当,做到"首尾周密,表里一体"。刘勰认为这是"命篇之经略",也就是谈谋篇问题。不同的是,前面《体性》等篇是谈篇的风格问题,这里是谈篇的结构组织问题。《总术》强调作文必须通晓"术",并批评许多作者追求新丽,"多欲练辞,莫肯研术"。从篇中"执术驭篇"、"务先大体"等语句看,这"术"就是《明诗》以下二十篇中屡屡提及的"大体",就是《体性》以下四篇论述的体制,也就是《熔裁》中所说的"位体",这是刘勰认为作文必须首先注意的问题。在这部分的末尾,在研讨了声律、丽辞等许多具体的用词造句问题后,刘勰生怕作文的人片面注意练辞,而忽略了这个"大体",所以特列一篇,反复申述体制的重要性,以示其郑重叮咛之意。

刘勰在《辨骚》中提出的"酌奇而不失其真,玩华而不坠其实"的思想,明显地贯穿在《神思》以下的十多篇中。《风骨》指出文章应当做到风骨与采二者兼备,即既有明朗刚健的风格,又有华美的文采。《通变》指出作文应当"斟酌乎质文之间",即质朴与华美结合得好,不要过于质朴,也不要过于华艳。《定势》指出,正与奇,典与华,必须"兼解以俱通",即都要掌握,不可偏废。在这几对概念中,风骨、质、正、典,指的是质朴雅正的文风;采、文、奇、华等,指的是华美奇丽的文风。在"文之枢纽"中,刘勰使用了正与奇这对概念来概括这两种不同的文风;在其他篇章中,按照不同情况,他分别使用了质与文、典与华等等内容接近的概念。

刘勰主张奇正结合,古今结合,在体制上宗法古人(以儒家经典为主),在文辞方面则崇尚新变。《风骨》、《通变》、《定势》诸篇,着重讨论体制风格,所以议论比较着重宗法经典,自《声律》至《隐秀》诸篇,讨论用词造句和修辞,议论就着重研讨文辞的华美了。东汉以来,骈体文学日趋发达,南朝益盛。南朝文人作骈体诗文辞赋,不但注意对偶和辞藻色泽之美,而且还注意用典和声律。从《声律》篇,我们看到刘勰完全拥护和支持沈约他们所提倡的声律论。在《丽辞》篇中,刘勰强调"体植必两,辞动有配",认为对偶犹如人体的四肢,是必然的现象。《事类》篇指出运用成语典故,是"圣贤之鸿谟,经籍之通矩",也是来自经典的不可或缺的手段。在这些篇章中,刘勰还细致地讨论了如何把声律、对偶、典故等运用得恰当和美妙。他还分别用专篇讨论了比兴、夸张、含蓄与警策等修辞手段,讨论了字形的美观问题(《练字》)。这些,充分表现了刘勰对骈体文学的语言形式之美,不但没有忽视和排斥,而且作了细致的研讨,充分体现了他那"数必酌于新声"的主张。对于文学创作上的新奇华美之风,他是主张参酌采用的;他反对的只是片面追求新奇、抛弃古法的风气。他要的是"执正驭奇","望今制奇,参古定法";反对的是"逐奇失正"。《体性》说:"新奇者,摈古竞今,危侧趣诡者也。轻靡者,浮文弱植,缥缈附俗者也。"片面追求新奇轻靡、投合俗好的文风,才是他所贬责的。

黄侃《文心雕龙札记》解释《序志》篇"古来文章以雕缛成体"一句时说:"此与后章'文绣鞶帨,离本弥甚'之说,似有差违;实则彦和之意,以为文章本贵修饰,特去甚去泰耳。全书皆此旨。"这话说得很中肯。因为刘勰主张"文章本贵修饰",所以他对于汉魏六朝骈体文学的许多代表作家作品及其重要修辞手段,都加以肯定,《文心雕龙》全书也以精美的骈文写成。因为他主张"去甚去泰",所以反对创作中那种"逐奇失正"、"玩华坠实"的文风。这是了解刘勰文学思想的核心所在。

四

自《时序》以下为全书的第四部分。其中《序志》为全书的自序,故这部分实际是《时序》以下五篇。其中《时序》论述各个朝代文学与时代的关系,各时期文学的发展与特色;《物色》论述文学创作与自然风景的关系;《才略》论述历代重要的作家;《知音》论述文学批评的态度和方法;《程器》论述作家的品德修养与政治才能。这些篇章,除《物色》篇直接谈到写作方法外,其他四篇都没有谈到。它们在全书是附论性质,在前面三部分分别论述了写作总原则、各体文章作法、写作方法统论以外,刘勰感到还有一些问题虽然非直接论作法,但从创作修养看,也颇重要,因而写下了这些篇章。

《时序》、《才略》两篇都是评述历代文学,前者着重分析各时期文学创作总的趋势,后者着重评论重要作家,二者相辅相成,都带有文学史性质。值得注意的是,这两篇评述历代许多作家作品,虽然涉及面颇广,但还是以诗歌、辞赋二体及其作家为主。这就说明刘勰在全书中论列了许多文体,但毕竟认为诗、赋二体是文学创作的主要样式。这种看法同当时的一般主张,同沈约、萧子显、萧统等人的看法也是一致的。刘勰在书中虽然屡屡批评汉魏以来的某些作品淫丽过度,但从这两篇再结合《明诗》、《诠赋》等篇来看,他对汉魏以至南朝的不少著名诗赋家,都是肯定或基本肯定的。这就说明,刘勰虽然宗经,但与扬雄晚年的态度很不相同。扬雄晚年笼统否定辞赋,认为只有写质朴的学术著作才有价值;刘勰则强调圣文雅丽,并主张酌取楚辞的奇文异采,使文学创作有所创新和变化,所以他对汉魏六朝的骈体文学给予充分肯定,并对其主要样式诗赋的成就与地位,也给予充分的重视。

《物色》一篇,内容着重谈了自然景色的描写,现代一些《文心雕龙》研究者往往主张此篇应移入第三部分,有的同志还认为《物色》现在次于《时序》之后,是后来编次错乱或传写之误。这种主张有一定道理,因为此篇谈到如何写好自然景色,内容与第三部分诸篇接近,但论据还不足。因为:第一,说《物色》篇编次错乱,纯属推测,在版本上缺乏依据。第二,如前所述,第三部分诸篇,讲构思、谋篇的体制风格、用词造句,不但内容,就是篇名如《神思》、《声律》等等,都是从写作方法角度着眼的,而"物色"却是指激发创作冲动的因素和文学描写的对象,与第三部分诸篇角度不同,移到前面,并不相称。第三,从第四部分的结构看,《时序》讲文学与时代(政治社会环境)的关系,《物色》讲文学与景物(自然环境)的关系,连在一起,也讲得通。两篇开头云:

> 时运交移,质文代变,古今情理,如可言乎!(《时序》)
> 春秋代序,阴阳惨舒,物色之动,心亦摇焉。(《物色》)

二者词句非常对称,内容都是说明环境对文学的影响,看来不是偶然的巧合,而是表明刘勰认为这两篇有着密切的关系。

《知音》篇专门论述文学批评、指责了常见的贵古贱今、崇己抑人、知多偏好等不合理现象,强调应当博观圆照,进行全面的理解和公正的批评。刘勰认为,批评者必须通过作品的艺术形式进而理解作者的思想感情,所谓"观文者披文以入情"。怎样披文入情呢?他提出了"六观"的方法:

> 是以将阅文情,先标六观:一观位体,二观置辞,三观通变,四观奇正,五观事义,六观宫商。斯术既形,则优劣见矣。

"位体"是指经营整篇的体制风格;刘勰认为写作时应首先注意"设情以位体"(《熔裁》),阅读时也应首先注意它。"置辞"是指运用辞采,包括《丽辞》、《比兴》、《夸饰》、《练字》、《隐秀》等篇中所论列的各种用词造句方法,再加上观事义(见《事类》)、观宫商(见《声律》),当时写作骈体文字必须注意的辞藻、对偶、用典、声律诸因素,都包括进去了:"奇正"是指作品风格的奇正形势,"通变"是指作品能否折中古今,"斟酌乎质文之间"(《通变》)。刘勰要求作品的体制和语言都能做到"执正以驭奇"(《定势》),要求"望今制奇,参古定法"(《通变》)。这是他全书讨论创作的基本思想,因此在讨论文学批评时也把它作为应当考察的重要方面。

在《程器》篇中,刘勰认为文人不但应当注重道德修养,还应有政治才能。他强调说:"摛文必在纬军国,负重必在任栋梁,穷则独善以垂文,达则奉时以骋绩。"把建功立业、报效国家放在生活理想的首要位置来强调,鲜明地表现出儒家传统思想的影响。

《序志》篇称《明诗》以下二十篇为"纲领",是因为全书宗旨在讲作文之法,其重点在端正各体文章的体制,所以称之为纲领。至于他把下半部称为毛目(细目),那可能是因为下半部有不少篇章讨论用词造句,相对来讲是比较细小的问题,所以叫做毛目了。

(原载《复旦大学学报》1981年第5期,有删节)

二 《文选》

【题解】

《文选》三十卷,南朝梁代昭明太子萧统(501—531)主持编撰,又称《昭明文选》。萧统,字德施,南兰陵(今江苏常州西北)人,梁武帝萧衍长子。天监元年(502)立为太子,未及即位而卒,谥昭明,世称昭明太子。萧统自幼聪慧,3岁就读《孝经》、《论语》,5岁已遍读"五经",有过目不忘之才。他生性仁孝,信佛能文,在东宫二十多年,不具声乐,以文章著述为务。他还善于接纳文人学士,与他们讨论篇籍,商榷古今。当时东宫藏书近三万卷,名才并集,文学之盛,为晋宋以来所未有。这为他编选《文选》提供了十分有利的条件。萧统在他短暂的一生中,除主持编撰《文选》外,还著有《文集》二十卷,编有《正序》十卷、《文章英华》二十卷,均已失传,后人辑有《昭明太子集》。

《文选》是我国现存最早的一部诗文总集。书中选录了先秦至南朝梁八百余年间,一百多位作者的七百余篇作品。萧统以"凡次文之体,各以汇聚;诗赋体既不一,又以类分;类分之中,各以时代相次"的体例来安排这些作品,就是按体类和时代两个依据来编排所选作品的次序。从文体看,共涉及赋、诗、骚、七、诏、册、令、教、策文、表、上书、启、弹事、笺、奏记、书、檄、对问、设论、辞、序、颂、赞、符命、史论、史述赞、论、连珠、箴、铭、诔、哀、碑文、墓志、行状、吊文、祭文三十七类。其中诗、赋两体所选作品最多,占一半以上,故这两体又按内容题材再进行分类。各体之中,则以时代先后来排列不同作品。关于选录标准,萧统在《序》中也作了交代:"事出于沉思,义归乎翰藻。"据此标准,他把经、子、史和文学作品区别开来,大胆地把它们排除在《文选》选录范围之外,认为史书中只有"综缉辞采"、"错比文华"的赞论方可入选。《文选》选录的基本上都是各个时代代表性作家的优秀作品,并能兼顾各种体裁、各种流派、各种内容和各种风格,大体反映了先秦至齐梁文学发展的历史面貌。范文澜说:"萧统以前,文章的英华,基本上总结在《文选》一书里。"(《中国通史简编》第二册,417页)方孝岳也说:"要正式认识中国文学,还有哪一部书比《文选》更可以作中心的标准么?"(《中国文学批评》,45页)《文选》保存了先秦至齐梁八百余年间大量的文学作品,为后人学习和研究这一阶段的文学,提供了可靠的读本,唐、宋之世的文人,几乎人手一编。唐代大诗人杜甫教他儿子要"熟精《文选》理"(《宗武生日》);宋代有"《文选》烂,秀才半"的谚语(陆游《老学庵笔记》引)。

丰富的内容、严整的体例和严格的标准,使《文选》成为一部规模宏大而又影响深远的诗文总集。关于《文选》的传播、注疏和研究也见重于时,在隋、唐之际就形成一门独特的学问——"文选学"。萧统之侄,隋代萧该的《文选音》开"选学"之先河;隋、唐间曹宪在江淮传授《文选》,创立"选学",名重一时;唐显庆年间,李善为《文选》作注,并析原书三十卷为六十卷,使"选学"发扬光大;唐开元六年(718),吕延祚又将吕延济、刘良、张铣、吕向、李周翰五臣注《文选》进表奏上,从此《文选》就有李善注与五臣注两种流传版本。后来又有人将两种注本删编合刻,即所谓"六臣注"本。宋代以降,"选学"渐衰,至清代复又振兴。

《文选》李善注本,数易其稿,征引广博,材料丰富,考订精审,向为学界称善。清嘉庆年间,胡克家据南宋尤袤所刻《文选》李善注本复刻,并作成《文选考异》十卷,成为校勘较好的"李注"通行本。1986年,上海古籍出版社出版以胡克家重刊本为底本的新式标点整理本,这是现在最通行的《文选》李善注本。此外,骆鸿凯的《文选学》是现代第一部较有系统的《文选》学著作,1937年由中华书局出版。傅刚的《〈昭明文选〉研究》则是当代第一部系统的《文选》研究理论专著,中国社会科学出版社2000年出版。

文选序[1]

式观元始,眇觌玄风[2]。冬穴夏巢之时,茹毛饮血之世[3],世质民淳,斯文未作[4]。逮乎伏羲氏之王天下也,始画八卦,造书契,以代结绳之政,由是文籍生焉[5]。《易》曰:"观乎天文,以察时变;观乎人文,以化成天下[6]。"文之时义远矣哉[7]!若夫椎轮为大辂之始,大辂宁有椎轮之质;增冰为积水所成,积水曾微增冰之凛[8]。何哉?盖踵其事而增华,变其本而加厉[9];物既有之,文亦宜然。随时变改,难可详悉。

尝试论之曰:《诗序》云[10]:"诗有六义焉:一曰风,二曰赋,三曰比,四曰兴,五曰雅,六曰颂[11]。"至于今之作者,异乎古昔,古诗之体,今则全取赋名[12]。荀宋表之于前[13],贾马继之于末[14]。自兹以降,源流实繁。述邑居则有"凭虚"、"亡是"之作[15],戒畋游则有《长杨》、《羽猎》之制[16]。若其纪一事,咏一物,风云草木之兴,鱼虫禽兽之流,推而广之,不可胜载矣。又楚人屈原,含忠履洁,君匪从流,臣进逆耳,深思远虑,遂放湘南[17]。耿介之意既伤,壹郁之怀靡愬[18]。临渊有怀沙之志,吟泽有憔悴之容[19]。骚人之文,自兹而作[20]。

注释 [1]《文选序》是萧统为《文选》所作的序,它和钟嵘的《诗品序》一样,集中体现了作者的文学思想,两篇序文都是中国文学批评史上纲领性的文献。从《文选序》中,我们可以清楚地看到萧统的主要文学观念:第一,由简到繁、踵事增华的文学产生和发展观;第二,详尽细致的文体分类观;第三,文质兼顾而又偏重辞采文华的文学本质观。　[2]式:发语词。元始:原始。眇(miǎo):远,通"渺"。觌(dí):看。玄风:远古风俗。　[3]"冬穴"二句:冬则营穴而居,夏则构木为巢,食草木之果,饮鸟兽之血。穴:洞穴。巢:窠巢。茹:吃。毛:草木野生果实。《礼记·礼运》:"昔者先王未有宫室,冬则居营窟,夏则居橧巢。未有火化,食草木之实,鸟兽之肉,饮其血,茹其毛。"　[4]"世质"二句:世道质朴,民风淳厚,文字还没有产生。淳(chún):忠厚朴实。作:兴起。　[5]逮:到。伏羲氏:传说中的上古帝王,又称包羲氏。王:统治,作动词。八卦:《周易》中的八个经卦,卦名为:乾、坤、坎、离、艮、震、兑、巽。八卦也被看做最早的象形文字。书契:文字。书,记载。契,刻,通"锲"。结绳:上古无文字,通过绳子打结来记事。政:政事。文籍:书籍。[6]《易》曰:语见《周易·贲卦·象辞》。天文:日月星辰等天象。时变:四季变化。人文:诗书礼乐等典籍。化成:通过教化平服天下。　[7]文之时义远矣哉:文籍对时代的重大意义有悠久的历史。　[8]"若夫"四句:大辂由椎轮发展而来,但大辂哪像椎轮那样质朴;厚冰由积水凝结而成,但水却没有冰那样寒冷。椎(zhuī)轮:无辐车轮,这里指原始的小车。大辂(lù):大车。增冰:厚冰,增,通"层"。微:无。凛:寒。　[9]踵(zhǒng):继。华:文饰。本:原来的样子。加厉:更加厉害。　[10]《诗序》:指《毛诗序》,又称《诗大序》。　[11]六义:孔颖达在《毛诗正义》中解释道:"赋、比、兴是《诗》之所用,风、雅、颂是《诗》之成形。用彼之事,成此三事,是故同称为义。"所谓"《诗》之所用",实际上就是《诗》的表现手法,诗人可用赋、比、兴这三种手法来写诗,故曰《诗》之所用;所谓"《诗》之成形",实际上就是诗歌的体裁。　[12]"古诗"二句:赋本是古诗"六义"之一,现在全用赋来称谓了。体:体裁。班固《两都赋序》:"赋者,古诗之流也。"　[13]荀宋表之于前:指荀卿、宋玉开汉赋之先声。荀卿,战国时期著名的思想家、文学家,作《赋篇》,于是文体中有了赋的名称。宋玉,战国时期著名的辞赋家,有《风赋》等。汉代大赋以体物为主,故以荀、宋为宗,而屈原以抒情为主的赋,则归入骚体。[14]贾马:指贾谊和司马相如,二人都是汉代著名的辞赋家。　[15]凭虚:指张衡的《西京赋》,赋中假托"凭虚公子"描述西京的繁盛。亡是:指司马相如的《上林赋》,赋中假托"亡是公"描述皇帝在上林苑游猎的盛况。　[16]畋(tián):狩猎。《长杨》、《羽猎》:指扬雄的《长杨赋》、《羽猎赋》。　[17]"楚人屈原"六句:屈原忠心耿耿,行为高洁,楚王却不能从谏如流,而屈原仍进逆耳忠言,结果深谋远虑为国谋划,却被放逐到湘水之南。含:怀。履:行为。君:指楚王。从流:从善如流。臣:指屈原。逆耳:刺耳的话。　[18]耿介:刚直。壹郁:抑郁。壹,通"抑"。

靡(mí):无。愬(sù),通"诉"。　　[19]临渊:面对深渊。怀沙:怀抱沙石以自沉。《史记·屈原贾生列传》:"屈原至于江滨……乃作《怀沙》之赋。……于是怀石,遂自投于汨罗以死。"吟泽:行吟水泽。憔悴:面容困顿委靡。《楚辞·渔父》:"屈原既放,游于江潭,行吟泽畔,颜色憔悴,形容枯槁。"　　[20]"骚人"二句:骚体文章自屈原以后就兴起了。骚人:屈原作《离骚》,故称屈原和《楚辞》作者为骚人。

  诗者,盖志之所之也,情动于中而形于言[1]。《关雎》《麟趾》,正始之道著[2];"桑间""濮上",亡国之音表[3]。故风雅之道,粲然可观[4]。自炎汉中叶,厥途渐异[5]。退傅有《在邹》之作[6],降将著"河梁"之篇[7];四言五言,区以别矣。又少则三字,多则九言,各体互兴,分镳并驱[8]。颂者,所以游扬德业,褒赞成功[9]。吉甫有"穆若"之谈[10],季子有"至矣"之叹[11]。舒布为诗,既言如彼[12];总成为颂,又亦若此[13]。次则箴兴于补阙,戒出于弼匡[14]。论则析理精微,铭则序事清润[15]。美终则诔发,图像则赞兴[16]。又诏诰教令之流[17],表奏笺记之列[18],书誓符檄之品[19],吊祭悲哀之作[20],答客指事之制[21],三言八字之文[22],篇辞引序[23],碑碣志状[24],众制锋起,源流间出[25]。譬陶匏异器,并为入耳之娱;黼黻不同,俱为悦目之玩[26]。作者之致,盖云备矣!

  注释　[1]"诗者"二句:诗是表达思想意志的,感情在内心激荡而用语言表现出来,就形成了诗。语本《毛诗序》:"诗者,志之所之也。在心为志,发言为诗。情动于中而形于言。"　　[2]《关雎》:《诗经·周南》之首篇。《麟趾》:《诗经·周南》之末篇。正始之道:匡正人伦教化的初始之道。　　[3]"桑间"二句:桑间濮(pú)上的靡靡之音是亡国之音的标志。桑间濮上:卫国地名。《礼记·乐记》:"桑间濮上之音,亡国之音也。"　　[4]风雅之道:指《诗经》中《国风》、《大雅》和《小雅》所体现的教化之道。粲然:鲜明的样子。　　[5]炎汉:古代认为汉属火德,故称炎汉。厥(jué)途:指诗歌发展的道路。厥,其,指诗歌。　　[6]退傅:指韦孟。孟曾做楚元王的师傅,并历其子夷王、其孙王戊。戊荒淫无道,孟作诗讽谏,戊不听,遂去位,故称退傅。孟退位后居邹,又作四言诗《在邹》。　　[7]降将:指李陵。相传为李陵所作的《与苏武诗》三首,其三有"携手河梁上"之句。此诗为五言诗。　　[8]分镳(biāo):分道扬镳。镳,马勒子,也指骑。并驱:并驾齐驱。　　[9]游扬德业:宣扬事业。褒赞成功:称赞功绩。《毛诗序》:"颂者,美盛德之形容,以其成功告于神明者也。"　[10]吉甫：尹吉甫，周宣王的大臣。《诗经·大雅·烝民》有"吉甫作诵，穆如清风"之句。　[11]季子：春秋时吴公子季札。他到鲁国观乐，听到"颂"诗时，赞美道："至矣哉！"　[12]"舒布"二句：表现为诗，就像《诗经》中风、雅之诗和韦孟、李陵之作那样。舒布：表现。舒，展示。布，敷陈。言：助词，无义。[13]"总成"二句：总括为颂，就像《诗经》中颂诗和吉甫、季札之叹那样。总成：总括而成。　[14]箴（zhēn）：用于规劝的一种文体。补阙：弥补缺失。戒：用于警戒的一种文体。弼：辅助。匡：纠正。　[15]论：论述事理的一种文体。铭：用于颂扬功德或记述事实的文体，多刻于器物之上。　[16]美终：赞美有功德而死的人。诔（lěi）：用于悼念死者的一种文体。图像：画像。赞：用以称赞人物的一种文体。古人对有德之先人，图画其形，并为文以赞美。　[17]诏诰教令：古代皇帝或朝廷发布的各种公文。诏：皇帝颁发的诏书。诰：皇帝对臣子的告诫性文告。教：教民之辞。令：命令、禁止之辞。　[18]表奏：古代臣下对君主进言陈事的公文。笺记：言志表情之文。《文心雕龙·书记》："记之言志，进己志也。笺者，表也，表识其情也。"　[19]书：书信。誓：盟誓。符：表示信用的文书。檄：用以征召、晓谕或声讨的文书。　[20]吊祭：吊唁、祭悼死者的文字。悲哀：哀悼之辞。　[21]答客：借答问难以抒情的一种文体。指事：以事喻理之文，即《文选》中的"七"体。枚乘《七发》说七件事以启发太子，故曰指事。　[22]三言八字：指三字句、八字句的诗。　[23]篇：诗章之称，如曹植《白马篇》。辞：辞赋的一种，如陶渊明《归去来辞》。引：一种文体，如班固《典引》。序：用以陈述作者意旨的一种文体。[24]碑：碑文。碣（jié）：碣文。碑、碣都是用来刻石纪功的。志：史传记事之文。状：陈述事件、记载事实之文。　[25]众制：各种文体。锋起：蜂起。间出：相间而出。　[26]陶：指埙，用土烧制的一种乐器。匏（páo）：指笙、竽之类的乐器。黼黻（fǔ fú）：古礼服上锈饰的花纹。黑白相间的叫黼，黑青相间的叫黻。

　　余监抚余闲，居多暇日[1]，历观文囿，泛览辞林[2]，未尝不心游目想，移晷忘倦[3]。自姬、汉以来，眇焉悠邈，时更七代，数逾千祀[4]。词人才子，则名溢于缥囊；飞文染翰，则卷盈乎缃帙[5]。自非略其芜秽，集其清英，盖欲兼功，太半难矣[6]！若夫姬公之籍，孔父之书，与日月俱悬，鬼神争奥，孝敬之准式，人伦之师友，岂可重以芟夷，加之剪截[7]？老庄之作，管孟之流，盖以立意为宗，不以能文为本，今之所撰，又以略诸[8]。若贤人之美辞，忠臣之抗直，谋夫之话，辨士之端，冰释泉涌,金相玉振[9]。所谓坐狙丘,议稷下[10],仲连之却秦军[11],食其之下齐国[12],留侯之发八难[13],曲逆之吐六奇[14],盖乃事美一时,语流千载。概见坟籍,旁出子史[15],若斯之流,又亦繁博,虽传之简牍,而事异篇章[16],今之所集,亦所不取。至于记事之史,系年之书,所以褒贬是非,纪别异同,方之篇翰,亦已不同[17]。若其赞论之综缉辞采,序述之错比文华[18],事出于沉思,义归乎翰藻,故与夫篇什,杂而集之[19]。远自周室,迄于圣代[20],都为三十卷,名曰《文选》云耳。

凡次文之体,各以汇聚[21]。诗赋体既不一,又以类分;类分之中,各以时代相次。

注释 [1]监抚:监国、抚军。《左传》闵公二年:"冢子(太子)君行则守,有守则从。从曰抚军,守曰监国。"余闲:监国、抚军政事之外的剩余时间。居:生活。暇:闲暇。 [2]文囿(yòu):文坛。囿,园。辞林:指文章典籍。 [3]心游目想:指想象、思考。移晷(guǐ):时光流逝。晷,日影。 [4]姬:指周代,周为姬姓。眇(miǎo)焉:渺然。眇,通"渺"。悠邈(miǎo):久远。七代:指周、秦、汉、魏、晋、宋、齐。逾:超过。祀(sì):年。 [5]名溢于缥(piāo)囊:文坛名家众多。缥囊:青白色的书袋。飞文:文采飞扬。染翰:用笔蘸墨。卷盈乎缃帙(xiāngzhì):文坛佳作丰富。缃帙:浅黄色的书套。 [6]自非:如不。略:剔除。芜秽:糟粕,指不好的文章。集:搜集。清英:菁英,指好文章。兼功:加倍用功。太半:大半,这里指阅读过半。 [7]姬公:周公。孔父:孔子。奥:深奥玄妙。准式:准则、法式。芟(shān)夷:即删改。芟,割草。夷,削平。剪截:剪裁。 [8]老庄:老子、庄子。管孟:管子、孟子。立意:确立意旨。能文:擅长文辞。撰(xuǎn):通"选"。 [9]美辞:优美之辞。抗直:刚直之言。谋夫:谋士。辨士:能言善辩之人。端:舌端,这里指言论。《韩诗外传》:"君子避三端:避文士之笔端,避武士之锋端,避辩士之舌端。"冰释:冰融化。金相玉振:金质玉声,谓文质兼美。相,质。振,发声。 [10]狙(jū)丘、稷(jì)下:皆齐地名。《文选·曹植〈与杨德祖书〉》李善注引《鲁连子》曰:"齐之辩者曰田巴,辩于狙丘而议于稷下,毁五帝,罪三王,一旦而服千人。" [11]仲连:鲁仲连,战国时齐人。《战国策·赵策》记载:赵孝成王时,秦兵围攻赵国都城邯郸,魏王使辛垣衍入邯郸,劝赵王尊秦为帝。鲁仲连适在赵,驳斥了辛垣衍,打消了赵王降意。秦将闻此,退兵五十里。 [12]食其(yìjī):郦食其。《史记·郦生陆贾列传》记载:楚汉相争时,郦食其说服齐王田广归汉,下齐七十余城。 [13]留侯:指张良,封号留侯。《史记·留侯世家》记载:汉高祖用郦食其计,欲封六国之后,张良以八事难之,乃止。 [14]曲逆(yū):指陈平,封曲逆侯。陈平佐汉高祖,六出奇计。《史记·陈丞相世家》记载:"凡出六奇计,奇计或颇秘,世莫能闻也。" [15]概:梗概。坟籍:这里指典籍。坟,上古帝王伏羲、神农、黄帝之书谓"三坟"。旁出:旁见侧出。子史:诸子史传。 [16]简牍(dú):在竹片或木片上刻字,竹片叫简,木片叫牍。这里泛指书籍。篇章:这里指文学作品。 [17]记事之史、系年之书:泛指史书。杜预《左传序》:"记事者以事系日,以日系月,以月系时,以时系年,所以纪远近,别同异也。"篇翰:同上文"篇章"。 [18]赞论:作者对史实的评论,即《文选》所选史书中的"传赞"一类。综缉:联缀。序述:指史书中的"述赞",《文选》里归为"史述赞"一类。错比:错杂排比。 [19]事:事义、事类。沉思:深思。义:思想意义。归:附丽。翰藻:文章辞藻。篇什:诗章、诗篇。杂:全部。 [20]圣代:指梁代。 [21]次:编排。汇聚:类聚。

(原文据《文选》卷首,上海古籍出版社,1986年)

【评论】

萧统《文选》三题

穆克宏

一 文体分类

《文选》的文体分类很细,在三十七体中尚有子类,如诗分补亡、述德、劝励、献诗、公宴、祖饯、咏史、百一、游仙、招隐、反招隐、游览、咏怀、哀伤、赠答、行旅、军戎、郊庙、乐府、挽歌、杂歌、杂诗、杂拟二十三个子类。因其分体过于琐碎,受到后人的批判,姚鼐说它"分体碎杂"(《古文辞类纂·序》),章学诚说它"淆乱芜秽,不可殚诘"(《文史通义·诗教》),都有一定的道理,但也不免有些片面。我们认为,《文选》的文体分类是总结了前人文体研究的成果,根据时代的需要提出来的,它在中国古代文体发展史上占有重要的地位。

我国古代的文体论,在先秦时期已开始萌芽,所以,颜之推有"夫文章者,原出《五经》"(《颜氏家训·文章》)的说法。汉魏六朝时期的文体论有了巨大的发展。蔡邕有《铭论》和有关策、制、诏、戒、章、奏、表、驳议的论述。曹丕《典论·论文》分文体为四科八体，认为"奏议宜雅，书论宜理，铭诔尚实，诗赋欲丽"。陆机《文赋》论及文体十种，他说："诗缘情而绮靡。赋体物而浏亮。碑披文以相质。诔缠绵而凄怆。铭博约而温润。箴顿挫而清壮。颂优游以彬蔚。论精微而朗畅。奏平彻以闲雅。说炜烨而谲诳。"不仅区分文体，而且指出其特点，较曹丕为详。挚虞《文章流别集》和《文章流别志论》论述较详，区分文体更细。李充《翰林论》虽论述较略，而分体亦细。然皆已亡佚，不能窥其全貌了。至于刘勰《文心雕龙》中的文体论，是我国古代文体论发展的高峰。《文心雕龙》五十篇，其中文体论部分占二十篇，详论文体三十三种，即诗、乐府、赋、颂、赞、祝、盟、铭、箴、诔、碑、哀、吊、杂文、谐、隐、史传、诸子、论、说、诏、策、檄、移、封禅、章、表、奏、启、议、对、书、记。如果再加上《辨骚》篇所论述的"骚"体，则为三十四种。各体之中，子类繁多，分析十分细致。实集我国古来文体论之大成。萧统《文选》的文体分类，正是在前人的基础上发展而来的。它特别是受到《文心雕龙》文体论的启发，比较周密、细致，在中国古代文体发展史上做出了自己的贡献。

《文选》的文体分类，对后世有深远的影响。可以说，后世的文体分类，基本上继承了《文选》的传统，根据时代的需要，或增或减。例如，北宋初年李昉、徐铉等人编辑的《文苑英华》一千卷，是上续《文选》的，其文体分类与《文选》相似，而体类更繁。姚铉《唐文粹》一百卷，是《文苑英华》的选本，姚氏在序中说："类次之，以嗣《文选》"，可见此书的文体分类是学习《文选》的。以后南宋吕祖谦的《宋文鉴》、元代苏天爵的《元文类》、明代程敏政的《明文衡》等，在文体分类上都受到了《文选》的影响。

弄清《文选》文体分类的历史贡献和影响，对于我们了解全书是有帮助的。

二　选录标准

讨论《文选》选录作品的标准，首先应从"文"谈起。《文选》以

"文"名书，什么是"文"呢？《文心雕龙·总术》篇云："今之常言，有文有笔，以为无韵者笔也，有韵者文也。"刘勰认为，有韵的文章叫做文，而《文选》所选录的作品，无韵者颇多，如诏、册、令、教、策文、表、上书、启、弹事、笺、奏记、书、檄、对问、设论、论等，皆为无韵之文，怎能称之为《"文"选》呢？这里，使人想起刘勰的《文心雕龙》。此书文体论二十篇，前十篇论文，后十篇论笔，全书兼论文笔，而称为《"文"心雕龙》。对此，刘师培有一段解释，他说："当时世论，虽区分文笔，然笔不该文，文可该笔，故对言则笔与文别，散言则笔亦称文。"（《中国中古文学史》）可见，"文"可包含"笔"。《文心雕龙》如此，《文选》亦复如此。

刘勰以有韵无韵区分文笔，这是当时普遍的看法。而萧绎《金楼子·立言》下篇又提出了新标准。他说："至如不便为诗如阎纂，善为章奏如伯松，若此之流，泛谓之笔，吟咏风谣，流连哀思者，谓之文。"又说："笔退则非谓成篇，进则不云取义，神其巧惠，笔端而已。至如文者，惟颂绮縠纷披，宫徵靡曼，唇吻遒会，性灵摇荡。"这主要是从文采来区分文笔。其实笔未必没有文采，"上书"如李斯《上秦始皇书》，"表"如曹植《求自试表》《求通亲亲表》，"论"如贾谊《过秦论》等皆富于文采。虽然，与"文"相比，还存在某些差异，但是，同属文学作品。清人阮元说："昭明所选，名之曰文。盖必文而后选也，非文则不选也。经也，子也，史也，皆不可传名之为文也。故昭明《文选序》后三段特明其不选之故，必沈思翰藻，始名之为文，始以入选也。"这里，阮元并没有弄清"文"包含"笔"，但是，他说："必沈思翰藻，始名之为文，始以入选也。"（《书昭明太子〈文选序〉后》）却道出《文选》的选录标准。刘师培也说："昭明《文选》，惟以沉思翰藻为宗，故赞论序述之属，亦兼採辑。然所收之文，虽不以有韵为限，实以有藻采者为范围，盖以无藻韵者不得称文也。"（《中国中古文学史》）说的是同样的道理。

至朱自清，他直接提出《文选序》"事出于沈思，义归乎翰藻"是《文选》去取的标准。（《〈文选序〉"事出于沈思，义归乎翰藻"说》）骆鸿凯《文选学》亦云："'事出于沈思，义归乎翰藻'，此昭明自明入选之准的。"但是，有的研究者，不同意这种说法，认为萧统所说的"夫文典则累野，丽亦伤浮,能丽而不浮,典而不野;文质彬彬,有君子之致。"才是《文选》的选录标准。萧统的这段话出自他的《答湘东王求文集及诗苑英华书》,原是说的创作标准。这固然与《文选》的选录标准有关。我认为,《文选》的选录标准还应在《文选序》中去寻找。

《文选序》中所说的"事出于沈思,义归乎翰藻",是不是《文选》的选录标准呢?我认为是的,但不全面。黄侃认为:"'若夫姬公之籍'一段,此序选文之宗旨,选文条例皆具,宜细审绎,毋轻发难端。《金楼子》论文之语,刘彦和《文心》一书,皆其翼卫也。"(《文选平点》)这种认识是比较深刻的。

的确,讨论《文选》的选录标准,"若夫姬公之籍"一段话是十分重要的。这是说,经书、子书、史书,《文选》都不选,只有史书中的一些赞论、序述"事出于沈思,义归乎翰藻",才能入选。显然"事出"二句是对史书中的一些赞论、序述而言。但是,广而言之,文章凡符合这种条件的,皆可入选。这里提出的实际上是《文选》的选录标准。

而研究者对"事出"二句的理解是不同的。朱自清认为:"'事出于沈思'的事,实当解作'事义''事类'的事,专指引事引言,并非泛说。'沉思'就是深思。""翰藻""昭明借为'辞采''辞藻'之意。'翰藻'当以比类为主。""而合上下两句浑言之,不外'善于用事,善于用比'之意。"(《〈文选序〉"事出于沈思,义归乎翰藻"说》)骆鸿凯认为,"事出于沈思"即"性灵摇荡","义归乎翰藻"即"绮縠纷披"。(《文选学·义例第二》)郭绍虞认为,"事出"二句,"上句的事,承上文的'序述'而言,下句的义,承上文的'赞论'而言,意谓史传中的'赞论'和'序述'部分,也有沉思和翰藻,故可作为文学作品来选录。沉思,指作者深刻的艺术构思。翰藻,指表现于作品的辞采之美。二句互文见义。"(《中国历代文论选》第一册333页)我们基本上同意郭氏的解释,认为这两句的意思是:文章写作产生于深刻的构思,文章的思想内容要通过优美的辞采来表现。

我们仅仅把"事出"二句看做选录标准,还是不够的。应该看到《文选序》所说的"诗者,盖志之所之也,情动于中而形于言,《关雎》《麟趾》,正始之道著;桑间濮上,亡国之音表;故风雅之道,粲然可观"。

这里袭用《毛诗序》中的话，表示了他对作品思想内容的重视。这种传统的儒家文学观加上"沉思""翰藻"，便是"丽而不浮，典而不野；文质彬彬，有君子之致"。也就是萧统的文学思想。

黄侃还指出了《文选》选录标准的翼卫。其一，是萧统弟弟萧绎的《金楼子》论文的话，这些话已见上文。萧绎区分文、笔，强调"文"应辞采繁富，音节动听，语言精练，具有抒情的特点，反映了时代的要求，与"沉思""翰藻"有相似之处。其二，是萧统的通事舍人刘勰的《文心雕龙》。《文心雕龙》体大思精，笼罩群言，它的《原道》《征圣》《宗经》等篇强调儒家思想的指导作用。《情采》篇论述文章的内容和形式，一开始就说："圣贤书辞，总称文章，非采而何？"十分强调文采。但是，又说："故情者文之经，辞者理之纬；经正而后纬成，理定而后辞畅，此立文之本源也。"对文章的内容和形式关系的理解，无疑是正确的。与萧统"文质彬彬"的说法颇为相似。

黄侃将《文选序》"若夫姬公之籍"一段，与萧绎《金楼子》、刘勰《文心雕龙》合观，认为后者是前者的"翼卫"，使我们理解《文选》的选录标准就更为全面了。

三　萧统之死

萧统之死，史籍所载颇有不同。《梁书》卷八《昭明太子传》云：

> （中大通）三年三月，寝疾。……四月乙巳，时年三十一。

这是说萧统病死，至于因何患病，并未交代。《南史》卷五十三《昭明太子萧统传》云：

> （中大通）三年三月，游后池，乘雕文舸摘芙蓉。姬人荡舟，没溺而得出，因动股，恐贻帝忧，深戒不言，以寝疾闻。
> ……四月乙巳，暴恶，驰启武帝，比至已薨，时年三十一。

也是说萧统因病而死。不过，这里明确交代了是因姬人荡舟，萧统溺水得救而患病。述及病因。《资治通鉴》卷一百五十五，梁武帝中在通三年云：

初,昭明太子葬其母丁贵嫔,遣人求墓地之吉者。或赂宦者俞三副求卖地,云若得钱三百万,以百万与之。三副密启上,言"太子所得地不如今地于上为吉"。上年老多忌,即命市之。葬毕,有道士云:"此地不利长子,若厌之,或可延申。"乃为蜡鹅及诸物埋于墓侧长子位。宫监鲍邈之、魏雅初皆有宠于太子,邈之晚见疏于雅,乃密启上云:"雅为太子厌祷。"

　　上遣检掘,果得鹅物,大惊,将穷其事,徐勉固谏而止,但诛道士。由是太子终身惭愤,不能自明。及卒,上征其长子南徐州刺史华容公欢至建康,欲立以为嗣,衔其前事,犹豫久之,卒不立,庚寅,遣还镇。

这一段话是根据《南史·昭明太子萧统传》的材料改写的。主要的意思是说,萧统因埋蜡鹅等物事,忧惧而死。梁武帝萧衍原拟立萧统子欢为嗣,因厌恨此事,改立萧统的同母弟晋安王萧纲为皇太子。所以司马光感慨地说:"以昭明太子之仁孝,武帝之慈爱,一染嫌疑之迹,身以忧死,罪及后昆,求吉得凶,不可湔涤,可不戒哉!"(《资治通鉴》卷一五五)

明人张溥说:"《南史》所云,埋鹅启衅,荡舟寝疾,世疑其诬。于是论昭明者,断以姚书为质矣。"(《汉魏六朝百三家集·梁昭明集题辞》)这是认为"埋鹅""荡舟"二事不可信,了解萧统的生平事迹应以《梁书》为据。按,"埋鹅""荡舟"二事,并《南史》所增,《梁书》无。

清人赵翼指出:《梁书》"本之梁之国史也。各列传必先叙其历官,而后载其事实,末载饰终之诏,此国史体例也。有美必书,有恶必为之讳。"下面以"埋鹅"事为例,说本传不载是"为之讳"(《二十二史札记》卷九《梁书悉据国史立传》)。这是认为确有其事。至于"荡舟"事,赵翼《二十二史札记》中《〈南史〉增〈梁书〉有关系处》、《〈南史〉增〈梁书〉琐言碎事》诸节并没有提到,只是在《〈南史〉增删〈梁书〉处》一节中指出:"《南史》增《梁书》事迹最多。……凡琐言碎事新奇可喜之迹,无不补缀入卷。"因此,"荡舟"事是否可信,有待考定。

考定"荡舟"事,史料阙如。从情理上看,我认为,"荡舟"事不可信,因为与萧统的立身行事的一贯精神不合。《梁书》本传云:"(萧统)

性爱山水,于玄圃穿筑,更玄亭馆,与朝士名素者游其中。尝泛舟后池,番禺侯轨盛称'此中宜奏女乐'。太子不答,咏左思《招隐诗》曰:'何必丝与竹,山水有清音。'侯惭而止。出宫二十余年,不畜声乐。少时,敕赐太乐女妓一部,略非所好。"可以作为旁证。至于"埋鹅"一事,为《资治通鉴》采用,认为萧统以此忧惧而死,比较可信。但是,《梁书》本传说他:"平断法狱,多所全宥,天下皆称仁。""性宽和容众,喜愠不形于色。"如此"仁孝"之人,当然不会做出"埋鹅"这类事情来,乃其下属官员魏雅所为,萧统并不知道。此事因鲍邈之告发而暴露,萧统因此忧惧而死。其子萧欢,亦因此"卒不立"。我以为,"埋鹅"的忧惧确实是造成萧统死亡的重要原因。此外,还有一个原因就是其母丁贵嫔之死。母死引起萧统的极度悲伤,加上"埋鹅"事件的忧惧,没有几年就病死了。《素问·举痛论》云:"百病之生于气也:……悲则气消,……思则气结。"意思是说,很多病都是由于生理机能失调引起的,悲哀能使人消沉,思虑过度,能使人气结不舒。情志的刺激都会导致疾病。萧统积忧成疾,以至病死。

胡宗楙《昭明太子年谱》、周贞亮《梁昭明太子年谱》都根据《南史·昭明太子萧统传》,断定萧统因"荡舟"寝疾而死,是不可信的。我认为,萧统是因"埋鹅"事件产生忧惧,又因其母丁贵嫔之死悲痛成疾而终至死亡的。

(选自《中外学者文选学论集》[上],有删节)

三 《沧浪诗话》

【题解】

严羽(约1192—约1245),字仪卿,一字丹邱,自号沧浪浦客,邵武(今属福建)人。先世居华阴(今属陕西),后来避地南闽,家有"九严",俱富诗名。严羽与严参、严仁齐名,号"三严"。他一生无意功名,隐居不仕,工诗善论,与其往来颇多的诗人戴复古评其诗曰:"飘零忧国杜陵老,感遇伤时陈子昂。"有诗集《沧浪吟卷》行世。然而,为严羽在后世赢得声名的,不是他的诗歌,而是他的诗歌理论。《沧浪诗话》是其论诗的代表作,对中国古典诗学和美学产生了重大影响。

《沧浪诗话》在宋诗话中独具完整的理论体系,清人许印芳曾说:"诗话之作,宋人最夥。后学奉为圭臬者,群推沧浪严氏书。"全书共分为《诗辨》、《诗体》、《诗法》、《诗评》、《诗证》五个部分,后附其《答出继叔临安吴景仙书》,犹如全书序言。《诗辨》为论诗总纲,严羽特别看重,自称"仆之《诗辨》,乃断千百年公案,诚惊世绝俗之谈,至当归一之论。其间说江西诗病,真取心肝刽子手。以禅喻诗,莫此亲切。是自家实证实悟者,是自家闭门凿破此片田地,即非傍人篱壁、拾人涕唾得来者。李杜复生,不易吾言矣"(《答出继叔临安吴景仙书》)。此篇提出的"别材别趣"说是全书的理论核心。《诗体》主要论述历代诗歌各种体制的流变和发展,认为每一个诗人都有独特的风格,"子美不能为太白之飘逸,太白不能为子美之沉郁"。《诗法》论述诗歌创作的具体法则技巧,主要是以盛唐诗歌为法。《诗评》则评议宋以前历代诗人的作品及风格,其中以唐代居多,也有一些诗论主张。《考证》是对一些诗人、诗歌进行考证和批评。

严羽针对当时诗坛江西诗论之弊,有为而发,强调学诗要"以识为主","以盛唐为法"认准学习对象,走正学习路子。他认为诗有"别材"、"别趣",反对"以文字为诗"、"以议论为诗"、"以才学为诗"的江西派末流和"独喜贾岛、姚合"的永嘉四灵及江湖派。他通过"以禅喻诗"的方法,指出"大抵禅道惟在妙悟,诗道亦在妙悟",进而揭示诗歌鉴赏和创作的艺术思维特征——妙悟。总之,严羽的诗歌理论强调诗歌的艺术性,重视诗歌的艺术表现,这与传统诗学强调美刺、兴寄的观点不同。在揭示诗歌创作与鉴赏活动的审美规律方面,严羽作出了超越前人的贡献,使他的诗论成为中国古典诗歌审美理论的代表。

据当代学者考证,《沧浪诗话》系由后人编辑成书,到明代正德年间才被冠以现名附见《沧浪吟卷》之中。但这并不影响严羽的著作权问题,因为早在南宋末年,魏庆之《诗人玉屑》就将《沧浪诗话》五篇的内容全部收录。另外,《沧浪诗话》别出本以《说郛》和《津逮秘书》二本最流行。旧注本有三:一是王玮庆的《沧浪诗话补注》(仅注《诗体》一篇),二是胡鉴的《沧浪诗话注》,三是胡才甫的《沧浪诗话笺注》。今人郭绍虞的《沧浪诗话校释》,考订诸本,拾遗补缺,征引广博,阐释深湛,是研究《沧浪诗话》的重要参考著作,也是最适宜今天的读者阅读的通行本。陈定玉辑校的《严羽集》,汇辑《沧浪诗话》、《沧浪吟卷》、严羽评点《李太白诗集》,严羽传世著作殆尽于此。

诗　辨[1]

一

夫学诗者以识为主[2]:入门须正,立志须高[3];以汉、魏、晋、盛唐为师,不作开元、天宝以下人物[4]。若自退屈,即有下劣诗魔入其肺腑之间[5];由立志之不高也。行有未至,可加工力;路头一差,愈骛愈远[6];由入门之不正也。故曰:学其上,仅得其中;学其中,斯为下矣[7]。又曰:见过于师,仅堪传授;见与师齐,减师半德也[8]。工夫须从上做下,不可从下做上。先须熟读《楚辞》,朝夕讽咏以为之本;及读《古诗十九首》,乐府四篇[9],李陵、苏武、汉、魏五言皆须熟读,即以李、杜二集枕藉观之,如今人之治经,然后博取盛唐名家[10],酝酿胸中,久之自然悟入[11]。虽学之不至,亦不失正路。此乃是从顶领上做来[12],谓之向上一路,谓之直截根源,谓之顿门,谓之单刀直入也[13]。

二

诗之法有五:曰体制,曰格力,曰气象,曰兴趣,曰音节[14]。

三

诗之品有九:曰高,曰古,曰深,曰远,曰长,曰雄浑,曰飘逸,曰悲壮,曰凄婉[15]。其用工有三:曰起结,曰句法,曰字眼[16]。其大概有二:曰优游不迫,曰沉着痛快[17]。诗之极致有一,曰入神。诗而入神,至矣,尽矣,蔑以加矣[18]!惟李、杜得之。他人得之盖寡也。

注释 [1]《诗辨》篇是整个《沧浪诗话》的理论基础,大体谈了这样几个问题:一曰"识",就是识别诗的正门、诗的高格,实际就是"以盛唐为法";二曰"妙悟",要"识"就要靠"妙悟",这是领会诗的宗旨的一种特殊的思维方式;三曰"别材别趣",这是严羽所认为的诗之宗旨。 [2]识:见解、见识,本为佛家语,这里指艺术思维、艺术直觉能力。 [3]"入门"二句:谓学诗取法要高。 [4]开元、天宝以下人物:指中、晚唐诗人。开元、天宝:唐玄宗年号。 [5]退屈:佛家语,退缩屈从。下劣诗魔:低劣的诗趣。 [6]路头:路向,指学诗的门径。骛(wù):追求。 [7]"学其上"四句:强调学诗要取法乎上。黄庭坚云:"学老杜诗,所谓刻鹄不成尚类鹜也;学晚唐诸人诗,所谓作法于凉,其弊犹贪,作法于贪,弊将若何?"(《诗人玉屑》卷五引)张戒云:"其始也学之,其终也岂能过之,屋下架屋,愈见其小,后有作者出,必欲与李、杜争衡,当复从汉魏诗中出尔。"(《岁寒堂诗话》卷上)与此义近。 [8]"见过于师"四句:为全豁禅师语,见《传灯录》卷十六。减师半德:仅得其半。德,通"得"。 [9]乐府四篇:王运熙谓六臣本《文选》列古乐府四首,李善本《文选》只三首。 [10]"即以"三句:化用朱熹语。《朱子语类》卷四十:"作诗先用看李、杜,如士人治本经然,本既立,次第方可看苏、黄以次诸家诗。"枕藉:枕头,谓置于身边,须臾不离。 [11]悟入:本为佛家语,这里谓凭主观体会领悟作品的精华。 [12]从顶𩕳(níng)上做来:意为从本源上做起。顶𩕳:头顶。[13]向上一路:禅宗谓无上妙法,言语路断,我法都绝,只能凭心妙悟。《传灯录》卷七:(宝积禅师上堂示众曰)"向上一路,千圣不传,学者劳形,如猿捉影"。直截根源:禅宗谓不立文字、不假分析、无须外求、直指本心的体悟佛性方式。《传灯录》卷三十载永嘉真觉大师《证道歌》:"直截根源佛所印,摘叶寻枝我不能。"顿门:顿悟法门。佛家以瞬间证悟妙果为顿悟。南宗禅主张直指本心,见性成佛,自称顿教。单刀直入:不假思虑、不劳谋略,直截根源。《传灯录》卷九:(灵佑禅师曰)"单刀趣入,则凡圣情尽体露真常。" [14]体制:体裁。格力:格调。气象:仪态。兴趣:兴味、情味。音节:音韵、节奏。陶明浚《诗说杂记》卷七曰:"此盖以诗章与人身体相为比拟,一有所阙,则倚魁不全。体制如人之体干,必须佼壮;格力如人之筋骨,必须劲健;气象如人之仪容,必须庄重;兴趣如人之精神,必须活泼;音节如人之语言,必须清朗。五者既备,然后可以为人。亦惟备五者之长,而后可以为诗。"(见郭绍虞《沧浪诗话校释》) [15]品:品貌,指风格。陶明浚《诗说杂记》卷七曰:"何谓高?凌青云而直上,浮颢气之清英是也。何谓古?金薤琳琅,麟觳溢目者是也。何谓深？盘谷狮林，隐翳幽奥者是也。何谓远？沧溟万顷，飞鸟决眦者是也。何谓长？重江东注，千流万转者是也。何谓雄浑？荒荒油云，寥寥长风者是也。何谓飘逸？秋天闲静，孤云一鹤者是也。何谓悲壮？笳拍铙歌，酣畅猛起者是也。何谓凄婉？丝哀竹滥，如怨如慕者是也。古人之诗多矣，要必有如此气象，而后可与言诗。"（见郭绍虞《沧浪诗话校释》） [16]用工：工夫、技巧，这里指作诗的关键处。起结：开头结尾。句法：句式结构。字眼：警策之言。 [17]大概：诗的整体风格类型。优游不迫：从容闲适，举动自如，如陶渊明、韦应物的诗歌风格。沉着痛快：沉郁顿挫，脱口而出，如杜甫的诗歌风格。 [18]极致：最高境界。入神：神妙幽微，难以言表的境界。《周易·系辞下》："精义入神，以致用也。"《疏》曰："言圣人用精粹微妙之义，入于神化，寂然不动，乃能致其所用。"蔑以加矣：无以复加。蔑，无。

四

　　禅家者流，乘有小大，宗有南北，道有邪正[1]，学者须从最上乘，具正法眼，悟第一义[2]。若小乘禅，声闻、辟支果[3]，皆非正也。论诗如论禅：汉、魏、晋与盛唐之诗，则第一义也。大历以还之诗[4]，则小乘禅也，已落第二义矣。晚唐之诗，则声闻、辟支果也。学汉、魏、晋与盛唐诗者，临济下也[5]。学大历以还之诗者，曹洞下也[6]。大抵禅道惟在妙悟[7]，诗道亦在妙悟。且孟襄阳学力下韩退之远甚，而其诗独出退之之上者，一味妙悟而已[8]。惟悟乃为当行，乃为本色[9]。然悟有浅深，有分限[10]，有透彻之悟，有但得一知半解之悟。汉、魏尚矣，不假悟也[11]。谢灵运至盛唐诸公[12]，透彻之悟也；他虽有悟者，皆非第一义也。吾评之非僭也，辩之非妄也[13]。天下有可废之人，无可废之言。诗道如是也。若以为不然，则是见诗之不广，参诗之不熟耳[14]。试取汉、魏之诗而熟参之，次取晋、宋之诗而熟参之，次取南北朝之诗而熟参之，次取沈、宋、王、杨、卢、骆、陈拾遗之诗而熟参之[15]，次取开元、天宝诸家之诗而熟参之，次独取李、杜二公之诗而熟参之[16]，又取大历十才子之诗而熟参之[17]，又取元和之诗而熟参之[18]，又尽取晚唐诸家之诗而熟参之[19]，又取本朝苏、黄以下诸家之诗而熟参之[20]，其真是非自有不能隐者。倘犹于此而无见焉，则是野狐外道[21]，蒙蔽其真识，不可救药,终不悟也。

注释 [1]禅家:这里指佛家。乘有小大:佛教以车乘载人多少为喻,分小乘教和大乘教。小乘视释迦为教主,大乘提倡三世十方有无数佛;小乘追求个人自我解脱,大乘则宣扬普度众生;小乘的主要经典是《阿含经》,大乘的主要经典有《般若经》、《维摩经》、《法华经》、《华严经》等。宗有南北:禅宗自五祖弘忍后分为南北二宗,慧能在江南布化,称南宗;神秀入洛阳而道盛,称北宗。南宗主顿悟,北宗讲渐悟。道有邪正:《五灯会元》卷四:"有此眼目,方辨得邪正宗党。" [2]最上乘:唐代宗密将禅分为五种:外道禅、凡夫禅、小乘禅、大乘禅、最上乘禅(《禅源诸诠集都序》)。最上乘禅指达摩所传之禅法。正法眼:禅宗称释迦牟尼所传之法为无上正法,又称正法眼藏、清净法眼。《五灯会元》卷一:"世尊在灵山会上,拈花示众。是时众皆默然,唯迦叶尊者破颜微笑。世尊曰:'吾有正法眼藏,涅槃妙心,实相无相,微妙法门,不立文字,教外别传,付嘱摩诃迦叶。"第一义:佛家术语,指最高、最完满、最圆融之义谛,又名真谛、胜义谛。在禅宗中,言第一义者,通常相对于第二义而言。《大乘义章》:"第一义者,亦名真谛……彼世谛若对第一,应名第二。" [3]声闻、辟支果:佛家有三乘:一菩萨乘,二辟支乘,三声闻乘。菩萨乘普济众生,故称大乘;辟支、声闻仅求自度,故称小乘。 [4]大历以还之诗:指中唐诗歌。大历:唐代宗年号(766—779)。 [5]临济:南禅五家之一,源出六祖慧能弟子南岳怀让,历马祖道一、百丈怀海、黄檗希运,希运传临济义玄,义玄乃临济宗之宗师。北宋时,临济宗又发展成杨岐、黄龙二派,其传特盛。 [6]曹洞:南禅五家之一,源出六祖慧能弟子青原行思,历石头希迁、药山惟俨、云岩昙晟,云岩传良价禅师,良价住瑞州洞山,良价传本寂禅师,本寂住抚州曹山,故合称曹洞宗。[7]妙悟:佛家语,敏慧善悟。《涅槃无名论》曰:"玄道在于妙悟,妙悟在于即真。"[8]孟襄阳:孟浩然,襄州襄阳人。韩退之:韩愈,字退之。许学夷《诗源辩体》谓:"浩然造思极精,必待自得。故其五言律皆忽然而来,浑然而就,而圆转超绝多入于圣矣。须溪谓浩然不刻画,只似乘兴;沧浪谓浩然一味妙悟,皆得之矣。"陈师道《后山诗话》谓:"退之于诗本无解处,以才高而好耳。"又谓:"退之以文为诗,虽极天下之工,要非本色。" [9]当行:内行。本色:本行。 [10]分限:一定限度。[11]"汉魏"二句:许学夷《诗源辩体》谓:"汉魏天成,本不假悟,六朝刻雕绮靡,又不可以言悟。" [12]谢灵运:南朝宋诗人,山水诗派的开山人物。 [13]僭(jiàn):超越本分。妄:虚妄。 [14]参诗之不熟:谓作诗工夫不深。禅宗有参禅之说,或坐禅、或说法、或公案,形式不一,关键是领悟禅机。 [15]沈、宋、王、杨、卢、骆，陈拾遗：沈、宋：沈佺期、宋之问。王、杨、卢、骆：王勃、杨炯、卢照邻、骆宾王，即"初唐四杰"。陈拾遗：陈子昂，曾任右拾遗。　[16]李、杜：李白、杜甫。[17]大历十才子：唐大历年间的十个诗人。《新唐书·卢纶传》："纶与吉中孚、韩翃、钱起、司空曙、苗发、崔峒、耿湋、夏侯审、李端，皆能诗，齐名，称大历十才子。"他书所载十人姓名略有出入。　[18]元和之诗：指元稹、白居易为代表的诗人。元和（806—820），唐宪宗年号。　[19]晚唐诸家之诗：指李商隐、温庭筠一派诗风。　[20]苏、黄：苏轼、黄庭坚。　[21]野狐：禅宗将似是而非的禅称为野狐禅。外道：立于佛教之外的旁门左道。

五

夫诗有别材，非关书也；诗有别趣，非关理也[1]。然非多读书，多穷理，则不能极其致。所谓不涉理路，不落言筌者，上也[2]。诗者，吟咏情性也。盛唐诸人惟在兴趣，羚羊挂角，无迹可求。[3]故其妙处透彻玲珑，不可凑泊，如空中之音，相中之色，水中之月，镜中之象[4]，言有尽而意无穷。近代诸公乃作奇特解会[5]，遂以文字为诗，以才学为诗，以议论为诗。夫岂不工，终非古人之诗也。盖于一唱三叹之音，有所歉焉。且其作多务使事，不问兴致[6]；用字必有来历，押韵必有出处，读之反覆终篇，不知着到何在[7]。其末流甚者，叫噪怒张，殊乖忠厚之风，殆以骂詈为诗[8]。诗而至此，可谓一厄也。然则近代之诗无取乎？曰：有之，吾取其合于古人者而已。国初之诗尚沿袭唐人：王黄州学白乐天[9]，杨文公、刘中山学李商隐[10]，盛文肃学韦苏州[11]，欧阳公学韩退之古诗，梅圣俞学唐人平淡处[12]。至东坡、山谷始自出己意以为诗，唐人之风变矣[13]。山谷用工尤为深刻，其后法席盛行，海内称为江西宗派[14]。近世赵紫芝、翁灵舒辈，独喜贾岛、姚合之诗，稍稍复就清苦之风[15]；江湖诗人多效其体，一时自谓之唐宗[16]；不知止入声闻辟支之果，岂盛唐诸公大乘正法眼者哉！嗟乎！正法眼之无传久矣。唐诗之说未唱，唐诗之道或有时而明也[17]。今既唱其体曰唐诗矣，则学者谓唐诗诚止于是耳，得非诗道之重不幸邪！故予不自量度，辄定诗之宗旨，且借禅以为喻，推原汉、魏以来，而截然谓当以盛唐为法（后舍汉魏而独言盛唐者,谓古律之体备也[18]),虽获罪于世之君子,不辞也。

注释 [1]"诗有别材"四句:诗歌创作需要特殊的才能,并非书读得越多,学问越大,诗就写得越好;诗歌艺术凭借其情感性和形象性特点感染人、打动人,而不是靠抽象的议论说理取胜。严羽以此反对"以才学、议论为诗"。别材:诗歌创作的特殊才能。材,通"才"。别趣:诗歌独有的兴趣特点。 [2]"然非多读书"五句:诗歌创作虽然有"别材"、"别趣",非关"书"、"理",但是诗人不多读书加强修养,多穷理通晓是非,则同样不能达到诗歌创作的极致。尽管如此,创作活动还是不能陷入抽象说理和堆砌辞藻。德国理论家威廉·席勒格说得好:"诗人的思想不能理解为某种抽象的东西,它并不具有反省的沉思的外表。"创作中思想、意识、理性,积淀、渗透在情感、无意识、直觉之中,是一种"率志委和"、"理融情畅"(《文心雕龙·养气》)的效果,故称"不涉理路,不落言筌"。理路:议论、说理。言筌:堆砌辞藻。筌,捕鱼的竹器。 [3]"羚羊"二句:据说羚羊夜宿时,将角挂在树枝上,悬身空中,与树木和周围的景色融为一体,不露痕迹,从而有效地躲避了野兽的侵害。《传灯录》卷十七:(道膺禅师曰)"如好猎狗,只能寻得有踪迹底,忽遇羚羊挂角,莫道迹,气亦不识。"这里比喻盛唐诗歌含蓄蕴藉、气象浑厚的整体意境。 [4]透彻玲珑:形象空明精巧。不可凑泊:难以把握其妙处。凑泊:接近,捉摸。司空图《与极浦书》引戴容州语:"诗家之景,如蓝田日暖,良玉生烟,可望而不可置于眉睫之前也。"与此义近。空中之音、相中之色、水中之月、镜中之象:佛教经常用的比喻,这里指盛唐诗歌"兴趣"所具有的不即不离的审美特征。赵与时《宾退录》载张芸叟论诗语:"王介甫如空中之音,相中之色,欲有寻绎,不可得矣。"与此相仿佛。 [5]近代诸公:指黄庭坚及其后学江西诗派。奇特解会:特殊的理解,这里指江西诗派不顾诗歌自身的本性特点,一味追求新奇,以文字、才学、议论为诗,以至误入歧途。 [6]使事:征事用典。兴致:兴趣。 [7]不知着到何在:不知用意何在。着,着落。 [8]叫噪(zào)怒张:大叫大嚷。以骂詈为诗:指苏轼讥评时事的诗,多怨刺之言。《后山诗话》曰:"苏诗始学刘禹锡,故多怨刺。"黄庭坚《书王知载朐山杂咏后》云:"诗者,人之性情也。非强谏诤于廷,怨忿诟于道,怒邻骂座之为也。" [9]王黄州:王禹偁(954—1001),字元之,北宋诗人,曾知黄州。诗宗白居易,有诗云:"本与乐天为后进,敢期子美是前身。"(《蔡宽夫诗话》引)白乐天:白居易(772—846),字乐天,晚年号香山居士。 [10]杨文公:杨亿(974—1020),字大年,卒谥文,北宋诗人。曾与刘筠、钱惟演等唱和,编成《西昆酬唱集》,号"西昆体"。刘中山:刘筠(971—1031),字子仪,中山人。诗与杨亿齐名,时号

"杨刘"。　[11]盛文肃：盛度（968—1041），字公亮，卒谥文肃。韦苏州：韦应物（739—789），盛唐诗人，曾任苏州刺史。　[12]欧阳公：欧阳修（1007—1072），字永叔，号六一居士。梅圣俞：梅尧臣（1002—1060），字圣俞。欧阳修《六一诗话》称其诗"覃思精微，以深远闲淡为意"。唐代王维、孟浩然、韦应物、柳宗元的诗风都具有平淡的特点。　[13]"至东坡"二句：谓苏轼、黄庭坚以文字、才学、议论为诗，尽变唐风，开启宋调。张戒《岁寒堂诗话》曰："子瞻以议论为诗，鲁直又专以补缀奇字，学者未得其所长，而先得其所短，诗人之意扫地矣。"　[14]用工深刻：指黄庭坚作诗在句法锻炼、用典安排上很下工夫。《朱子语类》卷一四〇谓"黄费安排"，即指此。法席盛行：谓黄氏诗法广泛流行。江西宗派：以江西人黄庭坚为首的文学宗派。元代方回在《瀛奎律髓》中提出"一祖三宗"说：以杜甫为祖，以黄庭坚、陈师道、陈与义为宗。他们号称学杜，但专在句法、用典上下工夫，取古人成言"点铁成金"、"夺胎换骨"，故意造成一种生新瘦硬的风格。　[15]赵紫芝、翁灵舒辈：这里指永嘉四灵。南宋诗人赵师秀（字紫芝，号灵秀）、翁卷（字续古，号灵舒）、徐照（字道晖，号灵晖）、徐玑（字文渊，号灵渊），均为永嘉（今浙江温州）人。他们反对江西诗派，推崇晚唐贾岛、姚合之诗，风格灵秀，但境界狭窄。　[16]江湖诗人：指以南宋后期以姜夔、戴复古、刘克庄为代表的诗歌流派。其得名于杭州书商陈起所刻之《江湖集》、《江湖前集》、《江湖后集》、《江湖续集》等。这些诗人政治上大多失意，浪迹江湖，不满意于江西诗派和永嘉四灵，主张学诗从晚唐入手而上溯李、杜，自称是唐诗的正宗，其实与四灵差别不大。　[17]唐诗之说未唱：唐诗的理论未得到倡导。唐诗之道：唐诗创作的真谛。　[18]此为严羽自注之语。

（原文据《沧浪诗话校释》，人民文学出版社，1983年）

【评论】

"别才"和"别趣"
——《沧浪诗话》的创作论和鉴赏论

吴调公

一

　　严羽的《沧浪诗话》是司空图诗论的后劲。由于作者有意识地从各方面阐发诗论,因此对"人"和"境"的问题有了较透彻的发挥,使司空图总结的盛唐诗境说,得到有力的补充(虽说也有不少出入)。为了完成这诗境,诗人应该进行怎样的创作准备?为了再现这诗境,批评者又应如何对待形象的特色?这些,在司空图诗论中都是谈得比较片断的,但是《诗话》里却有了一脉源流的但却是新鲜的阐发:有关诗人心灵的研究主要归结为"别才"问题;有关诗境魅力的研究主要归结为"别趣"问题。

二

《沧浪诗话》说:"夫诗有别才,非关书也;诗有别趣,非关理也。然非多读书,多穷理,则不能极其致。"严羽之所以提出这一主张,在于补偏救弊,纠正江西、四灵、江湖之失。

由于受了理学家论道和禅宗谈禅的影响,更由于诗歌散文化偏至的影响,一般说来,江西派不大讲究诗人的才情和境界,忽略诗歌的抒情因素和诗人应有的深微的艺术体验。针对着晦涩生硬、愈变愈僵木的江西末流,严羽主张:必须"吟咏情性",并且"明目张胆"地要大家从江西派的清规戒律下解放出来,深化诗境。

江西派认为理想的诗人,应有丰富的学养,善于用事,亦即能剪裁古人的篇章字句,化为己有。而对诗境的看法则着重"命意"。但这里的"命意"并不等于思想性,而主要是指谋篇布局。江西派重视表现技巧的锤炼,严羽重视艺术体验能力的培养。江西派把学和理强调得过偏,严羽则提出才和情,但也不反对学和理。

《沧浪诗话》和四灵派的主张也有对立之处。四灵学贾岛、姚合,希望用清新工致和格调便利,救江西生涩之失。但由于过分雕琢,笔触太纤,局面不大,缺少浑厚,也缺少含蓄。继承司空图的味外之味和反对贾岛"塞涩"的严羽,对这些诗自然没有好感,学最上乘、具正法眼的"别才"说,正所以补救"四灵"的轻才小慧之弊;"别趣"的浑涵汪茫,正所以纠正偏侧支离、缺少舒卷凝炼的诗境之弊。

《沧浪诗话》的主张和江湖派的对立,比起和四灵的对立来更微妙。当然，江湖派中的刘克庄，出语浅率，跟严羽的"一唱三叹"和"去俗"主张是对立的；戴复古的刻意学习储光羲的冲淡而有斧凿痕，同他的"透彻玲珑，不可凑泊"、强调灵感的主张也是对立的。但我们也不要忘记还有联系的一面。出于四灵的意境清新之说而去其纤巧雕琢之弊、向流转爽朗一路发展的江湖派，本有可能和严羽携手，因为严羽的诗，有豪迈之作，有清新之作。豪迈于刘克庄为近，清新于方岳为近。加之严羽曾和部分的江湖诗人交游，事实上也受到他们的影响而颇多性灵的诗篇。由于以上种种原因，严羽和江湖派的主张实有相通之处。

严羽为纠正江西的生涩和韵味的短浅，救之以"深"、"远"、"飘逸"；为纠正四灵派的支离纤弱，救之以"雄浑"、"悲壮"和"长"；为纠正江湖派的浅率、平庸，救之以"高"、"古"和"凄婉"。四灵纠江西，江湖纠四灵，而都不免偏向另外的一边；但它们又都各有所长，多少克服了对立面的缺点。严羽就是在这样的基础上沿着前人的螺旋形道路而有所提高。《诗辨》篇九种风格的提出，正可以说是宋诗经验的总结，从正面倡论中见补偏深意的风格主张。虽说严羽不可能像我们今天的批判吸收，但他还是能从多方面研究问题的。如果说"优游不迫"主要是四灵之长，"沉着痛快"主要是江湖之长，那么严羽在反对两个诗派缺点的同时，却还是能适当吸收它们的优点的。

"别才"和"别趣"、诗人和诗境问题看法的提出，主要目的，固然是为针对江西派的"书"和"理"而发，但对四灵和江湖，亦复有其纠偏作用。这正因为，严羽认为四灵、江湖既在反对江西派中对"才"和"趣"的看法上暴露缺点，为了更好地克服江西派的流弊，自然也不得不同时清算一下志大才疏、变而不得其法的四灵和江湖的主张。四灵学力不厚，失之浅薄；江湖风骨不高，失之粗浮。但总的说来，却都是在反对江西派以书袋累诗和以抽象的说理语言入诗的同时，自己犯了不肯"多读书，多穷理"的毛病。

由此可见，"别才""别趣"是达到"九品"的前提，也是具有"九品"的理想诗歌的情和境的特点。从"别才"、"别趣"中，不仅可以看出严羽的基本立论，还可以看出它的对立面和对立面的对立面的层层折光。

三

什么是严羽的所谓"别才"?

严羽的"别才"指诗境中有悠然韵味的诗人。这见解渊源于司空图的诗境说。司空图认为诗歌之所以有风格和诗品,由于诗境有特色,而诗境之所以有特色,又由于诗境中渗透着诗人个性、诗人之神。《诗品·形容》:"风云变态,花草精神,海之波澜,山之嶙峋"。没有生命的风云山海之所以有精神,实际还是由于风云山海背后诗人的精神起了作用。司空图发展了《文赋》的"心懔懔以怀霜,志渺渺而凌云"和《文心雕龙·物色》篇的"珪璋挺其惠心,英华秀其清气"的理论,而严羽则发展了司空图"思与境谐"的理论。"诗者,吟咏情性"的提出,说明诗人端正对诗的认识的重要,不应"以文字为诗,以才学为诗,以议论为诗",但也说明了诗中应有人在。惟其有情性,才有"本色"的自然之趣,也才能感动读者,如《诗话·诗评》篇所说:"高、岑之诗悲壮,读之使人感慨;孟、郊之诗刻苦,读之使人不欢。"

"别才"从何而来?

严羽对这一点的解释,既注意性分,又注意学力。他认为理想中诗人的情性应该是没有俗气的。严羽的所谓"不俗",大约有两个方面:一是偏于《诗辨》篇所说的"优游不迫"一面,也就是《诗品·典雅》篇描写的"落花无言,人淡如菊"的那种雅士。《沧浪吟卷》里有一首《寄山中同志》,摹状的诗人倒很有点相像。"我有三足麇,放之在碧山,别来几千日,昨梦忽来还。……"另一面,不俗的风度也意味着"沉着痛快"。"振衣千仞冈"的踔厉风发,大约属于这一面。严羽自己的《梦中作》是一个标本:"少小尚奇节,无意缚珪组,远游江湖间,登高屡怀古,前朝英雄事,约略皆可睹。将军策单马,谈笑有荆楚,高视蔑袁、曹,气已盛寰宇。"

严羽的"透彻玲珑"的诗境论,似更偏于"优游不迫",创作实践似更偏于"沉着痛快"。当然,这两者决不是对立的。接近王、孟的一面导致他在理论上提出"不落言筌"的主张,曲折地反映了禅宗的"悟入"

和陆象山理学一派的"穷心穷理"的主观唯心主义思想;接近李白和高、岑的一面,导致他在诗歌创作中写下了许多喑呜叱咤的古诗,如《剑歌行赠吴会卿》《古剑行》等,反映了诗人的爱国忧民的襟抱和慷慨豪迈不能忘怀现实的心情。

严羽的性情就是充满这样的矛盾,严羽理想中的诗人也就是充满这样的矛盾。在诗歌理论方面,这位"优游不迫"的诗人因为不适当地强调"含蓄"而倾心于空虚玄寂的神韵之说;在创作实践方面,"沉着痛快"的诗人却高唱着慷慨悲歌,为抒发性灵本色树立标本。但毕竟创作特色和理论精神也有沟通的一面,那就是两者都集中在"入神"一点上:反对烦琐的技巧研究,反对臃肿的辞章堆砌,反对取消艺术特色的种种"构思",而以发抒情性、启发灵感为主。由于如此,诗歌理论的"入神"说,固然主要表现为含蓄的主张,但也并不完全排斥显豁。

由此可见,严羽理想中具有"别才"的诗人是神韵悠然的,也是天然本色的,是"优游不迫"和"沉着痛快"兼而有之的,而以"优游不迫"为主。

这种风格固然本于情性,但也非倚赖学力培养不可。学力的培养,严羽认为以"识"为主,即"入门须正,立志须高"之说。具体的途径是:"工夫须从上做下,不可从下做上。先须熟读《楚辞》……"这样学古的好处有二。第一,从文学流变的角度摸索每一段历史时期的作家作品,分析其间的因革、长短,对开拓眼界、提高识见确有好处。当然,另一面也有局限性,就是把古人经验完全作为艺术源泉看待,置生活于不顾。第二,能把学古和"悟入"方法结合起来。所谓"酝酿胸中",也就是得诗人、诗篇之神而深切领会,并从中汲取营养,如《诗评》所谓:"观太白诗者,要识真太白处。""读《骚》之久,方识真味。"这就不同于江西派"脱胎""换骨"说的取貌遗神、舍本逐末。当然,把鉴赏古人作品和善于借镜说得像禅悟一般玄而又玄是错误的,尽管艺术魅力的确微妙,但也毕竟还是可以言传的。

情性和识见,二者都是严羽重视的,但前者毕竟为主,因为他认为丰富学识的目的在于丰富灵感,而灵感的涌现,有助于性分的自然而婉委的流露,从而形成浑灏流转、韵味悠然的诗境。因此他在《诗辨》篇首先点出:"诗有别才,非关书也",然后再补充说明,并非束书不观。

严羽既然提倡发抒情性并以情性的抒发寄托于神韵悠然的境界,因此他的"别才"说和标志着风格流派的"家教"说二者能密切结合。因为境而入神,固然说明抒发诗人的情性,而初、盛、中、晚唐的不同"苍素",也体现了不同历史时期不同作家群的各有情性、各有擅长、各有神貌。善于悟入的"别才"是培养诗人风格的基础,也是形成"家数"的前提。我们今天须要从创作角度研究作家的艺术道路,更从文学史角度研究作家风格和流派风格的关系,玩味这一些,也许可以得到他山之助吧。

四

"别趣"和"别才"是密切联系的。"别才"是产生"别趣"的根源,"别趣"是"别才"的必然结果;必须饶有"别才"的诗人,才能创造出饶有兴趣的诗境。

"别趣"有广、狭二义:就广义言,它表示诗歌形象的特色和形象的魅力;就狭义言,它意味着最富于形象魅力的诗歌即唐诗的特色,"盛唐诸人惟在兴趣",便是指此。这两者是相因为用的。前者指对诗的要求,后者指符合要求的标本;但前者又是在评论家领略了后者的佳趣后产生的。

先说广义的别趣。严羽谈"别趣"主情,并俨然以唐诗之情与宋诗的理对称。《沧浪诗话》说:"诗有别趣,非关理也。"这句话也和别才非出于书一样,引起后人反感,被误会为诗境可以不符合人生道理,亦即今语的生活规律。这自然是不符合严羽本意的。《沧浪诗话》分明说过:"诗有词理意兴,南朝人尚词而病于理,本朝人尚理而病于意兴;唐人尚意兴而理在其中……"严羽所反对的"理",是脱离"意兴"的"理";融于"意兴"的"理",他还是需要的。从唐、宋诗歌构思特色的对比,可以看出严羽的诗趣说渊源于司空图"思与境偕"之说。司空图要诗人的思维不离开具体的形象化的境界,严羽要诗人的"理"不离开丰富的灵感和生动的形象化的构思("意兴"),目的都在于保持诗歌创作和欣赏中的美感特色。

至于狭义的"别趣",极"兴趣"之致的唐诗韵味,严羽认为它的特色偏于蕴藉含蓄一路。境界中的诗人"性情"固然是通过"吟咏"而表现的,然而表现手法"忌直,忌浅,忌露,忌短",而必须气象"浑厚"。这很有点像司空图《与李生论诗书》中的"醇味"。浑厚的特点有三:第一,由于诗人学力充沛和构思时的即景会心,情景交浃,精神团聚,形象的侧面虽多,而仍然能保持高度的完整性。如"诗评"篇所说:"建安之作,全在气象,不可寻枝摘叶。"第二,由于诗人的风神悠远,摹状的语言给读者以遐想的余地。如所谓"不必太着题"式的淡写《黄庭》,从而诗境能保持"言有尽而意无穷"的凝缩性。第三,由于诗人感情的真挚和构思不塞涩,刻词状物没有斧凿痕,锤炼中见自然,流转中见沉着,就能保持诗境的朴素性。《沧浪诗话》说的"盛唐人,有似粗而非粗处,有似拙而非拙处",也正是这意思。完整、凝缩、朴素三要素,大约这就是浑厚的内容,也就是由形象性发展到艺术性的最高表征了。

"别才"和"别趣"的本质是创作过程和鉴赏过程的玄化:"吟咏情性"的玄化表现为"别才";"熟参"古人诗味的玄化表现为"别趣"。

(选自《古代文论今探》,有删节)

四 《焚书》

【题解】

李贽(1527—1602),号卓吾,又号宏甫,别号温陵居士,泉州晋江(今属福建)人,明代著名思想家、文学家,泰州学派后期的代表人物。李贽"幼而孤,莫知所长"(《焚书·卓吾论略》),从小就养成了孤独、倔强的性格。少年读书,即对朱注经书不以为然。勉强应试,居然高中福建乡试举人。因对科举缺乏兴趣,遂不再应进士考试。二十多年间,历任南京国子监博士、刑部员外郎等,最后任云南姚安知府。为官三年,姚安"大治"。因厌恶官场生活,万历八年(1580),54岁时决意辞官,结束仕途生涯。李贽辞官后,不愿还乡,恐为家族所累,客游于湖北黄安、麻城、武昌等地,著述讲学,广泛交游。主要著作有《初潭集》、《焚书》、《续焚书》、《藏书》、《续藏书》等。

李贽生活在明代嘉靖、万历年间,受王阳明心学和禅学的影响,思想尖锐激烈,富有批判精神。作为封建正统思想的叛逆者,他公开站在"异端"的立场,蔑视和否定孔孟的权威,认为自汉代以后千余年"咸以孔子之是非为是非,故未尝有是非"(《藏书·世纪列传总目前论》),反对"存天理,灭人欲"的道学思想,强调人欲的合理性,肯定"好货好色"是人之常情,提出"穿衣吃饭即是人伦物理"的见解。基于这种观点,他对封建传统教条和假道学进行了大胆的揭露和批判。文学方面,反对复古模拟,主张创作必须抒发个人情怀,从"绝假纯真"的"童心"出发,反对"以多读书,识义理障其童心",并重视戏曲、小说在文学史上的地位。李贽的思想学说,代表了明代资本主义萌芽时期意识形态领域出现的新思潮,故为当时统治者所不容,被劾以"敢倡乱道,惑世诬民"之罪名,在北京被捕,于狱中自刎。

《焚书》,六卷,是李贽的诗文集,收录了他在万历十八年(1590)以前所写的书信、杂著、史论、诗歌等。其中,卷一、卷二为"书答",即与人来往的书信,主要收录他与朋友间谈佛论道的信函;卷三、卷四为"杂著",既有《卓吾论略》、《自赞》等自述性论著,又有《论政篇》、《兵食篇》等政论性著述,还有《童心说》、《杂说》等文论性篇章,也有《解经题》、《解经文》等佛学论著;卷五为"读史",通过对曹操、杨修、贾谊、晁错等历史人物的评述,提出自己的史学观点;卷六为诗歌。《焚书》是一部反映作者的政治、哲学和社会思想的重要著作,是了解李贽思想学说的基本资料。在《藏书》中,作者主要是通过对历史人物的评价,来表达其进步的历史观,向千百年来的儒家传统观念宣战;而《焚书》则更多地把批判的锋芒直接指向所谓"近世学者"即道学家,其中有不少尖锐泼辣、富有战斗性的书信、杂文等,和封建道学家展开了激烈的辩论。诚如作者在《答焦漪园》中所说:"《李氏焚书》,大抵多因缘语、怼激语,不比寻常套语。"

《焚书》何谓?作者在《自序》中说:"所言颇切近世学者膏肓,既中其痼疾,则必欲杀我矣,故欲焚之,言当焚而弃之,不可留也。"结果果然如作者所料。万历十八年,《焚书》在麻城第一次刻印,此后又多次印行。万历三十年(1620),即作者下狱的当年,张问达奏请焚毁。但禁而不止,民间仍有流传。现在流传的《焚书》是李贽死后由别人重编刊行的,有删改。1975 年,中华书局将《焚书》和《续焚书》合为一册出版发行,这是最适合读者学习的本子。研究著作方面,左东岭的《李贽与晚明文学思想》(天津人民出版社,1997 年)、许建平的《李贽思想演变史》(人民出版社,2005 年),都值得一读;传记作品方面,张建业的《李贽评传》(福建人民出版社,1981 年)、许苏民的《李贽评传》(南京大学出版社,2006 年),可资参考。

童心说[1]

龙洞山农叙《西厢》末语云[2]:"知者勿谓我尚有童心可也。"夫童心者,真心也。若以童心为不可,是以真心为不可也。夫童心者,绝假纯真,最初一念之本心也[3]。若失却童心,便失却真心;失却真心,便失却真人。人而非真,全不复有初矣[4]。

童子者,人之初也;童心者,心之初也。夫心之初曷可失也[5]!然童心胡然而遽失也[6]?盖方其始也,有闻见从耳目而入,而以为主于其内而童心失[7]。其长也,有道理从闻见而入,而以为主于其内而童心失。其久也,道理闻见日以益多,则所知所觉日以益广,于是焉又知美名之可好也,而务欲以扬之而童心失;知不美之名之可丑也,而务欲以掩之而童心失。夫道理闻见,皆自多读书识义理而来也[8]。古之圣人,曷尝不读书哉!然纵不读书,童心固自在也,纵多读书,亦以护此童心而使之勿失焉耳,非若学者反以多读书识义理而反障之也[9]。夫学者既以多读书识义理障其童心矣,圣人又何用多著书立言以障学人为耶?童心既障,于是发而为言语,则言语不由衷;见而为政事,则政事无根柢;著而为文辞,则文辞不能达。非内含于章美也[10],非笃实生辉光也[11],欲求一句有德之言,卒不可得。所以者何? 以童心既障,而以从外入者闻见道理为之心也。

夫既以闻见道理为心矣,则所言者皆闻见道理之言,非童心自出之言也。言虽工,于我何与? 岂非以假人言假言,而事假事,文假文乎[12]? 盖其人既假,则无所不假矣。由是而以假言与假人言,则假人喜;以假事与假人道,则假人喜;以假文与假人谈,则假人喜。无所不假,则无所不喜。满场是假,矮人何辩也[13]? 然则虽有天下之至文,其湮灭于假人而不尽见于后世者,又岂少哉! 何也? 天下之至文,未有不出于童心焉者也。苟童心常存,则道理不行,闻见不立,无时不文,无人不文,无一样创制体格文字而非文者[14]。诗何必古《选》[15],文何必先秦。降而为六朝,变而为近体[16];又变而为传奇,变而为院本,为杂剧[17],为《西厢曲》[18],为《水浒传》,为今之举子业[19],皆古今至文,不可得而时势先后论也。故吾因是有感于童心者之自文也[20],更说什么六经,更说什么《语》、《孟》乎?

夫六经、《语》、《孟》,非其史官过为褒崇之词,则其臣子极为赞美之语[21]。又不然,则其迂阔门徒,懵懂弟子[22],记忆师说,有头无尾,得后遗前,随其所见,笔之于书。后学不察,便谓出自圣人之口也,决定目之为经矣,孰知其大半非圣人之言乎? 纵出自圣人,要亦有为而发,不过因病发药,随时处方,以救此一等懵懂弟子,迂阔门徒云耳。药医假病,方难定执[23],是岂可遽以为万世之至论乎? 然则六经、《语》、《孟》,乃道学之口实,假人之渊薮也[24],断断乎其不可以语于童心之言明矣。呜呼! 吾又安得真正大圣人童心未曾失者而与之一言文哉!

注释 [1]李贽所谓"童心"即是"真心",是不受儒家正统思想熏染之心。他认为童心不仅是创作的源泉,而且是评价一切作品的首要的价值标准。只要有童心,"无一样创制体格文字而非文者"。"天下之至文,未有不出于童心焉者也。"这种观点与七子派强调复古模拟截然对立,成为公安派性灵说的理论源头。 [2]龙洞山农:不详所指,或疑为李贽别号。 [3]最初一念之本心:指未接受外界影响的本然童蒙之心。 [4]初:人之初的自然淳朴状态。 [5]曷:何。 [6]胡然:怎样。遽:就,遂。 [7]内:内心世界。 [8]道理闻见:这里指道学所宣扬的封建伦理道德和礼仪。义理:本指经义,宋以后主要指程朱理学。[9]学者:指近世道学家。障:蒙蔽。　[10]非内含于章美:不是由内在的真情表现出外在的美。《周易·坤》:"六三:含章可贞。"《程传》:"含晦而章美。"章,通"彰"。　[11]非笃实生辉光:不是由内在的诚实产生外在的光辉。《周易·大畜·象传》:"刚健,笃实,辉光,日新其德。"　[12]言假言:说假话。事假事:做假事。文假文:写假文。　[13]"满场"二句:以看戏为喻,谓戏场一切皆假,不明真相者就无从分辨了。　[14]创制体格:文章体裁。　[15]诗何必古《选》:谓诗不必以《文选》所录两汉魏晋古诗为典范。　[16]近体:指诗歌由古体变为律体。[17]传奇:指唐宋传奇小说。院本:金元时行院演出时的脚本。杂剧:元杂剧。[18]《西厢曲》:即元杂剧《西厢记》。　[19]举子业:科举考试所用文体。在李贽看来,即使是科场考试之文,只要出自童心,也是好文章。　[20]自文:自然而然,出自童心之文。　[21]"夫六经"二句:谓六经、《论语》、《孟子》所载,不是史官曲意褒崇之词,就是臣子阿谀赞美之语。　[22]懵(měng)懂:糊涂。　[23]"药医"二句:因病下药,处方随时而变。方:药方。定执:固定不变。　[24]口实:谈话资料。渊薮(sǒu):源泉。

（原文据《焚书 续焚书》,中华书局,1975年）

【评论】

《焚书》的价值、影响和现实意义

鲍和平

一　对《焚书》的价值判断

《焚书》是李贽的代表作,是我们探讨与研究李贽思想的重要资料。通过对它的解读,不仅能使我们比较全面系统地理解李贽的道学、佛学、史学、社会政治和文学等层面的思想特征,厘清李贽思想体系的基本脉络,而且有助于加深对祖国传统文化发展、演进的认知与理解。这里,笔者拟就李贽思想的渊源及其是否反传统进行探讨。

笔者认为,李贽思想的主要渊源是:道家自然无为思想、儒家的道学思想和佛教的禅学思想。

第一，道家的自然无为思想是李贽思想的重要渊源，它几乎渗透到李贽思想的各个层面。在政治上，他主张无为而治，竭力推崇"至人之治"，即为政者须因顺于民，任运自然。他把曹参治齐看成是无为而治的典范，而他自己在姚安三年的政治实践更是无为而治的生动写照，就像顾冲菴所说，李贽在姚安是"无事而事事，无为而无不为"。就为人而言，李贽十分强调"真"（即自然），厌恶虚伪。他认为周瑜"得老子之体"，通"清静宁一之化，无为自然之用"，是"最上一层之人"。在文艺创作方面，他更是强调文艺作品应该是作者内心情感的真实流露，反对矫饰。就是在信奉佛教、参禅修行时，他也是强调顺乎自然，不可执著，不能违背当下之心。这一切无不表明，道家自然无为思想对李贽的影响何等深刻！

第二，儒家的道学思想是李贽思想的主体构件。李贽自幼习儒，26岁中举，即任河南辉县教谕，开始其仕宦生涯。作为下层官员，历任国子监博士、礼部司务、南京刑部员外郎，51岁时出任偏远的云南姚安府知府，这是他最后的官职。李贽这段科举仕宦经历，无时无地都离不开儒家经典。难怪他说："为儒已半世。"[1]就是在落发为僧之后，他仍自称："虽落发为僧而实儒也。"李贽还说："余既自幼习孔氏之学矣，是故亦以其学纂书焉。"[2]在狱中受审时，他申辩说："罪人著书甚多，具在，于圣教有益无损。"[3]可见，儒学是他思想体系的主体构件。

第三，佛教的禅学思想是李贽思想的又一重要源流。

李贽正式接触到佛学经典大约在40岁以后，1566年，李贽携家眷由共城到北京，候补礼部司务，开始接触佛学。《明儒学案》卷十四《徐用检传》记载：当时徐用检在北京，"从赵大洲讲学，礼部司务李贽不敢赴会，先生以手书《金刚经》示之，曰'此不死之学问也，若亦不讲乎？'贽始折节向学"。李贽自述：任南京刑部员外郎时，身体不好，"大衰欲死，因得友朋劝诲，翻阅贝经。幸于生死之原，窥见斑点，乃复研究《学》、《庸》要旨，知其宗贯"[4]。51岁那年，李贽出任姚安知府，对佛学更加信崇，常到佛寺与名僧谈论佛学。据袁中道《李温陵传》记载："每至伽蓝，判了公事，坐堂皇上，或置名僧其间，簿书有隙，即与参论虚玄。"辞官之后，李贽先寄寓黄安耿府，后又定居龙潭芝佛院，从此耽于佛学,深受佛学出世思想的影响。看来,李贽对佛学的兴趣主要渊源于王学。王阳明等人都曾"援佛入儒",这样,李贽从王学那里接受儒学时,就不知不觉地接触并接受了佛学。事实上,李贽认同王阳明"满街皆圣人"的论断,与佛教"众生悉有佛性"的说法是一致的。所以李贽说:"圣人不责人之必能,是以人人皆可以为圣。故阳明先生曰'满街皆圣人。'佛氏亦曰:'即心即佛,人人是佛。'"[5] 受此影响,李贽认为,人人都具有佛性,并体现在众生日常的修行实践之中。

总之,在李贽的思想中,儒、佛、道兼而有之,他的个性解放和众生平等的思想实际上是儒佛融通的产物。其实,在李贽生活的时代,儒、佛、道虽标榜各异,然就其传统的文化内核而言,经过一千多年的磨合,人们已很难明确区分三者界限。李贽正是在这个意义上接受儒、佛、道思想的。事实上,对于儒、佛、道三教,李贽并未盲目推崇或摈弃,而是根据自我独立判断兼采各家之长,为我所用。他对三教思想深入探讨,择取其若干成分,相互渗透和组合,兼容并包,为我所用,形成颇具特色的思想体系,因而显得复杂多元,甚至出现某些混乱,而且使他本就具有的独立意识更为凸显,个性更为鲜明。

传统是一个相当复杂的问题。在中国,自从春秋末期出现"百家争鸣"以后,儒、道、墨、法等各家学说竞相流传,特别是儒、道二家的思想对后世的影响更大,这一切都构成传统文化的本源。不过,为了论述上的方便,这里把传统定位为自西汉以来占统治地位的儒家思想。对于以儒家为主体的传统思想,李贽的基本态度是:肯定儒家的基本政治思想——民本思想,对君主专制体制和忠、孝、节、义等道德伦理规范,在很大程度上表示了认同;同时,他又对以朱熹、耿定向为代表的假道学进行猛烈的抨击。李贽不仅揭露朱熹为人虚伪,不能以公心待人,而且还猛烈地批驳程、朱理学。朱熹认为,"理在气先",主张"存天理、灭人欲"。李贽却认为,天下万物皆生于"两"(即"阴阳二气"),理与气同时存在,无所谓先后。有明一代,程、朱理学被朝廷定为官方显学,科举考试之试题皆依朱子之学,程、朱理学因此被官、学两界视为儒学正统。可见,李贽对道学的批判在一定意义上就是对传统的批判。问题是我们如何理解李贽对传统的双重态度？对此，需要作认真具体的分析。笔者认为，李贽对传统的批判并不意味彻底否定传统，而是按自己的见解和需要对传统的理解与扬弃。在李贽看来，儒家和道家、法家等学说一样，只可视为诸多治国之"术"之一种，所以，他反对儒学独尊，强调"真"与自然，反对矫情。他提出，所谓"道"，就是"率性之真"。李贽尊崇儒学创始人孔子，尊奉他为"圣人"。他批评朱熹、耿定向之流，是因为这些假道学家们动辄以儒学经典相标榜。李贽愤而指出，儒家的"六经"及《论语》、《孟子》被奉为"经典"，都是"假学之渊薮"。因此，我们不能因为李贽对儒家经典进行过批判就断言他背叛了传统。在某种意义上，李贽对假道学的批判实际上就是要扬弃传统中虚假的一面，即他所谓的假人、假言与假事，而保留真正的传统，如民本思想等。

李贽对传统批判的尺度亦需要具体剖析。李贽的思想主要源于儒、释、道，因而只能依据儒、释、道思想批判假道学。儒、释、道本来就是中国传统文化的组成部分，所以，如果把李贽对假道学的批判看成是对传统的背叛，显然难以令人信服。有的学者提出，李贽反对封建专制，主张任私，并认为他有自治思想。笔者认为，这是对李贽思想的误解。事实上，李贽主张任私，也提出过与民共治，但这些都是道家"无为而治"统治思想的体现，绝不是近代意义上的"自治"。

李贽以"异端"见称于世。在明朝，政府奉儒学为至尊，佛教和道家被视为异端。李贽钦羡黄老之治，又落发为僧，因而被目为异端。李贽自述："弟异端者流也，本无足道者也。自朱夫子以至今日，以老、佛为异端，相袭而排摈之者，不知其几百年矣。弟非不知，而敢以直犯众怒者，不得已也，老而怕死也。"不过，他又说："国家以《六经》取士，而有《三藏》之收；以六艺教人，而又有戒坛之设：则亦未尝以出家为禁矣。"[6]

尽管如此，李贽之落发为僧，仍有其不得已之苦衷。他说："其所以落发者，则因家中闲杂人等时时望我归去，又时时不远千里来迫我，以俗事强我，故我剃发以示不归，俗事亦决然不肯与理也，又此间无见识人多以异端目我，故我遂为异端以成彼竖子之名。兼此数者，陡然去法,非其心也。"[7]

显然,李贽落发为僧,沦为"异端",不过表象而已。在其思想深处仍是传统的儒学居于主导地位,难怪他要说:"虽落发为僧而实儒也。"

二 《焚书》的影响

《焚书》刊行后,风行一时,引起了士大夫们的强烈震撼,对后世特别是晚明思想、学术的演进产生了重要影响。

《焚书》收了李贽与耿定向论争的八封书信。所以,《焚书》的刊行,激起了以耿定向为首的"假道学家"们的极大不满。就在《焚书》刊行的当年(1590年),耿定向告病还乡,立即打着徵诫自己缺失的幌子,作《求徵书》回敬李贽。书中咒骂李贽为"禽兽",使"后学承风步影,毒流万世之下"[8]。耿氏弟子蔡弘甫也于万历十九年(1591年)著《焚书辨》,反驳李贽。指责李贽"左道惑众",对李贽进行人身攻击与迫害。后来,麻城的道学家们又以"维持风化"为名,"逐游僧,毁淫寺",强行驱逐李贽。1602年2月,礼科给事中张问达疏劾李贽,指责他"不知遵孔子家法",明神宗朱翊钧据此批示:"李贽敢倡乱道,惑世诬民,便令厂卫五城严拿治罪。其书籍已刊未刊者,令所在官司尽搜烧毁,不许存留,如有党徒曲庇私藏,该科及各有司访参奏来并治罪。"[9]这样,李贽便被逮捕下狱,未久自尽,著述也被通令销毁。但是,李贽死后,"书益传,名益重"。他的弟子汪本钶说:"海以内无不读先生之书者,无不欲尽先生之书而读之者。读之不已或并其伪者而亦读矣。"[10]顾炎武、朱国桢、沈铁、陈明卿也如是说:当时,"虽奉严旨,而其书之行于人间自若也"。"士大夫多喜其书,往往收藏,至今未灭。"[11]士人"全不读《四书》本经,而李氏《藏书》、《焚书》,人挟一册,以为奇货"[12]。"尔时,部议并毁其书刻,而世人喜其离奇,反以盛传于世。"[13]"卓吾书盛行,咳唾间非卓吾不欢,几案间非卓吾不适。朝廷虽禁毁之,而士大夫则相与重锓,且流传于日本。"[14]李贽的《焚书》等著作对晚明士大夫思想的影响之普遍和强烈,为官方和道学家们始料所未及。

清朝盛行文字狱,《焚书》被列为禁书,但影响不绝如缕。清末,思想禁限宽松,开始有人重视李贽的著作。及至五四时期,批孔思想家吴虞撰写《明李卓吾别传》,褒扬李贽的反传统思想,为"打倒孔家店"的新文化运动推波助澜。解放以后,学术界对《焚书》给予了一定关注。但是,"文革"期间,特别在"批林批孔"运动中,李贽对孔子的某些看法,尤其是对儒家经典的态度和对"假道学"的批判,被错误地加以利用,李贽也被当做"反儒尊法"的代表人物大肆渲染。这显然与史实不符,但它从另一侧面反映出李贽思想对后世的影响。

《焚书》的刊行,对晚明的文艺界产生多方面的影响,其时文坛上最有实力和影响的"公安派",就是在李贽的直接影响下兴起的。

"公安派"代表作家袁宗道、袁宏道、袁中道兄弟三人和李贽关系密切,并曾奉李贽为师,袁宏道、袁中道对李贽更是推崇备至。现存的《李温陵外纪》、《袁中道全集》,记载了许多他们之间密切交往的材料。袁宗道的《白苏斋类集》卷二十二还收录了李贽的《童心说》。袁宗道所撰《妙高山法师碑》,论及李贽对袁宏道文学思想的影响说:

> 先生(宏道)既见龙湖,始知一向掇拾陈言,株守俗见,死于古人语下,一段精光,不得披露。至是浩浩焉如鸿毛之遇顺风,巨鱼之纵大壑,能为心师,不师于心,能转古人,不为古转。发为言语,一一从胸襟流出,盖天盖地,如象截急流,雷开蛰户,浸浸乎其未有涯也。[15]

公安三袁提出了"性灵说",提倡卓见真性为文,强调文学创作要抒发作者真实感情,要有独创性,"见从己出,不依傍半个古人"[16]。他们还提出,"古不可优,后不可劣","文之不能不古而今也,时使之也"。[17]主张文学须因应时代变迁而有所变异和发展。这些认识与李贽的"童心说"及其所提倡的有为而作、有感而发和"诗何必古选,文何必先秦"等文学见解是一致的,显然受到李贽的影响,并以此指导文学创作。经过几代传承,李贽的文学主张终成硕果,从而形成了晚明文坛的主要流派。

李贽的戏曲理论,也对后世发生了深远的影响。明代大戏曲家、著名的"四梦"的作者汤显祖对李贽十分推重,称之为"杰"。他提出"为情作使"的戏曲创作主张,与李贽的思想一脉相承。另一位很有影响的剧作家徐渭,也强调戏曲创作应该有真情实感,音律应该和谐自然,反对竞趋格式,与李贽的戏曲理论多有共通之处。清初著名的戏曲理论家李渔,颇多理论见解,也受到李贽的影响,比如他对人物和语言性格化的强调、重视艺术形象的传神等,都与李贽戏曲创作主张强烈共鸣。

在通俗文学方面,李贽对《水浒传》的评点,对具有反封建礼教意义的《拜月》、《西厢》、《红拂》等传奇作品的赞扬,都对后世产生很大影响,推动了晚明通俗文学的兴盛。例如,明末的冯梦龙尊崇李贽,做了大量的工作,对戏曲、小说、民间文学等所谓"俗文学"进行了编辑、整理和推广。

值得注意的是,李贽文学思想在近代乃至当代仍具有一定影响力。在本世纪(指20世纪——引者)30年代的文艺论战中,梁实秋就曾提出:"从人心深处流露出来的情思,才是好文学。""文学家所代表的,是那普遍的人性,一切人类的情思。"周谷城在《史学与美学》一书中指出:"有了感情,自然要表现出来。乐极而笑,悲极而哭,就是简单的表现,表现于物质能留下来供人欣赏的,就成艺术品。艺术家在一切斗争过程中流露了自己的感情,或摄取了群众的感情,便有了艺术的源泉或艺术原料。"[18]显然,梁实秋、周谷城的上述见解与李贽的"童心说"脉络相通,体现了李贽思想对后世文艺界的影响。

三　研读《焚书》的现实意义

《焚书》貌似复杂,其实是经过作者精心选编。因此,他比较全面地反映了李贽的道学、佛学、史学、社会政治和文艺等层面的思想。今天,我们研读《焚书》,不仅能够加深对李贽思想的理解,而且可以透过对李贽思想的系统剖析,进一步深化对祖国传统文化与现代化关系的理性认识。这就是我们今天研读《焚书》的现实意义之根本所在。

李贽生活在封建社会和传统文化的环境中,其思想没有也不会逾出传统的范畴。就《焚书》而言,其思想渊源正是儒、佛、道之相关思想资料;但在传统儒学的框架内,《焚书》对假道学的批判给当世及后世都留下了深刻的影响。袁宏道评论《焚书》说:"床头有《焚书》一部,愁可以破颜,病可以健脾,昏可以醒眼,甚得力。"然而,透过对《焚书》的解读,我们不难发现,李贽对旧思想的破坏多于新思想的建设。其实,他对假道学进行批判的思想依据便是传统的儒、佛、道思想,因此,不能期求李贽有新的思想建树。李贽十分推重孔子,对儒学的君主专制、道德伦理规范也基本上持肯定态度。这就向我们提出一个深刻的命题:如何正确看待传统文化对中国士人乃至一般国人的影响?透过对《焚书》和李贽思想的剖析,我们发现这位被视为儒学"异端"的思想家仍跳不出传统的圈子。李贽尚且如此,更不用说一般的士人和普通的国人了。看来,传统文化对中国人的影响真可谓是根深蒂固!既然如此,我们何不对它加以正确利用呢?在建设有中国特色的社会主义的今天,我们应该从历史上取得借鉴,借鉴其重视传统美德的一面,并赋给忠孝节义以新的时代内涵,就像毛泽东在抗日战争时期所指出的那样,要对国家尽忠。事实上,我们今天所说的热爱祖国、热爱人民不就是新时代的"忠"么?对忠孝节义等传统的伦理道德规范依任运自然的原则发挥其应有的作用,对于社会的稳定仍有一定的积极意义。如果说社会主义是普遍性即共性的话,那末重视中国传统文化对现代化建设的作用,就可以说是"中国特色"了。

此外,李贽在《焚书》中所提出的史学思想和文学主张,对于我们今天的文史工作者来说,也不乏其借鉴意义。

注释 [1]《焚书》,卷六,《薙发》其三。 [2]《初潭集·自序》。 [3]袁中道:《李温陵传》。 [4]《续焚书》,卷二,《圣教小引》。 [5]《焚书》,卷一,《答耿司寇》。 [6]《焚书》,卷一,《复邓石阳》。 [7]《焚书》,卷二,《与曾继泉》。 [8]《耿天台先生全书》,卷八,《观生记》。 [9]《神宗实录》,卷三六九。 [10]《续焚书》,卷首。 [11]顾炎武:《日知录》,卷一八。 [12]朱国桢:《涌幢小品》,卷一六。 [13]沈铁:《李卓吾传》。 [14]陈明卿语,转引自吴虞《明李卓吾别传》,载《吴虞文录》,见《李贽研究参考资料》(第一辑),福建人民出版社,

1975 年 3 月。　[15]《珂雪斋集·文集》，卷九。　[16]《袁中郎全集》，卷二十，《与张幼于》。　[17]《袁中郎全集》，卷二十一，《雪涛阁集序》。　[18]转引自黄海章：《评李贽"童心说"》，载《中山大学学报》1996 年第 3 期。

（选自《中国典籍精华丛书》第四卷《学林新编》第六册之《〈焚书〉综论》，有删节）

五　《人间词话》

【题解】

　　王国维（1877—1927），字静安，号观堂，浙江海宁人。他出身贫苦家庭，22 岁到上海，在时务报馆任校对，后得到罗振玉的赏识，由罗资助留学日本，回国后历任南洋公学等校教师。光绪三十四年（1908），任学部总务司行走、图书馆编译、京师大学堂教习。辛亥革命后随罗振玉逃亡日本，以清代遗老自居。不久回国，先在上海为英人哈同编辑《学术丛刊》，1923 年任清废帝溥仪的南书房行走，1925 年任清华研究院导师，与梁启超、陈寅恪、赵元任合称清华国学院四大导师。1927 年自沉于昆明湖。

　　王国维系近代博学通儒，在古文字、西北史地、蒙古史料、中国戏曲史、词学研究等方面都作出了重要的贡献，学殖功力之深，治学范围之广，对学术界影响之大，为近代以来所仅见。其生平著作甚多，生前曾自编其学术著作为《观堂集林》，文学研究方面的代表作是《红楼梦评论》、《人间词话》、《宋元戏曲史》等，身后遗著收为全集者有《海宁王忠悫公遗书》（罗振玉编）、《海宁王静安先生遗书》（长沙商务印书馆）、《王观堂先生全集》（台北文华出版公司）、《王国维全集》（北京中华书局）、《王国维遗书》（上海古籍书店）等数种。

　　《人间词话》是王国维接受西洋美学思想洗礼后，以崭新的眼光对中国旧文学所作的评论，从而建立了王氏颇具独创性的以"境界"说为核心的词学理论体系，具有划时代的意义，向来为学术界所重视。我国古代词话著作的内容和体例，或是对历代词人、词作的品评，或是对词的创作经验的总结，或是对词学理论问题的探讨。《人间词话》继承了古代词话的这种体制，内容上大致包括以上三个部分。由于词话属于笔记体，多用随谈录的方式，自由灵活，不拘一格，故《人间词话》在结构上也不是严密而有系统的，它有时以一个理论问题为核心，深入广泛地探讨，如"境界"问题，更多的则是随感式的散论和摘句批评。尤其值得注意的是，与以往词话不同，《人间词话》探讨的不是一般的文学理论和美学问题，而是通过对词这一文学形式的阐释，继续他的哲学和人生思考。

《人间词话》最初只有上卷，发表于1908年的《国粹学报》上，分三期登完。1926年始有俞平伯标点、朴社出版的单行本。1927年赵万里又辑录王氏遗著未刊稿，发表于《小说月报》第19卷第3号，题为《人间词话未刊稿及其他》。1928年罗振玉编印王氏《遗集》，便一并收入，分为上下两卷，以原来的为上卷，赵辑的为下卷，自此始有两卷本。1939年开明书店出版徐调孚的《校注人间词话》，校注者又从王氏《遗集》中辑集有关论词的片段文字，作为补遗附后。1947年重印此书时，校注者又将陈乃乾所辑王国维论词评语7则附于补遗之后，共收词话137则。1960年，人民文学出版社将况周颐的《蕙风词话》和《人间词话》合订一册发行。这个本子以徐调孚的《校注人间词话》为底本，由王国维次子王幼安校订，并根据王氏原意，重行编次：以王氏手自删定，刊于《国粹学报》者（即通行本卷上）为《人间词话》；以王氏所删弃者（即通行本卷下）为《人间词话删稿》；以各家所录王氏论词之语而原非《人间词话》组成部分者（即通行本卷下末数条及通行本补遗）为附录。全书共收词话142则。这是现在《人间词话》最完善的通行本。此外，滕咸惠校注的《人间词话新注》（修订本）（齐鲁书社，1986年）、周锡山编校的《人间词话汇编汇校汇评》（北岳文艺出版社，2004年），都是研究《人间词话》较为完备而又资料翔实的版本。姚柯夫编《〈人间词话〉及评论汇编》（书目文献出版社，1983年）、佛雏著《王国维诗学研究》（北京大学出版社，1987年）、叶嘉莹著《王国维及其文学批评》（广东人民出版社，1982年），也都是高水平的参考书。

《人间词话》(节选)

词以境界为最上[1]。有境界则自成高格[2],自有名句。五代、北宋之词所以独绝者在此。

有造境,有写境[3],此理想与写实二派之所由分。然二者颇难分别。因大诗人所造之境,必合乎自然,所写之境,亦必邻于理想故也。

有有我之境,有无我之境[4]。"泪眼问花花不语,乱红飞过秋千去"[5]、"可堪孤馆闭春寒,杜鹃声里斜阳暮"[6],有我之境也。"采菊东篱下,悠然见南山"[7]、"寒波澹澹起,白鸟悠悠下"[8],无我之境也。有我之境,以我观物,故物皆著我之色彩。无我之境,以物观物,故不知何者为我,何者为物。古人为词,写有我之境者为多,然未始不能写无我之境,此在豪杰之士能自树立耳。

自然中之物,互相关系,互相限制[9]。然其写之于文学及美术中也,必遗其关系、限制之处[10]。故虽写实家,亦理想家也。又虽如何虚构之境,其材料必求之于自然,而其构造,亦必从自然之法则。故虽理想家,亦写实家也。

境非独谓景物也。喜怒哀乐,亦人心中之一境界[11]。故能写真景物、真感情者,谓之有境界。否则谓之无境界。

"红杏枝头春意闹"[12],着一"闹"字,而境界全出。"云破月来花弄影"[13],着一"弄"字,而境界全出矣。

境界有大小,不以是而分优劣。"细雨鱼儿出,微风燕子斜"[14],何遽不若"落日照大旗,马鸣风萧萧"[15];"宝帘闲挂小银钩"[16],何遽不若"雾失楼台,月迷津渡"也[17]。

词至李后主而眼界始大[18],感慨遂深,遂变伶工之词而为士大夫之词[19]。周介存置诸温、韦之下[20],可谓颠倒黑白矣。"自是人生长恨水长东"[21],"流水落花春去也,天上人间"[22],《金荃》《浣花》[23],能有此气象耶?

客观之诗人[24],不可不多阅世。阅世愈深,则材料愈丰富,愈变化,《水浒传》《红楼梦》之作者是也。主观之诗人[25],不必多阅世。阅世愈浅,则性情愈真,李后主是也。

古今之成大事业、大学问者,必经过三种之境界:"昨夜西风凋碧树。独上高楼,望尽天涯路"[26],此第一境也。"衣带渐宽终不悔,为伊消得人憔悴"[27],此第二境也。"众里寻他千百度,蓦然回首,那人却在,灯火阑珊处"[28],此第三境也。此等语皆非大词人不能道。然遽以此意解释诸词,恐为晏、欧诸公所不许也。

问"隔"与"不隔"之别,曰:陶、谢之诗不隔,延年则稍隔矣[29]。东坡之诗不隔,山谷则稍隔矣[30]。"池塘生春草"[31]、"空梁落燕泥"[32]等二句,妙处唯在不隔,词亦如是。即以一人一词论,如欧阳公《少年游》咏春草上半阕云:"阑干十二独凭春,晴碧远连云。千里万里,二月三月,行色苦愁人。"语语都在目前,便是不隔。至云:"谢家池上,江淹浦畔"则隔矣[33]。白石《翠楼吟》:"此地。宜有词仙,拥素云黄鹤,与君游戏。玉梯凝望久,叹芳草、萋萋千里。"便是不隔。至"酒祓清愁,花消英气"则隔矣[34]。然南宋词虽不隔处,比之前人,自有浅深厚薄之别。

"生年不满百,常怀千岁忧。昼短苦夜长,何不秉烛游"[35]、"服食求神仙,多为药所误。不如饮美酒,被服纨与素"[36],写情如此,方为不隔。"采菊东篱下,悠然见南山。山气日夕佳,飞鸟相与还"[37]、"天似穹庐,笼盖四野。天苍苍,野茫茫,风吹草低见牛羊"[38],写景如此,方为不隔。

四言敝而有《楚辞》[39]，《楚辞》敝而有五言，五言敝而有七言，古诗敝而有律绝，律绝敝而有词。盖文体通行既久，染指遂多，自成习套[40]。豪杰之士，亦难于其中自出新意，故遁而作他体，以自解脱。一切文体所以始盛终衰者，皆由于此。故谓文学后不如前，余未敢信。但就一体论，则此说固无以易也。

大家之作，其言情也必沁人心脾，其写景也必豁人耳目。其辞脱口而出，无矫揉妆束之态。以其所见者真，所知者深也。诗词皆然。持此以衡古今之作者[41]，可无大误矣。

诗人对宇宙人生，须入乎其内，又须出乎其外。入乎其内，故能写之。出乎其外，故能观之。入乎其内，故有生气。出乎其外，故有高致。美成能入而不出[42]。白石以降[43]，于此二事皆未梦见。

诗人必有轻视外物之意，故能以奴仆命风月[44]。又必有重视外物之意，故能与花鸟共忧乐。

昔人论诗词，有景语、情语之别。不知一切景语，皆情语也。

词之为体，要眇宜修[45]。能言诗之所不能言，而不能尽言诗之所能言。诗之景阔，词之言长。

注释 [1]境界：原为佛教术语，此谓艺术境界，大致等同于"意境"，指艺术创作和欣赏中，在心物相通、情景交融的基础上生成的艺境。王国维在《人间词乙稿序》中说："文学之事，其内足以摅己而外足以感人者，意与境二者而已。上焉者意与境浑，其次或以境胜，或以意胜。苟缺其一，不足以言文学。" [2]高格：格调高迈超逸，上品之作。 [3]造境：主要通过艺术虚构创造的离现存事实较远的意境。写境：主要通过写实手法表现的离现存事实较近的意境。 [4]有我之境：指主观抒情色彩浓厚、主体形象比较鲜明的艺术境界。无我之境：指主体情感表达比较含蓄、主观色彩比较隐晦的艺术境界。 [5]"泪眼"二句：欧阳修《蝶恋花》：

"庭院深深深几许? 杨柳堆烟,帘幕无重数。玉勒雕鞍游冶处,楼高不见章台路。雨横风狂三月暮,门掩黄昏,无计留春住。泪眼问花花不语,乱红飞过秋千去。"此词亦见于冯延巳《鹊踏枝》。　[6]"可堪"二句:秦观《踏莎行》:"雾失楼台,月迷津渡,桃源望断无寻处。可堪孤馆闭春寒,杜鹃声里斜阳暮。　驿寄梅花,鱼传尺素,砌成此恨无重数。郴江幸自绕郴山,为谁流下潇湘去!"　[7]"采菊"二句:陶渊明《饮酒》其五:"结庐在人境,而无车马喧。问君何能尔,心远地自偏。采菊东篱下,悠然见南山。山气日夕佳,飞鸟相与还。此中有真意,欲辨已忘言。"　[8]"寒波"二句:元好问《颍亭留别》:"故人重分携,临流驻归驾。乾坤展清眺,万景若相借。北风三日雪,太素秉元化。九山郁峥嵘,了不受陵跨。寒波澹澹起,白鸟悠悠下。怀归人自急,物态本闲暇。壶觞负吟啸,尘土足悲咤。回首亭中人,平林澹如画。"　[9]"自然"三句:谓现实人生总是处于是非之辨、贵贱升降、贫富变迁、生死祸福等的困扰之中,受到各种关系的限制,成为"有待"之物。　[10]"然其"三句:谓在艺术中,主体要从精神上超越一切自然和社会的限制,摆脱功利物欲的干扰,进入审美境界。　[11]"喜怒哀乐"二句:王国维的"境界"始终不离"情"与"景"两个方面。他在《文学小言》中说:"文学中有二原质焉:曰景,曰情。前者以描写自然及人生之事实为主,后者则吾人对此种事实之精神的态度也。故前者客观的,后者主观的也;前者知识的,后者感情的也。……苟无锐敏之知识与深邃之感情者,不足与于文学之事。"　[12]红杏枝头春意闹:宋祁《玉楼春》(春景):"东城渐觉风光好,縠皱波纹迎客棹。绿杨烟外晓寒轻,红杏枝头春意闹。　浮生长恨欢娱少,肯爱千金轻一笑。为君持酒劝斜阳,且向花间留晚照。"　[13]云破月来花弄影:张先《天仙子》(时为嘉禾小倅,以病眠,不赴府会):"水调数声持酒听,午醉醒来愁未醒。送春春去几时回? 临晚镜,伤流景,往事后期空记省。　沙上并禽池上暝,云破月来花弄影。重重帘幕密遮灯,风不定,人初静,明日落红应满径。"　[14]"细雨"二句:杜甫《水槛遣心》二首之一:"去郭轩楹敞,无村眺望赊。澄江平少岸,幽树晚多花。细雨鱼儿出,微风燕子斜。城中十万户,此地两三家。"　[15]"落日"二句:杜甫《后出塞》五首之二:"朝进东门营,暮上河阳桥。落日照大旗,马鸣风萧萧。平沙列万幕,部伍各见招。中天悬明月,令严夜寂寥。悲笳数声动,壮士惨不骄。借问大将谁? 恐是霍嫖姚。"　[16]宝帘闲挂小银钩:秦观《浣溪沙》:"漠漠轻寒上小楼,晓阴无赖似穷秋,淡烟流水画屏幽。　自在飞花轻似梦,无边丝雨细如愁,宝帘闲挂小银钩。"　[17]"雾失楼台"二句:秦观《踏莎行》句,见注[6]。　[18]李后主:李煜(937—978),字重光,李璟第六子,继位为南唐后主,后为宋所灭,成了俘虏。　[19]伶工之词:伶工,古代乐人的通称。伶工以词为娱乐工具,大多描写女子,表现相思之情,题材狭窄,境界局促。士大夫之词:文人词,以词为表现生活、抒情达意的媒介,拓展了词的空间,提升了词的境界。　[20]周介存:周济(1781—1839),字保绪,一字介存,晚号止庵,清代词人和词论家。温、韦:温庭筠(812?—?),字飞卿,诗和李商隐齐名,词与韦庄并称。韦庄(836—910),字端己,是继温庭筠之后开创新风气的词人。周济《介存斋论词杂著》:"毛嫱、西施,天下美妇人也。严妆佳,淡妆亦佳,粗服乱头,不掩国色。飞卿,严妆也;端己,淡妆也;后主则粗服乱头矣。"　[21]自是人生长恨水长东:李煜《乌夜啼》:"林花谢了春红,太匆匆。无奈朝来寒雨晚来风。胭脂泪,留人醉,几时重?自是人生长恨水长东!"　[22]"流水"二句:李煜《浪淘沙令》:"帘外雨潺潺,春意阑珊。罗衾不耐五更寒。梦里不知身是客,一晌贪欢。　独自莫凭栏,无限江山,别时容易见时难。流水落花春去也,天上人间。"　[23]《金荃》:温庭筠有《金荃集》,佚,后人辑有《金荃词》一卷。《浣花》:《浣花集》,韦庄词集,其弟韦蔼编。　[24]客观之诗人:以描写客观社会现实为主的诗人。　[25]主观之诗人:以抒发主观思想感情为主的诗人。　[26]"昨夜"三句:晏殊《蝶恋花》:"槛菊愁烟兰泣露。罗幕轻寒,燕子双飞去。明月不谙离恨苦,斜光到晓穿朱户。　昨夜西风凋碧树。独上高楼,望尽天涯路。欲寄彩笺兼尺素,山长水阔知何处。"　[27]"衣带"二句:柳永《凤栖梧》:"伫倚危楼风细细。望极春愁,黯黯生天际。草色烟光残照里,无言谁会凭栏意。　拟把疏狂图一醉,对酒当歌,强乐还无味。衣带渐宽终不悔,为伊消得人憔悴。"　[28]"众里"四句:辛弃疾《青玉案》(元夕):"东风夜放花千树。更吹落、星如雨。宝马雕车香满路。凤箫声动,玉壶光转,一夜鱼龙舞。　蛾儿雪柳黄金缕。笑语盈盈暗香去。众里寻他千百度。蓦然回首,那人却在,灯火阑珊处。"　[29]陶、谢:陶渊明(365—427)、谢灵运(385—433)。延年:颜延之(384—456),字延年。　[30]东坡:苏轼(1037—1101),字子瞻,自号东坡居士。山谷:黄庭坚(1045—1105),字鲁直,自号山谷道人。　[31]池塘生春草:谢灵运《登池上楼》:"潜虬媚幽姿,飞鸿响远音。薄霄愧云浮,栖川怍渊沉。进德智所拙,退耕力不任。徇禄反穷海,卧痾对空林。衾枕昧节候,褰开暂窥临。倾耳聆波澜,举目眺岖嵚。初景革绪风,新阳改故阴。池塘生春草,园柳变鸣禽。祁祁伤豳歌,萋萋感楚吟。索居易永久,离群难处心,持操岂独古,无闷征在今。"　[32]空梁落燕泥:薛道衡《昔昔盐》:"垂柳覆金堤,蘼芜叶复齐。水溢芙蓉沼,花飞桃李蹊。采桑秦氏女,织锦窦家妻。关山别荡子,风月守空闺。恒敛千金笑,长垂双玉啼。盘龙随镜隐,彩凤逐帷低。飞魂同夜鹊,倦寝忆晨鸡。暗牖悬蛛网,空梁落燕泥。前年过代北,今岁往辽西。一去无消息,那能惜马蹄。"　[33]欧阳修《少年游》:"阑干十二独凭春,晴碧远连云。千里万里,二月三月,行色苦愁人。　谢家池上,江淹浦畔,吟魄与离魂。那堪疏雨滴黄昏,更特地、忆王孙。"　[34]姜夔《翠楼吟》:"月冷龙沙,尘清虎落,今年汉酺初赐。新翻胡部曲,听毡幕、元戎歌吹。层楼高峙。看槛曲萦红,檐牙飞翠。人姝丽,粉香吹下,夜寒风细。　此地。宜有词仙,拥素云黄鹤,与君游戏。玉梯凝望久,叹芳草、萋萋千里。天涯情味。仗酒祓清愁,花销英气。西山外,晚来还卷,一帘秋霁。"　[35]"生年不满百"四句:《古诗十九首》第十五:"生年不满百,常怀千岁忧。昼短苦夜长,何不秉烛游?为乐当及时,何能待来兹。愚者爱惜费,但为后世嗤。仙人王子乔,难可与等期。"　[36]"服食求神仙"四句:《古诗十九首》第十三:"驱车上东门,遥望郭北墓。白杨何萧萧,松柏夹广路。下有陈死人,杳杳即长暮。潜寐黄泉下,千载永不寤。浩浩阴阳移,年命如朝露。人生忽如寄,寿无金石固。万岁更相送,圣贤莫能度。服食求神仙,多为药所误。不如饮美酒,被服纨与素。"　[37]"采菊东篱下"四句:陶渊明《饮酒》其五,见注[7]。　[38]"天似穹庐"五句:耶律金《敕勒歌》:"敕勒川,阴山下。天似穹庐,笼盖四野。天苍苍,野茫茫,风吹草低见牛羊。"　[39]歘:衰微。　[40]习套:固定的程式。　[41]持此以衡:拿这个标准来衡量。　[42]美成:周邦彦(1057—1121),字美成,自号清真居士。　[43]白石:姜夔(约1155—约1221),字尧章,自号白石道人。　[44]命:役使。　[45]要眇宜修:语出屈原《楚辞·九歌·湘君》:"美要眇兮宜修。"要眇:精微美妙。宜修:恰到好处的美。

(原文据《蕙风词话　人间词话》,人民文学出版社,1982年)

【评论】

《人间词话》初探

周振甫

　　王国维的《人间词话》,是晚清以来论词的最有影响的著作之一。这里想对他的词论和美学观点作初步的探索。

《人间词话》中的词论

先看《人间词话》的词论,它不同于当时有影响的词论者何在,它提出了什么新的见解,这种见解在文艺理论上有什么作用,这是值得探讨的。

照一般说法,清朝的词派,主要有浙派和常州派。浙派词要纠正明词末流迂缓淫曼的毛病,崇尚清灵,学习南宋姜夔、张炎的词,不肯进入北宋词人一步。浙派词的开创者朱彝尊,在《解珮令》自题词集里说:"不师秦七,不师黄九,倚新声玉田差近。"连秦观、黄庭坚也不愿学,主要是学张炎。浙派词的流弊,在于主清空而流于浮薄,主柔婉而流于纤巧。常州派词起来纠正浙派的流弊,提倡深美闳约,沉着醇厚,以立意为本,发挥意内言外之旨,主张要有寄托,推尊周邦彦而轻视姜夔、张炎。这在词论上确实进了一大步,所以一直到清末,论词的都受常州派词的影响。

《人间词话》刊载在 1908 年的《国粹学报》上,他的词论却能够突破浙派常州派的范围,有了更进一步的发展。浙派词主清空柔婉,缺点是浮薄纤巧,不真切,王国维提倡境界说,提倡不隔,可以纠正浙派词的流弊。他说:

> 境非独谓景物也。喜怒哀乐,亦人心中之一境界。故能写真景物、真感情者,谓之有境界。否则谓之无境界。(《人间词话》六)

他强调写真景物、真感情,所以说:"词人者,不失其赤子之心者也。"(又十六)赤子最真率,这也是要写出真感情的说法。又说:"尼采谓:'一切文学,余爱以血书者。'"(又十八)他强调写真景物、真感情,甚至说:

> "昔为倡家女,今为荡子妇。荡子行不归,空床难独守。""何不策高足,先据要路津?无为久贫贱,坎坷常苦辛。"可谓淫鄙之尤。然无视为淫词、鄙词者,以其真也。五代北宋之大词人亦然。非无淫词,读之者但觉其亲切动人。非无鄙词,但觉其精力弥满。

> 可知淫词与鄙词之病,非淫与鄙之病,而游词之病也。(又六二)

这样的论词虽然有些偏,用来纠正浮薄的词风却是有力量的。他又提出隔与不隔来,强调要写得真切不隔,对浙派词人所宗奉的姜夔提出了他的评价:

> 白石写景之作,如:"二十四桥仍在,波心荡冷月无声。""数峰清苦,商略黄昏雨。""高树晚蝉,说西风消息。"虽格韵高绝,然如雾里看花,终隔一层。(又三九)

> 南宋词人,白石有格而无情……近人祖南宋而祧北宋,以南宋之词可学,北宋不可学也。学南宋者,不祖白石,则祖梦窗,以白石、梦窗可学,幼安不可学也。(又四三)

这里,他一方面肯定姜夔的词格韵高绝,另一方面又指出他写得隔,在真感情上有所不足。他在这里说的,虽然不专指浙派词,但确实击中浙派词的缺点,对"近人祖南宋"的作者是有救弊的作用的。

再就常州派词看,常州派词的开创者张惠言在《词选序》里提出:"意内言外谓之词。其缘情造端,兴于微言以相感动,极命风谣里巷男女哀乐,以道贤人君子幽约怨悱不能自言之情,低徊要眇,以喻其致。"论唐人词,以"温庭筠最高"。他认为词人像屈原那样,借美人花鸟来写"幽约怨悱不能自言之情",有寄托,立论甚高。但并不是所有的词都这样,要是不加分别地用这样的眼光来读词,就会把没有寄托的词说成有寄托,不免牵强附会。王国维正指出常州派词人的这种毛病。

> 固哉,皋文之为词也!飞卿《菩萨蛮》、永叔《蝶恋花》、子瞻《卜算子》,皆兴到之作,有何命意?皆被皋文深文罗织。(《人间词话删稿》二五)

王国维又指出并不是一定要有寄托的词才是好词,"若屯田之《八声甘州》,东坡之《水调歌头》,则伫兴之作,格高千古,不能以常调论也。"(又一五)又引牛峤等词,称为"专作情语而绝妙者"(又一一)。他认为伫兴之作,写情语,写景物,只要真切不隔,有境界,就是好词。这种论点可以纠正常州派词偏于追求寄托的狭隘见解。

　　王氏论词,提出境界说,又主张要写得自然真切。他说:"大家之作,其言情也必沁人心脾,其写景也必豁人耳目。其辞脱口而出,无矫揉妆束之态。以其所见者真,所知者深也。诗词皆然。持此以衡古今之作者,可无大误矣。"(《人间词话》五六)"纳兰容若以自然之眼观物,以自然之舌言情。此由初入中原,未染汉人风气,故能真切如此。北宋以来,一人而已。"(又五二)此外,他又主张词要有格调、气象、感情、韵味,像说"南宋词人,白石有格而无情,剑南有气而乏韵。"(又四三)对于具体诗人的评价还可以讨论,而主张格、情、气、韵的说法,显见他的看问题是比较全面的。谈到词的风格,他推重豪放沉着,说:"永叔'人间自是有情痴,此恨不关风与月。''直须看尽洛城花,始与东风容易别。'于豪放之中有沉着之致,所以尤高。"(又二七)这就超出于专讲婉约的一派,也超出于专讲豪放而不免粗疏的一派了。再像论借用,说:"'西风吹渭水,落日满长安。'美成以之入词,白仁甫以之入曲,此借古人之境界为我之境界者也。然非自有境界,古人亦不为我用。"(《人间词话删稿》一四)这样的借用,可以用来丰富自己的境界;由于自己有境界,所以这样借用,就具有推陈出新的作用。

　　这样看来,王氏的词论,不仅不受浙派词或常州派词的范围,还能够纠正他们的流弊。浙派词和常州派词所见都有所偏,也都有所蔽,王氏的词论看得比较全面,能够除去他们的偏蔽。此外,王氏的词论,对文学创作上也有贡献,像他主张写真景物、真感情,分隔与不隔,要求写得真切自然,反对做作,要讲究格调、气象、感情、韵味,要在豪放中有沉着等。这样,王氏的词论不论就当时的词学流派说,就文学创作说,都是有他的见解,是有一定的贡献的。所以他的词论,在晚清以来是最有影响的词论之一。

境界说的转变

　　王氏的词论,最引人注意的是境界说。他自己也说:"然沧浪所谓兴趣,阮亭所谓神韵,犹不过道其面目;不若鄙人拈出'境界'二字,为探其本也。"(《人间词话》九)因此,他在《人间词话》开头好几节里都讲境界。如说:"词以境界为最上。有境界则自成高格,自有名句。"(又一)最引人注意的是分有我之境和无我之境。

> 有有我之境,有无我之境。"泪眼问花花不语,乱红飞过秋千去。""可堪孤馆闭春寒,杜鹃声里斜阳暮。"有我之境也。"采菊东篱下,悠然见南山。""寒波澹澹起,白鸟悠悠下。"无我之境也。有我之境,以我观物,故物皆著我之色彩。无我之境,以物观物,故不知何者为我,何者为物。古人为词,写有我之境者为多,然未始不能写无我之境,此在豪杰之士能自树立耳。(又三)

这里他对境界说作了具体的说明。但这个境界说到了后来好像有了改变。徐调孚同志编的《人间词话附录》里面,根据赵万里先生说,认为署名樊志厚的《人间词》甲乙稿两序是王国维写的。这篇序文里的讲法就和境界说不完全一样。序里说:

> 文学之事,其内足以摅己,而外足以感人者,意与境二者而已。上焉者意与境浑,其次或以境胜,或以意胜。苟缺其一,不足以言文学。原夫文学之所以有意境者,以其能观也。出于观我者意余于境,而出于观物者境多于意。然非物无以见我,而观我之时,又自有我在。故二者常互相错综,能有所偏重而不能有所偏废也。文学之工不工,亦视其意境之有无与其深浅而已。(《人间词话附录》二二)

这个说法同境界说有不同:一、这里提意境而不提境界,境界是一个完整的概念,意境是意与境的结合。二、这里把作品分为三种:意境浑,境胜,意胜;境界说里只讲造景、写境,有我之境、无我之境,写真景物、真感情,境界有大小(《人间词话》二、三、六、八),没有分成三种的。三、这里分观我观物,境界说里说:"有我之境,以我观物","无我之境,以物观物",两个都是观物,提法有不同。这三点的不同,有两种可能:一、樊志厚序里的话不是王国维的见解;二、王国维修改了他的境界说。我认为是后者。理由:一、序里论南北宋词人的话,完全和《人间词话》一致,又说:"余与静安,均凤持此论。"要是樊的见解跟王不同,不该这样说。二、王国维后来写《宋元戏曲史》,讲《元剧之文章》,不用他自以为创见的境界说,却说"其文章之妙,亦一言以蔽之,曰:有意境而已矣。何以谓之有意境?曰:写情则沁人心脾,写景则在人耳目,述事则如其口出是也。古诗词之佳者,无不如是,元曲亦然。"又讲元曲的好处:"语语明白如画,而言外有无穷之意。"这里就讲意境而不讲境界,这是一。说:"明白如画",指境说,"而言外有无穷之意",指意说,这正说明"上焉者意与境浑"。这里说的和樊序相同。可见王国维后来修改了他的境界说。又在《元剧之文章》里不讲什么观物观我了,强调自然。他说:

> 元曲之佳处何在?一言以蔽之,曰:自然而已矣。古今之大文学,无不以自然胜,而莫著于元曲。盖元剧之作者,……彼但摹写其胸中之感想与时代之情状。而真挚之理与秀杰之气,时流露于其间。故谓元曲为中国最自然之文学,无不可也。若其文字之自然,则又为其必然之结果,抑其次也。

前引《人间词话》五二、五六里也主张自然,要"其言情也必沁人心脾,其写景也必豁人耳目",不过这些话并不像境界说那样放在显著地位,反复说明,引起人们注意。在《元剧之文章》里,他放弃了境界说,反而把这些在《人间词话》里并不引人注意的话用作评价文学的标准,只是针对戏剧不同于抒情的词而作了一点补充,即主张"写情则沁人心脾,写景则在人耳目,述事则如其口出"。补充了"述事则如其口出",就是说戏剧中人物的语言要符合人物的性格。王氏为什么放弃了他自矜创获的境界说,改用意境说而主张自然呢?这该是和他的美学观点有关。

不提境界而改说意境,不提以我观物、以物观物,而改说观我、观物,这些还只是字面和提法上的不同。真正的转变,在于改变了境界说中所包含的美学观点上,在于突破他所受到叔本华的美学观点的限制上。

《人间词话》中的美学观点

从境界说的转变里,我们也可看到他的美学观点的转变。假如说《人间词话》的词论超越了浙派和常州派的范围,那末《人间词话》的美学观点,却还受着叔本华的影响,尤其是境界说。他的境界说里不易理解的什么"无我之境"和"以物观物",就是本于叔本华的哲学观点。

叔本华接受康德认为"物之自身吾人终不得而知之"的说法,认为"我之为我"也是"物之自身之一部",认为人在直觉(即直观)中,就成了空间时间中之一物,这就是王氏说的"无我之境";直觉中对外物的感受就是"以物观物"。就王氏讲以物观物所举的例子看,陶渊明《饮酒》之五:"采菊东篱下,悠然见南山。"诗人在采菊时无意中看到南山,写的正是直觉中的境界。说"见南山",这里自然有个"我"在,说成"无我",正由于叔本华以直觉中之"我""与万物无异"来的。元好问《颍亭留别》:"寒波澹澹起,白鸟悠悠下。怀归人自急,物态本闲暇。"诗人虽然急于怀归,但他在写寒波白鸟时,并没有把自己急迫的心情移到外物上,还是凭着直觉,写出寒波澹澹,白鸟悠悠,所以成为"无我之境"。

无我之境,人惟于静中得之。有我之境,于由动之静时得之。故一优美,一宏壮也。(《人间词话》四)

说"静中得之",因为诗人写直观中的感受,心情是平静的。说"由动之静时得之",因为诗人写强烈的感情,那时的心情先是激动的,但诗人写诗时,往往在心情由激动而归于平静的时候。那末为什么分优美和宏壮呢?结合上引的例子看,"悠然见南山","寒波澹澹起",说成优美,可以理解;"泪眼问花","杜鹃声里",说成宏壮,就不好理解了。原来王氏在这里又用了叔本华等人的美学观点。认为优美是人在心境宁静的状态中领略到的外物之美,壮美是人在受到外界事物的压迫而又不能抗拒时所造成的悲剧或悲苦的感情时产生的美(据王国维《红楼梦评论》中的说法)。"泪眼问花""杜鹃声里",都是写诗人在被压抑中所表达出来的愁苦感情,所以是壮美。这两种美都要使人忘利害关系。

自然中之物，互相关系，互相限制。然其写之于文学及美术中也，必遗其关系、限制之处。故虽写实家，亦理想家也。（《人间词话》五）

这里的所谓"自然中之物"，包括景物和人事在内，是客观事物的意思。客观事物互相关系、互相限制，作品正要写出它的关系限制，怎么说"必遗其关系、限制之处"？原来这里所说的关系、限制，不是指作品中所写的事物的关系、限制，是指作品的美学观点说的，就是优美的作品，"与吾人无利害之关系，而吾人之观之也，不观其关系而但观其物，或吾人之心中无丝毫生活之欲存"。即使看壮美的作品，"而其快乐在于使人忘物我之关系"。怎样使人忘物我之关系呢？在于有"天才者出，以其所观于自然人生中者复现之于美术中，而使中智以下之人，亦因其物之与己无关系而超然于利害之外"。像看到马而想骑，看到长松而想用作栋梁，这就是从利害关系上着想。但看到画马和画松，就不会引起这种想法，从而忘掉利害关系（见王氏《红楼梦评论》），美术既要使人忘掉利害关系，那末诗人也就不一定要具备丰富的经历了。

"词人者，不失其赤子之心者也。故生于深宫之中，长于妇人之手，是后主为人君所短处，亦即为词人所长处。"（《人间词话》一六）"主观之诗人，不必多阅世。阅世愈浅，则性情愈真，李后主是也。"（又一七）讲究阅历深浅，侧重在讲阅历浅的好处，这是本于叔本华的天才论。叔本华把人分为俗子和天才，天才像孩子，它的知力不受意志的束缚。俗子的知力受意志束缚，要考虑一身一家的利害，所以俗子以文学为手段。天才不受意志的束缚，超出利害关系，所以天才以文学为目的。阅历越深，个人的利害打算越讲究，越无法超脱利害关系。阅历越浅，利害的打算少，容易超脱利害关系。王氏正是主张超脱利害关系而以文学为目的的。（见王氏《叔本华与尼采》）

王氏既主张文学要超越利害关系，所以主张"于诗词中不为美刺投赠之篇"（《人间词话》五七）；又说："政治家之眼，域于一人一事。诗人之眼，则通古今而观之。词人观物，须用诗人之眼，不可用政治家之眼。故感事、怀古等作，当与寿词同为词家所禁也。"（《人间词话删稿》三七）

突破叔本华的美学观点

《人间词话》里接受了叔本华唯心的美学观点,像上文所举出的,那是错误的。诗人写直观中的感受,其中还有个"我"在,没有什么"无我之境"。在直观中的诗人还是和物不同,没有什么"以物观物"。"采菊东篱下,悠然见南山",陶渊明在东篱下采菊,悠然自得,无意中看到南山。这又有什么诗意呢?因为"山气日夕佳,飞鸟相与还。"诗人看到"鸟倦飞而知还",正像自己厌倦于仕途生活而辞官归来一样。这正是诗人生活和心情的反映。"寒波澹澹起,白鸟悠悠下",元好问由于怀归心情的急迫,所以感到物态的悠闲,用悠闲的景物来反衬急迫的心情,正是诗人心情的反映。

王氏主张文学美术必遗其关系、限制之处;主张不必多阅世;因而反对美刺、感事,反对用政治家之眼写诗:这些意见也都是错误的。"任何伟大的诗人之所以伟大,是因为他的痛苦和幸福深深植根于社会和历史的土壤里,他从而成为社会、时代以及人类的代表和喉舌。"(《别林斯基论文学》26页)正是用深深植根于社会和历史土壤里的政治家的眼,来反映人民的美刺,密切结合实际利害关系的文学美术作品,才是有意义有价值的作品。

《人间词话》要是光介绍了这些错误的美学观点,那就没有什么价值可言。《人间词话》的价值,像上面所指出的,在于这些错误的美学观点以外的词论。即就《人间词话》中的境界说讲,它虽然本于叔本华的唯心的美学观点,但《人间词话》中有些论点已经和叔本华的美学观点不尽一致,这就伏下王氏美学观点转变的根源。前面指出,叔本华把天才和俗子对立,以写有切身利害关系的作品为俗子的,王氏根据他的说法说:

> 境界有二:有诗人之境界,有常人之境界。诗人之境界,惟诗人能感之而能写之,故读其诗者,亦高举远慕,有遗世之意。而亦有得有不得,且得之者亦各有深浅焉。若夫悲欢离合、羁旅行役之感,常人皆能感之,而惟诗人能写之。(《人间词话·附录》十六)

这里说的两种境界：一种是超越利害的，所以有遗世之意，就是叔本华认为天才的，王氏称为诗人的境界。一种是受利害关系束缚的，写悲欢离合、羁旅行役，是叔本华认为俗子的，王氏称为常人的境界。王氏同叔本华不同，在于他并没有贬低常人的境界。不但不贬低，而且很看重。认为正因为写常人的境界，"故其入于人者至深，而行于世也尤广"（同上）。又像一面推重"主观之诗人，不必多阅世"；一面又推重"客观之诗人，不可不多阅世"。（《人间词话》一七）这就同叔本华只是强调天才的具有赤子之心的不一样。叔本华讲天才强调智力，王氏主张"故能写真景物、真感情者，谓之有境界"（又六）。"昔人论诗词，有景语、情语之别，不知一切景语皆情语也。"（《删稿》一〇）强调感情，与叔本华的强调智力也不一样。更重要的，康德和叔本华论美学都主张超脱利害关系，王氏接受了这个观点；但他在具体论词时，又不自觉地违反了这个观点。"南唐中主词：'菡萏香销翠叶残，西风愁起绿波间。'大有众芳芜秽，美人迟暮之感。"（《人间词话》一三）众芳芜秽，美人迟暮，是屈原《离骚》中的话。屈原正是由于不能超脱利害，要在诗中反映他的政治观点，才写《离骚》。那末王氏这样说，也就是执着利害、用政治眼光来论词了。至于"菡萏香销"两句有没有《离骚》中的感慨，那是另一问题，这里不谈。又说："'我瞻四方，蹙蹙靡所骋。'诗人之忧生也。'昨夜西风凋碧树。独上高楼，望尽天涯路'似之。'终日驰车走，不见所问津。'诗人之忧世也。'百草千花寒食路，香车系在谁家树'似之。"（又二五）像这种忧生、忧世的诗词，正写出诗人对生活的执着而不是超脱。以上这些观点都是违反叔本华的理论的。又像说：

> 三代以下之诗人，无过于屈子、渊明、子美、子瞻者，此四子者，苟无文学之天才，其人格亦自足千古。故无高尚伟大之人格而有高尚伟大之文学者，殆未之有也。（《文学小言》六）
>
> 天才者，或数十年而一出，或数百年而一出，而又须济之以学问，师之以德性，始能产真正之大文学。此屈子、渊明、子美、子瞻等所以旷世而不一遇也。（又七）

这样把高尚伟大的人格和高尚伟大的文学结合起来说明天才,把学问、德性和文学结合起来,就不同于以"赤子之心"为天才,不同于超脱利害关系的说法。正由于《人间词话》和他同一时期写的《文学小言》中已有这些和叔本华美学观点不一致的理论,所以他到后来终于改变了境界说,不讲什么"以物观物",超脱利害关系,不必多阅世等等。讲《元剧之文章》里说"彼但摹写其胸中的感想,与时代之情状","又以其自然故,故能写当时政治及社会情状,足以供史家论世之资者不少。"注意到文学反映时代和政治社会情状,跟超脱利害关系的说法大相径庭了。正由于王氏能够突破叔本华的美学观点,所以他的文学论能够成为五四新文化运动以前的重要文学论之一,其中有些论点还值得供我们借鉴。

(选自《〈人间词话〉及评论汇编》,有删节)

第七单元　科技编

一　《九章算术》

【题解】

　　《九章算术》是我国现存最古老的数学著作之一,历来有"算经之首"的称号。书的作者和成书年代已难以详考,一般认为约成书于东汉时期。《九章算术》是以应用问题解法集成的体例撰写而成的。全书共246个题目,按照应用范围与解题方法分为九章:一、方田,"以御田畴界域",讲述平面几何图形面积的算法;二、粟米,"以御交质变易",讲述各种谷物比率及比例的计算方法;三、衰分,"以御贵贱禀税",讲述以分配为中心的配分比例计算问题;四、少广,"以御积幂方圆",讲述包括已知正方形在内的矩形面积求边长等问题,及已知立方体的表面面积求边长的开方法则;五、商功,"以御功程积实",讲述以立体问题为主的各种形体体积的计算法则;六、均输,"以御远近劳费",讲述以赋税计算和其他应用问题为中心的配分比例计算方法及有关等差数列的部分问题;七、盈不足,"以御隐杂互见",讲述以盈亏问题为主的双假法;八、方程,"以御错糅正负",讲述线性方程组的系数排列及正负数的加减运算法则等问题;九、勾股,"以御高深广远",讲述以测量问题为中心的直角三角形三边互求问题。每一题目之下又包含若干条目的内容,每则条目均由三部分组成:一、"问";二、"答";三、"术"。从这些分类可以看出,《九章算术》是在生产实践中总结出来的数学知识,是"应用数学"的开山之作。此后的历代算经著作,大多遵循了这一分法。

《九章算术》的篇名,可能与周代的"九数"之说有关。据《周礼·地官司徒》记载:"保氏掌谏王恶,而养国子以道,乃教之六艺,一曰五礼,二曰六乐,三曰五射,四曰五驭,五曰六书,六曰九数。"汉代经学家郑玄在注疏中引用郑众的话说:"九数:方田,粟米,差分,少广,商功,均输,方程,赢不足,旁要。今有重差、夕桀、句股也。"因此刘徽在《九章算术注序》中说:"按周公制礼而有九数,九数之流,则《九章》是矣。"尽管九章之名与"九数"之说存在同名现象,然而随着时代的变化,不少算术在内容方面都有了新的发展。拿"均输"来说,汉武帝曾采用桑弘羊的建议实行均输法,按照人口多少、路途远近和谷物贵贱来分配徭役和捐税。有鉴于此,刘徽在承认《九章》篇名源于周代"九数"之说的同时,也指出:"故校其目则与古或异,而所论者多近语也。"汉代的数学家根据自己时代的实际情况,在周秦算法的基础上推陈出新,总结出了《九章算术》这部杰出的算学著作。

《九章算术》的版本不少,较常见的有《四库全书》本、《丛书集成》本、《万有文库》本和《四部丛刊》本等。今人整理的版本,较好的有钱宝琮校点的《算经十书》本(中华书局,1963年),白尚恕的《〈九章算术〉注释》(科学出版社,1983年)和《〈九章算术〉今译》(山东教育出版社,1990年),郭书春汇校的《汇校〈九章算术〉(增补本)》(辽宁教育出版社、九章出版社,2004年),李继闵《〈九章算术〉导读与译注》(陕西科学技术出版社,1998年)等。

均　输[1]

今有凫[2]起南海[3],七日至北海;雁起北海,九日至南海。今凫、雁俱起[4],问何日相逢?答曰:三日十六分日之十五。

术曰:并日数为法[5],日数相乘为实[6],实如法得一日[7]。

注释 [1]均输:古代算法的一种,以田地和人户的多少求赋税,以路程远近、负载轻重求运费,以物价的高低不一求平均数,等等。元封元年(前110),汉武帝根据桑弘羊的建议实行均输制,统一征收、买卖和运输货物,调剂各地供应平衡。　[2]凫(fú):鸟名,泛指野鸭。　[3]海:指大湖。　[4]俱起:同时起飞。　[5]法:古代数学名词,指用来乘或除的数。与"实"相对。　[6]实:古代数学名词,指被乘数或被除数。与"法"相对。　　[7]实如法:用被除数除以除数。

(原文据《〈九章算术〉注释》卷六,科学出版社,1983 年)

句　股[1]

今有句三尺,股四尺,问为弦几何[2]？答曰:五尺。

今有弦五尺,句三尺,问为股几何？答曰:四尺。

今有股四尺,弦五尺,问为句几何？答曰:三尺。

句股术曰[3]:句股各自乘,并而开方除之,即弦[4]。

又股自乘,以减弦自乘,其余开方除之,即句[5]。

又句自乘,以减弦自乘,其余开方除之,即股[6]。

注释　[1]句股:今作勾股,古代数学名词,为九章算法之一。句(gōu):指不等腰直角三角形直角旁的短边。股:指不等腰直角三角形直角旁的长边。[2]弦:指不等腰直角三角形的斜边。几何:若干,多少。　　[3]句股术:指已知不等腰直角三角形的两边推求第三边的方法。　　[4]本句表达的是不等腰直角三角形弦的计算方法:假设句长为 a,股长为 b,弦长为 c,那么就有 $c = \sqrt{a^2 + b^2}$。这就是所谓的句股定理。　　[5]本句表达的是不等腰直角三角形短直角边的计算方法:假设句长为 a,股长为 b,弦长为 c,那么就有 $a = \sqrt{c^2 - b^2}$。　　[6]本句表达的是不等腰直角三角形长直角边的计算方法:假设句长为 a,股长为 b,弦长为 c,那么就有 $b = \sqrt{c^2 - a^2}$。

今有池方一丈[1],葭生其中央[2],出水一尺。引葭赴岸[3],适与岸齐[4]。问水深、葭长各几何？答曰:水深一丈二尺;葭长一丈三尺。

术曰:半池方自乘,以出水一尺自乘,减之,余,倍出水除之,即得水深;加出水数,得葭长[5]。

注释　[1]方:指正方形的边长。池方一丈:水池一丈见方,四边的边长均为一丈。　　[2]葭(jiā):初生的芦苇。　　[3]引:拉,牵引。赴:至,到达。　　[4]适:恰好。　　[5]本句所说计算水深的方法:假设池方为 2a,水深为 b,葭长为 c,得水深 $b = \dfrac{a^2 - (c-b)^2}{2(c-b)} = 12$;得葭长 $c = \dfrac{a^2 - (c-b)^2}{2(c-b)} + (c-b) = 13$。

(原文据《〈九章算术〉注释》卷九,科学出版社,1983 年)

【评论】

中国数学文献的几个主要里程碑

[英]李约瑟

现在,我们来谈谈《九章算经》(一般称为《九章算术》)。令人纳罕的是,虽然《九章算术》的内容比《周髀算经》远为完善与进步,但是,对前者所能推定的最早的明确年代却比后者为早。刘徽为《九章算术》作序是在公元 260 年以前,他提到一个当时可能是世代相传的说法,认为这部书最早是由西汉的张苍(公元前 165 年著称,卒于公元前 142 年)和耿寿昌(公元前 75—前 49 年著称)编辑和注释的。遗憾的是,在这两位学者的传记中都没有提到这部书。此外,《九章》与《周髀》一样,在公元 100 年前后完成的《前汉书·艺文志》中也没有提到。但是,前面所说的理由在这里也同样适用:《九章算术》的内容可能包含在当时具有不同书名的某一著作中,致使我们现在辨认不出来。因此,正如张荫麟所指出,在刘歆(公元前 50 年至公元 20 年)的《七略》中没有提到《九章》,这个事实是不足为据的。这部书的全称最早出现在 179 年的两个标准青铜量器的铭文中。

《周礼》的注释是比较可靠的。保氏是负责王子们的教育的官员,在《保氏》一节中说,在王子们必须学习的课业中有所谓《九数》。有些人认为,九数可能是指乘法表,但第一个注《周礼》的郑众(公元 89 年著称,卒于 114 年),依据他的伟大继承者郑玄(127—200 年)的引证,曾列举了"九数"的名目,它们与我们现有的《九章》篇名几乎完全相同。看来,在公元一世纪后半期,必定存在某种与《九章》今本非常相似的东西。它与张苍等汉初学者所熟悉的书有什么联系,那就说不清了。至于郑玄本人,他的传记告诉我们,他精通《九章算术》,还说公元 180 年前后刘洪曾为《九章》作了注释。祖冲之(五世纪末)也作了注,但刘徽的注释现在还有传本。

有一点是肯定的,就是比起《周髀》来,《九章算术》反映了进步得多的数学知识水平。如果把《周髀》的年代放在战国时期,则《九章算术》放在西汉是合乎情理的;如果认为《周髀》是在西汉,那末,《九章》一定是在公元一世纪。当然,这两部著作都不可能是突然出现的。也许最为妥善的办法是把《周髀》看做具有周代的骨架加上汉代的皮肉,而把《九章》看做秦和西汉的著作加上东汉的一些增补。

《九章算术》可能是所有中国数学著作中影响最大的一部,它包含九章,共有246个问题。内容可以略述如下:

(1)方田(土地测量)。这里有下列各种平面图形的正确的面积公式:直角三角形,梯形,三角形,圆($\frac{3}{4}d^2$ 和 $\frac{1}{12}c^2$,即把 π 当作 3)(原注:这里 d 是直径,c 是周长。——编者),弧形与环形;有分数加法、减法、乘法和除法的法则及分数的简化。其中弓形的面积取作 $\frac{1}{2}(c+s)s$(原注:这里 c 是弓形的弦,s 是矢。——编者)。

(2)粟米(小米和大米),百分法和比例。这一章最后的九个问题宜于用不定方程处理,但书中没有这样做,而是根据比例关系推理求得答案的。

(3)衰分(比例分配)。这讨论协作问题和三率法,其中包括比率问题,后者似乎应该是前一章的内容;与此相反,前一章的后九个问题则应属于这一章。衰分章包括质量不一的货物的税收问题,还有算术级数和几何级数方面的其他问题。所有这些都是用比例法解决的。

(4)少广(减少宽度)。这处理当图形面积及一边长度已知时求其他边长的问题。在这一章中有许多求平方根和立方根的问题。前一种过程自然地导致第(9)章的二次方程。

(5)商功(工程审议)。这里讨论立体图形(棱柱、圆柱、棱锥、圆锥、圆台、四面体、楔形等)体积的测量和计算,所考虑的有墙、城墙、堤防、水道和河流。三上义夫认为,最初,体积可能是靠制作模型、经过试验确定的。

(6)均输(字面上指公平的征税)。这里处理行程和合理解决征税的问题,尤其是与人民从本城运送谷物到京城交税所需的时间有关的问题。这里还有一些与按人口征税有关的问题。

(7)盈不足或盈朒(过剩与不足)。这两个词是用于满月与新月的,表示"太多或太少"的状态。这一章专门说明中国人在代数学上的一个发明——假设法,主要用于解 $ax = b$ 型的方程。

(8)方程(列表计算的方法)。后来,方程变成一切等式的称呼了。这大概是因汉代和汉代以后等式的写法是把各个量排成一个矩形的纵列表。这一章研究联立线性方程,用到正数和负数。这是在人类文明中最早出现负量的概念。这一章最后牵涉到四个方程和五个未知数的问题,这是不定方程的前身。

(9)勾股(直角三角形)。这里用代数方法深入细致地论述了在《周髀算经》中已提出过的直角三角形的性质。这一章有24个问题,其中第二十题有一个方程是

$$x^2 + (20 + 14)x - 2 \times 20 \times 1775 = 0$$

虽然我们不能承认《九章》有史密斯和三上义夫所认为的那样古老,但是这个例题仍不能不算是很古老的。这一章有这样的一个问题:"今有池,方一丈,葭生其中央,出水一尺,引葭赴岸,适与岸齐,问水深几何?"还有一支折断的竹子形成一个直角三角形的问题。这些问题出现于后来的印度数学著作中,并且传到了中世纪的欧洲。在这里已经谈到了相似直角三角形在高度和距离的测量上的重要性。

《九章算术》早期注释本的全部插图已散佚了好几个世纪,近代版本的插图是清代学者重加的。每一个问题通常以"今有"两字开始,解答之前用"答曰"两字,进一步的解释在"术曰"之下写明。所有这些都是算经的本文。接着是刘徽的小字注释(还有唐代李淳风的注,那是在小注中标明的)。近代编者(例如李潢)所写的问题的解法,则用"草曰"两字开头,如果有插图需要说明,他便加上"说曰"两字。

在以后整个中国历史中,人们代代相传地研究《九章》,各种各样的学者都参与其间。例如,如果我们读一下北魏数学家殷绍(430—

460年著称)的传记(《北史》卷八十九),我们就会发现他的老师包括隐士成公兴、和尚昙影和一个起了佛教法名的道士法穆。和尚在中国数学传统中的出现,很可能反映了中国与印度在学术上的接触。

(选自[英]李约瑟《中国科学技术史》第三卷)

二 《伤寒论》

【题解】

《伤寒论》的作者是东汉后期著名医学家张机。张机,字仲景,南郡涅阳(今河南省邓县穰东镇,一说河南南阳市)人,约生于汉桓帝和平元年(150),卒于汉献帝建安二十四年(219)。据唐甘伯宗《名医录》、宋张杲《医说》、明徐春圃《古今医统》及《南阳府志》、《河南通志》等文献记载,张仲景曾于汉灵帝(168—188年在位)时举孝廉,官至长沙太守。早年跟随同乡张伯祖学医,东汉末年,因见各地瘟疫流行,于是弃官隐居岭南,专心著述,终成一代医学大师。从东晋咸和(326—334)年间起,张仲景就被奉为"医圣"。明人李濂在《医史》中将张仲景称作"一世之神医"。由张仲景总结和提出的"六经辨证"、中医诊断病情的"八纲辨证"(即阴阳、表里、虚实、寒热)和"辨证论治"等原则,为我国中医学的发展奠定了基础。

东汉末年,战乱连年,灾害频发,导致瘟疫流行,百姓病死无数,其中尤以死于伤寒病的人最多。有感于此,张仲景"勤求古训,博采众方",刻苦研读《素问》、《灵枢》、《八十一难》、《阴阳大论》、《胎胪药录》等上古医书,继承《黄帝内经》等医典的基本理论,广泛借鉴其他医家的治疗方法,结合个人临床诊断经验,着手研究治疗伤寒杂病的方法,写成了《伤寒杂病论》十六卷。

《伤寒论》产生不久,就遭到兵火的摧残和破坏,原书十六卷变得残缺不全。半个世纪后,西晋太医令王叔和在搜辑残稿的基础上予以重新整理,编成《伤寒论》十卷,因此《隋书·经籍志》和《唐书·艺文志》记载的《伤寒论》都只有十卷。宋治平（1064—1067）年间，宋英宗下令高保衡、林亿等人校正医书，《伤寒论》开始在民间广泛流传。同时，翰林学士王洙从残篇断简中整理出《金匮玉函要略方》三卷，一并校印行世。

《伤寒论》是一部阐述多种伤寒和杂病的医学专著，重点论述了人体由受染风寒而引起的一系列病理变化及相应的治疗方法，系统反映了张仲景"辨证论治"的医学思想。全书二十二篇，共397法，除去重复，有药方113个，涉及药物91味。书中，张仲景把病症分为太阳、阳明、少阳、太阴、少阴、厥阴等六种，即所谓"六经"，而以三阳经统摄六腑，三阴经统摄五脏，以此反映脏腑经络的病理变化，它是《伤寒论》辨证方法的核心。此外，他还根据脏腑经络、阴阳会通的机制，将每经之病分为阴阳两类，又由阴阳而划分为表里、寒热、虚实等证。在治疗过程中，根据人体抗病能力强弱、病势进退缓急、正邪间的相互关系及治疗是否得法等方面的因素，对外感疾病演变过程中所表现的各种症候进行综合分析，归纳出病变部位、症候特点、损及何脏何腑，以及寒热趋向、邪正盛衰、阴病阳病等，以作为诊断治疗的依据。在《伤寒论》中，张仲景将阴阳学说与脏腑经络学说相结合，总结了秦汉以前医学的主要成就，并结合自己的临床经验，将由伤寒引起的各种疾病发展过程中出现的错综复杂、变化多端的症候予以综合归纳，创立了一种独特且行之有效的中医理论体系。

《伤寒论》的出现，大大促进了中国古代医学的发展，形成了蔚为大观的"伤寒学"。自宋代以来，无数医家都将《伤寒论》奉为圭臬而详加研习，相续以《伤寒论》作为建构各自医学的理论体系和论治思想。

今人整理的《伤寒论》版本很多，较好的有黄竹斋《〈伤寒论〉集注》（人民卫生出版社，1957年），南京中医学院伤寒教研组编《〈伤寒论〉译释》（上海科学技术出版社，1959年第1版，1980年第2版），刘渡舟主编《〈伤寒论〉校注》（人民卫生出版社，1991年），聂惠民等编《〈伤寒论〉集解》（学苑出版社，2001年），钱超尘等整理《伤寒论》（人民卫生出版社，2005

年)等。

辨脉法(节选)

师曰:病人脉微而濇者[1],此为医所病也。大发其汗,又数大下之,其人亡血,病当恶寒[2],后乃发热,无休止时,夏月盛热,欲著复衣,冬月盛寒,欲裸其身。所以然者,阳微则恶寒,阴弱则发热,此医发其汗,使阳气微,又大下之,令阴气弱。五月之时,阳气在表,胃中虚冷,以阳气内微,不能胜冷,故欲著复衣;十一月之时,阳气在里,胃中烦热,以阴气内弱,不能胜热,故欲裸其身。又阴脉迟濇[3],故知亡血也。

脉浮而大[4],心下反鞕[5],有热,属藏者[6],攻之,不令发汗;属府者,不令溲数[7]。溲数则大便鞕,汗多则热愈[8],汗少则便难,脉迟尚未可攻。

脉浮而洪[9],身汗如油,喘而不休,水浆不下[10],体形不仁[11],乍静乍乱[12],此为命绝也。又未知何藏先受其灾,若汗出发润,喘不休者,此为肺先绝也。阳反独留,形体如烟熏,直视摇头者,此心绝也。唇吻反青,四肢濈习者[13],此为肝绝也。环口黧黑[14],柔汗发黄者[15],此为脾绝也。溲便遗失,狂言、目反直视者,此为肾绝也。又未知何藏阴阳前绝,若阳气前绝,阴气后竭者,其人死,身色必青;阴气前绝,阳气后竭者,其人死,身色必赤,腋下温,心下热也。

寸口脉浮大[16],而医反下之,此为大逆[17]。浮则无血,大则为寒,寒气相搏,则为肠鸣,医乃不知,而反饮冷水,令汗大出,水得寒气,冷必相搏,其人即𩞄[18]。

趺阳脉浮[19],浮则为虚,浮虚相搏,故令气𩞄,言胃气虚竭也。脉滑则为哕[20],此为医咎,责虚取实,守空迫血,脉浮,鼻中燥者,必衄也[21]。

诸脉浮数[22],当发热而洒淅恶寒[23]。若有痛处,饮食如常者,畜积有脓也。

脉浮而迟,面热赤而战惕者[24],六七日当汗出而解。反发热者,差迟[25]。迟为无阳,不能作汗,其身必痒也。

注释 [1]微:中医脉象之一,指脉搏微小而软,似有若无。濇(sè):同"涩",阻滞不通。 [2]恶(wù)寒:畏寒。中医称人体发热前作剧冷为恶寒。 [3]阴脉:解剖结构名,指阴经之脉,包括手足三阴经、任脉、阴维脉、阴跷脉等。迟:中医脉象之一,指脉搏缓慢,一呼一吸,在三次左右。多属寒证,迟而无力为虚寒,但若迟而有力,亦可见于实证。 [4]浮:中医学术语,指脉搏在肌肤表层跳动,轻按即得。 [5]鞕(yìng):同"硬"。 [6]藏(zàng):内脏,后作"脏"。 [7]溲(sōu):大小便。数:多次。 [8]热愈:越来越热。 [9]洪:中医脉象名,指脉搏跳动有力。 [10]水浆:汤水。不下:难以下咽。 [11]不仁:麻木失去知觉。 [12]乍静乍乱:忽而安静,忽而烦躁。乍,忽然,突然。 [13]蛰(zhí)习:振颤摇动不休。蛰,汗出貌。 [14]鸝(lí):色黑而黄。 [15]柔汗:冷汗。 [16]寸口:中医诊脉部位名。两手桡骨内侧桡动脉的诊脉处。凡肝心脾肺肾之脉,皆见于此。又称"气口"或"脉口"。寸口分成寸、关、尺三部,三部中的寸,称为寸脉或寸口脉。 [17]大逆:大错。 [18]饐(yē):同"噎",食物等阻塞喉咙,此处指死去。 [19]跌(fū)阳脉:又称冲阳脉,切脉部位之一,位在足背胫前动脉搏动处,属足阳明胃经的经脉。 [20]滑:中医脉象之一,指脉搏往来流利。哕(yuē)逆,干呕。 [21]衄(nù):鼻出血。 [22]数(shuò):中医脉象之一,指脉来急速,一呼一吸在六次左右。常见于热症。 [23]洒(xiǎn)淅:寒栗不安貌。 [24]战惕(tì):惊悸,恐惧。 [25]差(chài)迟:病愈的时间延迟。差,通"瘥",病愈。

寸口脉阴阳俱紧者,法当清邪中于上焦[1],浊邪中于下焦[2]。清邪中上,名曰洁也;浊邪中下,名曰浑也。阴中于邪,必内栗也,表气微虚,里气不守,故使邪中于阴也。阳中于邪,必发热头痛,项强颈挛[3],腰痛胫酸[4],所为阳中雾露之气,故曰清邪中上。浊邪中下,阴气为栗,足膝逆冷,便溺妄出,表气微虚,里气微急,三焦相混,内外不通,上焦怫郁[5],藏气相熏[6],口烂食龂也[7]。中焦不治,胃气上冲[8],脾气不转[9],胃中为浊,荣卫不通[10],血凝不流。若卫气前通者[11],小便赤黄,与热相搏,因热作使,游于经络,出入藏府,热气所过,则为痈脓[12]。若阴气前通者,阳气厥微,阴无所使,客气内入[13],嚏而出之[14],声嗢咽塞[15],寒厥相追[16],为热所拥,血凝自下,状如豚肝[17],阴阳俱厥[18],脾气孤弱,五液注下[19],下焦不盍,清便下重[20],令便数难,脐筑湫痛[21],命将难全。

脉阴阳俱紧者,口中气出,唇口干燥,蜷卧足冷,鼻中涕出,舌上胎滑,勿妄治也。到七日以来,其人微发热,手足温者,此为欲解;或到八日以上,反大发热者,此为难治。设使恶寒者,必欲呕也;腹内痛者,必欲利也。

脉阴阳俱紧,至于吐利,其脉独不解,紧去入安,此为欲解。若脉迟,至六七日不欲食,此为晚发,水停故也,为未解;食自可者,为欲解。病六七日,手足三部脉皆至,大烦而口噤不能言[22],其人躁扰者[23],必欲解也。若脉和,其人大烦,目重脸内际黄者[24],此欲解也。

脉浮而数,浮为风[25],数为虚,风为热,虚为寒,风虚相搏,则洒淅恶寒也。

脉浮而滑,浮为阳,滑为实[26],阳实相搏,其脉数疾,卫气失度[27],浮滑之脉数疾,发热汗出者,此为不治。

伤寒欬逆上气[28],其脉散者死[29],谓其形损故也。

注释 [1]清邪:中医学名词,指风寒等致病因素。上焦:中医谓六腑(胆、胃、大肠、小肠、膀胱、三焦)中的三焦之一,一般指胃的上口到舌下这一部位,包括心肺,主要功能是呼吸和血液循环等。 [2]浊邪:中医学名词,与"清邪"相对。下焦:中医学名词,三焦之一,指胃的下口到盆腔的部分,包括肾等脏器。 [3]项:脖子的后部。强:僵硬。挛:抽搐。 [4]胫:从膝盖到脚跟的部分。 [5]怫(fú)郁:郁结不舒。 [6]藏气:指五脏的机能活动及其病理变化。藏,通"脏"。 [7]食斷:牙龈糜烂。食,通"蚀";斷,同"龈"。 [8]胃气:生理学名词,指胃中的水谷之气。 [9]脾气:指脾的功能及其赖以产生的精微物质或动力。 [10]荣卫:指荣卫四穴,约位于一、二、三、四骶后孔外侧各两寸处。 [11]卫气:生理学名词,属于阳气的一种。生于水谷,源于脾胃,出于上焦,行于脉外,其性刚悍,运行迅速流利,具有温养内外、护卫肌表、抗御外邪、滋养腠理、开阖汗孔等功能。 [12]痈(yōng)脓:恶性脓疮。 [13]客气内入:外邪侵入体内。 [14]嚏(tì):打喷嚏。 [15]喎(wà):阻塞,声音滞涩,出声不利。 [16]寒厥:病名,症状为四肢逆冷,严重的至于昏迷失去知觉。《素问》有《厥论》篇。厥,呼吸不顺。 [17]豚(tún):小猪,泛指猪。 [18]厥:竭,尽。 [19]五液:生理学名词,一指五脏所化生的液体,即汗、涕、泪、涎、唾;一指水谷所化生的津液,包括汗、溺、唾、泪、髓等五种。　[20]清便下重:大便有后重感。清便,解大便。　[21]齐筑湫痛:寒气壅聚而致脐腹疼痛如捣。齐,或作"脐";筑,捣,此处指疼痛如杵捣之状;湫,寒气壅聚。　[22]噤(jìn):口闭。　[23]躁扰:急躁好动,没有规则地乱动。[24]脸:据《伤寒论条辨》,当作睑(jiǎn),眼皮。　[25]风:中医术语,"六淫"之一,属阳邪,为外感疾病的先导,并常与其他病邪结合而致病,如风寒、风热、风湿等。又指病理性症候的一个类型,其特点是病势急骤、多变。　[26]实:中医术语,指邪气亢盛。　[27]失度:失其常度。　[28]欬(kài):咳嗽。　[29]散:中医脉象之一,指脉搏浮散,稍按即无。

(原文据《〈伤寒论〉校注》卷一,人民卫生出版社,1991年)

小柴胡汤方

伤寒五六日中风,往来寒热,胸胁苦满[1],嘿嘿不欲饮食,心烦喜呕,或胸中烦而不呕,或渴,或腹中痛,或胁下痞鞕[2],或心下悸、小便不利[3],或不渴、身有微热,或欬者,小柴胡汤主之。方四十八。

柴胡[4](半斤)黄芩[5](三两)人参[6](三两)半夏[7](半升,洗)甘草[8](炙)生姜[9](各三两,切)大枣(十二枚,擘[10])

右七味,以水一斗二升[11],煮取六升,去滓[12],再煎取三升,温服一升,日三服。若胸中烦而不呕者,去半夏、人参,加栝蒌实一枚[13];若渴,去半夏,加人参合前成四两半,栝蒌根四两;若腹中痛者,去黄芩,加芍药三两[14];若胁下痞鞕,去大枣,加牡蛎四两[15];若心下悸、小便不利者,去黄芩,加茯苓四两[16];若不渴,外有微热者,去人参,加桂枝三两[17],温覆微汗愈;若欬者,去人参、大枣、生姜,加五味子半升、干姜二两[18]。

血弱气尽,腠理开[19],邪气因入,与正气相搏,结于胁下,正邪分争,往来寒热,休作有时,嘿嘿不欲饮食。藏府相连[20],其痛必下,邪高痛下,故使呕也。小柴胡汤主之。服柴胡汤已,渴者,属阳明[21],以法治之。四十九。(用前方)

得病六七日,脉迟浮弱,恶风寒,手足温,医二三下之,不能食,而胁下满痛,面目及身黄,颈项强,小便难者,与柴胡汤,后必下重。本渴饮水而呕者,柴胡汤不中与也,食谷者哕。

伤寒四五日,身热恶风,颈项强,胁下满,手足温而渴者,小柴胡汤主之。五十。(用前方)

伤寒,阳脉濇,阴脉弦[22],法当腹中急痛,先与小建中汤[23],不差者,小柴胡汤主之。五十一。(用前方)

注释 [1]满:郁闷,闷塞不通的病症。 [2]痞:病名,指胸中懑闷结块的病。 [3]悸(jì):心惊跳。 [4]柴胡:药草名,又作"茈胡"。生于山中,苗嫩时可以食用,因此又有芸蒿、山菜、茹草等名,根叫柴胡。 [5]黄芩:植物名,多年生草本,可以入药。夏天开紫花,根色深黄,其宿根外黄内黑者称片芩,新根内黄者称条芩。 [6]人参:多年生草本植物,贵重中药。根如人形,因此得名。因其透明,又被称作明参。 [7]半夏:药草名,因五月苗始生,居夏之半得名。根可以入药,生用有毒,内服须制用。因制法不同,有法半夏、红半夏、姜半夏、半夏麹等名称。 [8]甘草:药草名,又名蜜草。根茎入药,性平和味甘,能和百药。 [9]生姜:草本植物。根茎辛辣,用为调味品,曝干者称干姜。可以入药。 [10]掰:用手把东西分开或折断。 [11]斗:量词,旧时容量单位。十升为一斗,十斗为一石。 [12]滓(zǐ):沉淀物,渣子。 [13]栝蒌(kuòlóu):即果臝,又称天瓜。其根和果实均可以入药。 [14]芍药:本作"勺药",一名可离,多年生草本植物。羽状复叶,小叶卵形或披针形,花大而美,名色繁多,供观赏,根可入药。 [15]牡蛎(lì):软体动物,简称蚝,可食用,也可入药。四两,或作六两。 [16]茯苓(fúlíng):菌类植物,别名松腴。其抱根者称为茯神。寄生于山林松根,状如块球,可入药。 [17]桂枝:此处指肉桂、月桂,被认为是"百药之长"。 [18]五味子:即荎蕏,一名会及,又名玄及。因皮肉甘酸,核中苦辣,又都有咸味,故名五味。 [19]腠(còu)理:中医中指皮下肌肉之间的空隙和皮肤的纹理。 [20]藏府:同"脏腑"。 [21]阳明:经脉名,指大拇指本骨之高处与第二指间。中医分人体经脉为十二支,以手阳明为大肠脉、足阳明为胃脉。 [22]弦:中医术语,指脉象急促,脉搏挺直,如接在拉紧的琴弦上。 [23]小建中汤:中药方剂名,为中医常用的温中散寒剂。有大建中汤、小建中汤之别。建中,健脾之意。

(原文据《〈伤寒论〉校注》卷三,人民卫生出版社,1991年)

【评论】

《伤寒论》导言

《伤寒论》历史变革

《伤寒论》原名叫《伤寒杂病论》,也有人叫《伤寒卒病论》,考"卒"字乃是"杂"字的误写。

这部书是公元196—204年后汉人张机(字仲景)所写的作品。

张仲景是南郡涅阳人,约生于公元150—219年,他的事迹汉书无传。据唐《名医录》载:"南阳人,名机,仲景乃其字也。举孝廉,官至长沙太守,始受术于同郡张伯祖,时人言,识用精微过其师。所著论,其言精而奥,其法简而详,非浅闻寡见所能及。"

东汉末年,由于统治阶级剥削,又加连年不断地战争,黎民百姓流离失所而导致了疾疫的流行,死的人很多。

张仲景所属的拥有两百多口人的南阳大族,在疫情的危害下,还不到十年时间就死亡了三分之二的人,其中死于伤寒的则占十分之七。

张仲景在序文中曾哀叹地说:"感往昔之沦丧,伤横夭之莫救。"因此激发了他著书活人的志愿。为了著书济世,他勤求古训,博采众方,广泛地吸收了汉以前的医学成就,并结合自己的体会,在前人的基础上而又有所创新。经过了辛勤的劳动和反复的印证,终于写成了《伤寒杂病论》合十六卷。

这部作品问世不久,就遭到了兵火的摧残和破坏,原书十六卷已残缺不全。

所幸在公元256—316年,西晋的太医令王叔和搜集了一些残存之书,并进行整理而撰次成篇,然而只整理了10卷,16卷的原貌已不复见。所以晋以后的《隋书·经籍志》和《唐书·艺文志》只载《伤寒论》10卷,而不再称16卷。日人山田正珍氏针对这一历史情况说:"殊不知古昔十六卷之本,亡失不传,虽叔和亦不得而见之矣。"他指出了《伤寒论》从 16 卷变成 10 卷的始末。

到了公元 1065 年,宋治平年间,政府指令高保衡、林亿等人校正医书以为民用时,认为"百姓之急,无急于伤寒",因把开宝年间节度使高继冲进上的《伤寒论》10 卷总 22 篇加以校正,同时梓板而颁行于世。

在这个时间,翰林学士王洙在馆阁从蠹简中捡得的《金匮玉函要略方》3 卷,也加以校正而刊行于世。

由于史书上没记载王叔和撰次《金匮玉函要略方》之事,此书可能经唐人之手所集,其确切情况有待考证。

《伤寒论》是一部什么书

《伤寒杂病论》本来是伤寒与杂病有机联系、相提并论的一部书。自宋治平梓板简称《伤寒论》,而林亿等人又有 10 卷论伤寒、6 卷论杂病的说法,使人误解为《伤寒论》是专论伤寒,而《金匮要略》则专论杂病,流传直至今而不知悟。

为了正确理解本书起见,先介绍一下什么是伤寒,什么是杂病,以及伤寒与杂病的内在联系,方能对本书做出正确的评价。

先说伤寒。伤寒有广义和狭义之分,《素问·热论》说:"今夫热病者,皆伤寒之类也。"这句话是指广义伤寒而言。至于狭义伤寒,则只限风寒,而不及风寒以外的其它邪气。考《伤寒论》的内容则是主论风寒,兼论杂病,它虽亦提及温病等证,乃是与风寒进行鉴别,作为伤寒类证而出现,所以,不像风寒那样论述全面,也没有系统的治法。因此,还不能说《伤寒论》就是广义的伤寒。

再说杂病。汉时对疾病分科尚无今日内科之称,当时对外感发热的急性病,皆叫做伤寒;对伤寒以外的疾病,包括许多慢性病,则都称之为杂病。

伤寒与杂病,本来是两种不同的发病形式,张仲景把它们共糅一书之中而相提并论的理由,是和以下几个问题有关的:

1. 因伤寒单纯发病者少,而与杂病相兼的则多,故伤寒与杂病合论则全面；

2. 人分男女，体有强弱，感邪虽一，发病则异；而且内因是变化的根据，故辨证不明杂病，则亦不能明伤寒。所以，只论伤寒，不论杂病，则不能曲尽辨证之长；

3. 有的病人先患他病，后感伤寒，内伤外感，病情杂沓，难求一致，无法用伤寒一种发病形式而统摄诸病。

柯韵伯对此深有体会地说："伤寒之中最多杂病，虚实互呈，故将伤寒、杂病合而参之，此扼要法也。"

综上所述，可以看出，《伤寒论》是通过伤寒与杂病的具体的病例，以反映它的辨证方法。也可以这样说，伤寒与杂病必须共论，方能显示六经辨证以统摄诸病的意义。故柯韵伯又说："盖伤寒之外皆杂病，病不能脱六经，故立六经而分司之。"也反映了六经辨证以统摄伤寒、杂病这一事实。

同时应该指出的是《伤寒论》这部书文义并茂，其组文构思，极尽含蓄吐纳、虚实反正、宾主假借、对比发挥之能事，是用二分法、两点论写成这部书，故在辨证中有其潜移默化的感染力，起到了文以载道的效果。

另外，还应看到作者在六经辨证中，只讲某经之为病，不讲某经之伤寒，把百病兼括于六经而不能逃出六经之外，他只在六经上求根本，而不在诸证上求枝叶，因而突出了六经辨证的特点。

方中行也认为《伤寒论》是论病之书，非为伤寒一病而设。这些提法，确实抓住了《伤寒论》的主要精神。

根据上述理由，说明了伤寒与杂病互相共论以阐明辨证论治之法，本来不存在伤寒在前、杂病在后，或10卷论伤寒、6卷论杂病的说法。学习《伤寒论》目的是在于辨证论治，绝不可降格以求而满足于伤寒一病。

《伤寒论》中六经的概念

六经的实质：《伤寒论》以六经辨证为核心，究竟六经的实质是否存在,在伤寒学中也议论纷纷,莫衷一是。有的学者把六经为病归纳成六类症候,用以赅括阴阳表里寒热虚实等证情。如丹波元坚在《伤寒论述义》中曾说:"《伤寒论》一部,全是性命之书……所谓病者何也?三阴三阳是也。热为阳,寒为阴,而表里虚实,互有不同,则六者之分,于是立焉。"可以看出,他是把六经建立在阳热阴寒的证候上,而不把六经证候建立在脏腑经络之上。为此,他又指出:"至于经络脏腑之言,经中间或及之,然本自别义,非全经之旨。惟以寒热定阴阳,则触处朗然,无不贯通也。"

由此可见,丹波元坚的学术观点,是反对从《素问·热论》的六经理论来探讨六经实质的。这种思潮在国内也大有人在,实有加以澄清之必要。

我认为《伤寒论》的六经,是继承了《热论》的六经,而有其脏腑经络的客观存在,所以,六经是物,而并不是符号。我们认为离开中医的传统经络学说而去解释六经则是值得商榷的。因为从《内经》到《伤寒论》经络学说本来是一脉相传,如本论的太阳病提纲,先揭出头项强痛,它和《热论》说的"其脉连风府"的精神完全符合。

论中还有许多按经取穴针刺之法,如果像丹波元坚没有经络的说法,岂不成为无源之水和无本之木。

所以,六经不能离开脏腑经络,如果离开脏腑经络去辨证,则"皮之不存,毛将焉附",岂不是咄咄怪事。

但是,《伤寒论》却又和《热论》不一样。它在六经辨证上比《热论》有了发展。它不但辨热证和实证,而且也辨阴证、寒证和虚证,可以这样说《热论》的六经只辨伤寒,而《伤寒论》的六经,既辨伤寒,又辨杂病,从而建立了辨证论治的理论体系。

六经辨证方法:六经辨证方法,它以三阳经统摄六腑,三阴经统摄五脏,以反映脏腑经络的病理变化。

它还反映人体抗邪能力的强弱、病势进退缓急、正与邪相互关系和治疗是否得法等情况,从而辨出了病变部位、寒热趋向、邪正盛衰、阴病阳病,以作为诊断治疗的根据。

概括地讲,凡风寒初客于表,反映出来太阳经表不利,荣卫失和的证候,便是太阳病;邪由表入里,反映出胃家实的证候,便是阳明病;若正邪分争在胁下,反映出少阳枢机不利的证候,便是少阳病。至于三阴经的证候,主要以邪气入脏,阴盛阳衰,抗病力弱,机能衰减为其特点。如太阴病反映出来的是脾胃虚寒证;少阴病反映出来的是心肾阳虚证;厥阴病反映出来的是阴盛阳衰、阴极阳复的寒热错杂证。

六经辨证方法,应先辨明病发阴阳,阴阳既明,才能进而统摄表里、寒热、虚实的具体病情。

然而阴与阳、表与里、寒与热、虚与实是互相对立的,但由于脏腑的经脉沟通,就有可能使对立的阴阳寒热,变为相通的统一性。这种既对立而又统一的辩证思想,反映了六经的阴阳变化,这就是中医的辨证依据。

现以太阳经为例:足太阳膀胱和足少阴肾经脉相联,互为表里。它在一定的条件下,则阴阳是可以转化的。古人说"实则太阳,虚则少阴",可见虚与实就是变阴变阳的一个条件,待到阴阳的病性一变,则表里、寒热也就随之而变。我们随着病情的变化,而用阴阳两点论去分析归纳,也就是《伤寒论》辨证的精神之所在。

由此来看,八纲辨证来自六经,而六经的每一经的病理反映,也都在八纲而体现。

六经的辨证,离不开脏腑经络的物质运动,若不尊重物质第一性,而又想求辨证之理,可以说未之有也。

张介宾说:"经脉者,脏腑之枝叶,脏腑者,经络之根本。知十二经之道,则阴阳明,表里悉,气血分,虚实见……凡人之生,病之成,人之所以治,病之所以起,莫不由之。"

张氏精辟地论述了辨证论治离不开经脉之道,可谓要言不繁,先获仲景之心。

张仲景在原序里也说"经络府俞,阴阳会通,玄冥幽微,变化难极,自非才高识妙,岂能探其理致哉!"可见仲景重视经络府俞的客观存在,使人要了解阴阳会通之理,然后在发病中才能了解阴阳脏腑可以转变,才可以一分为二的观点对待证候演变。

《素问·方盛衰论》说的好,善诊者"知丑知善,知病知不病,知高知下……用之有纪,诊道乃具,万世不殆。"这种教导医生从两方面的情况用以诊治疾病的思想是带有辩证法意义的。

但是,上述的一分为二辩证法思想必须绳之以六经,因为六经是有物的,它和只从症状表面变化那种"辨证"则有质的不同。

古人说:经者径也,据经方知病来去之路;经者界也,据经则知病之畔界而彼此不紊。

所以,辨证而在于证候,证候则根于六经。故古人又说:治病不明经络,犹如盲人瞎马,而鲜有不败。

六经病传变:六经为病不外正邪斗争,然正有强弱,邪有微甚,因而有传经与不传经之分。

一般地讲,凡邪气由表入里,由阳入阴,属于邪盛而病进;若正气抗邪有力,能拒邪外出,由里出表,或由阴转阳,属于邪衰而病退。但是,决定是否传经,在于正气的盛衰和治疗、护理是否得当,其中尤以正气的抗邪能力为先决条件。

辨病邪传变,对治疗和预防都有现实意义。其辨认方法,正如论中所说:"伤寒一日,太阳受之,脉若静者,为不传;颇欲吐,若躁烦,脉数急者,为传也。"接着又说:"伤寒二三日,阳明少阳证不见者,为不传也。"它说明了分析传经与不传经,要从其人的脉证变化入手,不是按六经顺序自然发展,更不是日传一经,以日而计传。

邪气传经的形式,归纳起来约有四种情况:

① 一般传经:如太阳之邪或传阳明,或传少阳;

② 表里传经:如太阳之邪,内传少阴;或少阳之邪,内传厥阴;

③ 越经传:太阳之邪,不传阳明、少阳而传于太阴;

④ 直中:若病邪不经太阳、阳明、少阳而开始发病即见少阴证候的,叫做"直中"。主要由于阳气虚衰,抗邪无力,邪气长麾直入而中脏,所以,它比以上的传经之病为严重。

传经以外,还有合病与并病。合病与并病的情况,据丹波元坚说:

"合病并病者,表里俱病是也。方其感邪,表里同时受病者,谓之合病。表先受病,次传于里,而表犹在者谓之并病。合病则剧,并病则易,此合、并之略也。"

由上述可见,凡两经、三经同时发病,不分先后次第的叫合病,合病多为原发。

合病共有四种:曰太阳阳明合病;太阳少阳合病;少阳阳明合病;三阳合病。

若一经之病未愈,继而另经之病又起,而有先后次第之分的叫并病,并病多为续发。

并病有两种:曰太阳阳明并病;太阳少阳并病。

《伤寒论》治疗法则

《伤寒论》这部书是讲理法方药环节的。理:是指六经辨证之理,前边已加介绍。法:是指治疗的方法和指导治疗的原则。辨证最终目的在于治疗,用什么方法去治疗,用什么观点去指导治疗,确是临床上一个重要课题。

《伤寒论》在治法上,确立两个前提:一个叫"阴阳自和",一个叫"保胃气,存津液"。阴阳自和的意义,是说治病求本,本于阴阳;阴阳不和则病,使其阴阳自和则愈。因此,在治疗时,从阴阳的大前提入手,则不失战略上的意义。

"保胃气,存津液"的精神,是说治病时要把人、病、药三方面的关系摆正,其中的"人"是主要的。这是因为治病服药,无非为的是人,因此,治病时就不要伤了人,因而提出了"保胃气,存津液"的法则。若没有这个法则,很可能在治疗中先伤了正气,正气先伤,则抗邪无力,会导致邪气滋长和发展,使治疗处于被动。

《伤寒论》的治病方法,有麻桂的汗法,瓜蒂的吐法,硝黄的下法,姜附的温法,芩连的清法,参草的补法,柴芩的和法,䗪蛭为丸的消法等等。

中医的治疗八法,从《伤寒论》而体现,后世医家奉为圭臬。临床治疗,离不开"八法"的范围,它有战术上的意义,它必须在"法"的指导下而进行。

《伤寒论》的方剂成就

中医最早的方剂记载见于《内经》。但它仅载13方,不能满足临床的需要。到了西汉,由于药物的发展,方剂也随之而增多。从出土的西汉木简来看,其中不少关于方剂的记载,反映出西汉时期,我国的方剂学已具有相当水平了。由此推论,《伤寒论》所载的113方和91味药物,非尽出张仲景之手,而有其继承。但是,张仲景能够保存了西汉或更早的医药遗产,并与辨证论治的理论结合起来,形成一个比较系统的理、法、方、药环节,确是一个重大的贡献。

《伤寒论》的方剂,上溯岐黄,下逮百世,有"方书之祖"之称,其主要成就可有下述几点:

1. 体现了治疗八法,在临床的具体应用上,奠定了方以法立,法以方传的理论;

2. 组方精简,配伍严密,经亿万人次实验而疗效显著;

3. 方与证结合得紧,确能解决证的要求,科学性很强,至今仍有研究价值;

4. 组方不拘一格,随证处施,不偏于一家之见,可为后世法。

学习《伤寒论》的方剂,要记其剂量大小轻重、煎服方法以及服药后的禁忌和要求,然后才能发挥经方治疗之效。

通过以上的叙述,可见《伤寒论》是一部兵火残余之书,它将伤寒与杂病共论以突出辨证论治为目的。

《伤寒论》的辨证方法,以六经为核心,而反映脏腑经络的生理病理变化。由于脏腑经络、阴阳会通的机制,故每经之病可以分为阴阳两类,又可由阴阳而划分为表里、寒热、虚实等证,它为"一分为二"的辨证方法,提供了物质的内核。

《伤寒论》的治疗法则,以阴阳自和为根本,而以保胃存津为前提,因而把治疗八法体现于113方之中,因此构成了中医的理法方药的治疗环节,为后世开辟了汤液治病的先河和规范。

(选自刘渡舟、聂惠民、傅世垣编著《伤寒挈要》)

三 《齐民要术》

【题解】

《齐民要术》的作者,为南北朝时期后魏(531—550)农学家贾思勰。贾思勰,青州齐郡益都(今山东寿光)人,生平不详。曾做过高阳(今山东桓台东,一作河北高阳)太守。贾思勰撰写《齐民要术》的时间,大约在公元6世纪30—50年代之间。书中对公元6世纪以前黄河流域中下游地区在农业、畜牧业、林业、渔业、制造业、农产品加工等各方面的知识和生产技术作了全面系统、详细准确的总结,既反映了当时我国北方农业所达到的水平,又为后世农业科学和农业生产的进一步发展提供了知识基础,堪称我国古代第一部完整的农业百科全书。

《齐民要术》共分十卷,九十二篇,正文7万余字,注释4万余字,书前有《自序》和《杂说》各一篇(也有研究者认为,《杂说》是后人插入的,并非出自贾氏之手)。《齐民要术》的内容极为丰富:卷一,"耕田"、"收种"、"种谷"各一篇;卷二,谷类、豆、麦、麻、稻、瓜、瓠、芋等粮食作物栽培各论十三篇;卷三,"种葵"、"蔓菁"、"种蒜"等各论十四篇;卷四,"园篱"、"栽树"各一篇,枣、桃、李、梅杏、梨、栗、柿、安石榴等果树栽培十二篇;卷五,栽桑养蚕一篇,榆、白杨、竹以及染料作物等九篇,伐木一篇;卷六,畜、禽养殖及养鱼等六篇;卷七,货殖、涂瓮各一篇,造酒等技术四篇;卷八、卷九,酿造酱、醋等技术,乳酪、食品烹调和储存方法等二十二篇,煮胶、笔墨各一篇;卷十,"五谷、果蓏、菜茹非中国物产者"一篇,记热带、亚热带植物90余种,野生可食植物60余种。前六卷主要是种植业和养殖业,卷七、八、九主要是农副产品的加工和保藏,几乎囊括了农艺、园艺、造林、蚕桑、畜牧、兽医、选种育种、酿造、烹饪、农产品加工储存及备荒、救荒等广义农业所包含的所有内容。

贾思勰以《齐民要术》名书，是要将这部书作为民众从事生活资料生产的重要技术指南。在撰写过程中，贾思勰从解决民生大计的实际出发，本着为民谋利的原则，在《齐民要术》中创造性地提出了多种提高农业、畜牧业、种植业、农产品加工等生产力的科学技术和方法，做到了理论与实际相结合：一方面，为了撰写《齐民要术》，贾思勰几乎翻遍了所有能找到的前代有关农业生产的书籍，书中直接引用的材料来自一百五六十种著作；另一方面，他又非常重视实践经验，通过深入田间向经验丰富的老农请教，以获得第一手的资料，用贾思勰自己的话说，就是"采捃经传，爰及歌谣，询之老成，验之行事"（《齐民要术自序》）。书中记载的许多生产技术，比世界其他各先进民族要早几百年甚至上千年。例如，贾思勰在书中提出的"轮作"、高矮作物套种等耕种思想，酿酒、制醋等过程中酒化酶、醋酸菌等技术的应用，在当时都具有世界先进水平。此外，他还首次系统地总结了园、林经验，林木的压条、嫁接等繁育技术，畜禽的饲养管理、外形鉴定和良种选育，农副产品加工和微生物利用以及救荒备荒的措施等传统农学较少涉及的内容，开创了农学发展的新局面。唐宋以后的主要农学著作都以《齐民要术》为范本，元代的《农桑辑要》、王祯的《农书》、明代徐光启的《农政全书》、清代的《授时通考》等均受其影响。

《齐民要术》产生以后很长一段时间里，主要是以抄本的形式流传。自宋代天圣年间（1023—1031）由崇文院首次校刊以后，历代屡有刊刻，近代以前相继刊行的就有二十多种版本。今人整理本中，较好的有石声汉的《〈齐民要术〉今释》（四册，科学出版社，1957—1958年），缪启愉的《〈齐民要术〉校释》（农业出版社，1982年），缪启愉、缪桂龙合著《〈齐民要术〉译注》（上海古籍出版社，2006年）等。

耕　田（节选）

凡开荒山泽田[1]，皆七月芟艾之[2]，草干即放火，至春而开垦。其林木大者䑕杀之[3]，叶死不扇[4]，便任耕种。三岁后[5]，根枯茎朽，以火烧之。耕荒毕，以铁齿镢楱再遍耙之[6]，漫掷黍穄[7]，劳亦再遍[8]。

明年,乃中为谷田[9]。

凡耕高下田,不问春秋,必须燥湿得所为佳[10]。若水旱不调[11],宁燥不湿。春耕寻手劳[12],秋耕待白背劳[13]。

凡秋耕欲深,春夏欲浅。犁欲廉[14],劳欲再。秋耕掩青者为上[15]。初耕欲深,转地欲浅。菅茅之地[16],宜纵牛羊践之,七月耕之则死。

凡美田之法,绿豆为上,小豆、胡麻次之[17]。悉皆五、六月中穊种[18],七月、八月犁掩杀之,为春谷田,则亩收十石,其美与蚕矢、熟粪同[19]。

凡秋收之后,牛力弱,未及即秋耕者,谷、黍、穄、粱、秫、芨之下[20],即移羸速锋之[21],地恒润泽而不坚硬。乃至冬初,常得耕劳,不患枯旱。若牛力少者,但九月、十月一劳之,至春稀种亦得[22]。

注释 [1]泽田:低洼地。泽,水聚汇处。 [2]芟(shān)艾(yì):除草,割草。 [3]劅(yīng)杀:在主干近根的树干上割去一圈树皮使树枯死。劅,环割。 [4]扇:遮蔽光线。 [5]岁:年。 [6]铁齿镉(lòu)楱(còu):由牲畜牵引的铁齿耙,用于耕翻后耙细土地,平整土地,灭茬除草。再遍:两遍。 [7]黍(shǔ):古代专指一种子实叫黍子的一年生草本植物。其子实煮熟后有黏性,可以酿酒、做糕等。穄(jì):一种粮食作物,也叫糜子,跟黍子相似,但不黏。 [8]劳(lào):又作"耢",一种用荆条或藤条编成的无齿耙,用于平整土地。 [9]中:同"种"。 [10]得所:合宜,适合。 [11]调(tiáo):和谐,协调,适合。 [12]寻手:随意,随手。寻,顺着。 [13]白背:土背发白。 [14]廉:狭窄。 [15]掩(yǎn):耕作中以土盖种、盖肥。 [16]菅(jiān)茅:茅草。 [17]胡麻:植物名,又名巨胜、油麻、脂麻、芝麻。相传汉代张骞得其种于西域,因此得名。果实为长干果,种子有黑白两种,皆可榨油。 [18]穊(mèi)种:撒种。 [19]矢:通"屎",粪便。 [20]粱:粟。秫(shú):多指有黏性的谷物,如稷、粟、稻等。芨(bá):草木根。 [21]羸(léi):衰弱,微弱,疲惫,此处指力弱的牛。锋:古代的一种农具,比犁铧小而更加锐利,此处用作动词,指用锋翻地。 [22]稀(tù)种:稀疏点播。

《礼记·月令》曰[1]:"孟春之月……天子乃以元日[2],祈谷于上帝[3]。乃择元辰[4],天子亲载耒耜[5]……率三公、九卿、诸侯、大夫[6],躬耕帝籍[7]……是月也,天气下降,地气上腾,天地同和,草木萌动……命田司[8]……善相丘陵、阪险、原隰[9]，土地所宜，五谷所殖，以教导民……田事既饬[10]，先定准直[11]，农乃不惑。"

《淮南子》曰[12]："耕之为事也劳，织之为事也扰[13]。扰劳之事而民不舍者，知其可以衣食也。人之情，不能无衣食。衣食之道，必始于耕织……物之若耕织，始初甚劳，终必利也众。"又曰："不能耕而欲黍粱，不能织而喜缝裳，无其事而求其功，难矣。"

《氾胜之书》曰[14]："春候地气始通：椓橛木长尺二寸[15]，埋尺，见其二寸；立春后，土块散，上没橛，陈根可拔。此时二十日以后，和气去，即土刚。以时耕，一而当四；和气去耕，四不当一。"

崔寔《政论》曰[16]："武帝以赵过为搜粟都尉[17]，教民耕殖。其法三犁共一牛，一人将之[18]，下种，挽耧[19]，皆取备焉。日种一顷。至今三辅犹赖其利[20]。今辽东耕犁[21]，辕长四尺[22]，回转相妨，既用两牛，两人牵之，一人将耕，一人下种，二人挽耧：凡用两牛六人，一日才种二十五亩。其悬绝如此[23]。"

注释 [1]《礼记》，西汉戴圣编定，共四十九篇，采自先秦旧籍，有汉郑玄注及唐孔颖达正义。因同时戴德另有《礼记》八十五篇，称《大戴礼记》，此书称《小戴礼记》。以下所引《礼记·月令》篇文字，与今本稍有不同。 [2]元日：农历正月初一。 [3]祈谷：对天或神明祈求有好收成。 [4]元辰：吉利的时日。 [5]耒(lěi)耜(sì)：上古时的翻土农具，耜以起土，耒为其柄。 [6]三公：辅助国君掌握军政大权的最高官员。九卿：古时中央政府的九个高级官职。诸侯：古代对中央政权所分封各国国君的统称。大夫：官名，多系中央要职和顾问。 [7]帝籍：古代天子亲耕的籍田。亲耕为古代的一种礼仪，春耕开始时，帝王亲耕于划定的田地，收获以奉祀宗庙，且寓劝农之意。 [8]田司：司田之官，主管土地和生产的官员。 [9]善相：妥当地察看。阪：斜坡。险：险要高峻的土地。原：宽广平坦的田地。隰(xí)：低湿的地方。 [10]饬(chì)：整治、整顿，此处指准备就绪。 [11]准直：标准、准则，此处指各块田地之间的界线。 [12]《淮南子》：本名《鸿烈》，自刘向校定后称《淮南》，《隋书·经籍志》始题作《淮南子》。汉淮南王刘安等撰。《汉书·艺文志》著录入杂家，内篇二十一，外篇三十三，内篇论道，外篇杂说。今仅存内篇。此段文字，前句见《淮南子·主术训》，后句见《淮南子·说林训》。 [13]扰：烦劳。 [14]氾(fàn)胜之：也叫氾胜，山东曹县人，西汉成帝

(前32—前7年在位)时为议郎,后迁御史。所著有《氾胜之书》十八篇,《汉书·艺文志》著录九家农书之一,是记载和总结黄河流域特别是关中平原一带农业生产的科学著作。原书已佚。　　[15]椓(zhuó):敲,捶。橛(jué)木:短木桩。[16]崔寔(shí)(?—170):字子真,崔瑗子,涿郡(今属河北)人。东汉桓帝时举独行,除为郎。病卒。明于政体,著《政论》数十条。另著有《四民月令》,是目前我国已知最早的月令式农书。　　[17]搜粟都尉:协助大司农的中央高级农官,主管农业收入和教导农业生产。据北宋司马光《资治通鉴》,赵过出任搜粟都尉是在汉武帝征和四年(前89)。　　[18]将:掌握,施行。　　[19]耧(lóu):农具名,耧犁,也叫耧子、耧车,由耧腿、耧斗及机架组成。　　[20]三辅:相当于今陕西关中平原地区。[21]辽东:汉郡名,相当于今辽宁东南部辽河以东地区。　　[22]辕:车前驾牲畜的部分,压在车轴上,伸出车舆前端,此处指犁辕。　　[23]悬绝:相差极远。

(原文据《〈齐民要术〉译注》卷一,上海古籍出版社,2006年)

【评论】

《齐民要术》评介

石声汉

崔寔《四民月令》之后,将近四百年,我国有了一部空前伟大的农书——后魏贾思勰的《齐民要术》。

记载这四百年历史的十一种"正史"(《三国志》、《晋书》、《魏书》、《北齐书》、《周书》、《宋书》、《南齐书》、《梁书》、《陈书》、《南史》、《北史》)都没有"经籍志"或"艺文志"部分。因此,这四百年中,除了《齐民要术》之外,是否还有其他值得提及的真正农书,至少没有直接史料可供参证;事实上大概也就没有。

贾思勰的生平和事迹,现在还没有找到任何确凿史料记录。凭借现有《齐民要术》各种版本每卷"目录"前面的一行字"后魏高阳太守贾思勰撰",可以知道他作过这么一个官。由书中文字,可以知道他曾经到过并州(今山西)的井径、壶关、上党等处,注意观察过这几处地方某些作物的特点;他家里曾养过二百多头羊;他有一位朋友刘仁之,作过兖州刺史;因此,大家推测他作书的年代大约是公元六世纪三十至五十年代,可能是533年至544年之间。间接推测,他应当是祖居山东的汉族,不是汉化了的鲜卑人。

目前,《齐民要术》的原书十卷九十二篇,大致都保存完整;前面有一篇自序;全书约有十万字左右。这些,都是真实材料。卷一前面有一篇《杂说》,大多数人都同意,认为非贾书原有。此外,书中的小字"注文",有些引有唐代颜师古所作《汉书注》的,也可以肯定是后人抄写时添进去的。还有赵宋时代,有一个"运使秘丞孙公",曾为《要术》作过"音义解释",可能有一部分也掺进了现存版本中(用反切注音的地方,尤其是"小注"中所加更小的小字注)但掺入到什么程度,无法推论。

要了解《齐民要术》,它的"序"是一个重要文什。序文前几段,列举了经史中许多教训与故事,说明:(1)农业生产的重要性;(2)教育大众务农的良好效果;(3)群众领导人必须教育大家务农的道理。

现在我们再来看看《齐民要术》的材料与内容以及写作方式:

上面所引《要术》自序中前四句话,我们可以这么分析:

"采捃经传"——过去的文字记录。

"爰及歌谣"——现存的口头传说。

"询之老成"——他人的经验积累。

"验之行事"——自己的实验证明。

或者,更简单地用一句话概括:总结了过去和当时的群众经验,自己再从实践中证明。实际上《要术》征引的古书和当代著作(包括江南宋、齐人的书),共有近一百六十种;而且,对所引的每一句话,都标明出处,态度极认真、严肃、负责。此外,记有三十多条当时流传的谚语与歌谣,收集了同时代人已有的经验,更有大量亲身经历观察所得结果。

应当说明《齐民要术》所引一百六十种经传,并非全属农书,也不都与农业生产有关。《汉书·艺文志》所举九家农家书,《要术》中只引有《氾胜之书》这一种;此外,较迟的真正农书,也只有《四民月令》。本文《引论》中,我们已经说过,两汉的这两部农书,现存材料,主要就是靠《要术》的引用,才得保存下来的。为什么《要术》要引用这么多与农业无关的书籍,我们下面还有说明。

序文对于全书内容所作概括,是"起自耕农,终于醯醢,资生之业,靡不毕书"。实际上《要术》十卷九十三篇的内容,大致是:

卷一:垦荒、整地一篇,收种子一篇,种谷子一篇。

卷二:各种粮食、纤维、油料作物的栽培种植共十一篇。

卷三:主要蔬菜的栽培共十五篇,"杂说"一篇。

卷四:木本植物栽培总论二篇,各种果树共十一篇。

卷五:材用树木和染料植物等共十一篇。

卷六:畜牧和养鱼共六篇。

卷七和卷八上半:酿造——酒、酱、醋、豉共九篇。

卷八下半和卷九大半:食品加工、保藏和烹调共二十二篇。

卷九末:制胶和制笔墨二篇。

卷十:"五谷、果、蓏、菜茹非中国物产者"一篇。

从题材上看,卷一、二是狭义的农业;前六卷已将广义农业生产全部包括在内;卷七和卷八上半,虽不是农业生产,仍可说得上是农产品加工或农家副业;卷九末两篇,也可以说是作为辅助收入的农村家庭手工业。这些就大致合于自序所说"起自耕农,终于醯醢"各种积极意义的"资生之业"了。进一步,试以卷一的《种谷第三》、卷二的《种瓜第十四》两篇为例,来考究前六卷各篇的实质内容和写作方法。这两篇,每篇标题后,都有些小字"标题注",注释篇中主题植物,在古代及当代著作中,有些什么"异名"、良好品种、乃至美丽的"词藻"或"故实"。这些文献资料,与农业生产技术知识有关的成分,并不太多;但每项都实实在在地注明着出处,可以随时复查第一手原材料。接着,正文开始,就根据访问所得,或自己的亲身经验,从耕地、整地的特殊要求,播种的合宜条件等说起;接着,详细、正确而系统地叙述播种方法、播种量、出苗日数,间苗、定苗标准,中耕、除草、施肥、灌溉等等管理、保护,收获、保藏。这些叙述,绝大多数都是第一次记载的原材料,《齐民要术》的精华,主要在这段里面。往下,另外引用一些"经传"材料,补充这些作物耕作栽培的技术知识,并常常用自己的体会经验,作批判性鉴定。这一部分的引文,有时不免收录一些丛辰、祈禳、占卜之类的唯心迷信的东西,但基本上是实际知识的总结,很有实用价值,和标题注大不相同。《氾胜之书》和《四民月令》的残文,主要存在于这一部分。《种瓜第十四》附有其他"瓜类"的栽培管理与收藏利用;其余有关的蔬菜、果树各篇,也往往同样地有这种附录部分,补充种类、栽培、用法等。总的说来,这些主体部分,有第一手记录,有文献总结,有实践说明,具备了生产技术知识的各个方面。和《氾胜之书》比较,范围扩大了,记载加详了,更重要的是体裁局面几乎全新。比《四民月令》只记操作时令而没有技术方法记载的,尤其显得更丰富、更实用。

全书的布局:前三卷,开始第一篇"耕田"(实际上包括垦荒、整地和一切准备性操作),第二篇"收种"(种子的选优、保纯和收藏,附有采自《氾书》的厌胜与占卜),然后是各种作物的个别耕种栽培,已将《氾胜之书》现存材料的主题,全部包括在内;《氾书》原来指导大规模实际生产的作用,已经完备地继承了下来,而且有了颇大的扩展。第四、第五两卷内容,除种桑一项之外,都是现存《氾书》所无。这些经济植物,《四民月令》中有些曾提到了名称,但并未记载实际操作方法。第六卷的内容,畜牧各项,《氾书》完全没有;《四民月令》则除了"养耕牛"、"籴麸屑……以养马"和"伐茭刍"等空洞条文外,没有其他实质内容。《要术》所收养马(包括驴、骡)、牛、羊、猪、鸡、鸭,以至于养鱼,对各种家养动物的畜养,从选种、繁育、保护、管理、医疗,到产品加工、利用,都有详细记载。《四民月令》中广义农业生产的整个范围,《要术》全部接收下来,并且充实提高了不少。卷七和卷八前半,卷九最后两篇,家庭手工业式的农家副业,《氾书》未涉及,《四民月令》中虽有些类似项目,却都没有技术记录。此外,卷七开首的一篇《货殖第六十二》,辑录《史记》、《汉书》中各项商业经营事项,看来和自序中"商贾之事,阙而不录",大有矛盾,过去不少人大有怀疑。其实,这些项目,在卷三未了的《杂说第三十》一篇中,也有存在。《杂说第三十》这一篇,和卷一前的《杂说》不同,完全可以相信是贾思勰原书组成部分,内容实质,可以分作两段:后一段,引了些《范子计然》和一段《孟子》,说明粮食价格与"国计民生"的关系,和储备粮食的重要性,预卜谷价贵贱的方法。前一段,实际上只是将《四民月令》中农业操作的各项素材,集中辑录而成。里面包括了祭祀、社交处理、子弟教育、收藏保管、家中雇用成员的督促使用,特别是每月应当进行的"籴粜"(即农产品和手工业品的屯贱卖贵)。这一段,总结起来,就是《四民月令》中"农"以外的士、工、商三部分。士、工、商三项,现存《氾书》中,没有任何痕迹可寻。从贾思勰对氾胜之的推崇尊重来看,如果氾胜之原书有着关于这些项目的片言只字,估量他决不会放弃,必定要引用。由这一点,我们可以推定《氾胜之书》原本中,当不会有这类的素材。上节我们说过崔寔《四民月令》中的"四民",应当解释为士、农、工、商;即以从事农业生产方面的剥削为主要来源,用纺织、酿造的家庭手工业及屯贱卖贵的商业收入为辅,来维持"士"的家庭生活。从同一角度来看便不难了解贾思勰《齐民要术》前九卷的布局。所谓"齐民",贾思勰在自序标题下已经注明是"平民"(即非皇亲国戚或鲜卑人等天生贵族);平民正是崔寔"四民"的承袭或继续。所谓"要术",则可用"资生之业"来解释。因此,从书名到内容,整个局面,继承了崔寔的以农、工、商养士这个核心,不过对农、工两方面的技术知识,大大地加以丰富与发展而已。

　　《齐民要术》卷八下半和卷九大部分,收集了许多烹调技术记录。这些"食谱",甚为讲究,——可能该说已有些"侈泰"!有不少地方,还附带说明了烹调好的食物该如何"奠"才算"合法"(即应当怎样装配成"分"送上餐桌才算合"规矩")。我们可以说,这些讲究,不仅农村里的人根本没有兴趣理会,就是城市里的一般"平民"经常也不见得会需要,——而且,如果农民和小市民也想这么讲究,统治阶级一定要治他们"僭妄之罪",绝不会容忍。可是对于"劳心者"或"治人"的士大夫家庭,这些知识却是必不可少的"教养"。

　　因为工、商只是"士"的家庭的次要活动,所有屯贱卖贵,以及芜菁子、红花子"输与压油家"(卖给油榨坊)等,只是附带经营,并不是正式开店经营"末业",所以"商贾之事,阙而不录"这一条,在贾思勰自己看来是已经办到了。

综合以上各点,我们可以暂时总结说:《齐民要术》前三卷,基本上继承着《氾胜之书》;而前九卷的整个布局,则得自《四民月令》的启示。但是《齐民要术》知识的广泛与丰富,却远远超过了两汉这两部书。《氾书》是为了指导大众从事农业生产而写的公开技术指导书,技术水平高之外,还系统地说明了原理原则,让大家运用这些理论指导实践。这些优点《要术》都保存,而且还有一定程度的发扬光大。不过,另一方面,由于从士的家庭生活需要出发,主要为"齐民"谋"资生之业",便包括了工、商方面与农业生产无关的技术记录。"鄙意晓示家童,未敢闻之有识"只是礼貌上的谦词。

《要术》卷十的第九十二篇,原标题是"五谷、果、蓏、菜茹非中国物产者"。这一篇和自序中"其有五谷、果、蓏,非中国所殖者,存其名目而已;种莳之法,盖无闻焉"符合。标题下面的小注,补充说:"所以存其名目,记其怪异耳;爰及山泽草木任食,非人力所种者,悉附于此。"相对应地,这一篇实际上包括着三类植物:(1)确非黄河流域("中国")出产的经济植物,包括许多南方名果(荔枝、龙眼、香蕉、柑橘乃至甘蔗、洋桃、杨梅……),一些富有高级淀粉(莎木、甘薯……)及纤维(木本草棉)的种类在内。(2)"山泽草木任(可供)食,非人力所种",即黄河流域(因此,并非"非中国物产")野生植物中可供食用的;这些植物,大多数已见于经传(也就是说古代早已利用过)不过品质不高,只供采集,没有栽培价值。(3)神话植物,或以植物为中心的神话。记载(1)、(2)两类,为的"存其名目";(3)类才是"记其怪异"。所有这三类植物,当时在黄河流域不能栽培或不必栽培,因此"种莳之法,盖无闻焉"——即生产这些植物的技术知识,无从作成记录。

关于这类植物,《要术》所引文献,没有一个字出自《氾书》或《四民月令》。可以说,将这些植物记入农书,是贾思勰的创举。贾思勰为什么要提出这一个项目,而又只"附"在卷末?我们可以试行探索一下。

从东汉末年起,黄河中下游,经常在兵荒马乱之中;农村凋残,人口稀少,粮食生产不足。这些现象,互为因果,互相影响;稍有天灾扰乱生产,立即有严重饥荒出现,广大劳动人民都在关心找寻代粮植物,正是必然结果。《要术》前九卷中,对稗、芋、芜菁、杏、桑椹、橡子等救饥的效应,给予很大重视,强调大家采集收藏这些东西备荒。卷十,从《诗经》、《尔雅》、《说文》、《毛诗草木疏》等书中,搜罗了五十多种(2)类植物。我们觉得"备荒"是重要理由之一,却未必是唯一理由;可能还有"教民"和"存其名目"的两重意义。关于"存其名目"一点,在下面(1)类植物的记载中一并叙述,现在先谈"教民"这一面。

"教民"是让大众知道粮食之外,自然界尽有吃下去可以苟全性命的东西。我们知道拓跋魏武力统一了中原时,鲜卑族还是氏族社会后期的游牧民族,对中原土地与人口的兴趣,只在尽可能地进行掠夺。因此更促使农业生产走向破坏。后来孝文帝虽然幻想以"均田制"来改进奖励生产,但政治力量不够作为保证,效果并不高,灾荒仍是常有,粮食供应一直紧张。《齐民要术·杂说第三十》所以收录那么许多卜占收成和粮价的引文,可以说明事态的迫切。其实野生植物可以吃的知识,根本来自劳动人民。统治阶级剥削得严重一些时,尽管是平常收成甚至丰收时,也还要靠"菜"来维持一段时间的生活。《诗经》、《尔雅》等所记载各种可吃的野草,无非是劳动人民从苦难中锻炼出来的智慧总结。由"经传"中再掏出这些东西来"教"大众,十分可笑。可是,站在统治阶级一面的人,却自以这样一"教"之后,就已经算是尽了"忧民"之责。元代王祯和明代徐光启在农书中记载各种备荒用的草木时,同样也是由悲天悯人的好心出发,只收到为统治者效劳,和加重劳动人民负担的恶果。但农书中的这些记载,在生物科学研究方面的重要意义,却不容有丝毫忽视。

(1)类植物,在当地也还是农业生产品;"要扩大知识范围",则凡有用的植物,都应当记载,至少记下名称(名)和某些特征标识(目)。贾思勰所记(1)、(2)两类植物,只有名称和一些特点,而无栽种方法,正是"存其名目"而已。为了收录(1)类植物的记述,贾思勰引用了不少较早的与当代(南朝、宋、齐)的"史部"著作;有些是"杂史",有些是"地记"、"地志"等地理书。辑录这些材料时,贾思勰给了后人以一个极好的榜样:所有这些非第一手材料,都老老实实地注明来历,因此责任交待得很明确。一个能用文字作记录的人,留心记录他所见到(或至少听到)的某个地区山川物产,是丰富人类知识储备的好事情,——可以说"博物学"(或"自然史")就是由这种记录积累而成。个人观察能力与见解,总有局限,描述及推断时,发生某些偏差错误,经常也不可避免。如果得自传闻,毛病更大。后人在相同或相近地区,观察记录同一事物,可以有意或无意地纠正前人差误,认识便愈加正确,这是常识与科学进步正常的历程。可是后人的观察记录,有新误差,也许所纠正的前人"误差",本来却是正确的。所以把自己的原始记录,与所见到的第二手乃至第三手材料,汇集对比,对读者常大有帮助。如果自己不作原始记录,只罗列各家材料,也还有益,但是注明出处,让读者自己复核查对,帮助就会更大。

可是,非第一手材料,究竟正确可靠到什么程度,辑录的人,常常不容易有把握。所引材料,如果是文艺作品,装点夸大成分特别高,有时还不免有荒唐怪诞的东西在内;个人的判断,这时就成了必需。贾思勰时代,书籍只靠手抄流传,甚为珍贵;因此,对非第一手材料,自然也很重视。凡自己未看见过或未听见过栽种过程的有用植物,收录下来,以备"博闻多识"。这种想法,完全可以理解。从卷十的原标题,我们可以看出,主要是以(1)类植物为对象的。所收得的资料,真实性如何,贾思勰自己觉得不能保证。——有些像出自《山海经》和《外国记》的,大概他自己也感觉多少有些不很真确。但它们既"已见经传",便也得"存其名目";可信与否,暂时不作结论。这种审慎的保留,不失为一种正确科学态度。所有(1)、(2)、(3)三类植物的记载,为什么都收作"附录",主要原因,固然是"栽莳之法,盖无闻焉";而对于某些文献的怀疑,也许是理由中的一部分。

关于(3)类植物的记载,取材于当代和较早的文献,如《山海经》、《博物志》、《汉武内传》、《列仙传》、《神异经》等;可称为地理书的,只有《华阳国志》一种。值得注意的,是《吕氏春秋·孝行览》的《本味》篇,也供给着八条材料。《孝行览》出于吕氏门客中哪一家还有争执,我们无须在这里代作结论;但是《本味》这一篇,阴阳家一派的气味十分浓重。这八条所记各种植物与产地的关系,有真有假,总的"效应"是夸大荒唐,和《山海经》中神话部分相去不远。历史家告诉我们,西汉中叶以后,所谓"儒生"的这一群人物,篡取了阴阳家的骗术,改头换面,装点成为"谶纬"之学,盛极一时,替不少人谋得荣华富贵。引经据典来穿凿附会,撒谎掩饰,成为一套成熟技巧,受到统治阶级的奖励后,渗入了日常生活每个角落;"文风"当然不例外,——也许该说是感应最先而反应持续最久的,就是"文风"。加上东汉桓、灵两世党锢之祸开端后,魏晋六朝的文人,极力逃避现实;以脱离现实欺骗大众为重要特征的这种荒唐文风更加发展。作"史"的人,从司马迁、班固、范晔、崔浩等人的命运里受到教育,也宁愿去"向壁虚造"一些神仙妖怪故事,而不愿也不敢写一点真实的史事。尤其是文艺作品更偏重于写美人、神仙或者妖鬼怪异,……总之,不触及民间疾苦等政治现实。叙述当地的实在植物,借它们来象征某些人物,在《楚辞》中常见常有;所写植物,本身都是真实正确的。西汉的赋中(如司马相如、扬雄所作),罗列的植物,虽然也确有其物,但是重迭骈列,已经走上炫奇逞异的路道。魏、晋的赋,牵涉到植物时,往往只堆砌别名故实,变成"辞藻零剪店",看不出植物本身意义。等而下之,文字全凭想象捏造,植物成了印刷商标的空盒,全无实际了。前代某些著名文人的作风,总是倒转向后一代文士提出走同一路线的要求,——某个个别文士也许能够超越时代风气的限制,可是这样的人,往往得倒霉一辈子。南北朝文风所要求的,只是多记得一些"丽藻",一些"故实",乃至于一些荒唐无稽的神话……,遇到需要,随时拼凑起来,就成了一篇"金碧辉煌"的杂拌,没有灵魂,也不要生命,然后也才可以在朝廷得到官职,在社会上得到荣誉。贾思勰究竟还是一个汉族士人,他得和同时代其他汉族士人一样,具有这一套修养。因此,他对(3)类植物的记录,也不得不殷勤登记,"聊以存其名目,记其怪异",作为写应酬文字的材料库。我们还可以体会得到,《要术》前几卷"标题注"中,所收与农业生产毫无牵涉的"辞藻",正是基于同一理由。

总之，作为私家著述的农书，《齐民要术》是我们祖国极珍贵的文化遗产之一：它是现存我国完整农业专书中最早的一部，内容丰富，方面广，资料多，记述详细、正确。他系统而精密地总结了公元六世纪以前，我们祖先在农业生产技术方面所累积的大量知识；有许多项目，比世界其他各先进民族的记载要早三四个甚至于十来个世纪。它的取材布局，也为我国后来许多农书，开辟了可以遵循的途径。

（选自石声汉《中国古代农书评介》）

四 《本草纲目》

【题解】

《本草纲目》是明代医学家李时珍以毕生精力写成的一部杰出的医药学著作。李时珍（1518—1593），字东璧，号濒湖，湖广蕲州（今湖北省蕲春县蕲州镇）人。出生在一个世代行医的家庭，祖父和父亲都是乡间的医生。李时珍幼年在父亲的促督下用心于科举考试，然而先后三次参加考试都未能考中。1540年前后，李时珍彻底放弃参加科举考试，转而学习医术。从1552年开始，李时珍开始着手撰写《本草纲目》，总共花费了二十七年时间，直到他61岁才最终完成《本草纲目》的编写工作。

《本草纲目》是李时珍在广泛搜集历史文献、亲身实践查访的基础上写成的一部集大成的医药学著作。在编撰过程中，李时珍参考的经史百家著作多达800余种，其中参考的历代本草著作就达41种。全书共52卷，约200万字，记述药物1897条（多作1892，此据刘衡如先生统计），实际载药3725种，其中新增药物374种，附图1100多幅，记载药方11000余则。全书从结构上分作四大部分：第一、二卷为全书序例，主要论述关于医药学的基本理论，使后面的药学知识都建立在医学理论的基础之上，此外还详细罗列了引据书目及药名同异等内容。第三、四卷罗列百病主治药，共列病症130种，包括内科、外科、儿科、妇科、五官科等，每种病症下列举数种以至数十种主治药物，以供医家临床选用。第三部分为药图，全书共附有精工绘制的药图1100多幅，主要由其子李建中绘制，图药结合，方便医家按图寻药。第四部分为药谱，作者从本草学角度出发，遵循"以纲带目，纲举目张"的编纂原则，分为三个纲目系统：1. 以部为纲，以类为目；2. 以类为纲，以药为目；3. 以药名为纲，以释名、集解、修治、气味、主治、发明、正误、附方八项分析为目。在《本草纲目》中，李时珍将1897条药物分为16部、60类，按照药物的族类归属对其名称、药性、主治病症等方面进行详细的说明。

作为一部集大成的药学著作，《本草纲目》继承了自《神农本草经》以来的本草学传统，汲取诸家本草的精华，发展了魏晋南北朝以来"脾土为本"、"十剂"等医学思想，将本草学和医学相结合，在总结自己长期实践经验的基础上，建立了本草学的新体系。除丰富的医药学知识外，《本草纲目》还保存了大量的自然知识、生产技术知识和社会历史知识，在植物学、动物学、矿物学、天文学、气象学、地理学、文字学、训诂学以及农业、林业、畜牧业、渔业、冶炼业、文学、历史、哲学、宗教、民俗等方面都有重要的研究价值。

《本草纲目》的问世，引起了医学界很大的重视，很快就被多次印刷（1603年夏良心、张鼎思序刊"江西本"，1606年杨道会、董其昌序刊"湖北本"等）。不久传入日本、朝鲜和欧洲，受到海外学者的高度评价。英国生物学家、进化论创始人达尔文在他的《动物和植物在家养下的变异》、《人类的由来》等书中，关于鸡的七个品种和金鱼家化问题，都引用了《本草纲目》中的资料，并称《本草纲目》是"1596年出版的中国百科全书"。

数百年来，有关《本草纲目》的版本已有80多种，并被译成日文、英文、拉丁文、法文、德文、俄文等多种文字。在今人整理本中，较好的有刘衡如校点的《本草纲目》（四册，人民卫生出版社，1982年），陈廷贵等点校的金陵本《本草纲目》（中医古籍出版社，1994年），陈贵廷主编的《〈本草纲目〉通释》（学苑出版社，1992年），钱超尘、董连荣主编的《〈本草纲目〉详译》（山西科学技术出版社，1999年），李经纬、李振吉主编的

《〈本草纲目〉校注》(辽海出版社,2001年),刘衡如、刘山永父子重新校点的《本草纲目》(华夏出版社,2002年)等。

四时用药例[1]

李时珍曰:《经》云[2]:必先岁气[3],毋伐天和[4]。又曰:升降浮沉则顺之[5],寒热温凉则逆之[6]。故春月宜加辛温之药,薄荷、荆芥之类[7],以顺春升之气;夏月宜加辛热之药,香薷[8]、生姜之类,以顺夏浮之气;长夏宜加甘苦辛温之药[9],人参、白术、苍术、黄檗之类[10],以顺化成之气;秋月宜加酸温之药,芍药、乌梅之类[11],以顺秋降之气;冬月宜加苦寒之药,黄芩、知母之类[12],以顺冬沉之气,所谓顺时气而养天和也。《经》又云:春省酸增甘以养脾气[13],夏省苦增辛以养肺气,长夏省甘增咸以养肾气,秋省辛增酸以养肝气,冬省咸增苦以养心气,此则既不伐天和而又防其太过,所以体天地之大德也。昧者舍本从标,春用辛凉以伐木,夏用咸寒以抑火,秋用苦温以泄金,冬用辛热以涸水,谓之时药[14],殊背《素问》逆顺之理,以夏月伏阴、冬月伏阳推之,可知矣。虽然,月有四时,日有四时,或春得秋病,夏得冬病,神而明之,机而行之,变通权宜,又不可泥一也[15]。王好古曰[16]:四时总以芍药为脾剂[17],苍术为胃剂[18],柴胡为时剂[19],十一脏皆取决于少阳[20],为发生之始故也。凡用纯寒纯热之药,及寒热相杂,并宜用甘草以调和之,惟中满者禁用甘尔[21]。

注释 [1]例:通例,规程,此处指四季药物使用的一般原则。 [2]《经》:指《黄帝内经》,《素问》、《灵枢》两种医书合称《黄帝内经》,是中国现存最早的医学理论著作,大约成书于秦汉时期。此句出《素问·五常政大论》。 [3]岁气:中医学术语,一年之内,四季阴阳寒暑消长更迭的秩序。 [4]天和:人和自然环境的和谐统一关系。 [5]顺之:指一年四季所用药物药性的升、浮、降、沉,应当随着季节气候的变化而作出相应的改变。 [6]逆之:指一年四季所用药物的四气寒、热、温、凉,应当随着季节气候的变化而作出相反的改变。 [7]薄荷:草名,茎叶有异香,入药,可制薄荷油、薄荷脑等。荆芥:药草名,又名姜芥,叶似落藜而细,初生香辛可食,人取作生菜。 [8]香薷(rú):草名,薷,亦作"葇",俗名蜜蜂草。秋天开穗状花,凡四五十房合为一穗,可充作蔬菜食用。茎叶香气浓烈,可以入药。

生于岩石缝中的又称石香菜。　　[9]长夏:农历六月称长夏,也泛指夏季。
[10]白术:多年生菊科双子叶植物,术之一种,又名桴蓟。其叶两两相对,大而有毛,茎方形,茎端生淡紫碧红等色花。入伏后结子,入秋苗即枯死。根似姜而旁有细枝,皮为微褐色,心黄白色,中有紫色膏液,干、湿均可入药。苍术:术之一种,又名山蓟、赤术、仙术、山精。苗高二三尺,茎直立,下部木质化,其叶抱茎而生。根茎状如老姜,苍黑色,节状圆柱形,肉白,有油膏,入药时需以米泔浸洗去粗皮。黄檗(bò):落叶乔木,又名檗木,俗作黄柏。树皮外白内深黄色,羽状复叶,小叶卵形或卵状披针形,开黄绿色小花,果实黑色。木材坚硬,皮与根均可入药。
[11]乌梅:经过熏制的梅子,外面黑褐色,有解热、驱虫等作用。通称酸梅。
[12]知母:植物名,一名蚔母,又名蝭母、芪母等,根茎可以入药,有清热生津作用。
[13]养脾气:中医学认为人的五脏生理机能同四季气候变化有密切关系,春天应当通过减少酸味的药而增加甜味的药来健运脾气。　　[14]时药:非经典的方剂。对此,李时珍是予以批判的。　　[15]泥一:拘泥,不懂随机应变。　　[16]王好古:元代医学家,字进之,赵州人,著有《此事难知》二卷、《医垒元戎》十二卷、《汤液本草》三卷。　　[17]脾剂:芍药味苦酸,性平,微寒,有理中气、治脾虚中满、心下痞硬等功效,故称脾剂。　　[18]胃剂:苍术味甘而辛烈,性温而燥,有理胃益脾、治胃脘痛等功效,故称胃剂。　　[19]时剂:柴胡味微苦,性平,微寒,能去脏腑内外俱乏,在经主气,在脏主血,故称时剂。　　[20]十一脏:五脏六腑的通称。少阳:人体经脉名,即胆经,其脉起于眼角,沿耳后入耳中,经咽喉旁直到面颊和下巴。病在少阳的患者,常出现口苦、咽干、目眩等症状。　　[21]中满:中医学病理名称,指胸腹作胀。

(原文据《本草纲目》卷一,人民卫生出版社,1982年)

曼陀罗花[1](《纲目》)

【释名】风茄儿(《纲目》)山茄子时珍曰:《法华经》言[2]:佛说法时[3],天雨曼陀罗花。又道家北斗有陀罗星使者,手执此花,故后人因以名花。曼陀罗,梵言杂色也[4]。茄乃因叶形尔。姚伯声《花品》呼为恶客。

【集解】时珍曰:曼陀罗生北土,人家亦栽之。春生夏长,独茎直上,高四五尺,生不旁引,绿茎碧叶,叶如茄叶。八月开白花,凡六瓣,状如牵牛花而大。攒花中坼[5],骈叶外包[6],而朝开夜合。结实圆而有丁拐[7],中有小子。八月采花,九月采实。

花、子【气味】辛,温,有毒。

【主治】诸风及寒湿脚气,煎汤洗之。又主惊痫及脱肛[8],并入麻药。(时珍)

【发明】时珍曰:相传此花笑采酿酒饮,令人笑;舞采酿酒饮,令人舞。予尝试之,饮须半酣,更令一人或笑或舞引之,乃验也。八月采此花,七月采火麻子花[9],阴干,等分为末[10]。热酒调服三钱,少顷[11],昏昏如醉。割疮灸火,宜先服此,则不觉苦也。

【附方】新三面上生疮曼陀罗花,晒干研末,少许贴之。(《卫生易简方》[12])小儿慢惊曼陀罗花七朵,重一字[13],天麻二钱半[14],全蝎炒十枚[15],天南星、炮丹砂、乳香各二钱半[16],为末,每服半钱,薄荷汤调下。(《御药院方》[17])大肠脱肛曼陀罗子连壳一对,橡斗十六个[18],同锉[19],水煎三五沸[20],入朴消少许,洗之。(《儒门事亲》[21])

注释 [1]曼陀罗花:《本草纲目》草部毒草类,茄科,一年生草本植物,花、叶、种子均可入药。曼陀罗为音译,意译为悦意花,花名风茄花、洋金花。具有平喘、止痛的功效,在中医里是全身麻醉的主药。 [2]《法华经》:即《妙法莲华经》,佛教经典,后秦(384—417)时期鸠摩罗什译。 [3]佛:指佛教创始人释迦牟尼。说法:向弟子讲授佛教教义。 [4]梵:古印度书面语称为梵语,书体右行,故对印度等地的事物,常冠以梵字,以示与中华有别。佛经原用梵文写成,故凡与佛家有关的事物,皆称梵。 [5]攒(cuán):聚集。坼(chè):绽开。 [6]骈叶:多余的叶子,此处指包裹花蕊的叶子,在花朵盛开之后,仍保留在花朵外部四周的叶子。 [7]丁拐:如丁字一样的拐状。 [8]惊痫(xián):病名,儿童因受惊而引发的癫痫病,发作时痉挛,意识消失。脱肛:直肠或乙状结肠从肛门脱出的病,长期的便秘、腹泻、痔疮等都能引起脱肛。 [9]火麻:即大麻,又名麻子、黄麻,叶如益母草叶,一枝七叶或九叶,叶狭而长,五六月开细黄花成穗,随即结实,大如胡荽子,可以炒食,亦可榨油。果实有雌有雄,雄者为枲麻,雌者为苴麻。 [10]末:细粉、碎屑。 [11]少顷:片刻,须臾,一会儿。 [12]《卫生易简方》:明初胡濙所编,共十二卷。永乐中,胡濙为礼部侍郎,出使四方,辑所得医方,呈进朝廷。《本草纲目》卷一所列引据古今医家书目有其书。 [13]字:古药方中称量单位,一钱的四分之一叫一字。　[14]天麻:多年生草本植物,地下茎肉质,地上茎杏红色,叶子呈鳞片状,花黄红色,块茎可入药。　[15]蝎:节肢动物,钳蝎科,体长,下腮像螃蟹的螯,胸脚四对,后腹狭长,末端有毒钩,用来御敌或捕食,胎生。中医入药。　[16]天南星:多年生草名,因其根圆白形如老人星状,故而得名。又因其叶形似虎掌,《本草经》称作虎掌。乳香:橄榄科常绿小乔木茎皮渗出的树脂,滴下凝成乳头状,故称乳香。为熏香原料,上等的称滴乳,色淡黄,可作外科药剂。又称熏陆。[17]《御药院方》:宋人称冀致君所辑。宋代以后诸朝均设御药院。《本草纲目》卷一所列引据古今医家书目有其书。　[18]橡斗:即橡实,也指橡实之壳。[19]锉(cuò):用锉进行切削。　[20]三五沸:把水煮开三五遍。　[21]《儒门事亲》:金代张从正述,麻知几记,共十五卷。张从正,字子和,号戴人,睢州考城人。兴定中,召补太医,寻辞去。生平事迹见《金史·方技传》。张氏认为,惟有儒者能明白侍奉父母长辈的道理,而要更好地行孝,就应当具备一定的医学知识,因此名其所述书为《儒门事亲》。

（原文据《本草纲目》卷一七,人民卫生出版社,1982年）

【评论】

李时珍与《本草纲目》

王慧芳

《本草纲目》一书,是我国明代李时珍编写的。李时珍,字东璧,号濒湖,1518年生于湖北蕲州东门外的瓦硝坝（现今湖北省蕲春县蕲州镇）。

李时珍从小爱好读书,在14岁那年考中秀才,后来参加乡试考举人,三次都失败了。有一年,蕲州一带,河水上涨,淹没了田地,又淹没了市巷,农田荒芜,疫情严重,肠胃病到处流行。蕲州官府举办的"药局",不替穷人看病,穷人有病,都来找李时珍的父亲医治,临走时,个个都道谢不绝。这一切都看在李时珍的眼里。李时珍20岁的那年,身患"骨蒸病"（肺结核）,连续不断地咳嗽和发烧,几乎把命送掉,幸得父亲的精心诊治,用一味黄芩汤把病治好了。李时珍愈想愈不愿走科举道路，向父亲表示，立志学医，做一个为病人解除痛苦的好医生，父亲看他态度坚决，也只好答应了。

李时珍24岁开始学医，白天跟父亲到"玄妙观"去看病，晚上，在油灯下熟读《内经》、《本草经》、《伤寒论》、《脉经》等古典医学著作。李时珍的读书精神是令人钦佩的，"读书十年，不出户庭，博学无所弗睨"（《白茅堂集·李时珍传》）。由于他刻苦学习，掌握了治病方法。他曾用"延胡索"治愈了荆穆王妃胡氏的胃痛病，又用杀虫药治愈了富顺王之孙的嗜食灯花病，后来又以附子和气汤治愈富顺王适子的病症而被聘为楚王奉祠正。

多年的临床实践，使李时珍懂得，做一个医生，不仅要懂医理，也要懂药理。如把药物的形态和性能搞错了，就会闹出人命来。他在阅读《神农本草经》的基础上，再仔细地阅读了南朝齐梁时期陶弘景著的《本草经集注》，唐代的《新修本草》，宋代的《开宝本草》、《嘉祐本草》、《经史证类备急本草》、《本草衍义》等。李时珍发现古代的本草书存在不少问题，首先在药物分类上是"草木不分，虫鱼互混"。比如，"生姜"和"薯蓣"应列菜部，古代的本草书列入草部；"菱蕤"与"女萎"，本是两种药材，而有的本草书说成是一种；"兰花"只能供观赏，不能入药用，而有的本草书，将"兰花"当作药用的"兰草"；更严重的是，竟将有毒的"钩吻"，当作补益的"黄精"。李时珍认为古代本草书上那么多的错误，主要是对药物缺乏实地调查的结果。

宋代以来，我国的药物学有很大发展，尤其随着中外文化交流的频繁，外来药物不断地增加，但均未载入本草书。李时珍认为有必要在以前本草书的基础上进行修改和补充。这时，李时珍已经35岁了。

过了五年，朝廷下了一道诏书，要在全国选拔一批有经验的医生，填补太医院的缺额，武昌的楚王朱英焃，推荐了李时珍。李时珍认为北京是明王朝的京都，那里不仅聚集了全国重要的医药书籍，还可看到更多的药材，这对修改本草书是一个极好的机会。李时珍接受了楚王的推荐，41岁进入北京太医院，并担任了太医院院判的职务。

明世宗朱厚熜，是一个昏庸透顶的皇帝。他一心追求长生不老的仙丹药,还想做神仙。太医院中的医官们,为了迎合朱厚熜的需要,不仅向全国各地收集"仙方"和"丹方",同时又翻遍了历代本草书,企图从中获得长生不老之药。有的医官说"久服水银,可以长生不死";有的医官说"炼食硫磺,可以长肌肤,益气力";有的说"灵芝是仙草,久食可以延年益寿"。李时珍听到这些无稽之谈,更下定决心准备修改本草书。

李时珍利用太医院良好的学习环境,不但阅读了大量医书,而且对经史百家、方志类书、稗官野史,也都广泛参考。同时仔细观察了国外进口的以及国内贵重药材,对它们的形态、特性、产地都一一加以记录。过了一年左右,为了修改本草书,他再也不愿耽下去了,借故辞职。

在回家的路上,一天,李时珍投宿在一个驿站,遇见几个替官府赶车的马夫,围着一个小锅,煮着连根带叶的野草,李时珍上前询问,马夫告诉说:"我们赶车人,整年累月地在外奔跑,损伤筋骨是常有之事,如将这药草煮汤喝了,就能舒筋活血"。这药草原名叫"鼓子花",又叫"旋花",李时珍将马夫介绍的经验记录了下来。写道:旋花有"益气续筋"之用。此事使李时珍意识到修改本草书要到实践中去,才能有所发现。

李时珍为了修改本草书,对各种医书上的不同记载进行调查研究,为了搞清形态相似的苹、蒿、水萍、萍逢草,曾到家门口的雨湖,还到较远的马口湖、沿市湖、赤东湖进行采集,耐心观察比较,终于纠正了本草书上的长期混乱。

为了搞清白花蛇的形态,验证书本记载,李时珍来到了蕲州城北的龙蜂山捕蛇(白花蛇为蕲州特产),只听得有人唱道:"白花蛇,谁叫尔能辟风邪,上司索尔急如火,州中大夫只逼我,一时不得皮肉破"。随着歌谣而来的是几个肩背竹篓的捕蛇人,他们正朝着几棵石楠藤走去,据说白花蛇爱吃石楠藤的叶,所以石楠藤也就成了白花蛇的"家",日夜盘缠在石楠藤上。捕蛇人发现白花蛇后,立即从地上捞起一把沙土,对准白花蛇撒去,说来也奇,白花蛇遇到沙土,真像面粉遇水一样,缩成了一团,捕蛇人立即上前用木叉往白花蛇的颈部叉去,另一手抓住蛇体的后部,这时白花蛇再也施不出威力来了。李时珍走前去仔细观察了白花蛇的形态,只见蛇头大似三角形,嘴里长着4只长牙,背上有24块斜方格,腹部还有斑纹,与一般的蛇,确实不一样。接着,捕蛇人将蛇挂在路旁的小树上,用刀剖其腹,去其内脏,盘曲后装进了竹篓筐,据说,将蛇烘干后,才能当药用。李时珍记录了捕蛇过程中的每一个细节活动,不仅补充了本草书,也为后来编写《白花蛇传》,提供了重要材料。几年后,李时珍又根据白花蛇的祛风特性,制成了专治半身不遂中风症的"白花蛇酒"。据现代药理分析,证明白花蛇的提取物,具有镇静、镇痛,扩张血管和降压作用。

穿山甲又叫鲮鲤,根据陶弘景著《本草经集注》的记载,穿山甲是一种食蚁动物,它"能陆能水,日中出岸,张开鳞甲如死状,诱蚁入甲,即闭而入水,开甲,蚁皆浮出,因接而食之。"(《本草纲目·鲮鲤》)穿山甲的生活习性果真是这样吗?为了弄清这个问题,李时珍跟随猎人进入深山老林,进行穿山甲解剖,发现该动物的胃里确实装满了未消化的蚂蚁,证明了本草书的记载是正确的。但李时珍发现穿山甲不是由鳞片诱蚁的,而"常吐舌诱蚁食之"。他修订了本草书上关于这一点的错误记载。同时他又在民间收集了穿山甲的药用价值,记载了一段"穿山甲、王不留,妇人食了乳长流"的顺口溜。

有人说,北方有一种药物,名叫曼陀罗花,吃了以后会使人手舞足蹈,严重的还会麻醉。李时珍为了寻找曼陀罗花,离开了家乡,来到北方。终于发现了独茎直上高有四、五尺,叶像茄子叶,花像牵牛花,早开夜合的曼陀罗花,他又为了掌握曼陀罗花的性能,亲自尝试"乃验也"。并记下了"割疮炙火,宜先服此,则不觉苦也"。据现代药理分析,曼陀罗花含有东莨菪碱,对中枢神经有兴奋大脑和延髓作用,对末梢都有对抗或麻痹副交感神经作用。

李时珍在做曼陀罗花毒性试验时,联想到本草书上关于大豆有解百药毒的记载,也进行了多次试验,证实了单独使用大豆是不可能起解毒作用的,如果再加上一味甘草,就有良好的效果,并说:"如此之事,不可不知。"

李时珍不仅对植物药、动物药进行仔细的调查、观察,对矿物药也做了不少调查工作。他曾到过铜矿、铅矿、石灰窑等地进行调查研究。根据本草书的记载,铅是无毒的物质。李时珍为了了解铅的性能,深入矿区,见到矿工们的艰苦工作条件,写道:"铅生山穴石间,人挟油灯入至数里,随矿脉上下曲折砍取之。"(《本草纲目·铅》)通过对矿工们的健康调查,认识到铅是有毒物质,"性带阴毒,不可多服"。同时又掌握了铅中毒会引起中毒性肝炎而出现黄疸症状。"若连月不出,则皮肤萎黄,腹胀不能食,多致疾而死"。

"水银"据以前本草书记载,言无其毒;言其久服神仙;言为长生不老之药。确有其事吗?李时珍通过调查,认识到水银是由丹砂加热后分解出来的("汞出于丹砂");水银和硫磺一起加热,可以变成银朱(硫化汞);水银加盐、矾,又可以变成另一种物质,名叫轻粉(氯化汞)。由此,他记述水银是一种"温燥有毒"的物质。"若服之过剂","则毒被蒸窜入经络筋骨","变为筋挛骨痛,发为痈肿疳漏,或手足破裂,虫癣顽痹,经年累月,遂成疾痼,其害无穷。"(《本草纲目·水银粉》)李时珍又根据六朝以来久服水银而造成终身残废的历史事实,驳斥了久服水银可以长生不老的无稽之谈,并写道:"方士固不足道,本草其可妄言哉。"(《本草纲目·水银》)

李时珍是一个富有求实精神的医药家;为了完成修改本草书的艰巨任务,他几乎走遍了湖北、湖南、江西、安徽、江苏等地的名川大山,行程不下万里。同时,他又参阅了 800 多家书籍,经过 3 次修改稿,终于在 61 岁(公元 1578 年)的那年,编成了《本草纲目》。后来又在他的学生、儿子、孙子的帮助下,使《本草纲目》更加完整,更加精美。《本草纲目》包含着李时珍将近 30 年的心血,记录着李时珍饱尝苦辛的艰难历程。

《本草纲目》共有 52 卷,载有药物 1892 种,其中载有新药 374 种,收集医方 11096 个,书中还绘制了 1111 幅精美的插图,是我国医药宝库中的一份珍贵遗产。它的成就,首先在药物分类上改变了原有上、中、下三品分类法,采取了"析族区类,振纲分目"的科学分类。它把药物分矿物药、植物药、动物药。又将矿物药分为金、玉、石、卤石四部。植物药一类，根据植物的性能、形态及其生长的环境，区别为草、谷、菜、果、木等5部；草部又分为山草、芳草、湿草、毒草、水草、蔓草、石草等小类。动物一类，按低级向高级进化的顺序排列为虫、鳞、介、禽、兽、人等6部。还有服器部。《本草纲目》共分为16部62类。这种分类法，已经过渡到按自然演化的系统来进行了。从无机到有机，从简单到复杂，从低级到高级，这种分类法在当时是十分先进的。尤其对植物的科学分类，要比瑞典的分类学家林奈早二百年。

《本草纲目》不仅在药物学方面有巨大成就，在化学、地质、天文等方面，都有突出贡献。它在化学史上，较早地记载了纯金属、金属、金属氯化物、硫化物等一系列的化学反应。同时又记载了蒸馏、结晶、升华、沉淀、干燥等现代化学中应用的一些操作方法。李时珍还指出，月球和地球一样，都是具有山河的天体，"窃谓月乃阴魂，其中婆娑者，山河之影尔"(《本草纲目·月桂》)。《本草纲目》不仅是我国一部药物学巨著，也不愧是我国古代的百科全书。正如李建元《进本草纲目疏》中指出："上自《坟》、《典》，下至传奇，凡有相关，靡不收采，虽命医书，实该物理。"

《本草纲目》编写后，李时珍希望早日出版，为了解决《本草纲目》的出版问题，70多岁的李时珍，从武昌跑到当时出版业中心南京，希望通过私商来解决。由于长年的辛苦劳累，李时珍终于病倒在床，病中嘱咐他的孩子们，将来把《本草纲目》献给朝廷，借助朝廷的力量传布于世。可惜李时珍还没有见到《本草纲目》的出版，就与世长辞了。这年(1593年)，他刚满76岁。

不久，明皇帝朱翊钧，为了充实国家书库，下令全国各地向朝廷献书，李时珍的儿子李建元，将《本草纲目》献给朝廷。朝廷批了"书留览、礼部知道"七个字，就把《本草纲目》搁置一边。后来仍在南京的私人刻书家胡承龙的刻印下，在李时珍死后的第3年(1596年)，《本草纲目》出版了。公元1603年，《本草纲目》又在江西翻刻。从此，在国内得到广泛的传播。据不完全统计，《本草纲目》在国内至今有三十多种刻本。

公元 1606 年,《本草纲目》首先传入日本。1647 年,波兰人卜·弥格来中国,将《本草纲目》译成拉丁文流传欧洲,后来又先后译成日、朝、法、德、英、俄等文字。

李时珍对人类的贡献是伟大的,因此深受后世人的尊敬,为了纪念这位伟大的医药学家,《明史》、《白茅堂集》都为他写下了传记。清光绪年间,在李时珍墓地立碑纪念。解放后,李时珍墓地,又得到再次修整。1956 年,科学家郭沫若以题词作纪念,写道:"医中之圣,集中国药学之大成,《本草纲目》乃 1892 种药物说明,广罗博采,曾费三十年之殚精。造福生民,使多少人延年活命!伟哉夫子,将随民族生命永生。"

(选自傅维康等《医药史话》)

五 《天工开物》

【题解】

《天工开物》是明代科学家宋应星所写的一部综合性的科学技术著作。宋应星(1587—1663 后),字长庚,南昌府奉新县北乡(今江西省宜春市奉新县宋埠乡)人。出生在官宦之家。万历四十三年(1615),宋应星参加江西乡试,考中举人第三名。然而在此后的十多年中,却"六上公车而不第",曾先后任江西分宜教谕、南瑞兵巡道等官。

《天工开物》写于宋应星任江西分宜教谕期间(1634—1638)。《天工开物》的书名取自《易·系辞》中"天工人其代之"及"开物成务"之说,详细叙述了各种农作物和工业原料的种类、产地、生产技术和工艺装备,以及一些生产组织经验,既有大量确切的数据,又绘制了 123 幅插图。全书按"贵五谷而贱金玉之义"(《天工开物自序》)分上、中、下三卷,又细分作十八个部类:《乃粒》、《精粹》记载了谷物豆麻的栽培和加工方法,附带对农具及水利工具进行图说;《乃服》论述蚕丝棉苎的纺织,并及养蚕和织机;《彰施》叙述植物染料和染色技术;《作咸》、《甘嗜》和《膏液》分别介绍制盐、制糖和食油制造工艺;《五金》、《冶铸》和《锤锻》专论金属冶炼、加工及金属器物与合金的制造,附以设备操作图谱;《陶埏》讲述砖瓦及白瓷、青瓷等瓷器的烧造;《燔石》讨论煤炭的采掘和石灰、硫黄、白矾、砒石的烧制;《杀青》谈论纸料和造竹纸、皮纸等工艺;《丹青》以矿物性颜料的制造为主要内容;《舟车》论水陆交通和舟、车等运输工具;《佳兵》主要介绍火药、火器及弓弩等一般武器的知识;《曲蘖》叙述酒曲的酿造;《珠玉》讲述各种珠宝玉器和水晶的采集加工。内容广泛,涉及中国传统科学技术的各个领域,以图谱和文字全面、系统地记述了农业和手工业广泛领域内的生产技术知识。此外,对于西洋科学技术也有所触及。

从内容上看,《天工开物》一书至少具有几个特点:一是门类齐全,涉及的技术领域囊括了中国古代农业和手工业生产的主要部门;二是既全面系统,又深入细致,既有一般性介绍,又重点突出,对于历代以来相关的技术方法进行批判性的归纳和总结;三是将理论与实践相结合,在对相关技术进行理论概括的同时,注重以描写生产过程、介绍技术为主,突出解决具体操作过程中出现的问题和保证安全生产所应采取的措施。《天工开物》的大量知识,主要来自从事工农业生产的技术能手和能工巧匠。其中记载的许多加工工艺和制造技术,在当时具有世界先进水平。如《锤锻》中论及金属工具的制造时,提出了"生铁淋口"的加工技术,是金工史上的一项重要创造;《五金》中记述的钢铁冶炼技术,在前人基础上也有很大的提高,其中提出的"灌钢"技术,是冶金史上的一大突破,冶金过程中所使用的活塞式风箱,是当时最为先进的鼓风器;《燔石》中关于煤炭采掘过程中排除有毒的瓦斯气体的方法和"支板"以防止出现压崩现象等安全防范措施,也具有很高水平,等等。《天工开物》在广泛调查实践的基础上,系统概括和总结了几千年来农业和手工业生产领域累积形成的技术经验,是一部关于中国古代农业和手工业技术的集大成之作。

《天工开物》在崇祯十年(1637)初次刊刻后,立即引起了学术界的注意。明末方以智的《物理小识》较早地引用了《天工开物》中的有关论述。清代编纂《古今图书集成》和《授时通考》，大量引用《天工开物》中的相关资料。清代康熙年间，《天工开物》传入日本、法国、朝鲜等国，产生了重要影响。法国学者儒莲（Stanislas Julien，或译作于莲，1797—1873）称《天工开物》是一部"技术百科全书"，达尔文在《动物和植物在家养下的变异》中称之为"权威著作"。

《天工开物》的版本不少，今人整理本中，较好的有钟广言注释的《天工开物》(广东人民出版社，1976年)，潘吉星的《〈天工开物〉校注及研究》(巴蜀书社，1989年)和《〈天工开物〉译注》(上海古籍出版社，1993年)，管巧灵、谭属春点校注释的《天工开物》(岳麓书社，2002年)等。

煤　炭[1]

凡煤炭普天皆生，以供锻炼金石之用[2]。南方秃山无草木者，下即有煤，北方勿论[3]。煤有三种，有明煤、碎煤、末煤。明煤大块如斗许，燕、齐、秦、晋生之。不用风箱鼓扇，以木炭少许引燃，熯炽达昼夜[4]。其旁夹带碎屑，则用洁净黄土调水作饼而烧之。碎煤有两种，多生吴、楚。炎高者曰饭炭，用以炊烹；炎平者曰铁炭，用以冶锻。入炉先用水沃湿[5]，必用鼓鞴后红[6]，以次增添而用[7]。末煤如面者，名曰自来风。泥水调成饼，入于炉内，既灼之后[8]，与明煤相同，经昼夜不灭，半供炊爨[9]，半供熔铜、化石、升朱[10]。至于燔石为灰与矾、硫[11]，则三煤皆可用也。

凡取煤经历久者，从土面能辨有无之色，然后掘挖，深至五丈许方始得煤。初见煤端时，毒气灼人。有将巨竹凿去中节，尖锐其末，插入炭中，其毒烟从竹中透上，人从其下施锄拾取者。或一井而下，炭纵横广有，则随其左右阔取。其上支板，以防压崩耳。

凡煤炭取空而后，以土填实其井，以二三十年后，其下煤复生长，取之不尽[12]。其底及四周石卵，土人名曰铜炭者[13]，取出烧皂矾与硫黄（详后款）。凡石卵单取硫黄者，其气熏甚，名曰臭煤[14]，燕京房山、固安，湖广荆州等处间有之。凡煤炭经焚而后，质随火神化去，总无灰滓[15]。盖金与土石之间,造化别现此种云。凡煤炭不生茂草盛木之乡,以见天心之妙。其炊爨功用所不及者,唯结腐一种而已。(结豆腐者,用煤炉则焦苦)

注释 [1]煤炭:一种固体燃料。由一定年代生长的繁茂植物,在适宜的地层环境中,逐渐堆积成厚层,并埋没在水底或泥沙中,经过漫长地质年代的天然煤化作用而成。主要成分是碳、氢和氧。按煤化程度不同,可分为泥煤、褐煤、烟煤和无烟煤四类。春秋战国时称石涅或涅石;魏晋唐宋称石炭,又称石墨;明代之后始称煤或煤炭。 [2]锻炼:指锻造或冶炼。金石:金银、玉石之属。 [3]"南方"句:此说未必尽然。事实上,我国南方多数煤矿的地表都生长着茂盛的植物。 [4]熯(hàn)炽:焚烧、燃烧。 [5]沃湿:浇湿。 [6]鼓鞲(gōu):风箱。鞲,同"韝"。 [7]以次:陆续,依次。 [8]灼:烧,燃烧。 [9]爨(cuàn):烧火做饭。 [10]升朱:炼取朱砂。升,点燃,生火。 [11]燔(fán):焚烧。矾(fán):化学名词,某些金属硫酸盐的含水复盐的泛称。俗称矾石,有白、青、黄、黑、绛五种,白色为明矾,此外尚有胆矾、绿矾等。可供制革、造纸及制颜料、燃料等用,亦为媒染剂、收敛剂和浊水澄清剂。硫:一种非金属元素,通称硫磺,符号S(sulphur)。呈浅黄色,质硬而脆,不传热和电,易燃,有多种同素异形体,能与氧、氢、卤素(碘除外)和大多数金属化合。工业上用来制造硫酸、火药、火柴、硫化橡胶、杀虫剂等,医药上用来治疗皮肤病。 [12]"凡煤炭取空"句:此说有误。煤炭由植物遗体变成,需要经过漫长复杂的地质过程,为不可再生资源,挖掘开采后不能再生。 [13]铜炭:含黄铁矿的煤,内有硫。 [14]臭煤:含硫煤,燃烧时分解成有臭味的硫化氢和二氧化硫。 [15]"凡煤炭经焚"句:此说不确。因为各种煤均含灰分,燃烧后有灰滓。

(原文据《〈天工开物〉译注》卷中《燔石》第十二,上海古籍出版社,1993年)

造竹纸

凡造竹纸,事出南方,而闽省独专其盛。当笋生之后,看视山窝深浅,其竹以将生枝叶者为上料。节届芒种[1],则登山砍伐[2]。截断五、七尺长,就于本山开塘一口,注水其中漂浸。恐塘水有涸时,则用竹梘通引[3],不断瀑流注入。浸至百日之外,加功槌洗[4],洗去粗壳与青皮。(是名杀青)其中竹穰形同苎麻样[5]。用上好石灰化汁涂浆,入榥桶下煮[6],火以八日八夜为率[7]。

凡煮竹,下锅用径四尺者,锅上泥与石灰捏弦,高阔如广中煮盐牢盆样,中可载水十余石[8]。上盖榥桶,其围丈五尺,其径四尺余。盖定受煮八日已足。歇火一日,揭榥取出竹麻,入清水漂塘之内洗净。其塘底面、四维皆用木板合缝砌完,以防泥污。(造粗纸者,不须为此)洗净,用柴灰浆过,再入釜中[9],其中按平,平铺稻草灰寸许。桶内水滚沸,即取出别桶之中,仍以灰汁淋下。倘水冷,烧滚再淋。如是十余日,自然臭烂。取出入臼受舂(山国皆有水碓)[10],舂至形同泥面,倾入槽内。

凡抄纸槽,上合方斗,尺寸阔狭,槽视帘,帘视纸。竹麻已成,槽内清水浸浮其面三寸许,入纸药水汁于其中(形同桃竹叶,方语无定名)[11],则水干自成洁白。凡抄纸帘,用刮磨绝细竹丝编成。展卷张开时,下有纵横架框。两手持帘入水,荡起竹麻入于帘内。厚薄由人手法,轻荡则薄,重荡则厚。竹料浮帘之顷,水从四际淋下槽内。然后覆帘,落纸于板上,叠积千万张。数满则上以板压,俏绳入棍,如榨酒法,使水气净尽流干。然后以轻细铜镊逐张揭起焙干[12]。凡焙纸先以土砖砌成夹巷,下以砖盖巷地面,数块以往即空一砖。火薪从头穴烧发,火气从砖隙透巷外。砖尽热,湿纸逐张贴上焙干,揭起成帙[13]。

近世阔幅者名大四连,一时书文贵重。其废纸洗去朱墨污秽,浸烂入槽再造,全省从前煮浸之力,依然成纸,耗亦不多。南方竹贱之国,不以为然。北方即寸条片角在地,随手拾起再造,名曰还魂纸。竹与皮,精与粗,皆同之也。若火纸、糙纸,斩竹煮麻,灰浆水淋,皆同前法。唯脱帘之后不用烘焙,压水去湿,日晒成干而已。

盛唐时鬼神事繁,以纸钱代焚帛(北方用切条,名曰板钱),故造此者名曰火纸。荆楚近俗有一焚侈至千斤者。此纸十七供冥烧[14],十三供日用。其最粗而厚者名曰包裹纸,则竹麻和宿田晚稻稿所为也[15]。若铅山诸邑所造柬纸[16],则全用细竹料厚质荡成,以射重价[17]。最上者曰官柬,富贵之家通刺用之[18]。其纸敦厚而无筋膜,染红为吉柬,则以白矾水染过,后上红花汁云。

注释 [1]芒种:农历节气名。因五月二十一日前后适宜种芒之谷,故以芒种为节名。 [2]斫(zhuó)伐:砍伐。 [3]竹枧(jiǎn):用竹制成的引水管子。[4]槌(chuí):捶击、敲打用的棒,大多一头较大或呈球形。 [5]竹穰(ráng):竹子被打烂之后像果类的肉一样。苎(zhù)麻:植物名,简称麻。为我国特产,纤维细长,韧性强,可作为衣着材料。 [6]楻(héng)桶:造纸行业术语,蒸煮锅上盛料的木桶。 [7]率(lǜ):通"律",法度,标准。 [8]石:容量单位,一石为十斗。[9]釜:古炊器,也叫"鬴"。敛口圜底,或有二耳。其用如鬲,置于灶,上置甑以蒸煮。盛行于汉代,有铁制的,也有铜或陶制的。 [10]舂(chōng):用杵臼捣去谷物等物之皮壳。水碓(duì):以水为动力舂米的工具。 [11]纸药:在纸槽中起悬浮剂作用的植物黏液。桃竹叶:即杨桃藤。 [12]镊(niè):拔除毛发或夹取细小东西的器具。焙(bèi):微火烘烤。 [13]帙(zhì):卷次,卷册。 [14]十七:十分之七。 [15]宿田:没有种庄稼的隔年田。稿:禾秆。 [16]铅山:今江西省上饶市铅山县。柬:柬帖,信札、名帖等的统称。 [17]射:追求,追逐。 [18]通刺:通报名刺,名片。古代在竹简上刺上名字,所以叫刺。

(原文据《〈天工开物〉译注》卷下《杀青》第十三,
上海古籍出版社,1993年)

【评论】

关于《天工开物》

[日]薮内清

一 序 论

《天工开物》一书,是明末崇祯十年(1637)江西省的学者所写有关中国生产作业的技术书。自古以来,中国书籍数量的丰富,实足惊人,但可视作技术书的却非常之少。而且这些少量的技术书,也多是对于有限的几个生产作业部门的叙述。例如,代表最古的技术书的《周礼·考工记》,就是专为叙述以统治阶级为中心的宫室建设、车、乐器、兵器等制造的特殊部门而写的。另外,在中国技术书中,著作比较多的是农书,在这个部门中有很重要的书籍。例如,6世纪前半叶后魏贾思勰所著《齐民要术》,特别详细地叙述了华北干燥地带的农业技术;可以了解现代华北的农业与当时的耕作方法相比,还没有显出来特别的变化。还有,关于华中、华南水稻耕作的著述,从宋、元以来忽然丰富起来,并有很好的著作行世。这样又多又好的农业技术著作的刊行,自然明显地表示了中国的社会是建立在农业基础之上的。关于其他产业部门的著述,和这些农业书比较起来是不多的;无论在量的方面,质的方面,好的著述几乎看不到。在这类中国技术书之中,《天工开物》可以说是极优秀的著作。首先,这部书网罗了重要产业的各个部门;其次,它把各个产业部门的生产过程非常忠实地写了下来。从这两点看来,《天工开物》可以说是中国技术书的代表作。我们要想了解中国技术的时候,它就成为必须参考的书籍。

写作这部书的明末,正是西方的科学技术通过刚从西洋来华的许多传教士之手输入到中国的时代。但是在《天工开物》中,关于西洋科学技术的记载是极少的,它的叙述完全是着重于中国古代的技术。因此,作为展望在悠久的历史过程发展起来的中国技术全貌的书籍,是没有比它再适合的了。这部书在中国很久以来没有被重视,甚至不知道有过这部书,直到最近几年才重被重视。与此相反,这一部中国书在我国(日本)整个德川时代,已经为各方面的学者所阅读,并且成为普遍阅读的中国书籍之一。早在明和八年(1711)就有了日本的刻本。三枝博音氏在昭和十八年出版的,就是这个日本刻本的影印本。近年来,在中国也有了三种本子,这部书的重要性已为一般所公认。我们曾在昭和二十三年计划着把这部书译成日文,作为研究中国科学技术的一环,直到现在才看到它的出版。在我们从这部书了解到中国产业技术的同时,还能进而了解到我国(日本)的固有技术从中国吸取来的是如何地丰富。关于《天工开物》的全貌,三枝博音曾有一篇优秀的研究,附复刻本内,但是为了新的读者,提出个人的见解来作一些说明,也不是无益的吧。

二 《天工开物》的内容

首先,要说明书名的意义。关于这方面,著者宋应星是什么也没说。陶本《天工开物跋》的作者丁文江,在他的跋文中说:"物自天生,功由人开,故言天工时,兼天人而言也"。把"天"和"工","物"和"开",认为是各个的天人对立。这也可作为一种解释,但如三枝氏以前所说的那样,天工是意味着对人工而言的自然力的人工。这样解释,我认为是比较自然的。这里所谓"工"的这个字,决不能限定为人工的意思。早在《书经·皋陶谟》就有"天工人其代之"这句话,自然,这里的"工"是官职的意思,这句话也就是人君设置官职以治民的意思,本来是为了使其代天行事,所以政治本身就叫"天工"。还有相同的用例,《书经·舜典》中有"惟时亮天工"这句话,"工"和"功"相通,这句话仍然可以理解为帮助天作所应该作的事情。在这些例子里,"天工"似乎不是直接地意味着自然力。实在说,包含着人类社会和自然界,成为万物的根源是天的这个思想,可以说是中国人的根本思想之一,把它应用在政治上的时候,就成为上述那样的表现。在《易经》中,象征天的乾卦,文云:"大哉乾元,万物资始",象征地的坤卦,文云:"至哉坤元,万物资生"。就是由于天的力量,万物才开始,由于地的帮助,事实上万物才产生。因此,可以理解为原始的自然力是具备于天的。表现于自然之中的微妙,正好不得不归之于天。这个微妙当然也可以叫做天工。因此,元赵孟𫖯在《赠放烟火者》诗中产生了咏火花之美的"人间巧艺夺天工"这样的句子。人间优秀技巧可夺天工的说法,同时也就是称赞了自然的微妙。

宋应星自己在本文中也把天工和人工并列(例如《五金》的"银"条),还引用了和天工意思相同的名词,如"天道"、"造化之功"等。实际上,所谓人工是以优秀的自然力——天工为基础而成立的这个思想,大概可以说是古代中国人的广泛的共同的思想,同时也是宋应星的技术观。总之,可以这样理解:天工是根本,顺应天工制造出来有利用价值的器物则存在着人的技术。《天工开物》这个书名,正是表现了这样的思想。这样的技术观,和从神的手里解放自然看做是一个机械论的近代机械观,大概是完全对立的吧。和前世纪这样的技术观并行,由于超人的智慧而产生了技术上的发明以及发见的事,是宋应星所确信的。例如,第二《乃服》一开头就说:"天孙机杼,传巧人间";第四《粹精》开头也说:"杵臼之利,万民以济,盖取诸小过。为此者,岂非人貌而天者哉。"从这里就可以完全看出来。把这样技术上的创见归之于超人的神人,在中国古书上是屡见不鲜的。上文说的杵臼是成于神人之手,也就是《易经·系辞传》所说的"黄帝作杵臼"。自然,把这样技术上的创见归之于神人的这种思想,也不独中国为然。从三枝氏所著《技术的哲学》(昭和二十六年出版,10页)中,已经指出在古代希腊诗人荷马的作品中记载有很多传授技术的神人;据此,也可以说这样思想是普遍地见于古代社会的。但是,这样的思想在明末宋应星的时代还强烈地存在着的原因,不能不理解为这样的思想是和当时中国的技术还停留在古代的发展阶段上的这一事实互相表里的。

《天工开物》搜罗了中国古代技术的各个方面,已如上所述。全书分上、中、下三卷,更分下列18部门:

1. 乃粒(谷类)　　2. 乃服(衣服)　　3. 彰施(染色)
4. 粹精(调制)　　5. 作咸(制盐)　　6. 甘嗜(制糖)
7. 陶埏(制陶)　　8. 冶铸(铸造)　　9. 舟车(舟车)
10. 锤锻(锻造)　11. 燔石(燔石)　12. 膏液(制油)
13. 杀青(制纸)　14. 五金(制炼)　15. 佳兵(兵器)
16. 丹青(朱墨)　17. 曲糵(酿造)　18. 珠玉(珠玉)

据宋应星的序文,另外还写有《观象》、《乐律》二卷,刊刻时删去。从标题看来,这两卷是可以放在产业技术之外的,所以,本书所收的18个部门可以说包括了中国所有的重要产业。

宋应星的序文里依照所谓"贵五谷而贱金玉"这个观点来排列本书的顺序。《书经·洪范》说:"一曰食,二曰货","食"和衣服及其他财物所谓"货"的比较起来,占有优越地位的这个思想,在中国那样的农业国家里，自古以来就是如此的。历代正史中可以叫做产业史的食货志，首先叙"食"，其次叙"货"，也可以看出来是贯彻着农业第一位的思想的，宋应星以五谷始，以珠玉终，也是根据自古以来存在着的思想。自然，对于其中的部门也有很随便地安排先后的地方。从分量上看来，也是直接和食品生产有关系的材料占的最多。叙述谷物的耕作和调制的是第一卷和第四卷；作为调味料的盐、糖、油的制造包括酿酒在内，则在18个项目之中，相当于三分之一的部分用在食品生产的叙述上，从篇幅上看来，也大略相当于三分之一。从联系人们生活的看来，关于占有重要地位的衣服，包括染色在内的有两项，篇幅占有七分之一。根据上卷完全用在记述食、衣的这个事实，足以表示宋应星自己对这个部门是最关心的，同时，也表示了这个部门在中国产业中的比重。再次，在中、下两卷占有很多篇幅的是包括采矿在内的金属加工部门，再加上和这稍微类似的燔石，占了四分之一的篇幅，成为次于衣、食的最详细的部门。自然，这些个金属加工，主要是以制造日用器具为目的，但是作为反映明代当时制造兵器以及货币盛行关系而金属需要逐渐增大的状况，因此，在《天工开物》中占有很多的篇幅，这是可以理解的吧。还有近人向达的《中西交通史》中说，《天工开物》和明代其他的著述不同，它的中间有对矿物详细的论述，从这点看来，恐怕是受明末来华传教士的影响。这个说法，也并非仅仅出于想象。还有特别对于兵器的叙述，也反映了一些明末的社会状况，这是值得注意的。关于其余的部门，大体是按照舟车、制陶、珠玉、制纸、朱墨的次序，而叙述逐渐简略。

  关于写作这部书的动机，根据卷首的序文和各卷开头的"宋子曰"的文字，可以看到。就是这部书是以当时统治阶级的知识分子为对象的，这些阶级的人们，在日常生活上虽然蒙受过这些器物的恩惠，但是并不知道生活必需品的生产过程，时常轻蔑从事生产的老百姓，著者对于他们这种态度甚至表示有些愤怒，所以写作了这部书。一般地说来，从事技术和生产的人们被轻视，是古代社会显著特色之一；同时，写作这样技术的书籍，也不为一般所重视。再者，中国的社会，在科举制度下能够榜上有名而做官扬名的人们,自然不需要这样的书籍。所以《天工开物》的序文中说:"此书于功名进取,毫不相关也"。在当时正是理所当然的。虽然如此,本书是以知识分子为对象而写作的这件事,应该予以充分重视的。它不是一部技术指导书,如果从各个专家的立场来看,缺点是很多的。但以非专家的知识分子为对象而写作的这个意图,我想是收到很大的效果的。

从本书内容特点的一方面来看,丁文江早在陶本《天工开物》的跋文中就把本书的特点分别列举为五点,作了介绍。他首先称赞本书是一部优秀的中国农工史,在明代空疏的学问倾向中,独特地写作了包括各个技术部门的著作;第二个特点是它和其他的著作不同,有信任自己见闻的创作精神;第三个特点是特别地把数量的关系详细地记载下来;第四个特点是实事求是地排除迷信的态度;最后,第五个特点是根据事实少发议论。而且,这一些很少的议论,也有很多和近世经济学的论点相合的卓见。自然,丁文江指出的以上各点,还不能全部接受。例如,《天工开物》中有恶质的铁钱流通于衰世的这样片断的叙述,丁文江就以为本书的论断是合于近世经济学的论点,作为第五个特点,这未免有些夸大。关于其他各点,丁文江自己也曾指出和上述特征相矛盾的记载。现在,按照丁文江的说法把这些缺点具体地说一下。首先,可指出的是原封不动地引用古来的妄说,例如,岭南的金子初采时是柔软的;土锭铁开采以后又再生(《五金》);真珠贝受龙神的保护;璞中的玉像棉花那样柔软(《珠玉》);四川的火井不燃烧而煮盐(《制咸》);江南有没有骨头的麻雀啄食麦子(《乃粒》)等等的记载,可以说是完全相信古来的妄说。与此相反,也有若干可以指出的地方是排斥可信的通说而陷于错误的独断。例如,以琥珀吸引尘芥为本草家的妄说(《珠玉》);棉花和纸溯源于先秦时代就存在(《乃服》及《杀青》);还有,否定印度在贝叶上写字(《杀青》)等类,不能不说这完全是宋应星自己的独断。这样的例子,在丁文江所指出的以外,还有几个可以指出,但是这些缺点不能够把本书上述的特点完全否定。在所有的方面,古代的残滓还遗留着的当时,毋宁说是不得已的吧。特别是宋应星陷于错误的独断,如果善意地来解释，也可以说是和著者的不为前人陋习所束缚的创作精神互相表里的吧。

著者在本书中要排除迷信，既如上述，在这一点上，特别是以方术和本草书的记述作为批判的对象，是非常引人注目的。不用说，本草是药物书，方术的"方"和"术"同义，是技术的意思。但在所谓"方术"意义下的"技术"，往往被认为是神秘的东西。占卜、占星等类以外，甚至像医术也包含在内。古代的技术，不论是什么，都或多或少地带有咒术的乃至魔术的意味，为"方术"这个名词所包含。秦始皇和汉武帝的时候，重用很多的方士，这些方士是懂得长生术的一种魔术师。这些方士精通药物，从事于一些化学的工作；西洋的炼金术师是一种化学家，在这一点上，是有类似的地方的。再者懂得药物是方术家和本草家所具有的共同之点，两者有相互密切的关系。关于这样的方术和本草，例如在《五金》"银"条中说："方书本草，无端妄想妄注，可厌之甚"，给予了严厉的排斥。这样的非难很多是正确的，但是错误的例子也不是没有。例如，在《珠玉》"宝石"条中否定了琥珀是从树脂变化来的和琥珀可吸引尘芥的说法；甚至说："自来本草陋妄，删去毋使灾木"，毋宁说是暴露了宋应星自己的错误见解。此外，和本草所引用的同样的妄说，往往仍为本书所引用，这样的例子也有一些。本草书是药物书，同时也记载了关于作为药物用的草木鱼贝矿物等自然物的生产状态和采取的方法，和方术书同样地可以看做是一种技术书。因此，我们想，在写作《天工开物》的时候，这些书是提供了相当的参考的。但是著者尽量地想根据正确的见闻来辨别这些说法的真伪。

不过，关于排斥方术书和本草书，在宋应星以前已经有了先驱者。在宋代，著作最有名的《农书》的陈旉，在《农书》序文中说，葛洪在《抱朴子》中说神仙；陶弘景给《本草》加注释，全都是谬误而荒唐之论，招来后世很多的讥讽。更取孔子的戒"不知而作"和文中子的以盗用别人的著作为可耻，著者对葛抱朴和陶隐居的著作态度全都不取。葛洪和陶弘景两人是分别代表方术和本草的著述家，排斥他们两个人，可以说是和《天工开物》的著述态度非常一致的吧。陈旉《农书》根据农业的实际而写成的这件事,是和排斥这样的方术及至本草的精神互相表里的。同时,也表示了《天工开物》是根据实证的精神而写的吧。中国的近代,可以说在宋代才开始的,《农书》中所看到的实证的精神也可以说是近代所产生的,这样精神可以说是一脉相通地传到《天工开物》吧。梁启超在《中国近三百年学术史》中说,明代的学术始终是空疏的议论;以后,他又举出学术上不同方向的动态,就是产生于明末的徐霞客的《霞客游记》和宋应星的《天工开物》。但是,所以能有这样不同的方向,依然是因为存在着近代的实证精神,这样的精神最迟也可以追溯到宋代。自然,仅是这样的精神,还不能依靠它打开新世界的。宋应星自己的记述存在着许多矛盾,已如上述。所谓实验科学这个名词,是12世纪的培根提倡的,但是实际上这样的科学的实现,是必须联想到16世纪的伽利略的。

如上所述,虽然宋应星自己有些地方相信古来的妄说,但是从整体来看,可以说是大致达到了他想根据正确的见闻而写作的意图了吧。他对技术的现实,确是辛苦地努力要得到正确的见闻,从他自己注意到技术上的一些细致之处的例子,可以证实这件事。例如,在《乃粒》"豆"条说:"深耕二字,不可施之菽类,此先农之所未发者";在《彰施》"大红色"条说:"凡红花染帛之后,若欲退转,但浸湿所染帛,以碱水、稻灰水滴上数十点,其红一毫收转,仍还原质。所收之水,藏于绿豆粉内,放出染红,半滴不耗,染家以为秘诀,不以告人";在《佳兵》"弓"条中说:"凡成弓藏时,最嫌霉湿,将士家或置烘厨、烘箱,日以炭火置其下;小卒无烘厨,则安顿灶突之上,稍息不勤,立受朽解之患也。近岁命南方诸省造弓解北,纷纷驳回,不知离火即坏之故。亦无人陈说本章者。"这样细致的注意,是由于到实际生产的现场去看过,才能体会,仅仅在书本上是寻找不到的。《天工开物》虽然是作为知识分子的启蒙书而写的,有如上述;同时,著者也可能希望它成为有一定用处的技术指导书。从这些细微的例子看来,也足以证明著者是一个如何地忠实的观察者吧。

三　宋应星及其著作的完成

　　著者宋应星的传记，以世界书局本《天工开物》所载丁文江《奉新宋长庚先生传》最为详细。还有，我们的研究协助者吉田光邦君，在《科学史研究》18号上发表了补充丁文江文章的材料。根据这些材料，很简单地叙述一下他的传记。宋应星字长庚，生于江西省奉新县的名家。他的曾祖父宋景，明嘉靖二十五年作过都察院左都御史，死后赠太子少保、吏部尚书。他的子孙中有几个人是举人和进士。宋应星自己的生卒年月不明，大概是生存在明万历中叶到清顺治初年的时期。万历四十三年（1615）和兄应升同中乡试。这一年整个的江西省受考试的有一万多人，但是考中的不过83人，奉新县考中的只有宋氏弟兄二人。以后，他哥哥宋应升五次到北京会试，但全都失败了，才到广东作地方官，以清廉知名。宋应星自己是否应过会试，事实不明。崇祯七年（1634）他还在江西省分宜县作过教谕，参加地方的学政；十年刊行了《天工开物》。《天工开物》的刊行所以认为是在崇祯十年的理由，是根据静嘉堂本以及日本刻本《天工开物》载有宋应星所写序文的年代，关于这一点，次节再述。十一年，作福建省汀州府的推官；十四年，作安徽省亳州的知州。在汀州府的任上非常有名声，据说府民曾画他的像来祭祀。作了知州以后，努力于收容受明末混乱影响的难民。十七年辞了官回归故乡，以后没有再作官，这就是他的官历。著述方面有：《画音归正》，崇祯九年由友人给刊行的，更在翌年由同一友人的劝奖，刊行了《天工开物》，这是见于《天工开物》的序文的。此外，还有《杂色文》、《原耗》、《卮言十种》等，除《天工开物》外，其他全部失传。

　　从他中了举人以后到著作本书以前，经过了二十多年。这期间，他作了写作这个书的准备，从记述的对象涉及了中国各地这一点来看，很能使人想象著者的足迹遍于广大的地区，但是现在缺乏证明这个想象的资料。在这一点上，毋宁有相反的事实可以指出。首先，要注意他的出生地江西省是各种产业比较很繁盛的地方，农业是全国一般的繁盛的产业,所以没有特别举出的必要。但是,作为特殊的农业产物的蓝、茶、黄栌、桐油、苎麻、砂糖等的产量决不是少的。并且,在矿产物方面,以萍乡作中心的石炭,除去满州以外没有能和它相匹敌的地区;铁在各地都有,产量很多,其他金、银、铜、锡也全都有,特别以产锡著名。再者,以景德镇为中心的制陶业,是江西产业的代表,夸耀为全国第一的生产。另外,制纸业也很盛,民国初年的产量占全国五分之一。看到这种情形,可以说是具备了产生《天工开物》这样书的地理条件了吧。生长在这样地方的宋应星,不必到远处旅行,就可以能够在比较近的地方有便于接近各种技术的机会了吧。在吉田君的论文中说,见于《乃粒》"稻"条米的品种名,所指救公饥、喉下急、金包银、牙黄、雪白等类全是江西地区的方言,收录在本书(《天工开物的研究》)中的天野博士的研究,也指出在广泛的农业部门中是以江西省作中心的。关于其他部门也是这样,整个书中,江西省的记事非常多。《陶埏》"白瓷"条自然是以景德镇为中心而写的,在《五金》所载的矿产地中,也出现了很多江西各地的地名。但在另一方面,关于养蚕,特别叙述了浙江的嘉兴、湖州的方法;在《朱墨》中举出了安徽;这些地方都说明不偏于一方面,网罗了各地的特色。

著者宋应星生存的时代,是明末极动荡的时代。本书的刊行是在崇祯十年,在这年前已改国号为清的满州族,成为明朝的强敌而觊觎北京;国内的治安紊乱,舆情骚然。但是关于这些事情,宋应星一句话也没提到。他居住在远离北京的江西省的一隅,也是一个原因吧。但是也不能不说这表示了中国的读书人对于时局的不关心。

写作《天工开物》的明末的时代,从学术史方面来看,由于欧洲科学技术的输入,具有显著的特色。万历二十八年传教士利玛窦来到中国以后,受到明朝大官徐光启等的支持,完成了庞大的天文书《崇祯历书》的翻译工作,对于技术有关的部门,也给予了很大的影响。为了对抗兴起于满州的清朝,曾动员传教士制造火器,这是众所周知的事情。还有,传教士邓玉涵著的讲述力学的、机械的书籍《远西奇器图说》,作于天启七年(1627);作为农业水利的要籍,熊三拔著的《泰西水法》,万历四十年（1607）由徐光启之手而刊行，收在《天学初函》中。当时的执政者所以这样地吸收优秀的西洋科学技术，是为了挽救濒于衰亡的明朝所作的努力。特别是对西洋文物的输入，中国人方面最有力的徐光启，计划在北方开水田，借以免去从南方把米漕运所受经济上的损失，说明了除天文、历法以外，对农事也深切关心的，终于在崇祯十二年著成了60卷的《农政全书》，而且其中一部分包括了《泰西水法》。《农政全书》是根据当时国家需要而写的，也可说是吸收了很多西洋的影响。作为农业技术书的《农政全书》，是以这样的写作动机而产生的。但是，大概同时刊行的《天工开物》，就是完全没有这样的政治意图，在这一点上，可以说是正好相反吧。但是，关于西洋的影响，是可以承认一些的。《天工开物》主要是以中国古代的技术为对象，已如上述；虽然在《五金》说到红夷炮、佛郎机炮，在《佳兵》说火器始于西洋，但从整体来说，西洋的影响是少的。不过，如果这么想：《天工开物》的作者是因为受了西洋科学技术书的影响，所以才特别强碉了中国的技术以示抗衡，这也是不对的。

方术以及本草书都具有一种技术书的性质，和《天工开物》有深切的关系，已如上述。在这个意义上，值得特别注意的是李时珍著述了《本草纲目》。这部书经过26年的时间，完成于万历六年（1578），初版是万历十八年（1590）在南京刊行的。更在万历三十一年（1603）于江西省另刊新本。这部书虽然还存在着很多缺点，但的确是本草学史上最重要的著述。其后，在崇祯十三年（1640）又重版，写作《开工开物》的当时，它是被广泛推荐的木草书的代表作之一。恐怕宋应星也看过这部书。是否《天工开物》由于受了这本书在当时社会中流行的刺激而著述的呢？也未始不可以这样想的。但在《天工开物》不仅没有提到《本草纲目》之名，就是可以看做是特别意识着这部书而写的地方也看不到。不错，《天工开物》曾把《本草纲目》中有关别的书中引文，没有提到书名就原样地引用了的地方，也可以发现一些；但虽如此，却不能成为是《天工开物》由于《本草纲目》而成书的证据。也不能说作为本草的妄说而排斥的地方，就是特别地对于李时珍新说的反对。例如，虽然以琥珀出自树脂为本草的妄说，可是这个说法早自晋张华以来就流行了。因此，以《本草纲目》成为写作《天工开物》的一个刺激，这样的看法，完全不外乎是想象。本书中排斥的本草，也没有指出是哪一部专门的书；因此就像在陈旉《农书》中所见到的一样，可以理解为这部书表现了一部分中国人对于方术和本草的评价。

关于产生《天工开物》的时代的社会经济状态，另有大岛利一君的论文。如果根据这篇论文，可以说是当时的社会经济状态具有产生这样书籍的若干因素。但是，也不能认为就是一定产生这部书的必然性。著者自己并没有想能贡献于当时生产作业的意图而写作的，已如上述。和田清博士在《明代总说》中（《东亚史论丛》所收，同书84页），述说了明末文运的隆盛，列举了各种的门类，并且作为有突出特点的著述，又列举了下列技术书籍分类的名著。即如：李时珍的《本草纲目》，徐光启的《农政全书》，《崇祯历书》，讲造园建筑的计成所著《园冶》（一名《夺天工》），讲铁炮构造的赵士桢所著《神器谱》，还有宋应星著的本书。它的活动涉及多方面，所以和田清博士给予明代文化非常高的评价。这样多方面的明代文化的活动，特别是科学技术书的盛行，是由于什么呢？其中的一个原因，可以说是宋学的影响吧。在宋代，朱子提倡"格物"之说，这个朱子学派，到了明代发展成"阳明学"。自然，"格物"说不是科学地研究客观事物的真相，在"阳明学"中，也是认为学问全是达到圣人之域的手段，像自然科学那样的学问，具有作为本身的一个价值，绝对是想不到的。"格物"说是万物万事没不具有"理"，即物以穷其理，这就是把握真理和发动良心的根本前提，也就是修身齐家治国平天下的基本条件。(参照岛田虔次氏的《中国近代思维的挫折》，31页)因为是这样，所以作为促向自然科学发达的思想背景，是不可理解的。但是，在消极方面，具有促使关心客观事物的若干力量，也是不能否认的。明末的方以智著有《物理小识》一书，这是继续他老师宋学家王宣的《物理所》的著作，是以天文、地文为始，包括医学在内的自然科学的著述。这两部书的题名所谓"物理"这个名词的起源虽然不明，但是在"朱子学"和"阳明学"之中是被使用非常之多的。从王宣和他弟子方以智的学问的倾向看来,把"格物"说成为他们著述的思想背景也是没有疑问的。但是,这些书籍类似所谓自然史,可以说是相当于罗马普林尼厄斯的著作吧。《天工开物》一书不是这样的博物志,依然是匹敌罗马波立欧的《建筑书》的技术书。但是,这两种同类书籍的成立,也可以想到是具有某种共同背景似的。

正如在岛田前引书中所叙,阳明学的始祖王阳明是尊重实学的人物。阳明学的末流,有很多后辈拘泥于空疏的议论,因此,常常受到排斥,认为明代的学问空疏。但是,在明代学术的暗流之中,这个尊重实学的精神是强烈地存在着的,这是必须了解的事情。笔者想在数学史中找出一个例子,如笔者在《中国数学史》(昭和十七年出版)中所述,中国的数学在宋、元之间,使人看到飞跃的开展,但继承它的明代是数学衰微的时代,甚至不能正确理解宋、元时代发达很高程度的数学。但明代是以算盘为中心的大众数学的勃兴时代,解说这样实用数学的程大位的《算法统宗》,成为当时的畅销书,万历年间初版发行以后,多次重版。看到这样多次的重版,是中国社会未曾有过的事。这一事实足以说明明末社会对于实用的学问是如何受到重视的适当资料吧。这一事实不仅证明了王阳明主张重视实学的精神,而且也必须说这是实际上适应了中国社会的要求。在明末,已经读过了启蒙的实用科学书以及技术书的人们,和有意阅读的人们,比起前代来,可以想象是格外地增加了。《天工开物》的序文说,它不记载关于特别珍奇的事物,专门把对象放在日用的事物上,这是和明代重视实用的精神相关连,同时也回答了当时的要求了吧。如次节所述,《天工开物》在明末很短的时间内被重版,可以说表示了这部书是如何地完成了作为启蒙的任务吧。

关于《天工开物》以上的说明,还不能说是充分地探讨了著述形成的原因。但是,在明代,特别是在所谓中叶以后,是可以理解为学问的普及时期,对于传统学问的普及和对于从来没见过的新学问门类的关心是提高了。这个情况,说明了明末的社会开始具有一种新的姿态。这样新时代的开始,是有种种的原因吧。如货币经济的渗透,海外贸易的发展,产业的发展等等。但是关于这些点,还有待于今后的研究。

(选自[日]薮内清等著,章熊、吴杰译《天工开物研究论文集》)

第八单元 地理编

一 《水经注》

【题解】

《水经注》是公元 6 世纪北魏时郦道元所著,是我国现存最早的一部以记载河道水系为主的地理著作。

郦道元(466 或 472—527),字善长,涿州郦亭(今河北涿县南)人,出身仕宦之家,少年时随父官居山东,喜好游历,培养了"访渎搜渠"的兴趣。成年后承袭其父封爵,封为永宁伯,先后出任冀州镇东府长史、颖川太守、鲁阳太守、东荆州刺史、河南尹、黄门侍郎等职,利用在各地任职机会,遍游黄淮流域广大地区,所到之处,均悉心了解当地地理、气候、民生等情况。他发现,因时代变迁,古代地理书或周而不备,或简而不周,多有局限。例如前人的《水经》一书,虽"粗缀津绪",但"又阙旁通",缺乏更开阔的地理眼光。因此,他希望通过为《水经》一书作注,提纲挈领地介绍全国的地理情况及其历史变化。

为了写《水经注》,郦道元溯本穷源,查阅了大量的文献资料,引书多达 400 余种,辑录了汉魏金石碑刻多达 350 种左右,并采录了不少民间传说、歌谣、谚语等,使此书堪称北魏以前古代地理的一个总结。而书中许多珍贵资料早已失传,也客观上增加了《水经注》的文献价值。

正是在实地考察与文献梳理的基础上,郦道元对《水经》所记载的大小 137 条河流认真考订。经其注释,河流增加到 1252 条,全书 30 多万字,是原著的 20 倍。更重要的是,郦道元突破了《水经》只记河流的局限。他以河流为纲,详细地记载各条河流的发源与流向,对河流的干流、支流、河谷宽度、河床深度、水量与水位季节变化、含沙量以及瀑布、河滩、湖泊等等,也作了大量极富参考价值的描述。不但如此,《水经注》还叙述了河流流经区域的地理情况,包括山川胜景、动物植被、自然灾害、城邑兴废、地名沿革等,信息量十分丰富。

《水经注》显示出郦道元具有广阔的地理学视野,全书的内容以西汉的疆域为中心,又广泛涉及了广阔的域外地区,东北至朝鲜的坝水(今大同江),南到扶南(今越南和柬埔寨),西南到印度新头河(今印度河),西至安息(今伊朗)、西海(今苏联咸海)、北到流沙(今蒙古沙漠),也就是说,其目光已经超越传统的华夏地域而达至当时中国人已知的更广大的"天下"。

《水经注》还显示出郦道元具有很强的历史感。在《水经注》的记述中,郦道元特别突出了"今古世悬,川域改状"的地理变迁观念,所载河流,均努力考索其古今变化。例如书中记载了北魏以前,黄河曾经历了两次大规模的改道,对两条黄河故道的走向都有详细的描述。当时的华北平原,由于自然环境的变化和人为的影响,已经有一些小河流干枯,郦道元经实地考察,也指出其"今无水"的现状。

《水经注》又显示出在郦道元怀有深切的人文关怀。在记述每条水道的地理状况时,郦道元往往详细记载民族迁徙、风土人情、历史故事、神话传说等内容,将国家民族的历史文化融汇于自然山川之中。而感情的充沛、文笔的精美,则赋予了《水经注》的客观记述以文学色彩。

《水经注》对地理学的贡献和历史功绩,受到后世的广泛尊崇。研究《水经注》已成为专门学问,称为"郦学"。此书原有四十卷,宋初已缺五卷,后人将其所余三十五卷,重新编定成四十卷。由于迭经传抄翻刻,错简夺伪十分严重,历代学者为研究《水经注》做了大量工作,现代有多种校点本出版。

这里对《水经注》的《淮水》作了节选,它反映了当时淮河流域部分地区的面貌和《水经注》的行文特点。

淮　水[1]

淮水出南阳平氏县胎簪山[2]，东北过桐柏山。

《山海经》曰：淮出余山，在朝阳东，义乡西[3]。《尚书》：导淮自桐柏。《地理志》曰，南阳平氏县，王莽之平善也[4]。《风俗通》曰：南阳平氏县桐柏大复山在东南，淮水所出也。淮，均也[5]。《春秋说题辞》曰：淮者，均其势也[6]。《释名》曰：淮，韦也。韦绕扬州北界，东至于海也[7]。《尔雅》曰：淮为浒[8]。然淮水与醴水同源俱导[9]，西流为醴，东流为淮。潜流地下，三十许里，东出桐柏之大复山南，谓之阳口[10]。水南即复阳县也。阚骃言复阳县[11]，胡阳之乐乡也。元帝元延二年置，在桐柏大复山之阳，故曰复阳也。《东观汉记》曰[12]：朱祐少孤，归外家复阳刘氏[13]。山南有淮源庙，庙前有碑，是南阳郭苞立。又二碑，并是汉延熹中守、令所造[14]，文辞鄙拙，殆不可观。故《经》云东北过桐柏也。淮水又东径义阳县[15]，县南对固成山[16]。山有水，注流数丈，洪涛灌山，遂成巨井，谓之石泉水，北流注于淮。淮水又径义阳县故城南，义阳郡治也，世谓之白茅城，其城圆而不方。阚骃言晋太始中[17]，割南阳东鄙之安昌、平林、平氏、义阳四县[18]，置义阳郡于安昌城。又《太康记》、《晋书地道记》[19]，并有义阳郡，以南阳属县为名。汉武帝元狩四年[20]，封北地都尉卫山为侯国也。有九渡水注之，水出鸡翅山，溪涧潆委，沿溯九渡矣。其犹零阳之为九渡水，故亦谓之为九渡焉。于溪之东山有一水，发自山椒下数丈，素湍直注，颓波委壑，可数百丈，望之若霏幅练矣，下注九渡水，九渡水又北流注于淮。

注释　[1]本文选自《水经注》卷三十《淮水注》。淮河发源于湖北、河南交界处的桐柏山，流经河南、安徽、江苏，入洪泽湖后，分别注入长江、黄河，是我国地理上的重要分界线。　[2]胎簪山：桐柏山西太白顶。　[3]原文出自《山海经·海内东经》。朝阳：故址在今河南邓州东南。义乡：故址在今桐柏东固镇一带。　[4]平氏县：汉置，宋废，故址在今桐柏平氏镇。《汉书》卷二八《地理志》："平氏，《禹贡》桐柏大复山在东南，淮水所出，东南至淮陵入海，过郡四，行三千二百四十里。青州川。莽曰平善。"　[5]《风俗通》：即《风俗通义》，东汉应劭撰。

[6]《春秋说题辞》:纬书,作者不详,其中包含了一些古书中的天文、地理知识。
[7]《释名》:训诂学著作,专门探求事物名源,东汉刘熙撰。韦,《太平御览》卷六十一地部引《释名》作"围"。　　[8]《尔雅》:我国最早的一部解释词义的词典。《汉书·艺文志》著录,未载作者姓名。浒,水边。　　[9]醴:即今河南桐柏、唐河境之三夹河。　　[10]阳口:在今桐柏西北固庙。　　[11]复阳县:汉置县,晋废。故址在今桐柏西北固庙。阚骃:字玄阴,后魏时敦煌人,所著《十三州志》是一部全国的地理总志。《水经注》引用《十三州志》材料多达百余条。　　[12]《东观汉记》:纪传体史书,记载东汉光武帝到灵帝时人物事迹。　　[13]朱祐:南阳宛人,曾随光武帝刘秀起兵。外家:外祖家。事见《后汉书》卷二十二本传。　　[14]延熹:东汉桓帝年号,158—166年。　　[15]义阳县:三国魏置,晋废;南朝宋复置,隋又废。故址在今河南信阳境。　　[16]固成山:在今河南桐柏、湖北随州交界处。　　[17]太始:晋武帝年号,265—274年。　　[18]鄙:边邑,边境。《公羊传·庄公十九年》:"冬,齐人、宋人、陈人伐我西鄙。"何休注:"鄙者,边垂之辞。"　　[19]《晋书地道记》:晋王隐撰,有清毕沅辑本。　　[20]元狩四年:公元前119年。

又东北至九江寿春县西,泚水、泄水合北注之[1]**,又东,颖水从西北来流注之**[2]**。**

淮水又东,左合泚口。又东径颖水中阳亭[3],北为中阳渡,水流浅碛,可以厉也[4]。淮水又东流与颖口会。东南径苍陵城北[5],又东北流径寿春县故城西[6],县即楚考烈王自陈徙此[7]。秦始皇立九江郡,治此,兼得庐江、豫章之地[8],故以九江名郡。汉高帝四年为淮南国[9],孝武元狩六年复为九江焉[10]。文颖曰[11]:《史记·货殖传》曰:淮以北,沛、陈、汝南、南郡为西楚[12],彭城以东,东海、吴、广陵为东楚[13]。衡山、九江、江南、豫章、长沙为南楚[14]。是为三楚者也。淮水又北,左合椒水[15]。水上承淮水,东北流径蛇城南[16],又历其城东,亦谓之清水,东北流注于淮水,谓之清水口者,是此水焉。

注释　　[1]泚水:今六安、霍邱、寿县境内的淠河。泄水:今六安、霍邱境内的汲河。　　[2]颖水:今颍河,为淮河第一大支流。　　[3]中阳亭:在今安徽寿县西南正阳镇附近。　　[4]厉:涉水。　　[5]苍陵:故址在今寿县西南。　　[6]寿春县:秦置,治所在今安徽寿县东南。　　[7]楚考烈王:战国时楚国国君,前262—前238年在位。陈:故址在今河南淮阳。　　[8]庐江:郡治舒县(今安徽庐江西南),辖境为今安徽西部及湖北东端一小部分地区。豫章：郡治南昌（今江西南昌），辖境相当于今江西省。　[9]高帝四年：前203年。　[10]元狩六年：前117年。　[11]文颖：东汉末年学者。　[12]沛：今安徽濉溪西北一带。汝南：西汉至北魏，先后设汝南郡，治所屡迁，时在今河南上蔡县，时要今湖北武昌县东。南郡：战国秦昭王二十九年置，治所在今湖北江陵县，后迭经迁废。　[13]彭城：今江苏徐州。东海：今山东郯城北一带。吴：今江苏、上海及安徽、浙江部分地区。广陵：秦置县，西汉设广陵国，东汉改为广陵郡，故址在今江苏扬州市。　[14]衡山：今湖北黄冈西北。九江：秦汉郡。秦治寿春（今寿县），辖今豫皖淮南、鄂东一部分及江西省；汉辖今安徽淮南巢湖以北地区。江南：此指今湖北境内长江以南地区。长沙：今长沙。　[15]椒水：今安徽凤台西焦岗湖。　[16]蛇城：故址在今凤台西北。

又东至广陵淮浦县[1]，入于海。

应劭曰：淮，岸也，盖临侧淮渎，故受此名。淮水径县故城东，王莽更名之曰淮敬。淮水于县枝分，北为游水，历朐县与沐合[2]又径朐山西，山侧有朐县故城。秦始皇三十五年[3]，于朐县立石海上，以为秦之东门。崔琰《述初赋》曰[4]：倚高舻以周眄兮，观秦门之将将者也。东北海中有大洲，谓之郁洲[5]，《山海经》所谓郁山在海中者也，言是山自苍梧徙此[6]，云山上犹有南方草木，今郁州治。故崔琰之叙《述初赋》，言郁州者，故苍梧之山也。心悦而怪之，闻其上有仙士石室也，乃往观焉。见一道人独处，休休然不谈不对[7]，顾非己所及也。即其《赋》所云，吾夕济于郁洲者也。游水又北径东海利成县故城东[8]，故利乡也，汉武帝元朔四年[9]，封城阳共王子婴为侯国，王莽更之曰流泉。游水又北，历羽山西[10]，《地理志》曰[11]：羽山在祝其县东南[12]。《尚书》曰：尧畴咨四岳得舜[13]，进十六族[14]，殛鲧于羽山[15]，是为梼杌，与骓兜、三苗、共工同其罪，故世谓之四凶[16]。鲧既死，其神化为黄熊[17]，入于羽渊，是为夏郊[18]，三代祀之。故《连山易》曰[19]：有崇伯鲧，伏于羽山之野者是也。游水又北径祝其县故城西。《春秋》经书：夏，公会齐侯于夹谷[20]。《左传》定公十年[21]，公及齐平，会于祝其，实夹谷也。服虔曰[22]：地二名[23]。王莽更之曰犹亭。县之东有夹口浦，游水左径琅邪计斤县故城之西[24]。《地理志》曰：莒子始起于此，后徙莒，有盐官,故世谓之南莒也。游水又东北径赣榆县北[25],东侧巨海,有秦始皇碑在山上,去海百五十步,潮水至,加其上三丈,去则三尺,所见东北倾石,长一丈八尺,广五尺,厚三尺八寸,一行十二字。游水又东北径纪郚故城南[26]。《春秋》昭公十九年[27],齐伐莒[28],莒子奔纪郚。莒之妇人,怒莒子之害其夫,老而托纺焉。取其绅而夜缒,缒绝,鼓噪,城上人亦噪。莒共公惧,启西门而出,齐遂入纪,故纪子帛之国[29]。《穀梁传》曰[30]:吾伯姬归于纪者也。杜预曰:纪郚,地二名,东海赣榆县东北,有故纪城,即此城也。游水东北入海,旧吴之燕、岱[31],常泛巨海,惮其涛险,更沿溯是渎,由是出。《地理志》曰:游水自淮浦北入海。《尔雅》曰:淮别为浒。游水亦枝称者也。淮水又东入于海。

注释 [1]淮浦县:西汉置,东晋废。故址在今江苏涟水西。 [2]朐县:秦置,故址在今江苏连云港市西南锦屏山(即下文提到的"朐山")侧。沐:沐河。 [3]秦始皇三十五年:前212年。 [4]崔琰:字季珪,东汉清河东武城(今河北武城东北)人。 [5]郁洲:江苏连云港东云台山一带,古为郁洲,不与大陆相联。 [6]苍梧:《史记·五帝本纪》记舜"南巡狩,崩于苍梧之野"。后泛指湖南九嶷山南及广西贺江、桂江一带。 [7]休休然:安闲的样子。 [8]东海利成县:东海,郡名,秦置。利成为东海郡属县,汉置利成县,后汉为利城。曹操置利城郡,魏复为县,南朝宋废。故址在今江苏赣榆西。 [9]汉武帝元朔四年:前125年。 [10]羽山:即今羽山,位于山东临沭与江苏东海交界处。 [11]《地理志》:指《汉书·地理志》。《汉书》开创了正史地理志的先例。 [12]祝其县:西汉置,南朝宋废,故址在今赣榆西北。 [13]畴咨:访问、访求。四岳:尧臣羲和四子,分掌四方之诸侯。《书·尧典》:"帝曰:'咨,四岳。'"孔传:"四岳,即上羲和之四子,分掌四岳之诸侯,故称焉。" [14]进:推举。 [15]殛:放逐。汉赵晔《吴越春秋·越王无余外传》:"乃殛鲧于羽山。鲧投于水,化为黄能,因为羽渊之神。" [16]四凶:传说中的四个恶人,但说法不一。《左传·文公十八年》:"舜臣尧,宾于四门,流四凶族浑敦、穷奇、梼杌、饕餮,投诸四裔,以御螭魅。" [17]黄熊:《山海经·海内经》郭璞注引《开筮》谓化为"黄龙",《左传》等则谓化为黄熊。 [18]郊:祭祀。 [19]《连山易》:《易经》有三种,即《连山易》、《归藏易》、《周易》,总称为"三易"。据说《连山易》是神农时代的《易》。《新唐书·艺文志》易类有《连山》十卷。 [20]夹谷:今江苏赣榆西夹山。 [21]定公十年:指鲁定公十年,前500年。

[22]服虔:服虔,字子慎,河南荥阳人,东汉经学家。　[23]地二名:指一地二名。　[24]琅邪:秦置郡,东汉改为国,隋废,故址在今山东临沂东南。计斤县:西汉置,东汉废,故址在今山东胶州。　[25]赣榆县:西汉始置,北齐废,故址在今赣榆县(青口镇)东北盐仓城。　[26]纪鄣故城:故址在今山东日照西南,《左传·昭公十九年》:"莒子奔纪鄣。"即此。　[27]昭公十九年:前528年。　[28]莒(jǔ):西周诸侯国名,公元前431年为楚所灭。故址在今山东莒县。　[29]纪子帛:纪,古国名,战国时为齐邑,故地在今山东寿光东南。子帛:纪大夫。　[30]《穀梁传》:即《春秋穀梁传》,传为战国时鲁国穀梁赤撰。　[31]旧吴之燕、岱:指从吴地到燕、岱。吴:今长江下游一带。燕:河北北部、辽宁南部一带。岱:泰山,此指山东。

（原文据陈桥驿《水经注校证》,中华书局,2007年）

【评论】

《水经注》的地理学方法

陈桥驿

郦道元从事《水经注》的著述,在方法上是科学而踏实的,是一整套地理工作的方法。甚至直到今日,他的工作方法仍然值得我们地理工作者学习。

《水经注》的著述工作,是一种区域地理的研究工作。对于区域地理的研究工作,搜集各区域的大量资料乃是十分重要的任务,而郦道元的工作方法恰恰就是如此。在他的研究和著述工作中,首先做到了大量资料的占有。关于这一点,《北史本传》的评价是:"道元好学,历览奇书。"后世治《水经注》的学者,也都一致公认。有的推崇他"读万卷书"①,有的赞扬他"博极群书,识周天壤"②等等,不胜列举。著者占有资料的方面确实是很广阔的。从内容说,地理、历史、政治、哲学、文学

---

① 《水经注集释订讹》原序。
② 《广阳杂记》卷四。

等熔为一炉;从体裁说,正史、方志、杂记、小说、诗词歌赋、碑碣等无不俱全。在他占有的资料中,直接引用到注文内的,为数就在四百三十种以上。明代治《水经注》名家朱谋㙔说:"奇编奥记,往往散见《水经注》中"①。这话是确实的。在著者引用的书目中,特别丰富的是地理书目②。从内容分,既有全国地理资料,如《禹贡》、《汉书·地理志》等;也有分区地理资料,如《华阳国志》、《钱唐记》等。从时间分,既有当时流传已久的旧籍,如《山海经》、《尚书地说》等;也有当时问世不久的新著,如《扶南传》、《佛国记》等。必须指出,在那个时代,书籍的流行主要依靠传抄,则著者占有资料的艰巨性可以想见。《水经注》所引用的地理书籍至今大部分已经缺佚,也正是由于著者的工作,使后世学者在进行古代地理书籍的辑佚工作时,得以利用《水经注》所提供的许多方便。清王谟曾根据朱谋㙔校本进行了他的《汉唐地理书钞》的辑佚工作③,取得了卓著的成果。由此足以说明,由于著者大量占有资料特别是地理资料的工作方法,不仅使《水经注》这部地理巨著的本身增加了无限光彩,而且还替后世的地理工作者带来了许多便利。

《水经注》不仅描述北魏时代的地理概况,同时也描述北魏以前的地理概况。因此,著者除了进行一般区域地理的研究外,也进行大量区域历史地理的研究。对于区域历史地理来说,则在大量资料中的细致分析工作就特别显得重要。郦道元的工作方法正是如此,《水经注》所采用的资料,都是经过著者慎重处理的。注文中常常可以读到"余按群书"之类的字样,这就反映了著者在大量资料中进行整理分析的复杂劳动过程。著者整理分析资料的重要方法之一是进行资料的比较,通过比较以判定许多资料的真伪。卷十一《滱水注》关于唐县及其附近山川形势的资料比较即是其例:

  应劭《地理风俗记》曰:唐县西四十里,得中人亭。今于此城

---

① 清王谟:《汉唐地理书钞》凡例。
② 清陈运溶:《荆州记序》(载《麓山精舍丛书》):"郦注精博,集六朝地志之大成。"
③ 《汉唐地理书钞》尚未刻完。据中华书局影印七十种本(按王谟《重订前编书目》有二百四十九种),其中辑自《水经注》的,即达四百三十五条之多。

中取中人乡,则四十也。唐水在西北入滱,与应符合。又言尧山者,在南则无山以拟之,为非也。阚骃《十三州志》曰:中山治卢奴,唐县故城,在国北七十五里。骃所说北则非也。《史记》曰:帝喾氏殁,帝尧氏作,始封于唐。望都县在南,今此城南对卢奴故城,自外无城以应之。考古知今,事义全违。俗名望都故城,则八十许里,距中山城,则七十里,验途推邑,宜为唐城。城北去尧山五里,与七十五里之说相符。然则俗谓之都山,即是尧山,在唐东北望都界。皇甫谧曰①:尧山一名豆山。今山于城北如东……《地理志》曰:尧山在南。今考此城之南,又无山以应之。是故先后论者,咸以《地理记》之说为失。

这里,著者就五种资料,进行细致的比较,然后判定应劭的说法是错误的。这种比较资料,去伪存真的方法,对地理工作者,特别是历史地理工作者的启发是很大的。在许多资料的相互比较、细致分析之中,不仅可以判定资料的真伪,并且还可以找出资料错误的原因,揭露事物的实况。卷十六《榖水注》关于涧水和渊水的问题就是很好的例子:

刘澄之云:新安有涧水,源出县北;又有渊水,未知其源。余考诸地记,并无渊水,但渊涧字相似,时有字错为渊也。故阚骃《地理志》曰:《禹贡》之渊水。是以知传写书误,字谬舛真,澄之不思所致耳。既无斯水,何源之可求乎?

在大量资料的比较分析中,也可以发现许多历史地理上以讹传讹的疑窦。著者虽然不能一一解决这些疑窦,但却把这些疑窦发现而公诸后世,这实际上也是对后世的贡献。《水经注》中关于这样的例子是俯拾即是的。卷二十六《淄水注》关于阳水和洋水之疑即是其例:

世又谓阳水为洋水。余按群书,盛言洋水出临朐县,而阳水导

---

① 皇甫谧,晋代人,所著地理书有《帝王经界记》、《国都城记》、《郡国记》、《地理书》等,除《帝王经界记》辑存于《汉唐地理书钞》外,其余均已亡佚。故《水经注》所引何书,不得而知。

源广县。两县虽邻,川土不同,于事疑焉。

这里也必须指出,由于时代的限制,郦道元所采用的分析和比较等方法,并不是完美无疵的。从今天来看,他的这种方法,颇大程度上还只是一种朴素的形式逻辑。经过他分析比较以后的资料,也仍然可以发现不少错误。不过作为一部一千四百多年前的地理著作,我们就不能低估著者在这方面的成就。特别是在今日能见的所有《水经注》以前的地理著作中,能像郦道元这样进行大量资料的分析比较的,实未尝见。为此,《水经注》在区域地理研究中,对于资料的处理,实开分析比较方法之先河,对后世地理学者具有很大的启发作用。

《水经注》在地理学方法上的卓越成就,除了大量资料的占有以及对这些资料进行细致的整理和分析外,同时也包括大量野外地理工作的成果在内。野外的直接考察,是著者重要的地理工作方法,也是《水经注》作为一部地理著作,获得如此成就的重要关键。著者在其原序中谈到《水经注》的著述经过时说:"脉其枝流之吐纳,诊其沿路之所躔,访渎搜渠,缉而缀之。"这就说明著者是非常重视从野外的亲身实践中来从事他的研究和撰述工作的。

在北部中国,著者的足迹是很广的。凡是足迹所到之处,他都进行野外考察,其成果在注文中有大量的反映。郦道元是范阳人,据卷二十六《淄水注》,他生长于东齐。在东齐地区,他自幼就进行了野外地理工作,因此对这个地区的山川形势了如指掌。《淄水注》关于营陵与营丘地理位置的考证即是其例:

> 余按营陵城南无水。惟城北有一水,世谓之白狼水。……由《尔雅》出左之文,不得以为营丘矣。营丘者,山名也。……今临淄城中有丘,在小城内,周回三百步,高九丈,北降丈五,淄水出其前,故有营丘之名,与《尔雅》相符。……郭景纯言齐之营丘,淄水径其南及东北,非营陵明矣。

这里,著者在营丘这一小小冈阜上所做的野外考察工作是令人佩服的。不仅是位置、周围长度和高度测算得非常精确,连小丘南北坡的高度差异也不轻易放过,说明他在野外地理工作中的细致踏实程度。

著者曾先后出任过颍川太守(卷二十二《洧水注》)、鲁阳太守(卷二十一《汝水注》)和东荆州刺史(卷二十九《比水注》)。在任所中,他都从事了野外地理工作,其成果在注文中有不少反映。即使是在旅程中,著者也随时利用机会,进行他的野外地理考察工作。卷二十五《泗水注》说:"余昔因公事,沿历徐沇,路径洙泗,因令寻其源流。"卷三十二《决水注》说:"余往因公至于淮津,舟车所届,次于决水,访其民宰,与古名全违,脉水寻经,方知决口"。诸如此类的野外工作成果,在注文中是屡见不鲜的。卷三《河水注》所记,著者曾于太和中随北魏高祖北巡,也是一种访渎搜渠,进行了大量野外地理工作,大大丰富了他的研究成果。

值得惋惜的是,由于当时南北隔绝,著者的足迹没有深入中国南部,因而造成了注文中对于南部水系的不少错误。后世有些学者曾在这方面对著者提出不少非议①。当然,对于这样一部杰出的古代地理著作中存在的某些瑕不掩瑜的缺陷,我们大可不必多加贬损,但是野外实践对于地理工作的重要性,在这个事实中也就得到了充分的证明。

最后,著者对地理事物的描述手法,替《水经注》平添了不少声色,也是著者运用的异常出色的地理工作方法。关于这方面,后世学者是一致公认的。刘继庄认为著者"更有余力铺写景物,片言只字,妙绝古今"②。明代治《水经注》名家杨慎,更把著者的生动造语,摘录成编③。当然,地理学者褒贬一部著作,主要在其地理学内容而不在于辞藻。但是另一方面,地理学历来重视描述,尽管时至今日,定量分析已经愈来愈多地代替了定性描述。但无论如何,描述在这门学科中仍然具有重

---

① 明黄宗羲《今水经序》:"余越人也,以越水证之:以曹娥江为浦阳江,以姚江为大江之奇,分苕水出山阴县,具区在余姚,沔水至余姚入海,皆错误之大者。"又李慈铭:《受礼庐日记》下集,同治七年四月初九日(载《越缦堂日记》二函十册):"郦道元未至南方,所言多误。"

② 《广阳杂记》卷四。

③ 《丹铅杂录》卷七。

要意义。为此,《水经注》的生动描述手法,乃是著者所运用的所有地理学方法之中最成功的范例。它不仅使著作本身倍增光彩,而且更为后世地理学者树立了地理描述的卓越楷模。

《水经注》地理描述的重要特色之一是生动。河川山岳,虽然都是比较刻板的事物,但在著者笔下,这些刻板的事物往往表现得栩栩如生,给人以深刻的印象。例如他在卷九《淇水注》描述河流发源的情况时说:"淇水出沮洳山,水出山侧,颓波漰注,冲激横山。山上合下开,可减六七十步,巨石磥砢,交积隍涧,倾澜漭荡,势同雷转,激水散氛,暧若雾合。"这里,著者确把那种由急流和瀑布构成的河流上源,写得惟妙惟肖。写山岳也是一样,他在卷十五《洛水注》中描述鹈鹕山的地理景色是:"山有二峰,峻极于天,高崖云举,亢石无阶,猨徒丧其捷巧,鼯族谢其轻工,及其长霄冒岭,层霞冠峰,方乃就辨优劣耳"。短短数语,把一座山峰写得出神入化。他在卷三十四《江水注》中形容长江三峡的形势说:"自三峡七百里中,两岸连山,略无缺处;重岩叠嶂,隐天蔽日。自非停午夜分,不见曦月。"写得多么简洁真切。

著者地理描述手法的另一特色是词汇丰富,不用套语滥调。著者运用词汇之所以能如此左右逢源,丰富多彩,一方面是他能够精细地观察一切地理事物,从而得到启发,创造了不少新词新语。前述被杨慎摘录成编的如"分沙漏石"、"鱼若空悬"等等,即属于这一类。另一方面更是由于他善于吸取群众的语言以丰富自己的词汇。在全部注文中,可以看到大量被著者引用的歌谣谚语,都是群众在长期实践中所创造出来的,是经过千锤百炼的语言。用这样的语言进行地理描述,行文自然更得心应手。例如描述江道的险峻,在卷三十四《江水注》中引用了舟人的歌谣:"滩头白勃坚相持,倏忽沦没别无期。"在卷三十六《若水注》中则引用了当地的俗语:"楢溪赤水,盘蛇七曲,盘羊乌栊,气与天通。"又如形容江道纡曲,在卷三十四《江水注》引用了舟人歌谣:"朝发黄牛,暮宿黄牛,三朝三暮,黄牛如故。"在卷三十八《湘水注》则引用了当地渔歌:"帆随湘转,望衡九面。"这样,使言语变化层出不穷,而景物描述更细腻深刻。

以上论述的是郦道元在其著述工作中所运用的主要地理学方法。当然,按照现代地理学方法的要求来说,著者的工作方法仍然存在不少缺陷。但是我们如能从一部一千多年前的地理著作来衡量,则《水经注》的地理学方法确实具有卓越的创造性,对后世地理工作者有重要意义。

(选自陈桥驿《〈水经注〉研究》)

二 《大唐西域记》

【题解】

唐代高僧玄奘的《大唐西域记》是一部关于中亚和印度地理及政治、经济、文化等情况的名著。

玄奘,俗姓陈,名祎,玄奘是他出家后的法名,被敬称为三藏法师,俗称唐僧。玄奘生于隋文帝仁寿二年(602),13岁时在洛阳净土寺诵习佛典,后赴长安,又遍游各地,寻访名师。随着佛法精进,疑惑日多,遂于唐太宗贞观元年(627)起程去印度取经求法,途经秦州(今甘肃天水)、兰州、凉州(今甘肃武威)、瓜州(今甘肃安西县东南),偷渡玉门关后,穿越大沙漠,取道伊吾(今新疆哈密),年底到达高昌(今新疆吐鲁番),沿天山南麓继续西行,经阿耆尼国(今新疆焉耆)、屈支国(今新疆库车)、跋禄迦国(今新疆阿克苏),翻越凌山(今天山穆素尔岭),沿大清池(今古尔吉斯斯坦伊塞克湖)西行,来到素叶城(即碎叶城,在今吉尔吉斯斯坦托克马克西南),又经昭武九姓中的石国、康国、米国、曹国、何国、安国、史国(皆在今乌兹别克斯坦境内),翻越中亚史上著名的铁门(今乌兹别克斯坦南部布兹嘎拉山口),到达覩货逻国(即吐火罗,今阿富汗北境),由此又南行,经大雪山(今兴都库什山),来到迦毕试国(今阿富汗贝格拉姆),东行至健驮罗国(今巴基斯坦白沙瓦城),进入了印度。当时的印度小国林立,分为东、西、南、北、中五部分,史称五印度或五天竺。玄奘先到北印度,在那里拜望高僧,巡礼佛教圣地,跋涉数千里,经历十余国,进入恒河流域的中印度,到达摩揭陁国(今印度比哈尔邦)。摩揭陁国的那烂陀寺是当时全印度的文化中心,也是玄奘西行求法的目的地。玄奘在那烂陀寺学习了五年,后来也曾到印度其他地方游学。贞观十七年(643)玄奘携带657部佛经,取道今巴基斯坦北上,经阿富汗,翻越帕米尔高原,沿塔里木盆地南线回国。受唐太宗之命,由玄奘口述、他的弟子辩机执笔,于贞观二十年(646)完成了《大唐西域记》一书。

《大唐西域记》分十二卷,共十余万字,记述了玄奘亲身经历的110国和得之传闻的28国情况。涉及我国西部地区以及包括今天阿富汗、乌兹别克斯坦、吉尔吉斯斯坦、伊朗、尼泊尔、巴基斯坦、斯里兰卡、吉尔吉斯斯坦、孟加拉国、印度等广阔地区。书中对各国的记述繁简不一,通常包括国名、地理形势、幅员广狭、都邑大小、历时计算法、国王、族姓、宫室、农业、物产、货币、食物、衣饰、语言、文字、礼仪、兵刑、风俗、宗教信仰等内容。由于现今流传的有关上述地区的古代文献极为缺乏,《大唐西域记》中全面、系统的记载,便成为这些研究上述地区的最珍贵的历史地理文献。

本书节选的《印度总述》出自《大唐西域记》卷二《三国(滥波国　那揭罗曷国　健驮逻国)》之首。

印度总述(节选)

详夫天竺之称[1],异议纠纷。旧云身毒,或曰贤豆。今从正音,宜云印度。印度之人随地称国,殊方异俗遥举总名,语其所美谓之印度。印度者,唐言月。月有多名,斯其一称。言诸群生轮回不息[2],无明长夜,莫有司晨[3]。其犹白日既隐,宵烛斯继[4]。虽有星光之照,岂如朗月之明。苟缘斯致[5],因而譬月。良以其土,圣贤继轨[6],导凡御物[7],如月照临。由是义故,谓之印度。印度种姓族类群分,而婆罗门特为清贵。从其雅称,传以成俗。无云经界之别[8],总谓婆罗门国焉。

注释　[1]详夫:详细地说起。天竺:古印度的一个别称。　[2]轮回不息:佛教认为众生皆辗转生死于六道中,如车轮旋转,永无止息。　[3]"无明长夜"二句:喻众生轮回,如处黑暗长夜,无天亮之时。司晨:报晓。　　[4]宵烛:萤火虫,此处指夜晚。　　[5]苟:只,但。　　[6]继轨:相继。《晋书·元帝纪》:"三叶重光,四圣继轨。"　　[7]导凡御物:教导凡俗,驾御众生。　　[8]经界:丈量划界,此指区域。

若其封疆之域,可得而言,五印度之境周九万余里。三垂大海[1],北背雪山。北广南狭,形如半月,画野区分七十余国。时特暑热,地多泉湿。北乃山阜隐轸[2],丘陵舃卤[3];东则川野沃润,畴垄膏腴;南方草木荣茂;西方土地硗确[4],斯大概也,可略言焉。

注释　　[1]三垂:指东、西、南三方边疆。《文选·扬雄〈羽猎赋〉》:"虽颇割其三垂,以赡齐民。"李善注:"三垂,谓西方、南方、东方。"　　[2]山阜隐轸(zhěn):阜:大山;隐轸,犹隐赈,众多的意思。　　[3]舃(xì)卤:指盐碱地。　　[4]硗(qiāo)确:指土地坚硬瘠薄。

若夫邑里间阎[1],方城广峙;街衢巷陌,曲径盘迂。阛阓当涂[2],旗亭夹路[3]。屠、钓、倡、优、魁脍、除粪[4],旌厥宅居[5]。斥之邑外。行里往来,僻于路左[6]。至于宅居之制,垣郭之作,地势卑湿,城多垒砖。暨诸墙壁,或编竹木。室宇台观,板屋平头,泥以石灰,覆以砖墼[7]。诸异崇构,制同中夏。苫茅苫草,或砖或板。壁以石灰为饰,地涂牛粪为净。时花散布,斯其异也。诸僧伽蓝[8],颇极奇制。隅楼四起[9],重阁三层。椽栭栋梁[10],奇形雕镂。户牖垣墙,图画众彩。黎庶之居,内侈外俭。隩室中堂[11],高广有异。层台重阁,形制不拘。门辟东户,朝座东面。至于坐止,咸用绳床[12]。王族大人,士庶豪右,庄饰有殊,规矩无异。君王朝座,弥复高广。珠玑间错,谓师子床[13]。敷以细氎[14],蹈以宝机。凡百庶僚,随其所好。刻雕异类,莹饰奇珍。

注释　　[1]间阎:里巷之门,借指里巷。　　[2]阛阓当涂:阛阓(huánhuì),市区的墙和门,《文选·张衡〈西京赋〉》:"尔乃廓开九市,通阓带阛。"涂:道路。　　[3]旗亭:市楼,酒楼。　　[4]"屠、钓"句:指各行各业之人,按当时印度观念,皆为低贱之民。魁脍,厨师。除粪,清洁工之类。　　[5]旌厥宅居:旌,旗帜。厥,其,他们的。意谓上述"贱民"的住宅以特定的旗帜作为标记。　　[6]僻(bì):此处通"避",避让。　　[7]墼(jī):用泥土等抟成的土块。　　[8]伽蓝:梵语僧伽蓝摩译音的略称,僧众所居庭园,特指佛寺。　　[9]隅楼:角楼。　　[10]榱栿(cuīlǔ):榱,屋椽。栿,屋檐。　　[11]隩室中堂:指内室及厅堂。　　[12]绳床:又称"胡床",以绳穿板而成。《晋书·艺术传·佛图澄》:"乃与弟子法首等数人至故泉上,坐绳床,烧安息香,咒愿数百言。"　　[13]师子床:此指国王宝座。　　[14]氎(dié):细棉布。

衣裳服玩,无所裁制。贵鲜白,轻杂彩。男则绕腰络腋,横巾右袒。女乃襜衣下垂[1],通肩总覆。顶为小髻,余发垂下。或有剪髭,别为诡俗。首冠花鬘[2],身佩璎珞[3]。其所服者,谓㤭奢耶衣及氎布等。㤭奢耶者,野蚕丝也。丛摩衣,麻之类也;颇钵罗衣,织细羊毛也。褐刺缡衣,织野兽毛也。兽毛细软,可得缉绩,故以见珍,而充服用。其北印度,风土寒烈,短制褊衣[4],颇同胡服。外道服饰,纷杂异制。或衣孔雀羽尾,或饰髑髅璎珞,或无服露形,或草板掩体,或拔发断髭,或蓬鬓椎髻,裳衣无定,赤白不恒。沙门法服[5],唯有三衣及僧却崎、泥缚些(桑箇反)那[6]。三衣裁制,部执不同[7]。或缘有宽狭。或叶有小大。僧却崎(唐言掩腋。旧曰僧祇支,讹也)覆左肩,掩两腋。左开右合,长裁过腰。泥缚些那(唐言裙。旧曰涅槃僧,讹也)既无带襻[8],其将服也。集衣为褶,束带以绦[9]。褶则诸部各异,色乃黄赤不同。刹帝利、婆罗门,清素居简,洁白俭约。国王、大臣,服玩良异。花鬘宝冠,以为首饰。环钏璎珞,而作身佩。其有富商大贾,唯钏而已。人多徒跣[10],少有所履。染其牙齿,或赤或黑。齐发穿耳,修鼻大眼,斯其貌也。

注释　　[1]襜(chān)衣:围裙。　　[2]花鬘:用花朵或花朵样饰物贯穿而成首饰。　　[3]璎珞:用珠玉穿成的饰物,一般戴于颈上。　　[4]褊衣:褊(biǎn),衣服窄小。《说文·衣部》:"褊,衣小也。"　　[5]沙门:梵语的译音(一说吐火罗语的音译),原为古印度反婆罗门教思潮各派出家者的通称,后专指佛教僧侣。　　[6]三衣:指佛教比丘在大众集会或行授戒礼、听讲或说戒、日常作业和安寝等不同场合穿着的三种衣服,亦泛指僧衣。括弧中为原注,下同。　　[7]部执:指佛教不同派系的法规。　　[8]襻(pàn):系衣裙的带。　　[9]褶(zhě):衣裙上的褶皱。绦(tāo):同"绦",丝带。　　[10]徒跣(xiǎn):赤脚。

夫其洁清自守,非矫其志。凡有馔食,必先盥洗。残宿不再[1],食器不传。瓦木之器,经用必弃。金银铜铁,每加摩莹。馔食既讫,嚼杨枝而为净。澡漱未终,无相执触。每有溲溺,必事澡灌。身涂诸香,所谓栴檀[2]、郁金也。君王将浴,鼓奏弦歌。祭祀拜祠,沐浴盥洗。

注释 [1]残宿不再:指不吃上一顿剩下的食物。 [2]栴(zhān)檀:指檀香。

详其文字,梵天所制[1],原始垂则,四十七言[2]。遇物合成,随事转用,流演枝派,其源浸广。因地随人,微有改变。语其大较,未异本源。而中印度特为详正。辞调和雅,与天同音。气韵清亮,为人轨则。邻境异国,习谬成训[3]。竞趋浇俗,莫守淳风。

至于记言书事,各有司存。史诰总称谓尼罗蔽荼(唐言清藏)[4],善恶具举,灾祥备著。

注释 [1]梵天:印度婆罗门教的最高神,也是佛教的护法神。梵天创制说是印度古代文字产生的说法之一。 [2]四十七言:指梵文所用的四十七个字母。[3]习谬成训:指对谬误习以为常,将其当成正确的解释。 [4]史诰:指史书、文告。

而开蒙诱进,先导十二章[1]。七岁之后,渐授五明大论[2]。一曰声明,释诂训字,诠目流别;二工巧明,伎术机关,阴阳历数;三医方明,禁咒闲邪,药石针艾;四谓因明,考定正邪,研核真伪;五曰内明,究畅五乘,因果妙理。

其婆罗门学四《吠陀论》(旧曰毗陀讹也)[3]:一曰寿,谓养生缮性;二曰祠,谓享祭祈祷;三曰平,谓礼仪、占卜、兵法、军阵;四曰术,谓异能、伎数、禁咒、医方。

师必博究精微,贯穷玄奥,示之大义,导以微言,提撕善诱[4],雕朽励薄[5]。若乃识量通敏,志怀逋逸[6],则拘絷反关[7],业成后已。

年方三十,志立学成,既居禄位,先酬师德。其有博古好雅,肥遁居贞[8],沉浮物外,逍遥事表,宠辱不惊,声问以远。君王雅尚,莫能屈迹。然而国重聪睿,俗贵高明,褒赞既隆,礼命亦重。故能强志笃学,忘疲游艺,访道依仁,不远千里。家虽豪富,志均羁旅。口腹之资,巡匄以济[9]。有贵知道,无耻匮财。娱游堕业,偷食靡衣[10]。既无令德[11],又非时习。耻辱俱至,丑声载扬。

注释 [1]十二章:指梵文的启蒙书籍。 [2]五明大论:指五种学科,即下文所列举的研究语言文字的"声明"、研究各项科技及艺术的"工巧明"、研究医学的"医方明"、研究论理(逻辑)的"因明"、研究宗教哲学的"内明"。　[3]四《吠陀论》:印度婆罗门教最古的四种文献,但玄奘下文所说的寿、祠、平、术与通常所说的这四种典籍有所不同,对此,中华书局《大唐西域记校注》有详细辨析。　[4]提撕:分析,解说。　[5]雕朽:反用《论语·公冶长》"朽木不可雕也"句意,谓朽木也可雕成材器。　[6]"识量"二句:谓人虽聪敏,却贪图安逸。　[7]拘縶反关:指闭门求学。反关:将门反锁。　[8]肥遁居贞:指隐居守正。肥遁:《易经·遁》:"上九,肥遁,无不利。"后以"肥遁"称"隐居"。　[9]巡句以济:四处求乞为生。句:乞。　[10]偷食靡衣:指追求美味食物和华丽衣着。《汉书·韩信传》:"靡衣偷食"句。　[11]令德:美德。

如来理教,随类得解[1]。去圣悠远,正法醇醨[2]。任其见解之心,俱获闻智之悟。部执峰峙,诤论波涛。异学专门,殊途同致。十有八部[3],各擅锋锐。大小二乘,居止区别。其有宴默思惟[4],经行住立[5]。定慧悠隔[6],喧静良殊。随其众居,各制科防[7]。无云律论,絓是佛经[8]。讲宣一部[9],乃免僧知事[10];二部,加上房资具[11];三部,差侍者只承;四部,给净人役使;五部,则行乘象舆;六部,又导从周卫。道德既高,旌命亦异[12]。时集讲论,考其优劣。彰别善恶,黜陟幽明。其有商榷微言,抑扬妙理。雅辞赡美,妙辩敏捷。于是驭乘宝象,导从如林。至乃义门虚辟[13],辞锋挫锐。理寡而辞繁,义乖而言顺。遂即面涂赭垩,身坌尘土[14]。斥于旷野,弃之沟壑。既旌淑慝[15],亦表贤愚。人知乐道,家勤志学。出家归俗,从其所好。罹咎犯律,僧中科罚。轻则众命诃责,次又众不与语,重乃众不共住。不共住者,斥摈不齿。出一住处,措身无所。羁旅艰辛,或返初服[16]。

注释　[1]"如来"句:指不同的人对如来所说佛法,各有所悟。　[2]正法醇醨:指佛法体会深浅不一。醇:酒味醇厚。醨:酒味淡薄。　[3]十有八部:指佛教内部派系众多。　[4]宴默思惟:沉静思索。　[5]经行:指绕行,佛教徒修行的一种方式,可强健身体,避免困睡。　[6]定慧悠隔:指禅定与智慧这两种修行方式差别极大。　[7]科防:指佛教约束僧徒的条规。　[8]"无云"二句:指无论律藏、经藏,都属佛经。絓(guà):连结。　[9]讲宣一部:宣讲佛教经典一部。以下二部、三部等,意同此。　[10]僧知事:指寺院中杂务。以下差侍者只承等句,谓随宣讲佛典,待遇逐步提高。　[11]加上房资具:给予上等僧房及用具。
[12]旌命:表彰。　[13]义门虚辟:指不同派系,徒有虚名。　[14]"遂即"二句:指面涂红白黏土,身扬粉尘。赭垩:赤土和白土,古代用为涂料。坌(bèn):扬洒。
[15]淑慝:善恶。淑,善良。慝(tè),邪恶。《尚书·毕命》:"旌别淑慝,表厥宅里。"　[16]返初服:指还俗。

若夫族姓殊者[1],有四流焉:一曰婆罗门,净行也[2],守道居贞,洁白其操。二曰刹帝利,王种也(旧曰刹利略也),奕世君临[3],仁恕为志。三曰吠奢(旧曰毗舍讹也),商贾也,贸迁有无,逐利远近。四曰戍陀罗(旧曰首陀讹也),农人也,肆力畴垄,勤身稼穑。凡兹四姓,清浊殊流。婚娶通亲,飞伏异路[4]。内外宗枝,姻媾不杂。妇人一嫁,终无再醮[5]。自余杂姓,寔繁种族,各随类聚,难以详载。

注释　[1]族姓:即种姓,印度的社会等级制度。　[2]净行:即梵文修婆罗门行者。　[3]奕世:累世,代代。　[4]飞伏异路:指飞行与爬行者不同道,喻不同种姓者不相通婚。　[5]再醮:改嫁。醮(jiào):女子嫁人。

君王奕世,唯刹帝利。篡弑时起,异姓称尊[1]。国之战士,骁雄毕选。子父传业,遂穷兵术。居则宫庐周卫,征则奋旅前锋[2]。凡有四兵,步、马、车、象。象则被以坚甲,牙施利距[3]。一将安乘,授其节度。两卒左右,为之驾驭;车乃驾以驷马,兵帅居其乘,列卒周卫,扶轮挟毂;马军散御,逐北奔命[4];步军轻捍,敢勇充选。负大橹,执长戟,或持刀剑,前奋行阵。凡诸戎器,莫不锋锐。所谓矛、楯、弓、矢、刀、剑、钺、斧、戈、殳、长稍、轮索之属,皆世习矣[5]。

注释　[1]异姓称尊:印度国王本为刹帝利世袭,此指其他种姓的人称王。
[2]奋旅:英勇的军队。　[3]利距:锋利的钩。距,同"钜",钩。　[4]逐北:追击败兵。北:败逃。　[5]"所谓矛"句:这里列举的是各种兵器,其中"殳(shū)"为竹或木制成杖类兵器,"稍(shuò)"即"槊",长矛。

夫其俗也,性虽狷急[1],志甚贞质。于财无苟得,于义有余让[2],惧冥运之罪[3],轻生事之业。诡谲不行,盟誓为信。政教尚质,风俗犹和。凶悖群小,时亏国宪[4],谋危君上。事迹彰明,则常幽囹圄,无所刑戮。任其生死,不齿人伦。犯伤礼义,悖逆忠孝,则劓鼻、截耳、断手、刖足,或驱出国,或放荒裔。自余眚犯,输财赎罪。理狱占辞[5],不加刑朴[6],随问款对,据事平科[7]。拒违所犯,耻过饰非。欲究情实,事须案者[8],凡有四条:水、火、称、毒[9]。水则罪人与石,盛以连囊,沈之深流,校其真伪。人沈石浮则有犯,人浮石沈则无隐;火乃烧铁,罪人踞上,复使足蹈,既遣掌案,又令舌舐。虚无所损,实有所伤。懦弱之人不堪炎炽,捧未开花,散之向焰。虚则花发,实则花焦;称则人石平衡,轻重取验。虚则人低石举,实则石重人轻;毒则以一㲉羊[10],剖其右髀,随被讼人所食之分,杂诸毒药置右髀中。实则毒发而死,虚则毒歇而稣。举四条之例,防百非之路[11]。

注释 [1]狷急:指性情急燥。狷(juàn):偏急。 [2]余让:指辞让、谦让。 [3]冥运:指阴间受惩。 [4]时亏国宪:经常违反国家法度。 [5]理狱占辞:依人犯口供审案断狱。占辞,口述言辞,指口供。 [6]刑朴:"刑"或作"荆",指责打。朴,通"扑",鞭打。 [7]平科:公平判案。 [8]事须案者:指案件需查证。 [9]水、火、称、毒:这是四种审案断狱的方法。 [10]㲉(gǔ)羊:公羊。 [11]百非:各种为非作歹之事。

(原文据季羡林等校注《大唐西域记》,中华书局,1985年)

【评论】

玄奘与《大唐西域记》(节选)

季羡林

要想正确评价这样一部书,我觉得,应该从以下几个方面着手:第一,要把它放在一定的历史背景下来考察研究;第二,有比较才能有鉴别,要把它同其他同类的书籍来比较一下;第三,要看它帮助我们解决了多少问题,又提出了多少值得探索的新问题;第四,实践是检验真理的唯一标准,要看它在实践上究竟有多大用处。

先谈第一点。中华民族不但是一个酷爱历史的民族,而且也是一个酷爱地理的民族。在历史方面,除了几乎每个朝代都有自己的正史以外，还有很多的各种"史"。尽管这里面难免有歪曲事实的地方，有些迷信或幻想的成分，但是总的说来，是比较翔实可靠的，实事求是的。这充分显示了我们民族的特点。在地理方面，我们从很早的时候起就有了地理著作，比如《禹贡》、《山海经》、《穆天子传》之类。这些书尽管不像它们自己声称的那样古老，但总之是很古老的。我们也很早就有了关于外国的地理书，而且有的还附有地图。到了南北朝时代和以后的时代，由于中外交通频繁起来了，各种地理书风起云涌。南齐陆澄曾经把《山海经》以下一百六十家的地理著作，按照地区编成《地理书》一百四十九卷，梁任昉又增加八十四家，编成《地记》二百五十二卷。中央政府设有专门机构，了解外国的情况。《唐六典》兵部有职方郎中员外郎，专管天下地图，包括外国的在内。还有鸿胪，专门招待外国客人，顺便询问外国的情况。① 有时候，打了胜仗以后，也派人到外国去调查风俗物产，写成书，画上图，进奉皇帝。② 甚至有了地形模型。

在唐代，在玄奘以后的相当长的时间内，地理书籍特别繁多，这同当时的政治、经济情况和文化交流、宗教活动是分不开的。《十道图》有很多种类。大历时贾耽著有《陇右山南图》，贞元十七年又撰《海内华夷图》，《古今郡国道县四夷述》四十卷。可以说是一个典型的代表。

谈到宗教活动对地理学发展的影响，主要指的是佛教。古时候，交通异常困难，除了使臣和商人之外，大概很少有人愿意或敢于出国的。独有和尚怀着一腔宗教热诚，"轻万死以涉葱河，重一言而之奈苑"。他们敢于冒险，敢于出国。从汉代起，中印的僧人就互相往来，传播佛教。他们传播的不仅仅是宗教。正如人们所熟知的，中印两国的文化也随着宗教的传播而传播开来。在长达六七百年的时间内，出国活动

---

① 见《唐六典》卷五，兵部："职方郎中员外郎掌天下之地图，及城隍、镇戍、烽候之数，辨其邦国都鄙之远迩，及四夷之归化者。凡地图委州府，三年一造，与板籍偕上省。其外夷每有番客到京委鸿胪讯其本人本国山川风土为图以奏焉。"

② 《唐会要·安西都护府》注："西域既平，遣使分往康国及吐火罗国访其风俗物产，及古今废置，画图以进。因令史官撰《西域图志》六十卷。"

的人以和尚为最多。而且中国和尚还充分表现了中华民族的特点:他们喜爱历史,也喜爱地理。他们实事求是,很少浮夸。他们写了不少的书,比如:

晋法显:《佛国记》,今存。

释道安:《西域志》,今佚。①

支僧载:《外国事》,今佚。

智猛:《游行外国传》,今佚。

释昙景(勇):《外国传》,今佚。

竺法维:《佛国记》,今佚。

释法盛:《历国传》,今佚。

竺枝:《扶南记》,今佚。②

惠生:《惠生行传》(见《洛阳伽蓝记》)

这些书无论如何,总可以说是中国佛教僧侣对中外文化交流历史的一个重大贡献。

到了玄奘的《大唐西域记》,佛教僧侣不但对中国地理学的贡献达到一个前所未有的水平,而且对印度地理学的贡献也是非常巨大的。在当时的历史背景下,这一部书确实是空前的。这一部杰作之所以能够产生,除了玄奘本人的天才与努力之外,还有其客观的需要。由于隋末的统治者滥用民力,对外讨伐,对内镇压起义军,杀人盈野,国力虚耗,突厥人乘机而起,不但威胁了隋代的统治基础,而且连新兴起的唐高祖李渊也不得不暂时向突厥低头称臣。唐高祖和太宗都深以为耻,必欲雪之而后快。想要进攻突厥或西域其他威胁唐王室的民族,必须了解地理情况,唐太宗之所以一见面即敦促玄奘写书,其原因就在这里。玄奘是一个有政治头脑的和尚,决不会辜负太宗的希望,《大唐西域记》于是就产生了。太宗拒绝经题,但是对于这一部书却非凡珍惜,

---

① 见王庸:《中国地理学史》。
② 均见向达:《汉唐间西域及海南诸国古地理书叙录》,见《唐代长安与西域文明》,一九五七年三联书店版。

他对玄奘说:"又云新撰《西域记》者,当自披览。"可见他的心情之迫切了。

现在再谈第二点。

首先同中国类似的书相比。中国古代关于印度的记载,在汉以前的古书中,可能已经有了。但是神话传说很多,除了知道我们两国从远古起就有了交往以外,具体的事情所知不多。从汉代起数量就多了起来。佛教传入中国以后,两国间直接的交通日益频繁,对彼此了解情况,大有帮助。到印度去的僧人写了不少的书,上面已经列举了一些。但是所有这些书同《大唐西域记》比较起来,无论是从量的方面比,还是从质的方面比,都如小巫见大巫,不能望其项背。像《大唐西域记》内容这样丰富,记载的国家这样多,记载得又这样翔实,连玄奘以后很长的时间内,也没有一本书能够比得上的。因此,从中国方面来说,《大唐西域记》确实算是一个高峰。

其他外国人写的有关印度的书怎样呢?

印度民族是一个伟大的非常有智慧的民族,在古代曾创造出灿烂的文化,哲学、自然科学都有很高的造诣,对世界文化做出了巨大的贡献。但是印度民族性格中却有一个特点:不大重视历史的记述,对时间和空间这两方面都难免有幻想过多、夸张过甚的倾向,因此马克思才有"印度没有历史"之叹。① 现在要想认真研究印度历史,特别是古代史,就必须依靠外国人的记载。从古代一直到中世,到过印度的外国人非常多,没有亲身到过但有兴趣的也不少。他们留下了很多的记载。这些记载对研究印度历史来说,都成了稀世之宝。但是在玄奘以前的那一些著作都比较简略,不能帮助我们全面了解印度。在玄奘以后的那一些著作,当然都详细多了。但是它们都无法代替《大唐西域记》,要想了解古代和七世纪以前的印度,仍然只能依靠这一部书。

---

① 马克思:《不列颠在印度统治的未来结果》。《马克思恩格斯选集》,第二卷,人民出版社一九七二年版,第六九页。他的原话是:"印度社会根本没有历史,至少是没有为人所知的历史。"

《大唐西域记》的功绩究竟表现在什么地方呢？

研究印度历史的中外学者都承认，古代印度的历史几乎全部都隐没在一团迷雾中，只有神话，只有传说，也有一些人物，但是对历史科学来说最重要的年代，却无从确定。有的史学家形象地说，在古代印度没有年代的一片黑暗中，有一根闪光的柱子，这就是释迦牟尼的生卒年代。确定了这个年代，以前以后的几件大事的年代的确定就都有了可靠的依据，因而才真正能谈到历史。而释迦牟尼年代的确定，中国载籍起了很大的作用，《大唐西域记》对于确定佛陀生卒年月也起过作用。古希腊亚历山大的东征，曾起了帮助确定年代的作用，这次东征对理解阿育王碑有很大好处。我们在这里暂不详细讨论。

除了释迦牟尼的年代以外，《大唐西域记》对印度古代和中世纪的历史上的许多大事件都有所记述。比如关于伟大的语法学家波你尼，关于毗卢择迦王伐诸释，关于阿育王与太子拘浪拏的故事等等。迦腻色迦王的问题多少年来在世界许多国家的历史学家中已经成为一个热门，《大唐西域记》有四五处讲到迦腻色迦，给这个问题提供了宝贵的资料。至于在玄奘时代，印度的政治、经济、宗教、文化、民族关系，等等方面，《大唐西域记》都有非常翔实的论述。我们在上面讲到这些方面的时候，主要依据就是这些论述。如果再谈到佛教史，这书里的材料就更多。几次结集的记载，除了南传佛教承认的阿育王的集结外，这里都有。关于大乘与小乘，大乘的许多大师，马鸣、龙猛（树）与提婆，无著与世亲，他们的活动的情况，这里也都有。我并不是说，这些记载都是百分之百地真实，那是不可能的，在玄奘那样一个时代，又加上他是一个虔诚的佛徒，有些神话迷信的色彩，是不可避免的，也是容易理解的，不过这些都只能算是白玉中的微瑕，决不能掩盖这一部奇书的光辉。而且这种情况仅仅限于宗教方面，一讲到地理、历史就仿佛从神话世界回到现实世界，记载都比较翔实可靠了。

统观全书，包括了一百多个"国"，玄奘的记述有长有短，但是不管多么短，他的记述似乎有一个比较固定的全面的章法：幅员大小、都城大小、地理形势、农业、商业、风俗、文艺、语言、文字、货币、国王、宗教等等。这些方面几乎都要涉及。当时和今天要想了解这个"国",除了以上这些方面,还要了解些什么呢?他能用极其简洁的语言描绘大量的事实,不但确切,而且生动。所以,我们可以说,玄奘是一个运用语言的大师,描绘历史和地理的能手,而《大唐西域记》是一部稀世奇书,其他外国人的著作是很难同这一部书相比的。

现在谈第三点。

上面我们讲了《大唐西域记》帮助我们解决了许多历史上的疑难问题。比如关于印度当时的政治、经济情况,关于重大的历史事件,关于宗教力量的对比,关于佛教的几次结集,关于大、小乘力量的对比,关于小乘部派的分布情况等等。离开了《大唐西域记》,这些问题几乎都是无法解答的。但是我个人有一个想法:比解决问题更重要的是它提出了一些还没有解决的问题,这就启发我们进一步去思考问题、研究问题,帮助我们把研究工作更向前推进。

这样的地方是非常多的,几乎在每一卷里都可以找到一些,我在这里只能举出几个来当做例子。首先我想举玄奘所经各"国"的语言问题。玄奘是一个非常细致的观察家,对语言似乎是特别留心。他所到之处,不管停留多么短暂,他总要对当地语言、文字的情况写上几句。

除了语言文字以外,还有宗教方面的问题。玄奘谈到了许多佛教和印度教常见的神,他也谈到了许多别的教派和印度教不大常见的神,比如卷二健驮逻国,跋虏沙城讲到的毗摩天女,梵文是 Bhīmā,是大神湿婆的老婆,一名难近母(Durgā);卷七吠舍釐国讲到"露形之徒,实繁其党",所谓"露形之徒"指的是印度教苦行者,也可能指的是耆那教的所谓"天衣派",二者都是赤身露体的;卷一三摩呾吒国讲到"异道杂居,露形尼乾,其徒特盛",这里明明说的是耆那教(尼乾);卷一〇羯倿伽国讲到"天祠百余所,异道甚众,多是尼乾之徒也";卷一〇珠利耶国讲到"天祠数十所,多露形外道也";卷一〇达罗毗荼国讲到"天祠八十余所,多露形外道也"。卷三僧诃补罗国谈到耆那教"本师所说文法,多窃佛经之义","威仪律行,颇同僧法"。

书中有一些关于提婆达多的记载，其中有的非常重要、有启发性。劫比罗伐窣堵国讲到提婆达多打死大象堵塞佛走的道路。婆罗疤斯国讲到在过去生中如来与提婆达多俱为鹿王，菩萨鹿王仁爱慈悲，提婆达多鹿王则正相反。菩萨鹿王想代怀孕母鹿到宫中去供膳，结果感动了国王，释放群鹿。摩揭陀国讲到：

> 宫城北门外有窣堵波，是提婆达多与未生怨王共为亲友，乃放护财醉象，欲害如来，如来指端出五师子，醉象于此驯伏而前。

这里说到提婆达多与未生怨王的密切关系。摩揭陀国还讲到，提婆达多用石遥掷向佛。讲到提婆达多入定的地方。最有趣的是室罗伐悉底国的那一段记载：

> 伽蓝东百余步，有大深坑，是提婆达多欲以毒药害佛，生身陷入地狱处。提婆达多，斛饭王之子也。精勤十二年，已诵持八万法藏。后为利故，求学神通，亲近恶友，共相议曰："我相三十，灭佛未几，大众围绕，何异如来？"思惟是已，即事破僧。舍利子、没特伽罗子奉佛指告，承佛威神，说法诲喻，僧复和合。提婆达多恶心不舍，以恶毒药置指爪中，欲因作礼，以伤害佛。方行此谋，自远而来，至于此也，地遂坼焉，生陷地狱。

很多佛典上把提婆达多说成是一个单纯的坏家伙，什么都不懂。这里讲到提婆达多并不是一个无能之辈，他"精勤十二年，已诵持八万法藏"，而且身上还有三十大人相。羯罗拏苏伐剌那国讲到：

> 别有三伽蓝，不食乳酪，遵提婆达多遗训也。

短短几句话很有启发。提婆达多是佛的死敌，佛教徒把他恨得咬牙切齿，把他说得一无是处。说根本没有几个人听他的话，然而，到了玄奘时期，离开佛与提婆达多已经一千多年了。在东印度居然还有提婆达多的信徒，而且又是这样忠诚于他。实在值得深思。

此外，玄奘讲到提婆达多的信徒"不食乳酪"。对于研究印度佛教史这是一个很有趣的问题。唐义净译的《根本说一切有部毗奈耶破僧事》卷十：

> 于是提婆达多，谤毁圣说，决生耶（邪）见，定断善根。但有此生，更无后世。作是知己，于其徒众别立五法。便告之曰："尔等应知，沙门乔答摩及诸徒众，咸食乳酪。我等从今更不应食。何缘由此？令彼犊儿镇婴饥苦。又沙门乔答摩听食鱼肉，我等从今更不应食。何缘由此？于诸众生为断命事。"①

可见这种习惯来源已久。《根本说一切有部毗奈耶破僧事》讲的只是书本上的记载。能否相信，还值得考虑。玄奘讲的却是活生生的事实。它证明《根本说一切有部毗奈耶破僧事》讲的不是向壁虚构。

但是这件看来似乎是小事情的事实还有更深的意义。义净《南海寄归内法传》卷一说：

> 律云：半者蒲膳尼，半者珂但尼。蒲膳尼以含噉为义，珂但尼即齧嚼受名。半者谓五也。半者蒲膳尼，应译为五噉食，旧云五正者，准义翻也。一饭二麦豆饭三麨四肉五饼。半者珂但尼，应译为五嚼食。一根二茎三叶四花五果。其无缘者若食初五，后五必不合飡。若先食后五，前五噉便随意。准知乳酪等非二五所收。律文更无别号，明非正食所摄。②

学者们的意见是，这里讲的是大乘和尚，他们都不许吃奶制品。此外，上面引用的《根本说一切有部毗奈耶破僧事》中还谈到吃鱼、肉的问题。这也是佛教史上一个有趣的问题。看来小乘基本上是允许吃肉的，至少对有病的和尚是允许的。佛本人在死前可能就吃过猪肉。在这一段引文中，提婆达多拿吃肉这件事当做武器同释迦牟尼斗争。这很值得我们注意，当另文讨论。③ 从时间上来看，大乘的起源距提婆达多至少已有几百年的历史，为什么饮食的禁忌竟如此之相似呢？我们

---

① 《大正大藏经》，卷二四，页一四九中。
② 同上书，卷五四，页二一〇中。
③ 参阅章炳麟《大乘佛教缘起考》，《章氏丛书·太炎文录·别录》。

都知道，大乘是对小乘的发展与反动，而提婆达多则是释迦牟尼的对手。二者间难道还有什么联系吗？我觉得，这是个非常值得思考探索的问题。

还有一个非常有趣的问题。《大唐西域记》卷十一信度国有一段话：

> 信度河侧千余里陂泽间，有数百千户，于此宅居，其性刚烈，唯杀是务，牧牛自活，无所系命。若男若女，无贵无贱，剃须发，服袈裟，像类苾刍，而行俗事，专执小见，非斥大乘。闻之耆旧曰：昔此地民庶安忍，但是凶残，时有罗汉愍其颠坠，为化彼故，乘虚而来，现大神通，示稀有事，令众信受，渐导言教，诸人敬悦，愿奉指诲，罗汉知众心顺，为授三归，息其凶暴，悉断杀生，剃发染衣，恭行法教，年代浸远，世易时移，守善既亏，余风不殄，虽服法衣，尝无戒善，子孙奕世，习以成俗。

这段话引起了许多学者的注意。印度学者高善必写道：

> 最后这一段引文非常有趣，因为它告诉我们，雅利安人的仍然从事畜牧业的部落的后裔在这条河边上继续干些什么，这一条河是因陀罗"解放"出来的。他们这服装是否是佛教的做法或者是更早时候形成的习惯，这种习惯通过东方的雅利安人而影响了佛陀对服装的选择，这都不清楚；可能是前者。其余的记载则告诉人们，佛教如何已逐渐向着喇嘛教发展，或者已变成一个神学的游戏，这种游戏只限于获得极大利益的野心家。①

无论如何，这一段短短的记载提出了许多问题，也可以说是提供了一些线索，我们应该进一步加以研究。

上面是宗教方面的问题。在社会制度方面，玄奘也提出了一些值得研究的情况。比如在第二卷里他写道：

---

① 《印度史研究导论》，第二九三页。

> 其婆罗门学四吠陀论:一曰寿,谓养生缮性。二曰祠,谓享祭祈祷。三曰平,谓礼仪、占卜、兵法、军阵。四曰术,谓异能、伎数、禁咒、医方。

这同我们平常的说法不同,怎样解释呢?

此外,《大唐西域记》还记了一些当时印度社会里发生的看来不是很重大的事件,但是今天的历史学家看了以后,从中可以看出重大的意义。比如钵逻耶伽国大施场东合流口一天有数百人自沉。高善必认为,当时社会上必然有一部分人甚至是上流社会的人感到不满意,否则就无法解释,为什么这些老一点的人不死在圣河恒河的岸上而死在水中①。第二卷关于当时印度刑法的叙述,关于赋税、王田、分地和封邑的叙述,甚至关于蔬菜的叙述:

> 蔬菜则有姜、芥、瓜、瓠、荤陀菜等,葱、蒜虽少,噉食亦希,家有食者,驱令出郭。

高善必都能从里面得出相应的结论。他讲到,当时北印度有许多饮食方面的禁忌(塔布),比如不吃牛肉等,不吃葱蒜等,一直到今天,还没有多少改变。②

总之,正如我们上面已经说过的那样,《大唐西域记》提出来的新问题,比已经解决的问题还更要重要,还更有意义。我上面举的仅仅不过只是几个例子而已。

经过了一千多年实践的考验,特别是在最近一百多年内的考验,充分证明《大唐西域记》是有其伟大的意义的。玄奘这个人和他这一部书,对加强中印两国人民的传统友谊和互相学习、互相了解已经起了而且还将继续起不可估量的作用。玄奘的大名,在印度几乎是妇孺皆知,家喻户晓。正如我们在本文开始时写到的:他已经成了中印友好的化身。至于《大唐西域记》这一部书,早已经成了研究印度历史、哲学史、

---

① 《印度史研究导论》,第二八四页。
② 同上书,第二八六—二八九页。

宗教史、文学史等等的瑰宝。我们几乎找不到一本讲印度古代问题而不引用玄奘《大唐西域记》的书。不管作者的观点如何，不管是唯心主义还是唯物主义，都或多或少地引用《大唐西域记》。这部书中有一些资料，是任何其他书中都找不到的。

（选自季羡林等校注《大唐西域记》前言）

三 《徐霞客游记》

【题解】

《徐霞客游记》是明代旅行家徐霞客根据自己的游历所撰写的一部日记体著作，这部著作精细地记录了中国辽阔大地丰富的自然景观，具有丰富的地理学价值。李约瑟在他主编的《中国科学技术史》一书中称赞说："他的游记读来并不像是17世纪的学者所写的东西，倒像是一部20世纪的野外勘察记录。"

徐霞客（1586—1641），本名弘祖，字振之，号霞客，明南直隶江阴县（今江苏江阴市）人。少年好学，喜读奇书，博览古今史籍、图经地志。一生不慕功名，22岁起弃科举业，三十多年间，"不计程，亦不计年，旅泊岩栖，游行无碍"（陈函辉《霞客徐先生墓志铭》），步行十万余里，东到普陀，北抵幽燕，南至闽粤，西达太华，遍游全国十余省。在旅游中，徐霞客以征事考实的治学态度，对各地自然地貌、水文气候、植被动物、风俗习惯、经济状况等地理、地质状况作了认真的考察，并随时随地坚持著述。崇祯十三年（1640），因疾病缠身，无法行走，才由人送回家乡。徐霞客回家后，即卧病在床，已无力整理自己的游记手稿。这一著作是由其友人、后人整理刊行的。全书约40余万字。

《徐霞客游记》的价值是多方面的。它记录了徐霞客长年实地考察的真实见闻，为我国的自然与人文地理研究提供了丰富珍贵的资料。在自然地理方面，徐霞客广泛考察了西南地区的岩溶地貌，在《游记》中，他详细记录了大量洞穴、溶沟、石芽及地热等地貌特征，并对它们的分布、类型、变化、特征和成因作出了较为科学的解释,这一考察在世界上也属最早的;徐霞客还考察了湖南、湖北、广西、云南等省区的大小河流,探索这些河流的源头与走向,努力纠正前人不正确的认识,如否定了"岷山导江"的错识说法,指出长江的正源是金沙江,为后人进一步探求长江源头开辟了新方向。在人文地理方面,徐霞客对各地工农业生产、交通运输、风土人情、宗教信仰、民间传说等也多有具体记载,成为研究这些地区历史文化的重要材料。

《徐霞客游记》不仅是一部地理学著作,也具有很高的文学价值。徐霞客以充沛的感情描写大自然的神奇、美丽,文笔精美,语言生动,读之令人有身临其境的感觉。

《徐霞客游记》版本很多,上海古籍出版社1980年出版的褚绍唐、吴应寿整理、校点本是目前了解和研究徐霞客及其《游记》最完善的本子。

这里选录的是徐霞客万历四十六年(1618)八月游庐山的日记。对于这座历代题咏、记叙甚多的名山,徐霞客的记录平中见奇,细致地展现了庐山奇特的山势景观,对瀑布、潭水、山石的描写尤称精妙。

游庐山日记

戊午[1],余同兄雷门、白夫,以八月十八日至九江。易小舟[2],沿江南入龙开河,二十里,泊李裁缝堰[3]。登陆,五里,过西林寺[4],至东林寺[5]。寺当庐山之阴,南面庐山,北倚东林山。山不甚高,为庐之外廊[6]。中有大溪,自东而西,驿路界其间[7],为九江之建昌孔道[8]。寺前临溪,入门为虎溪桥[9],规模甚大,正殿夷毁,右为三笑堂[10]。

注释 [1]戊午:明代神宗万历四十六年,1618年。 [2]易:换乘。 [3]堰(yàn):挡水的低坝。 [4]西林寺:始建于东晋,后屡建屡毁。苏轼有名诗《题西林壁》。 [5]东林寺:为佛教净土宗发祥地和重要寺庙。 [6]廊:屋檐下的过道,此指东林山为庐山外围。 [7]驿路:古代为传车、驿马通行的大道,沿途设置驿站。 [8]建昌:明代县名,治所在今江西奉新县西,1914年改名永修县。 [9]虎溪桥:传说慧远一心修行,送客不过虎溪桥,过者他所驯养之虎即吼叫以提醒。[10]三笑堂：传说慧远为陶渊明、陆修静送行，不觉过虎溪，老虎吼叫，三人大笑，后世谓之"虎溪三笑"。

十九日　出寺，循山麓西南行。五里，越广济桥，始舍官道，沿溪东向行。又二里，溪回山合，雾色霏霏如雨。一人立溪口，问之，由此东上为天池大道，南转登石门，为天池寺之侧径。余稔知石门之奇[1]，路险莫能上，遂倩其人为导[2]，约二兄径至天池相待。

遂南渡小溪二重，过报国寺，从碧条香蔼中攀陟五里，仰见浓雾中双石屼立[3]，即石门也。一路由石隙而入，复有二石峰对峙。路宛转峰罅，下瞰绝涧诸峰，在铁船峰旁，俱从涧底矗耸直上，离立咫尺，争雄竞秀，而层烟叠翠，澄映四外。其下喷雪奔雷，腾空震荡，耳目为之狂喜。门内对峰倚壁，都结层楼危阙[4]。徽人邹昌明、毕贯之新建精庐，僧容成焚修其间[5]。从庵后小径，复出石门一重，俱从石崖上，上攀下蹑，磴穷则挽藤，藤绝置木梯以上。如是二里，至狮子岩。岩下有静室。越岭，路颇平。再上里许，得大道，即自郡城南来者[6]。历级而登，殿已当前，以雾故不辨。逼之[7]，而朱楹彩栋，则天池寺也，盖毁而新建者。由右庑侧登聚仙亭[8]，亭前一崖突出，下临无地，曰文殊台。出寺，由大道左登披霞亭。

亭侧岐路东上山脊[9]，行三里。由此再东二里，为大林寺；由此北折而西，曰白鹿升仙台；北折而东，曰佛手岩。升仙台三面壁立，四旁多乔松，高帝御制周颠仙庙碑在其顶[10]，石亭覆之，制甚古[11]。佛手岩穹然轩峙[12]，深可五六丈，岩靖石岐横出，故称"佛手"。循岩侧庵右行，崖石两层，突出深坞，上平下仄，访仙台遗址也。台后石上书"竹林寺"三字[14]。竹林为匡庐幻境，可望不可即；台前风雨中，时时闻钟梵声[15]，故以此当之。时方云雾迷漫，即坞中景亦如海上三山，何论竹林？还出佛手岩，由大路东抵大林寺。寺四面峰环，前抱一溪。溪上树大三人围，非桧非杉，枝头着子累累，传为宝树，来自西域，向有二株[16]，为风雨拔去其一矣。

注释　[1]稔：熟悉。　[2]倩：请、雇。　[3]屼（wù）立：耸立。　[4]层楼危阙：形容楼阁高耸。　[5]焚修：焚香修行。　[6]郡城：指九江府城。　[7]逼之:走近它。　[8]庑(wǔ):堂下周围的走廊、廊屋。　[9]岐路:岔路。[10]"高帝"句:朱元璋有《周颠仙人传》详叙周颠事。《国榷》卷十载,洪武二十六年,"遣官祭庐山周颠仙,立御制碑"。　[11]制甚古:指制作工艺和样式古老。[12]穹然轩峙:高大的样子。　[13]仄:狭窄。　[14]竹林寺:庐山传说中的寺庙。　[15]钟梵声:指佛寺敲钟和诵经之音。　[16]向:原来。

　　二十日　晨雾尽收。出天池,趋文殊台。四壁万仞,俯视铁船峰,正可飞舃[1]。山北诸山,伏如聚蚁[2]。匡湖洋洋山麓[3],长江带之,远及天际。因再为石门游,三里,度昨所过险处,至则容成方持贝叶出迎[4],喜甚,导余历览诸峰。上至神龙宫右,折而下,入神龙宫,奔涧鸣雷,松竹荫映,山峡中奥寂境也。循旧路抵天池下,从岐径东南行十里,升降于层峰幽涧;无径不竹,无阴不松,则金竹坪也。诸峰隐护,幽倍天池,旷则逊之。复南三里,登莲花峰侧,雾复大作。是峰为天池案山,在金竹坪则左翼也。峰顶丛石嶙峋,雾隙中时作窥人态,以雾不及登。

　　越岭东向二里,至仰天坪,因谋尽汉阳之胜[5]。汉阳为庐山最高顶,此坪则为僧庐之最高者。坪之阴[6],水俱北流从九江;其阳,水俱南下属南康[7]。余疑坪去汉阳当不远,僧言中隔桃花峰,尚有十里遥。出寺,雾渐解。

　　从山坞西南行,循桃花峰东转,过晒谷石,越岭南下,复上则汉阳峰也。先是遇一僧,谓峰顶无可托宿,宜投慧灯僧舍,因指以路。未至峰顶二里,落照盈山,遂如僧言,东向越岭,转而西南,即汉阳峰之阳也。一径循山,重嶂幽寂,非复人世。里许,蓊然竹丛中得一龛[8],有僧短发覆额,破衲僧衣赤足者[9],即慧灯也,方挑水磨腐。竹内僧三四人,衣履揖客,皆慕灯远来者。复有赤脚短发僧从崖间下,问之,乃云南鸡足山僧。灯有徒,结茅于内,其僧历悬崖访之,方返耳。余即拉一僧为导,攀援半里,至其所。石壁峭削,悬梯以度,一茅如慧灯龛。僧本山下民家,亦以慕灯居此。至是而上仰汉阳,下俯绝壁,与世复隔矣[10]。暝色已合,归宿灯龛。灯煮腐相饷,前指路僧亦至。灯半月一腐,必自己出,必遍及其徒。徒亦自至,来僧其一也。

　　注释　[1]飞舃(xì):舃,鞋。传说东汉明帝时叶县令王乔有神术,尝化两舃为双凫,乘之至京师。　[2]螘(yì):蚁之本字。　[3]匡湖:指鄱阳湖。　[4]贝叶:古代印度人用以写经的树叶,后借指佛经。　[5]汉阳:庐山最高峰,海拔 1474 米。　[6]阴:指北面。下文"阳"则指南面。　[7]南康:元至正二十二年以西宁府改置,治所在今江西星子。　[8]龛:供奉神佛的石室或小阁子,此指僧人所居小屋。　[9]衲(nà):补;缝缀。因僧人所衣常用碎布拼缀而成,故特指僧衣。[10]敻(xiòng):远。

二十一日　别灯,从龛后小径直跻汉阳峰[1]。攀茅拉棘,二里,至峰顶。南瞰鄱湖,水天浩荡。东瞻湖口,西盼建昌,诸山历历,无不俯首失恃。惟北面之桃花峰,铮铮比肩,然昂霄逼汉,此其最矣。下山二里,循旧路,向五老峰[2]。汉阳、五老,俱匡庐南面之山,如两角相向,而犁头尖界于中,退于后,故两峰相望甚近。而路必仍至金竹坪,绕犁头尖后,出其左胁,北转始达五老峰。自汉阳计之,且三十里。余始至岭角,望峰顶坦夷,莫详五老面目。及至峰顶,风高水绝,寂无居者。因遍历五老峰,始知是山之阴,一冈连属;阳则山从绝顶平剖,列为五枝,凭空下坠者万仞,外无重冈叠嶂之蔽,际目甚宽[3]。然彼此相望,则五峰排列自掩,一览不能兼收;惟登一峰,则两旁无底。峰峰各奇不少让,真雄旷之极观也!

仍下二里,至岭角。北行山坞中,里许,入方广寺,为五老新刹。僧知觉甚稔三叠之胜,言道路极艰,促余速行。北行一里,路穷,渡涧。随涧东西行,鸣流下注乱石,两山夹之,丛竹修枝,郁葱上下,时时仰见飞石,突缀其间,转入转佳。既而涧旁路亦穷,从涧中乱石行,圆者滑足,尖者刺履。如是三里,得绿水潭。一泓深碧,怒流倾泻之上,流者喷雪,停者毓黛[4]。又里许,为大绿水潭。水势至此将堕,大倍之,怒亦益甚。潭有峭壁乱耸,回互逼立,下瞰无底,但闻轰雷倒峡之声,心怖目眩,泉不知从何坠去也。于是涧中路亦穷,乃西向登峰。峰前石台鹊起[5],四瞰层壁,阴森逼侧。泉为所蔽,不得见,必至对面峭壁间,方能全收其胜。

乃循山冈,从北东转。二里,出对崖,下瞰,则一级、二级、三级之泉,始依次悉见。其坞中一壁,有洞如门者二,僧辄指为竹林寺门云。

顷之，北风自湖口吹上，寒生粟起，急返旧路，至绿水潭。详观之，上有洞翕然下坠[6]。僧引入其中，曰："此亦竹林寺三门之一。"然洞本石罅夹起，内横通如"十"字，南北通明，西入似无底止。出，溯溪而行，抵方广，已昏黑。

注释 [1]跻(jī)：升登，达到。 [2]五老峰：庐山名峰，形同五老坐态。[3]际目：视野。 [4]毓黛：毓同"育"，生出。意为积蓄的水产生出一种深青色。[5]鹊起：形容石台奋起如飞的样子。 [6]翕(xī)然：忽然。

二十二日 出寺，南渡溪，抵犁头尖之阳。东转下山，十里，至楞伽院侧。遥望山左胁，一瀑从空飞坠，环映青紫，夭矫滉漾[1]，水势大而飞溅，亦一雄观。五里，过栖贤寺，山势至此始就平。以急于三峡涧，未之入。里许，至三峡涧。涧石夹立成峡，怒流冲激而来，为峡所束，回奔倒涌，轰振山谷。桥悬两岩石上，俯瞰深峡中，迸珠戛玉[2]，声如击玉。过桥，从岐路东向，越岭趋白鹿洞[3]。路皆出五老峰之阳，山田高下，点错民居。横历坡陀[4]，仰望排嶂者三里，直入峰下，为白鹤观。又东北行三里，抵白鹿洞，亦五老峰前一山坞也。环山带溪，乔松错落。出洞，由大道行，为开先道。盖庐山形势，犁头尖居中而少逊，栖贤寺实中处焉；五老左突，下即白鹿洞；右峙者，则鹤鸣峰也，开先寺当其前[5]。于是西向循山，横过白鹿、栖贤之大道，十五里，经万松寺，陟一岭而下，山寺巍然南向者，则开先寺也。从殿后登楼眺瀑，一缕垂垂，尚在五里外，半为山树所翳[6]，倾泻之势，不及楞伽道中所见。惟双剑崭崭众峰间，有芙蓉插天之态；香炉一峰，直山头圆阜耳。从楼侧西下壑，涧流铿然泻出峡石，即瀑布下流也。瀑布至此，反隐不复见，而峡水汇为龙潭，澄映心目。坐石久之，四山暝色，返宿于殿西之鹤峰堂。

注释 [1]夭矫滉漾：形容水势曲折有势。 [2]戛(jiá)：敲击。 [3]白鹿洞：庐山名胜，唐代江州刺史李渤曾在此读书，并随身养一白鹿，因此得名。宋初建书院，朱熹、王阳明等先后至此讲学。 [4]陀：不平。 [5]开先寺：庐山名寺，为五大丛林之冠。 [6]翳(yì)：遮掩。

二十三日 由寺后侧径登山。越涧盘岭，宛转山半。隔峰复见一瀑，并挂瀑布之东，即马尾泉也。五里，攀一尖峰，绝顶为文殊台。孤峰拔起,四望无倚,顶有文殊塔。对崖削立万仞,瀑布轰轰下坠,与台仅隔一涧,自巅至底,一目殆无不尽。不登此台,不悉此瀑之胜。下台,循山冈西北溯溪,即瀑布上流也。一径忽入,山回谷抱,则黄岩寺据双剑峰下。越涧再上,得黄石岩。岩石飞突,平覆如砥[1]。岩侧茅阁方丈,幽雅出尘。阁外修竹数竿,拂群峰而上,与山花霜叶,映配峰际。鄱湖一点,正当窗牖[2]。纵步溪石间,观断崖夹壁之胜。仍饭开先,遂别去。

注释 [1]砥(dǐ):质地较细的磨刀石。 [2]牖(yǒu):窗户。

(原文据朱惠荣校注《徐霞客游记》,云南人民出版社,1985年)

【评论】

徐霞客
—— 石灰岩地貌考察的先驱

侯仁之

一个伟大的先驱者

1961年3月24日《人民日报》刊载了最近在广西南宁举行第一次全国喀斯特研究会议的报道,并对喀斯特一词作了介绍,从而使广大读者了解到有关喀斯特的研究对于社会主义建设事业的关系。

正如介绍中所说:"喀斯特"就是石灰岩地貌通用的外文名称。这种石灰岩地貌在我国分布很广,"尤以云南、贵州、广西三省(区)最多。由于喀斯特地貌景观的特殊,往往交织成为奇伟壮丽的风景区,如广西桂林的七星岩、云南路南的石林,早已名闻中外"。几千年来,我国人民在这一广大地区进行生产劳动,不但热爱这里风景的奇丽,而且对于这种地貌特征也积累了一定的知识。至于对整个地区进行了一次普遍考察并且留下了丰富资料的,要以明朝末年的徐霞客为第一人,这比起欧洲最初所进行的同样性质的调查研究,还要早一个多世纪。因此可以说徐霞客对于如此广大地区的石灰岩地貌的实地考察,在全世界来说也是一个无可争辩的先驱者。最近第一次全国喀斯特研究会议,正是在徐霞客逝世320周年的时候举行的①,这也可说是对徐霞客的一个最好的纪念。

关于徐霞客在这方面的贡献,当前我国地理学家已有定论②,但是一般读者对这一情况或许还是生疏的,因此草为此文,略作介绍③。

《徐霞客游记》是以优美的散文和日记的体裁所写成的野外考察的忠实记录

徐霞客名弘祖,明朝末叶人,家住今江苏省江阴县南旸岐。死后葬在南旸岐东北的沈村,至今还有他的坟墓。享年五十五岁。

霞客从小就喜欢涉猎历史、地理和探险游记一类书籍,很早就有遍游五岳的志愿,迟到二十二岁他才开始了他自己的长途旅行。此后三十多年间,他经常旅行在外,最初还是以登名山访胜迹为主,北方的如泰山、嵩山、华山、恒山、五台山以至北京附近的盘山,他都曾到过。东南一带如黄山、庐山、天台、雁荡以至海上的洛迦山。福建的武夷山、九鲤湖,更远至广东的罗浮山,也布满了他的游踪。五十一岁以后,一直到逝世前半年为止,他又经过浙江、江西、湖南,远走广西、贵州、云南,一直到了与缅甸交界的地方。这次出游的时间最久,跋涉的路途最长,遭遇的艰险困苦最多,但是成就也最大、最重要。这时他已不是以探险搜奇为胜,而是更多地注意到了各种地理现象的观察,举凡山脉、河流、岩石、土质、水源、气候以至火山、矿泉、地貌特征,无一不在他观察范围之内,甚至他还采集了岩石和稀见的植物标本,作为研究的参考。这一

---

① 徐霞客生于明万历十四年,卒于崇祯十四年,即公元1586—1641年。忌辰在夏历正月,日子不详。

② 如任美锷:《徐霞客游记选择》,见《中国古代地理名著选读》第一辑。1959年科学出版社出版。陈述彭:《西南地区的喀斯特地貌》,见《地理知识》1954年第3期;又《桂林七星岩喀斯特洞穴地貌图》,见《地理学资料》1957年第1期。曾昭璇:《岩石地形学》第二编第五章,1960年地质出版社出版。熊忠英:《徐霞客》,见《中国古代科学家》,1960年科学出版社出版。

③ 参考注②任美锷文。部分节录拙作《徐霞客》(中国历史小丛书之一)1961年中华书局出版。又参看北京大学地质地理及中国科学院自然科学史研究室合编的《中国古代地理学简史》初稿。北京大学1960年铅印本第四章第四节,该稿在修订中,将由科学出版社出版。

切都是他在徒步跋涉中进行的。旅途之中，他间或乘船，绝少骑马，有时还要肩负着自己的行李赶路程。他依靠了老农、樵夫、牧童、猎户以及深山采药的人和逃避红尘的僧道，探寻着人迹罕至的地方，登危岩、历绝壁、涉洪流、探洞穴、冒狂风暴雨，行丛林绝径，有时真正是出生入死，更常常要忍饥耐寒。至于人事的挫折，如遇盗绝粮的事，那就更不必说了。但是最为难能可贵的是霞客在一日行程的终了，总要把当日经历与观察所得，记述下来。有时日行百余里，到晚上还要在危垣破壁之下，点起豆大的油灯，进行写作。甚至在露宿山野、寄身草莽的时候，他还是要燃枯木照明，坚持记录。霞客在旅途中以日记体裁所写的这些记录，在他去世的时候，还未及编印成本。其后经过明清易代之际的战乱，原稿颇有散佚，诸家传抄，也已残缺不全。所余部分经过后人刊刻成本，这就是现行的《徐霞客游记》。

在这部游记里，霞客以无比的热情歌颂着祖国山河的壮美，用清新超绝的文字描写着大自然的瑰丽多姿。尤其是他明敏的识辨、锐利的观察、确切细致的描述，常常是令人惊奇的。正确地说，这部游记也就是他野外考察的记录，是以清丽新奇的散文所写的一部科学文献。但这并非说霞客一无错误，事实并不如此，特别是在他所写的专题论文中，如流传至今的《江源考》、《盘江考》，就有不少记述欠确和判断失误的地方，然而他毅然决然打破旧传统和开辟新方向的功劳，却是炳耀千古的。

现在，《徐霞客游记》的绝大部分，是关于西南广大石灰岩地区的描述。实际上这也就是全世界最早的有关如此广大地区的石灰岩地貌特征的最详细、最忠实的考察记录。前人赞叹徐霞客及其游记为"奇人奇书"，今日看来霞客真正之奇，正在于此。

徐霞客关于西南地区石灰岩地貌特征的描述和研究——举例

明崇祯十年闰四月，霞客从湖南衡阳沿湘江过祁阳，逐渐进入了风景奇丽的石灰岩地貌区。这时他很快地觉察到了这一点，初二日的游记里写道："自冷水湾来，山开天旷，目界大骋。江两岸瞰水之石，出没屡变,但有所遇,靡不赏心惬目。盖入祁阳境,石质奇、石色润;过祁阳,突兀为势,以次渐露,至此随地涌立。及入湘口,则耸突盘亘者,变为峭竖回翔矣。"(《徐霞客游记》,商务印书馆国学基本丛书本,第1册,129页)从此再向前进,霞客就接近了以风景佳丽著称的桂林。二十八日,到达桂林的那一天,游记是这样写的:"……西穿石山峡,则诸峰分峙叠立,离立献奇。石峰下俱水汇不流,深者尺许,浅半之。诸峰倒插于中,直如青莲出水,各欲独上。初两大峰夹道,后又夹以两锐峰。道俱叠水中,取径峰隙,令人赏无专接。但石皆廉利侔刀戟,不免目慰足妒耳。"(第2册,8页)我们知道坚硬的石灰岩对机械侵蚀和物理风化作用,抵抗力很强,但却容易为水所溶解。溶解作用沿着岩石节理进行,就使山岩分裂为无数峻峭的山峰,也叫"峰林"或"石林"。由于风化物质缺乏,因此无论山坡山麓,都缺少土壤覆盖,霞客这里所描写的正是这一情况。

桂林附近的峰林区,因为正当桂江槽谷,地貌发育的历史十分复杂,风景也特别清秀宜人。阳朔与桂林同属一区,风景比桂林更加奇丽,所以俗语说:"桂林山水甲天下,阳朔山水甲桂林。"霞客到了桂林之后,又乘船赴阳朔。五月二十二日的游记写道:"早起,晓月光流,奇峰合棹①。南三里为螺蛳岩,一峰盘旋上,转峙江右,兴平水口山也。又七里,东南出水绿村,山乃敛锋……南三十里,则龙头山复铮铮骨立,而阳逆四围,又攒出碧莲玉笋世界矣。"(第2册,24—25页)霞客把桂林江上的奇峰比如"青莲出水",称有阳朔周围是"碧莲玉笋世界",简洁几个字,真是写尽了桂林、阳朔附近明媚秀丽的自然风光,令人有无限清新澄彻的感觉。

从湘桂交界的这一带地方起,一直到云南的东部,大都有厚层石灰岩的分布,峰林地貌到处都有很好的发育。当霞客穿过这一带地区而来到云南边境上的罗平附近时,他小结道:"坞中时有土冈,自西界东

---

① "晓月光流,奇峰合棹"的句子,有些费解,然而简单几个字,画出了一幅极美的图画,其中有静有动,足见霞客的表现能力,译成白话,大意是:"晓月的光辉落在江面上流动着,停泊在奇峰下的船摇橹启行。"

走,又有石峰自东界西突。路依西界北行,遥望东遥峰下,峭峰离立,分行竞颖,复见粤西〔广西〕面目。盖此丛立之峰,西南始于此,东北尽于道州(湖南道县),磅礴数千里,为西南奇胜,而此又其西南之极云。"(第3册,591页)又说:"罗庄山在〔罗平〕城东南六十里,其山参差森列,下多卓锥拔笋之岫,粤西石山之发轫也。"(第3册,61页)这里所谓"峭峰离立,分行竞颖"、"参差森列"、"卓锥拔笋之岫"等等,实在就是"峰林"地貌的最好写照。

不过从道州到罗平,并非是完全一样的地貌特征,这其间也有不同的类型。例如从桂林到柳州,情况就不相同。后者是柳州台地的孤峰区,往往出现圆锥状的孤峰,疏疏落落地点缀在柳江盆地上,山麓堆积很多,与桂林附近所谓"廉利侔刀戟"的纯粹石灰岩地区,有所不同。对这种地区间地貌类型变化的特点,霞客观察得十分清楚,描写得十分逼真,他在崇祯十年二十日的游记里明白指出:"自柳郡西北,西岸山土石间出,土山迤逦间,忽石峰数十,挺立成队,所异阳朔桂林者,彼四顾石峰,不受寸土,此则如锥处囊中,尤觉有脱颖异。"(第2册,371页)此外他还作了一些地区间比较地貌的说明,这里就不一一缕述了。

在石灰岩地区内,由于溶蚀作用的结果,除去突起离立的孤峰之外,还常常分布有下陷的圆洼地(又名"斗淋")和落水洞。霞客也十分注意这一现象,于沿途所见圆洼地,都作了详细的观察和描述。霞客按圆洼地之大小来加以区别,小者为"眢井",大者为"盘洼"。又把眢井有积水的,别称"天池"。这都是他根据大量事实,进行厘订名称的尝试。伴随圆洼地和落水洞的观察,他也逐渐认识到所谓"地穴潜通"的伏流,并且正确地指出:地下伏流的顶棚陷落之后,在地面上就形成了圆洼地或峡谷。

最后,再谈谈他对石灰岩溶洞的调查研究。

如上所述,岩洞的发育,是石灰岩地貌的主要特征之一,这都是在高温多雨的地带因地下水的溶蚀所形成。溶解的石灰华从洞顶倒悬的叫做石钟乳,在洞底耸列的叫做石笋。霞客在旅途中对所遇到岩洞十分注意,并且想尽办法,冒着各种艰险,深入洞穴内部,进行详细的调查研究。根据游记所载，霞客曾经考察过的洞穴，就有100多个。在考察中，他不仅对洞的形状而且对洞的大小深浅以及每一部分的高低宽狭，都很注意。有些大规模的岩洞，只要可能，他还不止一次地深入其中，反复进行观测，直到彻底了解到岩洞内部的复杂结构为止。有时他甚至还对洞穴的外部情况，进行观察和描述。现在石灰岩地区溶洞的研究，也已逐渐形成了一个专门学科，就叫做"岩洞学"，而《徐霞客游记》也正好提供了这一研究的先例。像上述桂林七星岩，就是他详细观察过的一个。七星岩是一个相当巨大而复杂的洞穴体系，霞客曾有两次前来考察，第一次他不但对岩洞的内部进行了详细的描写，就是对它的外部情况也作了观察。一个月之后，他再度来游，对七星岩的整个山块进行了踏勘，并把15个洞口的分布情况作了一个综述。有趣的是1953年9月，中国科学院地理研究所陈述彭同志等对七星岩山块进行了实际勘察和测量之后，证实了霞客当初的观察和描述的正确。陈述彭同志在《桂林七星岩喀斯特洞穴地貌图》的说明中写道："现代测绘的七星岩山块平面图和素描图证实了霞客观察与描述的正确性。320年前，霞客踏勘过的那15个洞口，大部分至今还可以找到，甚至完好无恙。它们标志着这个山块中喀斯特水层下降的残迹，其中极大部分和七星岩洞穴层有着相应的水平层位关系，而且相应的洞穴层有着大致相同的发育阶段的地貌特征。"这一段话无异为《徐霞客游记》的科学性作了一个最有力的论证。他又说："这在320年前，霞客对这个洞穴所作的精简生动的真实描述，至今还可作为我们研究洞穴的对照参考，这可算是世界是最早的喀斯特洞穴的宝贵文献。"

徐霞客在地理学的发展史上所作出的超越前人的贡献，并非偶然

由于徐霞客的卓越贡献，我们应该把他看做是中国历史上最伟大的地理学家之一，同时在世界科学史上也应占有重要地位。这一成就之取得，并非偶然。

徐霞客生于明朝末叶，那时我国封建社会已经到了后期，社会生产力有了相当高的发展。当时由于社会生产的发展，我国知识界也更加注意到自然科学与技术研究的重要,后世所谓"经世致用"的新学风开始抬头。少数先驱者再不像过去一般读书人那样,专门去谈论不切实际、不着边际的空道理,而把注意力转向了自然的探索以至生产技术的总结和传布。例如《本草纲目》的作者李时珍之于动植物的考察研究,《天工开物》的作者宋应星之于生产技术的汇集和制图解说,都是很好的说明。在此以前的所谓"文人",对这些极有价值的工作,是不屑一顾的,实际上也是他们所做不到的。至于在地理学范围内,最直接最鲜明地反映了这一时代精神从而冲破了旧传统的桎梏,向着探索大自然的新方向阔步前进的就是徐霞客。

在徐霞客以前,有关我国地理的书籍,多半讲的是疆域沿革、建置风俗、地方物产等等,虽然也有山川一个名目,但是多半讲得很不具体,至于对各种自然地理现象,更是绝少涉及,有的则代之以"祥瑞"和"灾异"一类的敷会故事。至于从事地理写作的人,又常常困守书斋,只是把现成的材料加以排比纂辑。就是这样的工作,真正做的也不多见,更谈不上实地的调查研究了。其实在长期的封建社会里,客观要求也不过就是这样。可是到了徐霞客,他却大胆地打翻旧传统,断然跳出了自己的小书斋,终生摆脱宦途,毅然走向了无比辽阔无比富丽的原野,从而开辟了系统地观察自然、探索自然的新方向。他热爱祖国的山河,到处描写,纵情歌颂。在这里,他不啻是一个画家、一个诗人、一个亲炙自然的巨匠、一个伟大的歌手。更其重要的是他在无比瑰丽的自然中,还逐渐觉察到对于自然现象的观察和了解,不能仅仅停留在表面上。他早年的出游确实偏重于搜奇访胜。但是到了后来,特别是在西南地区,很明显的,他已经进入了观察自然,研究自然的新阶段。反复细读他的游记,深深使人感觉到他已不能满足于表面现象的认识,在搜集大量资料的过程中,好像他已经开始作更加深入的探讨。用今天的话来说,那就是他很可能已经在追寻着西南一带奇异地貌的发展规律。只是由于他所处的时代以及相关科学(如地质学、水文学、气候学等)的发展水平的限制,还不能够充分理解各种现象并作出更系统、更科学的理论总结,但是他已经在沿着这个方向前进了。由于他具有揭发自然奥秘的远大理想和坚强意志,因此任何困苦艰难都阻挡不住他前进的道路、挫折不了他前进的锐气。就是在他生命的最后一刻,他还把从野外携来的标本摆在病床旁边,进行细尽的观察和研究。他生前的好友陈函辉在为他所作的墓志铭中就曾这样写道:"既归〔指霞客自云南归来〕,不能肃客,惟置怪石于榻前,摩挲相对,不问家事。"(见《徐霞客游记》第6册,外编,7—8页)其实这并不是什么"怪石",这是岩石标本,是当时人所不能理解而下一代人又未能继续发展的一门新学科开始萌芽的象征,徐霞客正是这株幼芽的最初培育者,但是他却怀着未竟之志离开了人间!

《徐霞客游记》的整理校订工作,前人已经作过不少,这是有益的,然而仍是不够的。我们应该看到这是一部具有世界性的科学文献,也是我们刻苦努力进行调查研究的好榜样。在当前批判继承祖国历史文化遗产的要求下,我们尤其不能把他忽略,这也是纪念徐霞客的一件极有意义、极有价值的工作吧。

(选自《徐霞客游记》第一辑)

四 《读史方舆纪要》

【题解】

《读史方舆纪要》是顾祖禹撰写的一部历史地理巨著。

顾祖禹(1631—1692),字瑞五,号景范,江苏无锡人。自幼博览群书,尤好地理之学。顺治元年(1644),清兵入关,顾祖禹随父避居常熟虞山,长期躬耕授业,撰著《读史方舆纪要》,"盖将以为民族光复之用"(梁启超《中国近三百年学术史》)。康熙年间,虽曾应徐乾学再三之聘,参与《大清一统志》的编修,但坚持民族气节,不受清廷一官一职,书成后甚至拒绝署名。而与此同时,顾祖禹利用这一机会,遍查徐氏传是楼藏书,积累了大量资料。经过三十余年的艰苦努力,约在康熙三十一年(1692)左右,终于完成了《读史方舆纪要》共一百三十卷(后附《舆地要览》四卷），约 280 万字。

《读史方舆纪要》前九卷撰述历代州域形势，然后，以明代两京十三布政使司及所属府州县为纲，分叙其四至八到、建置沿革、方位、古迹、山川、城镇、关隘、驿站等内容。后六卷记述"川渎异同"，作为"昭九州之脉络"。最后一卷是传统之说"分野"，作天地对应，有"俯察仰观之义"。前面历代州域形势以朝代为经，以地理为纬，后面分省则以政区为纲，朝代为目，全书经纬交错，纲目分明，体例严谨，考订精详。不但超越了唐代的《元和郡县图志》、宋代的《太平寰宇记》等同类著作，与明代《大明一统志》乃至清代的《大清一统志》相比，也自具特色。

顾祖禹认为，明朝统治者不知利用山川形势险要，又未能记取古今用兵成败的教训，是导致亡国的一个重要原因。因此，与一般地志不同，《读史方舆纪要》着重记述历代兴亡大事、战争胜负与地理形势的关系，而游观诗词则大多"汰去之"。张之洞说："此书专为兵事而作，意不在地理考证。"故其《书目答问》将之列入兵家，虽不完全准确，但具有浓厚的军事地理色彩，确为此书特色。书中详细论述州域形势、山川险隘、关塞攻守，引证史事，推论成败得失，"以古今之史，质之以方舆"，详细记载历代兴亡成败与地理环境的关系，而对名胜古迹的记载则相对简单得多。不仅前面九卷专门论述历代州域形势，而且每省每府均以疆域、山川险要、形势得失开端；各省形势及其在军事上的重要性，皆有总序一篇进行论述。《历代州域形势》和各省山川险要总论，几乎每篇都是甚有价值的军事地理论文。

顾祖禹还注重经世致用，他认为舆地之书不但要记载历代疆域的演变和政区的沿革，而且还要包括河渠、食货、屯田、马政、盐铁、职贡等历史自然地理和历史经济地理的内容。例如黄河之患是中国古代一个频发的自然灾害，为此，顾祖禹在《读史方舆纪要》中大量辑录前人治水的主张，以留给后人借鉴。他十分赏识潘季驯的治河方针，认为"以堤束水，借水攻沙，为以水治水之良法，切要而不可易也"（《读史方舆纪要》卷一二六）。书中对潘季驯的主张颇多引证。书中以整整一卷的篇幅，论述漕运和海运，又在有关州县下，详细记载运河的闸、坝、堤防和济运诸泉。对农田水利的兴废、交通路线的变迁、城邑镇市的盛衰,书中也多有详细的记载,无不表现了顾祖禹对国计民生问题的关注。

为了编撰《读史方舆纪要》,顾祖禹除了查阅了历代正史,还从百余种地方志中广泛收集资料,同时,也作过大量地实地考察。当然,由于时代与条件的限制,他的取材与考订主要还是依据书面材料,虽较他书赅博,但也存在一些疏误,对此,前人已有指正。

这里节录了《读史方舆纪要》的《凡例》,反映了顾祖禹编撰此书的宗旨及其地理学的基本思想。

读史方舆纪要·凡例(节选)

天下之形势[1],视乎山川;山川之绝络[2],关乎都邑。然不考古今,无以见因革之变;不综源委,无以识形势之全。是书首以列代州域形势,先考镜也[3];次之以北直、南直,尊王畿也[4];次以山东、山西,为京室之夹辅也[5];次以河南、陕西,重形胜也;次之以四川、湖广,急上游也[6];次以江西、浙江,东南财赋所聚也;次以福建、广东、广西、云南、贵州,自北而南,声教所为远暨也[7];又次以川渎异同[8],昭九州之脉络也;终之以分野[9],庶几俯察仰观之义与!

注释 [1]形势:指地理状况。 [2]绝络:绝,原文如此,未详其义。络:环绕。《三辅黄图》:"络樊川以为池。" [3]考镜:考察证证。 [4]王畿:旧指王城周围千里的地域,又泛指帝京。 [5]夹辅:本指辅佐。《左传·僖公四年》:"五侯九伯,女实征之,以夹辅周室。"此谓地理上的环卫。 [6]急:指重视。 [7]远暨:远达,传播。 [8]川渎:河流。 [9]分野:分界、界限。

地道静而有恒,故曰方;博而职载,故曰舆[1]。然其高下险夷、刚柔燥湿之繁变,不胜书也;人事之废兴损益、圮筑穿塞之不齐[2],不胜书也。名号屡更,新旧错出,事会滋多,昨无今有,故详不胜详者,莫过于方舆。是书以古今之方舆,衷之于史[3],即以古今之名,质之于方舆[4]。史其方舆之乡导乎[5]?方舆其史之图籍乎?苟无当于史[6],史之所载不尽合于方舆者,不敢滥登也。故曰《读史方舆纪要》。

注释 [1]"地道"二句:方,本义指舟、筏,转指大地。《淮南子·本经训》:

"戴圆履方,抱表怀绳。"高诱注:"圆,天也;方,地也。"舆,本义指车,也转指大地。《易·说卦》:"坤为地……为大舆。"连用则有"方舆"、"舆地"等说法。　　[2]圮(pǐ):毁坏,坍塌。　　[3]衷:折中,裁断。　　[4]质:对质,验证。　　[5]乡导:向导。乡,通"向"。　　[6]当:相当,相应。

天地位而山川奠[1],山川奠而州域分,形势出于其间矣[2]。是书以一代之方舆,发四千余年之形势,治乱兴亡,于此判焉。其间大经大猷[3],创守之规,再造之绩,孰合孰分,谁强谁弱,帝王卿相之谟谋[4],奸雄权术之拟议,以迄师儒韦布之所论列[5],无不备载。或决于几先[6],或断于当局,或成于事后,皆可以拓心胸、益神智。《书》曰:与治同道,罔不兴;与乱同事,罔不亡[7]。俯仰古今,亦可以深长思矣。

注释　[1]位:位置,指占有合适的位置。《易·系辞上》:"天尊地卑,乾坤定矣。卑高以陈,贵贱位矣。"《礼记·中庸》:"致中和,天地位焉,万物育焉。"奠:确定。《书·禹贡》:"禹敷土,随山刊木,奠高山大川。"孔传:"奠,定也。高山、五岳、大川、四渎,定其差秩,祀礼所视。"　　[2]形势:指地理格局。　　[3]经:谋划、经营。猷:功业、功绩。　　[4]谟(mó)谋:谋划。谟:谋略。　　[5]师儒:古代指教官或学官。韦布:韦带布衣,此借寒素服装指未仕者或平民。　　[6]几先:犹机先,先兆。　　[7]"《书》曰"句:这一段话出自《尚书·太甲下》。

禹平水土,主名山川[1]。职方辨州[2],惟表山薮川浸[3]。司马迁作《史记》,昔人谓其能言山川条列,得《禹贡》之意[4],班、范诸家所不逮。唐太宗因山川形便,分天下为十道[5]。《六典》所载[6],犁然可观[7]。是书亦师其意。两京十三司之首[8],皆列疆域、名山、大川、重险,俾一方之形势,灿列在前;而后分端别绪,各归条理,亦以详前人之所略也。

注释　[1]"禹平"句:《尚书·吕刑》有"禹平水土,主名山川",意为禹为山川题名,也有学者认为这是指"主领名山川",亦即"为名山川之神"的意思。　　[2]职方:周代官名,掌天下地图与四方职贡。　　[3]山薮川浸:泛指山川湖泽。　　[4]《禹贡》:《尚书》中的一篇,被誉为"古今地理志之祖者"。　　[5]道:古代行政区划名。唐初分全国为十道,后增为十五道。《新唐书·地理志一》:"太宗元年,始命并省,又因山川形便,分天下为十道……开元二十一年,又因十道分山南、江南为东西道,增置黔中道及京畿、都畿,置十五采访使。"　　[6]《六典》:唐玄宗时官修,旧题唐玄宗撰、李林甫等注,实为张说、张九龄等人编纂,成书于开元二十六年(738),是现存最早的一部会典,所载官制源流自唐初至开元止。 [7]犁然:明察、明辨貌。 [8]两京十三司:明代直辖地区的省级行政机构和区划。当时,除京师、南京外,计有山东、山西、河南、陕西、四川、江西、湖广、浙江、福建、广东、广西、云南、贵州十三个布政使司,京师又称北直隶,南京又称南直隶,此即两京(直隶)十三布政使司。

王者体国经野,于是乎有城邑。城邑定而方位列焉,缓急分焉,于是乎有山薮川浸。山川布而相其阴阳[1],察其险易,于是乎有关梁阻阨[2],为城邑之卫。自古及今,经理方舆者,不能异也。是书于两京十三司各郡邑中,皆以此为次第,从同者则以例附焉,所以便于考索也。

注释 [1]相(xiàng):观察。 [2]阨(ài):指险要之地。

《地理志》始于班固,最为雅驯。刘昭《补后汉郡国》[1],参入古今地名,为功不少,所惜微有缪误耳。《晋志》仅存郛郭[2],《齐志》略标形似。沈约《州郡》,详而未精,魏收《地形》秽而不备。《隋志》兼及梁、陈、齐、周,裨益颇多,而经纬未尽。刘昫《唐志》略于天宝以后,欧阳氏略于天宝以前,功过不相掩也。《五代史·薛志》曾见数条,较《欧志》颇胜。《欧志》无乃过略,与《宋志》详略失伦。辽金二《志》,《金志》差胜。明初《元志》缺漏,又在《宋志》之下也。是书参考沿革,大约本之正史,而他书所见,亦节取焉。虽然,秦汉城邑,其不可见于今者,盖什之二三。六朝以降,废置纷更,其不可见于今者,乃什之四五也。隋唐以来,边荒蛮落,时有兴革,其不可考者,亦什之一二矣。

注释 [1]刘昭:字宣卿,平原高唐人,约梁武帝天监中前后在世。曾注范晔《后汉书》,世称博悉。 [2]《晋志》:指《晋书·地理志》。以下《齐志》、沈约《州郡》等,皆指正史地理志而言。

方舆之书,自经史而外,彬彬成家者,魏晋以降,代有其人(余辑《方舆书目》凡二卷,约千有余家)[1]。然自唐以前,传者绝少。由唐以迄宋元,可见者亦不过数家耳。《括地志》序于唐太宗[2],称其度越前载,然在宋时,已不可多得(宋《崇文目》云,《坤元录》一本,即《括地志》)。按杜氏《通典》,《坤元》与《简地志》并列,则非一书也。"括",唐大历中讳曰"简")。其闻于世者,有江融、郑虔及贾耽之书[3],亦不可复见也。余尝读《元和志》[4]，善其敷陈时事，条列兵戎，然考古无乃太疏。《寰宇记》自谓远轶贾、李之上（贾耽、李吉甫）[5]，而引据不经，指陈多误。《纪胜》山川稍备[6]，求其攻守利害则已迂。《广记》考核有余[7]，而于形势险夷，则未尽晰也。《胜览》以下[8]，皆偏于词章之学，于民物远犹无当焉。国家著作之材，虽接踵而出，大都取裁于乐史、祝穆之间，求其越而上之者，盖鲜也。

注释 ［1］圆括号中为原注，下同。 ［2］《括地志》：唐代大型地理著作，由唐初魏王李泰主编。有贺次君辑校本，中华书局，2005年。 ［3］江融：唐周至人，通晓兵法，官至左史，编撰《九州设险图》，详细记载历代用兵成败史实。郑虔：生卒年不详，唐代画家，工诗善书，又精通地理知识。贾耽（730—805）：字敦诗，地理学家，著有《古今郡国县道四夷述》四十卷及《海内华夷图》等。 ［4］《元和志》：指李吉甫（758—814）撰《元和郡县图志》，唐代地理名著，是中国现存最早、又比较完整的地理总志。《四库总目提要》说："舆地图经，隋唐志所著录者，率散佚无存；其传於今者，惟此书为最古，其体例亦为最善，后来虽递相损益，无能出其范围。"李吉甫，字弘宪。赵郡（今河北赵县）人。 ［5］《寰宇记》：指乐史（930—1007）撰《太平寰宇记》，该书沿用唐朝分天下为十道的区划，记载了各地自前代至宋初的州县沿革、山川形势、人情风俗、交通、土特产等，广泛引用了历代史书、地志、文集、碑刻等，由于所引诸书今多已散佚，故资料价值甚高。 ［6］《纪胜》：指南宋王象之撰《舆地纪胜》，此书主要是节录当时数以百计的各地的方志、图经编纂而成，对各种方志、图经中的山川、景物、碑刻、诗咏，一概收录，而略于沿革，以符合"纪胜"的要求。王象之对各书记载的异同，也加案语进行了考订。另有《舆地图》十六卷，逐路为卷，尤详于四川各州。 ［7］《广记》：指宋欧阳忞撰《舆地广记》，是宋代一部重要的历史地理学著作。从远古至宋，郡县建制沿革变化，记叙完整，条理清晰，开后代编一统志之先河。 ［8］《胜览》：指宋祝穆撰《方舆胜览》，所记分十七路，各系所属府州军于下，而以行在所临安府为首。因中原隔绝，久已不入舆图，所述者主要为南宋疆域。

水道迁流，最难辨晰。河渠沟洫，班、马仅纪大端，而余史或缺焉。其详为之辞者，惟郦氏《水经注》，而杜佑甚病其荒缪[1]。盖河源纡远，尚依《史》《汉》旧文，而江、汉以南，又皆意为揣测，宜其未尽审也。若其掇拾遗闻，参稽往迹，良为考古之助。余尝谓郦氏之病，在立意修辞，因端起类,牵连附合,百曲千回,文采有余,本旨转晦。使其据事直书,从原竟委,恐未可多求也。后世河防水利之书,作者相继。至于晚近,记载尤多,浮杂相仍[2],鲜裨实用(余所见河防、海防、江防、水利、泉河、筹海诸书,不下十余种,惟潘氏《河防》、张氏《三吴水利》两书,差有可采)《川渎》一书[3],略仿《水经》之文,仰追《禹贡》之义,务期明确,无取辞费。

注释 [1]"杜佑"句:《四库全总目提要》称杜佑《通典》"极诋水经及郦道元水经注为僻书,诡诞不经,未免过当"。 [2]相仍:依照;沿袭。 [3]《川渎》:《读史方舆纪要》中有《川渎》篇。

正方位,辨里道,二者方舆之眉目也。而或则略之,尝谓言东,则东南、东北皆可谓之东。审求之,则方同而里道参差[1],里同而山川回互[2]。图绘可凭也[3],而未可凭;记载可信也,而未可信,惟神明其中者,始能通其意耳。若并方隅里道而去之,与面墙何异乎?

注释 [1]"方同"句:意谓方向一致,而实际相距甚远。 [2]回互:回环交错。 [3]凭:凭据,依靠。

说者曰:风后受图,九州始布[1],此舆图之始也。山海有经,为篇十三,此地志之始也[2]。《周礼》大司徒而下,职方、司书、司险之官[3],俱以地图周知险阻,辨正名物[4]。战国时,苏秦、甘茂之徒[5],皆据图而言天下险易。萧何入关,先收图籍[6]。邓禹、马援[7],亦以此事光武成功名。儒者自郑玄、孔安国而下[8],皆得见图籍,验周汉山川。盖图以察其象,书以昭其数,左图右书[9],真学者事也。余初事方舆,即采集诸家图说,手为摹写(旧藏朱思本画方图及罗洪先《广舆图》,寻得宋人《南北对境图》及近时长江、海防及九边图,凡数种)。既成,病其疏略,乃殚力于书。苏氏曰:"图者,所以辅书之成也。"书以立图之根柢,图以显书之脉络。以图从书,图举其要可也,不患其略也。

注释 [1]"风后"句:《左传·襄公四年》载:"芒芒禹迹,划为九州,经启九道。"《山海经·海内经》则云:"帝乃命禹卒布土以定九州。"可见布土有二义,一指区分规划疆土,二指敷土奠基。另外,清代马骕撰《绎史·黄帝纪》说:"自神农以上有大九州,柱州、迎州、神州之等。黄帝以来,德不及远,惟于神州之内分为九州,黄帝受命,风后受图,割地布九州,置十二国。" [2]"山海"句:《山海经》分山经五卷、海经十三卷。　[3]司书:官名,《周礼》天官之属,掌计会簿书。司险:官名,掌九州图籍,周知其山川道路有变故兵事时,派胥徒阴塞要道,禁止不持节者通行。　[4]名物:事物的名称、特征等。　[5]苏秦:字季子,战国时期与张仪齐名的纵横家。甘茂:战国中期秦国名将,秦初置丞相,甘茂为左相。　[6]"萧何"句:《史记》卷五三《萧何世家》载,沛公至咸阳,诸将皆争走金帛财物之府分之,萧何独先入收秦丞相御史律令图书藏之。　[7]邓禹(2—58):字仲华,南阳新野(今河南省新野)人,东汉中兴名将。《后汉书·邓禹列传》刘秀曾舍城楼上,披舆地图,与邓禹共商大事。马援(前14—49):字文渊,扶风茂陵(今陕西兴平东北)人,东汉著名的军事家。《后汉书·马援传》也提到他"披舆地图"事。　[8]郑玄:东汉末年的经学大师,他对儒家经典的注释,影响巨大。孔安国:孔丘十一代孙,经学家,武帝末,鲁共王坏孔捕旧宅,于壁中得古文尚书、礼记、论语等,皆科斗文字,当时人都不识,安国以今文读之,又奉诏作书传,定为五十八篇,谓之古文尚书,又著古文孝经传、论语训解。　[9]左图右书:又习称"左图右史",形容典籍图史收藏丰足,可以互相印证。《新唐书·杨绾传》:"性沉静,独处一室,左图右史,凝尘满席,澹如也。"

方舆所该[1],郡邑、河渠、食货、屯田、马政、盐铁、职贡、分野之属是也。《禹贡》记九州,亦叙田赋、贡物、贡道及岛夷、西戎。《职方》则兼详人民、六畜、土宜、地利。《唐六典》亦载贡赋、外夷。余初撰次《历代盐铁》《马政》《职贡》及《分野》,共四种,寻皆散轶,惟《分野》仅存。病侵事扰,未遑补缀,其大略仅错见于篇中,以俟他时之审定,要未敢自信为已成之书也。

注释　[1]该:包括,具备。

(原文据贺次君、施和金点校《读史方舆纪要》,中华书局,2005年)

【评论】

《读史方舆纪要》的军事价值(节选)

施和金

自古以来,我国就产生并发展了丰富的军事知识和军事理论,从春秋战国时期的《孙子兵法》、《尉缭子》,到唐宋时代的《李卫公问对》、《武经总要》,及明清时期的《武备志》、《戊笈谈兵》等,代有其书,这些书籍,或论战术,或言军法,或讲练兵,各抒胸怀,尽发所长。而对于地理在军事中的作用和地位,特别是军事战略地理方面的论述,各书虽或有涉及,却未成系统,不见专论。直至明末清初顾祖禹《读史方舆纪要》问世,才弥补了这方面的空白。因此,阐明该书在军事史上的价值,研究它在军事上的作用和地位,对于我们今天增强国防意识,做好保卫祖国的各种准备,显然是一件很有意义的事。

(一)一部带有浓厚军事地理色彩的著作

顾祖禹是江苏无锡人。他所生活的时代,是战争烽火燃遍全国的明末清初,是一个阶级矛盾和民族矛盾都十分尖锐复杂的年代。站在明朝统治阶级的立场上,他时时感到失国之痛;站在汉族人民的立场上,他又对清朝统治者的种种暴行倍感愤恨。他的父亲在临终前曾满怀悲愤地对他说:"及余之身,而四海陆沉,九州沸腾,仅获保首领,具衣冠,以从祖父于地下耳,嗟呼!园林宫阙,城郭山河,俨然在望,而十五国之幅员,三百年之图籍,泯然沦没,文献莫征,能无悼叹乎?余死,汝其志之矣!"顾祖禹当即匍匐鸣咽而对曰:"小子虽不敏,敢放弃今日之所闻!"(《读史方舆纪要》总叙一)这说明顾祖禹之创作《读史方舆纪要》一是抱亡国之痛感,二是秉厥考之遗言,具有强烈的政治色彩。正是在这种创作思想指导下,他对明朝统治者因不明"边防利病之处,兵戎措置之宜",不谙"疆域之盘错,山泽之薮慝,与夫耕桑水泉之利,民情风俗之理"(总叙三),而造成亡国之恨,比一般人倾注了更多的注意力。体现在《读史方舆纪要》的写作内容方面,则是特别着重于山川险易及古今用兵战守攻取之宜,兴亡成败得失之迹,而景物名胜所在皆略而不书。他在该书的"凡例"中说:"是书以一代之方舆,发四千余年之形势,治乱兴亡,于此判焉。其间大经大猷,创守之规,再造之绩,孰合孰分,谁强谁弱,帝王卿相之谟谋,奸雄权术之拟议,以迄师儒韦布之所论列,无不备载,或决于几先,或断于当局,或成于事后,皆可以拓心胸,益神智。《书》曰:'与治同道,罔不兴;与乱同世,罔不亡。'俯仰古今,亦可以深长思矣。"这就是说,不但他本人要从"一代之方舆"和"四千余年之形势"中找出治乱兴亡的历史经验教训,而且还示意后人俯仰古今以深长思,决不要简单地把他这部书看做是单纯地理考证之作。为《读史方舆纪要》作序的魏禧就说过:"其深思远识,有在于言语文字之外,非方舆可得纪者。"另一位作序的熊开元也说:"宛溪(指顾祖禹)不征奇,不探异,罔罗放失,于古今成败利钝之际,三致意矣。"这些话都画龙点睛般地道出了顾祖禹创作《读史方舆纪要》的真实动机和目的,说出了这部书的军事地理特色。清代张之洞的《书目答问》将《读史方舆纪要》列入兵家,梁启超《中国近三百年学术史》也以为是"极有别裁之军事地理",两家是深得了顾作的奥旨的。

为了贯串经世致用的创作意图,顾祖禹在写作体例方面也作了精心设计。该书前九卷为"历代州域形势",从上古一直讲到明代。这九卷的作用,顾祖禹在康熙丙午本的"凡例"中说得很明白。他说:"此编先综四千余年之大纲,敷扬贯串,易于诵习","学者一展玩,而州域之分合,形势之重轻,了然于中,然后可以条分缕析,随处贯通"。而关于州域和形势的关系,他用弈棋作比方,说是"州域其画方之道也,形势其布子之法也"。他又用治田作比方,说是"州域其疆理之迹也,形势其垦辟之宜也"。为什么布子同而胜负有异,垦辟同而收获有差,他认为这就在于弈者之心思和田者之材力有所不同,也就是说,在同样的地理条件下,为什么古往今来,战有胜负,治有兴衰,其关键是在于人,在于人能否充分掌握和合理利用包括地理在内的种种条件。为此,在这九卷州域形势的叙述中,他以朝代为经,以地理为纬,上下古今地加以融会贯通,着重从军事地理的角度探讨了历代治乱成败的得失。该书中间一百十四卷,则是全书的主体。为了叙述上的方便,这一部分顾祖禹以明两京十三司为纲,分列了各省的战略地理位置及所属府州县的建置沿革、名山大川、城邑重险和种种战例。如果说前九卷是从时间方面来观察历史,那末这一百十四卷则是从空间方面来研究往事。顾祖禹有着十分明确的时空观,他在丙午本"凡例"中就说过:"吾党戴高履厚，而东西南北罔罔不分，得乎？世之学者拘文牵义，动引经史，谈及方舆，辄谓非所亟也，然则《尚书》何以陈《禹贡》？《周礼》何以列《职方》？《易》何以言设险守国？《诗》何以备十五国风？《春秋》何以于会盟征伐之地必详载而谨书之耶？降而史迁，以迄宋元诸史，于战争攻守、废兴成败利钝得失之迹，以迄耕屯、盐铁、经国、阜民诸大政，有一不本之方舆者耶？"正因为他从切身的体会中感觉到研究历史必须通晓地理的重要性，又从以往的载籍中找到了许多令人折服的经验和教训，所以他的时空观非常明确，因而在写作体例的设计上，这一部分也就不惜花费大量的篇幅，通过这一百十四卷的叙述，历史上种种事件发生的地点都得到了落实，人们再也不会东西南北罔罔不分了。在该书的最后七卷中，有六卷是川读异同，一卷是天文分野。而后又附刊了《舆图要览》四卷，自两京十三司起，以至边防、漕运、海道，皆有图说，这又为人们阅读文字提供了很大方便。

顾祖禹在设计写作体例方面独辟蹊径，很好地贯串了他的创作意图，而在选材方面则更是严格取舍，精心剔抉。该书从形式上看是按省府州县记录的，而且许多地方还对行政建置沿革作了缜密的考证，但这并不是他的真正用心所在。顾祖禹这样做，只是为了叙述上的准确和简明，是为了便于后人检索和利用。他真正致力和寄于深意的，是各省军事战略地理位置的论述，是历代战争中攻守战例的记叙，是与军事有关的山川分布及险要所在、城镇构筑及方位距离、道路交通及物资运输、卫所分布及兵力配置等各方面的描绘。在他的笔下，既没有历代的名宦和烈妇，也没有佛道的庙寺和观庵；既没有闲情逸致的山水诗，也没有咬文嚼字的四六文。因此，《读史方舆纪要》不同于一般的地理总志和方志，正如梁启超所说，它是一部"极有别裁之军事地理"。在我国所有历史地理著作中，它是唯一的、杰出的带有浓厚军事地理色彩的著作，有非同寻常的作用和地位。

（二）在军事战略地理方面的杰出贡献

《读史方舆纪要》在分叙两京十三司地理状况之前，卷首都有一篇带有军事战略地理性质的序论，名义上虽叫序言，实际上是顾祖禹总结各省历史上所发生过的种种战例，从地理角度对本省的战略位置作了高层建瓴式的论述。这些论述虽不能说全都正确，但确有不少真知灼见。这一部分是全书精华。

以直隶为例，顾祖禹借明都北京为题，论述了建都地点的选择问题。他以为，在一般情况下，我国建都当"法成周而绍汉唐"，以关中为上选。但是，他又从汉唐后期的史实中总结出：没有巩固的边防，就没有都城安全的切实保障。联系到明代建都燕京和最终灭亡，他又说："都燕京而弃大宁，弃开平，委东胜于榛芜，视辽左如秦越，是自翦其羽翼，而披其股肱也。欲求安全无患，其可得哉！"以往常有人论及某地建都最好，某地最差，所持观点往往走向极端。顾祖禹既以为建都要根据当时的政治、经济及军事形势选择适当的地点，又认为都城的安全在于边防的巩固，如没有巩固的边防，不管都城选在那儿，都不可能得到切实的保障。这些思想，是合乎辩证观点的。

在论述南直隶的形势时，顾祖禹一方面列举吴越争霸中原、项羽勇解钜鹿之围、吴蜀联兵赤壁之战大败曹魏、东晋淝水之战力破苻坚、明太祖以东南起兵而卒有天下等事件为例，驳斥了那种以为"吴越之人大都剽轻而脆弱"的形而上学错误观点。另一方面，他又根据历代攻守史实，对长江天险作了精辟分析，指出："敌在淮南，而长江之险吾与敌共；敌在上游，而长江之险乃制于敌矣。"因此，他以为守江必先保淮南、争上游，绝不能只将眼光放在下游宽广的江面之上。这些看法，也都是独具匠心的。

至于山西，顾祖禹认为该省形势最为完固，所谓东有太行，西有大河，北有阴山，南有王屋。虽然如此，顾祖禹却又指出不能以形势险固自恃，否则就要遭致败亡。他说："昔人有言，殷纣之国，左孟门，右太行，常山在北，大河在南，而武王杀之。且高干不能以并州拒曹魏，刘琨不能以并州制刘、石，靳准窃平阳而旋毙于刘曜，杨谅起晋阳而卒蹶于杨素，恶在其为险固者也。"山川险固形势的可恃而又不可恃，这里也体现了顾祖禹的辩证思想。

河南是四战之地,自古以来为兵家所必争。对于河南的战略地理位置,顾祖禹也有着独特的见解。他说:"当取天下之日,河南在所必争;及天下既定,而守在河南,则岌岌焉有必亡之势矣。"其原因就在于河南地处中原,为"四通五达之郊,兵法所称衢者是也"。因此,天下英雄角力之时,人人都想控制这个中心地带,自古以来发生在这里的战事也就特别频繁。但是,河南地形又是以平原为主,易攻难守,所以,天下既定后如若还守在河南,就有岌岌危亡之势。那末,河南的防线应设在哪儿呢?顾祖禹根据历史上"河南之祸,中于关中者十之七,中于河北者十之九"的教训,提出了他的积极防守战略:"守关中,守河北,乃所以守河南也。"

四川号为天府,长期以来,人们总以为该地处处天险,易守难攻,可以坐享其成。针对这种有害思想,顾祖禹在《四川方舆纪要序》的开头第一句话便是"四川非坐守之地也"。他说:"以四川而争霸天下,上之足以王,次之足以霸,恃其险而坐守之,则必至于亡。"汉高祖刘邦、蜀相诸葛亮用蜀而不坐守,是用蜀成功的代表;蜀后主、王衍、孟昶等坐而待毙,是用蜀致亡的典型。蜀之险塞,北在剑阁,东在三峡,顾祖禹以为:"夫剑阁、瞿唐,三尺童子皆知其为险也,知其为险,则攻者必有之死而生之志,守者必有以逸待劳之情,用心一分,而成败判焉。"由此推而广之,他又语重心长地告诫人们:"夫恃其险而坐守之,以至于亡,又岂惟蜀为然哉?"

江西之险,一在九江,一在赣州。但是,顾祖禹以为九江是门户之险,而赣州则是堂奥之险,两者又有所不同。因此,他以立足于江西而言,只守门户固然不行,只守堂奥也不行,"以九江战是踊踏于水滨,以赣州战则崎岖于山谷"。针对江西地处长江中游的特点,他提出了"以江西守不如以江西战,战于江西境内不如战于江西境外"的观点。他认为江西四面都可出击,或沿江而下,或溯江而上,或逾江而北,或越岭而南,"我之所攻者一,敌之所备者十",这样,敌人必不能处处防守严密,而我方则可灵活机动,剩间出击。最后,他在《江西方舆纪要序》一文中作结说:"知用江西者,不徒战守于赣州、九江之间,而后可以有事于天下。"联想到二次国内革命战争时期,红军粉碎敌人的多次围剿,最后走出江西,北上抗日,取得了伟大胜利,真觉得顾祖禹关于江西的一番分析是至理名言,令人折服。

广东在岭南,形势较为完固,以往曾有人说广东以守则有余,以攻则不足。顾祖禹不同意这种看法,他说:"诚于无事时修完险阻,积谷训兵,有事则越横浦以狥豫章,出湟溪以问南郡;东略七闽,通扬越之舟车;西极两江,用獞猺之弓矢;且也放乎南海,风帆顷刻,击楫江津,扬舲淮渚,无不可为也。"攻人之道,往往也是别人侵我之路,因此,对于广东来说无论是攻,还是守,都必须注重海陆两方面作战。

广西在五岭西偏,地势较广东、湖南均要高峻,所谓据其上游,有建瓴之势,湘水北流,三江东出,由其二道出击,居高临下,易获成功。但是,桂岭左右可飞越者不止一处,由广东入广西亦可数道并进,因此,欲以广西保据一隅,"幸天下之不为我患,则势有所不能"。鉴于广西这种攻人易而自守难的特点,顾祖禹提出了"何以策广西"的方法。他说:"广西者,图之闲暇之时则有济,谋之仓卒之顷则无及也。"也就是说,人们在平时就要提高警惕,作好准备,切不可麻痹大意,临阵磨枪,否则祸患之加是无可避免的。

云南虽地处西南边远,但它"东接黔蜀,南控交趾,西拥诸甸,北距吐蕃",有事天下者绝不应等闲视之。以往人们总以为云南的要害在黔中,而曲靖为其孔道。但是,顾祖禹注意到历史上出奇制胜者往往不由其道,而更在川滇交界处。例如三国时诸葛亮进兵南中,躬率主力渡泸水而入;唐代南诏为乱边境,也是取道会川而北走成都;元灭大理,忽必烈更自临洮经行山谷二千里,渡金沙江而直趋大理;明初规取云南,朱元璋又告谕傅友德说:"关索岭(今贵州关岭县东)本非正道,正道又在西北。"凡此种种,无不说明云南要害不单在黔中,更应注意的却是西北的川滇交界处。为此,顾祖禹在《云南方舆纪要序》里提醒人们说:"吾以为云南所以可为者,不在黔而在蜀;亦不在蜀之东南,而在蜀之西北。"

以上所论,只不过是撷取了顾祖禹论各省战略地理形势的部分要点,其它如山东、陕西、湖广、浙江、福建、贵州等省的论述,也有许多精辟的看法。因限于篇幅,这里不一一详加胪列。但是,即使就以上所论,也足以看出他在这方面是作了精心研究的。他不但总结了我国古代千百年来攻守战略方面的成败与得失,着重从地理方面阐述了应当如何制定立于不败之地的军事战略方针,而且对许多历史上长期存在的错误观点,也作了有理有据的批驳,提出了自己的新颖见解。毫无疑问,他的这些论述可以使人拓心胸,益神智,有着很高的军事价值,是对我国军事战略地理学的宝贵贡献!

(三)记载我国古代战例的渊薮

我国古代自进入阶级社会以来,战争便时有发生,战迹则遍布全国各地,那末,古代这些数以千万计的战争在地理分布上都有哪些特点,在利用地形地物上都有哪些创造发明,为取得战争胜利又都实施过哪些战略战术,我们能不能通过对这些古代战例的分析,找出一些带规律性的东西,以作为今后的借鉴呢?要做到这一点,首要的工作便是荟萃古代的全部战例,而顾祖禹《读史方舆纪要》的撰写,实际上已为我们完成了这一繁琐而又艰巨的工作任务。因为他在创作此书时,用意专在古今用兵战守攻取之宜,所以凡历史上发生过的大小战争,大都被他网罗书中,这部书实际上就是记载我国古代战例的渊薮。

以战争的地理分布而言,我们只要将《读史方舆纪要》所记载的战例以特定的符号——表示在精确的地图上,昔日的战争历史便可一目了然,何处战事最多,何处战事最少,完全可以清楚地显现在我们眼前。在这里,我们不妨以古代号为"四战之地"的河南省为例,看一看它的古代战例在地理分布上有何特色。

根据《读史方舆纪要》记载,明代河南省共有八府十二州九十六县。若以州县为单位统计,从春秋战国至明末,河南省共发生战争八百二十次,其中一百个州县有战例记载(八府与附郭县合一),只有八个州县是空白,其比例是相当高的。说它是"四战之地",实在是名副其实。而从各地的具体情况来看,发生战事最多的地点是洛阳,其七十次;其次是开封、南阳,分别为三十二和三十次;再次是孟津和临漳,分别为二十九次和二十八次。这些地点,或是历代政治、经济中心,或是交通要道,所以为兵家必争之地,战事自然就多。而战事发生在十次以上的亦有二十多处,其中又以汜水、荥阳、陕州三地居其首。汜水有崤关;荥阳为黄河、京水、索水、鸿沟交汇处;陕州东有砥柱天险,西有函谷古关。这三处都是军事要地,战事多在这里发生也不足为奇。其它七十余州县,少则一二次,多则八九次,均有战事发生。我们曾经将这些战例按各地发生次数的多少分为四级,用不同的符号表示在明代的河南省地图上,其结果便显示出:古代河南战争发生的地点,有一条明显的与黄河平行的东西向分布线,东起永城,西至阌乡,中经商丘、宁陵、睢州、杞县、陈留、开封、中牟、郑州、荥阳、汜水、巩县、偃师、孟津、洛阳、宜阳、永宁、陕州、灵宝等地;另处还有一条比较清楚的南北向分布线,北起临漳,南至信阳州,中经安阳、汲县、胙城、郑州、新郑、长葛、许州、临颍、鄢城、汝阳等地。这两条分布线,大体上与今日之陇海线和京广线一致。很显然,之所以形成这种分布,除了政治的原因外,地理因素在这里是起了重要作用的。

河南的情况是这样,其它各省的情况又如何呢?如果我们依照同样的办法,将各省的古代战例地理分布图都一一描绘出来,然后在此基础上再描绘出全国性的古代战争地理分布图,那末,毫无疑问,这样一组地图,对制定我国的国防战略和实行军事部署肯定是会有重要的参考价值的。

其实,《读史方舆纪要》给我们提供的军事价值还不止于此。在它所记载的众多战例中,无论是著名的大战役,还是鲜为人知的小战事,顾祖禹都十分注意这些战役在利用地形地物和采用战术上有什么特色,并且尽可能地将周围的地形地物作准确的描述,这就为后人借鉴历史提供了有利的条件。以水淹为例,三国时蜀将关羽在襄樊水淹于禁,此事众所周知,但邺城曾于东汉建安九年、晋太元九年、唐乾元二年三次发生引漳水淹城的战事,开封曾于秦始皇三十二年、宋端平元年两次发生引黄河水淹城的战事,太原曾于春秋鲁定公十三年、宋开宝二年、太平兴国四年三次发生引汾、晋水灌城的战事,桂林也曾于宋末发生过决阳江水灌城的事,如此等等,就不一定是人所共晓的了。而《读史方舆纪要》对这些战例都作了详尽记载,这不啻是提醒人们在制定这些城市的攻守战略时要非常注意"水淹"。又如长江天险,顾祖禹对历代渡江战役所选择的渡江地点、渡江时间、兵力配备、双方交战经过及战争结果都很注意,该书卷三有隋分兵六路灭陈的经过,卷八又有元渡江灭南宋的一段文字,卷十九更有吴纪涉,北魏陆睿,宋吴表臣、叶梦得、汪立信、王应麟,明唐顺之等人关于长江攻守策略的论述摘要。凡此等等,无疑也是给后人制定长江攻守战略留下了许多有益的启示。除上述战例外,其它如偷袭、地道、浮桥、火攻、水战、间谍、反间、埋伏、地网等各种战例,《读史方舆纪要》也都有众多的记载。这些战例,在利用地形地物上都有着各自的特点,在因地制宜方面也都给后人提供了许多可贵的经验和教训。

尤为可贵的是顾祖禹记述战例,并不是单纯的就事论事,而是始终把握住了战争中人地关系的根本点,即谁是主要的、能动的,谁是次要的、被动的。众所周知,战争是敌对双方物质力量和精神力量的总较量,所以顾祖禹在记述众多战例时,不但记叙与战争有关的各种物质因素,如山川险隘、城防堡垒、路桥舟车、粮草资源等等,而且对战争双方当时的政治形势有所分析,于战争中所采用的战略战术有所评断。他在《总序》中总结千百年来的经验教训说:"且夫地利亦何常之有哉?函关、剑阁,天下之险也。秦人用函关,却六国而有余;迨其末也,拒群盗而不足。诸葛武侯出剑阁,震秦陇,规三辅;刘禅有剑阁,而成都不能保也。故金城汤池,不得其人以守之,曾不及培嵝之丘、泛滥之水;得其人,即枯木朽株皆可以为敌难。"这番话,实际上是顾祖禹对人地之间辩证关系的精辟分析,是语重心长地告诉人们:地理的险要是因人而异的,在人地关系中,人的因素是主要的、能动的,只要充分发挥人的主观能动性,战争取胜就是可能的。

(选自施和金《中国历史地理研究》)

参考书目

第一单元　思想编(上)

唐明邦主编:《周易评注》,中华书局,1995年。
李　零:《〈孙子〉十三篇综合研究》,中华书局,2006年。
陈鼓应:《老子注译及评介》,中华书局,1984年。
杨伯峻:《论语译注》,中华书局,1980年。
杨伯峻:《孟子译注》,中华书局,1960年。
陈鼓应:《庄子今注今译》,中华书局,1983年。
吕思勉:《经子解题》,上海文艺出版社,1999年。
林　尹:《中国学术思想大纲》,华东师范大学出版社,2006年。
冯友兰:《中国哲学史》,华东师范大学出版社,2000年。
李泽厚:《中国古代思想史论》,人民出版社,1986年。

第二单元　思想编(下)

李　零:《李零自选集》,广西师范大学出版社,1998年。
葛兆光:《道教与中国文化》,上海人民出版社,1987年。
葛兆光:《中国禅思想史——从6世纪到9世纪》,北京大学出版社,
　　　　1995年。
侯外庐等:《宋明理学史》,人民出版社,1997年。
陈　来:《有无之境》,人民出版社,1991年。

第三单元　历史编

沈玉成、刘宁:《春秋左传学史稿》,江苏古籍出版社,1992年。

赵伯雄:《春秋学史》,山东教育出版社,2004年。
顾德融、朱顺龙:《春秋史》,上海人民出版社,2003年。
童书业:《春秋左传研究》,中华书局,2006年。
白寿彝等主编:《中国通史》,上海人民出版社,1999年。
柴德赓:《资治通鉴介绍》,求实出版社,1981年。
仓修良:《中国史学名著评介》,山东教育出版社,2006年。
邓　瑞:《马端临与〈文献通考〉》,山西古籍出版社,2003年。
傅斯年:《傅斯年"战国子家"与〈史记〉讲义》,天津古籍出版社,2007年。
白寿彝:《史学遗产六讲》,北京出版社,2004年。
韩兆琦:《史记通论》,广西师范大学出版社,1996年。
金毓黻:《中国史学史》,商务印书馆,1999年。
钱　穆:《中国史学名著》,三联书店,2000年。
陈　直:《汉书新证》册,天津人民出版社,1979年。
柴德赓:《资治通鉴介绍》,求是出版社,1981年。
王夫之:《读通鉴论》,中华书局,1975年。

第四单元　政治编

王先慎:《韩非子集解》,新编诸子集成本,中华书局,1998年。
张　觉:《韩非子校注》,岳麓书社,2006年。
刘俊文:《唐律疏议笺解》,中华书局,1996年。
谢保成:《贞观政要集校》,中华书局,2003年。
冯友兰:《中国哲学简史》,北京大学出版社,1997年。
何勤华:《中国法学史》,法律出版社,2006年。
杨鹤皋:《魏晋隋唐法律思想研究》,北京大学出版社,1995年。
朱维铮校注:《梁启超论清学史二种》,复旦大学出版社,1985年。
[日]沟口雄三:《中国前近代思想的演变》,索介然、龚颖译,中华书局,
　　　　　1997年。
朱义禄:《黄宗羲与中国文化》,贵州人民出版社,2001年。

第五单元　学术编

许慎撰,段玉裁注:《说文解字注》,清经韵楼刻本。
周祖谟:《问学集》,中华书局,1966年。
吴文祺、张世禄主编:《中国历代语言学论文选注》,上海教育出版社,1986年。
阮元校刊:《十三经注疏》,中华书局,1980年影印本。
潘重规:《五经正义探源》,台湾中国文化大学《华冈学报》第一期。
刘知几撰,浦起龙释:《史通通释》,上海古籍出版社,1978年。
翦伯赞:《史料与史学》,北京出版社,2005年。
顾炎武撰,黄汝成集释:《日知录集释》,岳麓书社,1994年。
钱　穆:《顾亭林学述》(《中国学术思想史论丛》卷八),安徽教育出版社,2004年。
章学诚撰,叶瑛校注:《文史通义校注》,中华书局,1985年。
余英时:《论戴震与章学诚》,三联书店,2000年。

第六单元　文学编

黄　侃:《文心雕龙札记》,上海古籍出版社,2000年。
范文澜:《文心雕龙注》,人民文学出版社,1958年。
王元化:《文心雕龙讲疏》,上海古籍出版社,1992年。
《文选》(李善注),上海古籍出版社,1986年。
屈守元:《文选导读》,巴蜀书社,1993年。
傅　刚:《昭明文选研究》,中国社会科学出版社,2000年。
郭绍虞:《沧浪诗话校释》,人民文学出版社,1983年。
陈定玉辑校:《严羽集》,中州古籍出版社,1997年。
张　健:《沧浪诗话研究》,台湾大学文学院,1966年。
李　贽:《焚书 续焚书》,中华书局,1975年。
左东岭:《李贽与晚明文学思想》,天津人民出版社,1997年。
张建业:《李贽评传》,福建人民出版社,1981年。

姚柯夫:《〈人间词话〉及评论汇编》,书目文献出版社,1983年。
佛　雏:《王国维诗学研究》,北京大学出版社,1987年。
叶嘉莹:《王国维及其文学批评》,广东人民出版社,1982年。

第七单元　科技编

沈康身:《〈九章算术〉导读》,湖北教育出版社,1996年。
李继闵:《〈九章算术〉导读与译注》,陕西科学技术出版社,1998年。
吴文俊主编:《中国古代数学名著〈九章算术〉》,北京师范大学出版社,
　　　1998年。
刘渡舟主编:《〈伤寒论〉辞典》,解放军出版社,1988年。
叶发正:《伤寒学术史》,华中师范大学出版社,1995年。
钱超尘、温长路主编:《张仲景研究集成》,中医古籍出版社,2004年。
石声汉译:《〈齐民要术〉概论》,科学出版社,1962年。
缪启愉:《〈齐民要术〉导读》,巴蜀书社,1988年。
郭文韬、严火其:《贾思勰、王祯评传》,南京大学出版社,2001年。
中国药学会药学史学会编:《李时珍研究论文集》,湖北科学技术出版
　　　社,1985年。
唐明邦:《李时珍评传》,南京大学出版社,1991年。
钱超尘主编:《李时珍研究集成》,中医古籍出版社,2003年。
[日]薮内清等著,章熊、吴杰译:《天工开物研究论文集》,商务印书馆,
　　　1959年。
潘吉星:《明代科学家宋应星》,科学出版社,1981年。
潘吉星:《宋应星评传》,南京大学出版社,1990年。

第八单元　地理编

中国科学院自然科学史研究所地学史组:《中国古代地理学史》,科学
　　　出版社,1984年。
赵永复等:《水经注选评》,上海古籍出版社,2005年。
季羡林等:《大唐西域记校注》,中华书局,1985年。

朱惠荣:《徐霞客游记校注》,云南人民出版社,1985年。
褚绍唐、吴应寿整理:《徐霞客游记》,上海古籍出版社,1987年。
黄　坤:《徐霞客游记选评》,上海古籍出版社,2003年。
唐锡仁、杨文衡:《徐霞客及其游记研究》,中国社会科学出版社,1987年。
贺次君、施和金点校:《读史方舆纪要》,中华书局,2005年。

后　记

　　我受命主编《古代文化经典选读》,是因为在三四年前曾主编过一册高中语文的选修课教材《中国文化经典研读》。如果说当时已经是勉为其难了,那么编本书更是难乎其难。这种困难是显而易见的:在一个人的治学生涯中,如果能精研一部经典而有所创获,就是很令人羡慕的事了;而面对无比丰富高深的经典,又有哪一个研究者不诚惶诚恐呢?

　　然而,这样的工作如果是有意义的话——哪怕是尝试性的意义,总归是要有人来做的。令我深感欣慰的是,在我的恳请下,还有七位国内各高校具有不同学术专长的学者慨允共襄盛举。考虑到教材面向的是不同类型的大学,我在约请各位专家时,注意了他们服务于不同的学校。我们在一年左右的时间里,精诚合作,终于完成了本书的编撰。

　　本书的编撰由我先设计全书的体例与结构,并提出了初步的选文目录,经与各位编写者商议,确定了篇目,然后分头编写。汇总后,我又作了一点统稿的工作,撰写了一篇简短的《前言》。下面是全书各编的具体分工:

　　　　第一单元　思想编(上)——常森(北京大学)
　　　　第二单元　思想编(下)——周月亮(中国传媒大学)
　　　　第三单元　历史编——李鹏飞(北京大学)
　　　　第四单元　政治编——战立忠(山东大学威海分校)
　　　　第五单元　学术编——刘玉才(北京大学)
　　　　第六单元　文学编——李平(安徽师范大学)
　　　　第七单元　科技编——余来明(武汉大学)

第八单元　地理编——刘勇强(北京大学)

作为主编,我感谢各位参编者出色的工作。如果书中存在什么错误与不足,责任应当由我来承当。我们也非常盼望教材在使用过程中,得到各方面的批评建议。可能的话,我们愿意在适当的时候进行认真的修订。

一本教材,应当尽可能地将学术界前沿性的研究成果介绍给学生。因此,在编撰此书时,我们参考并引用了学术界的一些论著,书后所附"参考论著"就是其中主要的部分,这一书目也不妨看做我们向有兴趣进一步了解相关经典的读者推荐的研修书目。

我还想补充说明的是选文的问题,一方面,由于中国文化经典本身的丰富性,取舍颇费踌躇;另一方面,前面说过,我曾主编过一册《中国文化经典研读》,虽然那是中学教材,但如何与那本教材有所区别也是我不能不考虑的问题。那本教材从中学语文教育的特点与需要出发,同样是尝试性地确立了下面这样的体例与选文:

第一单元　入门四问
第二单元　儒道互补
　　《论语》十则
　　《老子》五章
　　相关读物:孟子见梁惠王　胠箧
第三单元　春秋笔法
　　晋灵公不君
　　相关读物:直书
第四单元　修齐治平
　　《大学》节选
　　相关读物:《中庸》节选
第五单元　佛理禅意
　　《坛经》两则
　　相关读物:《百喻经》节选

第六单元　盛世箴言
　　求谏
　　相关读物：原君

第七单元　天理人欲
　　《朱子语类》三则
　　相关读物：童心说

第八单元　巧夺天工
　　《天工开物》两则
　　相关读物：麻叶洞天

第九单元　经世致用
　　《日知录》三则
　　相关读物：浙东学术

第十单元　人文心声
　　《人间词话》十则
　　相关读物：红楼梦评论（节选）　人境庐诗草自序

我当时在为这本中学教材写的说明中说："本教材主要从历代文化论著中选择最具代表性和影响力的章节，既展示儒、释、道三教的经典以及历史、伦理、科技、文学等各个方面，又反映思想的流变和文化的发展。因此，书中各单元同时兼顾两条线索，一条是历史发展的线索，从第二单元以儒道发端，到第十单元以鲁迅总结性的论文结束，大致构成了一个有始有终的逻辑线索；另一条线索则是从经典的性质着眼的，力求涵盖中国文化的主要方面。两条线索相互结合，希望使学生在选修了本课程以后，对中国文化的最重要的论著有相对来说较为系统的学习，进而初步了解中国文化的基本内涵。"在具体的篇目选择方面，则突出的是形象生动、简洁明快、好学易懂，同时又与中学语文必修课有所衔接。此外，每单元另设一"大视野"栏目，选录了一些与相关经典有关的深入浅出的文章。

而在考虑本教材的体例与选文时，我们一方面提高了选文的难度及相对的完整性、系统性，另一方面也突出了研究性。当然，这里所谓的研究性也是入门性质的。按照我们的设想,本书既可作为中文系的基础课教材,也可作为其他专业大学生和一般中等文化水平以上读者了解中国古代文化经典的初级读物。

希望我们的努力是有益的。

本书责任编辑多方联络了各篇评论的作者或其家人、学生,获得了授权。请个别未联系上的作者与出版社联络,以方便寄送稿费和样书。我的学生张红波、张力、王苗帮助校阅了初稿。有了各位的支持与合作,本书得以顺利面世,在此一并谨致谢忱!

刘勇强

2008 年 5 月